Systemverschiebung ohne Ausgleichmechanismen: Konsensuale Erledigungen und Diskriminierungseffekte im Wechselwirkungsverhältnis

Schriften zum Strafrecht und Strafprozeßrecht

Herausgegeben von Manfred Maiwald
und Carsten Momsen

Band 138

PETER LANG
Berlin - Bruxelles - Chennai - Lausanne - New York - Oxford

S. Lisa Washington

Systemverschiebung ohne Ausgleichmechanismen: Konsensuale Erledigungen und Diskriminierungseffekte im Wechselwirkungsverhältnis

Ein Rechtsvergleich mit dem US-Strafprozess

PETER LANG

Berlin - Bruxelles - Chennai - Lausanne - New York - Oxford

Bibliografische Information der Deutschen Nationalbibliothek
Die Deutsche Nationalbibliothek verzeichnet diese Publikation in der Deutschen Nationalbibliografie; detaillierte bibliografische Daten sind im Internet über http://dnb.d-nb.de abrufbar.

Diese Dissertation wurde von 2016–2017 finanziell durch das Elsa-Neumann-Stipendium des Landes Berlin unterstützt.

Zugl.: Berlin, Freie Univ., Diss., 2024

D 188
ISSN 0938-6181
ISBN 978-3-631-90165-6 (Print)
E-ISBN 978-3-631-91224-9 (E-PDF)
E-ISBN 978-3-631-91225-6 (E-PUB)
DOI 10.3726/b21408

info@peterlang.com http://www.peterlang.com/

Für Denver Elton Washington & Sylvia Washington

Inhaltsübersicht

Inhaltsverzeichnis

Einleitung

Konsensuale Erledigungsmethoden sind in der deutschen Strafprozessordnung schon lange kein Randphänomen mehr. Im Gegenteil – in vielerlei Hinsicht dominieren sie den modernen deutschen Strafprozess. Die Einführung des § 257c StPO hat in der Praxis und der juristischen Literatur heftige Diskussionen ausgelöst. Zum Teil wird von dem *Gesetz zur Regelung der Verständigung im Strafverfahren*[1] als vom „schwerste[n] Eingriff in das Gefüge der StPO [...] seit 1877“[2] gesprochen. Andere befürchten eine Amerikanisierung der deutschen Strafprozessordnung.[3] Absprachen markieren aber keinesfalls den Beginn des Wandels hin zu konsensualen Erledigungen. Viel mehr reihen sie sich in eine gesetzliche und tatsächliche Prozessentwicklung ein, die schon lange Elemente konsensualer Erledigungen stärkt. § 257c StPO ist weder die älteste noch die in der Praxis bedeutendste konsensuale Erledigungsvorschrift.

Mit der Einführung der Einstellungsregelung in § 153a StPO durch das EGStGB von 1974 sollte ein Instrumentarium zur flexiblen und praktikablen Handhabung der Bagatellkriminalität geschaffen werden.[4] Im Jahr 2019 gab es laut dem Statistischen Bundesamt in Deutschland 163.757 Einstellungen unter Auflage oder Weisungen nach § 153a StPO. Bei einer Gesamtzahl von ca. 5 Millionen erledigten Strafsachen handelt es sich mit ca. 3,4 % zunächst um einen kleinen Anteil aller Strafsachen.[5] Vergleicht man diese Zahl jedoch mit dem Prozentsatz der Strafsachen, in denen die Staatsanwaltschaft das Ermittlungsverfahren mit einem Antrag auf Anklage beendet – ca. 8,5 %[6] –, wird die quantitative Bedeutung des § 153a StPO deutlicher. § 153a StPO ist allerdings nur eine von vielen Einstellungsvorschriften mit konsensualem Erledigungscharakter. Der Antrag auf Strafbefehl ist nach der Einstellung aus Opportunitätsgründen (§§ 153 ff. StPO) und der Einstellung wegen mangelnden Tatverdachts

---

1 *Gesetz zur Regelung der Verständigung im Strafverfahren* vom 29. Juli 2009, BGBl. I, 2353.

2 *Stuckenberg*, LR-StPO, § 257c Rn. 1.

3 Siehe *Eschelbach*, SSW-StGB, § 46b Rn. 1; *Vogel*, GA 2011, 520 (520 ff.); *Rosenau*, FS-Puppe, S. 1597 (1604 ff.) (*Rosenau* bezeichnet plea bargaining hier als Pate der Absprachen).

4 *Weßlau*, SK-StPO, § 153a Rn. 1.

5 Vgl. Statistisches Bundesamt, Fachserie 10 Reihe 2.6, 2019, S. 26.

6 Vgl. Statistisches Bundesamt, Fachserie 10 Reihe 2.6 2019, S. 26.

nach § 170 Abs. 2 StPO (ca. 28,5 %) die von der Staatsanwaltschaft am häufigsten gewählte Erledigungsform.[7] Eine Gesamtzahl von 547.665 Strafbefehlsanträgen macht etwa 11 % aller Ermittlungsverfahren im Jahre 2019 aus. Mit dem Strafverfahrensänderungsgesetz (StVÄG) von 1987 sollte die Effizienz des Strafbefehlsverfahrens gesteigert werden. Heute wird dieses, neben den Einstellungsvorschriften, als „eines der wichtigsten Institute der Strafprozeßordnung zur ökonomischen Verfahrenserledigung"[8] bezeichnet.

Ausgangspunkt für konsensuale Erledigungsmethoden ist nicht zuletzt die seit den 90er Jahren stattfindende Ausdehnung und Verschärfung des materiellen Strafrechts. Zum Teil wird von einem „reflexartigen Rückgriff auf das Strafrecht" als gesellschaftlichen Steuerungsmechanismus gesprochen[9] – ein Phänomen, das auch in den USA unter dem Begriff „overcriminalization" heftig diskutiert wird.[10]

Ähnlich wie in Deutschland ist auch in den USA die Hauptverhandlung als zentrale Prozessphase ausgestaltet. Die Prozessrealität zeigt jedoch, dass etwa 97 % aller Strafverfahren ohne Hauptverhandlung erledigt werden.[11] Dabei handelt es sich aber nicht um eine systemimmanente Entwicklung, sondern eine seit den 70er Jahren stattfindende Systemverschiebung (Kapitel 2). Die funktionale Methode der Rechtsvergleichung (Kapitel 1 B.) erlaubt es strafprozessuale Entwicklungen in Deutschland und den USA anhand ihrer Funktion in der jeweiligen Rechtsordnung zu analysieren, strukturelle Vergleiche zu ziehen und wenn

---

7 Dies ergibt sich aus den Daten des Statistischen Bundesamtes für das Jahr 2019, vgl. hierfür Statistisches Bundesamt, Fachserie 10 Reihe 2.6, 2019, S. 26. Bezieht man alle Einstellungen aus Opportunitätsgründen mit ein (z. B. §§ 154 ff. StPO) ist das Feld noch breiter.

8 Siehe den „Entwurf eines Gesetzes zur Entlastung der Rechtspflege", BT-Drs. 12/1217, S. 42 (Gesetzesentwurf des Bundesrates).

9 *Singelnstein*, ZfRSoz 2014, 321 (325).

10 Siehe beispielsweise *Dervan*, J. L. Econ. & Pol'y 2011, 645 (649) ("By the turn of the twentieth century, plea bargaining was on the rise as overcriminalization flourished and courts became weighed down with ever growing dockets"); *Yankah*, New Crim. L. Rev 2011, 1 (1 ff.).

11 Siehe ausführlich hierzu National Association of Criminal Defense Lawyers, The Trial Penalty: The Sixth Amendment Right to Trial on the Verge of Extinction and How to Save it, 2018, S. 14, https://www.nacdl.org/getattachment/95b7f0f5-90df-4f9f-9115-520b3f58036a/the-trial-penalty-the-sixth-amendment-right-to-trial-on-the-verge-of-extinction-and-how-to-save-it.pdf (zuletzt abgerufen am 3. April 2023).

möglich, entsprechende Schlüsse für die deutsche Rechtsordnung zu identifizieren und nutzbar zu machen (Kapitel 6 B.).

Der Fokus der vorliegenden Arbeit liegt nicht auf der viel diskutierten Verfassungsmäßigkeit konsensualer Erledigungsmethoden, sondern auf *strukturellen* Implikationen, die de facto bereits zu einer Systemverschiebung des Strafprozesses geführt haben. Den Schwerpunkt der Untersuchung bilden hierdurch produzierte oder perpetuierte Diskriminierungseffekte.[12] Konsensuale Erledigungen stehen in direktem Zusammenhang zur Entformalisierung und Vorverlagerung des Strafprozesses. *Entformalisierung* meint hier primär die informelle Erledigung von Strafsachen außerhalb oder unter Verkürzung der Hauptverhandlung. *Vorverlagerung* bezieht sich in dieser Arbeit sowohl auf die Vorverlegung der *Prozessphasen* als auch auf die Vorverlagerung in *personeller* Hinsicht (Kapitel 1 C.). Die Bedeutungssteigerung des Ermittlungs- und Zwischenverfahrens zeigt sich in zweierlei Hinsicht. Einerseits können Strafverfahren mittels konsensualer Erledigung bereits im Ermittlungsverfahren zu einem Abschluss kommen.[13] Ermittlungen der Polizei und Staatsanwaltschaft bilden hierfür die primäre Entscheidungsgrundlage. Gleichzeitig entsteht aus Sicht des Beschuldigten ein immer stärkerer Druck schon in einem frühen Verfahrensstadium zu kooperieren.[14] Das liegt unter anderem an dem Beweismitteltransfer von Ermittlungs- und Zwischenverfahren in die Hauptverhandlung. Bemerkenswert ist in diesem Zusammenhang die hohe statistische Wahrscheinlichkeit einer Verurteilung in der Hauptverhandlung. Ein Freispruch ist in der deutschen Strafpraxis selten und wird zum Teil sogar als „Fehler" oder „unerwünschtes"[15] Ergebnis gesehen. Unschuldige Personen sollen bereits im Ermittlungs- und Zwischenverfahren identifiziert und aus dem System herausgefiltert werden. Im Jahre 2019 gab es deutschlandweit 287.689 Urteile vor den Amtsgerichten, davon waren 252.203 Verurteilungen und 27.445 Freisprüche.[16] Etwa 87,7 % der Hauptverfahren endeten also mit einer Verurteilung des Angeklagten.

Von einer signifikanten Filterwirkung des Hauptverfahrens kann kaum gesprochen werden. Die größte Filterwirkung hat das Vorverfahren. Umso

---

12 Siehe zur Ungleichbehandlung finanziell benachteiligter Beschuldigter durch Absprachen und den Strafbefehl, *Stratenwerth*, GA 2013, 111.

13 So beispielsweise bei § 153a und §§ 407 ff. StPO.

14 So geht *Sauer* davon aus, dass vor allem konsensuale Einstellungsvorschriften unschuldige Beschuldigte unter Kooperationsdruck setzen, vgl. *Sauer*, Konsensuale Verfahrensweisen im Wirtschafts- und Steuerstrafrecht, Rn. 8.

15 So *Thielmann*, ZRP 2010, 89 (89).

16 Vgl. Statistisches Bundesamt, Fachserie 10, Reihe 2.3, 2019, S. 32.

problematischer ist der Mangel an Partizipationsmöglichkeiten des Beschuldigten und aktiver bzw. offensiver Verteidigung in diesem Stadium. Mit dem Bedeutungszuwachs des Vorverfahrens eng verbunden ist eine Machtzunahme der Ermittlungspersonen, die schon frühzeitig über das *Ob* und *Wie* einer konsensualen Erledigung entscheiden. Der Beschuldigte hingegen hat keinen Anspruch auf konsensuale Erledigung – auch wenn die Voraussetzungen einer einschlägigen Vorschrift vorliegen sollten.

Der Bedeutungszuwachs des Vorverfahrens und die damit einhergehende Machtsteigerung der Staatsanwaltschaft sind im Zusammenspiel mit kognitiven Verzerrungen mit spezifischen Risiken verbunden. Fehler im Ermittlungsverfahren können sich in späteren Prozessphasen fortsetzen und sind dann nur noch schwer umzulenken.[17] Es besteht die gesteigerte Gefahr, dass ein einmal begonnener Ermittlungsansatz unkritisch weiterverfolgt wird (*confirmation bias*).[18] *Frühzeitige* Interventionsmöglichkeiten des Beschuldigten mittels engagierter und kompetenter Verteidigung sind entscheidend. Im bisherigen deutschen Strafprozess finden sich hierfür zwar nach aktuellen Gesetzesreformen mehr Möglichkeiten,[19] andererseits gibt es kaum Anstrengungen den Strafprozess – nicht nur punktuell, sondern systematisch – an strukturelle Verschiebungen zu Lasten Beschuldigter anzupassen.

Die vorliegende Arbeit argumentiert, dass passive Verteidigung in Deutschland nicht nur als rechtliches, sondern vor allem als *rechtskulturelles* Phänomen zu verstehen ist, welches Ermittlungsbehörden als neutrale Instanz begreift, die losgelöst von strukturellen Diskriminierungseffekten operieren. Diese rechtskulturelle Tendenz wird vor allem im Vergleich zur Verteidigungskultur in den USA deutlich. Rechtsvergleichende Betrachtungen beschränken sich häufig auf strafprozessuale Gesetze. Dabei geraten teilweise ungeschriebene, rechtskulturelle Unterschiede aus dem Fokus. Gerade aber diese Regeln bestimmen die Rolle der Ermittlungsbehörden und der Verteidigung deutlich mit (Kapitel 3 B. IV. 2. b). Die funktionale Methode der Rechtsvergleichung (Kapitel 1 B.) erlaubt es verschiedene Rechtssysteme in ihrem rechtskulturellen Kontext zu vergleichen. Diese rechtskulturellen Aspekte gehen über die bloße Einordnung eines Systems als „inquisitorisch" oder „adversatorisch" hinaus. Im Rahmen konsensualer Erledigungen gehört hierzu das Misstrauen gegenüber eigenständigen

17 *Peters*, Fehlerquellen im Strafprozeß, Bd. 2, S. 212.

18 *Schmitz*, Tatgeschehen, Zeugen und Polizei, S. 208 ff.

19 Insbesondere durch die Reform der notwendigen Verteidigung durch das *Gesetz zur Stärkung der notwendigen Verteidigung* vom 10.12.2019, BGBl. 2019, 2128.

Ermittlungen der Verteidigung und ihre Kehrseite: die Annahme, Ermittlungsbehörden handeln rechtmäßig und neutral.

Die vorliegende Arbeit argumentiert, dass der strukturelle Wandel des deutschen Strafprozesses durch konsensuale Erledigungsmethoden ohne eine systematische Stärkung von Beschuldigtenrechten diskriminierendes Potential hat. Für marginalisierte Personen[20] – finanziell benachteiligte Beschuldigte, Personen of Color[21], Beschuldigte ohne deutsche Staatsangehörigkeit und Beschuldigte, für die Sprachbarrieren bestehen – existieren mit der Konsensualisierung des Strafprozesses verbundene spezifische Diskriminierungseffekte (Kapitel 5). Besonders deutlich wird dies im Rahmen des § 153a StPO und der §§ 407 ff. StPO (Kapitel 5 C.). Kognitive Dissonanzen und Diskriminierungseffekte stehen in einem Wechselwirkungsverhältnis zu konsensualen Erledigungsmethoden. Gleichzeitig wurde bislang versäumt, den deutschen Strafprozess grundlegend an strukturelle Veränderungen anzupassen und Beschuldigtenrechte sowie Verteidigungsrechte effektiv zu stärken (Kapitel 4). Während die Diskussion um konsensuale Erledigungen in der verfassungsrechtlichen Grundsatzdiskussion verharrt, geraten mögliche Konsequenzen und Herausforderungen einer *System*verschiebung aus dem Fokus. Die vorliegende Arbeit schließt diese Lücke, indem sie nicht nur eine strukturelle Analyse der Systemverschiebung vornimmt, sondern auch entsprechende strukturelle Ausgleiche behandelt (Kapitel 6), die sich aus der Betrachtung des US-Strafprozesses ergeben.

Die Untersuchung ist in sechs Kapitel geteilt. *Kapitel 1* legt die methodische Grundlage der Dissertation und identifiziert die funktionale Rechtsvergleichung als primären methodischen Ansatz der darauf folgenden Überlegungen. Insbesondere Kapitel 6 vertieft die rechtsvergleichende Betrachtung. Der funktionale Ansatz erlaubt eine Problembetrachtung, die nicht allein von der eigenen Rechtsordnung ausgeht, sondern auch vorgelagerte rechtstatsächliche Phänomene berücksichtigt.

Kapitel 2 bietet einen ersten Überblick über Problemkreise des US-amerikanischen Strafprozesses, die im direkten Zusammenhang mit der dort

---

20 Marginalisierung meint hier den sozialen Vorgang, bei dem bestimmte Personen oder Personengruppen an den „Rand der Gesellschaft" gedrängt werden. Die Marginalisierung einer Person oder Personengruppe beruht auf tiefsitzenden gesellschaftlichen Machtverhältnissen. Siehe ausführlich hierzu *Wimmer*, ZQF 2018, 271 (271 ff.).

21 Aus dem Englischen „People of Color" (Singular: Person of Color) ist eine Selbstbezeichnung für nicht weiße Menschen, die Rassismus erfahren können. Siehe ausführlicher hierzu Kapitel 5 A. I. 1; zu dem Begriff weiß siehe auch Fn. 1022.

verbreitetsten Form der konsensualen Erledigung stehen – dem *plea bargaining*. Kapitel 2 eröffnet die Diskussion über den Zusammenhang zwischen konsensualen Erledigungen und Diskriminierungseffekten. Der US-Strafprozess stützt sich zur Erledigung der vielen Straffälle auf plea bargaining, welches wiederum zu einer Vorverlagerung, Entformalisierung und letztlich zu einer Perpetuierung von Diskriminierungseffekten führt. Im Unterschied zum deutschen Prozess, kennt der US-Strafprozess jedoch strukturelle Ausgleichsmechanismen, die diese Effekte antizipieren.

Kapitel 3 behandelt die *strukturelle* Systemverschiebung des deutschen Strafprozesses durch konsensuale Erledigungsmethoden. Der Fokus liegt hierbei auf den Phänomenen der *Vorverlagerung* und *Entformalisierung*. Betrachtet wird hier nicht nur der seit 2009 prominente § 257c StPO, sondern auch die Einstellung gegen Auflagen oder Weisungen gem. § 153a StPO, der Strafbefehl nach § 407 StPO, die Kronzeugenregelung nach § 46b StGB und sonstige konsensuale Erledigungsmethoden, die elementare Bestandteile des modernen deutschen Strafverfahrens darstellen. Das Kapitel zeigt auf, dass der deutsche Strafprozess immer mehr den Charakter eines „konsensual ausgelegten Verfahrens“[22] annimmt – trotz der gesetzgeberischen Behauptung, es existiere kein neues konsensuales Prozessmodell. Die Prozessrealität zeigt eine Veränderung der Gesamtstruktur, die zahlreiche Problemkreise nach sich zieht und strukturelle Lösungen verlangt. Was bedeutet diese Verschiebung für die verschiedenen Akteure des Strafverfahrens in Hinblick auf die prozessuale Waffengleichheit? Ist dem Beschuldigten eine effektive Partizipation garantiert? Welche Risiken sind hiermit verbunden und welche Schutzmechanismen existieren? Im Fokus stehen hier die Partizipation und der Schutz des Beschuldigten.

Kapitel 4 verbindet diese strukturelle Systemverschiebung mit darauf beruhenden bzw. dadurch bedingten *strukturellen Diskriminierungseffekten*. Die Vorverlagerung und Entformalisierung macht den deutschen Strafprozess besonders anfällig für kognitive Dissonanzen, deren Folgen im späteren Verfahren nur schwer zu korrigieren sind. Bisherige Betrachtungen konzentrieren sich meist auf institutionalisierte kognitive Dissonanzen im Zwischenverfahren. Im Ermittlungsverfahren, dessen Bedeutung stetig wächst, wird dasselbe Phänomen kaum näher betrachtet. Im Rahmen der NSU-Ermittlungen hat sich gezeigt wie kognitive Dissonanzen und Stereotype – mit schwerwiegenden Folgen – zusammenwirken können. Marginalisierte Personen sind hier besonders

---

22 *Britz*, JM 2014, 301.

betroffen. Das Fehlerrisiko durch kognitive Verzerrungen wird durch ein rechtskulturelles[23] Phänomen erschwert: Im Vergleich zu vielen anderen Rechtsordnungen sind deutsche Verteidigungsstrategien passiv und vor dem Hintergrund der Erwartung zu verstehen, dass die Staatsanwaltschaft als neutrale Behörde gleichermaßen für und gegen den Beschuldigten ermittelt, Verfahrensvorschriften regelmäßig einhält und ihr Ermessen ausschließliche diskriminierungsfrei einsetzt. Die passive Verteidigungsposition ist vor allem dem rechtskulturellen Verständnis der Rolle des Verteidigers geschuldet und beruht nicht primär auf rechtlichen Erwägungen. Regelmäßig wird der aktive Einsatz eines Verteidigers in Deutschland erst in der Hauptverhandlung erwartet. Ein gewisser „culture shift" hin zu einer aktiveren, frühzeitigen Verteidigung hat sich bislang nur im Bereich des Wirtschaftsstrafrechts eingestellt.[24] Ein grundlegender Wandel lässt sich jedoch nicht ausmachen. Weder das derzeitige Recht auf Pflichtverteidigung noch andere Interventionsmöglichkeiten – beispielsweise das Beweisantragsrecht – sind ausreichend als Schutz- bzw. Filtermechanismen ausgestaltet.

Kapitel 5 vertieft die in Kapitel 4 begonnene Betrachtung der Diskriminierungseffekte. Der Fokus liegt in diesem Kapitel auf möglichen rassistischen Diskriminierungseffekten. Die Betrachtung legt ein kritisches[25] Rassismusverständnis zu Grunde. Es geht dabei nicht primär um direkte, intendierte Ungleichbehandlungen, sondern Strukturen, die für eine Ungleichbehandlung besonders anfällig sind. Das strukturelle Diskriminierungsrisiko konsensualer Erledigungsmethoden für marginalisierte Personen wird anhand des § 153a StPO und der §§ 407 ff. StPO exemplifiziert. Mangels umfassender Datenerhebungen in Deutschland wird hier vor allem auf Einzelfälle Bezug genommen. Insofern reiht sich diese Untersuchung in eine lange Tradition US-amerikanischer Rechtswissenschaftler ein, Diskriminierungseffekte im Rechtssystem durch

---

23 Kulturelles Phänomen meint in diesem Zusammenhang eine allgemein akzeptierte Praxis der Verfahrensbeteiligten, die sich nicht aus einer gesetzlichen Regelung, sondern aus einem kollektiven Verständnis der relevanten Akteure ergibt.

24 *Ulsenheimer/Rock*, M&A Review 1991, 1 (1 ff.); siehe zur Problematisierung selbstständiger Ermittlungen des Strafverteidigers in Wirtschaftsstrafsachen *Spoerr*, StV 2019, 697 (700 ff.).

25 Gemeint ist ein Rassismusverständnis, das rassistische Gruppierungen als ein gesellschaftliches Konstrukt und nicht auf biologischen Unterschieden beruhend versteht. Ausführlich zu diesem Begriff vgl. Kapitel 5 A. I. 2.

Einzelfalldarstellungen und marginalisiertes Wissen in den breiteren rechtswissenschaftlichen Diskurs einzubinden.[26]

Kapitel 6 bietet Lösungsansätze für die zuvor behandelten strukturellen Diskriminierungseffekte. In diesem Teil liegt der Fokus auf drei Mechanismen aus dem US-Strafprozess: Institutionalisierte Pflichtverteidigung, das *subpoena* Recht der Verteidigung und das Recht auf effektive Verteidigung des Beschuldigten. Anschließend wird die Übertragbarkeit dieser Mechanismen diskutiert. Dabei geht es nicht um eine unmittelbare Übertragung US-amerikanischer Rechtsinstitute, sondern darum, ob einige Aspekte für die Diskussion des Wandels des deutschen Strafprozesses fruchtbar gemacht werden können.

Im letzten Abschnitt werden die Problemkreise und Lösungsansätze zusammenfassend dargestellt und die Notwendigkeit weiterer Forschung aufgezeigt. Der strukturelle Fokus der vorliegenden Untersuchung macht eine übergreifende Betrachtung nationalen Rechts, europarechtlicher Vorgaben und rechtsvergleichender Elemente (USA-Deutschland) notwendig.

---

26 Siehe beispielsweise *Bell*, Faces at the Bottom of the Well, passim; *Williams*, The Alchemy of Race and Rights, passim; *Ewick/Silbey*, Law & Soc'y Rev. 1995, 197; *Miller*, Mich L. Rev. 1994, 485; *Abrams*, Cal. L. Rev. 1991, 971.

Kapitel 1: Grundlagen

Die vorliegende Arbeit ist eine rechtsvergleichende. Entsprechend wird zunächst die Relevanz strafprozessrechtlicher Rechtsvergleichung zusammengefasst dargestellt (A). Im Anschluss wird die methodische Grundlage gelegt (B). Im Fokus steht hierbei die funktionale Methode der Rechtsvergleichung, auf die im Laufe der Arbeit immer wieder – explizit und implizit – Bezug genommen wird. Im letzten Teil werden einige Begriffe erläutert, die für die folgenden Kapitel zentral sind (C). Der Anspruch ist hierbei nicht *alle* für diese Arbeit wichtigen Begriffe zu erklären, sondern eine Grundlage zu schaffen, die für die Behandlung konsensualer Erledigungen in den folgenden Abschnitten entscheidend ist. Der Fokus liegt daher auf den Begriffen „konsensual", „Vorverlagerung" und „Entformalisierung". Diese drei Begriffe sind entscheidend für die Diskussion eines strukturellen Wandels des deutschen Strafprozesses. An anderen Stellen werden weitere Schlüsselbegriffe näher erläutert, insbesondere solche, die für die Untersuchung von Diskriminierungseffekten bedeutsam sind (so beispielsweise in Kapitel 5 A.).

A. Telos strafrechtlicher Rechtsvergleichung in einer globalisierten Welt

Im straf- und strafprozessrechtlichen Diskurs gibt es immer noch Zweifel darüber, ob es sich bei dem Rechtsvergleich um eine sinnvolle wissenschaftliche Methode handelt.[27] Ein Grund hierfür ist die traditionell verhaftete nationale und kulturelle[28] Prägung strafrechtlicher Normen. Häufig werden die eigenen Regelungen intuitiv und unkritisch als gerechter oder passender wahrgenommen. Es gibt neben dem bloßen akademischen Interesse jedoch einige praktische Gründe, sich auch im Strafprozessrecht von der absoluten Konzentration auf die eigene Rechtsordnung zu lösen.[29]

Zum einen macht die steigende Anzahl und Komplexität von *cross-border investigations*[30] eine Zusammenarbeit verschiedener nationaler Ermittlungsbehörden notwendig. Eine solche Zusammenarbeit ist jedoch nur dann effektiv,

---

27 *Dubber*, J. Legal Educ. 2006, 433 (435).

28 Zur kulturellen Prägung des Strafrechts siehe *Beck*, ZKKW 2015, 99 (106).

29 *Ambos*, RW 2017, 247 (251 ff.).

30 Englisch für „grenzübergreifende Ermittlungen".

wenn sowohl eine gewisse Kenntnis als auch Akzeptanz der jeweils fremden Rechtsordnung besteht. Interessant ist die Strafrechtsvergleichung aber auch vor dem Hintergrund internationaler Strafgerichtshöfe, für die diverse Vorstellungen von Recht und Gerechtigkeit ausgehandelt und verbindlich festgelegt werden müssen.[31]

Vielfach wird behauptet, der deutsche Strafprozess werde amerikanisiert.[32] Die Richtigkeit dieser Behauptung kann nur mittels präziser Rechtsvergleichung bestätigt oder verneint werden. Rechtsvergleichung kann auch im Rahmen von Reformüberlegungen ein hilfreiches Instrument darstellen. Insbesondere dann, wenn zwei verschiedene Rechtsordnungen vor ähnlichen Problemen stehen.

Rechtsvergleichende Forschung kann dazu beitragen, ein besseres Verständnis der eigenen Rechtsordnung zu gewinnen. Regelungen, die für selbstverständlich gehalten werden, mögen nach Betrachtung fremder Rechtssysteme und ihrer Antworten auf ähnliche Lebenssachverhalte in einem anderen – einem reflektierten – Licht erscheinen. Sofern die eigene Rechtsordnung einen engen Bezug zu einer fremden aufweist, mag erst der Rechtsvergleich ein umfassendes Verständnis der eigenen Regelungen ermöglichen.[33] In einigen Fällen mag der Rechtsvergleich eine Hilfe für den Gesetzgeber darstellen. Fremde Regelungsmechanismen für ähnliche Sachprobleme können – sofern sich dies für die konkrete Rechtsfrage anbietet – dem nationalen Gesetzgeber als Modell dienen.[34]

Rechtsvergleich mag jedoch einen noch grundsätzlicheren Einblick darin gewähren, wie unterschiedlich und differenziert die Erfassung von Lebenssachverhalten durch das Recht erfolgen kann. Der Rechtsvergleicher ist idealerweise in der Lage, das Recht als globales Phänomen zu begreifen und entsprechend allgemeine Konzepte abzuleiten.[35] Gleichzeitig mag hierdurch auch das kritische Bewusstsein darüber gestärkt werden, dass die Handhabung eines bestimmten Sachverhalts in der eigenen Rechtsordnung gerade nicht selbstverständlich oder universell ist.

---

31 Siehe hierzu beispielsweise die Diskussion um plea bargaining in Internationalen Strafverfahren, *Turner*, U. Pacific L. Rev. 219 (239 ff.).

32 *Malek*, StV 2011, 559 (565).

33 *Sacco*, AJCL 1991, 1 (5).

34 *Jescheck*, CILSA 1976, 199 (202).

35 *Siems*, Comparative Law, S. 3.

B. Methodik der Rechtsvergleichung

Inhalt und Methodik der Rechtsvergleichung werden kontrovers diskutiert. Es besteht schon kein abschließender Konsens darüber, was unter dem Begriff Rechtsvergleich inhaltlich zu verstehen ist.[36]{Hertel, 2010 #14} Zum Teil wird Rechtsvergleich als völlig frei handhabbar, ohne festgelegten inhaltlichen Kanon begriffen.[37] Nach *Kischel* müsse Rechtsvergleich von der bloßen Auslandskunde abgegrenzt werden. Die Auslandskunde bilde lediglich den Ausgangspunkt einer jeden rechtsvergleichenden Betrachtung, insofern als zunächst das ausländische Recht ermittelt werden müsse, um vergleichend arbeiten zu können.[38]

In diesem Abschnitt wird die Grundlage für den in der Untersuchung verwendeten rechtsvergleichenden Forschungsansatz gelegt. Zunächst werden Methoden der Rechtsvergleichung (I. und II.) dargestellt, um schließlich einen geeigneten methodischen Ansatz für die Betrachtung von Absprachen in Deutschland und den USA (III.) vorzustellen. Im Mittelpunkt der Betrachtung steht die funktionale Methode als die klassische rechtsvergleichende Methode.

Aus einer rechtsvergleichenden Untersuchung ist nur dann wissenschaftlich Brauchbares abzuleiten, wenn die dabei verwendete Forschungsmethode genannt, beschrieben und ihre Auswahl begründet wird. In den neunziger Jahren wurde noch das Fehlen einer fundierten methodischen Grundlage für den Rechtsvergleich bemängelt.[39] Heute gibt es zahlreiche methodische Ansätze. Die Landschaft rechtsvergleichender Literatur zeichnet sich durch eine erhebliche Bandbreite bestehender Positionen aus, die sich zum Teil nur in ihren Details unterscheiden. Eine umfassende oder gar abschließende Darstellung ist im Rahmen der vorliegenden Betrachtung nicht sinnvoll zu leisten. Stattdessen soll die klassische Methode – die funktionale – als Ausgangspunkt dienen. Im Folgenden werden ihr wesentlicher Inhalt und die an ihr geübte Kritik dargestellt. Anschließend werden einige alternative Ansätze zusammengefasst. Es folgt eine Stellungnahme zur funktionalen Methode und Ausführungen zur Besonderheit des Rechtsvergleichs für Absprachen in der US-amerikanischen und deutschen Rechtsordnung.

---

36 *Siems*, Comparative Law, S. 5; *Samuel*, An Introduction to Comparative Law Theory and Method, S. 8 ff.

37 *Kahn-Freund*, Comparative Law as an Academic Subject, S. 41.

38 *Kischel*, Rechtsvergleichung, S. 30.

39 *Siems*, Comparative Law, S. 33.

I. Die Funktionale Methode

Die funktionale Methode – wenn es *die* funktionale Methode denn gibt[40] – ist trotz teils heftiger Kritik nach wie vor die klassische rechtsvergleichende Methode.[41] Sie wird von *Michaels* sowohl als „Mantra" als auch als „bête noire"[42] des Rechtsvergleichs bezeichnet. *Kötz* und *Zweigert* postulierten diese Methode erstmals 1971 in ihrem Grundlagenwerk[43] und beeinflussten damit den methodischen Diskurs nachhaltig. Es handelt sich wohl noch immer um die leitende wissenschaftliche Schrift zur funktionalen Methode. Bis heute prägt sie den Diskurs sowohl als Grundlage rechtsvergleichender Forschung als auch als Anknüpfungspunkt für Kritik und die Entwicklung alternativer Konzepte. *Kötz* und *Zweigert* beschreiben das „Monopol"[44] der funktionalen Methode folgendermaßen:

> „Das methodische Grundprinzip der gesamten Rechtsvergleichung, aus dem sich alle anderen Methodenlehrsätze [...] ergeben, ist das der *Funktionalität*"[45].

Vor ihnen wandte *David* die funktionale Methode auf soziologische und anthropologische Forschung an. Es handelt sich insofern um einen Ansatz, der auch losgelöst von der Rechtsvergleichung wissenschaftliche Anwendung findet.[46]

Im Folgenden sollen die Prämisse und der Inhalt dieser klassischen Methode, ihre Kritik sowie Alternativen dargestellt werden.

1. Prämisse und Inhalt

Es wäre inkorrekt von der *einen* funktionalen Methode zu sprechen. Tatsächlich lassen sich zahlreiche Varianten ausmachen. Hierauf nimmt *Michaels*

---

40 Der Vollständigkeit halber sei hier erwähnt, dass es nicht *eine* funktionale Methode, sondern viele verschiedene Varianten dieser Methode gibt. Näher hierzu *Michaels*, in: Reimann/Zimmermann, The Oxford Handbook of Comparative Law, S. 348 ff.

41 Diese Methode wird auch als anerkannter Standard bezeichnet, vgl. *Sieber*, in: Strafrechtsvergleichung im Wandel. Aufgaben, Methoden und Theorieansätze der vergleichenden Strafrechtswissenschaft, S. 78, 112.

42 *Michaels*, in: Reimann/Zimmermann, The Oxford Handbook of Comparative Law, S. 346.

43 *Zweigert/Kötz*, Introduction to Comparative Law, S. 33 ff. Dieses Grundlagenwerk von *Zweigert* und *Kötz* erschien erstmals im Jahre 1971.

44 So *Michaels*, in: Reimann/Zimmermann, The Oxford Handbook of Comparative Law, S. 349.

45 *Zweigert/Kötz*, Introduction to Comparative Law, S. 33.

46 *Davis*, Am. Sociol. Rev. 1959, 757 (757 ff.).

Bezug, wenn er ausführt: „[...] there is not one ('the') functional method, but many."[47] Nichtsdestotrotz lassen sich alle Varianten auf wesentliche Kernaussagen reduzieren. Die Grundannahme der funktionalen Methode ist, dass in jeder Gesellschaft ähnliche Probleme existieren, die von den Rechtsordnungen auf unterschiedliche Art gelöst werden. Der Untersuchungsgegenstand ist der vorgelagerte Lebenssachverhalt und nicht erst die diesen Sachverhalt regelnde Norm. Dieser Ansatz erlaubt eine Problembetrachtung, die nicht von der eigenen Rechtsordnung ausgeht, sondern das vorgelagerte tatsächlichen Phänomen berücksichtigt.[48] Getrennte Rechtssysteme seien über ihre jeweiligen *Funktionen* – also ihre Antwort auf ein gesellschaftliches Problem – miteinander verbunden. Die Funktion wird so zur Schnittstelle zwischen fremder und eigener Rechtsordnung.[49]

Normativ-deskriptive Ansätze gehen hingegen in einem ersten Schritt von dem eigenen dogmatischen Standpunkt aus. Das vertraute Rechtssystem dient als Arbeitshypothese. Das fremde Recht wird ausgelegt und systematisiert, um es in einem letzten Schritt zu bewerten.[50] Das mit diesem Ansatz verbundene Problem ist naheliegend: Nimmt man das eigene Rechtssystem als Ausgangspunkt für eine rechtsvergleichende Analyse, wird das Ergebnis zumindest in Teilen präjudiziert. Mit einem funktionalen Ansatz hingegen können Rechtsprobleme auch dann sinnvoll verglichen werden, wenn sie in der jeweiligen Rechtsordnung völlig unterschiedlich ausgestaltet sind. Die einzige Voraussetzung bleibt die Vergleichbarkeit der Funktionen. Befürworter der funktionalen Methode gehen so weit zu behaupten, Rechtswissenschaftler blieben „Gefangene ihrer Kultur"[51], wenn sie vergleichbare Rechtsphänomene nicht unter dem Gesichtspunkt der Funktionalität untersuchen.[52] So mag – was noch zu untersuchen ist – plea bargaining in den USA im Vergleich zu konsensualen Erledigungen in Deutschland völlig anderen Prinzipien folgen.[53] Entscheidend wäre aber allein, ob diesen Instituten in beiden Rechtsordnungen ähnliche Funktionen zukommen. Das Hinterfragen der in der eigenen Rechtsordnung typischerweise

---

47 *Michaels*, in: Reimann/Zimmermann, The Oxford Handbook of Comparative Law, S. 348; zu deutsch: „Es gibt nicht die eine funktionale Methode, sondern viele."

48 *Eser*, FS-Kaiser, S. 1521.

49 *Coendet*, Rechtsvergleichende Argumentation, S. 158 f.

50 Ausführlich zur normativ-deskriptiven Methode *Jescheck*, Entwicklung, Aufgaben und Methode der Strafrechtsvergleichung, S. 37 ff.

51 *Samuel*, An Introduction to Comparative Law Theory and Method, S. 67.

52 *Samuel*, An Introduction to Comparative Law Theory and Method, S. 67.

53 Siehe hierzu Kapitel 2 A. V. und Kapitel 6 A.

verankerten Lösungsansätze bietet die Chance, völlig neue Kenntnisse zur Lösung vergleichbarer Problemkreise zu gewinnen.[54] Idealerweise kann sich der Rechtsvergleicher von seinem zwangsweise beschränkten, da national geprägten, Rechtsverständnis lösen.[55] Für Absprachen bedeutet dies die Perspektive des Inquisitionsprozesses zu verlassen.

Die funktionale Methode bietet den Vorteil, dass das Recht nicht losgelöst *von*, sondern *in* seinem gesellschaftlichen Kontext gesehen wird. Einige Befürworter der klassischen Methode sehen in ihr ein Instrument, um die „richtige Lösung" zu finden.[56] Ein Grundanliegen der funktionalen Methode ist die Herausarbeitung von Konvergenzen. Dabei wird von der Ähnlichkeit verschiedener Rechtssysteme ausgegangen.[57]

Zusammenfassend lassen sich die Schritte der funktionalen Rechtsvergleichung folgendermaßen skizzieren. *Erstens*, der Ausgangspunkt ist ein konkreter Lebenssachverhalt und ein damit verbundenes faktisches Problem – nicht die jeweilige Rechtsnorm. Erst in einem *zweiten* Schritt sind die *rechtlichen* Lösungen für das relevante Problem in den betrachteten Rechtsordnungen zu untersuchen. An dieser Stelle wird die *Funktion* der rechtlichen Regelung betrachtet. Im *dritten* Schritt ist das rechtsvergleichende Ergebnis zu erarbeiten. Im Vergleichsprozess ist zu beachten, dass die funktionale Methode keinen starren Ablauf kennt. Die konkrete Ausgestaltung der Schritte ist flexibel und entsprechend der rechtlichen Fragestellung und der jeweiligen Rechtsordnungen zu handhaben.

2. *Kritik*

Auch wenn die funktionale Methode nach wie vor die klassische Methode der Rechtsvergleichung ist, soll die an ihr geübte Kritik nicht unberücksichtigt bleiben. Die folgende Darstellung beschränkt sich auf die Hauptkritikpunkte. Diese betreffen die Bedeutung des Begriffs der *Funktion*, die Voraussetzung der *Vergleichbarkeit* der untersuchten Rechtsordnungen und eine damit einhergehende Begrenzung des Anwendungsfalles, die Konzentration auf *Konvergenzen* statt Differenzen, die *positivistische Ausrichtung* der klassischen Methode, die *Bindung an den eigenen Kulturkreis* und die unvermeidbare *Voreingenommenheit* des Forschenden durch die eigene Rechtsdogmatik und Rechtssystematik.

---

54 *Kischel*, Rechtsvergleichung, S. 93.

55 *Samuel*, An Introduction to Comparative Law Theory and Method, S. 67.

56 *Gordley*, AJCL 1998, 607 (613).

57 *Zweigert/Kötz*, Introduction to comparative law, S. 39.

Zusammengefasst dargestellt wird auch die von der *postmodernen Bewegung* ausgehende Kritik.

Bedenken gegen die funktionale Methode knüpfen bereits an der ihr zu Grunde liegenden Prämisse an, dass das Recht eine bestimmte Funktion erfülle. Eine solche lasse sich nicht immer eindeutig bestimmen und sei darüber hinaus abhängig vom Adressatenkreis und gesellschaftlichen Werten.[58] In den Fällen, in denen dem Recht eine spezifisch benennbare Funktion zukomme, vermöge es diese in der Praxis nicht immer effektiv zu verwirklichen – so zum Beispiel bei dysfunktionaler Gesetzgebung – oder habe diesen Anspruch von vornherein nicht. So zum Beispiel im Falle symbolischer Gesetzgebung.[59] Eine Betonung der Funktion sei daher unangebracht. Die funktionale Methode führe in einigen Fällen zu absurden Ergebnissen. Insbesondere wenn zwei Regelungen, die inhaltliche Ähnlichkeiten aufweisen, allein deshalb nicht verglichen werden können, weil sie unterschiedliche Funktionen erfüllen.[60]

Bemängelt wird auch die vermeintlich unzureichende rechtstheoretische Grundlage der funktionalen Methode. Es gebe keine festgelegten Kriterien nach denen man bestimmen könne, ob eine Funktion in der einen vergleichbar mit der in einer anderen Rechtsordnung ist. Das Kriterium der Vergleichbarkeit führe zu einer Tendenz der Beschränkung auf westliche Rechtsordnungen, denn nach der Logik eines funktionalen Ansatzes könne nur das sinnvoll verglichen werden, was bereits einen gewissen Grad an Vergleichbarkeit aufweise.[61] Mehr noch, es könne zu einer fehlerhaften Interpretation nicht westlicher Rechtssysteme kommen, da bereits die Vorstellung durch den Staat geschaffenes Recht müsse eine bestimmte gesellschaftliche Funktion erfüllen, eine originär westliche sei.[62]

Ein weiterer Kritikpunkt bezieht sich auf die Grundannahme der funktionalen Methode. Der klassische Rechtsvergleicher vermutet, dass verschiedene Rechtsordnungen mit ähnlichen Rechtsproblemen befasst sind und darauf mit – bis ins Detail – vergleichbaren Lösungen reagieren. Diese Annahme wird auch als *„praesumptio similitudinis“*[63] bezeichnet. So mag zwar der verwendete Mechanismus sehr unterschiedlich ausgestaltet sein, die Lösung sei dennoch ähnlich.

---

58 *Kischel*, Rechtsvergleichung, S. 93.

59 *Kischel*, Rechtsvergleichung, S. 93.

60 *Monateri*, Methods of Comparative Law, S. 27; *Siems*, Comparative Law, S. 27.

61 *Siems*, Comparative Law, S. 27.

62 *Siems*, Comparative Law, S. 39.

63 Der Begriff *praesumptio similitudinis* wurde von *Zweigert* und *Kötz* geprägt, vgl. *Zweigert/Kötz*, Introduction to comparative law, S. 40.

Hierzu wird kritisch bemerkt, dass die funktionale Methode übermäßig auf Konvergenz der Rechtssysteme statt auf ihre Differenzen konzentriert sei.[64] Problematisch sei die darin liegende Tautologie: Nach der funktionalen Methode sei die Ähnlichkeit von Rechtsordnungen nicht nur ein wahrscheinliches Ergebnis, sondern darüber hinaus Bestätigung des methodologischen Ansatzes selbst.[65]

Die funktionale Methode habe eine positivistische – also eine auf das bereits existierende Recht – konzentrierte Ausrichtung. Vermissen lasse sie die Untersuchung der praktischen Durchsetzung des Rechts durch zuständige Institutionen.[66] *Sacco* führt hierzu aus, dass für den Rechtsvergleich nicht lediglich das geschriebene Recht, sondern ebenso Rechtsprechung und Meinungen in der Literatur berücksichtigt werden müssen, unabhängig davon, ob diese von dem jeweiligen Rechtssystem als Rechtsquelle anerkannt sind.[67] Er prägte in diesem Zusammenhang den Begriff des „*crypotype*"[68]. Gemeint ist damit die Gesamtheit dessen, was – im Gegensatz zum „*synecdoche*" – nicht ohne einen tieferen Einblick in die fremde Rechtsordnung und ihren gesellschaftlichen Kontext zu entdecken sei, aber das *gelebte* Recht eines Landes ebenso ausmache. Zum gelebten Recht – von ihm als „*legal formants*" bezeichnet – gehören Gesetze, Rechtsprechung und Auffassungen von Rechtswissenschaftlern. Eine Sichtbarkeit der „*legal formants*" könne nach *Sacco* nur durch Vergleich mit anderen Rechtsordnungen erreicht werden, da nicht alle Elemente ohne Weiteres auszumachen seien. Zu diesen nicht offensichtlich erkennbaren Elementen gehören nach *Sacco* unter anderem Ideologie und Prämisse des Gesetzgebers, der Rechtswissenschaftler und rechtsprechender Personen.

Weiterhin wird eingewandt, dass kulturelle Hintergründe des Rechtssystems nicht ausreichend berücksichtigt werden. Dem Rechtsvergleicher gelinge nur ein oberflächliches Eindringen in die jeweilige Rechtsordnung. Die relevante Rechtsnorm stehe zu sehr im Fokus und bleibe isoliert von ihrem sozialen und kulturellen Kontext.[69] Hieran schließt sich die Kritik an, dass die funktionale Methode zu sehr von anderen Geisteswissenschaften wie der Soziologie und den Kulturwissenschaften isoliert sei.

---

64 *Grosswald Curran*, AJCL 1998, 43 (67 ff.).
65 *Grosswald Curran*, AJCL 1998, 43 (67).
66 *Grossfeld*, in: Legrand/Munday, Comparative Legal Studies, S. 180.
67 *Sacco*, AJCL 1991, 1 (1 ff.).
68 *Sacco*, AJCL 1991, 343 (384 f.).
69 *Gerber*, AJCL 1998, 719 (722).

Kritiker der funktionalen Methode bezweifeln, dass Forschung völlig frei von Voreingenommenheit sein kann. Die funktionale Methode setze aber gerade voraus, dass sich der Forscher von der ihm vertrauten Rechtsordnung radikal lösen kann. Die Subjektivität des Forschers spiele allerdings auch immer eine Rolle.[70] Die Einnahme eines neutralen Standpunktes sei schlicht nicht möglich und auch nicht zielführend, denn ohne Verständnis der eigenen Rechtsordnung sei Erkenntniserlangung über eine andere Rechtsordnung nicht denkbar.[71]

Die radikalste Kritik an der klassischen Methode geht von der postmodernen Strömung aus, der ein völlig anderes Paradigma zu Grunde liegt. Obwohl postmoderne Standpunkte teilweise schwer von bereits bestehenden Auffassungen abzugrenzen sind, lassen sich doch gemeinsame Faktoren ausmachen: Die Betonung der Diversität von Werten und die Ablehnung der Vorstellung einer Konvergenz der Rechtssysteme im Ganzen. Strikt abgelehnt wird der Rechtsimperialismus oder Rechtskolonialismus und das Bewerten einer Rechtsordnung durch die Brille der eigenen.[72] Damit geht die Ablehnung jeglicher Wertung einher. Entsprechend kritisiert das postmoderne Konzept nicht lediglich die funktionale Rechtsvergleichung, sondern Kategorien rechtswissenschaftlichen Denkens im Allgemeinen.[73] Die postmoderne Rechtsvergleichung wird primär von drei Merkmalen geprägt: Der organischen Rechtsauffassung, dem erkenntnistheoretischen Skeptizismus und dem moralischen Relativismus.[74] Organische Rechtsauffassung bezieht sich darauf, wie der Begriff Recht zu verstehen ist. Nach der postmodernen Auffassung soll darunter jeder intersubjektive Satz fallen, der dem Einzelnen ein Sollen auferlegt. Zwischen gesellschaftlicher Erwartung und dem staatlichen Recht wird keine Differenzierung vorgenommen. Betont wird eine besondere Kulturgebundenheit des Rechts. Um es mit den Worten von *Legrand* zu sagen: „La comparaison des droits sera CULTURELLE [sic] ou ne sera pas."[75] Unter *erkenntnistheoretischem Skeptizismus* ist die Auffassung zu verstehen, dass völlig neutrale, objektive Rechtsvergleichung auf Grund national geprägter Vorverständnisse nie möglich sei.[76] Der *moralische*

---

70 *Legrand*, Le droit comparé, S. 59.

71 *Legrand*, Le droit comparé, S. 252, 292; *Lüderssen*, StV 1991, 482 (485); *Lüderssen*, ZStW (104) 1992, 735 (748, 751 f.).

72 *Demleitner*, AJCL 1998, 647 (653).

73 Darstellung bei *Kischel*, Rechtsvergleichung, S. 103 ff.

74 Ausführlicher zu diesen Begriffen *Richers*, ZaöRV 2007, 509 (521 ff.).

75 *Legrand*, Le droit comparé, S. 119 (zu deutsch: „Der Rechtsvergleich ist entweder ein kultureller Vergleich oder gar kein Vergleich").

76 *Palmer*, AJCL 2005, 261 (269 ff.).

Relativismus bezeichnet das Verbot der Suche nach der *einen* richtigen Lösung – insofern handelt es sich nicht um einen originär postmodernen Gedanken – und lehnt die klassische Methode als Form des rechtlichen Kolonialismus westlicher Rechtsmodelle[77] grundsätzlich ab.[78]

II. Alternativen zur funktionalen Methode

Angesichts dieser Einwände ist angezeigt, einen Überblick über die in der Literatur verbreiteten Alternativen zu geben. Es bleibt auch hier bei einer überblicksartigen Vorstellung ausgewählter methodischer Ansätze.

1. Ökonomische Analyse und Rechtsvergleichung

Comparative Law and Economics Ansätze stehen der klassischen Methode nahe. Inhaltlich geht es darum, Kenntnisse aus der *ökonomischen Analyse des Rechts* für die Rechtsvergleichung fruchtbar zu machen. Dieser Ansatz lässt sich daher ohne einen Blick auf die Lehre der ökonomischen Analyse nicht sinnvoll erklären.

Die Ökonomische Analyse begreift das Recht als einen Steuerungsmechanismus, der Anreize für erwünschtes Verhalten setzt und für unerwünschtes Verhalten abschreckend wirkt. Das Besondere ist nicht, dass Recht überhaupt als ein Steuerungsmechanismus begriffen wird, sondern, dass die ökonomische Analyse die steuernde Wirkung des Rechts als ihre *einzige* Aufgabe begreift. Zentral ist die Konzentration auf Effizienz. Andere Aspekte – wie etwa die Frage nach der gerechtesten Lösung – werden von vornherein nicht berücksichtigt. *Mattei* drückt es wie folgt aus: „Legal Interpretation should not be guided by justice. It should be guided by efficiency."[79]

Die ökonomische Rechtsvergleichung überträgt dieses Kriterium aus der ökonomischen Analyse und ergänzt es um weitere Faktoren, insbesondere um das Kriterium der Konzentration auf das gelebte statt auf das geschriebene Recht. Gerade dieses Kriterium wird auch von Vertretern der funktionalen Methode postuliert. Effizienz meint im Falle der ökonomischen Rechtsvergleichung das Finden der „besten" unter mehreren rechtlichen Lösungen. Im Ergebnis werden hier also Grundsätze der ökonomischen Analyse herausgegriffen und

---

77 *Menski*, Hindu Law, S. 575.

78 *Demleitner*, AJCL 1998, 647 (655).

79 *Mattei*, Comparative Law and Economics, S. 3 (zu deutsch: „Juristische Interpretation sollte nicht von Gerechtigkeit, sondern Effizienz geleitet sein.")

modifiziert. Zum Teil wird der ökonomischen Rechtsvergleichung vorgeworfen, sich lediglich des „Etikett[s]“[80] der ökonomischen Analyse zu bedienen, anstatt sie tatsächlich als theoretische Grundlage zu verwenden.

2. *Konzeptuelle Methode der Rechtsvergleichung von* Brand

Die von *Brand* für den Rechtsvergleich entwickelte Methode der konzeptuellen Rechtsvergleichung entstammt einer in den Natur- und Sozialwissenschaften bereits lang etablierten Methode.

Die konzeptuelle Rechtsvergleichung lehnt die Grundannahmen der funktionalen Methode ab und begründet eigene – insbesondere drei – Prinzipien. *Erstens*, das Recht sei ein normatives System, das aus folgenden Elementen besteht: Regeln, Grundsätzen und Institutionen. Die exakte Ausprägung dieser Elemente muss für die jeweils zu vergleichenden Rechtssysteme genau untersucht werden. *Zweitens*, Rechtsvergleich ist nie völlig neutral, sondern durch Vorkenntnisse des Vergleichers subjektiviert. *Drittens*, es sei Aufgabe des Rechtsvergleichers neutrale, abstrakte Konzepte durch einen „induktiven Prozess“[81] aus dem existierenden Recht abzuleiten.

Ausgangspunkt der konzeptuellen Methode ist nicht das soziale Problem, sondern ein *faktischer Sachverhalt* innerhalb eines Rechtssystems. Wenn dieser ermittelt ist, werden die strukturellen Bestandteile der rechtlichen Institutionen und die auf den Sachverhalt anzuwendenden Konsequenzen extrahiert.[82]

Die konzeptuelle Rechtsvergleichung sieht ein zweiphasiges Modell vor. In der *ersten Phase* wird durch Betrachtung verschiedener Rechtsinstitute der zu vergleichenden Rechtssysteme ein allgemeines „Konzept herausdestilliert“[83]. Kernaufgabe dieser Phase ist es, ein Konzept zu entwickeln, das sich für einen Vergleich eignet. Es sei dabei nicht ratsam a priori Konzepte zu entwickeln, um sie erst dann auf das Sachproblem anzuwenden, sondern umgekehrt von einem Sachverhalt und ihrer Handhabung in verschiedenen Rechtsordnungen auszugehen und erst daraufhin ein Konzept abzuleiten. *Brandt* entwickelte in diesem Zusammenhang einen Fragenkatalog der als Grundlage für die Konzeptualisierung dienen soll.[84] Er führt folgendes Beispiel an: Würde man

80 *Kischel*, Rechtsvergleichung, S. 141; *Englisch*, Die Idee der Konkretisierung in Recht und Rechtswissenschaft unserer Zeit, S. 238.
81 *Brand*, BJIL 2007, 405 (436).
82 *Brand*, BJIL 2007, 405 (439).
83 *Kischel*, Rechtsvergleichung, S. 141.
84 *Brand*, BJIL 2007, 405 (440).

Felonies[85] (vergleichbar mit dem deutschen Konzept „Verbrechen") und *Misdemeanors*[86] (vergleichbar mit dem deutschen Konzept „Vergehen") als getrennte Konzepte sehen und untersuchte vier verschiedene Rechtsordnungen auf die strafrechtliche Bewertung der Verbreitung von Kinderpornographie, so mag sich ergeben, dass die ersten drei Rechtsordnungen die Tat – auf Grund des Strafrahmens – als Verbrechen und die vierte sie als Vergehen einordnet. Dann würden sich von vornherein nur die ersten drei Rechtsordnungen für eine Konzeptualisierung eignen. Die vierte müsste unter ein eigenes Konzept gefasst werden.[87] Nach Entwicklung eines neutralen Konzepts schließt sich die *zweite Phase* an. Erst in dieser erfolgt ein systematischer Vergleich unter Verwendung der herausgearbeiteten Konzepte.[88]

Die Kritik an der konzeptuellen Methode bezieht sich vor allem auf drei Aspekte. Stimmen aus der kritischen Rechtsvergleichung (Critical Approach) zweifeln an der Grundannahme der Methode, eine neutrale Kategorienbildung sei möglich. Der Rechtsvergleicher sei immer vorgeprägt und daher nicht in der Lage objektive Konzepte zu entwickeln. Die Entscheidung welche Elemente für die Kategorienbildung von Relevanz sind, sei immer eine Bewertungsfrage.[89] Als weiterer Mangel wird gesehen, dass das entwickelte Konzept zugleich Vergleichsmaßstab und Vergleichsgegenstand ist.[90] Für die konzeptuelle Methode kennzeichnend ist das zweiphasige Vorgehen. Wie ausgeführt solle sich die Vergleichung auf die zweite Phase beschränken. Hierzu wird kritisch angemerkt, bereits in der ersten Phase finde notwendigerweise Rechtsvergleich statt. Die Ableitung eines abstrakten Konzepts, bei der Betrachtung verschiedener Rechtsordnungen, sei ohne Vergleich nicht denkbar. Das Ergebnis sei eine unnötige Doppelung ohne zusätzlichen Erkenntnisgewinn.[91]

3. Das Drei-Phasen-Modell

Das Drei-Phasen-Modell wird ausführlich von *Constantinesco* beschrieben.[92] Die Methode beruht auf drei Schritten: *feststellen*, *verstehen* und *vergleichen*.

---

85 „Felonies" sehen eine Mindeststrafe von mehr als 364 Tagen Freiheitsstrafe vor.

86 „Misdemeanors" sehen eine maximale Freiheitsstrafe von unter 364 Tagen vor und sind damit mit Vergehen vergleichbar.

87 *Brand*, BJIL 2007, 405 (444 f.).

88 *Brand*, BJIL 2007, 405 (453 ff.).

89 *Kischel*, Rechtsvergleichung, S. 143.

90 *Kischel*, Rechtsvergleichung, S. 142.

91 *Kischel*, Rechtsvergleichung, S. 143.

92 *Constantinesco*, Rechtsvergleichung Bd. II, S. 137.

Diese Phasen sind nicht als streng voneinander abgrenzbar zu verstehen, sondern gehen fließend ineinander über.

In der *ersten Phase* gilt es das eigene und das ausländische Recht zu ermitteln. Dabei sind fünf methodologische Regeln zu beachten. Erstens, für die Ermittlung ist das gelebte und nicht lediglich das geschriebene Recht entscheidend. Zweitens sind Originalrechtsquellen heranzuziehen. Auf diese Weise sollen Sprachbarrieren und unzuverlässige Berichte vermieden werden. Drittens, alle relevanten Quellen sind zu untersuchen. Hierbei sind Gerichtsurteile, Gesetze, rechtswissenschaftliche Forschung und die Rechtspraxis einzubeziehen. Dabei soll viertens, die Hierarchie der Rechtsquellen im Verhältnis zueinander beachtet werden. Letztens, Auslegung hat nach den jeweiligen nationalen Regeln zu erfolgen.

In der *zweiten Phase* steht das Verstehen der fremden Rechtsordnung im Mittelpunkt der Betrachtung. Das zu vergleichende Element muss als Teil der Rechtsordnung begriffen werden. Die prägenden Elemente der Rechtsordnung – also diejenigen, die das Wesen der Rechtsordnung ausmachen – sind herauszuarbeiten. Hierbei sollen die sozialen, religiösen, historischen, wirtschaftlichen und moralischen Hintergründe der Rechtsordnung helfen. In dieser Phase grenzt sich das Drei-Phasen-Modell entscheidend von der funktionalen Methode ab. Rechtsvergleichung habe nach *Constantinesco* nicht vom sozialen Problem und dessen Hintergründen auszugehen. Die Normativität der Rechtsvergleichung steht bei *Constantinesco* im Vordergrund. Insoweit soll der jeweilige Rechtssatz Ausgangspunkt sein.

In der *dritten Phase* schließt sich der Vergleich an, für den alle Elemente der betrachteten Rechtsinstitute einander gegenübergestellt werden. Dabei sollen Gemeinsamkeiten und Differenzen der Rechtsordnungen herausgearbeitet und deren Tragweite ermittelt werden. Die Gründe – auch diejenigen außerhalb des rechtlichen Kontextes – für die jeweiligen Differenzen und Gemeinsamkeiten werden ermittelt. In dieser Phase ist nach *Constantinesco* eine Bewertung der „besseren" Lösung zulässig, wenn auch nicht notwendig.

Trotz einiger Unterschiede bleibt das Drei-Phasen-Modell doch lediglich eine Variante der klassischen Methode.

4. Dialektische Methode

Anliegen der dialektischen Rechtsvergleichung ist es, den deskriptiven Charakter der traditionellen Rechtsvergleichung zu verringern und einen größeren Fokus auf den Prozess der Vergleichung zu legen.[93]

93 *Tschentscher*, JZ 2007, 807 (807).

Nach *Tschentscher* soll Rechtsvergleichung dialektisch also in einem Kreisprozess stattfinden, in welchem sich „Erkenntnisinteresse und Erkenntnisgegenstände […] gegenseitig bedingen und befruchten“[94]. Nach dieser Methode werden Vergleichskriterien und Ziele nicht vorab abstrakt festgelegt, sondern in einem dialektischen Prozess dynamisch entwickelt. Eine solche dialektische Vorgehensweise ist nicht neuartig, sondern zentral für die Rechtswissenschaft.[95] Die dialektische Rechtsvergleichung kennt keine strenge Trennung zwischen der Beschreibung einer Rechtsordnung und der Phase der Vergleichung. Ebenso wenig verlangt sie strenge Neutralität des Rechtsvergleichers.[96]

Wesentliche Kritik an dieser Methode ist, dass sie letztlich nur die gegenwärtige Praxis widerspiegle und insofern keinen weiterführenden Beitrag leiste. Rechtsvergleich geschehe bereits gegenwärtig nicht in klar abgrenzbaren Stufen, sondern in einem dialektischen Prozess.[97]

5. *Postmoderne Strömungen*

Die Kritik postmoderner Strömungen an der klassischen Methode wurde bereits ausgeführt. Eine andere Frage ist, ob postmoderne Strömungen auch eine Methode für rechtsvergleichende Forschung bieten. Hier offenbart sich ein grundsätzlicher Konflikt. Postmoderne Theorien wenden sich gegen die Annahme der Einheitlichkeit, Universalität und Allgemeingültigkeit. Eine Form neutraler Rechtsvergleichung frei von Voreingenommenheit gebe es nicht. Juristische Methode verlangt jedoch – wie jede wissenschaftliche Methode – einheitliche Begrifflichkeiten und ein gewisses Maß an Allgemeingültigkeit. Folglich stehen Grundannahmen postmoderner Ansätze im Widerspruch zum Ziel, eine Methodik für rechtsvergleichende Forschung zu entwickeln. Tatsächlich gibt es nur wenige Arbeiten, die sich mit konkreten rechtsvergleichenden Forschungsprojekten beschäftigen.[98]

Nun mag man schlussfolgern, postmoderne Ansätze seien für rechtsvergleichende Forschung ungeeignet. Die Entwicklung einer eigenen Methode muss aber nicht Aufgabe des Ansatzes sein. Es bleibt dann bei einer kritischen Perspektive, die sich als Korrekturmechanismus eignet.

---

94 *Tschentscher*, JZ 2007, 807 (807).

95 *Samuel*, An Introduction to Comparative Law Theory and Method, S. 90.

96 *Kischel*, Rechtsvergleichung, S. 118 f.

97 *Kischel*, Rechtsvergleichung, S. 119; *Tschentscher*, JZ 2007, 807 (807).

98 So auch *Palmer*, AJCL 2005, 261 (271); Anführen lässt sich jedoch beispielsweise die Arbeit von *Menski*, Hindu Law, passim.

Ähnlich verhält es sich mit dem Critical Approach[99], der zwar einzelne Grundannahmen der postmodernen Rechtsvergleichung teilt, keinesfalls aber mit ihr identisch ist.[100]

6. *Stellungnahme*

Die Kritik an der funktionalen Methode ist nicht von der Hand zu weisen. Tatsächlich findet sich eine starke Konzentration auf westliche Rechtsordnungen und eine Favorisierung des hiesigen Rechtsdenkens. Auch eine gewisse Voreingenommenheit des Rechtsvergleichers lässt sich ehrlicherweise kaum vermeiden. Andererseits ist Voreingenommenheit weder für die funktionale Methode noch für die Rechtsvergleichung oder die Rechtswissenschaften im Allgemeinen spezifisch. Auch auf nationaler Ebene findet ein kontinuierlicher Vergleich statt. Sofern ein Rückgriff auf bestehende Erkenntnisse unter dem Aspekt der Voreingenommenheit als unzulässig angesehen würde, so wäre – führte man diesen Gedanken ad absurdum – rechtswissenschaftliche Forschung insgesamt unmöglich.[101] Der Rechtsvergleicher, der sich der funktionalen Methode bedient, ist nicht völlig unvoreingenommen. Dennoch ist mit ihr ein großes Maß an Distanz zur eigenen Rechtsordnung möglich und sie ist insofern anderen Ansätzen vorzuziehen. Das gilt vor allem im Vergleich zu normativ-deskriptiven Ansätzen, bei denen Voreingenommenheit ein inhärenter Bestandteil ist.

Die Bestimmung der Funktion eines Rechtsinstituts mag nicht immer eindeutig möglich sein. In den allermeisten Fällen ist eine Funktion jedoch auszumachen. Die funktionale Methode mag zwar nicht auf jeden denkbaren Fall anwendbar sein, als Grundlage für die überwiegende Anzahl der Fälle ist sie dennoch brauchbar. Einer ihrer Vorteile besteht gerade in ihrer Flexibilität. Für die vorliegende Betrachtung ist die Funktion konsensualer Erledigungsmethoden jedenfalls klar und wird näher ausgeführt (unter III.).

Die Konzentration auf eine Konvergenz von Rechtssystemen und die damit einhergehende *praesumptio similitudinis* ist wie bereits ausgeführt einer der Hauptkritikpunkte an der klassischen Methode. Gerade am vorliegenden Forschungsprojekt zeigt sich, warum aber gerade das der richtige Ansatz sein kann. Oberflächlich betrachtet mag es wenig zielführend sein, Absprachen in einem inquisitorischen Verfahren mit denen in einem kontradiktorischen Verfahren

---

99 Ausführlicher zur kritischen Rechtsvergleichung *Mattei/di Robilant*, Tulane L. Rev. 2001, 1054 (1054 ff.).

100 Nähere Ausführungen bei *Richers*, ZaöRV 2007, 509 (538).

101 So auch *Rosenau*, FS-Puppe, S. 1608 f.

zu vergleichen. Anders aber wenn das dahinterstehende Phänomen ins Zentrum der Betrachtung rückt: Das Bedürfnis nach ökonomischer Erledigung von Strafsachen in einem Rechtssystem, das durch gesteigerte Kriminalisierung verschiedenster Lebensbereiche geprägt ist. Die bloße Ablehnung eines Vergleichs aufgrund unterschiedlicher Prozessgestaltungen wäre voreilig.

Summa summarum ist die Kritik an der funktionellen Methode zwar auffallend facettenreich und teilweise auch berechtigt, ein Ansatz der sich entscheidend gegen sie durchsetzen könnte, hat sich jedoch bislang nicht hervorgetan. Die überblicksartige Darstellung der Alternativen macht deutlich, dass auch diese nicht frei von Kritik sind. Im Übrigen handelt es sich zum Teil lediglich um Abwandlungen der klassischen Methode und nicht um neue methodische Ansätze.

Eine Abkehr von der funktionalen Methode für das vorliegende Forschungsprojekt scheint wenig zielführend. Dennoch muss die funktionale Methode um einige Faktoren ergänzt werden, um sachadäquate Lösungen für Rechtsprobleme im Einzelfall zu ermitteln. Wesentlich sind hierbei folgende Aspekte: Wertungen im rechtsvergleichenden Prozess, die in der Natur der Sache liegende Voreingenommenheit des Rechtsvergleichers, die Berücksichtigung der Rechtspraxis und die Wichtigkeit von Problembewusstsein für rechtsvergleichende Forschung.

Zunächst ist klarzustellen, dass zwar Ausgangspunkt eine nüchterne Gegenüberstellung beider Systeme ist, es dabei aber nicht bleibt. Der Rechtsvergleich soll für die vorliegende Arbeit nicht Selbstzweck darstellen, sondern mögliche Lösungen aufzeigen. Damit ist nicht gesagt, dass es die eine richtige Lösung für das Sachproblem gäbe. Vielmehr wird von der Annahme ausgegangen, innerhalb des jeweiligen Systems existieren passendere und weniger passende Lösungen. Um bei dem Rechtsvergleich zwischen den USA und Deutschland zu bleiben, mag es durchaus sein, dass die „passende" Lösung für das eine Land nicht die „passende" Lösung für das andere darstellt. Anderseits mögen sich an einigen Stellen ähnliche Lösungsansätze anbieten. Wertende Ergebnisse sind für einen weiterführenden Rechtsvergleich unverzichtbar. Gleichzeitig ist es Aufgabe des Rechtsvergleichers – um keine voreiligen Schlüsse zu ziehen – sich die eigene Voreingenommenheit bewusst zu machen und die fremde Rechtsordnung in ihrem historischen und politischen Kontext zu sehen. Ziel ist nicht alles durch die (beschränkende) Brille der eigenen Rechtstradition zu sehen, sondern abstrakte Problemkreise zu untersuchen und hierbei Lösungskonvergenzen und Lösungsdifferenzen aufzudecken.

Auch von der positivistischen Ausrichtung der funktionalen Methode ist Abstand zu nehmen. Wichtig ist neben der Betrachtung der Rechtslage auch die

Rechtspraxis (“law in action”) im eigenen und fremden Land. Nur so ergibt sich ein wirklichkeitsgetreues Bild der untersuchten Rechtsordnung.[102]

Diese Modifikationen ermöglichen es die funktionale Methode als brauchbaren Ansatz für das vorliegende rechtsvergleichende Forschungsprojekt fruchtbar zu machen.

III. Absprachen in den USA und Deutschland im Rechtsvergleich

Ausgangspunkt der Rechtsvergleichung im Sinne der funktionalen Methode sind die rechtlichen und tatsächlichen Entwicklungen, die dem Vergleichsobjekt – den konsensualen Erledigungen – vorgelagert sind. Für die vorliegende Betrachtung kämen diejenigen Umstände in Betracht, die zu einer gesteigerten Verbreitung konsensualer Erledigungen geführt haben. In rechtlicher Hinsicht ist die Verschärfung und Erweiterung des materiellen Strafrechts (siehe ausführlicher hierzu in Kapitel 2 A. V.) zu nennen. In tatsächlicher Hinsicht sind Faktoren wie die gesteigerte Komplexität des gesellschaftlichen Lebens durch den technischen Wandel anzuführen. Dies mag spezifische ökonomische Expertise in Wirtschafsstrafsachen bzw. auf dem Gebiet der Cyberkriminalität notwendig machen. Zu nennen wäre aber auch die Beziehung zwischen Politik, Gesellschaft und Strafrecht.

Ähnlich wie in den USA findet sich auch in Deutschland die Tendenz, das Strafrecht und den Strafprozess als Instrument zur Lösung einer Vielzahl gesellschaftlicher Probleme zu nutzen. Im rechtlichen Diskurs wird zum Teil von einer „Neue[n] Lust auf Strafen“[103] oder einem „reflexhaften“[104] Gebrauch des Strafrechts gesprochen. *Nobis,* Strafverteidiger in Berlin, nennt insbesondere drei Gesetzesvorhaben, die seiner Ansicht nach auf „tagespolitischen Einflüssen“ beruhen, anstatt auf empirischer Forschung und einer gründlichen Evaluierung bisheriger Vorschriften: die Neufassung des § 177 StGB nach der sogenannten Kölner Silvesternacht, das Antidopinggesetz und die Vorverlagerung der Strafbarkeit durch die Einführung des § 89a StGB.[105] Der 13. Abschnitt des Strafgesetzbuches zeichnet sich durch eine andauernde „exponentiell zunehmende gesetzgeberische Aktivität“[106] aus, die zumindest auch mit medialer

102 Siehe auch Kapitel 6 A.
103 Titel des 27. Bandes Schriftenreihe für Konfliktforschung, 2005.
104 So *Lederer*, StV 2021, 322 (329) bzgl. des „Gesetzes zur Bekämpfung sexualisierter Gewalt“.
105 *Nobis*, StV 2018, 453 (454).
106 *Lederer*, StV 2021, 322 (322).

Aufmerksamkeit und gesellschaftlicher Empörung verwoben ist.[107] Die Politisierung des Strafrechts ist gerade dann problematisch, wenn man bedenkt, dass die Staatsanwaltschaft schon lange keine objektiv-neutrale Behörde mehr ist – wenn sie es je war[108]. Denn der deutsche Strafprozess reagiert auf die gesteigerte Kriminalisierung im materiellen Bereich mit Lösungen auf prozessualer Ebene.[109] Ein erheblicher Anteil strafrechtlicher Fälle wird noch im oder bei Abschluss des Ermittlungsverfahrens erledigt. Kapitel 3 geht ausführlich auf diese prozessuale Vorverlagerung durch konsensuale Erledigungen ein.

Im Rahmen konsensualer Erledigungen zeigt sich der Vorteil der funktionalen Methode der Rechtsvergleichung besonders deutlich. Rein normativ-deskriptive Methoden würden den Rechtsvergleich hier erheblich erschweren, wenn nicht unmöglich machen. So könnte schlicht darauf verwiesen werden, die Grundstruktur eines kontradiktorischen Strafverfahrens stünde dem Vergleich mit einem inquisitorischen Strafverfahren von vornherein entgegen. Eine derart voreilige Betrachtungsweise ließe einen wichtigen Faktor unberücksichtigt. Ein historischer Blick auf die USA zeigt, dass Verfahrensabsprachen gerade nicht naturgemäß Teil der Grundstruktur eines kontradiktorischen Prozessmodells sind. Die Praxis des plea bargainings entstand dort im 19. Jahrhundert und spielte sich – ähnlich wie hier – zunächst in einem „Geheimverfahren" ab.[110] Obwohl plea agreements nun ständige Praxis sind, bilden sie immer wieder Ausgangspunkt für Rechtsstreitigkeiten und Kritik. In einigen Bundesstaaten gibt es für bestimmte Straftaten sogar plea bargaining Verbote.[111] Absprachen sind in den USA keinesfalls unumstritten oder gar systemimmanent.[112] Plea bargaining war auch in den USA zunächst eine informelle, verdeckte Rechtspraxis.[113] Der Supreme Court merkte in *Bodenkircher v. Hayes* an, dass plea bargaining in einer „idealen Welt"[114] nicht existieren würde. Nicht zuletzt gab es im

---

107 Siehe auch *Turhan*, KriPoZ 2021, 1 (1).

108 Ausführlich hierzu Kapitel 3 B. III 3.

109 „Prozessuale Ebene" meint hier die selektive Strafverfolgung durch die Ermittlungsbehörden, *Weßlau/Deiters*, SK-StPO, § 153 Rn. 2.

110 Bordenkircher v. Hayes, 434 U.S. 357, 356 (1978).

111 Siehe nur California Penal Code § 1192.7(a).

112 Siehe auch S. 296 ff.

113 *Hessick*, Punishment Without Trial (siehe insbesondere Kapitel 2); *Kipnis*, Ethics 1976, 93 (95); für eine ausführliche Untersuchung der Geschichte des plea bargaining in den USA siehe *Alschuler*, Colum. L. Review 1979, 1 (5 ff.).

114 Im Original: „ideal world", vgl. Bodenkircher v. Hayes, 434 U.S. 357, 361–362.

US-Bundesstaat Kalifornien durchaus ernsthafte Bestrebungen, plea bargaining zu verbieten.[115]

Es ist daher nicht sinnvoll einen Rechtsvergleich konsensualer Erledigungsmethoden schon mit dem Hinweis auf grundlegende Unterschiede zwischen dem adversatorischen und inquisitorischen Prozess abzutun. Ein funktionaler Ansatz kann solche scheinbar unvereinbaren Ausgangspunkte durch die Konzentration auf ein sachliches, vorgelagertes Phänomen überwinden.

Die Notwendigkeit eines fundierten historisch-politischen Verständnisses der zu vergleichenden Rechtsordnungen zeigt sich insbesondere bei einem Vergleich mit den USA. Auch das amerikanische Rechtssystem lässt sich ohne historischen Kontext nicht sinnvoll verstehen. Insbesondere der Strafprozess steht im Zusammenhang mit einem grundlegenden Thema in den USA: Race und racial discrimination[116] . Ohne entsprechendes Vorverständnis lassen sich insbesondere auch aktuelle Diskussionen in Bezug auf plea bargaining und Diskriminierungseffekte nicht richtig erschließen. Daran anschließend drängt sich der Verdacht auf, dass die Praxis der Absprucheverfahren vom rechtlichen Rahmen abweicht. Wohl noch mehr als in anderen Bereichen ist daher die Rechtspraxis – „law in action" – zu untersuchen.

Zusammenfassend lassen sich drei grundlegende Voraussetzungen für die vorliegend vorzunehmende Rechtsvergleichung nennen. *Erstens* ist von dem Sachproblem, nicht von der rechtlichen Norm oder Regelung auszugehen. Rechtsvergleich im Bereich konsensualer Erledigungsmethoden im Kontext USA und Deutschland setzt *zweitens* voraus, dass die deutsche Inquisitionsperspektive – zumindest vorübergehend – abgelegt wird. *Drittens*, die vorliegende Arbeit ist keine historische, dennoch ist der historisch-politische Kontext als Verständnisrahmen relevant.

C. Konsensuale Erledigung – eine Begriffsbestimmung

Die vorliegende Untersuchung ist zentral auf die strukturelle Entformalisierung und Vorverlagerung des deutschen Strafprozesses durch konsensuale Erledigungsmethoden und ihre Folgen ausgerichtet. Entsprechend wird zunächst

115 *Alschuler*, 13 Law and Society Rev. 1979, 211 (233).

116 Die Arbeit verzichtet grundsätzlich auf die Verwendung des Begriffs „Rasse" und verwendet stattdessen die englische Form des völlig anders konnotierten Begriffs „Race" oder den Begriff rassistische Diskriminierung/Ungleichbehandlung, zur Problematik des Begriffs „Rasse" siehe näher *Cremer*, Ein Grundgesetz ohne „Rasse". Nähere Ausführungen hierzu in Kapitel 5. A. I.

klargestellt, was im Rahmen dieser Arbeit unter den Begriffen konsensuale Erledigung, Vorverlagerung und Entformalisierung zu verstehen ist. In den folgenden Kapiteln – insbesondere in Kapitel 3 Abschnitt A – werden diese Begriffe erneute aufgegriffen und auf spezifische Vorschriften angewandt. Es finden sich zahlreiche konsensuale Erledigungsmethoden in den Straf- und Nebengesetzen, die hier nicht alle vertieft werden. In dieser Arbeit liegt der Fokus vor allem auf den §§ 153a StPO, 407 StPO und 257c StPO. Vernachlässigt werden aus Praktikabilitätsgründen nebengesetzliche Vorschriften, auf die aber regelmäßig ähnliche Überlegungen zutreffen.

Der Begriff der Vorverlagerung bezieht sich sowohl auf die Verfahrensphasen als auch auf Zuständigkeitsfragen. Die Vorverlagerung des Verfahrens meint hier die Bedeutungssteigerung derjenigen Phasen, die der Hauptverhandlung vorgelagert sind – insbesondere des Ermittlungsverfahrens. In personeller Hinsicht meint Vorverlagerung eine Machtverschiebung von den Gerichten auf die Strafverfolgungsbehörden.

Die Entformalisierung im Kontext des Strafrechts ist facettenreich. Sowohl materiell-rechtliche als auch strafprozessrechtliche Gesichtspunkte können damit gemeint sein.[117] In der folgenden Betrachtung bezieht sich der Begriff jedenfalls ausschließlich auf die verfahrensrechtliche Entformalisierung der Strafprozessordnung durch konsensuale Erledigungsmethoden. Entformalisierung ist der Gegenbegriff zur Gesetzlichkeit oder Regulierung. Erfasst sind damit zum einen der Abbau von Rechtsprinzipien und zum anderen die informelle Erledigung von Strafsachen außerhalb einer Hauptverhandlung – ohne oder unter geringerer Kontrolle durch die Öffentlichkeit (Informalisierung).[118] Entformalisierung und Informalisierung modifizieren traditionelle Vorstellungen des vom Legalitätsprinzip geprägten deutschen Strafprozesses. Die Konsensualisierung der Strafprozessordnung ist jedoch keinesfalls ein ausschließlich deutsches Phänomen, sondern lässt sich global beobachten.[119] Die britische Anwaltskanzleikanzlei Freshfields Bruckhaus Deringer und das Fair Trials Projekt untersuchten den globalen Rückgang der Hauptverhandlungen und veröffentlichten hierzu im Jahre 2017 einen Bericht. Dabei ergab sich, dass von 90

117 Einen Überblick über verschiedene Aspekte der Entformalisierung bietet *Murmann*, Recht ohne Regeln? Unter anderem werden die wachsende Unbestimmtheit des materiellen Strafrechts (19 ff.), Ermittlungseingriffe (33 ff.) und Opportunitätseinstellungen (45 ff.) diskutiert.

118 *Hassemer*, KritV 1988, 336 (340).

119 EGMR 29.04.2014 – 9034/05, Rn. 62–75.

untersuchten Ländern, 66 eine Form des Verzichts auf eine Hauptverhandlung etabliert haben.[120] Der Bericht kommt zu dem Schluss, dass konsensuale Erledigungen ohne Schutzmechanismen zu Fehlurteilen führen können. Daher sei die systematische Einführung von Schutzmechanismen zu Gunsten Beschuldigter unverzichtbar.[121] Während konsensuale Erledigungen Teil der globalen Strafverfahrenspraxis sind, gelte dies nicht flächendeckend für korrespondierende Schutzmechanismen. Insbesondere sei im Rahmen konsensualer Erledigungen eine kompetente Rechtsberatung des Beschuldigten notwendig.[122] Ob angesichts des prozessualen Wandels derzeitige Schutzmechanismen im deutschen Strafprozess einen ausreichenden Ausgleich darstellen, wird primär und ausführlich in Kapitel 4 diskutiert.

Konsensuale Erledigungsmethoden werden seit geraumer Zeit als Beispiel für die Vorverlagerung und Entformalisierung des deutschen Strafprozesses diskutiert.[123] *Hamm* bezeichnete schon das Erste Justizmodernisierungsgesetz als „Strafprozess-Entformalisierungsgesetz“[124]. Ausgangspunkt der Kritik an konsensualen Elementen im Strafprozess ist keinesfalls erst die Einführung des § 257c StPO durch das *Gesetz zur Regelung der Verständigung.*[125] Das Verständigungsgesetz reiht sich viel mehr in eine seit Jahren stattfindende Veränderung der Strafprozessordnung ein. Dieser Wandel wird hier auch als Vorverlagerungs- und Entformalisierungstendenz bezeichnet, die sich sowohl in einem Wandel der Rechtsprechung als auch in der Einführung verschiedener Formen konsensualer Erledigungsformen durch die Legislative zeigt. Das Ergebnis dieses Wandels liegt in der Abkehr vom klassischen (reformiert) inquisitorischen hin zu einem ökonomischen Strafprozess, der sich immer mehr auf den Konsens der Verfahrensbeteiligten stützt.[126] Schon 1988 sprach *Hassemer* dem Strafrecht in

---

120 Fair Trial Project, The Disappearing Trial, S. 4 ff., https://www.fairtrials.org/wp-content/uploads/2017/04/The-Disappearing-Trial-Summary-Document-SF.pdf (zuletzt abgerufen am 10. April 2023).

121 Fair Trial Project, The Disappearing Trial, S. 3 und 20, https://www.fairtrials.org/wp-content/uploads/2017/04/The-Disappearing-Trial-Summary-Document-SF.pdf (zuletzt abgerufen am 10. April 2023).

122 Fair Trial Project, The Disappearing Trial, S. 20, https://www.fairtrials.org/wp-content/uploads/2017/04/The-Disappearing-Trial-Summary-Document-SF.pdf (zuletzt abgerufen am 10. April 2023).

123 *Michaelsen/Murmann*, ZIS 2010, 777 (777 ff.).

124 *Hamm*, NJW 2006, 2084 (2085).

125 BGBl. 2009, 2353.

126 *Ostendorf*, ZIS 2013, 172 (175).

diesem Zusammenhang den „Ethos des Freiheitsschutzes“[127] ab. *Hassemer* meint hier die Tendenz, den Freiheitsschutz des Einzelnen zu Gunsten der Effektivität des Strafprozesses durch die Entformalisierung des Strafverfahrens, die Berücksichtigung ökonomischer Faktoren und die Abwehr von Störungen durch professionelle Verteidigung zu schwächen.[128]

Konsensualen Erledigungsmethoden sind solche, die auf Grundlage einer *Vereinbarung* der beteiligten Akteure - zumeist Beschuldigter, Gericht und Staatsanwaltschaft - ein Strafverfahren außerhalb der Hauptverhandlung ohne ein gerichtliches Urteil abschließen. Ebenso fallen hierunter Vereinbarungen, die lediglich der Zustimmung des Beschuldigten oder eines anderen Akteurs - Gericht oder Staatsanwaltschaft - bedürfen. Es kommt dann entweder nicht zu einer Hauptverhandlung - so beispielsweise im Falle des § 153a StPO - oder der Ausgang der Hauptverhandlung ist von der zuvor getroffenen Vereinbarung entscheidend beeinflusst - so beispielweise im Falle des § 257c StPO. Der Begriff Konsens ist jedoch nicht mit dem Begriff Vertrag gleichzusetzen.[129]

127 *Hassemer*, KritV 1988, 336 (339).
128 *Hassemer*, KritV 1988, 336 (339 f.).
129 *Sinner*, Der Vertragsgedanke im Strafprozessrecht, S. 116.

Kapitel 2: Plea Bargaining als Ursache und Symptom der US-amerikanischen Criminal Justice Krise – Risiken Entsprechender Effekte in Deutschland

A. Moderne Entwicklungen des US-Strafjustizsystems

Das US-amerikanische Strafrechtssystem hat in den letzten Jahrzehnten einen enormen Wandel durchlebt. Einige Entwicklungen geben Anlass von einer Krise des „criminal legal systems"[130] zu sprechen. In der rechtswissenschaftlichen Literatur, von Nichtregierungsorganisationen und verschiedenen anderen Aktivisten und Organisationen werden sowohl punktuelle als auch umfassende Reformen des Straf- und Gefängnissystems verlangt.[131] Nur wenige Tage vor Ende seiner Amtszeit verfasste der ehemalige Präsident *Barack Obama* für den Harvard Law Review einen Artikel über bisherige und weiterhin notwendige Reformen der Strafjustiz.[132] Darin sprach er sich insbesondere für eine Reform der bundesrechtlichen Strafzumessung und die Erleichterung der Wiedereingliederung nach einer Inhaftierung aus.[133]

Moderne Entwicklungen des Strafrechtssystems in den USA zeichnen sich vor allem durch folgende Tendenzen aus: Die Ausweitung des materiellen Strafrechts bei gleichzeitiger Verschärfung vorhandener Strafvorschriften, die Abkehr vom Rehabilitationsgedanken, die Vertiefung bestehender Diskriminierungseffekte und – wohl als kumulatives Resultat etwaiger Fehlentwicklungen – eine signifikante Vorverlagerung des Strafprozesses. Im Folgenden werden diese

---

130 Englisch für Strafjustizsystem. Eine andere Bezeichnung ist „Criminal Justice System".

131 So widmet sich die American Civil Liberties Union (ACLU) in einem Projekt ausschließlich Reformüberlegungen (Criminal Law Reform Project), https://www.aclu.org/other/aclu-criminal-law-reform-project (zuletzt abgerufen am 10. April 2023). Es gibt aber noch weit umfassendere Reformüberlegungen, bis hin zur Forderung der kompletten Abschaffung (*Abolition*) des amerikanischen Strafrechtssystems, siehe hierzu allgemein beispielsweise *Davis*, Are Prisons Obsolete, S. 9 ff.; *Roberts*, Harv. L. Review 2019, 1 (11 ff.); *Purnell*, Becoming Abolitionists, 2021; *Kaba*, We Do this 'Til We Free US, 2021.

132 *Obama*, Harv. L. Review 2017, 811 (811 ff.).

133 *Obama*, Harv. L. Review 2017, 811 (855 ff.).

Entwicklungen (A.) und ihre Beziehung zu konsensualen Erledigungen (B.) zusammenfassend dargestellt.

I. Überkriminalisierung und Abkehr vom Rehabilitationsgedanken

In den USA befinden sich heute etwa 2,3 Millionen Menschen im Gefängnis.[134] Das ist mehr als in jedem anderen Land. Ein bezeichnender Anstieg, bedenkt man, dass die Zahl vor 1980 noch bei etwa einer halben Million lag.[135] Man spricht von dem Phänomen der *mass incarceration*.[136] Während die US-Bevölkerung etwa 5 % der Weltbevölkerung ausmacht, sind etwa 22 % der Gefängnisinsassen weltweit dort inhaftiert. Darüber hinaus befinden sich etwa 3,5 Millionen Menschen zwar außerhalb der Gefängnisse, sind aber weiterhin – beispielsweise auf Grund von Bewährungsauflagen – Teil des „criminal legal systems".[137]

Verschiedene Entwicklungen haben zum Status Quo in den USA beigetragen. Ein Aspekt ist die *Überkriminalisierung* menschlichen Verhaltens, wobei eine genaue Definition des Begriffs umstritten ist.[138] Hier ist damit jedenfalls die gesetzgeberische Tendenz angesprochen, das materielle Strafrecht unnötig auszuweiten. Diese Entwicklung wird in den USA seit vielen Jahren kritisch diskutiert.[139] Das US-System wird regelmäßig um Strafnormen und Strafverschärfungen mittels Neuinterpretationen der Gerichte und gesetzgeberischer Tätigkeit erweitert oder modifiziert.[140] Dies hat im Laufe der Zeit zu einer umfangreichen

---

134 Siehe hierzu und zu den Veränderungen durch die COVID-19 Pandemie für das Jahr 2020 Vera Institutes of Justice, People in Jail and Prison in 2020, Januar 2021, 1 ff., https://www.vera.org/downloads/publications/people-in-jail-and-prison-in-2020.pdf (zuletzt abgerufen am 18. April 2023).

135 The Sentencing Project, Fact Sheet: Trends in U.S. Corrections, 17.05.2021, S. 1, https://www.sentencingproject.org/publications/trends-in-u-s-corrections/ (zuletzt abgerufen am 12. Mai 2023).

136 Englisch für Masseninhaftierung.

137 The Sentencing Project, Fact Sheet: Trends in U.S. Corrections, 17.05.2021, S. 2, https://www.sentencingproject.org/publications/trends-in-u-s-corrections/ (zuletzt abgerufen am 12. Mai 2023).

138 *Haugh*, Vanderbilt L. Rev. 2015, 1191 (1197); siehe für verschiedene Ansätze beispielsweise *Husak*, Overcriminalization: The Limits of Criminal Law, S. 4; *Luna*, Am. U. L. Rev. 2005, 703 (716).

139 Siehe beispielsweise *Stuntz*, Journal of Contemporary Legal Issues 1996, 1 (1 ff.); *Coffee*, B.U. L. Rev. 1991, 193 (193 ff.); *Kadish*, American Criminal Law Quarterly 1968, 17 (17 ff.).

140 *Luna*, Am. U. L. Rev. 2005, 703 (703).

Kriminalisierung verschiedenster Lebensbereiche geführt.[141] Überkriminalisierung kann in der Kriminalisierung nicht *straf*würdigen Verhaltens, der Existenz sich *überschneidender* Tatbestände und in der *Verschärfung* bereits existierender Strafvorschriften bestehen.

Staatliches Strafen ist *Ultima Ratio* gegen menschliches Fehlverhalten.[142] Die breite Landschaft strafrechtlicher Normen lässt jedoch Zweifel an der tatsächlichen Anwendung dieses Prinzips aufkommen. In der Literatur wird seit Jahren auf die schwindende Trennung zwischen Zivil- und Strafrecht verwiesen.[143] Gemeint ist die Kriminalisierung menschlichen Verhaltens, das traditionell als Gegenstand zivilrechtlicher Haftungsfragen eingeordnet wurde. Das Strafrecht werde als „society's trash bin"[144] missbraucht. So ist beispielweise das Spucken auf öffentlichen Plätzen in Virginia *strafbares* Verhalten.[145]

Ein weiteres Beispiel für die verschwimmenden Grenzen zwischen Zivil- und Strafrecht stellen sogenannte *public welfare offenses* dar, die eine Strafbarkeit unabhängig von inneren Tatbestandsmerkmalen (*mens rea*) begründen und allein auf die strafbewährte Handlung abstellen. Bereits 1933 kritisierte *Francis Bowes Sayre* die Abkehr von der Notwendigkeit individueller Schuld und befürchtete, dass das Strafrecht eines Tages nur noch auf der bloßen Handlung ohne subjektiven Tatbestand beruhen könnte.[146] Die Anzahl der *public welfare offenses* ist in den letzten 30 Jahren explosionsartig[147] angestiegen. Derzeit gibt es etwa 300.000 solcher Tatbestände auf Bundesebene.[148] Der mit ihnen verfolgte Zweck soll der Schutz der Sicherheit und Gesundheit der Gesellschaft sein. Ursprünglich bezogen *sich public welfare* Tatbestände vor allem auf die Herstellung und den Verkauf von Produkten, parallel zum Wandel des Wirtschaftssystems durch die Industrialisierung.[149] Heute stehen beispielsweise Verstöße gegen Umweltvorschriften im Mittelpunkt.[150]

---

141 *Dervan*, J. L. Econ. & Pol'y 7/2011, 645 (649); *Smith*, J. Crim. L. & Criminology 2012, 537 (537 ff.).

142 *Husak*, Oxford Journal of Legal Studies 2004, 207.

143 *Coffee*, B.U. L. Rev. 1991, 193 (193 ff.).

144 Englisch für die „Mülltonne der Gesellschaft".

145 Siehe Code of Virginia § 182–322.

146 *Sayre*, Col. L. Rev. 1933, 55 (55).

147 *Coffee*, B.U. L. Rev. 1991, 193 (216).

148 So die Annahme in *Leary*, Federal Sentencing Reporter 1990, 142 (144).

149 *Browne*, Southern Cal. L. Review 1962, 423 (425).

150 *Coffee*, B.U. Law Review 1991, 193 (216).

Das Immigrationsstrafrecht ist ein weiterer Bereich, in dem sich die Überkriminalisierung ausweitet. Verstöße gegen das Immigrationsrecht werden immer häufiger vom Strafrecht erfasst.[151] Im Rahmen der sogenannten „Operation Streamline"[152] – gemeint ist die massenhafte Verhaftung von Immigranten – wurden im Jahre 2008 in Iowa Notfallgerichte eingerichtet, die sich auf Grund der enormen Fallzahlen täglich von 8 Uhr morgens bis 22 Uhr abends ausschließlich mit immigrationsstrafrechtlichen Verstößen befassten.[153] Insgesamt zeigt sich in den USA eine allgemeine Tendenz, das Strafrecht für all das einzusetzen, was gesellschaftlich missbilligt wird.[154]

Daneben enthält das Strafrechtssystem sich überschneidende Gesetze – zwei Normen die ein und dasselbe Verhalten unter Strafe stellen. Eine solche Überschneidung entsteht dann, wenn der Bundesgesetzgeber Verhalten unter Strafe stellt, welches bereits vom Recht des individuellen Bundesstaates erfasst ist. Der Supreme Court entschied, dass solche Gesetze nicht verfassungswidrig seien und die Staatsanwaltschaft Ermessensspielraum bzgl. der Wahl des anzuklagenden Tatbestandes habe. Im konkreten Fall – *US v. Batchelder*[155] – ging es um zwei Strafvorschriften, die das Erlangen bzw. Besitzen einer Schusswaffe durch einen verurteilten Straftäter unter Strafe stellten. Die eine Vorschrift sah eine Freiheitsstrafe von zwei Jahren vor, die andere eine Freiheitsstrafe von bis zu fünf Jahren. Eine Überschneidung liegt auch dann vor, wenn spezielle Gesetze Sachverhalte erfassen, die ohnehin von bereits existierenden, allgemeineren Gesetzen abgedeckt sind.

Insbesondere die Einführung von *mandatory minimum* Gesetzen hat zu längeren Freiheitsstrafen geführt und trägt wesentlich zur heutigen mass incarceration-Krise bei.[156] Mandatory minimum Gesetze sind solche, die den Entscheidungsspielraum des Gerichts bei der Strafzumessung begrenzen, indem

151 *Sklansky*, New Criminal L. Rev. 2012, 157 (157 ff.).

152 Siehe hierzu auch „Operation Streamline in San Diego: *Rivlin-Nadler*, Federal Public Defenders in San Diego Challenge Constitutionality of 'Operation Streamline,' KQED, 31. Oktober 2018, https://www.kqed.org/news/11702638/federal-public-defenders-in-san-diego-challenge-constitutionality-of-operation-streamline (zuletzt abgerufen am 10. April 2023).

153 *Preston*, Immigrant's Speedy Trials After Raid Become Issue, NY Times, 8. August 2008, https://www.nytimes.com/2008/08/09/us/09immig.html (zuletzt abgerufen am 10. April 2023).

154 *Sklansky*, J. of Crim. L. & Criminology 2016, 473 (485).

155 United States v. Batchelder, 442 U.S. 114 (1979).

156 *Tonry*, Crim. & Public Policy 2014, 503 (503 ff.).

sie Mindeststrafen obligatorisch festlegen. Das Gericht kann dann nur noch auf Wunsch der Staatsanwaltschaft eine mildere Strafe verhängen. Dabei handelt es sich häufig um Fälle, in denen der Beschuldigte mit der Staatsanwaltschaft kooperiert, indem er beispielsweise als Kronzeuge auftritt. Mandatory minimum Regelungen finden sich vor allem im Bereich der Drogendelikte.[157] Der Besitz von Drogen mit dem Vorsatz diese zu verbreiten (*"possession of a controlled substance with intent to distribute"*) kann eine solche Mindeststrafe nach sich ziehen.[158] Diese richtet sich nach der Droge, der Drogenmenge und danach, ob bereits eine vergangene Verurteilung wegen eines Drogendelikts vorliegt.[159] Die Mindeststrafe für 28 Gramm Kokain liegt beispielsweise bei fünf Jahren Freiheitsstrafe.[160] Liegt bereits eine frühere Verurteilung wegen eines Drogendelikts vor, wird die Mindeststrafe obligatorisch angehoben.[161]

2013 markierte eine Wendung im Bereich der mandatory minimums. Eric Holder – damaliger Attorney General (Generalstaatsanwalt) der Vereinigten Staaten unter Obama – legte Leitlinien für eine neue Praxis fest. Staatsanwälten wurde aufgetragen ihre Anklageentscheidungen für gewaltfreie Drogenkriminalität zu überdenken. Eric Holder bestätigt in seinem Memo ("Holder Memo"), dass mandatory minimum Gesetze in der Vergangenheit allzu häufig zu überproportional harten Strafen geführt haben. Es sei Aufgabe der Staatsanwaltschaft diese Praxis zu überdenken und anzustreben, solche Mindeststrafen nur bei schweren Straftaten zu fordern. Unter gewissen Umständen sollten Staatsanwälte daher davon absehen, eine Menge an Drogen zum Gegenstand der Anklage zu machen, die die Anwendbarkeit einer Mindeststrafe zur Folge hätte.[162] Diese Praxis milderte die Schärfe der mandatory minimums zumindest teilweise. Jeff Sessions, Generalstaatsanwaltschaft während der Trump Präsidentschaft, distanzierte sich allerdings vom Holder Memo und befürwortete zumindest grundsätzlich, anwendbare Mindeststrafen zu fordern.[163] Damit rückten mandatory

---

157 *Levin*, Fordham L. Rev. 2016, 2173 (2179 ff.).
158 Siehe 21 U.S.C. § 841.
159 21 U.S.C. § 841.
160 21 U.S.C. § 841 (b)(1)B(iii).
161 Siehe 21 USC § 841.
162 Holder Memo vom 12. August 2013, https://www.justice.gov/sites/default/files/oip/legacy/2014/07/23/ag-memo-department-policypon-charging-mandatory-minimum-sentences-recidivist-enhancements-in-certain-drugcases.pdf (zuletzt abgerufen am 10. April 2023).
163 Office of the Attorney General (March 8, 2017), Memorandum for all Federal Prosecutors, https://www.washingtonpost.com/world/national-security/sessions-directs-fede

minimums auch für gewaltfreie Drogendelikte wieder auf die Agenda. Wie sich die staatsanwaltschaftliche Verfolgungspraxis unter Joe Biden entwickeln wird, bleibt abzuwarten.

Strafschärfungen reihen sich in die seit den 1970er Jahren beginnende Abkehr vom Rehabilitationsgedanken ein, welche Punitivität durch *tough on crime*[164] Strategien begrüßt. Heute sind amerikanische Gefängnisse mit Menschen gefüllt, die in den 1950er und 1960er Jahren noch auf Unterstützung durch Therapie und psychiatrische Behandlung in Krankenhäusern und anderen Einrichtungen hoffen konnten.[165] Die 90er Jahre zeichnen sich durch eine Umverteilung staatlicher Mittel aus, die zu einer weiteren Diskriminierung finanziell benachteiligter Personen führte. Staatliche Mittel für soziale Wohnprojekte, medizinische Grundversorgung und Sozialhilfe wurden im Rahmen des *tough on crime* Ansatzes auf die Strafjustiz umverteilt.[166] Von dieser Politik nachhaltig und überproportional betroffen sind finanziell benachteiligte Personen.

Etwa 20 % der Gefängnisinsassen haben eine psychische Erkrankung.[167] In den 1960er Jahren wurde die institutionalisierte Versorgung von Menschen mit psychischen Erkrankungen deutlich eingeschränkt und zum Teil durch Gefängnisse ersetzt.[168] Der Wegfall sozialer Wohnprojekte führte gleichzeitig zu einem massiven Anstieg der Obdachlosenzahl.[169] Der parallel stattfindende Zuwachs und Ausbau der Gefängnisse, wurde daher auch kritisch als das größte öffentliche Wohnprojekt für in Städten lebende, finanziell benachteiligte Personen bezeichnet.[170] Jahrelange Politik, die Sozialversorgung mit Gefängnissen und Kriminalisierung ersetzt, exemplifiziert einen Aspekt der engen Beziehung

ral-prosecutors-to-target-the-nations-most-violent-offenders/2017/03/08/81b4a9de-0454-11e7-b9fa-ed727b644a0b_story.html (zuletzt abgerufen am 10. April 2023).

164 *Alexander*, The New Jim Crow, S. 48 ff.

165 *Harcourt*, Ohio St. J. Crim. L. 2011, 53 (67 ff.).

166 *Alexander*, The New Jim Crow, S. 56 ff.

167 Treatment Advocacy Center, Serious Mental Illness Prevalence in Jails and Prisons, September 2016, https://www.treatmentadvocacycenter.org/evidence-and-research/learn-more-about/3695 (zuletzt abgerufen am 10. April 2023). *Steadman/Osher/Robbins/Case/Samuels*, Psychiatric Services 2009, 761 (761).

168 Vgl. ausführlich hierzu *Metzel*, The Protest Psychosis, S. 133 ff.

169 *Alexander*, The New Jim Crow, S. 56 ff.

170 „[…] making the construction of prisons the nation's main housing program for the urban poor", Zitat aus *Wacquant*, Dædalus 2010, 74 (77).

zwischen Armut, der Unterfinanzierung sozialer Sicherungssysteme und dem Justizsystem in den USA.[171]

II. Diskriminierungseffekte: Fehler oder inhärenter Bestandteil des Systems?

Neben anderen Formen der Diskriminierung kann insbesondere das Strafrecht nicht ohne seinen Bezug zu rassistischer Diskriminierung verstanden werden.[172] „Race“ und dessen Beziehung zur Polizei, zum Strafprozess und Strafrecht ist tief mit der historischen Entwicklung der USA verbunden. Die Etablierung der ersten modernen Polizeiorganisation in den Südstaaten diente der Erhaltung der Sklaverei. So hatte die erste moderne amerikanische Polizeibehörde in South Carolina die Aufgabe, Sklaven zu überwachen und gegebenenfalls zu bestrafen.[173]

Rassismus ist seit jeher ein Bestandteil der amerikanischen Gesellschaft. Beginnend mit der Sklaverei über die Jim Crow Era[174] bis hin zur Diskriminierung marginalisierter Personen, die sich bis heute fortsetzt. *Stop-and-Frisk* bildet hierfür im strafrechtlichen Kontext einen Ausgangspunkt. Gemeint sind kurzzeitige polizeiliche Kontrollmaßnahmen, bei der eine Person von der Polizei angehalten und vermeintlich „verdachtslos“ durchsucht wird. Ein Gutachten von *Fagan*[175] aus dem Jahre 2010 ergibt, dass das New York Police Department

---

171 Siehe zum Wechselwirkungsverhältnis zwischen Armut und Kriminalisierung in den USA beispielsweise Human Rights Watch, Criminalization of Poverty as a Driver of Poverty in the United States, 4. Oktober 2017, https://www.hrw.org/news/2017/10/04/criminalization-poverty-driver-poverty-united-states (zuletzt abgerufen am 10. April 2023).

172 So auch *Lee*, in: Carbado/Bridges/Houh, The Oxford Handbook of Race and Law in the United States (im Erscheinen), abrufbar unter: https://papers.ssrn.com/sol3/papers.cfm?abstract_id=3572334 (“Race, however, infuses so many aspects of the criminal justice system that to to teach Criminal Law without any acknowledgment of race reinforces the fiction that criminal law is race-neutral and blind to racial difference – something that is just not true.”)

173 *Hadden*, Slave Patrols: Law and Violence in Virginia and the Carolinas, 2001; *Reichel*, Am. J. Police 1988, 51; *Spruill*, Phylon 2016, 42.

174 Jim Crow meint hier die Fortsetzung und Legalisierung von Diskriminierung ehemaliger Schwarzer Sklaven in den USA durch Segregation in allen gesellschaftlichen Bereichen.

175 *Jeffrey Fagan* ist Professor an der juristischen Fakultät der Columbia Law School. Sein Forschungsfokus liegt auf Polizeiwissenschaften, Strafrecht und der Todesstrafe. Siehe zu dem Gutachten: *Fagan*, Report to United States District Court, Southern District

(NYPD) Schwarze[176] und Latinx Personen[177] – in verfassungswidriger Weise – überproportional häufig anlasslos anhält und durchsucht. Stop-and-Frisk-Maßnahmen betreffen hiernach zu 51 % Schwarze Personen und zu 30 % „Hispanics"[178], während die Bevölkerungszahlen dieser Gruppen in New York City bei etwa 26 % und 24 % liegen.[179] Interessanterweise führten die Durchsuchungen von marginalisierten Personen – Schwarzen und „Hispanics" – nur in seltenen Fällen zu Festnahmen, was über den Diskriminierungseffekt hinaus auch noch die Ineffizienz der Praxis indiziert.[180]

---

of New York, David Floyd et al. vs. City of New York, 2012, https://ccrjustice.org/files/Expert_Report_JeffreyFagan.pdf (zuletzt abgerufen am 10. April 2023).

176 Bei dem Begriff „Schwarz" handelt es sich um einen politischen Begriff. Um deutlich zu machen, dass es sich hierbei nicht um ein Adjektiv, sondern um eine politische Selbstbezeichnung Schwarzer Menschen handelt, wird der Begriff im Folgenden ausschließlich groß geschrieben. Der Begriff wurde während der sich in den 1980er Jahren formierenden Schwarzen Bewegung geprägt und erlaubt die Ausformung eines menschenwürdigen Selbstbildnisses (vgl. dazu http://www.bpb.de/gesellschaft/migration/afrikanischediaspora/59527/schwarze-organisierung?p=all (zuletzt abgerufen am 11. April 2023).
Für die Verwendung von „Black" anstatt „black" im US-Kontext siehe einen Bericht in der New York Times, der erklärt warum die Times nun „Black" verwendet: *Nancy Coleman*, Why We're Capitalizing Black, New York Times, 07.05.2020, https://www.nytimes.com/2020/07/05/insider/capitalized-black.html (zuletzt abgerufen am 10. April 2023).

177 Latinx ist ein genderneutraler Begriff, der insbesondere in den USA zur Bezeichnung von Menschen Lateinamerikanischer Herkunft oder Kultur verwendet wird.

178 Dieser Begriff wird in dem Gutachten von Fagan gebraucht und bezeichnet Dort Spanisch sprechende und/oder aus Spanisch sprechenden Gebieten stammende Personen. Zum Teil wird „hispanic" als bedeutungsgleich mit dem Begriff Latinx/Latino verstanden. Der Begriff „hispanic" ist allerdings nicht unumstritten, siehe nur *Coombs*, Harv. Latino L. Rev. 1997, 457; zum Gutachten von Fagan siehe: *Fagan*, Report to United States District Court, Southern District of New York, David Floyd et al. vs. City of New York, 2012, https://ccrjustice.org/files/Expert_Report_JeffreyFagan.pdf (zuletzt abgerufen am 10. April 2023).

179 The Furman Center for Real Estate & Urban Policy, The Changing Racial and Ethnic Makeup of New York City Neighborhoods, S. 31, https://furmancenter.org/files/sotc/The_Changing_Racial_and_Ethnic_Makeup_of_New_York_City_Neighborhoods_11.pdf.

180 Die psychischen Folgen für Menschen die einer solchen Praxis ausgesetzt sind, sind jedoch gravierend, siehe hierzu nur *Laurencin/Walker*, J. Racial Ethn. Health Disparities 2020, 393 (393 ff.).

Auch im Rahmen von Kautionsentscheidungen bestehen Diskriminierungseffekte zulasten Schwarzer Beschuldigter. Dies ist vor allem deshalb von wesentlicher Bedeutung, weil nachweislich eine Korrelation zwischen der Inhaftierung vor der Hauptverhandlung – weil der Beschuldigte eine Kaution nicht aufbringen kann – und einer späteren Verurteilung des Beschuldigten besteht.[181] Eine Diskriminierung in diesem Bereich hat damit mittelbaren Einfluss auf eine Verurteilung und die damit verbundenen Konsequenzen. Betrachtet man diese Diskriminierungseffekte in ihrer Gesamtheit, überrascht es auch nicht, dass Schwarze Menschen in Gefängnissen deutlich überrepräsentiert sind.[182]

Auch hinsichtlich der Strafhöhe finden sich vergleichbare Tendenzen. Die Wahrscheinlichkeit zu einer Freiheitsstrafe verurteilt zu werden, ist für Schwarze Beschuldigte höher.[183] Handelt es sich bei einem Mordopfer um eine weiße Person ist die Wahrscheinlichkeit höher, dass der Täter zu einer Todesstrafe verurteilt wird.[184] Der Supreme Court beschäftigte sich mit diesem Diskriminierungseffekt in *McCleskey v. Kemp*[185]. Etwa 41 % der Menschen, die derzeit die Vollstreckung der Todesstrafe erwarten sind Schwarz – disproportional zum Bevölkerungsanteil von 13 %.[186]

Die Frage nach dem Ursprung solcher Diskriminierungen im Strafrechtssystem ist vielschichtig und komplex und soll hier nicht abschließend beantwortet werden. Dennoch gilt festzuhalten, dass das US-amerikanische Strafsystem nicht isoliert von Diskriminierungseffekten und rassistischer Ungleichbehandlung betrachtet und analysiert werden kann. Korrekterweise kann hier nicht von einer modernen Entwicklung gesprochen werden, sondern viel mehr von der Fortsetzung seit vielen Jahren existierender Ungleichheiten.[187] Rassistische Diskriminierung ist in diesem Sinne kein Fehler, sondern inhärenter Bestandteil des US Strafsystems.

---

181 Siehe hierzu *Dobbie/Goldin/Yang*, Am. Econ. Rev. 2018, 201 (234).

182 Prison Policy Initiative, Mass Incarceration: The Whole Pie 2023, Racial and Ethnic Disparities in Prisons and Jails, siehe slideshow 6, https://www.prisonpolicy.org/reports/pie2023.html (zuletzt abgerufen am 10. April 2023).

183 Näher *Abrams/Bertrand/Mullainathan*, J. Legal Studies 2012, 347 (347 ff.).

184 *Baldus/Pulaski/Woodworth*, J. Crim. L. & Criminology 1983, 661 (661 ff.).

185 McCleskey v. Kemp, 481 U.S. 279 (1987).

186 NAACP Legal Defense Fund, Death Row USA Spring 2022, S. 1, https://www.naacpldf.org/wp-content/uploads/DRUSASpring2022-22.pdf (zuletzt abgerufen am 10. April 2023).

187 *Alexander*, The New Jim Crow, S. 20 ff.

Diskriminierungseffekte innerhalb des US-amerikanischen Strafsystems sind für diese Arbeit nicht nur deshalb interessant, weil Absprachen essentieller Bestandteil des modernen Strafprozesses sind und Ungleichheiten dieses durchziehen. Konsensuale Erledigungen erfordern Entscheidungsspielraum der Beteiligten. Je nach Ausgestaltung des Systems liegt dieser Spielraum – die Frage nach dem Ob und der konkreten Ausgestaltung einer konsensualen Erledigung – entweder in den Händen der Staatsanwaltschaft oder der Staatsanwaltschaft und des Gerichts. Mit anderen Worten: Ohne Entscheidungsspielraum gibt es auch keine konsensualen Erledigungen – dies gilt sowohl in Deutschland als auch in den USA. Vor allem aber dort, wo Entscheidungsspielraum ausgeprägt ist, existiert Raum für kognitive Verzerrungen, Ungleichbehandlung und Diskriminierung.[188]

III. Vorverlagerung

Ein weiteres für diese Arbeit entscheidendes Phänomen ist die Vorverlagerung des Prozesssystems. Letztlich gelangen nur noch etwa 3 % der Strafverfahren ins Stadium der Hauptverhandlung. Die restlichen 97 % werden vorher im Rahmen einer Absprache (*guilty plea*) beendet.[189] Im Jahre 1980 gingen noch 19 % der Fälle in die Hauptverhandlung. 2000 sank die Zahle auf weniger als 6 % ab.[190] Die Vorverlagerung durch guilty pleas betrifft alle Deliktsgruppen. Strukturell bedeutet dies eine Abkehr von der Hauptverhandlung und eine enorme Bedeutungssteigerung der ihr vorgelagerten Phase und damit verbunden, eine Machtsteigerung des Akteurs, der diese Phase kontrolliert: die Staatsanwaltschaft.

Die US-Verfassung enthält kein Wort zu konsensualer Erledigung. Sie enthält hingegen ein Bündel an Schutzrechten des Beschuldigten, die auf die Hauptverhandlung ausgerichtet sind. Mit dem Abschluss eines plea agreements verzichtet der Beschuldigte auf all diese Rechte. Gerade dies macht solche Absprachen für die Staatsanwaltschaft besonders attraktiv. Das Strafrechtssystem hat sich zu einem Absprachesystem entwickelt und ist deutlich von einem Hauptverhandlungssystem abgerückt.[191] In der adversatorischen Hauptverhandlung muss die

---

188 Hierzu siehe beispielsweise *McCain*, Colum. J. L. & Social Problems 1992, 601 (613 ff.); *López*, Yale L. J. 2000, 1717 (1726). Ausführlich hierauf wird in Kapitel 4 A. (kognitive Verzerrungen), Kapitel 4 B. und C. (Ungleichbehandlung) und Kapitel 5 (rassistische Ungleichbehandlung) eingegangen.

189 US Sentencing Commission, 2010–2014 Datafiles, Figure C, USSCFY10-USSCFY14.

190 *Rakoff*, The New York Review of Books, Why the Innocent Plead Guilty, 20.11.2014.

191 Lafler v. Cooper, 566 U.S. 156 (2012).

Staatsanwaltschaft ihre Version des Geschehens einer Jury präsentieren und beweisen. Diese Beweispflicht entfällt mit dem Verzicht auf eine Hauptverhandlung. Da das Strafrechtssystem und die Verfassung aber von der Durchführung der Hauptverhandlung ausgehen, musste der Supreme Court in einigen Fällen über die Anwendbarkeit verfassungsrechtlicher Schutzmechanismen für Abspracheverhandlungen entscheiden. Erwähnenswert sind hier vor allem die Fälle *US v. Ruiz*[192], *Missour v. Frye*[193] und *Lafler v. Cooper*[194]. *US v. Ruiz* beschäftigt sich mit der Frage, ob Beweisoffenbarungspflichten der Staatsanwaltschaft ("disclosures") auch im Falle einer Absprache oder nur bei der Durchführung einer Hauptverhandlung greifen. Missouri v. Frye und Lafler v. Cooper beantworten, ob das Recht auf eine effektive Verteidigung (*effective assistance of counsel*) auch in Absprachеverhandlungen greift. Auf die Rechtsfigur der *ineffective assistance of counsel* im Zusammenhang mit konsensualen Erledigungen wird insbesondere in Kapitel 6 B. III. eingegangen.

Die Vorverlagerung relativiert traditionelle Vorstellungen des Strafrechtssystems. Langwierige Prozesse mit komplizierten Beweisregeln und hohen Beweisstandards an dessen Ende das Urteil der Jury steht, sind schon lange nicht mehr Teil des amerikanischen Justizalltags.

IV. Reformüberlegungen und Kritik

Auch wenn die Frage nach dem Lösungsweg unterschiedlich beantwortet wird, besteht doch weitgehend Einigkeit darüber, dass sich das amerikanische Strafrechtssystem in einer Krise befindet.[195] Guilty pleas sind gleichzeitig Ursache und Symptom der Krise. Ursache, weil Fehlurteile häufig auf plea agreements beruhen.[196] Symptom, weil sich das Justizsystem nicht in der Lage sieht die enorme Anzahl von Anklagen in einer Hauptverhandlung mit komplexen Beweisregeln und einer Jury zu bewältigen. Konsensuale Erledigungsmethoden versprechen schnelle, ressourcenschonende Abhilfe.

---

192 US v. Ruiz, 536 U.S. 622 (2002).

193 Missouri v. Frye, 566 U.S. 134 (2012).

194 Lafler v. Cooper, 566 U.S. 156 (2012).

195 American Civil Liberties Union, Smart Reform is Possible: States Reducing Incarceration Rates and Costs While Protecting Communities, August 2011, S. 17 ff., https://www.aclu.org/smart-reform-possible-states-reducing-incarceration-rates-and-costs-while-protecting-communities (zuletzt abgerufen am 10. Dezember 2021).

196 *Mungan/Klick*, J. L. & Economics 2016, 173, (174 ff.).

Eines der größten Kritikpunkte ist die mit *guilty pleas* verbundene Drucksituation.[197] Dem Beschuldigten wird häufig bereits in einem frühen Prozessstadium[198] auferlegt, zwischen dem Angebot der Staatsanwaltschaft und dem Risiko der Verurteilung einer Hauptverhandlung zu entscheiden. Vor allem finanziell schlecht gestellte Beschuldigte können sich hierdurch in einer Zwangssituation befinden. Kann der Beschuldigte selbst geringe Kautionssummen (unter 1.000 Dollar) nicht aufbringen, kann die Ablehnung eines *guilty pleas* Monate und Jahre andauernde Untersuchungshaft vor einer Hauptverhandlung mit ungewissem Ausgang bedeuten. Wie verheerend es sein kann – unabhängig von Schuld oder Unschuld – jahrelang auf eine Hauptverhandlung warten zu müssen, zeigt der Fall von Kalief Browder. Kalief Browder wurde im Alter von 16 Jahren in der Bronx, New York, im Jahre 2010, verhaftet.[199] Ihm wurde zunächst vorgeworfen einen Rucksack gestohlen zu haben. Die Kautionssumme wurde auf 3.000 Dollar festgelegt. Ein Betrag den Kalief Browder und seine Familie nicht aufbringen konnten. Es folgte eine dreijährige Untersuchungshaft auf Rikers Island. Kalief Browder bestand in der gesamten Zeit auf seine Unschuld und ging keine Absprache ein. Die meiste Zeit verbrachte Browder in Isolationshaft (*solitary confinement*)[200], eine Form der Inhaftierung, die auch als Folter eingestuft wird.[201] Im Jahre 2012 wurde ihm ein Deal mit einer Freiheitsstrafe

---

197 *Lynch*, Regulation 2003, 24 (24 f.).

198 Im Rahmen der „Operation Streamline" in San Diego, Kalifornien bestand für Beschuldigte beispielsweise Druck, bereits kurz nach der Anklageentscheidung ein plea agreement einzugehen, siehe *Orihuela*, Geo. Imm. L. J. 2020, 613 (646); San Diego Tribune, New Ability to Post Bond in Illegal Entry Cases Was Undermining Trump Administration's "Zero Tolerance" Policy. So Prosecutors Changed Tactics, 10.15.2018, https://www.sandiegouniontribune.com/news/courts/sd-me-illegal-entry-bond-20181015-story.html (zuletzt abgerufen am 10. April 2023).

199 Zur Geschichte von Kalief Browder siehe folgenden Bericht: The New Yorker, Before The Law, A boy was accused of taking a backpack. The courts took the next three years of his life, 06.10.2014, https://www.newyorker.com/magazine/2014/10/06/before-the-law (zuletzt abgerufen am 10. April 2023).

200 Im März 2021 wurde in New York State das „Humane Alternatives to Long-Term Solitary Confinement Act (HALT)" beschlossen. Das neue Gesetz verbietet den Einsatz von solitary confinement für mehr als 15 aufeinander folgende Tage, https://www.nysenate.gov/newsroom/press-releases/senate-passes-halt-solitary-confinement-act (zuletzt abgerufen am 10. April 2023).

201 UN-Experten bezeichnet Isolationshaft (solitary confinement) als Folter, siehe https://www.ohchr.org/en/press-releases/2020/02/united-states-prolonged-solitary-confinement-amounts-psychological-torture (zuletzt abgerufen am 1o. April 2023).

von 2,5 Jahren angeboten. Zu diesem Zeitpunkt befand er sich bereits über zwei Jahre in Haft. Der Deal bedeutete, dass er unter Anrechnung der Untersuchungshaft ("time served") bald frei sein würde. Kalief Browder lehnte das Absprache-angebot dennoch ab und bestand auf seine Unschuld. Wenig später wurde ihm ein Deal mit einer Freiheitsstrafe von 6 Monaten angeboten, mit dem Versprechen er könne noch am selben Tag gehen. Browder nahm auch dieses Angebot nicht an. Der Fall wurde wenig später eingestellt. Die Staatsanwaltschaft sah sich letztliche nicht dazu in der Lage den Fall angesichts der dünnen Beweislage weiterzuverfolgen. Nach seiner Freilassung beging Kalief Browder im Jahre 2015 Selbstmord. Die Zeit in Untersuchungshaft hatte ihn den Schulabschluss und die psychische Gesundheit gekostet.

Ebenfalls enorm ist der Druck ein Abspracheangebot anzunehmen, wenn die Todesstrafe im Raum steht. Der Supreme Court beschäftigte sich hiermit unter anderem in *United States v. Brady*[202] und *United States v. Jackson*[203] – zwei Entscheidungen, die widersprüchlich erscheinen. Im Mittelpunkt steht die Abgrenzung zwischen Zwang (*coercion*) und Freiwilligkeit (*voluntariness*). Noch in *United States v. Jackson* (1968) erklärte der Supreme Court ein Gesetz für verfassungswidrig, welches die Verurteilung zu einer Todesstrafe wegen Kindesentführung nur dann zuließ, wenn der Prozess vor einer Jury verhandelt wurde. Das Gericht allein konnte eine solche Strafe nicht aussprechen. Entschied sich der Angeklagte für eine Absprache, stand die Todesstrafe folglich nicht mehr im Raum. Forderte der Angeklagte jedoch eine Hauptverhandlung bestand das Risiko zum Tode verurteilt zu werden. Das Gericht erkannte die enorme Drucksituation und verneinte die Freiwilligkeit des mit der Absprache verbundenen Geständnisses. Zwei Jahre später entschied der Supreme Court in *United States v. Brady* jedoch, dass die Wahl zwischen *guilty plea* und dem Risiko zum Tode verurteilt zu werden, keinen unzulässigen Druck darstelle. Auch hier drohte dem Angeklagten die Todesstrafe für Kindesentführung, sollte die Jury diese empfehlen. Der Supreme Court stellte hier klar, dass die Angst vor der Verurteilung zur Todesstrafe nicht immer auch die Unfreiwilligkeit der Absprache bedeute.

Langbein vergleicht *plea bargaining* in den USA mit Folterpraktiken des 13. bis 18. Jahrhunderts in Europa. Sowohl Folter im europäischen Strafrecht als auch *plea bargaining* entwickelten sich als eine Antwort auf die hohen Ansprüche des Strafverfahrens – in Bezug auf Schutzrechte des Beschuldigten und

202 Brady v. United States, 397 U.S. 742 (1970).
203 United Stated v. Jackson, 390 U.S. 570 (1968).

Beweisstandards – und die damit verbundene Überforderung der Strafjustiz.[204] Beide Systeme waren nicht in der Lage, ihre Standards in der Praxis zu realisieren – so *Langbein*. Daher seien de lege und de facto Anreize für Geständnisse außerhalb der Hauptverhandlung gesetzt. Der Strafprozess werde auf diese Weise vorverlagert, die gerichtliche Einflussnahme verringert und das Verfahren insgesamt schneller zum Abschluss gebracht.[205]

Derzeitige Lösungsansätze konzentrieren sich vor allem auf die Reform des Kautionssystems (*bail*), des Rechts auf zügige Verhandlung (*speedy trial*) und der Offenbarungspflichten der Staatsanwaltschaft (*discovery*). Das Kautionssystem und plea bargaining stehen in enger Beziehung zueinander. Die Wahrscheinlichkeit, dass ein Beschuldigter ein plea bargaining agreement eingeht, hängt von einer Vielzahl von Faktoren ab. Ob der Beschuldigte sich vor der Hauptverhandlung in Haft befindet, ist eines der entscheidendsten. Beschuldigte, die sich vor der Hauptverhandlung in Haft befinden, neigen eher dazu, ein Angebot der Staatsanwaltschaft anzunehmen – dies gilt insbesondere für Fälle, in denen die Straferwartung eher gering ist.[206] Die Aussicht mehrere Monate oder sogar Jahre im Gefängnis auf eine Hauptverhandlung warten zu müssen, bewegt einige Beschuldigte zur Aufgabe dieses Rechts. Vor allem dann, wenn der Beschuldigte oder seine Familie auf ein regelmäßiges Einkommen angewiesen ist.[207] Im Januar 2017 reformierte der Bundesstaat New Jersey sein Kautionssystem. In den folgenden sechs Monaten sank die Zahl Beschuldigter in Untersuchungshaft drastisch.[208] Der Bundesstaat Kentucky reformierte sein Kautionssystem im Jahre 2013. Am 1. Januar 2020 trat auch die lang erwartete Reform in New York in Kraft. Die Reform endete *bail* für die allermeisten *misdemeanor* Vorwürfe.[209] Nur drei Monate nach in Kraft treten der Gesetzesänderung, wurden die neuen Bestimmungen jedoch wieder etwas zurückgefahren. Insgesamt hat die Reform in New York dennoch zu einer deutlichen Verringerung der Gefängnisinsassen im Vorverfahren geführt.[210] Die Bailreform in New York ist eng

---

204 *Langbein*, U. Chicago L. Rev. 1978, 3 (4 ff.).

205 *Langbein*, Law & Society 1979, 261 (262 ff.).

206 *Heaton/Mayson/Stevenson*, Stan. L. Rev. 2017, 711 (784 ff.).

207 *Stevenson*, J. L., Econ. & Organization 2018, 511 (515 ff.).

208 *Golub/Redcross/Valentine*, Evaluation of Pretrial Justice System Reforms that Use the Public Safety Assessment, Effects of New Jersey's Criminal Justice Reform, 2019.

209 Siehe zu dem Begriff „misdemeanor" Fn. 92.

210 Ausführlich zur Bail Reform in New York State und aktuellen Entwicklungen siehe *Kim/Hood/Connors*, The Impact of New York Bail Reform on Statewide Jail Populations: A First Look, Vera Institute, 2021.

mit Reformbestrebungen zur Stärkung des Rechts auf eine zügige Verhandlung (*speedy trial*) verbunden. Schutz in allen Bundesstaaten bietet hier das Speedy Trial Recht des sechsten Verfassungszusatzes. Einige Bundesstaaten – darunter New York – haben darüber hinaus spezifische Schutzvorschriften.

Problematisch wird es vor allem dann, wenn Fehlentwicklungen des Strafrechtssystems – sofern man meint es handle sich um Fehlentwicklungen[211] – zu Fehlverurteilungen führen. Plea Bargaining wird von einigen als eine der primären Ursachen gesehen.[212] Das Innocence Network hat in den letzten Jahren hunderte von Fällen identifiziert – und zum Teil an diesen mitgewirkt – in denen eine DNA-Analyse zur Entlastung Verurteilter führte. In einigen dieser Fälle wurde ein guilty plea abgelegt.[213] Das National Registry of Exoneration meldet bislang fast 3.000 aufgehobene Fehlverurteilungen seit 1989, von denen 15 % auf einem guilty plea beruhen.[214] Nach *Roach*[215] seien adversatorische Systeme besonders anfällig für Fehlverurteilungen durch guilty pleas. Das US-amerikanische Recht gestattet die Verurteilung durch plea agreement auch dann, wenn der Angeklagte auf seine Unschuld besteht. Es handelt sich hierbei um sogenannte *Alford Pleas*.[216]

Diskriminierungseffekte durchziehen Diskussion und Wirklichkeit des Strafverfahrensrechts. Das gilt auch für Absprachen. 1991 analysierte die US-amerikanische Zeitschrift *San Jose Mercury News* 700.000 Strafverfahren in Kalifornien. Die Untersuchung ergab, dass Latinx[217] und Schwarze Beschuldigte im Rahmen von plea bargaining Verfahren schlechtere Angebote bekommen.[218] Eine Studie aus 2017 beschäftigt sich ausführlich mit Diskriminierungseffekten, insbesondere mit Rassismus, innerhalb des plea bargaining Systems.[219]

---

211 Um von einer Fehlentwicklung annehmen zu können muss man sich auf den Stand stellen, dass es sich um *Fehler* des Systems in Abgrenzung zu *inhärenten Bestandteilen* des Systems handelt.

212 *Roach*, N.C. J. Int'l L. & Com. Reg. 2009, 387 (396).

213 Mehr hierzu siehe die Webseite des Innocence Projects, An End to Plea Bargaining, 13. Januar 2009, abrufbar unter: https://www.innocenceproject.org/an-end-to-plea-bargains/ (zuletzt 10. April 2023).

214 Mehr hierzu siehe The National Registry of Exonerations, https://www.law.umich.edu/special/exoneration/Pages/Guilty-Pleas.aspx (zuletzt abgerufen am 10. April 2023).

215 Juraprofessor an der University of Toronto.

216 North Carolina v. Alford, 400 U.S. 25, 26–29 (1970).

217 Siehe zu diesem Begriff Fn. 177.

218 *Schmitt*, San José Mercury News Dec. 8, 1991, 1A.

219 *Berdejó*, B.C. L. Rev. 2018, 1187.

Danach treffen Schwarze Beschuldigte schärfere Strafen. Die Studie untersucht 30.807 Vergehen – sogenannte *misdemeanor*[220] Fälle – in einem Zeitraum von sieben Jahren in Wisconsin.[221] Das Ergebnis: Weiße Beschuldigte hatten eine 74 % höhere Chance für *misdemeanor* Anklagen eine Einstellung oder Reduzierung der Vorwürfe in Absprachevershandlungen zu erreichen. *Berdejos* Ansicht nach lege das nahe, dass Staatsanwälte „Race“ als Indikator für Kriminalitätsneigung und Rückfallwahrscheinlichkeit verwenden.[222]

Auch wenn parteiübergreifend seit Jahren Einigkeit darüber besteht, dass mass incarceration eine Fehlentwicklung darstellt, führte die Trump Regierung den konservativen *Law and Order*[223] Ansatz nicht nur weiter, sondern weitete ihn aus. Mit dem First Step Act[224] führte die Trump Regierung zwar einen Mechanismus zur Reduzierung der Gefängnispopulation auf Bundesebene ein, gleichzeitig verfolgte sie aber eine politische Leitlinie, die eine grundlegendere Reform der Strafjustiz unmöglich machte. Insbesondere ignorierte die Trump Regierung rassistische Diskriminierungseffekte im Strafprozess und bei der Polizei. So endete sie beispielsweise ein Projekt innerhalb des Justizministeriums, welches auf die Reduzierung von Diskriminierungseffekten für jugendliche Beschuldigte ausgerichtet war. Leitfäden und Richtlinien des Justizministeriums zur Reduzierung von Diskriminierungseffekten im Ermittlungsverfahren wurden entfernt. Untersuchungen zum überproportionalen Gewalteinsatz (*excessive force*) der Polizei gegenüber marginalisierten Personen wurden deutlich zurückgefahren. Daneben erließ Trump im Jahre 2017 eine Verordnung, nach der die Polizei mit bundesstaatlicher Militärausrüstung ausgestattet werden kann.[225]

Konsensuale Erledigungsmethoden sind – wie beschrieben – zugleich Ursache und Symptom der *mass incarceration*-Krise. Derzeit sind Reformen in vielen

---

220 Zu dem Begriff siehe Fn. 92.

221 *Berdejó*, B.C. L. Rev. 2018, 1187 (1204 ff.).

222 *Berdejó*, B.C. L. Rev. 2018, 1187 (1237 f.).

223 Vor Sperrung seines Accounts twitterte Donald Trump „LAW & ORDER!“ ohne weiteren Kommentar oder klaren Zusammenhang, dutzende Male im Laufe seiner Amtszeit als US-Präsident.

224 Der First Step Act ist ein Bundesgesetz, welches am 21. Dezember 2018 in Kraft trat. Zweck des Gesetzes ist die Reduzierung der Gefängnisinsassenanzahl in Bundesgefängnissen durch neue Risikobewertungsinstrumente, die die Rückfallwahrscheinlichkeit verurteilter Gefängnisinsassen beurteilen sollen.

225 Presidential Documents, Executive Order 13809, August 28, 2017, https://www.govinfo.gov/content/pkg/FR-2017-08-31/pdf/2017-18679.pdf (zuletzt abgerufen am 10. April 2023).

Bereichen des Strafverfahrens Teil der Diskussion. Diese Reformen hätten unmittelbare Auswirkungen auf konsensuale Erledigungsmethoden. Würden staatsanwaltschaftliche Offenbarungspflichten gegenüber dem Beschuldigten oder der Verteidigung (*discovery*) beispielsweise früher ansetzen, wäre es Beschuldigten möglich, rechtzeitig informierte Entscheidungen über die Annahme oder Ablehnung eines plea agreements zu treffen.

Das US-amerikanische Verfahren hat sich weit von der Grundidee der Verfassung, die die Durchführung von Hauptverhandlungen annimmt, entfernt. Allerdings finden sich im US-Strafprozess Strukturen und Rechtsfiguren, die ausgleichende Wirkung haben. Verwiesen sei hier beispielsweise auf eine frühzeitige, aktive, institutionalisierte, ggf. kostenlose Verteidigung des Beschuldigten. Auch die Rechtsfigur *der ineffective assistance of counsel* sind ein ausgleichender Mechanismus gegenüber der Vorverlagerung und Machtsteigerung der Ermittlungsbehörden.[226] Diese Strukturen werden in Kapitel 6 ausführlich diskutiert und für den deutschen Strafprozess fruchtbar gemacht.

V. Parallele Entwicklungen in Deutschland

1. Vorüberlegungen

Jedes Rechtssystem ist von seinem kulturellen Erbe geprägt. Diskussionen über die Krise des US-Strafrechtssystems sind entsprechend eng mit spezifischen sozioökonomischen und historischen Faktoren verbunden. Dies schließt jedoch nicht aus, dass sich Erkenntnisse für das deutsche Rechtssystem extrahieren lassen oder umgekehrt, deutsche Perspektiven für die USA von Interessen sein können. Das gilt insbesondere vor dem Hintergrund, dass eine Amerikanisierung des deutschen Strafprozesses befürchtet wird – also eine Angleichung des reformiert inquisitorischen Strafprozesses an den adversatorischen Strafprozess in den USA, beispielsweise durch die Einführung konsensualer Erledigungen. Insbesondere das plea bargaining wird mit der deutschen Absprachepraxis verglichen.[227] Auch internationale Strafgerichte setzen sich mit der Zulässigkeit und konkreten Handhabung von konsensualen Erledigungsmethoden in internationalen Verfahren auseinander.[228] So beispielsweise im Falle Omar Al Bashir.[229]

---

226 Ausführlich hierzu in Kapitel 6 B. III.

227 *Rosenau* bezeichnet plea bargaining als Pate deutscher Absprachen, vgl. *Rosenau*, FS-Puppe 2013, 1597 (1604 ff.).

228 *Combs*, U. Penn L. Rev. 2002, 1 (89 ff.).

229 *Pati*, U. C. Davis J. Int'l L. & Pol'y 2009, 265 (280 ff.).

Konsensuale Erledigungsmethoden – insbesondere Absprachen – sind in Deutschland weiterhin umstritten. Betrachtet man den Diskurs um konsensuale Erledigungsmethoden in den USA und Deutschland, stellt man schnell fest, dass schon der Ausgangspunkt ein anderer ist. Die Diskussion um Absprachen ist in Deutschland von verfassungsrechtlichen und strafprozessdogmatischen Perspektiven geprägt. Das ist keinesfalls selbstverständlich und deshalb interessant, weil anders als in den USA wenig von den tatsächlichen Konsequenzen – hier als *rechtspraktische* Konsequenzen bezeichnet – in der Praxis die Rede ist. Wie die Betrachtung von Kritik und Reformbewegung gezeigt hat, kreist die Diskussion (siehe unter IV.) in den USA viel mehr um die realpraktischen Konsequenzen des plea bargaining: Fehlverurteilungen, langwieriger Freiheitsentzug in der Untersuchungshaft, Diskriminierungseffekte und die wechselseitige Verstärkung all dieser Faktoren in ihrer Zusammenwirkung.[230] Die deutsche Betrachtung verläuft vor allem auf klassisch dogmatischer Ebene. Strafrecht ist der *Seismograf der Gesellschaft*. Daher wäre es verfehlt, es losgelöst von seinen gesellschaftlichen Konsequenzen zu betrachten. An dieser Stelle werden deshalb die realpraktischen Aspekte angesprochen, denen auch in der deutschen Diskussion mehr Aufmerksamkeit geschenkt werden sollte: die Vorverlagerung und Ausdehnung des Strafrechts und damit verbundene Diskriminierungseffekte.

Ausgangspunkt für konsensuale Erledigungsmethoden ist nicht zuletzt die seit den 90er Jahren stattfindende Ausdehnung, Vorverlagerung und Verschärfung des materiellen Strafrechts.[231] Man könnte hier von einem „reflexartigen Rückgriff auf das Strafrecht" sprechen.[232] Hiervon ist keinesfalls allein, aber wohl vor allem, das Wirtschaftsstrafrecht betroffen.[233] Zum Teil hat die Ausdehnung des Strafrechts lediglich symbolischen Charakter. Ein aktuelles Beispiel für Symbolstrafrecht und die Politisierung des Strafrechts ist die eilig beschlossene Strafrechtsreform von 2016 als Reaktion auf sexualisierte Gewalt in der Kölner Silvesternacht. Nun mag eingewandt werden, dass hinter staatlichen Verboten *immer* auch eine moralische Funktion steckt, die zur „symbolische[n]

---

230 Damit sei jedoch keinesfalls behauptet, dass es in den USA keine Diskussion um die Legitimität konsensualer Erledigungsmethoden in den USA gäbe, siehe nur *Hessick*, Punishment Without Trial, Why Plea Bargaining Is a Bad Deal (siehe insbesondere Kapitel 2).

231 BVerfGE 133, 168 (172); *Hecker*, Schönke/Schröder-StGB, Einführung Rn. 9 ff.; *Singelstein*, ZFR 2014, 321 (325).

232 *Singelnstein*, ZFR 2014, 321 (325).

233 Zur Verschärfung des Korruptionsstrafrechts siehe *Heuking/von Coelln*, BB 2016, 323 ff., *Theile*, MSchkrim 2010, 147.

Etikettierung und Stigmatisierung der Betroffenen“[234] führt. So behauptet der Rechtssoziologe *Ryffel*, dass „auch in unseren entwickelten Rechtsordnungen die latenten und symbolischen Funktionen des Rechts verbreitet sind und eine große Rolle spielen“[235]. Ähnlich behauptet auch *Noll*, Symbolgesetzgebung sei „nicht allzu selten“[236]. Überkriminalisierung und Politisierung des Strafrechts birgt jedoch nicht zu unterschätzende Gefahren für die Legitimität des Strafrechtssystems.

Neben der Vorverlagerung des materiellen Strafrechts lässt sich auch eine Vorverlagerung des Straf*prozesses* ausmachen. Anders als bei guilty pleas, ersetzt die Absprache zwar nicht die Hauptverhandlung, allerdings lassen sich auch hier wieder Ähnlichkeiten ausmachen. Absprachen erwachsen häufig aus Vorgesprächen, also zu einem der Hauptverhandlung vorgelagerten Zeitpunkt. Den Verfahrensstadien vor der Hauptverhandlung – Ermittlungs- und Zwischenverfahren – kommt dann eine entscheidende Bedeutung zu. Darüber hinaus sind Absprachen ohnehin nicht die in der Praxis relevantesten Formen der Vorverlagerung. Insbesondere die Einstellung nach § 153a und das Strafbefehlsverfahren müssen im Rahmen einer möglichen Vorverlagerung des deutschen Strafprozesses bedacht werden. Hierauf wird in Kapitel 3 A. ausführlich eingegangen. Es stellt sich auch für Deutschland die Frage, ob eine solche Bedeutungssteigerung des Vorverfahrens zu einer grundlegenden Reform der Strafprozessordnung führen muss.[237] Dies gilt insbesondere unter dem Aspekt der Waffengleichheit im Ermittlungsverfahren, der dominierenden Strafprozessphase.

2. *Insbesondere: Fehlurteile*

Fehlurteile sind in Deutschland bislang wenig diskutiert worden. Es gibt zahlreiche Definitionen für den Begriff Fehlurteil.[238] Die vorliegende Betrachtung bezeichnet so jedenfalls diejenigen Urteile, durch die ein Unschuldiger verurteilt wurde, sowie diejenigen, denen ein fehlerhaftes Verfahren oder unzulängliche Beweisführung zu Grunde liegt. Bisherige Forschung legt nahe, dass die Existenz solcher Urteile auch in Deutschland keine Seltenheit ist.[239] *Peters* stellt in seiner Analyse des Strafprozesses für die Jahre 1951 bis 1964 bereits fest, dass sich Fehler

---

234 *Hassemer*, NStZ 1989, 553 (553).
235 *Ryffel*, Rechtssoziologie, S. 256.
236 *Noll*, Gesetzgebungslehre, S. 157.
237 So jedenfalls schon *Schünemann*, ZStW 114 (2002), 1 (43).
238 *Dunkel/Kemme*, NK 2016, 138 (140).
239 *Wasserburg/Eschelbach*, GA 2013, 335; *Jehle* FPPK 2013, 220 (222).

im Vorverfahren häufig hartnäckig bis zum Abschluss der Hauptverhandlung durchziehen.[240] Der heutige Diskurs beruht vor allem auf theoretischen Überlegungen und Einzelfällen, nicht auf umfassender empirischer Forschung. Zum Teil wird dazu aufgerufen, Wiederaufnahmeverfahren zum Ausgangspunkt der Forschung zu nehmen.[241] *Dunkel* veröffentlichte eine der aktuellen Untersuchungen zu Fehlentscheidungen in Deutschland. Die Studie beschäftigt sich mit Wiederaufnahmeanträgen von 2001 bis 2015. Da aber lediglich 48 Akten Teil der Untersuchung werden konnten, ist das Ergebnis nur begrenzt aufschlussreich.[242]

Ralf Eschelbach, Richter am Bundesgerichtshof, schätzt dass es sich bei jedem vierten Strafurteil um ein Fehlurteil handelt.[243] Seit einigen Jahren wird das Thema häufiger medial aufgegriffen.[244] In den USA ist man sich der Verbindung zwischen Fehlurteilen und konsensualen Erledigungsmethoden bewusst. In Deutschland ist dieser Zusammenhang noch wenig diskutiert, was schon am Mangel an allgemeiner Forschung zu Fehlurteilen liegt. Dass Absprachen auch in Deutschland ein besonderes Risiko für Fehlurteile bieten, scheint aber zumindest nicht fernliegend. Gegenstand einer Absprache bildet häufig ein Geständnis – auch wenn das nach dem Gesetzeswortlaut des § 257c Abs. 2 StPO („Gegenstand der Verständigung *soll* ein Geständnis sein“) nicht unbedingt erforderlich wäre. Nun könnte eingewandt werden, dass Verfahren, welche Geständnisse als „selbstkritische[s] Resümee“[245] des Beschuldigten honorieren, weniger fehlerträchtig seien. Bemerkenswerterweise war dies schon die mit der Folter zum Erreichen seines Geständnisses verbundene Logik.[246] Die Gefahr eines unfreiwilligen Geständnisses steigt insbesondere dann, wenn dem Beschuldigten eine

240 *Peters*, Fehlerquellen im Strafprozeß, Bd. 2, S. 212.

241 *Dunkel/Kemme*, NK 2016, 138 (140 ff.); *Dunkel*, Fehlentscheidungen in der Justiz, S. 230.

242 So *Dunkel*, Fehlentscheidungen in der Justiz, S. 230 f.

243 *Eschelbach*, Graf-StPO, § 257c Rn. 1.

244 Süddeutsche Zeitung, Fehlurteile in Deutschland: Ohne Zweifel, 17. Mai 2015, https://www.sueddeutsche.de/politik/fehlurteile-ohne-jeden-zweifel-1.2479505 (zuletzt abgerufen am 18. April 2023); Spiegel, Justizirrtümer, Blind vor der Wahrheit, 26.04.2013, https://www.spiegel.de/panorama/justiz/justizirrtuemer-wie-strafgerichte-daneben-liegen-a-896583.html (zuletzt aufgerufen am 18. April 2023); Die Zeit, Falsche Zeugen: Lügen, die man gerne glaubt, 7. Juli 2011, http://www.zeit.de/2011/28/DOS-Justiz (zuletzt abgerufen am 18. April 2023); Siehe auch *Dunkel*, Fehlentscheidungen in der Justiz, S. 16 ff.

245 *Pfister*, Forensische Psychiatrie, Psychologie, Kriminologie 2013, 250 (254).

246 Mehr hierzu in Kapitel 3.

deutlich geringere als die vom Strafrahmen in Aussicht gestellte Strafe angeboten wird. Die Regelungen des § 257c StPO sollen hier vor verfassungsrechtlichen Verstößen schützen. § 257c Abs. 1 S. 2 StPO stellt klar, dass eine Absprache das Gericht nicht von seiner Aufklärungspflicht aus § 244 Abs. 2 StPO entbindet. Dennoch gibt es immer wieder Urteile, in denen die Aufklärungspflicht von § 244 Abs. 2 StPO verletzt wird.[247] Es ist schwer zu beurteilen wie viele solcher Fälle tatsächlich vorliegen, denn es kann davon ausgegangen werden, dass etliche „aufgrund der gegenseitigen Abhängigkeit der professionellen Akteure“[248] nie tatsächlich Gegenstand einer Revision werden. Ein weiterer vom Gesetz vorgenommener Schutzmechanismus gegen Fehlurteile ist das Verbot einer Verständigung über die Schuld des Angeklagten gem. § 257c Abs. 2 S. 3 StPO. Aber auch hier liegt eine Diskrepanz zwischen Rechtslage und Wirklichkeit vor.[249]

Trotz Schutzmechanismen bieten konsensuale Erledigungsmethoden das Potential Fehlurteile zu befördern. Eine besondere Fehlerquelle und Drucksituation bieten konsensuale Erledigungsmethoden mit möglicher Drittbelastung. In den USA werden solche Deals meist im Zusammenhang mit einer „Queen for a Day“ Vereinbarung getroffen. In Deutschland findet im Rahmen von Drogendelikten § 33 BtMG oder § 46b StGB („Kronzeugenregelung“) Anwendung. Beziehen sich die Angaben, die ein Angeklagter im Rahmen einer Absprache trifft auf die Tatbeiträge eines anderen, sind übertriebene Drittbelastungen und damit verbundene Fehlverurteilungen im Austausch für einen „guten Deal“ durchaus denkbar. In der Literatur werden Verständigungen mit dem Inhalt einer Drittbelastung zum Teil abgelehnt.[250] § 257c Abs. 4 S. 3 StPO regelt die Verwertungsfragen im Falle einer Drittwirkung nicht. Auch in der Rechtsprechung wird die Problematik der Drittwirkung bisher partiell umgangen.[251] Während adversatorische Strafprozesssysteme häufig als besonders anfällig für Fehlurteile durch guilty pleas bezeichnet werden,[252] bleiben auch inquisitorische Verfahren von dieser Fehlerquelle nicht verschont.

---

247 *Pfister*, Forensische Psychiatrie, Psychologie, Kriminologie 2013, 250 (255).

248 *Eschelbach*, Graf-StPO, § 257c Rn. 1.

249 Siehe insbesondere den Fall BGH, Beschluss vom 05.12.2008 – 2 StR 495/08.

250 *Pfister*, Forensische Psychiatrie, Psychologie, Kriminologie 2013, 250 (254); für eine Verwertbarkeit aber besonders sorgsame Würdigung dagegen *Velten*, SK-StPO, § 257c Rn. 49.

251 BVerfG NStZ 2014, 528 (529).

252 *Roach*, N.C. J. Int’l L. & Com. Reg. 2009, 387 (396).

3. *Insbesondere: Diskriminierungseffekte*

Auch die in den USA problematischen Diskriminierungseffekte lassen sich auf die deutsche Abspracheproblematik übertragen. Vorweg sei jedoch klargestellt, dass sich Diskriminierungsstrukturen nur schwer vergleichen lassen. Das gilt schon für unterschiedliche Diskriminierungsformen in einem *nationalen* Kontext. Erst recht jedoch für internationale Vergleiche mit den USA – einem Land mit einer langen Geschichte rassistischer Diskriminierung. Es soll sich hier jedoch gar nicht um einen Vergleich von Unterdrückungsstrukturen mit der Frage danach, wo Probleme „gravierender" sind, handeln. Vielmehr geht es um die Herausarbeitung ähnlicher Phänomene und Identifizierung von Konvergenzen. Diskriminierung mag sich zwar gegen verschiedene Gruppen richten und von unterschiedlichen – beispielsweise politischen – Dynamiken beeinflusst sein, diskriminierende Grundstrukturen bleiben dennoch vergleichbar. Ein solcher Vergleich mag besonders für Deutschland hilfreich sein, wo Rassismus und Justiz ein kaum berührtes – man könnte sogar sagen umgangenes – Thema ist. Dies lässt sich exemplarisch an der *Racial Profiling* Diskussion der letzten Jahre aufzeigen. Racial Profiling bezeichnet institutionellen Rassismus, bei dem Mitarbeiter der Polizei und Ordnungsbehörden ihr Handeln auf Kriterien wie rassistische Zuschreibungen, vermeintliche ethnische Zugehörigkeiten, zugeschrieben Religion und nationale Herkunft gründen, anstatt auf objektive Beweise. Racial Profiling *beruht* nicht nur auf Stereotypisierung, sondern *perpetuiert* sie, da das overpolicing einzelner Bevölkerungsgruppen deren überproportionale Repräsentation in Kriminalstatistiken zur Folge hat, was wiederum als Anlass für verstärkte Polizeikontrollen genommen wird. Trotz Klagen vor den Verwaltungsgerichten[253], zahlreichen Erfahrungsberichten von Betroffenen und der Aufdeckung rassistischer Ermittlungen im Zusammenhang mit den NSU-Morden[254], wird die Existenz von Racial Profiling von entscheidenden Akteuren weiterhin bestritten. So erklärte die Bundesregierung 2011, Racial Profiling sei verfassungswidrig und existiere daher nicht.[255]

Die deutsche Justiz versteht sich als neutral, objektiv und ist formal „farbenblind".[256] Critical Race Theoretiker kritisieren die Idealisierung von Recht und

253 Ausgangspunkt war hier OVG Rheinland-Pfalz, 29.10.2012, Az. 7 A 10532/12.

254 Deutscher Bundestag 17. Wahlperiode, Beschlussempfehlung und Bericht des 2. Untersuchungsausschusses nach Artikel 44 des Grundgesetzes, BT-Drs. 17/14600, S. 835, 861.

255 BT-Drs. 17/1971 Deutscher Bundestag, 17. Wahlperiode Antwort der Bundesregierung auf die Kleine Anfrage der Abgeordneten (20.12.2012).

256 Vgl. hierzu Kapitel 5 A. I.

Justiz und verweisen auf *implicit bias* (unbewusste Diskriminierung) und institutionellen Rassismus.[257] Rassismus wird in Deutschland häufig mit Rechtextremismus – der Ideologie der Nationalsozialisten – und Ausländerfeindlichkeit gleichgesetzt. Das Konzept des institutionellen Rassismus hingegen wird „reflexartig zurückgewiesen"[258]. Bestätigt wird dies vom UN-Antirassismus-Ausschuss (CERD). Dieser stellte 2015 fest, dass das Fehlen einer gesetzlichen Definition rassistischer Diskriminierung zu einer Zurückhaltung der deutschen Justiz bei der Umsetzung des Übereinkommens[259] führt. Der Ausschuss äußerte sich besorgt über das enge deutsche Rassismusverständnis, welches sich ausschließlich auf Fremdenfeindlichkeit und Rechtsextremismus beziehe.[260]

In Ländern wie den USA und Großbritannien ist schon lange selbstverständlich, Daten über die ethnische Zusammensetzung der Bevölkerung zu sammeln. In Deutschland werden lediglich Daten über das Herkunftsland jüngster Immigranten gesammelt. Etwa bei Arztbesuchen, der Schulanmeldung oder Universitätsbewerbungen wird in den USA dazu aufgefordert eine Selbstidentifikation anzugeben: White, Black, Asian, Latinx, etc. Statistisch gesehen existieren Schwarze Menschen in Deutschland nicht.[261] Bisher gibt es lediglich unzuverlässige Schätzungen. Dies erschwert nicht nur eine offene Diskussion über Rassismus, sondern macht die Implementierung von Richtlinien und Gesetzen unmöglich. Wer die betroffene Gruppe nicht erst einmal identifiziert, arbeitet vergeblich an Gleichstellung. CERD verwies Deutschland 2015 erneut auf die Wichtigkeit „zuverlässiger statistischer Daten für die Identifizierung und Bekämpfung rassistischer Diskriminierung".[262]

Diskriminierungsfragen in Zusammenhang mit konsensualen Erledigungsmethoden sind in Deutschland bisher kaum untersucht worden. Gerade hier sind sie jedoch von besonderer Bedeutung. Denn in diesem Bereich überschneidet sich Diskriminierung mit einer Verfahrenssituation, die ihrer Natur nach

257 *West*, Introduction, in: Crenshaw/Gotanda/Peller/Thomas, Critical Race Theory, The Key Writings that Formed the Movement, xi–xii.

258 *Mecheril/Velho*, Rassismuserfahrungen, in: Fereidooni/El, Rassistische Diskriminierung und Rechte Gewalt, S. 206.

259 Mit Übereinkommen ist hier das Internationale Übereinkommen zur Beseitigung jeder Form von Rassendiskriminierung gemeint.

260 CERD/C/DEU/CO/19–22, 4 (Nr. 7).

261 Hierzu *Mohdin*, Quartz, Statistically Speaking, Black People in Germany don't Exist, 23. September 2017, https://qz.com/1078032/can-germany-combat-inequality-when-it-has-no-data-on-race/ (zuletzt abgerufen am 21. April 2023).

262 CERD/C/DEU/CO/19–22, 3 (Nr. 6).

weniger Schutz bietet und bestimmte Akteure besonders gefährdet. Es überlagern sich also zwei Risikogruppen: Institutionalisierter *implicit bias* und die Vorverlagerung bzw. Entformalisierung des Verfahrens, in dem den Ermittlungsbehörden ein kaum überprüfbares Ermessen zukommt. Das vierte Kapitel beschäftigt sich schwerpunktmäßig mit dieser strukturellen Problematik.

Eine erste Zwischenbilanz zeigt, ebenso wie in den USA sind Fehlverurteilungen, Diskriminierungseffekte und die Politisierung des Strafrechts Faktoren, die auch in Deutschland eine Rolle spielen und sich für eine Rechtsvergleichung eignen.

B. Wechselwirkungsverhältnis von Plea Bargaining, Vorverlagerung und Diskriminierungseffekten

I. Einfallstore für Plea Bargaining

Zahlreiche Faktoren begünstigen in den USA ein von konsensualen Methoden dominiertes System. Im Interesse des Verständnisses und der Eingrenzung der für Deutschland relevanten Aspekte, konzentriert sich die folgende Betrachtung lediglich auf den Aspekt des enorm weiten Ermessensspielraums (*discretion*) der Staatsanwaltschaft – das Haupteinfallstor des plea bargaining.[263] In Kapitel 5 C. I. wird das Ermessen und der Beurteilungsspielraum der deutschen Staatsanwaltschaft vor allem im Rahmen des § 153a StPO im Kontext spezifischer struktureller Diskriminierungseffekte behandelt.

In den USA verbirgt sich hinter dem Ermessensbegriff ein weit gefächerter Entscheidungsspielraum. Verschiedenen Akteuren – zum Beispiel Richtern – wird von der US-Prozessordung punktuell ein gewisses Maß an Ermessen eingeräumt. Das Ermessen der Staatsanwaltschaft bleibt in Umfang und Reichweite jedoch unübertroffen.[264] In vielerlei Hinsicht ist die Entscheidungsgewalt auf Seiten der Staatsanwaltschaft konzentriert.[265] Dies schließt nicht nur das *Ob* der Strafverfolgung und Anklage ein, sondern auch die Entscheidung darüber,

263 *Sklansky* beschreibt die Macht der Staatsanwaltschaft als nahezu grenzenlos, siehe *Sklansky*, J. Crim. L. & Criminology 2016, 473 (480 ff.); *Stuntz*, Mich. Law Rev. 2001, 505 (579 f.); *Barkow*, Stan. L. Rev. 2006, 989 (1047 f.); *Langer*, Am. J. Crim. L. 2006, 223 (270 ff.); *Findley/Amaya/Hatch/Smith*, Wisc. Law Rev. 2022, 533 (598) ("[…] it is likely that prosecutors themselves will retain substantial power—likely the greatest power of any actors in the system—to set the terms and scope of plea bargains").

264 Siehe hierzu auch *Ross*, Am. J. Comp. L. 2006, 717.

265 *Stuntz*, Mich. Law Rev. 2001, 505 (579 f.); *Crespo*, Col. L. Rev. 2018, 1303 (1307).

welche Taten im Einzelnen Gegenstand der Anklage sein sollen und welche Strafvorschrift dafür herangezogen wird. Bezeichnend – und aus deutscher Perspektive befremdlich – ist die Zulässigkeit von sogenannten *legal fictions*. Dieser Begriff bezeichnet eine übliche Praxis der am Strafprozess beteiligten Akteure, sich auf einen strafrechtlich relevanten Sachverhalt zu einigen, der sich unter eine bestimmte Strafvorschrift subsumieren lässt, auch wenn allen Beteiligten klar ist, dass dieser Sachverhalt fiktiv ist, letztlich aber zu einem Ergebnis führt, dem sowohl die Staatsanwaltschaft als auch der Beschuldigte zustimmen kann. Zur Verdeutlichung: Ein Angeklagter geht auf ein plea bargaining Angebot ein und gesteht einen Einbruchsdiebstahl anstatt des tatsächlich begangenen Raubes. Nehmen wir weiter an, dass die einschlägige Vorschrift zum Einbruchsdiebstahl verlangt, dass die Tat zur Nachtzeit begangen wurde. Der Beschuldigte kann diesen Deal auch dann annehmen, wenn allen Beteiligten aus den Ermittlungen bekannt ist, dass die Tat um 14 Uhr Nachtmittags begangen wurde und der Beschuldigte um 14:30 am Tatort verhaftet wurde.

Die Nichtverfolgungsentscheidung der Staatsanwaltschaft ist in den USA nicht gerichtlich anfechtbar.[266] Ein dem Klageerzwingungsverfahren (siehe §§ 172 ff. StPO) ähnliches Verfahren existiert nicht. Die einzige Begrenzung staatsanwaltschaftlichen Ermessens bildet das Gleichbehandlungsprinzip der US-Verfassung. Das Gleichbehandlungsprinzip ist verletzt, wenn kumulativ (1) ein diskriminierender Effekt besteht und (2) dieser Effekt subjektiv auf einem diskriminierenden Motiv beruht. Insbesondere das subjektive Element ist in der Praxis schwierig nachzuweisen. Tatsächlich hat der Supreme Court diese Voraussetzungen bisher in keinem Fall als gegeben angenommen.

Die konkrete Ausgestaltung der Staatsanwaltschaft richtet sich zunächst danach, ob es sich um den Bund oder aber um einzelne Bundesstaaten handelt. Sowohl der Bund als auch die einzelnen Staaten haben souveräne Strafkompetenzen. Staatsanwälte auf Bundesebene werden als *Assistant United States Attorneys* („AUSA") bezeichnet und repräsentieren die Vereinigten Staaten als Bundesstaat. Es ist ihre Aufgabe Verstöße gegen das Bundesrecht zu verfolgen. Ihre Kompetenzen beschränken sich schon lange nicht mehr auf Wirtschaftsstrafrecht, Drogenhandel und Korruption.[267] Es gibt derzeit 93 U.S. Attorney Büros, die dem Justizministerium („Department of Justice", folgend: „DOJ") untergeordnet sind. Staatsanwälte auf Ebene der einzelnen Staaten hingegen werden „District Attorney" (DA) genannt. Sowohl für die Bundesebene als auch

266 Inmates of Attica Correctional Facility v. Rockefeller, 477 F.2d 375 (1973).
267 Zur Ausweitung der Strafrechtskompetenzen siehe *Trüg*, ZStW 2008, 331 (346 ff.).

die Staaten gilt jedoch: Staatsanwälte sind Teil der Exekutive. Dadurch, dass einige Staatsanwälte jedoch gewählt werden (*elected prosecutors)* nehmen sie in der Praxis in gewisser Hinsicht eine Zwischenstellung zwischen Jurist und Politiker ein. Als Beispiel sei hier die Wahl zum District Attorney im New York Stadtteil Queens im Jahre 2019 erwähnt. Diese Wahl wurde nicht nur in New York, sondern im ganzen Land aufmerksam verfolgt. Zahlreiche Präsidentschaftskandidaten der Democratic Party unterstützten öffentlich und offiziell Kandidaten für die Position des neuen District Attorneys.[268]

Da der Staatsanwaltschaft ein so weites Ermessen zukommt, ist die politische Linie der jeweiligen Staatsanwaltschaften durchaus bedeutend. So zeigen sich in benachbarten Stadtteilen mit anderen Staatsanwälten erhebliche Unterschiede in der Strafverfolgung. In NYC wird beispielsweise das Fahren ohne Fahrschein ("turnstile jumping") nicht strafrechtlich verfolgt, während es in der Bronx durchaus zu Verhaftungen wegen des gleichen Delikts kommt. Unter Larry Krasner, District Attorney für Philadelphia seit 2017, reduzierte die Staatsanwaltschaft die Verfolgung von Marijuana Besitz, Ladendiebstahl und Prostitution in Philadelphia drastisch.[269]

II. Diskriminierungseffekte als Symptom von Plea Bargaining

Diskriminierungseffekte durchziehen alle Stadien des US-amerikanischen Strafprozesses. Wie bereits erwähnt beginnt die Ungleichbehandlung marginalisierter Personen schon damit, wer überproportional von der Polizei angehalten, befragt und verhaftet wird. Plea bargaining ist hiervon nicht ausgenommen.[270]

Der US-Strafprozess baut auf dem verfassungsrechtlichen Schutz des Angeklagten in der Hauptverhandlung auf. In der Hauptverhandlung hat der Angeklagte – meist durch einen Verteidiger – die verfassungsrechtlich geschützte Möglichkeit, Zeugen zu befragen, Beweise zu präsentieren, eigene Zeugen zu

---

268 Siehe zu dieser Wahl NY Times, The Schocking Final Count, What Happened in the Queens District Attorney Race, 04.07.2019, https://www.nytimes.com/2019/07/04/nyregion/katz-caban-recount-queens-da.html (zuletzt abgerufen am 21. April 2023).

269 The Appeal, The Successes and Shortcomings of Larry Krasner's Trailblazing First Term, 03.22.2021, https://theappeal.org/the-successes-and-shortcomings-of-larry-krasners-trailblazing-first-term/ (zuletzt abgerufen am 21. April 2023).

270 *Carling*, Crim. L. Q. 2017, 415; *Roach,* You Say You Want a Revolution? Understanding Guilty Plea Wrongful Convictions, Manuscript abrufbar unter: https://papers.ssrn.com/sol3/papers.cfm?abstract_id=3869888at 1 (zuletzt abgerufen am 30. Dezember 2021).

laden und selbst auszusagen, um die Jury von seiner Unschuld zu überzeugen oder zumindest die Beweise der Staatsanwaltschaft zu diskreditieren. Die Staatsanwaltschaft trägt die Beweislast. In der Praxis werden die aller meisten Fälle jedoch konsensual durch plea bargaining, ohne Hauptverhandlung erledigt. Es kommt dann nie zu dem „großen Moment" in der Hauptverhandlung, in dem der Beschuldigte all seine verfassungsrechtlichen Garantien geltend macht. Kommt es zu keiner Hauptverhandlung, wird das Vorverfahren zum wichtigsten Verfahrensstadium. In dieser Verfahrensphase auftretende Diskriminierungseffekte können sich in den folgenden Phasen fortsetzen.

Die Entscheidung darüber, ob ein Beschuldigter eine konsensuale Erledigung ablehnt und auf eine Hauptverhandlung besteht, hängt vor allem von einer Vielzahl praktischer Faktoren ab und ist letztlich eine Abwägungsentscheidung im Einzelfall[271]:

- Wie ist die Beweislage auf Seiten der Staatsanwaltschaft?
- Hat der Verteidiger des Beschuldigten eigene Zeugen ausfindig gemacht, die für den Beschuldigten aussagen können?
- Wie wahrscheinlich ist es, dass belastende Zeugen tatsächlich zur Hauptverhandlung erscheinen werden?
- Gibt es Experten, die in der Hauptverhandlung aussagen könnten?
- Welche direkten und kollateralen – insbesondere immigrationsrechtlichen – Konsequenzen kann eine Verurteilung im Konkreten Fall haben?[272]

All dies wird der Beschuldigte aber nur einschätzen können, wenn sein Verteidiger im Vorverfahren eigene Ermittlungen angestellt hat, Zeugen befragen ließ und sich mit seinem Mandanten ausführlich über den Tathergang und mögliche Verteidigungsstrategien ausgetauscht hat. Nur so kann sich der Beschuldigte ein vollständiges Bild über seine Erfolgsaussichten machen, die für die Entscheidung für und gegen eine konsensuale Erledigung wesentlich ist. Wie die Verteidigung im Einzelfall ausfällt, hängt von der Qualität des Verteidigers ab. Für finanziell schwach gestellte Beschuldigte kommt es dabei auf die Ausgestaltung der staatlich institutionalisierten Pflichtverteidigung an, die in Kapitel 6 B. I. ausführlich behandelt wird. Der Supreme Court erkennt an, dass die Qualität des rechtlichen

271 Siehe die Studie zu relevanten Faktoren bei plea bargaining Verhandlungen aus Verteidigerperspektive *Wright/Roberts/Wilkinson*, Cardozo L. Rev. 2021, 1295 (1313 ff.) (alle Befragten Anwälte waren hier Pflichtverteidiger).

272 Insbesondere zu kollateralen Konsequenzen und plea bargaining siehe *Malone*, Vanderbilt L. Rev. 2020, 1161.

Beistands enorme Relevanz hat und entwickelte daher die Rechtsfigur der *ineffective assistance of counsel*, die gerade auch für die rechtliche Beratung bzgl. plea bargaining agreements greift.[273] Das Recht auf effektive Verteidigung soll Angeklagte vor gravierenden Verteidigungsfehlern schützen, die sich negativ auf das Verfahrensergebnis auswirken.

Der US-Strafprozess hat sich signifikant ins Vorverfahren verschoben. Die Hauptverhandlung hat in der Praxis an Bedeutung verloren. Obwohl die allermeisten Fälle konsensual erledigt werden, sind solche Vereinbarungen gerade kein selbstverständlicher Teil adversatorischer Strafprozessmodelle. Verfassungsrechtliche Schutzmechanismen sind primär auf die Hauptverhandlung ausgerichtet. Wie bereits angedeutet, durchziehen Diskriminierungseffekte den US-Strafprozess. Mass incarceration ist ein anhaltendes Problem. Der adversatorische Strafprozess kennt jedoch ausgleichende Interventionsrechte des Beschuldigten, die im Vorverfahren brauchbar gemacht werden können. Insbesondere haben sich auch Schutzmechanismen und Verteidigerstrategien auf einen frühen Zeitraum verlagert, um der Bedeutungssteigerung des Vorverfahrens Stand zu halten[274] Diese Mechanismen sind gerade für den deutschen Strafprozess interessant, der sich durch eine strukturelle Systemverschiebung *ohne* entsprechende Interventionsmechanismen und eine passive Verteidigungskultur[275] auszeichnet.

---

273 Kapitel 6 B. III. geht ausführlich auf die Rechtsprechung des Supreme Courts hierzu ein.

274 Hierzu ausführlich unter Kapitel 6 B.

275 Mehr zum Begriff der „passiven“ oder „reaktiven“ Strafverteidigungskultur siehe Kapitel 3 B. IV. 2. b.

Kapitel 3: Strukturelle Systemverschiebungen im deutschen Strafprozess im Kontext konsensualer Erledigungsmethoden: Vorverlagerung und Entformalisierung

A. Ausweitung Konsensualer Erledigungsmethoden

Im Folgenden werden verschiedene konsensuale Erledigungsmethoden der Strafprozessordnung diskutiert und unter folgenden Aspekten analysiert: *Erstens*, ergibt sich aus der Vorschrift eine Vorverlagerung in Bezug auf die Verfahrensphasen und/oder der Akteure des Strafprozesses? *Zweitens*, führt die Vorschrift zu einer Entformalisierung des Strafprozesses? Folgende Vorschriften stehen auf dem Prüfstand: die Einstellung unter Weisung und Auflagen gem. § 153a StPO, der Strafbefehl gem. § 407 StPO, die Kronzeugenregelung gem. § 46b StGB, und die Verständigung gem. § 257c StPO.

Sinn und Zweck der folgenden Ausführungen ist nicht etwa eine grundsätzliche verfassungsrechtliche Diskussion über die Zulässigkeit konsensualer Erledigungsmethoden. Zu den verfassungsrechtlichen Bedenken gegen konsensuale Erledigungsmethoden im Allgemeinen und einzelner Vorschriften im Speziellen existieren bereits zahlreiche Publikationen. Vorliegend soll eine *strukturelle* Veränderung des Strafprozesses aufgezeigt und die sich daraus ergebenden Konsequenzen aufgeschlüsselt werden. Auf diese Weise wird eine Diskussion von bisher vernachlässigten strukturellen Diskriminierungseffekten vorbereitet und in Kapitel 4 aufgegriffen, welches bisher existierende Schutzmechanismen analysiert. In Kapitel 5 wird die Betrachtung von Diskriminierungseffekten weiter vertieft. Anschließend wird in Kapitel 6 zu einer Betrachtung von Schutzmechanismen in den USA übergeleitet, wo eine strukturelle Systemverschiebung des Strafprozesses schon länger diskutiert wird.

I. Einstellung unter Weisungen und Auflagen als konsensuale Erledigungsmethode gem. § 153a StPO

§ 153a StPO wurde durch das EGStGB im Jahre 1974 eingeführt. Änderungen erhielt die Vorschrift durch das Rechtspflegeentlastungsgesetz von 1993, das *Gesetz zur Strafverfahrensrechtlichen Verankerung des Täter-Opfer-Ausgleichs*, das *Gesetz zur Änderung des Gesetzes über Fernmeldeanlagen* von 1991 und durch das *Gesetz zur Stärkung der Täterverantwortung* von 2012.[276]

§ 153a StPO ermöglicht die Einstellung eines Vergehens gegen Auflage(n) oder Weisung(en), sofern „diese geeignet sind, das öffentliche Interesse an der Strafverfolgung zu beseitigen". Die Vorschrift stellte bei ihrer Einführung ein Novum in der deutschen Strafprozessordnung dar und wird auch als „neuer Verfahrenstyp"[277] zur Behandlung kleiner und mittlerer Kriminalität bezeichnet.[278] Zuvor wurde die Einstellung unter Auflage bereits informell – ohne gesetzliche Grundlage – praktiziert[279]. Dies geschah beispielsweise in den sogenannten *Contergan* Fällen (hierzu mehr in diesem Kapitel unter I. 3.). Die Ratio der Vorschrift ist die Justizentlastung und Vereinfachung und Beschleunigung des Strafverfahrens.[280] Das Verfahren des § 153a StPO beruht auf einem zweistufigen Aufbau. Sofern eine Einigung der Beteiligten vorliegt, kommt es im ersten Schritt zu einer vorläufigen Einstellung des Verfahrens. Erfüllt der Beschuldigte dann die Auflagen oder Weisungen innerhalb der vorgegebenen Frist, wird das Verfahren endgültig eingestellt.[281]

Die konkrete Höhe von Auflagen in einigen prominenten Fällen löste in den letzten Jahren wiederholt öffentliche Diskussionen um § 153a StPO aus. Eines dieser viel diskutierten Strafverfahren ist der Fall *Ecclestone* aus dem Jahre 2014, in dem das Strafverfahren gegen Bernie Ecclestone – ehemaliger Formel-1-Chef – wegen eines Bestechungsdelikts gegen die Zahlung einer Summe von 100 Millionen Dollar eingestellt wurde. Auch der *Mannesmann* Prozess wurde gegen millionenschwere Geldauflagen eingestellt.[282] In beiden Fällen sprachen Kritiker vom Freikaufen finanziell gut gestellter Beschuldigter und einer Verletzung des Gleichbehandlungsgrundsatzes.[283] Inwiefern konsensuale

276 In diesem Abschnitt folgen unter 3. weitere Ausführungen zu diesen Änderungen und ihrer entformalisierenden Wirkung.

277 *Diemer*, KK-StPO, § 153a Rn. 3.

278 *Schnabl*, SSW-StPO, § 153a Rn. 1.

279 Bezeichnenderweise trifft dies auch auf § 257c StPO zu.

280 BT-Drs. 7/550, S. 298; BT-Drs. 7/551, S. 69.

281 Vgl. § 467 Abs. 5 StPO.

282 LG Düsseldorf, Pressemitteilung Nr. 09/2006 (vorläufiger Einstellungsbeschluss); LG Düsseldorf, Pressemitteilung Nr. 1/2007 (endgültiger Einstellungsbeschluss).

283 So beispielsweise die ehemalige Justizministerin Leutheusser-Schnarrenberger im Interview mit Deutschlandfunk, siehe http://www.deutschlandfunk.de/causa-ecclestone-deals-sollten-massiv-eingeschraenkt-werden.694.de.html?dram:article_id=293540 (zuletzt aufgerufen am 18. April 2023).

Erledigungsmethoden strukturelle Ungleichheiten zum Nachteil finanziell schwach gestellter Beschuldigter perpetuieren, wird in Kapitel 4 ausführlicher. Die Ungleichbehandlungsdiskussion wird in Kapitel 5 im Hinblick auf weitere spezielle Diskriminierungseffekte wieder aufgegriffen.

Im Folgenden sollen empirische Erkenntnisse des § 153a StPO zusammengefasst dargestellt, die konsensuale Natur der Vorschrift analysiert sowie Entformalisierungs- und Vorverlagerungseffekte beleuchtet werden.

1. Empirie

Im Jahre 2019 gab es laut statistischem Bundesamt in Deutschland 167.561 Einstellungen unter Auflage nach § 153a StPO. Bei einer Gesamtzahl von ca. 5 Millionen erledigten Strafsachen handelt es sich dabei zunächst nur um ca. 3,4 % aller Strafverfahren.[284] Vergleicht man dies jedoch mit der Zahl der Verfahren, die von der Staatsanwaltschaft mit einer Anklage beendet werden – 418.709 Verfahren, also ca. 8,5 % aller Verfahren – erscheint die Bedeutung des § 153a StPO gewichtiger. Hinzukommen diejenigen Fälle in denen es zwar zunächst zu einer Anklage und einem gerichtlichen Verfahren kommt, dann aber schließlich doch – in der Hauptverhandlung – auf § 153a StPO zurückgegriffen wird. Im Jahre 2019 gab es insgesamt 660.816 erstinstanzliche Strafverfahrenserledigungen vor den Amtsgerichten. Hiervon wurden ca. 7,8 % gem. § 153a StPO eingestellt.[285]

Die Anwendung des § 153a StPO kann nach Deliktsgruppen differenziert werden. Im Jahre 2019 wurden insgesamt 457.885 Verfahren wegen vorsätzlicher Körperverletzungsdelikte von der Staatsanwaltschaft erledigt. Davon kam es in 55.099 Fällen zu einer Anklage und in 11.879 Fällen zu einer Einstellung nach § 153a StPO. Damit werden ca. 2,6 % aller vorsätzlichen Körperverletzungsdelikte nach § 153a StPO eingestellt.[286] Zum Vergleich: Es wurden insgesamt ca. 131.377 Wirtschafts- und Steuerstrafsachen von der Staatsanwaltschaft erledigt. Dabei kam es in ca. 4.484 Fällen zu einer Erledigung durch § 153a StPO, also in ca. 3,4 % aller Fälle. Bezeichnenderweise kam es hier in etwa 6.031 Fällen zu einer Anklage.[287] Also in lediglich in etwa 4,6 % der Fälle. 41.474 Verfahren – also die überwiegende Mehrheit – wurden nach § 170 II eingestellt.[288] Im Bereich der

---

284 Statistisches Bundesamt, Fachserie 10 Reihe 2.6, 2019, S. 26.
285 Statistisches Bundesamt, Fachserie 10 Reihe 2.3, 2019, S. 28.
286 Statistisches Bundesamt, Fachserie 10 Reihe 2.6, 2019, S. 64.
287 Statistisches Bundesamt, Fachserie 10 Reihe 2.6, 2019, S. 96.
288 Statistisches Bundesamt, Fachserie 10 Reihe 2.6, 2019, S. 96.

Straßenverkehrsdelikte werden ca. 7 % aller Fälle von der Staatsanwaltschaft im Wege einer Einstellung mit Auflage erledigt.[289] Zu einer Anklage kam es hingegen nur in ca. 5,4 % der Fälle.[290] Es gab mithin mehr Einstellungen nach § 153 a StPO als Anklagen. Für Strafsachen nach dem Betäubungsmittelgesetz kam es lediglich in etwa 1,4 % der Fälle zu einer solchen Einstellung. Anklage wurde in ca. 12,5 % der Fälle beantragt und in ca. 26 % aller Fälle wird das Verfahren gem. § 170 Abs. 2 StPO eingestellt.[291] Zu einer Einstellung nach § 153a StPO kam es für Betrugs- und Untreue Delikte in 2,1 % der Fälle. Klage wurde in etwa 6,9 % der Fälle beantragt.[292] Damit rücken im Ergebnis die Straßenverkehrsdelikte und die Wirtschaftskriminalität in den Fokus. Eine genaue Einordnung und Bewertung kann hier jedoch erst vorgenommen werden, wenn auch andere konsensuale Erledigungsmethoden – insbesondere der Strafbefehl – überprüft und verglichen wurden. Daher wird in Teil VI dieses Kapitels die Bedeutung unterschiedlicher Deliktsgruppen in Bezug auf verschiedene konsensuale Erledigungsmethoden in einer Gesamtbewertung aufgeschlüsselt.

Die Anzahl der Fälle die über § 153a StPO abgehandelt werden ist vor allem im Vergleich zu Anklageerhebungen signifikant und erklärt die Behauptung, die „Entlastungsfunktion des § 153a StPO" könne „für die Praxis gar nicht hoch genug eingeschätzt werden".[293] Gerade wohl auch weil die Komplexität des Falles die Anwendbarkeit des § 153a StPO nicht ausschließt.[294]

2. *§ 153a StPO als konsensuale Erledigungsmethode*

§ 153a StPO stößt seit seiner Einführung auf erhebliche Kritik. Einige sehen in der Vorschrift einen Verstoß gegen das Legalitätsprinzip.[295] Andere behaupten § 153a StPO verstoße gegen das Prinzip der materiellen Wahrheit.[296] Es wird auch auf ein Ungleichgewicht von Machtverhältnissen und die mangelnde Kontrolle der Staatsanwaltschaft verwiesen.[297] Diese Kritik zielt letztlich auf eines

---

289 Statistisches Bundesamt, Fachserie 10 Reihe 2.6, 2019, S. 88.
290 Statistisches Bundesamt, Fachserie 10 Reihe 2.6, 2019, S. 88.
291 Statistisches Bundesamt, Fachserie 10 Reihe 2.6, 2019, S. 104.
292 Statistisches Bundesamt, Fachserie 10 Reihe 2.6, 2019, S. 80.
293 *Peters*, MüKo-StPO, § 153a Rn. 3.
294 Die Unklarheit der Rechtsordnung wird von einigen Gerichten sogar als Grundlage für die Anwendung der Vorschrift herangezogen, vgl. nur LG Bonn, NJW 2001, 1736 (1737 f.).
295 *Schoreit*, DRiZ 1991, 404 (404); Deutscher Richterverein, DRiZ 1991, 293 (295 f.).
296 *Weßlau/Deiters*, SK-StPO, § 153a Rn. 2.
297 *Weßlau/Deiters*, SK-StPO, § 153a Rn. 17.

ab: die Ablehnung der Einführung bzw. Ausweitung einer konsensualen Erledigungsmethode und damit einhergehend die Entformalisierung und Vorverlagerung des Strafprozesses.

§ 153a StPO setzt immer die Zustimmung der Staatsanwaltschaft, des Beschuldigten und des Gerichts voraus. Es handelt sich dementsprechend um eine *konsensuale* Erledigungsmethode (vgl. zu diesem Begriff Kapitel 1. C.). Wie der Konsens oder die Zustimmung im Einzelnen zu Stande kommt, richtet sich danach, ob sich die Staatsanwaltschaft nach Abschluss des Ermittlungsverfahrens für eine Einstellung und damit gegen eine Anklageerhebung bei Gericht entschieden hat (§ 153a Abs. 1 StPO) – oder, ob es zunächst zu einer Anklage kam und die Einstellungsentscheidung in der Hauptverhandlung getroffen wird (§ 153a Abs. 2 StPO). Im ersten Fall (§ 153a Abs. 1 StPO) geht die Einstellungsinitiative von der Staatsanwaltschaft aus. Notwendig ist hier die Zustimmung des für die Hauptverhandlung zuständigen Gerichts und des Beschuldigten. Im zweiten Fall (§ 153a Abs. 2 StPO) geht die Einstellungsinitiative vom Gericht aus. Notwendig ist hier die Zustimmung der Staatsanwaltschaft und des Beschuldigten. In beiden Fällen handelt es sich um Methoden *konsensualer* Erledigung, da es durch die Vereinbarung der Akteure entweder nie zu einer Hauptverhandlung kommt oder diese ohne ein Urteil durch einen Beschluss vorzeitig beendet wird.

Die richterliche Beteiligung an der Vereinbarung ist nicht der einzig zentrale Unterschied zwischen § 153a StPO und plea bargaining agreements. Anders als bei einem *guilty plea* bleibt die Unschuldsvermutung – zumindest nach der herrschenden Meinung[298] – unangetastet.[299] Der Beschuldigte muss keine Schuld einräumen oder auch nur ein Geständnis ablegen. Es gibt allerdings Hinweise auf eine Praxis, in der die Staatsanwaltschaft ein Geständnis verlangt.[300] Ein prominentes Beispiel hierfür ist der Edathy Fall. Hier verlangte die Staatsanwaltschaft ein Schuldeingeständnis im Austausch für eine Einstellung nach § 153a StPO. Edathy ließ in der Hauptverhandlung eine geständige Einlassung verlesen, woraufhin die Einstellung erfolgte. Ob es hierfür eine rechtliche Grundlage gab, ist umstritten, da der § 153a StPO keinen *formellen* Schuldspruch erfordert.[301] Im Gegensatz zu § 153 StPO erfordert die Einstellung nach § 153a StPO jedoch zumindest eine tentative Bewertung der Schuld, denn die Einschätzung, dass

298 Zum Teil wird allerdings behauptet, dass § 153a StPO gegen die Unschuldsvermutung verstößt. Siehe zu dieser Diskussion auch unter Kapitel 6 A. I.

299 BVerfGE MDR 1991, 891; BVerfGE NStZ 1996, 168.

300 *Beukelmann*, BeckOK-StPO, § 153a Rn. 2.

301 Siehe hierzu ausführlich *Rosenstock*, StV 2015, 654 (654 ff.).

„die Schwere der Schuld" einer Einstellung „nicht entgegensteht", setzt voraus, dass die Sachverhaltsermittlung eine geringe oder mittlere Schuld nahelegt.[302] Hierbei ist keine abschließende aber zumindest eine „kursorische Bewertung unter Berücksichtigung der ermittelten Gesamtumstände"[303] vorzunehmen. Ausreichend ist hier die hinreichende Wahrscheinlichkeit der Schuld.[304] Hier zeigt sich ein Unterschied zum plea bargaining in den USA, dessen Verhandlungsgegenstand nicht nur eine tentative Feststellung der Schuld ist, sondern die Schuldfeststellung als solche („guilty plea").

3. *Vorverlagerung und Entformalisierung*

a. *Vorverlagerung*

Für die Verfahrenserledigung nach § 153a StPO bezieht sich die Vorverlagerung sowohl auf die *Prozessphasen* als auch auf die Vorverlagerung in *personeller* Hinsicht.

Eine Vorverlagerung durch § 153a StPO geschieht in einem von zwei möglichen Prozessstadien. Im ersten Fall trifft die Staatsanwaltschaft bereits nach Abschluss des Ermittlungsverfahrens eine Erledigungsentscheidung und es kommt nie zu einer Beantragung der Eröffnung der Hauptverhandlung beim zuständigen Gericht nach § 153a Abs. 1 StPO. Das Zwischen- und Hauptverfahren findet nicht statt. In diesem Fall wird der Sachverhalt der Behandlung in einer Hauptverhandlung vollständig entzogen. Der Fokus liegt dann allein auf dem Ermittlungsverfahren. Hier ist die Vorverlagerung der Prozessstadien am deutlichsten zu erkennen. Eine Vorverlagerung findet aber auch dann statt, wenn die Eröffnung der Hauptverhandlung von der Staatsanwaltschaft zunächst beantragt wird und es dann vor Abschluss der Hauptverhandlung zu einer Einstellung nach § 153a Abs. 2 StPO kommt. Hier wird der Sachverhalt der Hauptverhandlung zwar nicht vollständig entzogen, die Hauptverhandlung wird aber vorzeitig auf Grundlage einer Vereinbarung beendet.

Eine Bedeutungssteigerung des Ermittlungsverfahrens – insbesondere dann, wenn es nie zu einer Hauptverhandlung kommt – schließt denklogisch auch eine Bedeutungssteigerung der Akteure innerhalb des Ermittlungsverfahrens ein. Damit ist zunächst einmal die Staatsanwaltschaft angesprochen. Bei genauer

302 Siehe zur verfassungsrechtlichen Kritik hieran *Salditt* § 153a und die Unschuldsvermutung, FS-Müller, S. 611; *Weßlau/Deiters,* SK-StPO, § 153a Rn. 11 ff.; siehe hierzu auch die Diskussion zum Gesetzesentwurf BT-Drs. 7/1261, S. 28.

303 *Diemer*, KK-StPO, § 153a Rn. 11.

304 BVerfG NStZ-RR 1996, 168 (169).

Betrachtung jedoch auch die Polizei. Für eine Einstellung bis zur Erhebung der Anklage nach § 153a Abs. 1 StPO ist die Staatsanwaltschaft zuständig. Eine Verlagerung auf die Polizei wäre unzulässig.[305] In der Praxis fragen Polizeibeamte während einer von ihnen durchgeführten Vernehmung jedoch häufig nach einem „grundsätzlichen Einverständnis des Beschuldigten zur Einstellung des Verfahrens".[306] Das Ermittlungsverfahren wird de lege allein von der Staatsanwaltschaft geleitet, beaufsichtigt und verantwortet.[307] Sie kann sich der Polizei bei ihren Ermittlungen im Rahmen ihres Ermessens bedienen.[308] De facto spielen Polizeibeamte jedoch häufig die entscheidende Rolle im Ermittlungsverfahren.[309] Dies gilt vor allem in Fällen der mittleren und kleinen Kriminalität und schließt damit insbesondere diejenigen Delikte ein, die von § 153a StPO erfasst werden. In diesem Bereich werden Fälle wohl nicht selten von der Polizei selbstständig ermittelt und der Staatsanwaltschaft erst dann vorgelegt, wenn eine abschließende Entscheidung über die Erhebung der Anklage getroffen wird. Für § 153a StPO bedeutete dies, dass diejenigen Umstände, die für eine Einstellungsentscheidung von Bedeutung sind, von der Polizei an die Staatsanwaltschaft übermittelt werden. Die Ermittlungsarbeit der Polizei ist also für die Einstellungsentscheidung von entscheidender Bedeutung. In vielen Fällen wird die Einstellungsentscheidung demensprechend primär auf den Ermittlungsergebnissen der Polizei beruhen. Diese werden dann nur noch von der Staatsanwaltschaft evaluiert.[310] In der Praxis findet also eine Machtverlagerung in personeller Hinsicht von der Staatsanwaltschaft auf die Polizei statt, die insbesondere auch im Rahmen des § 153a StPO relevant ist. Auf eine strukturelle Machtverschiebung von Gericht auf die Staatsanwaltschaft und von der Staatsanwaltschaft auf Polizei wird in diesem Kapitel unter B. näher eingegangen.

b. Entformalisierung

aa. Vorüberlegungen

§ 153a StPO fördert eine Entformalisierung des Strafprozesses durch: (1) Handeln ohne rechtliche Grenzen sowie (2) außerhalb der Hauptverhandlung getroffene

---

305 *Weßlau/Deiters*, SK-StPO, 153a Rn. 53; Kulhanek, KMR-StPO, § 153a Rn. 37.

306 *Peters*, Müko-StPO, § 153a Rn. 27.

307 BGH NStZ 2009, 648 (649); *Erb*, LR-StPO, § 160 Rn. 2.

308 *Weingarten*, KK-StPO, § 160 Rn. 4; *Weßlau/Deiters*, SK-StPO, § 160 Rn. 9.

309 Siehe beispielsweise *Weßlau/Deiters*, SK-StPO, § 160 Rn. 10; *Deckers*, StraFo 2015, 265 (265 f.).

310 So auch *Pollähne*, StV 2015, 784 (785).

Vereinbarungen. Das Handeln ohne rechtliche Grenzen meint hier sowohl das Handeln ohne rechtliche Grundlage als auch das Handeln auf Grundlage unbestimmter Rechtsgrundlagen.[311]

§ 153a StPO bietet eine *formelle* Grundlage zur Einstellung von Fällen gegen Auflagen oder Weisungen. Auf den ersten Blick kann daher nicht von einem Handeln ohne rechtliche Grundlage gesprochen werden. Bei näherer Betrachtung der historischen Entwicklung der Vorschrift ist jedoch festzustellen, dass die Praxis die nun von § 153a StPO geregelt ist, zuvor bereits informell, also ohne rechtliche Grundlage, existierte.

bb. Informelle und Formelle Ausweitung

§ 153a StPO wurde 1974 durch das EGStGB eingeführt. Ausgangspunkt hierfür war das Contergan-Verfahren. Das Verfahren gegen neun Angeklagte wurde wegen vorsätzlicher und fahrlässiger Tötung am 283. Verhandlungstag wegen geringfügiger Schuld der Angeklagten und mangelnden öffentlichen Interesses an der Strafverfolgung gem. § 153 StPO eingestellt. Zu diesem Zeitpunkt existierte der § 153a StPO noch nicht. Die Angeklagten hatten sich zuvor bereit erklärt, 100 Millionen D-Mark für die Entschädigung der Opfer zu zahlen. Der nur auf Bagatelldelikte anwendbare § 153 StPO war für eine solche Anwendung eigentlich ungeeignet. Die Voraussetzung der „geringen Schuld" wurde für Wirtschafts- und Steuerstrafsachen entsprechend weit ausgelegt.[312] Mit der Einführung des § 153a StPO sollten solche Fälle gesetzlich handhabbar gemacht werden. § 153a StPO greift daher neben Bagatelldelikten auch im Bereich „oberhalb der kleinen Kriminalität"[313].

Durch das Rechtspflegeentlastungsgesetz von 1993 wurde der Anwendungsbereich des § 153a StPO deutlich ausgeweitet. Das Gesetz folgte hier einer bereits stattfindenden Entwicklung in der Praxis. Das zuvor erforderliche Kriterium der *geringen Schuld* wurde mit der Gesetzesänderung abgeschafft. Nunmehr muss lediglich geprüft werden, ob die Schwere der Schuld dem Absehen von der Erhebung öffentlicher Anklage *entgegensteht*. Damit kann § 153a StPO auch über Bagatelldelikte hinaus angewendet werden. Weitere Änderungen traten durch das Gesetz zur Stärkung der Täterverantwortung von 2012 ein.[314]

---

311 Zu unbestimmten Rechtsgrundlagen und Entscheidungsspielraum im Zusammenhang mit konsensualen Erledigungen und Diskriminierung vgl. Insbesondere Kapitel 5 C. I.

312 *Kaiser/Meinberg*, NStZ 1984, 343 (343).

313 *Diemer*, KK-StPO, § 153a Rn. 1.

314 BGBl. 2012, 2298.

Heute wird auch die neue Fassung des § 153a StPO weiterhin über den gesetzlichen Anwendungsbereich hinaus angewandt. Ein prominenter und zugleich bezeichnender Fall hierzu ist der *Kohl Fall.* Hier führte das LG Bonn die Unklarheit der Rechtslage als Einstellungsfaktor ein.[315] Eine Anwendung des § 153a StPO auf Fälle mit unklarer Rechtslage stellt jedoch eine unzulässige Ausdehnung des Anwendungsbereichs dar. *Hamm* spricht sogar von einer Pervertierung des Prinzips „iura novit curia"[316]. Der Fall Kohl zeigt auf, dass eine solche Ausdehnung der Vorschrift in der Praxis keinesfalls undenkbar ist. Tatsächlich stützt sich das Gericht im Falle Kohl auf eine „tägliche Rechtspraxis", die sich bei unklarer Rechtslage auf den § 153a StPO stützt.[317]

cc. Auflagen, Weisungen und fehlende Richtlinien und Vorgaben

In Bezug auf Weisungen und Auflagen zeichnet sich § 153a StPO durch einen bezeichnenden Regelungsmangel aus. Gerade im Vergleich zu § 257c StPO fällt auf, dass kaum Regelungen zur Transparenz und Dokumentation einer Erledigung nach § 153a StPO existieren.[318]

§ 153a Abs. 1 bietet in Nr. 1 bis 7 zwar eine Aufzählung möglicher Auflagen und Weisungen, diese ist aber nicht abschließend („insbesondere"). Überwiegend werden Geldzahlungen festgelegt – in etwa 98 % der Fälle.[319] Das Gesetz gibt keinen Höchstbetrag vor. Die Festlegung liegt im staatsanwaltschaftlichen bzw. richterlichen Ermessen. Die Grenze bietet allein das Verhältnismäßigkeitsprinzip. Darüber hinaus gibt es keinerlei gesetzliche Richtlinien oder Leitungsprinzipien für die Festlegung von Sanktionen. Zumindest theoretisch besteht die Möglichkeit unbegrenzt hohe Summen festzulegen. Tatsächlich zeichnet sich der Abschluss der *Ecclestone* und *Mannesmann* Prozesse vor allem durch exorbitant hohe Auflagensummen aus. Bernie Ecclestone stimmte einer 100 Millionen Dollar Zahlung zu, um den Bestechungsprozess gegen ihn vor dem Landgericht München zu beenden. Im *Mannesmann* Prozess zahlten Josef Ackermann und

---

315 LG Bonn in NJW 2001, 1736. (1737): „Die Zustimmung des Gerichts zur Einstellung gegen Zahlungsauflage erfolgt, weil die Rechtslage unklar ist und selbst im Falle einer Anklageerhebung und eventueller Verurteilung bei Würdigung aller Umstände von Tat und Täterpersönlichkeit aller Voraussicht nach nur eine Geldstrafe in Betracht käme, welche die in Erwägung gezogene freiwillige Zahlung nicht überschreiten würde."

316 *Hamm*, NJW 2001, 1694 (1695).

317 LG Bonn, NJW 2001, 1736 (1737 f.).

318 *Heintschell-Heinegg*, KMR-StPO, § 153a Rn. 1.

319 *Beulke,* LR-StPO, § 153a Rn. 29.

fünf weitere Angeklagte ebenfalls mehrere Millionen Euro, um eine Einstellung des Verfahrens wegen Untreue zu erwirken.

dd. Zusammenfassung

Der enorme Entformalisierungseffekt des § 153a StPO ergibt sich damit aus einer Kombination verschiedener Faktoren: (1) Die Ausweitung des Anwendungsfalles der Vorschrift auf Fälle mittlerer Kriminalität. (2) Die enorme Freiheit bei der Festlegung der Auflagenhöhe ohne gesetzliche Vorgaben oder Richtlinien außerhalb des Verhältnismäßigkeitsprinzips.[320] (3) Die Ausdehnung des Anwendungsbereichs in der Praxis und (4) fehlende verfahrensrechtliche Vorgaben. Anders als § 257c StPO sind kaum formale Regelungen vorgesehen. Es existieren weder Transparenz- noch Protokollierungsvorschriften. § 153a StPO gibt nicht vor, in welcher Art und Weise die Verhandlung über § 153a StPO stattfinden soll. Auch gibt es keine Regelung über Verwertungsverbote bei einem Scheitern der Verhandlungen. Die Vorschrift bewegt sich in einem „sehr vage geregelten Raum“[321] – ein Rechtsraum, der völlig ohne Hauptverhandlung auskommt, aber auch noch innerhalb der Hauptverhandlung zur Anwendung kommen kann. All das macht die Anwendung des § 153a StPO für die Strafverfolgungsbehörden attraktiv.[322]

Die entformalisierende Wirkung der Anwendung des § 153a StPO wird auch nicht durch eine gerichtliche Überprüfbarkeit kompensiert. § 153a StPO räumt der Staatsanwaltschaft ein weites Ermessen ein und vermittelt dem Beschuldigten keine Rechtsposition. Die vorläufige Einstellungsentscheidung der Staatsanwaltschaft ist nach Zustimmung des Beschuldigten nicht gerichtlich überprüfbar. Auch eine Dienstaufsichtsbeschwerde gegen die vorläufige Einstellungsentscheidung kann nach ordnungsgemäßer Zustimmung des Beschuldigten nicht eingelegt werden. Anderes könnte sich allenfalls aus einem Grundrechtsverstoß ergeben.[323] Verletzte können den Weg des Klageerzwingungsverfahrens nicht beschreiten. Dies ergibt sich ausdrücklich aus § 172 Abs. 2 S. 3 StPO. Ebenfalls unanfechtbar ist die Auflage- und Weisungsentscheidung. (§ 406 Abs. 3 S. 1 StPO). Letztlich ist das Verfahren des § 153a StPO auf „Konsens […] nicht auf Justiziabilität“ angelegt.[324]

---

320 *Diemer*, KK-StPO, § 153a Rn. 13.

321 *Kudlich*, ZRP 2015, 10 (12).

322 *Kudlich*, ZRP 2015, 10 (12).

323 Vgl. *Diemer*, KK-StPO, § 153a Rn. 36.

324 *Weßlau/Deiters*, SK-StPO, § 153a Rn. 67.

4. *Zwischenergebnis*

§ 153a ermöglicht eine Vorverlagerung des Strafverfahrens von der Hauptverhandlung auf das Ermittlungsverfahren. Damit verbunden ist eine Machtsteigerung der Staatsanwaltschaft und der Polizei im Verhältnis zum Gericht und dem Beschuldigten.

Die Machtsteigerung der Strafverfolgungsbehörden wird durch die entformalisierende Wirkung der Vorschrift begünstigt. § 153a StPO bewegt sich in einem kaum geregelten, von gerichtlicher Prüfung isolierten Bereich und ist daher ein prägnantes Beispiel für die Entformalisierung des Strafprozesses durch konsensuale Erledigung.

II. Der Strafbefehl als konsensuale Erledigungsmethode gem. §§ 407 ff. StPO

Heute wird das Strafbefehlsverfahren, neben den Einstellungsvorschriften, als das „wichtigste Rechtsinstitut zur ökonomischen Verfahrenserledigung" bezeichnet. Das BVerfG sieht im Strafbefehlsverfahren ein unentbehrliches Instrument zur Erledigung „einer Vielzahl tatsächlich und rechtlich einfach gelagerter Fälle"[325]. Anwendung finden die §§ 407 ff. StPO auf Vergehen, die in den Zuständigkeitsbereich der Amtsgerichte fallen (§§ 24, 25 GVG). Die entsprechenden Vorschriften haben im Laufe der Jahre zahlreiche Veränderungen – bzw. Erweiterungen – erfahren (vgl. hierzu in diesem Abschnitt unter 3. b). Das Strafbefehlsverfahren ist in der Praxis nicht mehr nur auf Bagatellkriminalität beschränkt, sondern findet auch auf Fälle mittlerer Kriminalität Anwendung. Im Folgenden soll die Anwendung in der Praxis, der konsensuale Charakter der Vorschrift und das Phänomen der Vorverlagerung und Entformalisierung durch das Strafbefehlsverfahrens behandelt werden.

1. *Empirie*

Nach der Gesetzeskonzeption ist die Hauptverhandlung die zentrale Phase des (reformiert) inquisitorischen Strafprozesses.[326] Sie wird vom Bundesverfassungsgericht als „Kernstück" der Strafprozessordnung bezeichnet.[327] Auch der

325 BVerfGE 3, 248.

326 Die §§ 153 ff. StPO regeln Ausnahmen von der Regel, dass bei Vorliegen eines Tatverdachts die Hauptverhandlung von der Staatsanwaltschaft beantragt wird (deutlich in § 170 Abs. 1 StPO formuliert).

327 BVerfGE 74, 358 (372).

Laie geht wohl davon aus, dass die Mehrzahl aller Straffälle von einem Richter in der Hauptverhandlung behandelt werden. Die Verfahrenswirklichkeit spiegelt dies jedoch nicht wider. Tatsächlich kommt das summarische Strafbefehlsverfahren häufiger zur Anwendung als die Hauptverhandlung.[328] Etwa 11 % aller Ermittlungsverfahren endeten im Jahre 2019 mit einem Antrag auf Strafbefehl durch die Staatsanwaltschaft. Ein Antrag auf Eröffnung der Hauptverhandlung wurde nach Abschluss des Ermittlungsverfahrens hingegen in lediglich ca. 8,5 % aller Fälle beantragt.[329]

Ein historisches Hoch erfuhr das Verfahren vor der Einführung der Einstellungsmöglichkeiten nach §§ 153, 153a StPO im Jahre 1975. Fälle die zuvor mittels Strafbefehlsverfahren beendet wurden, konnten dann auch über die Opportunitätsregelungen eingestellt werden.[330]

Der Antrag auf Strafbefehl ist nach der Einstellung aus Opportunitätsgründen (§§ 153 ff. StPO)[331] und der Einstellung wegen mangelnden Tatverdachts nach § 170 Abs. 2 StPO (ca. 28,5 %) die von der Staatsanwaltschaft am häufigsten gewählte Erledigungsform.[332] 11 % aller Ermittlungsverfahren bedeutet für das Jahr 2019 eine Gesamtzahl von 547.665 Strafbefehlsanträgen.[333] Im Jahre 2019 wurden insgesamt 4.938.651 Verfahren von der Staatsanwaltschaft erledigt. Die Staatsanwaltschaft entschied in 1.407.425 Fällen, dass kein hinreichender Tatverdacht für eine Anklage bestand und stellte nach § 170 Abs. 2 StPO ein. Es eigneten sich also von vornherein insgesamt lediglich 3.531.226 Fälle für die weitere Verfolgung durch die Strafjustiz. Wenn die Staatsanwaltschaft in 547.665 dieser Fälle entschied einen Antrag auf einen Strafbefehl zu stellen, ergibt sich ein deutlich höherer Prozentanteil von ca. 15,5 %.[334]

Laut statistischem Bundesamt gingen bei den Amtsgerichten im Jahre 2019 595 954 Strafbefehlsanträge ein – dies schließt Strafbefehle nach § 408a StPO

---

328 Siehe zur enormen Bedeutung und Verbreitung des Strafbefehlsverfahrens Auch zusammenfassend *Dunkel/Kemme*, StV 2020, 52 (54).

329 Statistisches Bundesamt, Fachserie 10 Reihe 2.6, 2019, S. 26.

330 Mehr hierzu unter *Metzger*, KMR-StPO, § 407 Rn. 5.

331 Allein die Einstellung nach § 153 Abs. 1 StPO macht 9,2 % aller Fälle für das Jahr 2019 aus, vgl. Statistisches Bundesamt, Fachserie 10, Reihe 2.6, 2019, S. 26.

332 Dies ergibt sich aus den Daten des Statistischen Bundesamtes für das Jahr 2019, vgl. hierfür Statistisches Bundesamt, Fachserie 10 Reihe 2.6, 2019, S. 26.

333 Siehe Statistisches Bundesamt, Fachserie 10 Reihe 2.6, 2019, S. 26.

334 Diese Zahlen ergeben sich aus Statistisches Bundesamt, Fachserie 10, Reihe 2.6, 2019, S. 26.

nicht ein.[335] Gegen diese Strafbefehlsanträge wurde in 147.923 Fällen Einspruch eingelegt.[336] Das sind ca. 25 %.[337] Mit anderen Worten, in ca. 75 % der Fälle wird kein Einspruch gegen den Strafbefehl eingelegt und Rechtsfolgen werden ohne Hauptverhandlung gegen den Beschuldigten festgesetzt. Es kommt zu einer Verurteilung des Angeklagten ohne gerichtliche Anhörung und – wohl in den allermeisten Fällen – ohne rechtliche Beratung des Angeklagten durch einen Verteidiger. Die Vorschriften zur notwendigen Verteidigung nach §§ 140 ff. StPO finden nur dann Anwendung, wenn das Gericht erwägt „dem Antrag der Staatsanwaltschaft auf Erlaß eines Strafbefehls" nach Festlegung einer Freiheitsstrafe von einem Jahr – zur Aussetzung auf Bewährung – zu entsprechen. In allen anderen Fällen steht dem Angeklagten kein Verteidiger auf Grundlage der Regelungen zur notwendigen Verteidigung zu. Das Fehlen flächendeckender, kostenfreier Verteidigung wird näher in Kapitel 4 B. II. behandelt. Dort wird untersucht, wie sich der Mangel an frühzeitiger, flächendeckender, kostenfreier Verteidigung auf ein System auswirkt, welches sich konsensualen Erledigungsmethoden – mit der Konsequenz der Vorverlagerung des Verfahrens – immer weiter öffnet.

Auch in der Hauptverhandlung kann es noch zum Erlass eines Strafbefehls kommen. Dieser Fall ist explizit in § 408a StPO geregelt. Im Jahre 2019 wurden ca. 4,5 % aller erledigten Verfahren durch den Erlass eines Strafbefehls in der Hauptverhandlung beendet.[338]

Der Strafbefehl ist nicht von vornherein auf bestimmte Deliktstypen beschränkt. Es muss sich allerdings um Vergehen handeln, die in den Zuständigkeitsbereich der Amtsgerichte fallen. Verbrechen kommen für das Strafbefehlsverfahren nicht in Betracht. Laut Statistischem Bundesamt wurden in Deutschland im Jahre 2019 457.885 Ermittlungsverfahren für vorsätzliche Körperverletzungsdelikte erledigt. 28.903 dieser Verfahren endeten mit einem Strafbefehl, also etwa 6,3 %.[339] Im Bereich der Diebstahls- und Unterschlagungsdelikte waren es insgesamt 592.451 Ermittlungsverfahren. 61.148 der Verfahren – also etwa 10,3 % – endeten mit einem Strafbefehl.[340] Im Bereich der Straßenverkehrsdelikte lohnt sich ein genauer Blick auf die Zahlen. Im Jahre 2019 gab es

335 Siehe Statistisches Bundesamt, Fachserie 10, Reihe 2.3, 2019, S. 14.
336 Dieser Einspruch richtet sich nach § 410 Abs. 1 StPO.
337 Siehe Statistisches Bundesamt, Fachserie 10, Reihe 2.3, 2019, S. 24.
338 Siehe Statistisches Bundesamt, Fachserie 10, Reihe 2.3, 2019, S. 28.
339 Statistisches Bundesamt, Fachserie 10, Reihe 2.6, 2019, S. 22, S. 64.
340 Statistisches Bundesamt, Fachserie 10, Reihe 2.6, 2019, S. 72.

897.705 Ermittlungsverfahren von denen 183.648 Verfahren mit einem Strafbefehlsantrag endeten. Das sind fast 20,5 %.[341] Bemerkenswert ist dieser Anteil vor allem im Vergleich zu der Anzahl derjenigen Fälle, die mit einer Anklage endeten: 48.818 – also lediglich etwa 5,4 %. Entsprechend enden etwa drei Mal so viele Ermittlungsverfahren mit einem Strafbefehl als mit einer Anklage.[342] Im Deliktsbereich des Betrugs und der Untreue wurden 971.836 Ermittlungsverfahren eingeleitet. Davon endeten 105.553 Fälle mit einem Strafbefehl. Das sind etwa 11 % aller Verfahren.[343] 131.377 Ermittlungsverfahren wurden 2019 im Bereich der Wirtschafts- und Steuerdelikte durchgeführt. 12.492 dieser wurden mittels Strafbefehlsantrag beendet. Dabei handelt es sich um etwa 9,5 % aller Ermittlungsverfahren in diesem spezifischen Deliktsbereich.[344] Bei den Betäubungsmittelstraftaten nach dem BtMG waren es insgesamt 429.444 Ermittlungsverfahren, von denen 40.122 mit dem Antrag auf einen Strafbefehl endeten. Das sind ca. 9 % der Ermittlungsverfahren.[345]

Der Strafbefehl ist Alltag der strafrechtlichen Verfahrenspraxis. Er ist eines der von der Staatsanwaltschaft am häufigsten angewandten Erledigungsformen. Dies ist gerade vor dem Hintergrund bemerkenswert, dass der Strafbefehl von vornherein nur auf Vergehen Anwendung findet. Der Strafbefehl ist nicht auf bestimmte Deliktstypen beschränkt und findet empirisch auch in der Praxis in verschiedensten Deliktsbereichen Anwendung – häufig jedoch bei Straßenverkehrsdelikten sowie Betrugs- und Untreuedelikten.

2. Der Strafbefehl als konsensuale Erledigungsmethode

Das Strafbefehlsverfahren ist ein schriftliches Verfahren, welches auf Antrag der Staatsanwaltschaft beim Amtsgericht – Strafrichter oder Schöffengericht – eingeleitet wird. Es liegt dann in der Verantwortung des Gerichts die Aktenlage zu prüfen und gegebenenfalls einen Strafbefehl zu erlassen. Dieser enthält eine Tatsachen- und Schuldfeststellung. Die Prüfung der Aktenlage und der Erlass des Strafbefehls durch den Amtsrichter erfolgt völlig ohne Beteiligung des Angeklagten. Es existieren keinerlei Beteiligungs- oder Verteidigungsrechte in diesem Stadium. Eine Anhörung des Angeklagten findet nicht statt (vgl. § 407 Abs. 3 StPO). Der Erlass eines Strafbefehls stützt sich allein auf einen hinreichenden

341 Statistisches Bundesamt, Fachserie 10, Reihe 2.6, 2019, S. 88.
342 Statistisches Bundesamt, Fachserie 10, Reihe 2.6, 2019, S. 88.
343 Statistisches Bundesamt, Fachserie 10, Reihe 2.6, 2019, S. 80.
344 Statistisches Bundesamt, Fachserie 10, Reihe 2.6, 2019, S. 96.
345 Statistisches Bundesamt, Fachserie 10, Reihe 2.6, 2019, S. 104.

Tatverdacht auf Grundlage des Akteninhalts.[346] Die gerichtliche Sachprüfung ist mithin deutlich beschränkt.[347] Das Strafbefehlsverfahren wird entsprechend auch als summarisches Verfahren bezeichnet.[348]

Anders als § 153a StPO bedarf der Erlass des Strafbefehls nicht der *Zustimmung* des Angeklagten. Der Angeklagte muss gegen den Strafbefehl innerhalb von zwei Wochen nach Zustellung Einspruch einlegen – also *aktiv* widersprechen (vgl. § 410 Abs. 1 StPO), wenn er gegen diesen vorgehen möchte. Insofern liegt kein klassischer Konsens aller Beteiligten vor. Es besteht jedoch zumindest zwischen der Staatsanwaltschaft und dem Gericht Konsens darüber, dass der Akteninhalt einen hinreichenden Tatverdacht begründet und eine Hauptverhandlung nicht erforderlich ist. Faktisch wird der fehlende Einspruch des Angeklagten als Zustimmung behandelt, während der Einspruch die Wirkung des Strafbefehls verhindert. Das Gericht und die Staatsanwaltschaft müssen sich darüber einig sein, dass es sich um eine für den Strafbefehl geeignete Tat handelt und die Rechtsfolge angemessen ist. Der Beschuldigte willigt dann durch den stillschweigenden Verzicht ein.[349] Dieser Mechanismus ähnelt der amerikanischen *plea of nolo contendere*, bei dem der Beschuldigte keine Schuld einräumen muss. Hier bekennt sich der Angeklagte nicht wie bei einer guilty plea schuldig und legt auch kein Geständnis ab, sondern verteidigt sich nicht gegen die Vorwürfe. Das Ergebnis ist für das Strafverfahren zunächst identisch. Es kommt wie bei guilty pleas zu einer strafrechtlichen Verurteilung. Die Differenzierung zwischen beiden Formen konsensualer Erledigung hat vor allem Bedeutung für Verfahren außerhalb des Strafprozesses und andere kollaterale Konsequenzen. Ein entscheidender Unterschied zum Strafbefehl ist jedoch, dass das bloße Schweigen für ein plea of nolo contendere[350] gerade nicht ausreicht.

Sinn und Zweck eines Strafbefehls ist die Vermeidung einer Hauptverhandlung. Dies ist charakteristisch für einige – aber nicht alle – konsensualen

---

346 Es ist umstritten, ob ein hinreichender Tatverdacht ausreichend ist oder ob der Richter von der Schuld des Angeklagten überzeugt sein muss, ausführlich hierzu *Geis*, Überzeugung beim Strafbefehlserlass.

347 *Temming*, BeckOK-StPO, § 407 Rn. 1.

348 BVerfGE 3, 248 (253); BGHSt NJW 1980, 2364.

349 Mehr hierzu siehe *Prelle*, KritV 2011, 331 (346 ff.); *Sinner*, Der Vertragsgedanke im Strafprozessrecht, S. 150 ff.; *Kirch*, Das Strafbefehlsverfahren nach dem Strafverfahrensänderungsgesetz, S. 6.

350 Diese Form des plea bargaining kommt in den USA fast nie in der Praxis vor.

Erledigungsmethoden.[351] Für die Staatsanwaltschaft ist die Erforderlichkeit einer Hauptverhandlung der entscheidende Faktor für und gegen den Antrag auf Erlass des Strafbefehls. Das Gesetz stellt klar, dass das Strafbefehlsverfahren in geeigneten Fällen sogar Vorrang vor der Hauptverhandlung hat. Die Staatsanwaltschaft ist mithin verpflichtet einen Strafbefehlsantrag zu stellen, wenn die Voraussetzungen des § 170 Abs. 1 StPO vorliegen, die Voraussetzungen des § 407 Abs. 1 und 2 StPO vorliegen und die Staatsanwaltschaft eine Hauptverhandlung für nicht erforderlich hält. Dem Gesetzgeber nach ist eine Hauptverhandlung dann nicht erforderlich, „wenn von ihr eine wesentliche Abweichung vom Ergebnis der Ermittlungen nicht zu erwarten ist, dieses Ermittlungsergebnis auch den Strafzumessungssachverhalt so weit aufklärt, daß eine angemessene Sanktionsbemessung möglich ist und der Akteninhalt die Gewinnung einer einwandfreien Überzeugung ermöglicht."[352] Mit anderen Worten, geht die Staatsanwaltschaft davon aus, dass das Ergebnis mit und ohne Hauptverhandlung im wesentlich identisch wäre, so *ist* der Antrag auf Erlass eines Strafbefehls zu stellen.

Da der Erlass des Strafbefehls keine Zustimmung des Beschuldigten voraussetzt, scheint er auf den ersten Blick keine klassische konsensuale Erledigungsmethode darzustellen. Dennoch zeichnet er sich wie aufgezeigt durch andere Merkmale aus, die konsensuale Erledigungsmethoden ausmachen: die Vermeidung bzw. Verkürzung der Hauptverhandlung und die Zustimmung des Gerichts und der Staatsanwaltschaft. Es sind darüber hinaus auch Fälle denkbar in denen alle Beteiligten – unter Einschluss des Beschuldigten – die Beendigung des Strafverfahrens durch einen Strafbefehl anstreben. Gegenstand dieser Absprache ist dann, ob ein Strafbefehlsantrag von der Staatsanwaltschaft gestellt wird. Die strafprozessualen Regelungen zu Verständigungen sind darauf entsprechend anzuwenden.[353]

3. *Vorverlagerung und Entformalisierung*

a. *Vorverlagerung*

Vergleichbar mit der Einstellung nach § 153a StPO zeichnet sich das Strafbefehlsverfahren durch eine Vorverlagerung von Prozessphasen *und* Zuständigkeiten aus. Beide Aspekte der Vorverlagerung stehen in engem – zum Teil

351 Anders ist dies beispielsweise für § 257c StPO, der nicht auf eine vollständige Vermeidung, sondern eine Verkürzung oder Vereinfachung einer Hauptverhandlung abzielt.

352 BT-Drs. 10/1313, S. 34.

353 Siehe hierzu *Momsen*, SSW-StPO, § 407 Rn. 5; *Metzger*, KMR-StPO, § 407 Rn. 30 f.

kausalen – Verhältnis zueinander. Der Antrag der Staatsanwaltschaft auf Erlass eines Strafbefehls kann entweder vor der Hauptverhandlung – also alternativ zur Erhebung der öffentlichen Anklage – oder erst nach Eröffnung der Hauptverhandlung erfolgen (vgl. § 408a StPO). Letzteres wurde durch das Strafverfahrensänderungsgesetz von 1987 in die StPO integriert. Ziel des Gesetzes war es, die Strafjustiz in geeigneten Fällen zu entlasten.[354]

Das Strafbefehlsverfahren ist ein Musterbeispiel für die Vorverlagerung von Prozessphasen und Zuständigkeiten. Es ist gerade Ratio dieses Instruments, die Hauptverhandlung zu vermeiden. Nicht etwa, weil die Durchführung einer Hauptverhandlung ressourcenintensiv oder komplex erscheint, sondern weil sie für unnötig gehalten wird. Erfasst sind also Fälle, in denen die Staatsanwaltschaft von einer Verurteilung ausgeht und auf Grund der Beweislage nach Abschluss des Ermittlungsverfahrens beschließt, die Durchführung einer Hauptverhandlung könne hieran nichts mehr ändern. Eine weitere Beweisaufnahme wird für entbehrlich gehalten, da sie kein anderes Ergebnis hervorbringen könne.

aa. Vorverlagerung in eine „Strafzumessungsphase" – sachliche Vorverlagerung

Das Ermittlungsverfahren dominiert und wird zur wichtigsten Grundlage für eine spätere Verurteilung mittels Strafbefehls. Dem Strafbefehlsverfahren eigen ist die Vorverlagerung der *Strafzumessung.* Die Strafzumessungsphase ist in Deutschland *formell* keine von der Hauptverhandlung getrennte Prozessphase. Dennoch liegen hier denklogisch zwei getrennte Verfahrensschritte innerhalb der Hauptverhandlung vor: die Schuldfeststellung und die Strafzumessung. Das Gericht muss die Schuld des Angeklagten zunächst positiv feststellen. Da es sich hier um zwei voneinander getrennte Schritte handelt, ist auch nicht selbstverständlich, dass beides in einer Verfahrensphase abgehandelt wird. Das US-amerikanische Strafverfahren behandelt Schuld (*guilt*) und Strafzumessung (*sentencing*) in getrennten Phasen. Der *Fact Finder* – entweder das Gericht oder die Jury – muss in der Hauptverhandlung zunächst die Schuld des Angeklagten feststellen. Wurde die Schuld festgestellt, schließt sich die *sentencing* Phase an. Hier ergeht eine Entscheidung über die konkrete Strafe, die typischerweise durch den Richter festgelegt wird. In einem solchen Verfahren ist das Phänomen der Vorverlagerung der Strafzumessungsphase durch summarische Verfahren besonders deutlich erkennbar. Denn hier wird die *guilt* Phase insoweit übersprungen als keine Hauptverhandlung stattfindet. Es schließt sich die *sentencing*

354 Ausführlich hierzu *Rieß/Hilger*, NStZ 1987, 145 (146).

Phase an. Aber auch im deutschen Strafprozess ist diese Entwicklung im Zusammenhang mit dem Strafbefehlsverfahren bei genauerer Betrachtung erkennbar. Die sonst für die Hauptverhandlung typische umfassende richterliche Beweisaufnahme wird durch eine summarische Prüfung quasi übersprungen. Der Prüfungsumfang des Gerichts ist begrenzt. Das Gericht prüft zunächst die sachliche Zuständigkeit des Strafrichters (§ 408 Abs. 1 StPO). Darüber hinaus prüft das Gericht, ob ein hinreichender Tatverdacht vorliegt. Die Entscheidung beruht hier ebenso wie bei der Eröffnungsentscheidung nach § 203 StPO[355] auf dem Akteninhalt.[356] Das Problem der kognitiven Dissonanz tritt hier konzentriert auf. Dieses Phänomen beschreibt das Abwehren gegenteiliger Informationen und die Auswahl derjenigen Informationen, die eine bereits getroffene Entscheidung bestätigen. Nach der psychologischen Theorie der kognitiven Dissonanz besteht bei Menschen die Tendenz, miteinander in Konflikt stehende Informationen zu vermeiden bzw. auszublenden.[357] Neue Informationen werden unterbewusst so gefiltert, dass sie ein einmal gewonnenes Ergebnis bestätigen. Insbesondere dann, wenn sich eine Theorie bereits kognitiv etabliert hat, sind Verzerrungen besonders ausgeprägt und ein erfolgreiches Intervenieren ist später nur schwer möglich.[358]

Das Phänomen der kognitiven Dissonanz wiegt im Strafbefehlsverfahren besonders schwer, da das Gericht durch die staatsanwaltschaftliche Akte vorgeprägt ist und der Prüfungsumfang der staatsanwaltschaftlichen Entscheidung durch das Gericht von vornherein begrenzt ist.[359] Verstärkt wird das, da seitens des Beschuldigten oder der Verteidigung keine frühzeitigen Gegenimpulse gesetzt werden können und die Überprüfungsreichweite und -grundlage des Gerichts begrenzt sind. Der Beschuldigte muss gem. § 407 Abs. 3 StPO vom Gericht nicht angehört werden. In den allermeisten Fällen – wenn es sich nicht um einen Fall des § 408b StPO handelt – wird der Beschuldigte schon gar nicht verteidigt sein. Die einseitig durch die Staatsanwaltschaft vorgelegte Ermittlungstheorie und Ermittlungsentscheidung ist die alleinige Entscheidungsgrundlage des Gerichts. Sinn des Strafbefehlsverfahrens ist es mittels summarischer Prüfung der Beweislage – unter Verzicht auf eine ausführliche Beweisaufnahme – zu einer zügigen

---

355 *Bockemühl*, in: Strafverteidigervereinigungen, „Schrei nach Strafe", Tagungsband zum 41. Strafverteidigertag, S. 105.

356 BT-Drs. 10/1313, S. 34; *Rieß/Hilger*, NStZ 1987, 204 (204).

357 Siehe *Eschelbach*, BeckOK-StPO, § 261 Rn. 3.1–3.8.

358 Ausführlich zu kognitiven Dissonanzen siehe in Kapitel 4 A.

359 *Momsen/Washington*, Eisenberg-FS, S. 453.

Verfahrenserledigung zu gelangen. Die Beweisaufnahme und Beweisverwertung ist daher von vornherein bewusst begrenzt und deutlich auf das Ermittlungsergebnis der Staatsanwaltschaft fokussiert. Auch die Staatsanwaltschaft ist ihrerseits einem besonderen Risiko ausgesetzt, sich bei ihrer Entscheidung für oder gegen einen Strafbefehlsantrag von „confirmation bias"[360] (Bestätigungsneigung) leiten zu lassen, weil sie allein auf Grundlage einer summarischen Bewertung der (polizeilichen) Ermittlungen entscheidet. Überraschend ist daher auch nicht, dass Strafbefehle einem gesteigerten Fehlerrisiko unterliegen.[361]

Das Gericht entscheidet hier allein auf Grundlage einer beschränkten Informationslage. Da es nie zu einer Hauptverhandlung kommt, wäre es gerade in dieser Phase notwendig, seitens der Verteidigung durch gegenteilige Informationen Zweifel an der staatsanwaltschaftlichen Beweiserhebung zu säen und auf diese Weise frühzeitig gegen kognitive Dissonanzen zu intervenieren. In der Regel werden solche Informationen jedoch nicht geliefert. Diese Problematik entsteht nicht erst durch das Strafbefehlsverfahren, sondern tritt grundsätzlich im Ermittlungs- und Zwischenverfahren auf. Das liegt primär an der Ausgestaltung der Verteidigungsrolle nach dem Strafprozess*recht* sowie an der speziellen Strafprozess*kultur*[362] in Deutschland. Geht man davon aus, dass den meisten Beschuldigten die rechtliche Expertise fehlt, um sich selbst sinnvoll verteidigen zu können, setzt effektives Intervenieren im Ermittlungsverfahren voraus, dass dem Beschuldigten diese Expertise durch einen Strafverteidiger zur Verfügung steht. Dies ist zumindest grundsätzlich aber gerade nicht der Fall.

Die Fälle *notwendiger Verteidigung* sind im deutschen Strafprozess begrenzt. Sie sind enumerativ in § 140 Abs. 1 (Katalog) und 2 (Generalklausel) StPO aufgelistet.[363] Nur wenn ein Fall notwendiger Verteidigung vorliegt, wird dem Beschuldigten – sofern er noch keinen hat – ein Verteidiger beigeordnet. Liegt kein Fall notwendiger Verteidigung vor, kann der Beschuldigte, sofern er die hierfür notwendigen finanziellen Mittel hat, sich gem. § 137 StPO eines Wahlverteidigers bedienen. § 408b StPO regelt einen besonderen Fall notwendiger Verteidigung für das Strafbefehlsverfahren. Ein solcher liegt nur vor, wenn Freiheitsstrafe bis zu einem Jahr als Rechtsfolge festgesetzt werden soll, wobei die Strafe zur Bewährung auszusetzen ist. Hat der Beschuldigte noch keinen

---

360 Ausführlich zu diesem Begriff siehe Kapitel 4 A.

361 Vgl. hierzu die Studie von *Dunkel*, Fehlentscheidungen in der Justiz, S. 195 ff.

362 Ausführlich hierzu siehe unter B. in diesem Kapitel.

363 Ausführlich zur Reform der notwendigen Verteidigung gem. §§ 140 ff. StPO siehe Kapitel 4 B. II. 3.

Verteidiger und erwägt das Gericht den Erlass eines Strafbefehls mit der Rechtsfolge einer Freiheitsstrafe nach § 407 Abs. 2 S. 2 StPO, wird dem Beschuldigten ein Pflichtverteidiger bestellt. Das Gericht muss „ernstlich in Betracht ziehen“[364], den von der Staatsanwaltschaft beantragten Strafbefehl zu erlassen. Darüber hinaus kann sich aus dem § 140 StPO ein Fall notwendiger Verteidigung auch im Strafbefehlsverfahren ergeben.[365] Für die überwiegende Anzahl der Strafbefehle wird jedoch kein Fall notwendiger Verteidigung vorliegen, sodass Beschuldigte nur im Rahmen der Wahlverteidigung Zugang zu rechtlichem Beistand haben.

Über den rechtlichen Rahmen hinaus ist die Rolle der Verteidigung in Deutschland – gerade im Vergleich zu den USA – viel grundsätzlicher eingeschränkt. *Aktive* Verteidigung und eigenständige Ermittlungen des Strafverteidigers sind in allen Phasen des Strafverfahrens – beginnend mit dem Ermittlungsverfahren – in Deutschland eher unüblich. Die Ermittlungen werden den staatlichen Behörden überlassen. Dies ist mit Blick auf andere Rechtsordnungen, insbesondere der US-amerikanischen, nicht selbstverständlich. Vor allem vor dem Hintergrund einer – wohl bleibenden – Übernahme konsensualer Elemente in die deutsche Rechtsordnung. Auf dieses Phänomen und seinen rechtlichen und rechtskulturellen Kontext wird in diesem Kapitel in Teil B. IV. ausführlich eingegangen.

Eine Vorverlagerung ist im Falle des Strafbefehls besonders deutlich auszumachen. Nach dem Erlass des Strafbefehls kommt es nicht mehr zu einer Hauptverhandlung. Das Strafbefehlsverfahren erlaubt die unmittelbare Festsetzung von Rechtsfolgen. Hier wird also Strafe unmittelbar *ohne* eine Hauptverhandlung – also vorverlagert – festgelegt. Eine Reihe von Rechtsfolgen können durch den Strafbefehl festgelegt werden, unter anderem auch die zur Bewährung ausgesetzte Freiheitsstrafe von bis zu einem Jahr, die Geldstrafe und das Fahrverbot gem. § 44 StGB (vgl. § 407 Abs. 2 StPO). Grundsätzlich beträgt die Höchstgeldstrafe, die durch den Strafbefehl festgesetzt werden kann 360 volle Tagessätze (§ 40 Abs. 1 StGB). Bei einer Gesamtstrafe sind es 720 Tagessätze (§§ 53 Abs. 1, 54 Abs. 2 StGB). Die absolute Höchstgrenze stellt dabei jedoch immer die Höchststrafe der materiellen Strafvorschrift dar. Weiterhin ergeben sich Grenzen aus obligatorischen Strafmilderungsgründen.[366]

364 *Maur*, KK-StPO, § 408b Rn. 3.

365 Vgl. hierzu mit Beispielen *Metzger*, KMR-StPO, § 408b Rn. 3 f.

366 So z. B. §§ 27, 28, 35 Abs. 2, 111 Abs. 2 StGB.

bb. Entscheidungen ohne Anhörung des Beschuldigten – personelle Vorverlagerung

In *personeller Hinsicht* dominiert die Staatsanwaltschaft das Strafbefehlsverfahren als Leiterin des Ermittlungsverfahrens. Eine Hauptverhandlung, die zu einer vollständigen Überprüfung der staatsanwaltschaftlichen Ermittlungen führen könnte, findet nicht statt und die gerichtliche Überprüfbarkeit des Strafbefehls ist begrenzt. Die Ausführungen zur Bedeutungssteigerung des Ermittlungsverfahrens und § 153a StPO gelten für das Strafbefehlsverfahren entsprechend.

Eine Besonderheit für den Strafbefehl ergibt sich daraus, dass der Beschuldigte vor Antrag auf Erlass eines Strafbefehls im Zwischenverfahren weder vom Gericht noch der Staatsanwaltschaft angehört werden muss. Denn gem. § 407 Abs. 3 findet die Anhörung des Angeklagten durch das Gericht nicht statt (§ 33 Abs. 3 StPO). § 163 Abs. 1 StPO erfordert zwar eine Anhörung durch die Polizei oder Staatsanwaltschaft im Ermittlungsverfahren. Findet diese nicht statt, bleibt der Strafbefehl aber dennoch wirksam.[367] Das Bundesverfassungsgericht sieht hierin keinen Verfassungsverstoß. Die Garantie rechtlichen Gehörs sei durch die Möglichkeit des Einspruchs gewahrt.[368] Bedenklich ist diese Ansicht vor allem vor dem Hintergrund kognitiver Dissonanzen, die eine spätere Wahrnehmungskorrektur deutlich erschweren.[369] Das Gericht kann entsprechend Entscheidungen treffen, die vollständig auf den Ermittlungen der Staatsanwaltschaft und der Polizei beruhen.[370] Hierin besteht, wie bereits ausgeführt, ein besonderes Risiko für kognitive Verzerrungen.

Signifikant ist darüber hinaus, dass der Strafbefehl keinem *Devolutiveffekt* unterliegt. § 473 StPO findet auf den Strafbefehl keine Anwendung. Der einzige Rechtsbehelf ist der Einspruch des Angeklagten. Dieser führt jedoch nicht zu einer Überprüfung durch eine höhere Instanz, sondern zum Übergang in die Hauptverhandlung. Die staatsanwaltschaftliche Entscheidung der Beantragung eines Strafbefehls, ist damit nicht Gegenstand des Rechtsbehelfs. Gerichtliche Überprüfungsmöglichkeiten des Strafbefehlsverfahrens sind im Ergebnis beschränkt.

Ohne bereits eine Wertung hierüber vorzunehmen, wird deutlich, dass das Strafbefehlsverfahren der Staatsanwaltschaft enormen Handlungsspielraum einräumt. Die Staatsanwaltschaft entscheidet ohne gerichtliche Anhörung oder

---

367 *Oske*, MDR 1968, 885.
368 BVerfGE 25, 158 (165 f.).
369 Hierzu ausführlich in Kapitel 4. A. in diesem Kapitel.
370 *Momsen/Washington*, Eisenberg-FS, 453 (471 f.).

Überprüfung über das Ob eines Strafbefehlsantrags. Die entscheidenden Faktoren erwachsen ausschließlich aus ihren eigenen Ermittlungen. Eine einmal getroffene Entscheidung ist nur begrenzt überprüfbar. Hier kann die Staatsanwaltschaft eine Reihe unterschiedlicher Rechtsfolgen festlegen. Gleichzeitig wird das Strafverfahren deutlich vorverlagert. Die Hauptverhandlung wird ähnlich wie bei der US-amerikanischen *plea of nolo contendere* übersprungen.

b. Entformalisierung

Auch hier wird die Entformalisierung des Strafprozesses durch den Strafbefehl unter zwei Gesichtspunkten behandelt: (1) Handeln ohne bzw. auf Grundlage einer unbestimmten rechtlichen Regelung und (2) mangelnde öffentliche bzw. gerichtliche Kontrolle durch eine außerhalb der Hauptverhandlung getroffenen Vereinbarung.

Das Strafbefehlsverfahren hat nach seiner Einführung durch § 122 des Preußischen Gesetzes von 1846 („Mandatsverfahren") eine erhebliche Entwicklung durchlebt. Jede Änderung bedeutete zugleich eine Erweiterung der Vorschrift.[371] Ursprung des Strafbefehls ist die gerichtliche Strafverfügung für Übertretungen (§ 413 a. F.) und der verwaltungsrechtliche Strafbescheid.[372] Das Reichsstrafgesetzbuch von 1871 kannte drei Deliktstypen: Verbrechen, Vergehen und Übertretungen.[373] Das Übertretungsrecht war nicht vollständig vom Verwaltungsrecht gelöst.[374] Der verwaltungsrechtliche Strafbescheid erlaubte eine selbstständige Sanktionsfestsetzung durch das Verwaltungsgericht *außerhalb* eines Strafverfahrens.[375] Die Ursprünge des heutigen Strafverfahrens sind entsprechend mit dem Verwaltungsrecht verflochten, auf welches strafprozessrechtliche Schutzmechanismen grundsätzlich keine Anwendung finden.

Eine erste bedeutende Erweiterung erfuhr das Strafbefehlsverfahren durch das Strafverfahrensänderungsgesetz von 1979.[376] Die Gesetzesänderung öffnete das Strafbefehlsverfahren für Schöffengerichtssachen. Mit dem StVÄG von 1987 sollte die Effizienz des Strafbefehlsverfahrens gesteigert werden.[377]

---

371 *Elobied,* Die Entwicklung des Strafbefehlsverfahrens von 1846 bis in die Gegenwart, S. 55 ff., S. 83 ff., S. 120 f., S. 147 ff.

372 *Eser,* JZ 1966, 660.

373 Als Vorbild diente hier das französische Recht, das zwischen crime, délit und contravention unterschied, vgl. *Mitsch,* KK-OWiG, Einl. Rn. 6.

374 Hierzu *Mitsch,* KK-OWiG, Einl. Rn. 6.

375 *Mitsch,* KK-OWiG, Einl. Rn. 6–8.

376 *Temming,* BeckOK-StPO, § 407 Rn. 2.

377 *Rieß/Hilger,* NStZ 1987, 204 (204).

Das Gesetz integrierte den Vorrang des Strafbefehlsverfahrens in geeigneten Fällen (vgl. § 407 Abs. 1 S. 2). Gleichzeitig fand § 408a StPO Eingang in die Strafprozessordnung, wonach das Verfahren unter Umständen auch noch nach Eröffnung der Hauptverhandlung zulässig bleibt. Die wohl gravierendste Erweiterung erfuhr das Verfahren durch eine Ausdehnung der Rechtsfolgenspanne im Rechtspflegeentlastungsgesetz von 1993. Nunmehr kann das Strafbefehlsverfahren „auf zur Bewährung ausgesetzte Freiheitsstrafen bis zu einem Jahr" (vgl. § 407 Abs. 2 S. 2 StPO) angewandt werden.[378] Dann aber steht dem Angeklagten gem. § 407 Abs. 2 S. 2 StPO ein Verteidiger zu. § 408b StPO regelt die Verteidigerbestellung im Strafbefehlsverfahren.[379]

Das Verfahrensergebnis wird im Falle eines Strafbefehls zumindest teilweise auf den Angeklagten verlagert.[380] Denn es liegt in der Hand des Angeklagten die Vorwürfe hinzunehmen oder innerhalb der gesetzlichen Frist Einspruch einzulegen. Die Einbeziehung des Angeklagten ist immanenter Bestandteil aller konsensualer Erledigungsmethoden. Diese Form der Autonomie kann sowohl die Stärkung als auch die Schwächung der Position des Angeklagten bedeuten. Eine Rechtsstärkung liegt für diejenigen Angeklagten vor, die früh und gut verteidigt sind und eine durchdachte Entscheidung über die Annahme oder Ablehnung einer Erledigung vor der Hauptverhandlung, unter rechtlicher Beratung, treffen können. Eine Schwächung kann sich hingegen für diejenigen Angeklagten ergeben, die gar nicht oder erst zu einem späten Zeitpunkt – womöglich nach Beginn der Hauptverhandlung – verteidigt sind. Im Falle des Strafbefehls kann schon nur dann von einer autonomen Entscheidung oder Beteiligung am Strafbefehlsverfahren gesprochen werden, wenn sich der Beschuldigte des Strafbefehls und seiner Konsequenzen bewusst ist. Dies ist in der Praxis nicht immer der Fall.[381] Nur ein geringer Anteil aller Beschuldigten legt Einspruch gegen den Strafbefehl ein[382] und das meist ohne vorherige

378 *Temming*, BeckOK-StPO, § 407 Rn. 2.

379 Ausführlich zur Beiordnung eines Verteidigers nach § 408b StPO siehe *Brackert/Staechelin*, StV 1995, 547 (547 ff.); Weiteres zu § 408b und frühzeitiger Pflichtverteidigung vgl. Kapitel 4 B. II. 3.

380 *Murmann*, Entformalisierung, S. 13.

381 Vgl. hierzu *Stoll*, Beschleunigungsstrategien der Strafjustiz, S. 33 f.

382 Hier setzt das Rechtsberatungsprojekt der unentgeltlichen Beratung im Strafbefehlsverfahren an. Das Projekt erfolgt in Zusammenarbeit zwischen der Vereinigung Berliner Strafverteidiger e.V. und der „Law Clinic – Praxis der Strafverteidigung" der

Rechtsberatung.[383] Auf die sich hieraus ergebenden spezifischen Diskriminierungseffekte wird in Kapitel 5 eingegangen.

Das Strafbefehlsverfahren beruht auf dem Grundgedanken, dass „Typisierung [...] gleichgelagerter Fallgruppen"[384] eine Hauptverhandlung entbehrlich machen können. Sinn und Zweck dieses Verfahrens ist gerade die Entformalisierung und Loslösung von der Hauptverhandlung. Der Staatsanwaltschaft stehen häufig unverteidigte Beschuldigte gegenüber, die nur durch rechtzeitigen Einspruch einem Urteil durch Strafbefehl entgehen können. Der Strafbefehl ist daher das Paradebeispiel einer Entformalisierung des deutschen Strafprozesses.

4. *Zwischenergebnis*

Es ist beachtlich, dass die Staatsanwaltschaft häufiger einen Antrag auf Erlass eines Strafbefehls stellt, als sie öffentlich Klage erhebt. Denkt man an einen inquisitorischen Prozess, so stellt man sich idealerweise eine gerichtliche Entscheidung am Ende des Verfahrens vor und nur ausnahmsweise die Beendigung des Verfahrens durch konsensuale Erledigungsmethoden.

Das Strafbefehlsverfahren stellt den deutschen Strafprozess schon lange vor eine Reihe struktureller Schwierigkeiten: Wie geht ein inquisitorischer Prozess mit einem enormen Zuwachs staatsanwaltschaftlicher Entscheidungshoheit um? Wie ist der Umstand einzuordnen, dass dem Beschuldigten erweiterte Beteiligungs- und Interventionsmöglichkeiten eingeräumt werden? Wie kann kognitiven Dissonanzen im Zwischenverfahren begegnet werden? Ergeben sich durch die Vorverlagerung und Entformalisierung des Strafverfahrens Diskriminierungseffekte? *Wie* wirken sich diese Effekte für *wen* aus? Welche Ausgleichs- und Schutzmechanismen können sinnvoll in das deutsche Strafverfahren integriert werden? Diese Fragen sind zentral für einen Prozess, der in gesteigerter Form konsensuale Elemente integriert und werden daher ausführlicher in den folgenden Kapiteln behandelt.

Freien Universität Berlin, https://www.jura.fu-berlin.de/studium/lawclinic/aktuelles/Aktuelles/projektstart.html\ (zuletzt abgerufen am 7. November 2021).

383 *Stoll*, Beschleunigungsstrategien der Strafjustiz, S. 33 f.

384 *Gössel*, LR-StPO, § 407 Rn. 13.

III. Die Kronzeugenregelung gem. § 46b StGB als konsensuale Erledigungsmethode

Die Kronzeugenregelung ist schon deshalb innerhalb dieser Betrachtung relevant, weil sie – ähnlich wie die Absprachereglung nach § 257c StPO – als Beweis für die „Amerikanisierung" des deutschen Strafprozesses angeführt wird. So lautet beispielsweise eine den § 46b StGB einleitende Überschrift im *Satzger, Schluckebier* und *Widmaier* StGB Kommentar: „Amerikanisierung des deutschen Strafprozesses"[385]. § 46b StGB ist gleichwohl nicht die typische – wenn es eine solche gibt – konsensuale Form der Erledigung. Im Folgenden soll die empirische Relevanz dieser allgemeinen Kronzeugenregelung aufgezeigt, ihr konsensualer Charakter analysiert und strukturelle Hinweise auf eine Entformalisierung und Vorverlagerung durch die Vorschrift untersucht werden.

1. Empirie

In empirischer Hinsicht ist § 46b StGB eine Leerstelle in der Strafverfolgungsstatistik. Es liegt kaum statistisches Material über die Anwendung der Vorschrift vor. Diese Lücke versuchen *Johannes Kaspar* und *Stephan Christoph* durch eine Online-Befragung von Strafverteidigern zu füllen.[386] Ausgewertet wurden 106 von 3.000 verschickten Fragebögen, die sich an Strafverteidiger richteten. Zwei Drittel der befragten Verteidiger gaben an, dass zumindest in einem Verfahren an dem sie beteiligt waren, von § 46b StGB Gebrauch gemacht wurde. 57,1 % dieser Anwälte gaben an, sowohl den Kronzeugen als auch die vom Kronzeugen beschuldigte Person verteidigt zu haben.

Das Bundesamt für Justiz gab an, dass § 46b vom 10.12.2014 bis zum 14.11.2014 laut Bundeszentralregister lediglich 240 Mal registriert wurde. Diese Angabe wird jedoch dadurch relativiert, dass kein formeller Meldezwang bei der Anwendung von § 46b StGB besteht. Es kann mithin davon ausgegangen werden, dass eine nicht insignifikante Dunkelziffer existiert und § 46b StGB in der Praxis weit häufiger Anwendung findet.[387] Insgesamt scheint die Anwendungshäufigkeit des § 46b StGB dennoch relativ gering. Im Bereich der Kooperation von Kronzeugen mit den Ermittlungsbehörden ist für Drogendelikte vor

385 Siehe *Eschelbach*, SSW-StPO, § 46b Rn. 1.

386 *Kaspar/Christoph*, StV 2016, 318; Siehe auch für eine Befragung weiterer Am Strafverfahren Beteiligter *Christoph*, Der Kronzeuge im Strafgesetzbuch, S. 272 ff.

387 So auch *Kaspar/Christoph*, StV 2016, 318 (319).

allem auch der § 31 BtMG relevant.[388] Auch für den § 31 BtMG gibt es derzeit keine umfassenden statistischen Daten. Er gehört jedoch zum Alltag der Strafverfolgungspraxis.[389]

Die Forschung von *Christoph* und *Kasper* bietet Anhaltspunkte dafür, dass es bei Anwendung des § 46b StGB zu einer beträchtlichen Strafmilderung von etwa 33 % kommen kann.[390] Mithin besteht eine signifikanter Unterschied zwischen dem Strafmaß mit und ohne Kooperation, wenn es erstmal zu einer Kooperation kommt. Selbst wenn § 46b StGB als allgemeine Kronzeugenvorschrift nicht häufig zur Anwendung kommt, ist doch die spezielle Kronzeugenvorschrift für Betäubungsmittelstraftaten des § 31 Nr. 1 BtMG fester Bestandteil des deutschen Strafprozesses. Insofern ist Kooperation zwischen Beschuldigten und den Ermittlungsbehörden im deutschen Strafverfahren keine Seltenheit. Im Bereich der Kronzeugenregelung herrscht erheblicher Forschungsbedarf sowohl hinsichtlich ihre Anwendungshäufigkeit und die Konsequenzen ihrer Anwendung auf den Kronzeugen und andere an der Tat beteiligte Personen.

2. *§ 46b StGB als konsensuale Erledigungsmethode*

Sinn und Zweck einer Kronzeugenregelung ist es, einen Anreiz für den Täter zu schaffen, eine Straftat über den eigenen Tatbeitrag hinaus aufzuklären und gegebenenfalls Informationen über noch unbekannte Beteiligte zu liefern (Aufklärungshilfe). Im Gegenzug können Kronzeugen eine *Strafmilderung* erhalten. Im Rahmen einer solchen Vereinbarung kann auch ganz von einer Strafe oder von der Strafverfolgung abgesehen werden.

§ 46b StGB unterscheidet sich von den bisher angesprochenen konsensualen Erledigungsmethoden zunächst dadurch, dass es sich um einen Strafmilderungsgrund handelt, der systematisch nicht in der Strafprozessordnung, sondern im Strafgesetzbuch geregelt ist. § 46b StGB setzt bei der konkreten Bemessung der Strafe an und führt nicht unmittelbar zu einer Erledigung auf prozessualer Ebene. Auf den ersten Blick scheint die Vorschrift daher keine konsensuale Erledigungsmethode darzustellen. § 46b hat jedoch erhebliche prozessuale Folgewirkungen, die im Folgenden aufgezeigt werden sollen.

---

388 *Patzak*, Körner/Patzak/Volkmer-BtMG, § 31 Rn. 9 f.

389 *Patzak*, NStZ 2013, 665 (665) ([…] für den „Bereich der sehr praxisrelevanten Aufklärungshilfe“); Zu aktuellen Entwicklungen siehe *Schmidt*, NJW 2020, 3004 (3010); *Patzak*, Körner/Patzak/Volkmer-BtMG, § 31 Rn. 10.

390 *Kaspar/Christoph*, StV 2016, 318 (320).

Für die vorliegende Betrachtung sind vor allem drei Aspekte relevant, die § 46b StGB konsensualen Charakter verleihen. *Erstens* hängt § 46b StGB im Falle einer Aufklärung zu Lasten Dritter eng mit formellen oder informellen Verständigungen zusammen. Praktisch bedeutet dies, dass Teil einer Absprache die Kooperation des Beschuldigten auf Grundlage des § 46b StGB sein kann. Andersherum ist zumindest auch denkbar, dass die Kooperation nach § 46b StGB später zu einer Absprache führt. Man kann es auch so formulieren, dass § 46b StGB dem „Konsensuale[n] Prozess einen weiteren Schub"[391] gibt. Aufschlussreich für den Zusammenhang zwischen Kooperationen und Absprachen ist hier ein kurzer Blick auf ein historisch bedingtes Phänomen im US-Recht. Die Federal Sentencing Guidelines (Guidelines) wurden von ihrer Einführung in den 1980er Jahren bis zur *United States v. Booker*[392] Entscheidung im Jahre 2005 als bindend angesehen. Der Supreme Court entschied in United States v. Booker, dass die Guidelines zwar nicht verfassungswidrig sind, aber lediglich beratende Funktion bei der richterlichen Strafzumessung haben. Vor dieser bahnbrechenden Entscheidung war der Zusammenhang zwischen konsensualen Erledigungsformen und Kronzeugen noch deutlicher sichtbar. Die Kooperation mit den staatlichen Ermittlungsbehörden nach § 5 K1.1 der Guidelines[393], war eine der wenigen Möglichkeiten, die strengen Strafzumessungsregeln zu umgehen. Für Angeklagte gab es hierdurch einen starken Anreiz ein plea agreement auf Grundlage einer Kooperation nach § 5 K.1. einzugehen. Plea agreements und Kooperation stehen in den USA entsprechend in einem engen historischen Zusammenhang. Auch in Deutschland können Kooperationen und andere konsensuale Erledigungsmethoden miteinander verbunden werden.[394]

Zweitens, konsensuale Erledigungsmethoden zeichnen sich durch den Aspekt der *Gegenseitigkeit* aus. Im Falle des § 257c StPO beispielsweise, meint das häufig ein Geständnis des Angeklagten im Austausch für eine mildere Strafe. Im Fall des § 153a StPO meint dies die Zustimmung zu Auflagen und Weisungen im Austausch für eine Einstellung. § 46b StGB hat ein ähnliches Gegenseitigkeitselement, da – vereinfacht gesagt – eine Strafmilderung im Austausch für

391 *Salditt*, StV 2009, 375 (376).

392 United States v. Booker, 543 U.S. 220 (2005).

393 United States Sentencing Commission, Guidelines Manual, § 5 K 1.1.

394 Vgl. beispielsweise die Diskussion zur Kooperation und Absprachen bei *Oğlakcıoğlu*, in: Kotz/Rahlf, Praxis des Betäubungsmittelstrafrechts, Kapitel 6 Rn. 152 ff.; für Kooperation und Erörterungsgespräche nach § 160b StPO und Einstellungen siehe *Maier*, Müko-StGB, § 46b Rn. 35; siehe hierzu auch unter 3.b. im vorliegenden Abschnitt.

die Offenbarung von Informationen erfolgt. Insofern teilt § 46b StGB ein grundlegendes Element anderer konsensualer Erledigungsmethoden, indem er die Mitwirkung des Beschuldigten im Austausch für einen Vorteil – hier eine Strafmilderung – voraussetzt. Der grundlegende Unterschied zwischen § 46b StGB und anderen typischen konsensualen Erledigungsmethoden ist, dass es sich hierbei um eine Strafmilderung und keine direkte prozessbeendende Vorschrift handelt. Allerdings hat die Strafmilderung einen entscheidenden Einfluss darauf, *wie* der Prozess endet.

Drittens, der Charakter der Vorschrift – gerade weil er konsensualer Natur ist – wird ebenso wie Absprachen nach § 257c StPO unter dem Aspekt der Amerikanisierung des Strafprozesses diskutiert.[395] Auch wenn das kein direkter Beleg für die konsensuale Natur des § 46b StGB ist, ist die Ähnlichkeit der Diskussion bemerkenswert. Beiden Vorschriften wird vorgeworfen, den inquisitorischen Charakter der Strafprozessordnung zu Gunsten einer Amerikanisierung zu schädigen.

Um es noch deutlicher zu machen: Subsumiert man die Kronzeugenregelung des § 46b StGB unter die Voraussetzungen konsensualer Erledigungsmethoden[396] so wird ihr konsensualer Charakter deutlich sichtbar. Konsensuale Erledigungsmethoden sind hiernach Vereinbarungen der am Strafprozess beteiligten Akteure, die außerhalb der Hauptverhandlung getroffen werden und zu einem Abschluss des Verfahrens ohne Urteil führen – so zum Beispiel im Falle des § 153a StPO – oder das Ergebnis der Hauptverhandlung entscheidend beeinflussen können – etwa im Falle des § 257c StPO. Die Vorschrift des § 46b StGB setzt zunächst Kommunikation zwischen dem Beschuldigten und den Ermittlungsbehörden mit dem Zweck der Aufklärung von Straftaten voraus. Der Beschuldigte muss sich im Rahmen einer informellen Vereinbarung darauf verlassen, dass die Hilfeleistung Berücksichtigung findet. Er tritt hier wie bei § 257c StPO in Vorleistung. Die Aufklärungshilfe *kann* dann vom Gericht strafmildernd berücksichtigt werden. Sie hat insofern einen entscheidenden Einfluss auf die Ermittlungen und gegebenenfalls auch auf eine mögliche Hauptverhandlung. Die Kommunikation zwischen Beschuldigtem und Ermittlungsbehörden kann informell außerhalb der öffentlichen Hauptverhandlung erfolgen. *König* beschreibt hier eine Verschiebung des Strafprozesses in das polizeiliche Vernehmungszimmer.[397] § 46b

395 *Vogel*, GA 2011, 520 (520 ff.).

396 Eine Begriffsbestimmung, die der vorliegenden Arbeit zu Grunde liegt, findet sich in Kapitel 1. C.

397 *König* NJW 2009, 2481 (2483).

StGB hat den Charakter einer konsensualen Kooperation zwischen Beschuldigtem und Ermittlungsbehörden, die Auswirkungen auf die gerichtliche oder staatsanwaltschaftliche Entscheidung haben. Es ist nicht verwunderlich, dass § 46b StGB auch als „schillernde Blüte des Prozesses zur Herausbildung eines kooperativen oder auch konsensualen Strafverfahrens“[398] bezeichnet wird.

3. *Vorverlagerung und Entformalisierung*

a. *Vorverlagerung*

Eine Vorverlagerung durch § 46b StGB geschieht zunächst in *personeller Hinsicht.* Der Beschuldigte erbringt die Hilfeleistung gegenüber den Ermittlungsbehörden und typischerweise nicht erst gegenüber dem Gericht. Dies liegt neben praktischen Erwägungen bereits an dem Anwendungsbereich des § 46b StGB. § 46b Abs. 3 StGB regelt eine Präklusion für den Fall, dass die Hilfeleistung erst erfolgt, nachdem die Eröffnung der Hauptverhandlung beschlossen wurde. Der Anwendungsbereich des § 46b StGB liegt zwischen dem Ermittlungsverfahren und dem Abschluss des Zwischenverfahrens. Es ist grundsätzlich denkbar, dass ein Kronzeuge erst nach Eröffnung der Hauptverhandlung Hilfe leistet. Es gibt je nach Zeitpunkt der Hilfeleistung „zwei Klassen von Kronzeugen“[399]. Die „erste Klasse“ leistet Hilfe vor Eröffnung der Hauptverhandlung mit der Folge des § 46b Abs. 1 StGB. Die anderen leisten Hilfe erst nach Eröffnung der Hauptverhandlung (§ 46b Abs. 3 StGB). Auf die zweite Gruppe findet die Milderungsmöglichkeit des § 46b Abs. 1 StGB keine Anwendung (Präklusion), sodass lediglich eine Milderung nach § 46 Abs. 2 StGB in Betracht kommt.[400]

Die entscheidenden Akteure in dieser Phase sind die Strafverfolgungsbehörden, namentlich die Staatsanwaltschaft und vor allem die Polizei. § 46b StGB wird zum Teil als „Polizeigesetz“[401] oder „Vernehmungsbehelf“[402] bezeichnet. Die Vorschrift sei von der Polizei *verlangt* und *für sie geschaffen* worden.[403] Aus Beschuldigtensicht ist § 46b StPO mit einem erheblichen Risiko verbunden, da die Ermittlungsbehörden dem Beschuldigten keine Garantie hinsichtlich der

398 *König*, StV 2012, 113 (113).
399 *Heintschell-Heinegg*, BeckOK-StGB, § 46b Rn. 33; *König*, NJW 2009, 2481 (2483).
400 Siehe *König*, NJW 2009, 2481 (2483); *Heintschell-Heinegg*, BeckOK-StGB, § 46b Rn. 33.
401 *König*, StV 2012, 113 (114); siehe auch *Kaspar/König*, ZRP 2011, 159.
402 *König*, StV 2012, 113 (114).
403 So *König*, StV 2012, 113 (114).

Strafmilderung geben können. Es liegt im alleinigen Ermessen des Gerichts über die Strafmilderung zu entscheiden.

Vergleichbar mit anderen konsensualen Erledigungsmethoden ist auch im Rahmen des § 46b StPO wiederum problematisch, dass Interventionsmöglichkeiten für den Beschuldigten wenig sinnvoll sind, wenn diese Möglichkeiten nicht effektiv und unter rechtlicher Beratung frühzeitig genutzt werden können. Die inquisitorische Verhaftung des deutschen Strafprozesses hält hier aus Beschuldigtensicht mit der Integrierung adversatorischer Elemente nicht Schritt. Im Laufe dieser Arbeit wird immer wieder auf die Diskrepanz zwischen der Bedeutungssteigerung des Vorverfahrens im Wechselwirkungsverhältnis mit konsensualen Erledigungsmethoden und fehlender Ausgleich- und Schutzmechanismen aus Beschuldigtensicht eingegangen.[404] Das Ermittlungsverfahren wird im Falle einer Kronzeugenvereinbarung zwischen dem Beschuldigtem und Ermittlungsbehörde zur entscheidenden Prozessphase. Gerade für diese Phase existieren jedoch wenig formelle Regelungen. Dem Beschuldigten steht gerade nicht in jedem Fall ein Pflichtverteidiger zu. Auch hier richtet sich das Recht auf Pflichtverteidigung nach den Regeln zur notwendigen Verteidigung nach §§ 140 ff. StPO.[405] § 46b StPO enthält keine spezielle Regelung, die eine notwendige Verteidigung vorschreiben würde. Es kann gegebenenfalls argumentiert werden, dass ein Fall des § 140 Abs. 2 StPO – „Schwierigkeit der Sach- oder Rechtslage" vorliegt. Dies wird jedoch nur vereinzelt der Fall sein. Der Beschuldigte geht in Vorleistung und das ohne Garantie frühzeitiger und kostenfreier Verteidigung, in einem Verfahren, das klare formelle Regelungen vermissen lässt.

Auch In *sachlicher* – oder materieller – Hinsicht gibt es Hinweise auf eine Vorverlagerung durch die Kronzeugenregelung.[406] Es ist zumindest denkbar, dass Kronzeugenregelungen und deren Mitwirkungsangebot in der Praxis erst zur *Schaffung* eines Strafanspruchs führen, also kriminalisierende Wirkung haben können.[407] Praktische Erwägungen legen nahe, dass die Kronzeugenregelungen gerade auf die Beschuldigten Anwendung finden, die *nicht* im Zentrum

404 In Teil B dieses Kapitels wird auf die strukturellen Implikationen der strafprozessualen Systemverschiebung eingegangen. Kapitel 4 und 5 schließen mit sich daraus ergebenden Diskriminierungseffekten an und Kapitel 6 behandelt mögliche strukturelle Ausgleichmechanismen.

405 Dieses Problem ist vergleichbar mit dem im Strafbefehlsverfahren, siehe II.

406 Siehe *Christoph*, Der Kronzeuge im Strafgesetzbuch, S. 218 ff.

407 So auch *Krauß*, StV 1989, 315 (322) vor allem aber in Bezug auf organisierte Kriminalität.

des Geschehens stehen aber dennoch Auskunft über Tatbeteiligungen und kriminalisiertes Verhalten geben können. Gerade diese Personen kann die Staatsanwaltschaft unter normalen Umständen nur schwer zur Kooperation bewegen. Im Bereich der organisierten Kriminalität scheint das Risiko eines Beschuldigten, das durch die Zusammenarbeit mit der Staatsanwaltschaft erwächst, im Vergleich zu der möglichen Strafmilderung zu groß sein.[408] Vor allem dann, wenn die Person nicht Teil des zentralen Geschehens ist und deutlich weniger schuldhaft ist. Strategie der Ermittlungsbehörden mag es dann sein, den Tatbeitrag des – am Rande des Geschehens operierenden – Beschuldigten aufzubauschen, um einen stärkeren Anreiz zur Kooperation zu schaffen. Denn wenn dem Kronzeugen ernsthafte strafrechtliche Folgen drohen, mag eine Kooperation mit den Ermittlungsbehörden attraktiv scheinen.

b. Entformalisierung

Die Integrierung von Kronzeugenregelungen in den deutschen Strafprozess ist noch immer eine recht neue Entwicklung bedenkt man, dass erstmals 1981 mit § 31 BtMG eine solche Regelung Teil des Nebenstrafrechts wurde. Im StGB fand sich von 1989 bis 1999 eine „Kronzeugenregelung bei terroristischen Straftaten“[409]. Nach Auslaufen der zeitlich begrenzten Vorschrift, gab es zunächst nur spezielle Kronzeugenregelungen (§§ 98 Abs. 2, 129 Abs. 6 Nr. 2, 129a Abs. 7, 261 Abs. 10 StGB). Mit dem 43. Gesetz zur Änderung des Strafgesetzbuches vom 29.07.2009 wurde erstmals eine allgemeine – und damit neuartige – Kronzeugenregelung eingeführt. Allgemein meint in diesem Zusammenhang eine Vorschrift, die nicht deliktsspezifisch ist. Die Einführung der „Großen Kronzeugenregelung“[410] war Anlass zur Modifizierung des § 31 BtMG und führte zur Aufhebung des § 261 Abs. 10 StGB.

Eine Entformalisierung des Strafprozesses durch § 46b StGB geschieht vor allem in zweierlei Hinsicht: *Erstens,* durch eine Lockerung der Bindung an gesetzliche Regelungen und *zweitens,* durch Kooperationsvereinbarungen außerhalb der für die Öffentlichkeit zugängigen Hauptverhandlung. Eine Lockerung der Bindung an das Gesetz wird hier durch die Einräumung von *Ermessen* ermöglicht. Nach § 46b Abs. 1 S. 1 *kann* das Gericht die Strafe mildern. Eine Strafmilderung ist also keinesfalls garantiert. Im Falle des § 23 StGB wird diskutiert, ob die

---

408 Ein ähnliches Phänomen ist im Bereich des amerikanischen conspiracy Tatbestands erkennbar, vgl. *Momsen/Washington*, FS-Kindhäuser, S. 935.

409 BGBl. 1989, 1059; BGBl. 1994, 3186.

410 *König*, NJW 2009, 2481.

Vorschrift trotz des Wortlauts („kann") „Milderungszwang"[411] vorschreibt.[412] Die Rechtsprechung geht jedoch von einer Ermessensvorschrift aus. Es sei dem Tatrichter überlassen den „gesamten Schuldgehalt der Tat einschließlich der Eigenschaften Täters"[413] in Betracht zu ziehen. Eine Überprüfung der gerichtlichen Entscheidung ist entsprechend auf Ermessensfehler beschränkt. § 46b Abs. 2 StGB nennt eine Reihe von Kriterien, die bei der gerichtlichen Entscheidung zu berücksichtigen sind. Genannt werden unter anderem Art und Umfang der offenbarten Tatsachen, die Bedeutung der Offenbarung für die Aufklärung bzw. Prävention, der Zeitpunkt der Offenbarung und das Verhältnis der Offenbarung zur Schwere der Straftat und Schuld des Täters.[414] Diese Kriterien sind nicht abschließend („insbesondere"). Die Ermessensentscheidung des Gerichts soll auf einer Gesamtbetrachtung aller Umstände beruhen.[415] Strafmilderungen vom gerichtlichen Ermessen abhängig zu machen ist nicht unüblich.[416] Im Falle des § 46b Abs. 1 S. 1 StGB sind die potentiellen praktischen Konsequenzen eines solchen Ermessens jedoch besonders deutlich erkennbar. Die Strafmilderung – die keinesfalls garantiert ist – hängt von der Kooperation des Beschuldigten ab. Das Risiko besteht darin, dass – ähnlich wie bei Absprachen nach § 257c StPO – der Beschuldigte darauf angewiesen ist mit den Strafverfolgungsbehörden in Verhandlungen zu treten, um konkrete Auskunft über mögliche Zugeständnisse zu erhalten. Letztlich wird eine Vorleistung des Beschuldigten erwartet, die das Risiko auf den Beschuldigten verlagert. Regelmäßig erfolgt die Hilfe des Beschuldigten gegenüber den Ermittlungsbehörden, die dem Angeklagten aber letztlich keine Verbindlichkeit garantieren können. Mehr Verbindlichkeit kann für Angeklagte nur durch eine konkrete Einigung vor der Hauptverhandlung erreicht werden. Solche Absprachen finden jedoch außerhalb der Hauptverhandlung statt. In der „black box des Vernehmungszimmers"[417] gibt es keine Öffentlichkeitsbeteiligung und somit keine Kontrolle der Akteure.

Ein weiterer Entformalisierungseffekt ergibt sich aus der Zusammenwirkung von Kronzeugenaussagen und anderen konsensualen Erledigungsmethoden.[418]

---

411 *Eser/Bosch*, Schönke/Schröder-StGB, § 23 Rn. 5.
412 So beispielsweise *Köhler*, Strafrecht, Allgemeiner Teil, S. 485.
413 BGHSt 16, 353.
414 Vgl. Erwägungen des Gesetzgebers, BT-Drs. 16/6268, S. 13 f.
415 *Maier*, MüKo-StGB, § 46b Rn. 118.
416 Vgl. beispielsweise §§ 22, 23 StGB und § 35 Abs. 1 StGB.
417 *König*, NJW 2009, 2481 (2483).
418 Siehe hierzu *Christoph*, Der Kronzeuge im Strafgesetzbuch, S. 225.

Deutlich wird dieses Zusammenspiel in einem Urteil des LG Bonn.[419] Gegenstand des Urteils war die Strafbarkeit eines Mittäters für die Verletzung einer Gemeinschaftsmarke bzw. die strafbare Kennzeichenverletzung im Falle der Einfuhr von Waren. Die Feststellungen im Urteil beruhten zum Teil auf den Aussagen eines Kronzeugen. Das Gericht beschäftigte sich mit der Frage der Rechtmäßigkeit der Absprache zwischen der Staatsanwaltschaft und dem Kronzeugen. Das Gericht sah in der Vernehmung der Zeugin, der „von der Staatsanwaltschaft zuvor ein gesetzlich nicht vorgesehener Vorteil versprochen"[420] wurde, keinen Rechtsverstoß. Das Gericht stützt sich auf die Wertung des § 160b StPO, der es der Staatsanwaltschaft ausdrücklich ermöglicht, mit den Beteiligten Gespräche über den Stand des Verfahrens zu führen. Das Gericht verweist darauf, dass Gegenstand solcher Gespräche unter anderem eine Einstellung nach § 153a StPO oder eine Absprache nach § 257c StPO sein können.[421] Dieser Fall bietet einen Einblick in die Verschränkung zwischen Aussagen von Mittätern und Gesprächen zur konsensualen Verfahrenserledigung.

§ 46b StGB ist auf Grund seines zum Teil unklaren Tatbestandes erheblicher Kritik ausgesetzt.[422] Insbesondere der Begriff des *Zusammenhangs* ist nicht ohne Weiteres interpretierbar. Der Gesetzgeber hat die Kronzeugenregelung zum 1. August 2013 auf Zusammenhangstaten beschränkt. Zuvor war ein solcher Zusammenhang nicht erforderlich. Die Kronzeugenregelung konnte beispielsweise auch dann angewandt werden, wenn ein Beschuldigter ein Sexualdelikt aufklärte, selbst aber wegen Raubes verfolgt wurde. Mit der Beschränkung der Vorschrift wollte der Gesetzgeber die Strafmilderung des § 46b StGB in Einklang mit dem verfassungsrechtlich anerkannten Schuldprinzip bringen.[423] Zwischen der Tat des Kronzeugen und der Tat, über die Wissen offenbart wird, muss ein Zusammenhang bestehen. Klar ist jedoch, dass es sich nicht um dieselbe Deliktsart handeln muss. Darüber hinaus lassen sich klare Kriterien jedoch nur schwer festmachen. Der Gesetzgeber hat solche Kriterien nicht formuliert, sondern es der Rechtsprechung expressis verbis überlassen eine Interpretation vorzunehmen.[424] Insofern liegt hier ein Beurteilungsspielraum für die konkrete

---

419 LG Bonn, Urt. v. 07.03.2016, 27 KLs 430 Js 794/15 (4/15).

420 LG Bonn, Urt. v. 07.03.2016, 27 KLs 430 Js 794/15 (4/15), Rn. 188 f.

421 LG Bonn, Urt. v. 07.03.2016, 27 KLs 430 Js 794/15 (4/15), Rn. 189.

422 Siehe beispielsweise *König*, StV 2012, 113 (113) („verunglückten Norm"); *Eschelbach*, SSW-StPO, § 46b Rn. 1; *Kinzig*, Schönke/Schröder-StGB, § 46b Rn. 1 ff.

423 BT-Drs. 17/9695, S. 6.

424 BT-Drs. 17/9695, S. 9.

Handhabung der Vorschrift vor. Der Gesetzgeber hat sich offenbar vorgestellt, dass sich der Zusammenhangsbegriff aus § 31 BtMG mehr oder minder auf § 46b StGB übertragen lässt.[425] Die höchstrichterliche Rechtsprechung orientiert sich bei der Auslegung des § 46b StGB entsprechend an § 31 BtMG.[426] Die Unbestimmtheit des Begriffs[427] ist nicht nur verfassungsrechtlich (Art. 103 Abs. 2 GG) problematisch, sondern erschwert auch eine revisionsrechtliche Kontrolle.[428] Die Konsequenz hieraus ist einmal mehr eine Entformalisierung durch fehlende bzw. erschwerte Kontrolle, die vergleichbar mit der gelockerten Kontrolle von Ermessensvorschriften ist. Der Unterschied besteht jedoch darin, dass bei einer Ermessenskontrolle die *Rechtsfolge* der Strafmilderung betroffen ist. Die Unbestimmtheit der Vorschrift auf *Tatbestandsebene* – ob intendiert oder nicht – führt hingegen zu einem *Beurteilungsspielraum,* der ebenfalls zu einer Lockerung der Kontrollmöglichkeit durch höhere Instanzen führt.

Zusammengefasst ergibt sich die entformalisierende Natur der Kronzeugenregelung aus dem Zusammenspiel folgender Aspekte: (1) freies Ermessen des Gerichts hinsichtlich der Strafmilderung, obwohl die Kooperationsvereinbarung insbesondere zwischen dem Beschuldigten und den Ermittlungsbehörden stattfindet, (2) Beurteilungsspielraum des Gerichts darüber welche Straftaten i.S.d. § 46b Abs. 1 StGB in „Zusammenhang" stehen und (3) die Schwerpunktverlagerung auf außerhalb der öffentlichen Hauptverhandlung geführte Kooperationsgespräche. Hinzukommt gegebenenfalls im Zusammenhang mit anderen konsensualen Erledigungsmethoden und als Folge all dieser Faktoren (4) eine erschwerte revisionsgerichtliche Kontrolle von Kooperationsvereinbarungen und deren strafmildernder Wirkung, durch die wiederum eine Entformalisierung weiter perpetuiert wird.

4. *Zwischenergebnis*

Nach den existierenden – wenn auch unvollständigen – Statistiken zu § 46b StGB scheint die Vorschrift zumindest in quantitativer Hinsicht eine eher geringe Bedeutung in der Praxis zu haben. § 31 BtMG hingegen ist vollständig in den Alltag der Strafrechtspraxis integriert. Jedenfalls zusammengenommen haben beide Kooperationsmethoden einen Einfluss auf die Strafverfahrenspraxis.

---

425 So ausdrücklich BT-Drs. 16/6268, S. 12.

426 BGH v. 15.03.2011, StraFo 2011, 323.

427 *Eschelbach*, SSW-StGB, § 46b Rn. 22.

428 Als Rechtsbegriff unterliegt dieser Begriff grundsätzlich der revisionsrechtlichen Kontrolle, vgl. BGH v. 15.03.2016 – 5 StR 26/16.

Mindestens ebenso bedeutungsvoll wie die Quantität ihrer Anwendung, ist der Einfluss einer Kooperation auf das Ergebnis der Verhandlungen bzw. auf die Strafzumessung im Einzelfall. Auch wenn hierzu wenig statistisches Material vorliegt, gibt es Anhaltspunkte für einen gravierenden Unterschied zwischen dem Strafzumessungsergebnis mit und ohne Kooperation. Grundsätzlich ist davon auszugehen, dass derzeitige Statistiken zur Kronzeugenregelung ihre tatsächliche Anwendung in der Praxis nicht vollständig widerspiegeln.

Kronzeugenregelungen sind konsensuale Erledigungsformen im weiten Sinne. Sie stehen im engen Zusammenhang mit anderen Formen konsensualer Erledigung. Ihre Rechtsnatur als Strafmilderungsvorschriften ändert hieran nichts. Entscheidendes Element ist die Kooperation zwischen Beschuldigten und Ermittlungsbehörden, was in einem (reformiert-) inquisitorischen Strafprozess keinesfalls banal ist und Verteidiger vor neue Herausforderungen stellt. Kronzeugenregelungen sind ein Paradebeispiel für die Bedeutungssteigerung des Ermittlungsverfahrens und der Ermittlungsbehörden. Insbesondere die Verlagerung auf ein frühes Verfahrensstadium wirft Fragen struktureller Systemveränderungen im deutschen Strafprozess auf. Insbesondere stellt sich die Frage, inwiefern die Anforderungen an effektive Verteidigung in einem System mit konsensualen Methoden verändert werden, in denen die beteiligten Akteure (Privatpersonen/Ermittlungspersonen) strukturell ungleich sind. Hierauf wird ausführlich in diesem Kapitel unter B. und in Kapitel 4 eingegangen.

Eine Entformalisierung lässt sich anhand verschiedener Aspekte ausmachen. Zum einen ergibt sich dies aus dem in Kronzeugenregelungen eingeräumten Ermessen und der Verwendung von zum Teil unbestimmten bzw. schwer zu bestimmenden Rechtsbegriffen. Hinzukommt die Natur der Vorschrift, die ihren Hauptanwendungsfall im Ermittlungsverfahren hat. Wenn das Verfahrensstadium der Hauptverhandlung erst einmal erreicht ist, hat der Beschuldigte seinen Aufklärungsbeitrag bereits geleistet. Der Schwerpunkt der Kooperation ist zu diesem Zeitpunkt bereits abgeschlossen (vgl. § 46 Abs. 3 StGB). In genau dieser Phase ist aber eine effektive Verteidigung gerade nicht garantiert.

Kronzeugenregelungen stellen das Strafverfahrenssystem im Allgemeinen und die Verteidigung im Speziellen, vor neue Herausforderungen, gerade weil sie – aus Sicht der Ermittlungsbehörden – dann besonders effektiv angewendet werden können, wenn ihre Umsetzung zunächst nicht transparent gemacht wird. Sie sind außerdem paradigmatisch für die Asymmetrien, die entstehen, wenn konsensuale Strukturen auf ungleiche Beteiligte – den Staat auf der einen, die Privatperson auf der anderen Seite – übertragen werden.

IV. Verständigungen nach § 257c StPO als konsensuale Erledigungsmethode

Absprachen sind nicht erst seit der Einführung des § 257c StPO Gegenstand rechtlicher Diskussionen. Der Begriff „Deal" oder „konsensuale Erledigung"[429] wird häufig als Synonym für Absprachen nach § 257c StPO verwendet. Allein die bisherige Betrachtung hat gezeigt, dass weitere konsensuale Erledigungsmethoden existieren, die Elemente eines „Deals" aufweisen. Dennoch ist § 257c StPO aktuell wohl immer noch die meist diskutierte konsensuale Erledigungsmethode und soll daher auch hier behandelt werden.

Das *Gesetz zur Verständigung im Strafverfahren* von 2009 wird auch als „Schwerste[r] Eingriff in das Gefüge der StPO […] seit 1877" bezeichnet.[430] In der Literatur werden Stimmen laut, die eine *strukturelle Systemverschiebung* durch Absprachen feststellen.[431] Die nachfolgende Betrachtung soll Grundlage für die spätere Analyse einer solchen Systemverschiebung bieten.[432] Im Folgenden soll die empirische Relevanz des § 257c StPO dargestellt, ihr konsensualer Charakter aufgezeigt und strukturelle Hinweise auf eine Entformalisierung und Vorverlagerung durch § 257c StPO untersucht werden.

1. *Empirie*

Laut statistischem Bundesamt wurden im Jahre 2019 insgesamt 660.816 Verfahren von den Amtsgerichten erledigt. 4.050 Urteile ergingen hiernach in Anschluss an eine Absprache nach § 257c StPO. Dabei handelt es sich um weniger als 1 % aller erledigten Fälle vor den Amtsgerichten. Diese Anzahl scheint zunächst nicht sehr bedeutend, muss jedoch in ihrem Kontext verstanden werden. Zunächst einmal ist die Gesamturteilsanzahl für die Einordnung wichtig. Im Jahre 2019 wurden nach derselben Statistik bei den Amtsgerichten insgesamt 263.333 Verfahren per Urteil erledigt. Entsprechend fand eine Absprache im Rahmen von 1,5 % aller Urteile statt.[433] Für die erstinstanzlichen Urteile der Landgerichte ergibt sich ein Prozentanteil von 10,5 % – also eine weit höhere

---

429 So beispielsweise *Fezer*NStZ 2010, 177 (182).

430 *Stuckenberg*, LR-StPO, § 257c Rn. 1.

431 *Heller*, Das Gesetz zur Regelung der Verständigung im Strafverfahren – No big deal?, S. 159 und 187 ff.

432 Eine detaillierte Analyse wird im nachfolgenden Abschnitt B. unter Einbeziehung der Ergebnisse dieses Abschnitts A. vorgenommen.

433 Statistisches Bundesamt, Fachserie 10, Reihe 2.3, 2019, S. 24, 28.

Verständigungsquote.[434] Statistiken des Bundesamtes können jedoch auf Grund der wohl hohen Anzahl informeller Absprachen keinen genauen Aufschluss über die tatsächliche Häufigkeit von Urteilsabsprachen nach § 257c StPO bieten. Bei einer Befragung von Richtern, Staatsanwälten und Strafverteidigern im Rahmen der Evaluation der Absprachepraxis, gaben 20 % aller Befragten an, dass sie „häufig" oder „sehr häufig" von informellen Absprachen erfuhren. 15 % gaben an, dass informelle Absprachen in ihrer eigenen Absprachepraxis „häufig" oder „sehr häufig" vorkämen.[435] Daneben schlüsselt das Statistische Bundesamt die Anwendung von Absprachen nicht für einzelne Deliktsgruppen auf.

Absprachen bewegen sich seit jeher im Schattenfeld des deutschen Strafprozesses.[436] Daran konnte auch die Einführung des Gesetzes von 2009 nichts Entscheidendes ändern. Das Bundesministerium für Justiz ist bestrebt aktuelle Daten zur Anwendung des § 257c StPO zu sammeln und auszuwerten. Damit folgt der Gesetzgeber dem Appell des Bundesverfassungsgerichts von 2013. Das Bundesministerium unterzeichnete im Dezember 2017 einen Forschungsvertrag mit den Universitäten Düsseldorf, Frankfurt am Main und Tübingen. *Altenhain, Jahn* und *Kinzig* veröffentlichen die entsprechende Studie im Jahr 2020.[437] Die Studie kommt zu einer Reihe zentraler Ergebnisse: Erstens, trotz des Bundesverfassungsgerichtsurteils von 2013 sind informelle Absprachen, unter Missachtung der Absprachevorschriften, noch immer Bestandteil der strafprozessualen Verfahrenspraxis.[438] Zweitens, die entscheidenden prozessualen Akteure halten die Absprachevorschriften für unübersichtlich, praxisuntauglich und komplex.[439] Drittens, weder die gesetzlichen Mitteilungs- noch die Dokumentationspflichten werden in der Praxis konsequent eingehalten.[440] Viertens, wesentlicher Inhalt der Absprachen ist das Ablegen eines Geständnisses im Austausch für eine geringere Strafe. Dabei wird weiterhin regelmäßig eine Punktstrafe vereinbart.[441] Fünftens, auch der ausdrücklich verbotene Rechtsmittelverzicht (§ 302 Abs. 1 S. 2 StPO) ist immer noch Bestandteil einiger Absprachen.[442] Im Ergebnis

---

434 Statistisches Bundesamt, Fachserie 10, Reihe 2.3, 2019, S. 64, 66.
435 *Altenhain/Jahn/Kinzig*, Die Praxis der Verständigung im Strafprozess, S. 273.
436 Ausführlich zur Normhistorie der Absprachen, vgl. *Ignor/Wegner*, SSW-StPO, § 257c Rn. 4 ff.; siehe auch *Fezer*, NStZ 2010, 177 (179).
437 *Altenhain/Jahn/Kinzig*, Die Praxis der Verständigung im Strafprozess.
438 *Altenhain/Jahn/Kinzig*, Die Praxis der Verständigung im Strafprozess, S. 530 f.
439 *Altenhain/Jahn/Kinzig*, Die Praxis der Verständigung im Strafprozess, S. 532.
440 *Altenhain/Jahn/Kinzig*, Die Praxis der Verständigung im Strafprozess, S. 533.
441 *Altenhain/Jahn/Kinzig*, Die Praxis der Verständigung im Strafprozess, S. 533 f.
442 *Altenhain/Jahn/Kinzig*, Die Praxis der Verständigung im Strafprozess, S. 535 f.

besteht also weiterhin eine deutliche Diskrepanz zwischen den Vorschriften zum Absprachеverfahren, den Vorgaben des Bundesverfassungsgerichts und der praktischen Handhabung von Absprachen.

2. *Konsensuale Erledigungsmethode*

§ 257c StPO hat konsensualen Charakter. Es kommt zwar zu einer Hauptverhandlung und nicht unmittelbar zur Erledigung des Verfahrens nach Abschluss des Ermittlungs- oder Zwischenverfahrens, der Inhalt und das Ergebnis der Hauptverhandlung ist jedoch maßgeblich von der Absprache beeinflusst. Gem. § 257c StPO soll § 244 Abs. 2 StPO auch im Kontext von Absprachen uneingeschränkt gelten. § 244 Abs. 2 StPO verpflichtet das Gericht dazu von Amts wegen alle Tatsachen und Beweismittel auszuwerten, die für die Entscheidung relevant sind (Untersuchungsgrundsatz). Das Gericht muss die „Stoffsammlung in optimaler Weise“[443] durchführen. Dies wird auch als Gebot der optimalen Sachverhaltsaufklärung bezeichnet. Dieses Gebot steht nur scheinbar in Konflikt mit der Aussage, dass Absprachen konsensualen Charakter aufweisen und das Verfahren verkürzen.

Bereits vor Einführung des § 257c StPO gab es zahlreiche Stellungnahmen und Entwürfe zur Implementierung eines Verständigungsgesetzes, die den Konflikt zwischen Verständigungen und dem Untersuchungsgrundsatz aufgreifen. Der Entwurf der Bundesrechtsanwaltskammer[444] knüpfte beispielsweise an das Konsensprinzip als Legitimationsgrundlage für ein Verständigungsgesetz an. Der Entwurf nahm an, dass ein Absprachеverfahren in der Hauptverhandlung zwangsläufig mit einer faktischen Relativierung des Aufklärungsgrundsatzes einhergehen würde.[445] Die Bundesregierung hingegen behauptete, dass mit ihrem Entwurf kein „neuartiges Regelungskonzept mit konsensualer Struktur“ eingeführt werden würde. Die vorhandenen Strafverfahrensgrundsätze, wie etwa die Überzeugung des Gerichts von dem Sachverhalt, der Grundsatz des fairen Verfahrens, das Gebot des rechtlichen Gehörs, der Öffentlichkeitsgrundsatz sowie der Grundsatz des schuldangemessenen Strafens würden nicht zurückgedrängt.[446] In seiner Stellungnahme begrüßte der Strafrechtsausschuss des Deutschen Anwaltsvereins den grundsätzlichen Ansatz des Referentenentwurfs[447],

443 *Krehl*, KK-StPO, § 244, Rn. 28.
444 BRAK, Stellungnahme-Nr. 25/2005, S. 3.
445 BRAK, Stellungnahme-Nr. 25/2005, S. 18.
446 Bundesregierung, Gesetzesentwurf, BT-Drs. 16/12310, S. 8.
447 Referentenentwurf eines Gesetzes zur Regelung der Verständigung im Strafverfahren, 2006, S. 1, https://www.bundesgerichtshof.de/SharedDocs/Downloads/DE/Bibliot

insbesondere dessen Absage an das Konsensprinzip.[448] Der Referentenentwurf würde jedoch Raum für „Formen des Handelns mit der Gerechtigkeit“ lassen. „Bedenklichen Vorgänge[n]“, denen durch die Novellierung gerade entgegengewirkt werden sollte, würde weiterhin Vorschub geleistet werden.[449] Radikaler war hier der Ansatz von *Meyer-Goßner*, den er erstmals 1992[450] und erneut 2004[451] unterbreitete. Hiernach sollte dem Beschuldigten vor einer Hauptverhandlung die Möglichkeit eingeräumt werden, die Anklage anzuerkennen. Im Falle einer Anerkennung sollte die Beweisaufnahme entfallen und der Strafrahmen halbiert werden. Dieser Mechanismus kommt dem plea bargaining System der USA sehr nahe. Zwar wird die Strafe nicht notwendigerweise halbiert, dennoch wird die Anklage anerkannt, um eine mildere Strafe zu erlangen.

Das schließlich am 4. August 2009 in Kraft getretene *Gesetz zur Regelung der Verständigung im Strafverfahren* entspricht im Wesentlichen dem Regierungsentwurf.[452] Der Gesetzgeber hatte dabei die Vorstellung, Grundprinzipien des deutschen Strafverfahrens unberührt lassen zu können. Ein konsensuales Verfahren unter Zurückdrängung der materiellen Wahrheit sei nicht eingeführt worden.[453]

Nachdem die Diskussion über das Für und Wider einer Normierung durch die Gesetzeseinführung vorerst abklang, wurde die Entscheidung des BVerfG im März 2013 erneut zum Anlass genommen, Absprachen grundlegend – und vor allem vor dem Hintergrund des Amtsaufklärungsgrundsatzes – zu diskutieren.[454] In seiner Entscheidung erklärte das BVerfG das *Gesetz zur Einführung von Verfahrensabsprachen* für verfassungsgemäß, kam aber gleichzeitig zu dem Schluss, dass in der Praxis in verfassungswidriger Weise dagegen verstoßen werde. Der Gesetzgeber habe mit dem Verständigungsgesetz „kein neues konsensuales Verfahrensmodell“ in die Strafprozessordnung integriert.[455] Der Amtsaufklärungsgrundsatz sei gewahrt. Wie bereits einführend bemerkt (siehe Kapitel 1. B.),

---

hek/Gesetzesmaterialien/16_wp/verstaendigung_strafv/refe.pdf?__blob=publicationFile&v=2 (zuletzt abgerufen am 26. April 2023).

448 Deutscher Anwaltverein, Stellungnahme Nr. 46/2006, S. 3.

449 Deutscher Anwaltverein, Stellungnahme Nr. 46/2006, S. 5.

450 *Meyer-Goßner*, NStZ 1992, 167.

451 *Meyer-Goßner*, NStZ 2007, 425 (431 f.).

452 *Gesetz zur Regelung der Verständigung im Strafverfahren* vom 29. Juli 2009, BGBl. 2009, 2353.

453 Bundesregierung, Gesetzesentwurf, BT-Drs. 16/12310, S. 8.

454 BVerfGE 133, 168.

455 BVerfGE 133, 168 (204).

bezieht sich die vorliegende rechtsvergleichende Betrachtung nicht lediglich auf das „law in the books" (das geschriebene Recht), sondern vor allem auch auf „law in action" (die Rechtspraxis). Sofern das BVerfG und der Gesetzgeber davon sprechen, dass kein *neues* konsensuales Konzept vorliege, ist dem nach der bisherigen Betrachtung in gewisser Hinsicht zuzustimmen. Konsensuale Elemente sind kein *neues* Phänomen innerhalb der deutschen Rechtsordnung. Die Vorschriften zur Einstellung aus Opportunitätsgründen nach §§ 153 ff. StPO und der Strafbefehl dominieren schon lange die Praxis der deutschen Strafprozessordnung. Sofern das BVerfG und der Gesetzgeber dem Verständigungsgesetz jedoch *konsensualen* Charakter absprechen, ist dem deutlich zu widersprechen. Ein Blick auf die Gesetzgebungsgeschichte des Verständigungsgesetzes und die Rechtswirklichkeit machen dies deutlich.

§ 257c Abs. 1 S. 2 StPO normiert, dass der Amtsaufklärungsgrundsatz des § 244 Abs. 2 StPO unberührt bleibt. Dies widerspricht jedoch der den Absprachen zu Grunde liegenden Ratio. Der Gesetzgeber führt im Entwurf zum Verständigungsgesetz aus, dass sich die Justiz Absprachen bedient, um Ressourcen in einem möglichst raschen Verfahren zu schonen.[456] Gegenstand einer Verständigung muss zwar nicht, soll aber ein Geständnis des Beschuldigten sein. Der Gesetzgeber erkennt an, dass ein Geständnis der wohl bedeutendste Teil einer Absprache ist.[457] Gleichzeitig vermeidet der Gesetzgeber gezielt die Begriffe Absprache und Vereinbarung, um den Eindruck zu vermeiden, dass Grundlage des Urteils eine vertragliche Vereinbarung sei.[458] Aus der Rechtsdiskussion ist der Begriff der Absprache bezeichnenderweise jedoch nicht zurückzudrängen. Der Gesetzgeber propagiert hier ein restriktives Konzept, welches lediglich die Klärung von Verfahrenspositionen vorsieht. Hiernach ist Ziel von Verständigungen nicht die „Reduktion der Aufklärungsarbeit"[459]. Die Sachverhaltsaufklärung soll weiterhin so erfolgen, als gäbe es keine Absprache.[460] Ein näherer Blick auf die Gesetzesregelung macht jedoch deutlich, dass ein solches Konzept gerade nicht eingeführt wurde. Es finden sich viel mehr Elemente, die eindeutig

456 Bundesregierung, Gesetzesentwurf, BT-Drs. 16/12310, S. 7.
457 Bundesregierung, Gesetzesentwurf, BT-Drs. 16/12310, S. 7.
458 Bundesregierung, Gesetzesentwurf, BT-Drs. 16/12310, 8.
459 *Velten*, SK-StPO, § 257c Rn. 6.
460 Siehe ausführlich zu diesem und anderen Konzepten *Velten*, SK-StPO, § 257c Rn. 6; *Ignor/Wegner*, SSW-StPO, § 257c Rn. 23 f.; *Heintschel-Heinegg*, KMR-StPO, § 257c Rn. 18.

konsensualen Charakter aufweisen und im Widerspruch zu einer umfassenden Sachverhaltsaufklärung von Amts wegen stehen.

Nach § 257c StPO muss ein *Geständnis* zwar nicht Bestandteil einer Absprache sein, das Gesetz enthält aber eine klare Präferenz. Ein Geständnis „soll" Bestandteil der Verständigung sein („Regelbestandteil"[461]). Ein solches Geständnis wäre aber angesichts einer vollumfassenden Aufklärung nicht nur überflüssig, sondern sogar kritisch zu betrachten. Es ist dem deutschen Strafprozess grundsätzlich fremd, zu verlangen oder zu erwarten, dass sich der Beschuldigte an seiner eigenen Überführung beteiligt (nemo tenetur se ipsum accusare). Das Voraussetzen eines Geständnisses für eine Verurteilung ist dem inquisitorischen Strafprozess jedoch nicht unbekannt. Im mittelalterlichen inquisitorischen Strafprozess wurden Geständnisse mittels Folter erzwungen und bildeten die Grundlage für eine Verurteilung. Dahinter verbarg sich der Gedanke, dass ein Geständnis zur Ermittlung der *Wahrheit*[462] beitragen würde.

Langbein befasste sich schon 1978 mit den Parallelen zwischen dem amerikanischen plea bargaining und Folter im Europa des Mittelalters.[463] Durch eine umfassende Erforschung des Sachverhalts und das Erfordernis eines Geständnisses durch Folter sollte die materielle Wahrheit ermittelt werden. Der mittelalterliche Strafprozess löste im 13. Jahrhundert Gottesurteile (*Ordeals*) mittels eines umfangreichen Beweisrechts ab.[464] Gottesurteile versprachen absolute – da göttliche – Sicherheit. Dieses System konnte nur durch ein solches abgelöst werden, welches denselben Anspruch – Fehlerfreiheit bei der Entscheidung über Schuld und Unschuld – hatte. Wenn der deutsche Strafprozess die Ermittlung der „materiellen Wahrheit" verlangt, wird ein nicht unähnlicher hoher Anspruch vorausgesetzt. Verurteilungen nach diesem System setzten die Aussage zweier Augenzeugen voraus.[465] Indizienbeweise, egal wie überzeugend, waren unzureichend. Ohne diese Zeugenaussagen war eine Verurteilung nur möglich, wenn der Beschuldigte gestand.[466] Schnell wurde deutlich, dass diesem hohen Beweisstandard nur in wenigen Fällen tatsächlich entsprochen werden konnte. Das Erfordernis eines Geständnisses bot einen Ausweg. Folter war dann zulässig,

---

461 *Velten*, SK-StPO, § 257c Rn. 7; siehe auch *Heintschel-Heinegg*, KMR-StPO, § 257c Rn. 32.

462 Zum Wahrheitsbegriff und ihrer Stellung im deutschen reformiert inquisitorischen Strafprozess vgl. *Weigend*, Harv. J. L. & Pub. Pol'y 2003, 157.

463 *Langbein*, U. Chicago L. Rev. 1978, 3.

464 *Langbein*, U. Chicago L. Rev. 1978, 3.

465 *Langbein*, U. Chicago L. Rev. 1978, 3 (4 f.)

466 *Langbein*, U. Chicago L. Rev. 1978, 3 (4).

wenn mindestens ein Augenzeuge oder zumindest Indizienbeweise gegen den Beschuldigten vorlagen.[467] Die Anwendung von Folter als Instrument zur Wahrheitsermittlung unterlag einem detaillierten Regelungskonzept.[468] Die Komplexität des Beweisstandards bei der Suche nach der *Wahrheit* führte letztlich zur Etablierung eines inhärent zwanghaften Systems.

Auch wenn Beschuldigte heute nicht mittels Folter zu einem Geständnis gezwungen werden, lassen sich doch Parallelen zwischen dem mittelalterlichen Strafprozess, plea bargaining und Absprachen erkennen. Die funktionale Rechtsvergleichung[469] erlaubt einen solchen Vergleich trotz unterschiedlicher Grundstrukturen des adversatorischen, inquisitorischen und reformiert inquisitorischen Strafprozesses. Die funktionale Methode der Rechtsvergleichung überwindet scheinbar unvereinbare Ausgangspunkte durch die Konzentration auf *sachliche Phänomene*. Alle diese scheinbar drastisch unterschiedlichen Systeme haben mindestens dreierlei gemeinsam: (1) Geständnisse unter Folter, plea bargaining und Absprachen entstanden zu einem Zeitpunkt, in dem immer komplexere Strafprozesse zu einem Druck auf das Justizsystem führten, (2) Alle drei Phänomene unterliegen einem Zwangselement – wenn auch zu unterschiedlichen Graden, (3) Alle drei Methoden der „Wahrheitsforschung" verlangen die Beteiligung des Beschuldigten.

Das Verlangen oder Favorisieren eines Geständnisses im inquisitorischen Prozess lässt sich bis ins Mittelalter zurückverfolgen.[470] Ihm unterliegt ein inhärent konsensuales Element als fragmentarisches Substitut für eine umfassende Aufklärung durch das Gericht. Denn der Beschuldigte gesteht nur deshalb, weil er sich davon eine mildere Strafe verspricht, also eine Gegenleistung. Im Fall von plea bargaining kann von einem vollständigen Substitut gesprochen werden. Im Falle mittelalterlicher Geständnisse oder moderner Absprachen, lässt sich ein fragmentarisches Substitut ausmachen. Das Verbot der Beweisantizipation wird umgangen – auch wenn es formal intakt bleibt. Die Regelung des § 257c Abs. 1 S. 2 bleibt ein „bloßes Postulat"[471] des Gesetzgebers, welches der Rechtswirklichkeit nicht Stand hält. Die explizite Erwähnung des Aufklärungsgrundsatzes spricht für sich. Es ist daher auch nicht verwunderlich, dass bisherige Untersuchungen – insbesondere die aktuelle Studie von 2020 – eine Diskrepanz

467 *Langbein*, U. Chicago L. Rev. 1978, 3 (4 ff.).
468 *Langbein*, U. Chicago L. Rev. 1978, 3 (5 ff.).
469 Siehe zur methodischen Grundlage hierzu ausführlich in Kapitel 1. B.
470 *Sickor*, StV 2015, 516 (516).
471 *Fischer*, StraFo 2009, 177 (186).

zwischen dem gesetzlichen Ideal und der Praxis aufzeigt.[472] Absprachen in und außerhalb von § 257c StPO stellen eine konsensuale Erledigungsmethode dar. Strenge Richtlinien, beispielsweise in Form des Transparenzgebots und der Dokumentationspflicht, ändern an ihrem konsensualen Charakter nichts. Im Gegenteil, diese Mechanismen werden gerade deshalb für notwendig gehalten, weil die Gefahren konsensualer Erledigungen erkannt werden.

3. *Vorverlagerung und Entformalisierung durch Verfahrensabsprachen*

a. *Vorverlagerung trotz Hauptverhandlung*

Im Unterschied zu der Einstellung und dem Strafbefehl findet trotz einer Absprache nach § 257c StPO eine Hauptverhandlung statt. Insofern ähnelt der § 257c StPO, zumindest was den Aspekt der Vorverlagerung angeht, eher der Kronzeugenregelung. Die Vorverlagerung kann hier nicht in dem Ausschluss der Hauptverhandlung liegen. Sie ist jedoch in der Bedeutungssteigerung des Ermittlungs- und Zwischenverfahrens im Verhältnis zum Hauptverfahren zu erkennen.

Das *Gesetz zur Regelung der Verständigung* hat nicht nur den § 257c in die Strafprozessordnung eingeführt, sondern den Umstand berücksichtigt, dass Verständigungsgespräche häufig schon weit vor einer Hauptverhandlung geführt werden. Entsprechend regelt § 160b StPO, dass die Staatsanwaltschaft im Ermittlungsverfahren „den Stand des Verfahrens erörtern" kann. Im Zwischenverfahren kann das Gericht gem. § 202a StPO „den Stand des Verfahrens mit den Verfahrensbeteiligten erörtern, soweit dies geeignet erscheint, das Verfahren zu fördern". Das Gericht, welches hier im Zwischenverfahren die Eröffnungsentscheidung trifft, und Verständigungsgespräche anregen kann, ist identisch mit dem Gericht, welches die Entscheidung in der Hauptverhandlung trifft. Auf eine Absprache gerichtete Gespräche sind demnach keinesfalls auf die Hauptverhandlung beschränkt, sondern können schon nach der Gesetzeskonzeption weit vorher stattfinden.

Über Vorgespräche im Ermittlungs- und Zwischenverfahren hinaus ist mit Absprachen noch eine weitere strukturelle Vorverlagerung durch eine Beweisantizipation verbunden. Absprachen führen in der Praxis – trotzt §§ 257c Abs. 1 S. 2 i.V.m. 244 Abs. 2 StPO – zu einer Beweisverkürzung oder

472 Ausführlich zu der Diskrepanz siehe *Altenhain/Jahn/Kinzig*, Die Praxis der Verständigung im Strafprozess, S. 530 ff.

sogar einem vollständigen Ausbleiben der Beweisaufnahme im Austausch für ein Geständnis.[473] Wie bereits ausgeführt hält der Anspruch des Gesetzes der Verfahrensrealität nicht stand. Findet eine umfassende Beweiswürdigung in der Hauptverhandlung nicht statt, so beruht eine Verurteilung primär auf der *Aktenlage* und vorverlagerten Verständigungsgesprächen im Ermittlungs- und Zwischenverfahren. Sinn und Zweck einer Absprache ist gerade die Entlastung der Strafjustiz und Ökonomisierung des Strafprozesses durch die Abkürzung des Verfahrens.[474] Letztlich beruht ein solches Urteil dann auf dem Transfer von Ermittlungsergebnissen der Staatsanwaltschaft und dem Geständnis des Angeklagten.

Erneut wird hier wiederum aus Beschuldigtenperspektive die Tendenz des deutschen Prozesses problematisch, sich allein auf die Ermittlungen der Staatsanwaltschaft – der vermeintlich „objektivsten Behörde der Welt"[475] zu verlassen und von aktiver Verteidigung und eigenen Sachverhaltsermittlungen in einem frühzeitigen Stadium des Verfahrens abzusehen.[476]

b. Entformalisierung

Eine Entformalisierung lässt sich anhand der Entstehungsgeschichte des § 257c StPO veranschaulichen, da diese Vorschrift gerade auf Grund einer informellen Absprachepraxis der Gerichte entstand. Anlass zur öffentlichen Diskussion hierzu gaben erstmals die 1982 von *Schmidt-Hieber*[477] und *„Detlef Deal"*[478] veröffentlichten Aufsätze. Zu diesem Zeitpunkt hatte sich die Strafrechtswissenschaft noch kaum mit der Thematik befasst. Dennoch waren Urteilsabsprachen bereits Bestandteil der Gerichtspraxis – wenn auch nur in Form *informeller* Absprachen zwischen dem Gericht und den Beteiligten.[479] Als eine der ersten Formen informeller Absprachen wurde das Aushandeln von Auflagen nach § 153a StPO und das Aushandeln von Strafe und Nebenfolgen eines Strafbefehls diskutiert. Von einer vorherigen Verständigung über den Strafbefehl versprach

---

473 Siehe zur aktuellen Analyse der Praxis: *Altenhain/Jahn/Kinzig*, Die Praxis der Verständigung im Strafprozess, S. 530 f.

474 *Moldenhauer/Wenske*, KK-StPO, § 257c Rn. 1; *Eschelbach*, in: Paal/Poelzig, Effizienz durch Verständigung, S. 37 ff.

475 *Carsten/Rautenberg*, Die Geschichte der Staatsanwaltschaft in Deutschland bis zur Gegenwart, S. 144.

476 Hierzu näher in Kapitel 3 B. IV.

477 *Schmidt-Hieber*, NJW 1982, 1017 ff.

478 *Detlef Deal*, StV 1982, 545 ff.

479 *Schmidt-Hieber*, NJW 1982, 1017 ff.

sich die Staatsanwaltschaft unter anderem den Verzicht auf einen Einspruch des Beschuldigten.[480] Dieser Mechanismus ähnelt dem Aushandeln eines Rechtsmitteverzichts im Rahmen des § 257c StPO.[481] Nach der heutigen Konzeption des Gesetzgebers ist ein solcher Verzicht zwar rechtswidrig (siehe § 302 Abs. 1 S. 2 StPO), findet in der Praxis aber immer noch statt.[482]

Eine erste Stellungnahme des BVerfG zur Absprachepraxis findet sich 1987 in einem Beschluss zur Verfassungsbeschwerde eines Beschuldigten gegen ein Urteil des Landgerichts und die darauf bezogene Revisionsentscheidung des BGH.[483] Das BVerfG nahm die Verfassungsbeschwerde nicht zur Entscheidung an, identifizierte jedoch den grundrechtlichen Prüfungsmaßstab für Verständigungen (Art. 2 Abs. 1 i.V.m. Art. 20 Abs. 3 GG) und betonte das strafprozessuale Ziel der materiellen Wahrheitsfindung.[484] Dieses Ziel schließe aus, die Schuldfrage zur Disposition der Verfahrensbeteiligten zu stellen und sich auf ein „Handeln mit der Gerechtigkeit" einzulassen.[485] Das BVerfG merkte hier an, dass das Geständnis *in* der Hauptverhandlung abgelegt wurde und es keine Anhaltspunkte für einen Verstoß gegen den Aufklärungsgrundsatz gäbe.[486] Die Rüge des § 261 StPO blieb daher auch vor dem BVerfG erfolglos. 2009 wurde die Regelungslücke durch das Gesetz zur Verständigung zum Teil beseitigt.

Die Entscheidung des BVerfG im Jahre 2013 nahm zu einigen im Rahmen des § 257c StPO bis dahin ungeklärten Rechtsfragen Stellung. Wenig diskutiert, vom Gesetzgeber nicht geregelt und vom BVerfG nicht entschieden, ist beispielsweise die Frage des Umgangs mit Absprachen *zu Lasten Dritter*. Dies mag daher rühren, dass teilweise davon ausgegangen wird, eine solche Wirkung sei von vornherein ausgeschlossen.[487] In diesem Zusammenhang ist die Kronzeugenregelung in § 46b StGB von Bedeutung[488]. Weiterhin interessant und vom BVerfG letztlich ebenfalls unbeantwortet bleibt das Problem der kognitiven Dissonanz und der Bindungswirkung eines in Aussicht gestellten Strafrahmens. Die gesetzliche

480 *Schmidt-Hieber*, NJW 1982, 1017; *Müller*, NJW 1981, 1803 (1803 ff.).
481 Ein solcher Verzicht ist verfassungsrechtlich verboten. Dennoch kommt er in der Praxis weiterhin vor siehe *Altenhain/Jahn/Kinzig*, Die Praxis der Verständigung im Strafprozess, S. 535 f.
482 *Altenhain/Jahn/Kinzig*, Die Praxis der Verständigung im Strafprozess, S. 535 f.
483 BVerfGE NStZ 1987, 419.
484 BVerfGE NStZ 1987, 419 (419).
485 BVerfGE NStZ 1987, 419 (419).
486 BVerfGE NStZ 1987, 419 (420).
487 *Müller*, NJW 2009, 2625 (2628).
488 Siehe m.w.N. *Eschelbach*, BeckOK-StPO, § 257c Rn. 10.

Regelung zur Bindungswirkung in § 257c Abs. 4 StPO und der *reformatio in peius* beruht auf der Prämisse umfassender Geltung des Amtsaufklärungsgrundsatzes. Mit dieser Erwägung steht und fällt die dogmatische Begründung der getroffenen Regelung.

Kaum erforscht bleibt auch die Auswirkung von Verfahrensabsprachen auf marginalisierte Personen und sozialschwache Akteure. Es liegt zumindest nahe, dass gut verteidigte Beschuldigte im Rahmen eines Abspracheverfahrens günstigere Ergebnisse erzielen und so einer Form von „Zweiklassenjustiz" Vorschub geleistet wird. Teilweise wird bereits von einer Privilegierung in Wirtschaftsstrafverfahren[489] oder gar einer „Kommerzialisierung der Strafrechtspflege"[490] gesprochen. Weitere mögliche Diskriminierungsebenen werden im Laufe der vorliegenden Arbeit näher untersucht. Ein Vergleich mit den USA drängt sich auch hier geradezu auf.[491] 1991 analysierte die US-amerikanische Zeitschrift *San Jose Mercury News* 700.000 Strafverfahren in Kalifornien. Die Untersuchung ergab, dass Latinx[492] und Schwarze Angeklagte im Rahmen eines plea bargaining Verfahrens höhere Strafen als weiße Beschuldigte angeboten werden.[493]

Zusammenfassend lässt sich sagen, dass im Rahmen des § 257c StPO weder der Gesetzgeber noch die Rechtswissenschaft alle relevanten Problemkreise dogmatisch oder praxistauglich schlüssig zu klären vermochten. Bedenkt man die informelle Entstehungsgeschichte der Absprachepraxis, sind Unsicherheiten in diesem Bereich kaum verwunderlich.[494] Wie die kurze Zusammenfassung der Evaluationsergebnisse der Verständigungspraxis zeigt, werden wesentliche Verständigungsvorschriften weiterhin missachtet. Dennoch sind Verständigungen nicht mehr aus der deutschen Verfahrenspraxis hinwegzudenken.

4. *Zwischenergebnis*

Konsensuale Erledigungen werden seit vielen Jahren diskutiert, sind immer wieder Gegenstand scharfer Kritik und dennoch fest in die Strafprozesspraxis integriert. Obwohl der Fokus – vor allem seit dem Bundesverfassungsgerichtsurteil

---

489 *Bussmann/Lüdemann*, S. 124 f.; *Theile*, MschrKrim 2010, 147.

490 *Weßlau*, ZStW (116) 2004, 150 (157).

491 Zu der diskriminierenden Wirkung für Schwarze Amerikaner siehe *Alexander*, The New Jim Crow, S. 87–89, 117.

492 Siehe zu diesem Begriff Fn. 177.

493 *Schmitt*, San José Mercury News Dec. 8, 1991, 1A.

494 Siehe hierzu nochmals *Schmidt-Hieber*, NJW 1982, 1017 ff.; *Detlef Deal*, StV 1982, 545 ff.

von 2013 – in den letzten Jahren auf der Absprache nach § 257c StPO lag, ist sie, wie aufgezeigt, wohl nicht die praktisch bedeutsamste Erledigungsform. An ihr lässt sich jedoch die Diskrepanz zwischen einfachgesetzlichen und verfassungsrechtlichen Vorgaben und der Verfahrensrealität besonders deutlich veranschaulichen. Da Verfahrensabsprachen aber vorerst nicht aus der strafprozessualen Verfahrenspraxis hinwegzudenken sind, stellt sich die Frage, ob *erstens*, ihre Existenz – trotz entgegenstehender Behauptungen[495] – zu einer strukturellen Systemverschiebung des deutschen Strafprozesses beigetragen hat, *zweitens*, sollte dies der Fall sein, welche Auswirkungen diese Systemverschiebung insbesondere für den Beschuldigten hat und *drittens*, ob korrespondierende strukturelle Ausgleichmechanismen existieren, um diesen Auswirkungen beizukommen.

V. Weitere konsensuale Erledigungsmethoden

In der deutschen Strafprozessordnung finden sich noch zahlreiche andere Beispiele für konsensuale Erledigungsmethoden. Es können und sollen im Rahmen dieser Betrachtung nicht alle analysiert werden. Sinn und Zweck dieses Abschnittes ist es nicht alle konsensualen Erledigungsformen der deutschen Strafprozessordung umfassend darzustellen, sondern aufzuzeigen, dass konsensuale Erledigungsmethoden schon lange kein Randphänomen mehr sind und den deutschen Strafprozess in gewisser Hinsicht dominieren. Wie bereits aufgezeigt wurde, werden die Einstellungs- und Strafbefehlsvorschriften häufiger angewandt als Hauptverhandlungen beantragt werden. Nicht ausführlich behandelt aber zumindest erwähnt werden sollen hier einige weitere Vorschriften. § 153 Abs. 2 StPO – Einstellung aus Opportunitätsgründen nach Anklageerhebung – kann als eine Form konsensualer Erledigung gesehen werden. Im Gegensatz zu § 153 Abs. 1 StPO kann die Staatsanwaltschaft das Verfahren nach Anklageerhebung nicht ohne Zustimmung des Angeklagten einstellen. Das Gericht braucht hier die Zustimmung der Staatsanwaltschaft *und* des Beschuldigten. Insofern muss ein Konsens der Beteiligten vorliegen.

Die enorme Bedeutung des § 153 StPO im deutschen Strafprozess ist unbestritten. Hauptanwendungsfall der Regelung sind Fälle leichter Kriminalität.[496] Allerdings findet sich in der Praxis wohl ein ausufernder Gebrauch auch für Fälle gravierenderer Kriminalität.[497] Ähnlich wie § 153a StPO verlagert § 153

495 BVerfGE 133, 168 (204).

496 Vgl. nur *Kulhanek*, KMR-StPO, § 153 Rn. 2.

497 *Heghmanns*, ZRP 2001, 554 (555 ff.); *Peters*, MüKo-StPO, § 153 Rn. 8.

StPO das Strafverfahren vor. Hier soll daher ein Verweis auf die entsprechenden Ausführungen zu § 153a StPO genügen. Eine Entformalisierung geschieht im Rahmen des § 153 StPO durch das vollständige oder teilweise Ausbleiben der Hauptverhandlung.

Bei den Vorschriften über den Verfall nach §§ 73 ff. StGB handelt es sich selbst nicht um eine konsensuale Erledigungsmethode. Dennoch haben diese Vorschriften nach der Neuregelung des Gesetzes erhebliche Implikationen für einige konsensuale Verfahrenserledigungen. § 76a StGB regelt die selbständige Einziehung. Dabei handelt es sich um eine Einziehung *ohne* strafrechtliche Verurteilung. Dies setzt voraus, dass alle weiteren Voraussetzungen der Einziehung oder Unbrauchbarmachung vorliegen. Nach § 76a Abs. 3 StGB sind die Vorschriften über die Einziehung nach Abs. 1 auch anzuwenden, *„wenn das Gericht von Strafe absieht oder wenn das Verfahren nach einer Vorschrift eingestellt wird, die dies nach dem Ermessen der Staatsanwaltschaft oder des Gerichts oder im Einvernehmen beider zulässt"*. In dieser Situation ist das Verfahren bereits eingestellt, die kollateralen Konsequenzen wirken jedoch, auch nach konsensualer Erledigung, fort.

VI. Bewertung

Konsensuale Erledigungsmethoden sind vielfältig, weit verbreitet und aus dem deutschen Strafprozess vorerst nicht wegzudenken. In gewisser Hinsicht kann man davon sprechen, dass sie das moderne Strafverfahren dominieren. Konsensuale Erledigungsmethoden sind nicht auf bestimmte Deliktsarten beschränkt. Durch Einstellungsvorschriften und das Strafbefehlsverfahren sollen Fälle *geringer* Kriminalität effizient erledigt werden. In der Praxis zeigt sich allerdings eine Anwendungsausweitung auf Fälle mittlerer und gravierender Kriminalität.[498] So Beispielsweise im Strafverfahren gegen den ehemaligen Bundeskanzler Helmut Kohl wegen Untreue nach § 266 StGB.[499] Das Verfahren wurde hier mittels § 153a StPO konsensual beendet. Beweggrund war hier wohl nicht die Geringfügigkeit des Vorwurfs, sondern das beweisschwierige Verfahren.[500] Ähnliche Erwägungen lagen auch der Entscheidung des Landgerichts im „Loveparade" Fall zu Grunde, in dem drei Angeklagten eine Einstellung gegen Zahlung einer

---

498 Siehe auch *Plöd*, KMR-StPO, § 153a Rn. 1.

499 LG Bonn, NStZ 2001, 377.

500 Hierzu LG Bonn NStZ 2001, 377; *Beulke/Fahl*, NStZ 2001, 426. Zur Einstellung des Düsseldorfer Flughafenbrands, StV 2002, 53 (53 ff.). Zum Mannesmann Prozess siehe *Jahn*, ZRP 2007, 130 (130 ff.).

Geldauflage angeboten wurde, bevor das Verfahren letztlich vollständig eingestellt wurde.[501]

Bisher wurden konsensuale Erledigungsmethoden vor allem isoliert betrachtet. In der Praxis treten sie jedoch auch in Kombination auf. Als Beispiel hierfür wurde schon 1982 ein Strafbefehl im Austausch für einen Verzicht auf Rechtsmittel diskutiert.[502] Der Übergang in das Strafbefehlsverfahren kann auch heute einen Verständigungsgegenstand darstellen.[503] Konsensuale Erledigungsmethoden treten in Kombination in verschiedenen Verfahrensphasen auf und werden auf verschiedenste Deliktstypen mit unterschiedlichem Komplexitätsgrad angewandt.

Der Gesetzgeber und das BVerfG bestehen darauf, dass trotz der Existenz – oder eher Allgegenwärtigkeit – konsensualer Methoden „keine neue […] Form einer konsensualen Verfahrenserledigung“[504] eingeführt wurde. Dem Gesetzgeber ist nur insoweit Recht zu geben als dass nicht *erst* durch das Verständigungsgesetz ein konsensuales Verfahrensmodell eingeführt wurde. Dieses existierte in der Verfahrenspraxis schon weit länger – sowohl in quantitativer als auch qualitativer Hinsicht.

Wenn hier von *qualitativ* gesprochen wird, sind Straf- und Strafprozessvorschriften mit konsensualem Charakter gemeint. Charakteristische Merkmale konsensualer Erledigungsmethoden wurden bereits beschrieben. Konsensual ist eine Verfahrenserledigung dann, wenn sie auf einer Vereinbarung der beteiligten Akteure – Beschuldigter, Gericht und Staatsanwaltschaft – beruht. Diese Vereinbarung kann sowohl außerhalb als auch innerhalb der Hauptverhandlung getroffen werden. Der Begriff Konsens bedeutet gerade nicht, dass ein Vertrag im zivilrechtlichen Sinne bestehen muss. Eine solche Vereinbarung flankiert den Grundsatz der Amtsaufklärung, der die Ermittlung materieller „Wahrheit“ verlangt.[505] Hier kann wiederum zwischen verschiedenen konsensualen Erledigungsmethoden unterschieden werden. Der Strafbefehl und die Einstellung

---

501 Siehe hierzu Spiegel Online, „Wie es im Loveparade-Prozess jetzt weitergeht“, 16.01.2019, https://www.spiegel.de/panorama/justiz/loveparade-prozess-gericht-schlaegt-einstellung-vor-wie-geht-es-jetzt-weiter-a-1248364.html (zuletzt aufgerufen am 26. April 2023).

502 *Schmidt-Hieber*, NJW 1982, 1017.

503 *Eckstein*, MüKo-StPO, § 407 Rn. 28 ff.

504 BT-Drs. 16/12310, S. 8.

505 *van der Ven*, FS-Peters, S. 463; *Nijboer*, Das Streben nach materieller Wahrheit Strafprozeß, Beweisprobleme und Strafrechtssysteme, S. 23.

unter Auflagen oder Weisungen verlangen schon gar nicht die Amtsaufklärung nach § 244 Abs. 2 StPO, da es nie zu einer Hauptverhandlung kommt.

Die Bedeutung konsensualer Methoden lässt sich auch *quantitativ* messen. Heute werden mehr als 33 % aller Fälle, die nicht schon nach 170 Abs. 2 StPO eingestellt werden, entweder durch eine Einstellung nach § 153a StPO, § 153 Abs. 1 StPO oder durch Erlass eines Strafbefehls nach § 407 StPO erledigt.[506] Aber selbst diese Zahlen beinhalten noch nicht all die Urteile, die auf einer Absprache nach § 257c StPO beruhen oder mit einer Vereinbarung nach § 46 StGB zusammenhängen. Auch wenn § 257c StPO eine vollständige Amtsaufklärung verlangt, so muss davon ausgegangen werden, dass eine Verständigung zumindest eine wesentliche Abkürzung der Hauptverhandlung bedeutet. Verfahren ohne eine vollständige Hauptverhandlung entgegen der ursprünglichen Konzeption der deutschen Strafprozessordnung sind ein „Massenphänomen“[507]. Elemente konsensualer Erledigung sind nicht (mehr) lediglich Randphänomene.

Konsensuale Erledigungsmethoden sind ein elementarer Bestandteil des deutschen Strafverfahrens, und das waren sie auch schon weit vor Einführung des § 257c StPO. Der deutsche Strafprozess hat heute immer mehr den Charakter eines „konsensual angelegten Verfahrens“[508] – ungeachtet der gesetzgeberischen Behauptung, es gäbe kein (neues) konsensuales Modell. Diese Entwicklung hat Auswirkungen auf die Gesamtstruktur des Strafprozesses und wirft zahlreiche Anschlussfragen auf: Was bedeutet diese Verschiebung für die verschiedenen Akteure des Strafverfahrens im Hinblick auf die Waffengleichheit? Ist dem Beschuldigten eine effektive Partizipation garantiert? Oder anders formuliert, erfordert die Einführung konsensualer Erledigungen und die damit zusammenhängende strukturelle Strafprozessverschiebung korrespondierende, strukturelle Ausgleichsmechanismen?

Kernaufgabe der vorliegenden Untersuchung ist es das Spannungsverhältnis zwischen strukturellen Verschiebungen (Kapitel 3) und strukturellem Schutzbedürfnis aufzuschlüsseln (Kapitel 3 und 4), diskriminierende Effekte der derzeitigen Entwicklung aufzuzeigen (Kapitel 4 und 5) und im Rahmen einer rechtsvergleichenden Betrachtung Lösungsansätze zu vertiefen (Kapitel 6). Im Fokus stehen dabei die Partizipation und der Schutz des Beschuldigten.

---

506 Statistik Rechtspflege Staatsanwaltschaften 2019, Fachserie 10, Reihe 2.6, S. 26 (vgl. die jeweiligen Erledigungszahlen); siehe näher hierzu auch den Alternativ-Entwurf Abgekürztes Strafrechtsverfahren, GA 2014, 1 (4).

507 Alternativ-Entwurf Abgekürztes Strafrechtsverfahren, GA 2014, 1 (4).

508 *Britz*, JM 2014, 301 (301).

B. Strukturelle Systemverschiebung

Bisherige Betrachtungen konzentrieren sich auf die Verfassungsmäßigkeit konsensualer Erledigungen. Dies ist gerade nicht Aufgabe der vorliegenden Betrachtung. Vielmehr soll folgend die strukturelle Verschiebung des Gesamtverfahrens unter zwei Aspekten näher analysiert werden: Verschiebung (1) der Prozessphasen und (2) der Machstrukturen der am Verfahren Beteiligten.

Der Strafprozess regelt die Einzelheiten eines Verfahrens, bei dem der Staat mit seinen zur Verfügung stehenden Mitteln gegen Individuen ermittelt und verhandelt. Am Ende dieses Prozesses kann die strafrechtliche Verurteilung des Angeklagten stehen. Der intensivste Eingriff in die Freiheit des Beschuldigten ist dabei die buchstäbliche – also physische – Freiheitsentziehung. Der Strafprozess befindet sich damit an der Schnittstelle zwischen Kriminalitätsbekämpfung und Schutz vor rechtswidriger Freiheitseinschränkung des Einzelnen.[509] So heißt es in der Einführung zur Strafprozessordnung „Die Normen des Strafverfahrens sollen nicht nur den Schutz des Einzelnen durch das Strafrecht verwirklichen, sondern auch vor dem Strafrecht, d.h. vor jeder Möglichkeit polizeistaatlicher Übergriffe der Strafverfolgungsorgane nachhaltig schützen."[510] Die Rechte des Einzelnen – hier die Rechte des Beschuldigten – stehen entsprechend im Mittelpunkt der folgenden Betrachtung.

In Kapitel 2 wurde die Krise des US-amerikanischen Strafprozesses dargestellt. Aber auch Deutschland ist nicht frei von Problemen im Strafprozess – auch in Zusammenhang mit konsensualen Erledigungen.[511] Der bisherige Rechtsdiskurs konzentriert sich auf die verfassungsrechtliche Zulässigkeit konsensualer Verfahrenselemente – eine Diskussion, die nicht erst seit Einführung des § 257c StPO geführt wird. Schon § 153a StPO begegnete bei seiner Einführung Kritik. Die Diskussion über die verfassungsrechtliche Zulässigkeit dieses Wandels *muss* geführt werden. Allerdings ist es damit nicht getan. Es bedarf einer weit umfassenderen Diskussion über strukturelle Konsequenzen konsensualer Elemente in einem grundlegend (reformiert) inquisitorischen Prozess. *Rieß* sprach schon 1994 von einem Wandel des deutschen Strafprozesses, der sich unter anderem durch „deutliche und mehrfache Erweiterung der Einstellungsmöglichkeiten nach Opportunitätsgründen", der „Beseitigung richterlicher Voruntersuchung

509 *Pfeiffer*, StPO Einleitung Rn. 1; *Fischer*, KK-StPO, Einleitung Rn. 1.

510 *Roxin*, Strafprozessordnung, Einführung Absatz 2.

511 Bereits 1994 sprach Rieß von einer „tiefgreifenden Krise" des deutschen Strafprozesses im Zusammenhang mit Deals, vgl. *Rieß*, NStZ 1994, 409 (410).

und Stärkung der Befugnisse der Staatsanwaltschaft im Ermittlungsverfahren" und „mehrfache Änderungen im Strafbefehlsverfahren mit dem Ziel seiner häufigeren Anwendung" auszeichne.[512] 2007 forderte *Fischer* eine umfassende „systematische Prüfung" des Strafprozesses angesichts „sich verschiebender Strukturen"[513]. *Schünemann* kritisierte nach Einführung des Gesetzesentwurfs zur Regelung von Verständigungen die gesetzgeberische Erklärung, „die zentralen Grundsätze des deutschen Strafverfahrens würden nicht verlassen".[514]

Die Behauptung durch konsensuale Erledigungsmethoden ändere sich prozessrechtlich grundlegend nichts, ist nicht nur fehlerhaft, sondern auch gefährlich. Dieser Irrglaube hat dazu geführt, dass Diskussionen bis heute weitgehend auf die verfassungsrechtliche Legitimität – also das *Ob* – von Absprachen und verwandter Phänomene beschränkt bleiben. Eine nähere Diskussion über strukturelle Probleme, die sich durch die Einführung *systemfremder* Elemente ergeben und wie man diesen entgegenkommen kann, wird vernachlässigt.

Die folgende Betrachtung schließt diese Lücke. Sie greift die These auf, dass sich der deutsche Strafprozess nicht *vor*, sondern mitten *in* einer Phase grundlegenden Systemwandels befindet und analysiert diese *strukturelle* Systemverschiebung und ihre Konsequenzen auf zwei Ebenen: (1) die Machtverschiebung zu Gunsten der Ermittlungsbehörden und damit zusammenhängend die Vorverlagerung von Prozessphasen, (2) die gesteigerten Handlungsmöglichkeiten des Beschuldigten in einem Prozess mit begrenzten Beteiligungsmöglichkeiten der Verteidigung.

Bisherige Rechtsdiskussionen haben diese Aspekte vernachlässigt. Entsprechend fehlen strukturelle Ausgleichmechanismen, die sich in adversatorischen Systemen vorfinden. Während konsensuale Elemente über die Jahrzehnte immer mehr Bedeutung erlangen, wurden ihre Gegenstücke – adversatorische *Schutzmechanismen* – nicht in die deutsche Rechtsordnung überführt. Zunächst wird eine Übersicht über entscheidende Elemente des reformiert inquisitorischen Prozesses (I) gegeben. Anschließend wird die strukturelle Systemverschiebung durch die Verlagerung von Prozessphasen bzw. der Bedeutung einzelner Prozessphasen behandelt (II.). Darauf aufbauend wird die Verlagerung *personeller* Zuständigkeiten (III.) diskutiert, die zum Teil nicht vollständig von der *prozessualen* Verlagerung getrennt werden kann. Unter IV. wird die veränderte Rolle des Beschuldigten in einem Prozess behandelt, der die Ermittlungsbehörden in einer

512 Vgl. *Rieß*, NStZ 1994, 409 (412).
513 *Fischer*, NStZ 2007, 433 (435).
514 *Schünemann*, ZRP 2009, 104 (106).

immer entscheidenderen Prozessphase – dem Ermittlungsverfahren – stärkt. Im Fokus stehen dabei gesteigerte Partizipationsmöglichkeiten und deren Grenzen für den Beschuldigten.

I. Grundidee des reformiert inquisitorischen Strafprozesses

Mit der Einführung der Reichsprozessordnung von 1877 wurde der mittelalterliche Inquisitionsprozess aufgehoben. Der inquisitorische Prozess erlaubte es dem Gericht die Urteilsfindung in einem schriftlichen Verfahren auf Beweise zu gründen, die in den Ermittlungsakten – nicht in einer Hauptverhandlung – zur Verfügung gestellt wurden.[515] Damit brach der reformiert inquisitorische Prozess entscheidend. Dieser zeichnet sich durch die zentrale Bedeutung der Hauptverhandlung aus.[516] Gem. § 261 StPO entscheidet das Gericht „über das Ergebnis der Beweisaufnahme [...] nach seiner freien, aus dem Inbegriff der Verhandlung geschöpften Überzeugung". Hier findet sich der für die deutsche Strafprozessordnung zentrale Grundsatz der freien richterlichen Beweiswürdigung. Er verpflichtet das Gericht dazu, seine Entscheidung auf *Grundlage der Hauptverhandlung* zu treffen. Grundlage der richterlichen Überzeugungsbildung kann ausschließlich das sein, was in der Hauptverhandlung erörtert wurde. Das Gericht darf und muss das verwerten, was in die Hauptverhandlung zulässigerweise eingeführt wurde. Die Hauptverhandlung erfolgt öffentlich (§ 169 GVG, Art. 6 Abs. 1 S. 1 EMRK) und ist dem Grundsatz der Unmittelbarkeit (§§ 250 ff. StPO) und Mündlichkeit (§§ 249 ff. StPO, §§ 261, 264 Abs. 1 StPO) verpflichtet. Der bloße Akteninhalt ist nicht Grundlage des Urteils. Er kann allerdings dann verwertet werden, wenn er zum Gegenstand der Hauptverhandlung gemacht wurde – also in die Hauptverhandlung förmlich eingeführt und mündlich erörtert wurde.[517]

§ 244 Abs. 2 StPO enthält eine weitere Kernvorschrift der Strafprozessordnung – den *Amtsermittlungsgrundsatz,* welcher Ausdruck der – wenn auch reformierten – „inquisitorischen Grundausrichtung des Strafprozesses"[518] ist, weshalb dieser Grundsatz zum Teil auch als Inquisitionsprinzip[519] bezeichnet

515 *Hsu*, Die Bewertung des Geständnisses in der Strafzumessung und in der Beweisaufnahme als Sonderproblem der Urteilsabsprache, S. 23.

516 Die „inquisitorische Hauptverhandlung als Kernstück des deutschen Strafverfahrens", *Schünemann*, ZRP 2009, 104 (106).

517 Siehe hierzu *Ott*, KK-StPO, § 261 Rn. 6 ff.

518 *Trüg/Habetha*, KK-StPO, § 244 Rn. 8.

519 *Frister*, SK-StPO, § 244 Rn. 10.

wird. Hiernach obliegt es dem *Gericht,* den wahren Sachverhalt zu ermitteln. Diese Verantwortung kann nicht auf andere Verfahrensbeteiligte übertragen werden. Der Amtsaufklärungsgrundsatz des Strafprozesses steht der zivilprozessualen Dispositions- und Verhandlungsmaxime gegenüber.[520] Der Wahrheitsfindung sind im reformiert inquisitorischen Strafprozess jedoch Grenzen gesetzt. Entscheidend ist die richterliche Überzeugung. Der Pflicht der Wahrheitsermittlung ist genüge getan, wenn das Gericht eine „Überzeugung" über den zu Grunde liegenden Sachverhalt gewonnen hat.[521] Insofern ist die richterliche Überzeugungsbildung das Maß mit dem die Wahrheit gemessen wird (§ 261 StPO).[522]

Durch die Einführung konsensualer Erledigungsmethoden werden grundlegende Prinzipien der Konzeption von 1877 berührt. Die Konsequenz ist eine grundlegende Verschiebung strafprozessualer Strukturen. Diese Verschiebung wird im Einzelnen unter II. und III. in diesem Kapitel behandelt. Der Gesetzgeber bemüht sich konsensuale Erledigungsmethoden so zu integrieren, dass eine grundlegende Systemverschiebung ausbleibt. Das Bundesverfassungsgericht bestreitet eine verfassungswidrige Strukturverschiebung zumindest hinsichtlich des § 257c StPO. Das Urteil des BVerfG behandelt Mechanismen, die zur Einhaltung der verfassungsrechtlichen und einfachgesetzlichen Rechtsordnung führen sollen: das Transparenzgebot und die Dokumentationspflicht.[523] Die Regelung konsensualer Erledigungsmethoden ohne jedoch eine grundlegendere Reform der Strafprozessordnung vorzunehmen und zu hoffen, die bisher missachteten Regelungen würden nun nach Entscheidung des BVerfG in der Praxis eingehalten, ist naiv und hat sich im Ergebnis auch als unrealistisch herausgestellt.[524] Die Dokumentationspflicht und das Transparenzgebot ersetzen kein umfassendes Konzept, welches den Beschuldigten und die Verfassungsordnung angemessen schützt. Vor allem nicht vor dem Hintergrund erheblicher systematischer Verschiebungen, die sofortige Reform verlangen.

---

520 Dieses Prinzip erlaubt es den Verfahrensbeteiligten über den Verfahrensgegenstand und die zu Grunde liegenden Tatsachen zu disponieren.

521 Es ist Aufgabe der anderen Verfahrensbeteiligten das Überzeugungsbild des Gerichts, beispielsweise mittels Beweisanträgen (§§ 244 Abs. 3 bis 4), zu korrigieren/formen.

522 Siehe hierzu auch *Theile*, NStZ 2012, 666 (666).

523 BT-Drs. 16/12310, S. 1 und 15.

524 Siehe hier die Ergebnisse der Studie von *Altenhain/Jahn/Kinzig*, Die Praxis der Verständigung im Strafprozess, S. 530 ff.

II. Strukturelle Systemverschiebung durch die Verlagerung von Prozessphasen

Aktuelle Entwicklungen im deutschen Strafprozess zeichnen sich unter anderem durch eine gesteigerte Bedeutung des Vorverfahrens im Verhältnis zur Hauptverhandlung aus. Diese Entwicklung wurzelt unter anderem in der Etablierung konsensualer Erledigungsmethoden (Kapitel 3 A.). Die gesetzgeberische Grundkonzeption behandelt die Hauptverhandlung als Kernstück der Strafprozessordnung.[525] Aufgabe dieser Prozessphase ist die umfassende und abschließende Aufklärung des Sachverhalts. Erklärtes Ziel ist die Ermittlung der „materiellen Wahrheit".[526] In der Praxis lässt sich jedoch eine deutliche Verschiebung auf das Ermittlungs- und Zwischenverfahren beobachten. Dies hat auch der Gesetzgeber erkannt, der seit Jahren im Rahmen wiederholter Strafprozessreformen die „Modernisierung" des Ermittlungsverfahrens anstrebt.

Im Juni 2021 wurde das „Gesetz zur Fortentwicklung der Strafprozessordnung"[527] verkündet. Dieses wirkt auf eine weitere „Modernisierung" des Ermittlungsverfahrens hin, und treibt damit dessen Entwicklung hin zur zentralen strafprozessualen Phase voran.

1. Vorüberlegungen zur Bedeutungssteigerung des Ermittlungsverfahrens

Die Verlagerung von Prozesshandlungen und die Bedeutungssteigerung des Vorverfahrens im Vergleich zur Hauptverhandlung wurden zuvor schon in Bezug auf einzelne Vorschriften behandelt. In diesem Abschnitt soll dieses Phänomen losgelöst von einer speziellen Vorschrift *gesamtstrukturell* vor dem Hintergrund konsensualer Erledigungsmethoden betrachtet werden.

Besonders sichtbar ist die Bedeutungssteigerung des Ermittlungsverfahrens bei konsensualen Erledigungsformen, die zur Beendigung des Verfahrens *vor* Beginn des Hauptverfahrens führen. Beispielhaft sind hierfür der Strafbefehl nach §§ 407 ff. StPO und die Einstellung unter Auflagen und Weisungen nach § 153a Abs. 1 StPO. Hier kommt es erst gar nicht zu einer Hauptverhandlung. Das Verfahrensergebnis stützt sich allein auf die Erkenntnisse des Ermittlungsverfahrens und der Entscheidung im Zwischenverfahren, die ihrerseits auf dem

---

525 *Miebach*, Müko-StPO, § 261 Rn. 1.

526 *Miebach*, Müko-StPO, § 261 Rn. 1; Stuckenberg, KMR-StPO, § 261 Rn. 10.

527 *Gesetz zur Fortentwicklung der Strafprozessordnung und zur Änderung weiterer Vorschriften* vom 25. Juli 2021, BGBl. 2021, 2099.

Ermittlungsverfahren beruht. 2019 wurden von 4.938.651 von der Staatsanwaltschaft beendeten Verfahren 547.665 durch Antrag auf einen Strafbefehl und 167.561 durch Einstellung nach § 153a Abs. 1 StPO beendet – etwa 14 % aller Fälle. Zum Vergleich: Anklage wurde von der Staatsanwaltschaft im gleichen Jahr in 418.709 Fällen (ca. 8 %) beantragt[528] – Verfahren werden mithin deutlich häufiger von der Staatsanwaltschaft im Vorverfahren mittels konsensualer Methoden erledigt, als Anklage erhoben. Allein quantitativ betrachtet hat das Ermittlungsverfahren in der Verfahrens*praxis* enorme Bedeutung. Hier wird nicht nur die Grundlage für eine spätere Hauptverhandlung gelegt, sondern häufig schon die Entscheidung über das *Wie* einer Verfahrensbeendigung getroffen, ohne dass es je zu einer Hauptverhandlung kommt.

Die Einführung von § 160b und § 202a StPO durch das Verständigungsgesetz von 2009 stärkt die Bedeutung des Ermittlungs- und Zwischenverfahrens. Mit ihr wird *de lege* geregelt, was *de facto* bereits Bestandteil der Verfahrenspraxis war.[529] Ratio dieser Vorschriften sei es, die Kommunikation der Verfahrensbeteiligten auf transparente Weise zu fördern.[530] Bereits 2003 wurde ein erster Entwurf im Rahmen des Opferrechtsreformgesetzes (OpferRG) diskutiert.[531] Dieser sah folgenden Wortlaut vor: „Die Staatsanwaltschaft soll den Beteiligten Gelegenheit zu einer mündlichen Anhörung geben, soweit dies geeignet erscheint, das Verfahren zu fördern"[532]. § 160 StPO-E wurde jedoch – ohne Erklärung – nicht in das OpferRG übernommen. Die heute geltende Version des § 160b StPO ist entscheidend modifiziert. Sie sieht freies Ermessen – nicht wie im Vorgängerentwurf intendiertes Ermessen („kann" statt „soll")[533] – vor. Weiterhin sind lediglich „Erörterungen" und keine formelle Anhörung vorgesehen.

Das Verständigungsgesetz schafft erstmals eine schriftliche, gesetzliche Grundlage für Kommunikation im Ermittlungsverfahren. Die Vorschriften bilden mehr als einen gesetzlichen Rahmen für Kommunikation über den

528 Statistisches Bundesamt Fachserie 10 Reihe 2.6, 2019, S. 26.

529 Bereits vor der Gesetzeseinführung wurden Gespräche zwischen den Verfahrensbeteiligten geführt, siehe *Jahn*, GA 2004, 272 (273); *Erb*, LR-StPO, Nachtrag zu § 160b Rn. 1; zum Teil werden §§ 160b und 202a StPO daher als rein deklaratorische Vorschriften bezeichnet; vergleiche auch *Plöd*, KMR-StPO, § 160b Rn. 2 wonach solche Gespräche schon vor der Gesetzesänderung an der „Tagesordnung" waren.

530 BT-Drs. 16/11736, S. 19.

531 Siehe BT-Drs. 829/03.

532 Siehe BT-Drs. 829/03, S. 2.

533 Beschuldigte haben keinen Anspruch auf Erörterungsgespräche, siehe *Hauer*, NJ 2010, 10 (12).

Verfahrensgegenstand. Sie erlauben es der Staatsanwaltschaft, dem Beschuldigten schon im Ermittlungs-, bzw. Zwischenverfahren ein konkretes Strafmaß in Aussicht zu stellen.[534] Insbesondere die Art der Verfahrenserledigung kann Gegenstand der Kommunikation zwischen Verfahrensbeteiligten sein. So können beispielsweise Gespräche über § 153a und § 257c StPO geführt werden.[535] Engagierte Verteidiger werden diese Kommunikationsmöglichkeit schon möglichst frühzeitig nutzen, um eine Einstellung zu erwirken.[536] Dies setzt zunächst einmal voraus, dass der Beschuldigte frühzeitig verteidigt ist.

Auch in Fällen in denen es zu einer Anklage und einer späteren Hauptverhandlung kommt, lässt sich jedoch eine Bedeutungssteigerung des Ermittlungsverfahrens durch konsensuale Erledigungsmethoden deutlich erkennen. Gerade im Rahmen des § 257c StPO ist das Ermittlungsverfahren von Relevanz. Die Beweiserhebung im Ermittlungsverfahren wird abgekürzt oder fällt sogar vollständig weg. Die Feststellung der Schuld beruht dann vor allem auf einer Kombination von Geständnis und hinreichendem Tatverdacht auf Basis des Ermittlungsverfahrens. Die Bedeutungssteigerung des Ermittlungsverfahrens ist hier weniger offensichtlich, aber ebenso relevant. Dies beruht unter anderem auf dem Mechanismus, mit dem Beweise vom Vorverfahren in die Hauptverhandlung transferiert werden.

2. Beweismitteltransfer und Unmittelbarkeitsgrundsatz

a. Grundlagen des Unmittelbarkeitsgrundsatzes

Im deutschen Strafprozess gilt, dass grundsätzlich der *unmittelbare* Beweis in die Hauptverhandlung eingeführt werden muss. Für Zeugen und Sachverständige gilt in der Regel der Vorrang des Personalbeweises gem. § 250 S. 1 StPO. Die Vernehmung in der Hauptverhandlung darf grundsätzlich nicht durch die Verlesung des Protokolls oder eine schriftliche Beweiserklärung einer früheren Aussage des Zeugen oder Sachverständigen ersetzt werden. Ratio der Vorschrift ist zunächst die Sicherung einer „qualitativ hochwertigen Beweisgewinnung" unter öffentlicher Kontrolle zum Schutz des Beschuldigten.[537] Das Gericht soll sich einen eigenständigen Eindruck von der Beweisperson machen und deren Glaubwürdigkeit selbst und unmittelbar beurteilen können.[538]

---

534 *Vogel*, GA 2011, 520 (526).

535 *Noltensmeier-von Osten*, SK-StPO, § 160b Rn. 6.

536 *Meyer-Goßner/Schmitt*-StPO, § 160 Rn. 5.

537 *Velten*, SK-StPO, §§ 250 ff. Rn. 7 ff.

538 Alternativ-Entwurf Abgekürztes Strafrechtsverfahren, GA 2014, 1 (4).

Daneben dient sie auch der Durchsetzung des *Konfrontationsrechts* des Beschuldigten.[539] In Deutschland findet dieser Grundsatz über Art. 6 Abs. 3 lit. d EMRK Anwendung.[540] Das Konfrontationsrecht gibt dem Beschuldigten die Möglichkeit, Belastungszeugen entweder selbst oder durch einen Verteidiger mit Fragen zu konfrontieren.[541] Die praktische Bedeutung des Konfrontationsrechts wird jedoch an entscheidenden Stellen durch Beweissurrogate abgeschwächt.

§ 250 StPO schränkt den nach § 249 StPO grundsätzlich zulässigen Urkundenbeweis für den Personalbeweis ein. Nach § 249 StPO können Urkunden „Zum Zweck der Beweiserhebung über ihren Inhalt in der Hauptverhandlung" verlesen werden. Der Personalbeweis hat gegenüber dem Urkundenbeweis jedoch grundsätzlich Vorrang.[542] Innerhalb des Personalbeweises gibt es keinen internen Vorrang. Entsprechend sind Zeugen vom Hörensagen zulässig und ihre Aussagen können zulässig erhoben und verwertet werden. Der Aufklärungsgrundsatz bildet hier die alleinige Grenze und verpflichtet das Gericht dazu, die Aussage des Zeugen vom Hörensagen mit Bedacht zu bewerten.[543] Hierin liegt ein grundsätzlicher Unterschied zum US-amerikanischen Strafprozess, in dem *Hearsay* (Hörensagen) kein zulässiges Beweismittel darstellt[544], es sei denn es liegt eine gesetzliche Ausnahme vor.[545]

Obgleich der Unmittelbarkeitsgrundsatz als „wichtiges Prinzip zur Ermittlung der Wahrheit im Strafprozess angesehen wird"[546], kann er in Deutschland mit seinen weitreichenden Ausnahmen bestenfalls als *relativer* Unmittelbarkeitsgrundsatz beschrieben werden. *Grünwald* sprach schon in den 80er Jahren vom „Niedergang des Prinzips der unmittelbaren Zeugenvernehmung"[547] durch die Ersetzung der Zeugenvernehmung mit Protokollverlesungen und Vernehmungen durch Verhörspersonen.[548] Der „Alternativ-Entwurf Beweisaufnahme" fordert eine weitere Aushöhlung des Unmittelbarkeitsgrundsatzes: die Ersetzung

539 BVerfGE 57, 250 (278).

540 Näheres hierzu: BGH, NStZ 2018, 81; *Ott*, KK-StPO, § 261 Rn. 110.

541 Im angloamerikanischen Strafprozess geschieht dies mittels *cross Examination* (Kreuzverhör) im Anschluss an die belastende Aussage.

542 BGHSt 15, 253 (254).

543 BGH NStZ-RR 2002, 176; BGHSt 17, 380 (385).

544 Federal Rules of Evidence, Article VIII Rule 802.

545 Federal Rules of Evidence, Article VIII Rule 803–807.

546 *Bürger*, ZStW 2016, 518 (534); vgl. hierzu auch Mitsch, JZ 1992, 174 (176); *Großkopf*, Beweissurrogate und Unmittelbarkeit der Hauptverhandlung, 2007 S. 58.

547 *Grünwald*, FS-Dünnebier, S. 347.

548 Grünwald, FS-Dünnebier, S. 347.

der gerichtlichen Zeugenaussage in der Hauptverhandlung durch eine frühere Aussage.[549] Gleichzeitig sollen Beteiligungsrechte und das Recht des Beschuldigten auf konfrontative Befragung gestärkt werden.

b. Relativierung des Unmittelbarkeitsgrundsatzes und Einschränkungen des Konfrontationsrechts

Der deutsche Strafprozess kennt zahlreiche gesetzliche Ausnahmen, die den Unmittelbarkeitsgrundsatz, der von vornherein schon nur auf den Personalbeweis Anwendung findet, zusätzlich relativieren. In der Praxis findet sich noch eine weitere Ebene der Relativierung: Die konsensuale Erledigung von Fällen vor einer Hauptverhandlung, bei der es naturgemäß nicht zu einem Beweistransfer in die Hauptverhandlung kommt. Im Verfahren nach Einspruch gegen einen Strafbefehl findet § 250 StPO keine Anwendung (vgl. §§ 411 Abs. 2 S. 2, 420 Abs. 1 StPO). Selbst wenn also hier das Verfahren durch einen Strafbefehl nicht schon vor der Hauptverhandlung beendet wird, findet der Unmittelbarkeitsgrundsatz dennoch keine Anwendung.

Eine Stärkung des unmittelbaren Beweistransfers – und damit auch eine implizite Stärkung des Ermittlungsverfahrens – ergab sich durch das *Gesetz zur effektiveren und praxistauglicheren Ausgestaltung des Strafverfahrens*[550] von 2017. Ziel der Reform war es unter anderem, das Gesetz an rechtstatsächliche Entwicklungen im Ermittlungsverfahren anzupassen, um das Verfahren zu vereinfachen und zu beschleunigen.[551] Die Beweiserhebung im Ermittlungsverfahren sollte explizit aufgewertet und gleichzeitig ein Transfer von Beweismitteln in die Hauptverhandlung ermöglicht werden.[552]

Seit 2020 existieren erweiterte Dokumentationsvorschriften im Ermittlungsverfahren. § 136 Abs. 4 StPO führt erstmals eine Aufzeichnungspflicht bei Ermittlungen eines vorsätzlichen Tötungsdelikts ein. Eine Aufzeichnungspflicht besteht auch dann, wenn der Beschuldigte besonders schützenswert ist. Dies ist bei einer erkennbaren „eingeschränkten geistigen Fähigkeit" und bei „schwerwiegenden seelischen Störungen" anzunehmen (vgl. § 136 Abs. 4 Nr. 2 StPO). § 254 StPO flankiert den Unmittelbarkeitsgrundsatz, indem er den unmittelbaren Transfer der audiovisuellen Aufzeichnung einer Beschuldigtenvernehmung

---

549 Entwurf eines Arbeitskreises deutscher, österreichischer und schweizerischer Strafrechtslehrer, siehe GA 2014, 1 (1 ff.).

550 BGBl. 2017, 3202.

551 BT-Drs. 18/11277, S. 1, 13–14.

552 BT-Drs. 18/11277, S. 1, 13–15.

in die Hauptverhandlung regelt und erstmals Aufzeichnungspflichten bestehen. Die Neuregelung trägt der zentralen Bedeutung der Beschuldigtenvernehmung im Ermittlungsverfahren Rechnung. Jede Einlassung – insbesondere eine die gründlich audiovisuell dokumentiert ist – stellt „die Weichen für das weitere Verfahren“[553] und stärkt so die verfahrensdeterminierende Rolle des Ermittlungsverfahrens. Auch nach der Neuregelung gibt es im deutschen Strafprozess – im Gegensatz zum US-Strafprozess, in dem die Hauptverhandlung mittels „transcripts“ aufgezeichnet wird – weiterhin kein regelmäßiges und umfassendes Inhaltsprotokoll für die Hauptverhandlung. Abzuwarten bleibt, ob die Dokumentation von Absprachen eine umfassendere Diskussion über die Dokumentation der Hauptverhandlung über das Formalienprotokoll hinaus, einleiten kann.[554]

Das Ermittlungsverfahren ist die weichenstellende Prozessphase. Dies ist bei konsensualer Erledigung nach Abschluss des Ermittlungsverfahrens besonders offensichtlich. Der gleiche Grundsatz trifft jedoch auch auf diejenigen Fälle zu, die in die Hauptverhandlung gelangen. § 257c StPO erlaubt Verständigungen zwischen dem Gericht und anderen Verfahrensbeteiligten auch nach Eröffnung der Hauptverhandlung. Diese Verständigungen, die vor Abschluss der Hauptverhandlung stattfinden, beruhen im Wesentlichen auf der Aktenlage – mit anderen Worten also auf den vom Staat dokumentierten Ermittlungsergebnissen. Der Beschuldigte muss seinerseits abschätzen, ob eine Verständigung angesichts der Aktenlage und möglicher Verteidigungsstrategien sinnvoll erscheint. Dafür muss der Verteidiger idealerweise vom Beschuldigten über den Sachverhalt aufgeklärt werden und der Verteidiger den Beschuldigten seinerseits über den Akteninhalt und die Beweislage unterrichten.

Trotz des Unmittelbarkeitsgrundsatzes ist das Hauptverfahren durch die Ermittlungen der Polizei und Staatsanwaltschaft „vorgeprägt“[555]. Der Inhalt der staatsanwaltschaftlichen Ermittlungsakte, die wiederum auf der Bewertung und strategischen Erwägungen und Vorentscheidungen der Ermittlungsbehörde beruht, bildet die Grundlage für die Hauptverhandlung. Während sich beispielsweise die Unerreichbarkeit von Belastungszeugen im US-Prozess für den Angeklagten günstig auswirken kann, ist dies in Deutschland gerade umgekehrt. In den USA kann die Aussage eines Belastungszeugen nicht durch eine frühere Aussage außerhalb der Hauptverhandlung ersetzt werden. Bei der außerhalb der

---

553 *Weigend*, StV 2019, 852 (852).

554 Näher zu dieser Diskussion vgl. nur *Bartel*, StV 2018, 678.

555 *Schlothauer*, StV 1995, 158 (158).

Hauptverhandlung getroffenen Aussage handelt es sich um verbotenes Hörensagen *(hearsay)*. Sofern keine spezifische Ausnahme vorliegt, kann sie nicht in die Hauptverhandlung eingeführt werden. In Deutschland verbietet § 250 StPO grundsätzlich die Verlesung des Vernehmungsprotokolls als Substitut für die Zeugenvernehmung in der Hauptverhandlung – das gilt für alle Zeugen, auch Belastungszeugen. Die Ausnahmen von diesem Grundsatz führen jedoch zu einer praktischen Bedeutungslosigkeit dieser Regelung. So kann das Vernehmungsprotokoll gerade dann verlesen werden, wenn der „Zeuge [...] verstorben ist oder aus anderen Gründen in absehbarer Zeit gerichtlich nicht vernommen werden kann" (§ 250 Abs. 1 Nr. 3). Gleiches gilt, wenn der gerichtlichen Vernehmung „nicht zu beseitigende Hindernisse" entgegenstehen. § 251 Abs. 2 Nr. 1 StPO nennt hier Krankheit oder Gebrechlichkeit des Zeugen. Vor dem Hintergrund solcher Ausnahmen kann allenfalls von einer relativen Bedeutung des Unmittelbarkeitsgrundsatzes in der Verfahrenspraxis gesprochen werden.

Der Unmittelbarkeitsgrundsatz steht in enger Beziehung zum Konfrontationsrecht des Beschuldigten. Wenn das Vernehmungsprotokoll eines Belastungszeugen als Beweissurrogat in die Hauptverhandlung eingeführt wird, beschränkt das die Konfrontationsmöglichkeiten des Beschuldigten. Dem Beschuldigten wird die Möglichkeit genommen, den Belastungszeugen vor Gericht zu befragen und dessen Glaubwürdigkeit in Zweifel zu ziehen („Challenge and question" Prinzip[556]). Das Konfrontationsrecht des Beschuldigten ergibt sich aus Art. 6 Abs. 3 lit. d EMRK und ist eine „besondere Ausformung des Grundsatzes des fairen Verfahrens nach Art. 6 Abs. 1 S. 1 EMRK"[557]. Hiernach darf der Beschuldigte selbst oder durch seinen Verteidiger Belastungszeugen konfrontativ befragen. Allerdings liegt, nach der Rechtsprechung des EGMR und des BGH, auch bei einer Verwehrung der Möglichkeit der konfrontativen Befragung in der Hauptverhandlung, nicht unbedingt ein Verstoß des Konfrontationsrechts vor, sofern es sich bei der Hauptverhandlung insgesamt um ein faires Verfahren handelte. Dabei ist vor allem auf die „Art und Weise der Beweiserhebung- und -würdigung"[558] abzustellen. Grundsätzlich müsse es dem Beschuldigten oder dem Verteidiger jedoch zumindest einmal im Laufe des Gesamtverfahrens, nicht notwendigerweise in der Hauptverhandlung, möglich sein, Belastungszeugen

---

556 EGMR 07.08.1996 – 19874/92, ÖJZ 1997, 151 Rn. 51.

557 BGH NStZ 2018, 51 (52).

558 BGH NStZ 2018, 51 (52); vgl. auch BVerfGE NJW 2010, 925 (926); EGMR NStZ, 2007, 103 (104); BGHSt 51 (154).

kontradiktorisch zu befragen oder bei der Zeugenvernehmung im Ermittlungsverfahren anwesend zu sein.[559]

Hier schließt sich jedoch noch ein weiterer grundsätzlicher Gedanke an. Selbst wenn es nicht zu einer bloßen Verlesung der Zeugenaussage kommt, sondern der Zeuge innerhalb der Hauptverhandlung aussagt, besteht hier ein grundlegendes strukturelles Problem aus Beschuldigtensicht, welches *Schünemann* auch als „Achillesferse jeder Stärkung der Verteidigungsrechte im Ermittlungsverfahren"[560] bezeichnet: Auch wenn eine Vernehmung des Zeugen in der Hauptverhandlung stattfindet, erlaubt die derzeitige Rechtslage die Einführung des polizeilichen Vernehmungsprotokolls im Wege des Vorhalts. Praktisch bedeutet dies, dass Zeugen regelmäßig ihre im Vernehmungsprotokoll dokumentierte Aussage bestätigen und so das polizeiliche Vernehmungsprotokoll zum Gegenstand der Hauptverhandlung wird.[561] Das Vernehmungsprotokoll wird so regelmäßig zu einem bedeutenden Gegenstand der Hauptverhandlung. Auch hier zeigt sich die enorme Bedeutung des Ermittlungsverfahrens, die wiederum Fragen der Verschleifung kognitiver Verzerrungen aufwirft.[562]

3. *Zwischenergebnis*

Es stellt sich die Frage, wie es sich auf ein System auswirkt, dass Beweise aus dem Ermittlungsverfahren weitgehend *unmittelbar* in die Hauptverhandlung überführt werden können. Für den deutschen Juristen mag ein solcher Beweistransfer zunächst selbstverständlich erscheinen. Dem ist jedoch nicht so. Die US-amerikanische Konzeption der Hauptverhandlung, die auf den „Day in Court" nach Abschluss des Vorverfahrens ausgerichtet ist und *hearsay* grundsätzlich verbietet, verdeutlicht das. Aus Perspektive des US-amerikanischen Prozesses ist die deutsche Hauptverhandlung kaum als selbständige Prozessphase zu werten. Dass das Gericht der Hauptverhandlung mit dem Gericht identisch ist, welches über den Eröffnungsbeschluss entscheidet, verstärkt diesen Eindruck zusätzlich.

Wichtig wird hier noch ein weiterer Aspekt: Es ist zumindest denkbar, dass gerade erweiterte Kompetenzen im Ermittlungsverfahren und der fast unmittelbare Beweistransfer in die Hauptverhandlung dazu bewegen können, bereits frühzeitig zu kooperieren. Diskrepanzen zwischen Kompetenzen des Staates

559 Dabei würde es sich wohl um eine „kompensierende Maßnahme" im Sinne des BGH handeln, siehe BGH NStZ 2018, 51 (53); so auch *Beulke*, FS-Riess, S. 3, 7.
560 *Schünemann*, ZStW 114 (2002), 1 (45).
561 Siehe beispielsweise *Diemer*, KK-StPO, § 249 Rn. 44 ff.
562 Ausführlich hierzu siehe Kapitel 4 A.

und der Verteidigung bereits im frühen Stadium der Verhandlungen werfen daher Fragen der Waffengleichheit zwischen der Staatsanwaltschaft und dem Beschuldigten auf. Die Verschiebung des Strafprozesses bringt aus Beschuldigtenperspektive das Thema des Ausgleiches auf. Die verfahrensdeterminierende Wirkung des Ermittlungsverfahrens führt zu dem Bedürfnis, die Beschuldigten- und Verteidigungsrechte im Ermittlungsverfahren zu stärken, was wiederum die Bedeutung des Ermittlungsverfahrens weiter aufwerten wird. Die frühzeitige Beteiligung des Beschuldigten – insbesondere durch einen Strafverteidiger – werden in diesem Kapitel im Abschnitt B. III. sowie in Kapitel 4 behandelt.

III. Strukturelle Systemverschiebung durch *personelle* Verlagerung

1. Vorüberlegungen

Die Entformalisierung des Strafprozesses führt zur *Machtverschiebung* von den Gerichten auf die Staatsanwaltschaft und damit letztlich auf die Polizei. In den allermeisten Fällen kann nicht mehr von einer tatsächlichen Verfahrensherrschaft der Staatsanwaltschaft gesprochen werden. Viele Sachverhalte werden selbstständig von der Polizei ermittelt,[563] insbesondere Fälle kleinerer und mittlerer Kriminalität. Aber auch im Bereich der Wirtschaftskriminalität und der Gewaltdelikte kann von einer Machtsteigerung der Polizei gesprochen werden.[564]

Die Strafprozessreform von 2017 ermöglichte eine weitere Einschränkung der staatsanwaltschaftlichen Sachleitungsbefugnis durch eine Machtverlagerung auf die Polizei.[565] Die Neuregelung des § 163 Abs. 3 bis 7 StPO sieht nun auch bei polizeilichen Zeugenladungen eine Erscheinungspflicht vor. Bisher war das ausschließlich bei gerichtlicher oder staatsanwaltschaftlicher Ladung der Fall. Hier soll jedoch nicht die Zuständigkeitsverlagerung von Staatsanwaltschaft auf die Polizei, die zugegebenermaßen eine ebenfalls bedeutende Rolle spielt – im Einzelnen analysiert werden.[566] Die Zuständigkeitsverlagerung vom Gericht auf die

563 *Wohlers/Deiters*, § 160, Rn. 10; *Fischer*, NStZ 2007, 433 (435); *Deckers*, StraFo 2015, 265 (265 f.).

564 Frankfurter Arbeitskreis, StV 2000, 460 (461).

565 *Singelnstein/Derin* sprechen von einer „faktische[n] teilweise[n] Aufgabe der Sachleitungsbefugnis“ der Staatsanwaltschaft, vgl. *Singelnstein/Derin*, NJW 2017, 2646 (2650).

566 Ausführlich zu dieser Problematik vgl. *Eisenberg*, Beweisrecht der StPO, Rn. 741 f.

Ermittlungsbehörden – ob Staatsanwaltschaft oder Polizei – bildet den Fokus der vorliegenden Betrachtung.

Die Machtsteigerung der Staatsanwaltschaft steht in engem Zusammenhang mit konsensualen Erledigungsmethoden. Dies gilt sowohl für solche, die das Verfahren bereits vor einer Hauptverhandlung abschließen, als auch für solche, die Einfluss auf die Entscheidung innerhalb der Hauptverhandlung nehmen. Besonders deutlich wird dies in Zusammenhang mit den §§ 153 ff. StPO und dem Strafbefehl, bei denen es nie zu einer Hauptverhandlung kommt und die Ermittlungen durch die Staatsanwaltschaft und Polizei den Ausgang des Verfahrens ohne Korrektiv der Hauptverhandlung entscheidend beeinflussen.

Indem einerseits in weiten Bereichen über das Ob und Wie des Verfahrensabschlusses, insbesondere die konkrete Sanktionsentscheidung, bereits im Ermittlungsverfahren entschieden wird, kommt es zu der dargestellten Prozessphasenverlagerung. Damit geht aber auch ein personeller Wechsel der Zuständigkeit vom Gericht auf die Ermittlungsbehörden einher. Beide Aspekte sind weder vom Gesetz noch von der Verfahrensstruktur intendiert. Durch die Verknüpfung von zeitlicher und personeller Verlagerung kommt es zu einer erheblichen Wechselwirkung in der Weise, dass eine Verstärkung der Effekte eintritt. Der sichtbarste Effekt ist die Kompetenzausweitung der Ermittlungsbehörden, namentlich der Staatsanwaltschaft in Gebiete hinein, welche den Gerichten vorbehalten waren. Aspekte der Prozessphasenüberlagerung und der personellen Verlagerung überschneiden sich und stehen in einem Wechselwirkungsverhältnis. Auch wenn beide Aspekte kaum voneinander getrennt werden können, soll hier zur Übersicht getrennt auf die *personelle* Verschiebung eingegangen werden.

2. Ermessen als Grundlage staatsanwaltschaftlicher Machtsteigerung

Der Staatsanwaltschaft wird im Zusammenhang mit konsensualen Erledigungsmethoden weitreichendes Ermessen eingeräumt. Es ist die Staatsanwaltschaft, nicht der Beschuldigte, die die Entscheidung darüber trifft, ob § 153a StPO in einem speziellen Fall angewandt werden kann und sollte. Eine Pflicht zur Anwendung des § 153a StPO – auch wenn dessen Voraussetzungen erfüllt sind – existiert nicht. Gleiches gilt für den Strafbefehl. Diese Ausnahmen vom Legalitätsprinzip stehen im Ermessen der Staatsanwaltschaft.[567] Der Beschuldigte kann nicht darauf bestehen, dass das Verfahren nach § 153a StPO eingestellt

567 BVerfG StV 2002, 114 (115); *Salditt*, FS-Müller, S. 614; zum Streit, ob es sich um Ermessen oder um eine rechtlich gebundene Entscheidung handelt vgl. *Weßlau/Deiters*, SK-StPO, Vorb. §§ 151 ff. Rn. 12; *Nelles/Velten*, NStZ 1994, 366 (368).

wird oder ein Strafbefehl angeboten wird. Somit bestimmt die Staatsanwaltschaft frühzeitig über das *Ob* einer konsensualen Methode und damit implizit auch für *wen* sie Anwendung findet und für wen nicht. Der Beschuldigte hat kein Recht auf eine Verständigung nach § 257c StPO oder Verständigungsgespräche im Ermittlungs- oder Zwischenverfahren.[568] Neben dem *Ob* einer konsensualen Erledigung entscheidet die Staatsanwaltschaft auch über die *Art* der Verständigung. Hier stehen ihr eine Anzahl von Möglichkeiten zur Verfügung. Nichtsdestotrotz wird sich eine engagierte und frühzeitige Verteidigung auch dadurch auszeichnen, dass sie, wann immer möglich, in Gesprächen mit der Staatsanwaltschaft auf eine Einstellung des Verfahrens zugunsten des Mandanten drängt.

Im Rahmen des § 153a StPO kommt der Staatsanwaltschaft bedeutendes Ermessen hinsichtlich der Sanktionsentscheidung zu. Art und Umfang von Auflagen liegen im freien Ermessen der Staatsanwaltschaft. Für den Strafbefehl ist erwähnenswert, dass dieser von der Staatsanwaltschaft formuliert wird. Der Beschuldigte hat keinen Anspruch, zuvor angehört zu werden.

Zwar muss die Staatsanwaltschaft ihre Entscheidung ermessensfehlerfrei – und beispielsweise nicht willkürlich – treffen, es existiert jedoch kein effektiver Rechtsbehelf zur Überprüfung ihres Ermessens. Der Beschuldigte kann solche Ermessensfehler nicht etwa gerichtlich überprüfen lassen. Selbst wenn also ein Recht auf ermessensfehlerfreie Entscheidung bestehen würde, wäre dies ein Recht ohne „*remedy*" (Rechtsbehelf).

In den USA hat man den enormen Ermessensspielraum (*discretion*) der Staatsanwaltschaft als entscheidenden Machtmechanismus im Zusammenhang mit konsensualen Erledigungen erkannt.[569] Auch wenn der Grad und das Ausmaß des Ermessensspielraums in beiden Systemen unterschiedlicher Natur sind, lassen sich zumindest Parallelen erkennen. Die Entscheidungsmacht der Staatsanwaltschaft ist in Deutschland vor allem durch zwei Mechanismen beschränkt: den Richtervorbehalt und den Legalitätsgrundsatz. Beide Mechanismen sind in den letzten Jahren durch Gesetzesänderungen und Rechtspraxis immer weiter relativiert worden.[570] Dem steht eine – auch nach der

568 *Velten*, SK-StPO, § 257c Rn. 19 (etwas anderes kann sich hiernach im Einzelfall aus Art. 3 GG in Verbindung mit dem Prinzip der Selbstbindung hoheitlichen Handelns ergeben).
569 Siehe hierzu allgemein *Reinganum*, Am. Econ. Rev. 1988, 713 (715 ff.).
570 Vgl. hierzu die Konsensualisierung des Strafprozesses in diesem Kapitel unter A.

Strafprozessreform von 2017 – noch sehr passive Beteiligung des Beschuldigten und der Verteidigung im frühen Stadium des Verfahrens gegenüber.[571]

3. *Die Staatsanwaltschaft – Eine „neutrale Behörde"?*

Die Staatsanwaltschaft ist nach der Konzeption der StPO als neutrale Ermittlungsbehörde zu verstehen. Die h.M. geht davon aus, dass sie keine Partei im materiellen Sinne ist, sondern als „Wächter des Gesetzes"[572] der Neutralität verpflichtet. § 160 Abs. 2 StPO verpflichtet die Staatsanwaltschaft ausdrücklich dazu, die Ermittlung auf belastende und entlastende Tatsachen zu erstrecken: „Die Staatsanwaltschaft hat nicht nur die zur Belastung, sondern auch die der Entlastung dienenden Umstände zu ermitteln und für die Erhebung der Beweise Sorge zu tragen, deren Verlust zu besorgen ist". Ein weiteres Indiz für die gesetzliche Grundausrichtung als neutral-objektiv ermittelnde Behörde findet sich in § 296 Abs. 2 StPO. Hiernach kann die Staatsanwaltschaft Rechtsmittel auch zu Gunsten des Beschuldigten einlegen. Das angloamerikanische Verständnis der Staatsanwaltschaft ist ein grundlegend anderes. Aber auch in Deutschland gibt es zahlreiche Hinweise darauf, dass das Bild einer objektiv-neutralen Staatsanwaltschaft nicht nur mit der Verfahrenswirklichkeit, sondern auch mit der derzeitigen Rechtslage unvereinbar ist.

Um die Bedeutung des staatsanwaltschaftlichen Machtzuwachses durch konsensuale Erledigungsmethoden – vor allem aus Verteidigungsperspektive – bewerten zu können, muss zunächst genauer betrachtet werden, ob die Staatsanwaltschaft (noch) als neutral-objektiv ermittelnde Behörde betrachtet werden kann. Schon vor etwa 20 Jahren behauptete der Frankfurter Arbeitskreis Strafrecht, dass die Staatsanwaltschaft weiter als je zuvor von dem „Idealbild"[573] einer neutral-objektiv ermittelnden Behörde entfernt sei.

a. *Mangelnde Ausgestaltung der rechtlichen Stellung der Staatsanwaltschaft*

Bereits die rechtliche Ausgestaltung der staatsanwaltschaftlichen Verfahrensrolle bzw. ihre mangelnde rechtliche Ausgestaltung in Verbindung mit ihrer Berichtspflicht gegenüber der Exekutive zeichnen ein Bild, das mit einer objektiv-neutralen Ermittlungsbehörde unvereinbar ist. Vor allem im Vergleich zum Richter

---

571 Näher zum deutschen rechtskulturellen Phänomen der passiven oder reaktiven Strafverteidigungskultur siehe in diesem Kapitel unter B. IV.

572 So *Savigny* im Jahre 1846.

573 Frankfurter Arbeitskreis, StV 2000, 460 (460).

zeigt sich eine mangelnde rechtliche Ausgestaltung der staatsanwaltschaftlichen Position und Verpflichtungen. Für Richter finden sich diese Regelungen im DRiG, für Anwälte in § 1 BRAO. Vergleichbare Regelungen fehlen für die Staatsanwaltschaft. Beim Erlass des DRiG wurde bewusst auf solche Regelungen verzichtet. Das später erlassene GVG sollte diese Lücke füllen, wurde dann aber auf prozessuale Regelungen beschränkt.[574]

Die Staatsanwaltschaft ist eine hierarchisch strukturierte Organisation. Neben dem behördeninternen Weisungsrecht nach § 147 Nr. 3 GVG, bestehen Mitteilungs- und Berichtspflichten gegenüber dem Justizministerium. Diese Pflichten ergeben sich aus dem Justizmitteilungsgesetz und den Richtlinien für das Strafverfahren und das Bußgeldverfahren (RiStBV), den Anordnungen über Mitteilungen im Strafverfahren (MiStra) und den Anordnungen über Berichtspflichten in Strafsachen (BeStra). Das Justizministerium ist über wichtige Vorgänge der Staatsanwaltschaft zu informieren. Dieses externe Weisungsrecht gegenüber dem Justizministerium ist von dem internen Weisungsrecht innerhalb der Staatsanwaltschaft zu unterscheiden. Letzteres dient der einheitlichen Behandlung von Auslegungsfragen und staatsanwaltschaftlichem Ermessen.[575]

Gem. Nr. 1 BeStra soll das Ministerium durch Mitteilungs- und Berichtspflichten „zeitnah die Sach- und Rechtslage" beurteilen können und ihre entsprechenden Pflichten ausüben. Diese Berichts- und Mitteilungspflichten gegenüber der Exekutive lassen Zweifel an der Neutralität und der tatsächlichen Objektivität der Staatsanwaltschaft als Institution zu. Es liegt nahe, dass zumindest die Gefahr besteht, dass dieses Weisungsrecht der Exekutive zu „anderen als justiziellen Zwecken" genutzt wird.[576]

Auch das Verhältnis zwischen Polizei und Staatsanwaltschaft ist nur unzureichend geregelt und führt, wie bereits erläutert, in der Praxis zu einer faktischen Ermittlungsherrschaft der Polizei. Schon 1877 erkannte der Gesetzgeber, dass dieses Verhältnis: „unfertig und in seinen Grenzen unbestimmt" ist.[577] Die mangelnde rechtliche Ausgestaltung der Rolle der Staatsanwaltschaft – vor allem im Verhältnis zur Justiz – bei gleichzeitigem Machtzuwachs der Ermittlungsbehörden, lässt erhebliche Zweifel an ihrer gesetzlich vorgegebenen Rolle als objektiv-neutrale Behörde zu.

574 *Günter*, DRiZ 2002, 55.

575 Ausführlicher hierzu Frankfurter Arbeitskreis, StV 2000, 460 (462).

576 So der Frankfurter Arbeitskreis Strafrecht, StV 2000, 460 (462).

577 *Hahn*, Die gesamten Materialien zu dem Gerichtsverfassungsgesetz, Band 1, Abt. 1, S. 153.

b. *Die Relativierung des Legalitätsprinzips durch das Opportunitätsprinzip*

Bereits seit den 70er Jahren wird von der Relativierung des Legalitätsprinzips gesprochen. Insofern ist diese „Krisendiagnose“[578] nicht neu. Das Legalitätsprinzip verpflichtet die Staatsanwaltschaft gem. § 152 StPO dazu, „wegen aller verfolgbaren Straftaten einzuschreiten, sofern zureichende tatsächliche Anhaltspunkte vorliegen“. Entsprechend ist Voraussetzung für die Anwendung des Legalitätsprinzips das Vorliegen eines Anfangsverdachts. Der Legalitätsgrundsatz existiert in den USA nicht. Dort steht es grundsätzlich im freien staatsanwaltschaftlichen Ermessen ob und wie eine Straftat verfolgt und zur Anklage gebracht wird.[579]

Das Legalitätsprinzip soll eine Gleichbehandlung durch die Ermittlungsbehörden ohne „Ansehen der Person des Angeklagten“[580] bewirken. In der Praxis wird dieses Prinzip durch das Opportunitätsprinzip massiv eingeschränkt. Konsensuale Erledigungsmethoden werden hier relevant. Zum Teil wird davon gesprochen, dass Vorschriften wie § 1 StPO zu einer „entscheidenden Durchbrechung des Legalitätsgrundsatzes“[581] geführt haben. Die Anwendung des Opportunitätsgrundsatzes bedeutet letztlich Ermessen der Staatsanwaltschaft ohne bedeutende rechtliche Überprüfungsmöglichkeit aus Beschuldigtensicht.[582] Der Beschuldigte hat kein Recht auf eine konsensuale Erledigung und kann die Entscheidung der Staatsanwaltschaft, eine bestimmte Erledigungsform anzubieten oder nicht anzubieten, nicht gerichtlich anfechten.[583] Nach § 172 Abs. 2 S. 3 StPO kann der Verletze die Einstellung nach § 153a StPO ausdrücklich nicht anfechten. Im Rahmen des Strafbefehls beispielsweise kann der Beschuldigte zwar Einspruch gegen einen Strafbefehl einlegen, aber nicht gerichtlich überprüfen lassen, ob eine Einstellung nach § 153a StPO angemessener wäre, da das Angebot einer konkreten konsensualen Erledigungsform im Ermessen der Staatsanwaltschaft liegt.

578 *Rieß*, NStZ 1981, 2 (2).
579 Siehe hierzu ausführlich *Heinze/Fyfe*, in: Ambos u.a., Core Concepts in Criminal Law and Criminal Justice, S. 353 ff.
580 *Peters*, Müko-StPO, § 152 Rn. 7.
581 *Kelker*, ZStW 2006, 389 (402).
582 *Weßlau/Deiters*, SK-StPO, vorb. §§ 151 ff. Rn. 32 ff.
583 BGHSt 16, 225 (227 ff.).

c. *Kein Ablehnungs- oder Überprüfungsrecht staatsanwaltschaftlicher Entscheidungen (h.M.)*

Nach h.M. und Rechtsprechung des Bundesverfassungsgerichts besteht für die Staatsanwaltschaft, anders als für das Gericht, kein Ablehnungsrecht.[584] Entsprechend gibt es kein mit § 24 StPO vergleichbares Recht, mit dem man die Neutralität des jeweiligen Staatsanwalts beanstanden könnte. Lediglich der vorgesetzte Staatsanwalt kann den zuständigen Staatsanwalt gem. § 145 GVG ersetzen.

Neben dem Ablehnungsrecht der Staatsanwaltschaft, fehlt es jedoch insgesamt und nahezu flächendeckend an der Möglichkeit, staatsanwaltschaftliche Entscheidungen zu überprüfen. Einen Mechanismus bietet das Klageerzwingungsverfahren nach § 172 StPO, welches der „Sicherung und Durchsetzung des Legalitätsprinzips“[585] dient. Auch bei diesem handelt es sich jedoch um einen eingeschränkten Überprüfungsmechanismus, denn das Gesetz nimmt Einstellungen nach §§ 153 ff. von einer Nachprüfung mittels Klageerzwingungsverfahren ausdrücklich aus (siehe § 172 Abs. 2 S. 3 StPO).[586] Das Klageerzwingungsverfahren ist jedenfalls auch nicht als *Ermittlungs*erzwingungsverfahren zu verstehen.[587] Eine Kleine Anfrage im Abgeordnetenhaus Berlin vom 25.06.2006 offenbarte, dass es in den Jahren 2001 bis 2005 *keinen* begründeten Antrag im Klageerzwingungsverfahren gab.[588] Erfolgreiche Klageerzwingungsverfahren sind eine „Seltenheit“[589]. Die Funktion dieses Verfahrens ist von vornherein auch stark beschränkt – überprüft werden kann nur die Entscheidung einen Fall *nicht* zur Anklage zu bringen, nicht etwa die angeklagte Tat oder die Art der Erledigung.

Die Dienstaufsichtsbeschwerde stellt eine weitere Überprüfungsmöglichkeit staatsanwaltschaftlicher Entscheidungen dar.[590] Dabei handelt es sich jedoch um

---

584 BVerfGE 25, 336 (345).

585 *Moldenhauer*, KK-StPO, § 172 Rn. 1; *Kölbel*, MüKo-StPO, § 172 Rn. 1.

586 Eine Überprüfung soll dann ausnahmsweise zulässig sein, wenn der Antragssteller rügt, dass es sich bei der in Rede stehenden Tat um ein Verbrechen und nicht um ein Vergehen handelt. Hinsichtlich des § 153a StPO soll gerügt werden können, dass Auflagen oder Weisungen nicht erfüllt wurden, vgl. OLG Bamberg NStZ 2011, 534.

587 *Moldenhauer*, KK-StPO, § 172 Rn. 1a; etwas anderes mag sich dann ergeben, wenn die Staatsanwaltschaft vollständig versäumt, Beweiserhebungen durchzuführen und das OLG sie anweist Ermittlungen nachträglich durchzuführen, vgl. OLG Hamm, StV 2002, 128; OLG Köln, NStZ 2003, 682; OLG München, NJW 2007, 3734.

588 BT-Drs. 15/13193.

589 *Bischoff*, NStZ 1988, 63 (64).

590 *Peters*, MüKo-StPO, § 152 Rn. 54.

eine rein behördeninterne Überprüfung durch die Generalstaatsanwaltschaft oder den direkten Vorgesetzten des jeweiligen Staatsanwalts. Die Dienstaufsichtsbeschwerde ist „grundsätzlich gegen alle Maßnahmen/Anordnungen der Staatsanwaltschaft“[591] zulässig. Die Dienstaufsichtsbeschwerde ergibt sich aus dem Petitionsrecht des Art. 17 GG.[592] Die Einlegung während eines laufenden Verfahrens kann für den Beschuldigten zu einem Dilemma führen, wenn damit gerechnet werden muss, dass der persönlich betroffene Staatsanwalt weiterhin am Verfahren beteiligt bleibt.[593]

Eine Strafbarkeit des Staatsanwalts kann sich unter Umständen aus § 339 StGB i.V.m. § 170 Abs. 1 StPO ergeben. Die Verletzung des Legalitätsprinzips ist ein „elementarer Rechtsverstoß“[594], der eine Rechtsbeugung darstellen kann, wenn die Staatsanwaltschaft bei ihrer Entscheidung „bewusst in schwerwiegender Weise“[595] gegen gesetzliche Vorschriften verstößt.[596] Selbst wenn die strengen Voraussetzungen[597] der Rechtsbeugung erfüllt sein sollten und der subjektive Tatbestand nachgewiesen werden kann, handelt es sich hierbei nicht um ein Überprüfungs- sondern um ein Bestrafungsinstrument nach dem StGB und führt nicht notwendigerweise zur Aufhebung der staatsanwaltschaftlichen

591 *Burhoff/Kotz*, Handbuch für die strafrechtlichen Rechtsmittel und Rechtsbehelfe, Rn. 267.

592 BVerwG NJW 1977, 118.

593 Siehe hierzu aus Verteidigerperspektive *Burhoff/Kotz*, Handbuch für die strafrechtlichen Rechtsmittel und Rechtsbehelfe, Rn. 267.

594 BGH, Beschluss vom 14.09.2017 – 4 StR 274/16.

595 BGH, Beschluss vom 14.09.2017 – BeckRS 2017, 127543, Rn. 19.

596 Ein aktueller Fall zur Strafverfolgung staatsanwaltschaftlichen Fehlverhaltens ist die Ermittlung der Generalstaatsanwaltschaft Bremen gegen vier Staatsanwälte. Bei den Vorwürfen ging es um die Weitergabe interner Ermittlungsergebnisse der Staatsanwaltschaft an die Presse (Verletzung von Privatgeheimnissen gem. § 203 StGB). Im Rahmen eines Zeitonline Interviews gaben (unbenannte) Staatsanwälte an, dass sie vermuteten, die Bremer = Außenstellenleiterin des Bundesamtes für Migration und Flüchtlinge (BAMF) habe sich bei ihren Entscheidungen über Asylgewährung von ihrer vermeintlichen persönlichen Beziehung zu einem Bremer Anwalt leiten lassen, siehe zur Einstellung der Ermittlungen Zeit Online, Bamf-Affäre: Ermittlungen eingestellt, 21. September 2021, https://www.zeit.de/news/2021-09/21/bamf-affaere-ermittlungen-eingestellt (zuletzt abgerufen am 2. Mai 2023).

597 In der Praxis sind die Voraussetzungen des § 339 StGB kaum zu beweisen. Beweisschwierigkeiten gibt es insbesondere hinsichtlich des subjektiven Tatbestandes, vgl. BGHSt 62, 312.

Entscheidung. Allenfalls könnte sich mittelbar eine Präventionswirkung des strafrechtlichen Verbots ergeben.

Im Ergebnis bleibt das Gebot neutraler Ermittlungen der Staatsanwaltschaft ein rechtlich nicht durchsetzbares Versprechen. Während Überprüfungsmechanismen für die Person des Richters (§ 24 StPO) und gerichtliche Entscheidungen (Berufung und Revision) existieren, sieht das deutsche System keine solche Mechanismen für die Staatsanwaltschaft vor. Zum Teil wird behauptet, dass die Objektivität der Staatsanwaltschaft ausreichendes Korrektiv zur Vermeidung des Anscheins von staatsanwaltschaftlicher Befangenheit ist.[598] Hierbei handelt es sich um einen Zirkelschluss. Das rechtliche Gebot der Neutralität, sagt noch nichts über dessen Einhaltung in der Praxis aus. Die Verpflichtung zur Neutralität und Objektivität läuft ohne ein rechtlich durchsetzbares Korrektiv leer und lässt Zweifel an der praktischen Durchsetzung dieser rechtlichen Verpflichtung zu.

d. Zwischenergebnis

Der Staatsanwaltschaft kommt durch die Ausweitung konsensualer Erledigungsmethoden – insbesondere durch die Einstellung unter Auflagen und Weisungen und den Strafbefehl – „quasi richterliche Funktionen“[599] zu. Das Legalitätsprinzip beschränkt die Macht der Staatsanwaltschaft in der Praxis nur begrenzt. Der (reformiert) inquisitorische Prozess beruht zumindest teilweise auf dem Legalitätsgrundsatz, der aber die heutige Prozesswirklichkeit zumindest nicht flächendeckend widerspiegelt.

IV. Strukturelles Teilhabedefizit des Beschuldigten im Ermittlungsverfahren

1. Vorüberlegungen

Die Ermittlungsbehörden beherrschen das Ermittlungsverfahren.[600] Ihre Entscheidungen wirken bis in die Hauptverhandlung fort.[601] Demgegenüber ist die Stellung des Beschuldigten und der Verteidigung in dieser Prozessphase durch ein grundsätzliches Teilhabedefizit und Passivität gekennzeichnet. Dies fällt vor allem im Vergleich zur US-amerikanischen Rechtsordnung auf, wo aktive

598 *Brocke*, MüKO-GVG, § 145 Rn. 12.
599 *Geisler*, ZStW 93 (1981), 1109 (1123, 1146).
600 *Meyer-Goßner/Schmitt*, Einl. Rn. 60.
601 *Schlothauer/Weider*, StV 2004, 504 (504 f.).

Verteidigung grundsätzlich bereits weit vor der Hauptverhandlung ansetzt. Die passive Rolle der Verteidigung im Ermittlungsverfahren beruht zum Teil auf der *rechtlichen* Ausgestaltung der Strafprozessordnung (siehe 2. a.) aber auch, so wird folgend argumentiert, auf der spezifisch deutschen Strafprozess*kultur* (siehe 2. b.).

Die Strafprozessordnung regelt Mitwirkungsrechte der Verteidigung weiterhin nur fragmentarisch. Die Forderung nach gesteigerter Partizipation des Beschuldigten und der Verteidigung ist nicht neuartig, sondern Gegenstand jahrelanger rechtlicher Diskussionen, die für vergangene und gegenwärtige Strafprozessreformen zentrale Bedeutung hat.[602] Das *Gesetz zur Neuregelung des Rechts auf notwendige Verteidigung*[603] von 2019 ist beispielsweise explizit auf den Schutz des Beschuldigten durch frühzeitige Verteidigerbestellung ausgerichtet.[604]

Wenn vorliegend von Partizipation oder Mitwirkung gesprochen wird, meint dies einerseits die Stärkung von Rechten des Beschuldigten bzw. der Verteidigung durch Anhörungs-, Beteiligungs-, Informations-, Mitentscheidungsrechte mit dem Ziel der Waffengleichheit. Partizipation meint mehr als die bloße Kontrolle staatlicher Akteure und schließt auch kontradiktorische Elemente ein.[605] Effektive Partizipation setzt voraus, dass Mitwirkungsrechte bereits im Ermittlungsverfahren ansetzen. So wird es dem Beschuldigten möglich, seine Rechtsposition zu verteidigen, bevor der Sachverhalt von den Ermittlungsbehörden bereits erschöpfend ermittelt wurde, sich Wertungen und kognitive Dissonanzen hartnäckig festgesetzt haben[606] und die Weichen des Strafverfahrens endgültig gestellt sind.[607]

Das Konzept eines partizipatorischen Ermittlungsverfahrens wird zum Teil grundsätzlich abgelehnt. Über die Einführung partizipatorischer Elemente in das Ermittlungsverfahren äußerte sich der Deutsche Richterbund beispielsweise wie folgt: „Zusätzliche Beteiligungs- und Informationspflichten werden

---

602 Siehe beispielsweise *Landau*, ZRP 2004, 146 (148); *Schünemann*, ZStW 114 (2002), 1 (43); Ergebnisse des 40. Strafverteidigertages Frankfurt a.M. in: StV 2016, 400 (400); *Salditt*, StV 2001, 311 (311 ff.); *Schlothauer/Weider*, StV 2004, 504 (505).

603 BGBl. 2019, 2121.

604 Gesetzesentwurf der Bundesregierung, Entwurf eines Gesetzes zur Neuregelung des Rechts der notwendigen Verteidigung, BT-Drs. 19/138, S. 1.

605 So auch *Schünemann*, ZStW 114 (2002), 1 (43).

606 Ausführlich zu kognitiven Verzerrungen Kapitel 4. A.

607 Der Gesetzgeber geht im Rahmen der Reform der notwendigen Verteidigung ebenfalls auf die weichenstellende Funktion des Ermittlungsverfahrens ein, siehe BT-Drs. 19/13829, S. 31 f.

einen erheblichen Mehraufwand, insbesondere bei Staatsanwaltschaft und Polizei, aber auch bei Verteidigern zur Folge haben, dem ein gleichwertiger Nutzen in der Hauptverhandlung wegen der fortgeltenden umfassenden Amtsaufklärungspflicht des erkennenden Gerichts nicht gegenüberstehen wird.“[608] Der Richterbund führt hier weiter aus: „Die Annahme, eine Ausweitung der Mitwirkungsbefugnis der Verteidigung bei Vernehmungen würde dazu führen, dass die Verteidigung bereits im Ermittlungsverfahren durch Beweisanträge aktiv an der Aufklärung mitwirken wird, wird durch die Erfahrungen der Praxis nicht bestätigt. Es entspricht in aller Regel dem berechtigten Interesse des Beschuldigten, zunächst die Ermittlungen der Strafverfolgungsbehörden und deren Bewertung des Tatsachenstoffes, der Rechtsfragen und der Rechtsfolgenerwartung abzuwarten.“ Der Richterbund streitet das Vorliegen eines Beteiligungsdefizits des Beschuldigten hier nicht ab, geht aber davon aus, dass der Amtsaufklärungsgrundsatz und das Mandat der Ermittlung der materiellen „Wahrheit“ das Beteiligungsdefizit ersetzen kann. Eine erweiterte Beteiligung oder Informierung des Beschuldigten sei unökonomisch und nicht dazu geeignet, den Sachverhalt aufzuklären. Erkennbar wird die Prämisse, dass Waffengleichheit in einem frühen Stadium des Verfahrens in Konflikt mit einem effektiven Verfahren steht, welches die Ermittlung der „Wahrheit“ zum Ziel hat.[609]

Im Ermittlungsverfahren werden „die Weichen für das richtige oder falsche Urteil gestellt“[610]. Diese Prozessphase prägt das spätere Urteil nachhaltig[611]. Es ist nicht ohne Weiteres einzusehen warum der Beschuldigte nicht frühzeitig an der Weichenstellung eines Urteils beteiligt werden soll, welches seine Freiheit unmittelbar und potentiell nachhaltig betrifft. Darüber hinaus vernachlässigt die Stellungnahme des Richterbunds die Gefahr kognitiver Verzerrungen bei staatlichen Akteuren, auf die in Kapitel 4. A. noch ausführlich eingegangen wird. Übersehen wird auch, dass der moderne Strafprozess durch frühzeitige Erledigungen, Kooperationsformen und hierauf bezogene Kommunikation geprägt ist (vgl. Abschnitt A in diesem Kapitel). Diejenigen Beschuldigten, die effektiv verteidigt und hinreichend aufgeklärt sind, werden eher in der Lage sein, auf eine

---

608 So in der Stellungnahme des deutschen Richterbundes zum *Diskussionsentwurf des Bundesministeriums der Justiz und der Fraktionen der SPD und Bündnis 90/Die Grünen für eine Reform des Strafverfahrens* vom 18.02.2004, 2/04, https://www.drb.de/positionen/stellungnahmen/stellungnahme/news/204/ (zuletzt abgerufen am 2. Mai 2023).

609 Kritisch hierzu siehe *Schünemann*, ZStW 114 (2002), 1 (43).

610 *Peters*, Fehlerquellen im Strafprozeß, Bd. 2, S. 212.

611 *Dahs*, NJW 1985, 1113 (1118), *Beulke*, in: Schreiber, Strafprozeß und Reform, 1979, 30 (46); *Wolter*, SK-StPO (Juni 1994), vor § 151 Rn. 59 ff.

Einstellung oder günstige Erledigung hinzuwirken. Zumindest wird es ihnen erleichtert eine abgewogene Entscheidung über Absprachen und anderweitige konsensuale Erledigungen zu entscheiden.

Anhand des Strafbefehls lässt sich das Partizipationsdefizit des Beschuldigten in der Phase vor der Hauptverhandlung besonders treffend veranschaulichen. Der Beschuldigte ist zwar vor Abschluss der Ermittlungen vom Gericht oder den Ermittlungsbehörden anzuhören (vgl. § 163a StPO), allerdings muss vor Erlass des Strafbefehls keine Anhörung des Beschuldigten erfolgen (vgl. § 407 Abs. 3), da die Zustellung des Strafbefehls und die Einspruchsmöglichkeit des Beschuldigten als hinreichender Ersatz zur Sicherung rechtlichen Gehörs gewertet werden.[612] Die Nichteinhaltung der Anhörungsvorschrift des § 163a Abs. 1 StPO im Ermittlungsverfahren führt nicht zur Unwirksamkeit des Strafbefehls.[613] De facto kann es also zu einem rechtskräftigen Strafbefehl mit erheblichen Sanktionen ohne Anhörung des Beschuldigten kommen.[614] Dieser kann gegen den Strafbefehl dann nur noch Einspruch einlegen.

Darüber hinaus hat der Beschuldigte im Strafbefehlsverfahren grundsätzlich kein Recht auf die Bestellung eines Strafverteidigers. Anders ist das nur, wenn eine Verurteilung zu einer Freiheitsstrafe von bis zu einem Jahr (auf Bewährung) ernsthaft im Raum steht. Dann handelt es sich um einen Fall notwendiger Verteidigung (vgl. §§ 408b S. 2, 407 Abs. 2 S. 2, 141 Abs. 3 StPO). Die notwendige Verteidigung ergibt sich hier aus den „eingeschränkten Verteidigungsmöglichkeiten“[615] im summarisch ausgelegten Strafbefehlsverfahren. In allen anderen Fällen des § 407 StPO handelt es sich zumindest nicht grundsätzlich um einen Fall notwendiger Verteidigung. Denkbar ist, dass auch im Strafbefehlsverfahren ein Fall notwendiger Verteidigung nach § 140 Abs. 1 oder Abs. 2 StPO vorliegt. Auf Grund des Anwendungsbereichs des Strafbefehls werden die Voraussetzungen hierfür aber grundsätzlich nicht gegeben sein. Beschuldigte haben daher im Strafbefehlsverfahren regelmäßig nur dann einen Verteidiger, wenn sie ihn selbstständig im Rahmen der Wahlverteidigung engagieren und bezahlen.[616]

Sowohl der EuGH als auch der BGH haben sich mit der Frage auseinandergesetzt, ob der Beschuldigte einen Anspruch auf Übersetzung seines Einspruchs gegen den Strafbefehl aus § 187 Abs. 1, 2 GVG oder alternativ aus Art. 3 Abs. 3

---

612 BVerfGE 25, 158 (165 f.).

613 *Momsen*, SSW-StPO, § 407 Rn. 28.

614 *Oske*, MDR 1968, 885.

615 Siehe hierzu *Momsen*, SSW-StPO, § 408b Rn. 6.

616 *Stoll*, Beschleunigungsstrategien der Strafjustiz, S. 33.

der Richtlinie 2010/64/EU des Europäischen Parlaments und des Rates vom 20. Oktober 2010 über das Recht auf Dolmetscherleistungen und Übersetzungen in Strafverfahren hat.[617] Der BGH lehnt einen solchen Übersetzungsanspruch für den Einspruch ab. Ein Einspruch, der nicht auf Deutsch erfolgt, ist daher grundsätzlich unwirksam. Allein Rechtsmittelrücknahmen sollen auch in einer anderen Sprache wirksam sein.[618] Dahinter steckt vor allem der Gedanke der Prozessökonomie. In der *Covaci* Entscheidung bestätigt der EuGH, dass die Auffassung des BGH der Richtlinie nicht entgegensteht, auch wenn der Strafbefehl in den Anwendungsbereich der Richtlinie fällt.[619]

Hier soll noch nicht detailliert auf strukturelle Diskriminierungsphänomene durch konsensuale Erledigungsmethoden – insbesondere am Beispiel des Strafbefehls – eingegangen werden.[620] Es zeigt sich jedoch bereits die Notwendigkeit einer genaueren Betrachtung möglicher *struktureller* Machtdifferenzen zwischen Beschuldigtem und staatlichen Ermittlungsbehörden im Hinblick auf besonders schutzbedürftige Beschuldigte. Während verteidigte Beschuldigte durch engagierte, frühzeitige Verteidigung Vorteile erlangen können, stellt das Strafbefehlsverfahren für unverteidigte Beschuldigte und diejenigen, die deutsch nicht oder nur begrenzt sprechen, eine Barriere dar.[621] Die konkrete Ausgestaltung der Beschuldigten- und Verteidigerposition und eventuell notwendige strukturelle Anpassungen verdienen eine genauere Betrachtung.

Im Folgenden soll *erstens* der Status Quo partizipatorischer Elemente im Ermittlungsverfahren näher dargestellt werden. In einem *zweiten* Schritt wird zwischen der rechtlichen und rechtskulturellen Grundlage der Beteiligung oder des Beteiligungsdefizits der Verteidigung im Ermittlungsverfahren unterschieden.

2. *Status Quo*

Der Beschuldigte und dessen Rechtsbeistand – wenn zu diesem Zeitpunkt bereits ein Verteidiger existiert – nehmen im Ermittlungsverfahren eine reaktive Position ein, insofern als regelmäßig keine selbstständigen Ermittlungen angestellt werden, sondern die Verteidigung auf den Ermittlungen der Staatsanwaltschaft

617 Zum Anspruch auf Übersetzung des Strafbefehls siehe jedoch Kapitel 5 C. II. 1.

618 BGH, NStZ 2000, 553; kritisch hierzu: *Frister*, SK-StPO, § 187 Rn. 5; *Schmidt*, Verteidigung von Ausländern, Rn. 324.

619 EuGH C-216/14 (Erste Kammer), Urteil vom 15. Oktober 2015 (Gavri Covaci).

620 Siehe hierzu aber Kapitel 5 C. II.

621 So auch *Momsen*, SSW-StPO, § 407 Rn. 2.

und Polizei aufbaut. Aus deutscher Sicht mag dies zunächst vor dem Hintergrund des Amtsaufklärungsgrundsatzes und des Prinzips der materiellen Wahrheitserforschung selbstverständlich klingen. *Schünemann* kritisiert diese „inferiore"[622] Rolle des Beschuldigten und der Verteidigung im Kontext der enormen Bedeutungssteigerung des Ermittlungsverfahrens. Auch ein Blick auf in den USA existierende Verteidigungsstrategien lässt Zweifel an der Selbstverständlichkeit mangelnder kontradiktorischer Partizipationsrechte, die über die bloße Kontrolle der Ermittlungsbehörden hinausgehen, aufkommen.

Die Staatsanwaltschaft dokumentiert ihre Ermittlungen in der Ermittlungsakte, die nach Abschluss des Ermittlungsverfahrens im Zwischenverfahren an das Gericht weitergeleitet wird. Das Gericht trifft im Zwischenverfahren Entscheidungen über die Eröffnung der Hauptverhandlung auf Grundlage dieser Akte. In diesem Stadium findet regelmäßig keine selbstständige Ermittlung des Sachverhalts durch die Verteidigung oder das Gericht statt.[623] Das wohl bedeutendste Instrument im Ermittlungsverfahren ist aus verteidigungsstrategischer Sicht das Akteneinsichtsrecht.[624] Bis zum Abschluss des Ermittlungsverfahrens kann die Staatsanwaltschaft allerdings die Akteneinsicht mit der Begründung ablehnen, dass andernfalls der Untersuchungszweck gefährdet würde. Gegen diese staatsanwaltschaftliche Entscheidung gibt es grundsätzlich kein Rechtsmittel.[625] Denkbar ist allein die Einlegung einer Dienstaufsichtsbeschwerde.[626] Erst nachdem der Abschluss der Ermittlungen durch die Staatsanwaltschaft vermerkt ist, kann gem. § 161a Abs. 3 S. 2–4 StPO eine gerichtliche Entscheidung hierüber beantragt werden.

Wenn in Deutschland von Verteidigung vor der Hauptverhandlung gesprochen wird, ist damit häufig eine Prüfung der bereits durch die Staatsanwaltschaft bzw. Polizei durchgeführten Ermittlungen gemeint. So mag beispielsweise zu prüfen sein, ob die Staatsanwaltschaft die Grenzen zulässiger Vernehmungsmethoden (vgl. § 136a StPO) eingehalten hat. Auskunft hierüber erhält die Verteidigung aus den beantragten Ermittlungsakten, also letztlich von der

---

622 *Schünemann*, ZStW 114 (2002), 1 (43).

623 *Bockemühl*, FS-Beulke, S. 649; *Burhoff*, Ermittlungsverfahren, Rn. 1576; *Bosbach/Ackermann/Caba*, Ermittlungsverfahren, Rn. 231; *Barton*, StV 1984, 394.

624 *Beulke*, SSW-StPO, Einl. Rn. 178.

625 OLG Hamm NStZ 1984, 280; OLG Hamburg StV 1986, 422; OLG Hamm, wistra 2003, 317; OLG Frankfurt NStZ-RR 2005, 376; siehe hierzu auch *Beulke*, SSW-StPO, § 147 Rn. 50 f. m.w.N.

626 *Beulke*, SSW-StPO, § 147 Rn. 51; LG Neubrandenburg NStZ 2008, 655, 656; *Meyer-Goßner/Schmitt*-StPO, § 147 Rn. 40.

Staatsanwaltschaft selbst. Im Zwischenverfahren kann der Beschuldigte bzw. die Verteidigung gem. § 202 StPO Beweisanträge stellen, über welche das Gericht zu entscheiden hat. Grundlage „jeder eigenen Ermittlungstätigkeit sei die dem Verteidiger überlassene Akte der Staatsanwaltschaft“[627]. Dabei handelt es sich aber gerade nicht um eine *selbstständige* Ermittlungstätigkeit, denn von vornherein wird unversucht gelassen, Informationen zu erlangen, die von der Staatsanwaltschaft (bisher) nicht ermittelt wurden. Natürlich nimmt die staatsanwaltschaftliche Ermittlung eine zentrale Rolle für die Verteidigungsstrategie ein, aber eine Verteidigung die allein auf der staatsanwaltschaftlichen Ermittlungsakte basiert, vernachlässigt andere mögliche Sachverhaltsabläufe, die der Schlüssel zu einer erfolgreichen Verteidigung sein können.

Selbstständige Ermittlungen der Verteidigung kann aus der Anhörung von Zeugen, Auswertungen von Videoaufzeichnungen, Sachverständigenbefragungen und der Anstellung eines privaten Ermittlers, bereits vor Akteneinsicht, bestehen. Dies findet in der Praxis – vor allem außerhalb von Wirtschaftsstrafsachen – aber kaum statt.[628] Warum das der Fall ist, kann auf zwei Ebenen – der rechtlichen und prozesskulturellen Ebene – beantwortet werden, die zum Teil miteinander zusammenhängen.

Erklärtes Ziel der Strafprozessreform von 2017 war unter anderem die Stärkung der Beschuldigtenrechte, vor allem vor dem Hintergrund steigender Kompetenzen der Staatsanwaltschaft. Auch noch nach der Strafprozessreform, ist die Position des Beschuldigten im Vergleich zur Staatsanwaltschaft geschwächt. Zum Teil wird eine Vertiefung des strukturellen Ungleichgewichts zwischen dem Beschuldigten und der Staatsanwaltschaft durch die Strafprozessreform von 2019 beklagt.[629] Einerseits reagiert das *Gesetz zur Neuregelung des Rechts auf notwendige Verteidigung* vom 10.12.2019[630] auf den Bedeutungszuwachs des Ermittlungsverfahrens und die Bedeutungssteigerung frühzeitiger Verteidigung, andererseits enthält die Gesetzesreform von 2019[631] auch Einschränkungen der Beschuldigten- und Verteidigerrechte, insbesondere im Hinblick auf das Beweisantragsrecht.[632] Im Jahre 2021 wurde das Gesetz zur Fortentwicklung der

---

627 *Strate*, StV 1999, 228 (233).

628 *Turner*, Wm. & Mary L. Rev. 2016, 1549 (1593); *Cape/Namoradze/Smith/Spronken*, Effective Criminal Defence in Europe, S. 619 f.

629 So *Gercke*, StV 2020, 201 (206).

630 Ausführlich hierzu unter Kapitel 4 B. II.

631 BGBl. 2019, 2121.

632 Siehe zur Übersicht *Habetha*, NJW 2021, 1288 (1290); *Kudlich/Nicolai*, JA 2020, 881 (886 f.).

Strafprozessordnung und zur Änderung weiterer Vorschriften“[633] erlassen. Das Gesetz sieht eine weitere „Modernisierung“ des Ermittlungsverfahrens vor, die die Entwicklung des Ermittlungsverfahrens hin zur zentralen strafprozessualen Phase weiter ausbauen soll.

Trotz mehrfacher Reformen hat sich an der strukturellen Unterlegenheit des Beschuldigten und passiven Rolle der Verteidigung im Ermittlungsverfahren bei gleichzeitigem Bedeutungszuwachs dieser Prozessphase jedoch wenig geändert. Im Folgenden sollen die Rechtslage und die rechtskulturellen Implikationen analysiert werden, die das strukturelle Teilhabedefizit des Beschuldigten und seines Verteidigers im Ermittlungsverfahren begründen.

a. *Rechtslage*

Die heute geltende Berufsordnung für Rechtsanwälte (BORA) sowie die Bundesrechtsanwaltsordnung (BRAO) enthalten keine Regelungen zu eigenständigen Ermittlungen der Verteidigung. Die Befragung von Zeugen, die Auswertung von Videoaufnahmen oder Ähnliches sind nicht geregelt. Rechtsanwälte sind gem. § 1 BRAO Organe der Rechtspflege und nach § 3 Abs. 1 BRAO unabhängiger Rechtsberater. Strafverteidiger, im Speziellen, sind Staatsanwälten und dem Gericht als Organe der Rechtspflege gleichgeordnet.[634] Der Schutzbereich des Art. 12 Abs. 1 GG umfasst die Strafverteidigung. Entsprechend kann die Berufsausübung des Strafverteidigers durch ein Gesetz eingeschränkt werden, welches seinerseits „verfassungsrechtlichen Anforderungen an grundrechtseinschränkende Gesetze genügt“[635] (vgl. Art. 12 Abs. 1 S. 2 GG).

Zunächst könnte sich aus dem Anklagemonopol der Ermittlungsbehörden ein Hindernis für selbstständige Ermittlungstätigkeiten des Beschuldigten ergeben. Dies ist jedoch nicht der Fall. Das Anklagemonopol ist eben genau das: ein *Anklage*monopol, kein Verbot selbstständiger Ermittlungen der Verteidigung. Das BVerfG sagt zur Stellung des Strafverteidigers:

> „Unter der Geltung des Rechtsstaatsprinzips des Grundgesetzes müssen dem Bürger schon aus Gründen der Chancen- und Waffengleichheit Rechtskundige zur Seite stehen, denen er vertrauen und von denen er erwarten kann, dass sie seine Interessen unabhängig, frei und uneigennützig wahrnehmen. Dem Rechtsanwalt als berufenem unabhängigen Berater und Beistand obliegt es, seinem Mandanten umfassend beizustehen.“[636]

633 BGBl. 2021, 2099.
634 BverfGE 34, 293; *Feuerich/Weyland*, BRAO, § 1 Rn. 4.
635 BVerfG NJW 2011, 665 (665).
636 *Hamm/Kempf/Scherzberg*, StV 2004, 254 (257).

Umfassender Beistand meint im Einzelfall selbstständiges, frühzeitiges Ermitteln. Unter Umständen mag es für den Strafverteidiger nicht nur erlaubt, sondern sogar geboten sein, eigene Ermittlungen vorzunehmen.[637] Auch der BGH betont die grundsätzliche Berechtigung des Strafverteidigers eigene Ermittlungen durchzuführen.[638]

Dem Strafverteidiger sind im Rahmen seiner Pflichtenausübung strafrechtliche Grenzen gesetzt. Relevant ist hier insbesondere die Beihilfe zur Falschaussage. Die Beihilfe zur Falschaussage kann im Zusammenhang mit der Vorbereitung von Zeugen oder Sachverständigen relevant werden. Die Grenze einer solchen Vorbereitung war ursprünglich in den Standesregeln von 1929 geregelt. Hiernach waren Zeugenbefragungen grundsätzlich zulässig.[639] Dabei sollte allerdings schon der Anschein einer Zeugenbeeinflussung vermieden werden.[640] Ab 1959 war nach Standesrecht eine Zeugenvorbereitung nur dann zulässig, wenn sie „durch besondere Umstände gerechtfertigt"[641] war. Spätere Regelungen setzen den Zweck der pflichtgemäßen Sachverhaltsaufklärung und die Aufklärung des Zeugen über seine Rechte und Pflichten voraus.[642] 1987 wurden die Standesrichtlinien insgesamt für verfassungswidrig erklärt (Art. 12 I GG).[643] Die heute geltende BORA enthält keinerlei Regelungen zur Zeugenvorbereitung im Speziellen oder selbstständigen Ermittlungen durch Verteidiger im Allgemeinen. Das Strafrecht könnte jedoch eine rechtliche Grenze für aktive Ermittlungen des Verteidigers darstellen. Die Grenze für die Vorbereitung von Zeugen ist jedenfalls die vorsätzliche Manipulation einer Aussage. Für den Strafverteidiger existiert auch bei Ausübung seines Mandats kein straffreier Raum. Im Zusammenhang mit § 261 Abs. 2 S. 1 StGB heißt es vom BVerfG, dass das Grundgesetz „keinen strafrechtsfreien Raum"[644] für Strafverteidiger enthält.

Eine aktive Verteidigungsstrategie, die aus Zeugenbefragung, Zeugenvorbereitung, Auswertung von Videomaterial und Ähnlichem besteht ist für sich genommen nicht strafbar und im Einzelfall sogar geboten. Eine weitere Grenze,

---

637 *Jahn*, LR-StPO, vor. § 137 Rn. 116; *Gercke*, StV 2020, 201 (204).
638 BGH StV 2019, 798; BGHSt 46, 1 (4).
639 *Hoffmann/Maurer*, NJW 2018, 257 (257).
640 *Hoffmann/Maurer*, NJW 2018, 257 (257).
641 *Hoffmann/Maurer*, NJW 2018, 257 (257).
642 Siehe mit Nachweis bei *Hoffmann/Maurer*, NJW 2018, 257 (257).
643 BVerfGE 76, 171, NJW 1988, 191.
644 *Hamm/Kempf/Scherzberg*, StV 2004, 254 (261).

die sich aus der Strafbarkeit der Ermittlungshandlung ergibt, wäre die Anstiftung zur Falschaussage.[645]

In der Literatur wird die Verteidigung auch als „Ermittlungsorgan ohne rechtliche Durchschlagkraft" bezeichnet, welches auf Mitwirkung staatlicher Ermittlungsorgane angewiesen sei. Gemeint ist, dass keine Befugnis zur Anwendung von Zwangsmaßnahmen besteht.[646] Auch in den USA hat die Verteidigung keine staatlichen Zwangsbefugnisse außerhalb des *subpoena* Rechts. Das hält Verteidiger allerdings nicht davon ab „Investigator" zu beauftragen, Zeugenaussagen zu sammeln, Sachverständige zu befragen und andere Beweismittel zu beschaffen und auszuwerten. Es gehört zum Pflichtprogram einer kompetenten Verteidigung, eigenständige Ermittlungen durchzuführen, andernfalls kann es sich je nach Einzelfall sogar um einen Fall der *ineffective assistance of counsel* (ineffektive Verteidigung des Beschuldigten) handeln, was unter Umständen sogar zu einer Aufhebung einer späteren Verurteilung führen kann.[647] Beispielsweise dann, wenn ein Verteidiger einen möglichen Alibizeugen nie kontaktiert und befragt. Auch wenn der Verteidiger davon ausgeht, dass das Alibi letztlich nicht hilfreich sein wird, muss zumindest Kontakt hergestellt werden.[648]

Im Ergebnis ist eine selbstständige Aufklärung des Sachverhalts durch die Verteidigung nicht nur nicht *rechts*widrig, sondern für eine effektive Verteidigung im Einzelfall möglicherweise geboten.[649] Dennoch werden solche Ermittlungen misstrauisch betrachtet.[650] Auch fehlt es im deutschen Strafprozess an einer rechtlichen Struktur, die das Verteidigungsrecht des Beschuldigten stärken würde – so zum Beispiel gibt es kein Beweisantragsrecht im Ermittlungsverfahren und kein „subpoena" Recht – das Recht des Beschuldigten oder der

---

645 OLG Bamberg, NJW2006, 2935; BGH, NJW 1958, 956. Zur Differenzierung zwischen Beihilfe zur Anstiftung und versuchter Anstiftung zur Falschaussage siehe *Müller*, Jura 2007, 697.

646 Allerdings haben Strafverteidiger in den USA ein sogenanntes „subpoena" Recht, auf welches ausführlich in Kapitel 6 B. II. eingegangen wird.

647 Dieses Konzept existiert im deutschen Strafprozess nicht. Inwiefern es jedoch vor dem Hintergrund einer strukturellen Verschiebung für den deutschen Strafprozess brauchbar gemacht werden kann, wird in Kapitel 6 behandelt.

648 State of Maryland v. Adnan Syed, No. 24, September Term, 2018, https://www.courts.state.md.us/data/opinions/coa/2019/24a18.pdf.

649 So auch *Rettenmaier*, in: Handbuch Wirtschafts- und Steuerstrafrecht, 31. Kapitel, Rn. 101 ff.; *Engländer/Zimmermann*, MüKo-StPO, § 364b Rn. 6.

650 *Cape/Namoradze/Smith/Spronken*, Effective Criminal Defence in Europe, 2010, S. 619 f.

Verteidigung Zeugen zum Erscheinen und zur Aussage zu *verpflichten* oder andere Beweise per gerichtlicher Anordnung zu beschaffen.[651]

b. „Prozesskultur"

In der rechtsvergleichenden Literatur fällt das Erstaunen über vergleichsweise passive deutsche Verteidigungsstrategien auf. In einem Lehrbuch zur Strafverteidigung im europäischen Vergleich heißt es über Deutschland:

> „Although Germany's existing legal framework guarantees, to a large extent, the right to fair trial a number of problems remain. [...] An active defence is not encouraged by the various criminal justice actors. Defence lawyers are sometimes not seen as independent as some rely on the courts for regular appointments. Judges and prosecutors tend to be critical, sceptical and distrustful of the results of defence investigations assuming witnesses were unduly influenced by the defence. As a result, defence lawyers rarely engage in independent investigations."[652]

Turner beschreibt die deutsche Verteidigungskultur ähnlich:

> „This arrangement leads most German defense attorneys to remain passive during the pretrial stage and to rely primarily on state authorities to gather evidence. This is not a feature that American jurisdictions would wish to import."[653]

Was hier aus externer Perspektive beschrieben wird, geht über rein rechtliche Erwägungen hinaus. Es handelt sich um ein prozess*kulturelles* Phänomen. Ein kulturelles Phänomen meint in diesem Zusammenhang eine allgemein akzeptierte Praxis der Verfahrensbeteiligten, die sich nicht schon aus einer gesetzlichen Regelung, sondern aus einem kollektiven Verständnis der relevanten Akteure ergibt. Während häufig vor allem strafprozessuale Regelungen rechtsvergleichend betrachtet werden, werden diese rechtskulturellen Unterschiede, die auch als „professional rules"[654] oder „ethical rules" bezeichnet werden können, kaum

---

651 Hierzu ausführlich unter Kapitel 4 B. III.

652 *Cape/Namoradze/Smith/Spronken*, Effective Criminal Defence in Europe, 2010, S. 619 f.

653 *Turner*, Wm. & Mary L. Rev. 2016, 1549 (1593), zu Deutsch etwa: Dies veranlasst die Mehrzahl deutscher Strafverteidiger dazu im Vorverfahren eine passive Rolle einzunehmen und sich primär auf staatliche Akteure zu veranlassen. Es ist nicht wünschenswert diese Charakteristik in das amerikanische Rechtssystem zu importieren.

654 Hierzu näher *Davis*, GIR 2019, https://freddavisnylaw.files.wordpress.com/2020/03/how-differing-professional-rules-can-mess-up-an-international-investigation.pdf (zuletzt abgerufen am 2. Mai 2023).

näher untersucht. Gerade aber diese Regeln bestimmen die Rolle der Verteidigung bei der Sachverhaltsaufklärung entscheidend mit.[655]

Auch von Strafverteidigern in Deutschland wird das generelle Misstrauen gegenüber eigenständigen Ermittlungen, das sich nicht schon aus gesetzlichen Regelungen ergibt, immer wieder bemängelt.[656] Der Verteidiger müsse das „Misstrauen einkalkulieren, das in der Praxis den Ermittlungen eines Verteidigers entgegengebracht wird".[657] Diese Skepsis geht sowohl von staatlichen Akteuren[658] als auch von denen aus, an die sich die Ermittlungen des Verteidigers richten.[659] Das Misstrauen gegenüber aktiver Strafverteidigung stelle angesichts der Konsensualisierung der Strafprozessordnung nach *Gatzweiler* ein besonderes Risiko dar.[660] Insbesondere sei mit ihr eine Tendenz verbunden, konfliktbereite, aktive Strafverteidigung weiter „zur Disposition" zu stellen.[661] Gerade im Rahmen konsensualer Erledigungsgespräche, sei es Pflicht der Verteidigung die Interessen des Mandanten zu schützen, das Verfahren aktiv zu gestalten und sich nicht auf den „Erledigungsvorstellungen" staatlicher Akteure auszuruhen.[662]

In Deutschland sind eine Reihe rechtskultureller Grundvoraussetzungen für das Verständnis vergleichsweiser passiver Verteidigungsstrategien relevant: (1) Die Grundannahme, dass die Staatsanwaltschaft eine neutrale Behörde ist, die für und gegen den Beschuldigten ermittelt, (2) Die Vermutung, dass die Ermittlungsbehörde legal handeln und Verfahrensvorschriften einhalten. Das Misstrauen bzgl. Sachverhaltsaufklärungen und aktiver Verteidigungsstrategien ist die Kehrseite des Vertrauens in institutionelle Ermittlungen durch die Polizei und Staatsanwaltschaft.

In Wirtschaftsstrafsachen zeigt sich allerdings eine Entwicklung – oder ein *„cultural shift"* – hin zu einer aktiveren und frühzeitigen Verteidigung. Das erhöhte Strafbarkeitsrisiko und die „Multipolarität"[663] der Interessen des Unternehmens, der Mitarbeiter und der Organmitglieder haben entscheidend zu dieser Entwicklung beigetragen. Die *Lederspray* Entscheidung[664] ist eine der zentralen

655 Für das anwaltliche Selbstverständnis im Wechselwirkungsverhältnis mit der Rechtskultur im zivilrechtlichen Bereich, vgl. *Mankowski*, Rechtskultur, S. 352 ff.
656 *Dahs*, Handbuch des Strafverteidigers, Rn. 217.
657 *Bosbach/Ackermann/Caba*, Rn. 225.
658 *Pfordte/Degenhard*, Der Anwalt im Strafrecht, 2005, § 4 Rn. 41.
659 *Bosbach/Ackermann/Caba*, Rn. 225.
660 *Gatzweiler*, FS-Jung, S. 215.
661 *Gatzweiler*, FS-Jung, S. 218.
662 *Gatzweiler*, FS-Jung, S. 218.
663 *Spoerr*, StV 2019, 697 (700).
664 BGHSt 37, 106; NJW 1990, 2560.

Entscheidungen zur strafrechtlichen Verantwortung für Gefährdungsverhalten innerhalb eines Unternehmens. Der BGH behandelt hier die Pflichtenstellung der Unternehmensangehörigen, Fragen der Kausalität und der objektiven Zurechnung bei unternehmensinterner Arbeitsteilung (Verantwortlichkeit bei Gremienentscheidungen).[665] Die Lederspray Entscheidung konstruiert die strafrechtliche Verantwortung der Geschäftsleitung aus „der Generalverantwortung und Allzuständigkeit der Geschäftsleitung".[666] Die materiell-rechtlichen Strafbarkeitsrisiken[667] haben hier mittelbar zu einer aktiven Verteidigungsstrategie und frühzeitigen Intervention durch die Verteidigung geführt.

Die Verteidigungsstrategie in Wirtschaftsstrafsachen ist häufig primär auf eine Einstellung nach § 170 Abs. 2 StPO ausgerichtet und sekundär auf die Hinwirkung einer konsensualen Beendigung des Verfahrens nach § 153a StPO. Man hat hier erkannt, dass informatorische Befragungen durch die Ermittlungsbehörden in einem frühen Verfahrensstadium für den weiteren Verlauf des Falles entscheidend sein können und daher auch Verteidigungsstrategien frühzeitig ansetzen müssen.[668] Eine belastende Offenbarung in diesem Stadium wirkt sich nachhaltig aus. Besonders wichtig ist aus Perspektive der Verteidigung Klarheit über den Stand der Ermittlungen:

> „Ohne Aktenkenntnis kann der Verteidiger seinen Mandanten weder beraten noch bei der Vorbereitung einer Aussage unterstützen. Die ganze Strategie der Verteidigung hängt davon ab, dass volle Klarheit über den gegenwärtigen Stand der Ermittlungen herrscht"[669].

Neben der Aktenkenntnis wird im Bereich des Wirtschaftsstrafrechts aber auch die zentrale Bedeutung der *internen* Sachverhaltsermittlung erkannt.[670] Eine effektive Verteidigung in Wirtschaftsstrafsachen wird als holistische Aufgabe gesehen und erfordere daher neben der strafrechtlichen auch eine zivilrechtliche, arbeitsrechtliche, steuerrechtliche und gesellschaftsrechtliche Beratung.[671] Zusammenfassend lässt sich sagen, dass in Wirtschaftsstrafsachen eine aktive Verteidigung, einschließlich selbstständiger Ermittlungen, bereits existiert und

665 Siehe hierzu: *Meier*, NJW 1992, 3193.

666 BGH NJW 1990, 2560 (2565).

667 *Vorholt/Dimarch*, NZA-Beilage 2018, 108 (109).

668 *Ulsenheimer/Rock*, M&A Review 2/1991, 1 ff.

669 *Ulsenheimer/Rock*, M&A Review 2/1991, 1.

670 *Taschke*, Verteidigung in Korruptionsstrafsachen, in: Handbuch zur Korruptionseindämmung, 2007, Kapitel 11 Rn. 46 ff.

671 *Taschke*, StV 2007, 495 (499).

als erfolgreiche Verteidigungsstrategie anerkannt wird. Eigene Ermittlungen der Verteidigung können mit erheblichen Kosten verbunden sein. Ob und wie gründlich eigene Sachverhaltsermittlungen angestellt werden können, hängt also nicht nur von dem Engagement des einzelnen Verteidigers ab, sondern wohl auch von den finanziellen Mitteln des Beschuldigten. Insbesondere Pflichtverteidiger werden sich gründlich überlegen müssen, welche Ermittlungskosten erstattet werden können. Kapitel 4 B. geht näher auf die mit der Ausgestaltung der Pflichtverteidigung verbundenen strukturellen Diskriminierungseffekte für finanziell benachteiligte Beschuldigte ein.

Die Tendenz passiver Strafverteidigung in Deutschland, insbesondere im Ermittlungsverfahren, ist zumindest auch ein rechtskulturelles Phänomen, das nicht allein durch eine Betrachtung der gesetzlichen Ausgestaltung der Verteidigerposition verstanden werden kann. In einem Verfahren, das immer mehr Fokus auf das Vorverfahren legt, ist das Misstrauen gegenüber aktiver Verteidigung und resultierender passiver Verteidigungsstrategien problematisch. Konsensuale Erledigungen dürfen nicht dazu führen, dass die Tendenz passiver Strafverteidigung weiter perpetuiert wird.[672] Die Konsensualisierung des deutschen Strafprozesses ist eine Möglichkeit, Verteidigungsstrategien an die Verschiebung der Prozessphasen anzupassen und die passive Verteidigungskultur grundlegend zu überdenken. Sie bietet aber auch eine passende Gelegenheit die Filterwirkung und Bedeutung des Ermittlungsverfahrens vor dem Hintergrund kognitiver Verzerrungen näher zu betrachten (siehe Kapitel 4 A.), da diese die Bedeutung frühzeitiger, effektiver Intervention unterstreichen.

C. Ausblick

Einseitige Ermittlungen durch die staatlichen Behörden sind nicht nur aus Perspektive der Verteidigung bedenklich, sondern für den Strafprozess insgesamt. *Peters* stellte schon für die 50er und 60er Jahre fest, dass Fehler im Prozess regelmäßig auf Fehlern im Ermittlungsverfahren beruhen. Ein Fehler im Vorverfahren setzt sich regelmäßig fort und ist nur schwer umzulenken.[673] Es besteht die Gefahr, dass ein einmal begonnener Ermittlungsansatz unkritisch weiterverfolgt wird und so zu einer selbsterfüllenden Prophezeiung wird.[674] Gleichzeitig

672 Befürchtet wird dies beispielsweise von *Gatzweiler*, siehe *Gatzweiler*, FS-Jung, S. 215 ff.
673 Ausführlich zum Phänomen des confirmation bias und Kognitive Dissonanzen in Kapitel 4 A.
674 *Schmitz*, Tatgeschehen, Zeugen und Polizei, 1978, 208 ff.

gelangen Beweise aus dem Ermittlungsverfahren relativ ungefiltert in das Hauptverfahren. Aus Beschuldigtensicht entscheidend sind daher *frühzeitige* Interventionen. Die deutsche Strafprozesskultur ist an diese Entwicklung aus Sicht des Beschuldigten noch nicht hinreichend angepasst.[675] Der deutsche Strafprozess setzt auf die „neutralen“ Ermittlungen der Staatsanwaltschaft und vernachlässigt Interventionsmöglichkeiten des Beschuldigten und der Verteidigung.

Wie aufgezeigt ist die Forderung der Ausweitung partizipatorischer Elemente nicht neuartig.[676] Vor dem Hintergrund struktureller Veränderungen durch konsensuale Erledigungen ist diese Forderung jedoch aktueller denn je.[677] Denn konsensuale Erledigungsmethoden perpetuieren einerseits die Bedeutung des Vorverfahrens, bieten aber andererseits Chancen und Pflichten, das Verfahren von Beginn an mitzugestalten. So wird es regelmäßig sinnvoll sein, sich mit der Staatsanwaltschaft bereits frühzeitig über mögliche Verfahrenserledigungen auseinanderzusetzen. In Wirtschaftsstrafsachen zeigt sich bereits, dass Verteidiger diese Chancen erkennen und frühzeitig, wann immer möglich, auf Einstellungen hinarbeiten.

Während Elemente konsensualer Erledigungsmethoden das deutsche Strafverfahren immer mehr beherrschen, bleibt die Einführung von Schutzmechanismen und Interventionsmöglichkeiten – insbesondere eine flächendeckende Stärkung der Verteidigung – weitgehend aus. Die (mangelnde) Ausgestaltung der Pflichtverteidigung im Rahmen der notwendigen Verteidigung, Verteidigungsdefizite und sich daraus ergebende Diskriminierungseffekte sowie mögliche Ausgleichmechanismen werden in den folgenden Kapiteln ausführlich behandelt.

---

675 *Nelles*, StV 1986, 74.
676 Siehe beispielsweise *Schünemann*, ZStW 114 (2002), 1 (43).
677 *Momsen/Washington*, FS-Eisenberg, 453 (471 f.).

Kapitel 4: Grundlegende Strukturelle Diskriminierungseffekte – Confirmation Bias & Verteidigungsdefizite im Ermittlungsverfahren

Vor dem Hintergrund konsensualer Erledigungsmethoden, die den Strafprozess mehr und mehr dominieren, sind zwei strukturelle Phänomene zu beobachten, die den Ausgangspunkt der folgenden Betrachtung bilden. *Erstens*, das Ermittlungsverfahren wird – entgegen der gesetzlichen Konzeption – zur entscheidenden Prozessphase. *Zweitens*, für den Beschuldigten entsteht ein starker Druck schon vor der Hauptverhandlung zu kooperieren, was zu einer Perpetuierung der Dominanz konsensualer Methoden und des Ermittlungsverfahrens führt. Beide Effekte stehen in einem Wechselwirkungsverhältnis zueinander und verstärken sich gegenseitig. Folgend sollen die strukturellen Bedingungen analysiert werden, die diese Dynamik begünstigen, produzieren und perpetuieren: Kognitive Dissonanzen (A.) und strukturelle Verteidigungsdefizite (B.). Anschließend werden sich daraus ergebende allgemeine (B.) und spezielle Diskriminierungseffekte (C.) aufgezeigt.

A. Confirmation Bias und kognitive Dissonanzen

Fehler im Ermittlungsverfahren können sich nachhaltig auf den strafprozessualen Gesamtprozess auswirken und letztlich zu Fehlentscheidungen führen. Kognitionsfehler stellen ein zentrales Risiko für solche Fehlentscheidungen dar.[678] Im Folgenden wird das Verhältnis zwischen Kognitionsfehlern und der strukturellen Strafprozessverschiebung aufgezeigt. In Abschnitt C. werden die Erkenntnisse aus diesem Abschnitt A. herangezogen, um spezielle, strukturelle Diskriminierungseffekte aufzuschlüsseln und anhand des Beispiels des Nationalsozialistischen Untergrunds (NSU) näher zu erläutern.

---

678 *Dunkel*, Fehlentscheidungen in der Justiz, S. 59 ff.

I. Das Ermittlungsverfahren – Ausgangspunkt für „confirmation bias"

Das Phänomen der kognitiven Dissonanz wird in Deutschland meist in Zusammenhang mit dem Zwischenverfahren und dem Gericht diskutiert.[679] Dort ist das Problem wohl am leichtesten zu identifizieren. Das Gericht, welches im Zwischenverfahren primär anhand der Ermittlungsakte über die Eröffnung der Hauptverhandlung entscheidet, ist auch das spätere Tatgericht.[680] Es besteht personale *Identität* zwischen dem Gericht im Zwischen- und Hauptverfahren. § 199 StPO sagt über das Gericht im Zwischenverfahren: „Das für die Hauptverhandlung zuständige Gericht entscheidet [...]" über die Eröffnung der Hauptverhandlung. Diese personale Identität ist der ideale Nährboden für kognitive Dissonanzen und hartnäckige „bias Effekte".[681] Kognitive Verzerrungen und „bias Effekte" setzen aber schon vor dem Zwischenverfahren an und sind nicht auf das Gericht begrenzt.

§ 261 StPO schreibt vor, dass sich der Inhalt der Beweiswürdigung aus der Hauptverhandlung ergeben muss. Das bedeutet aber nicht, dass tatsächlich alle Beweismittel originär aus der Hauptverhandlung stammen. Die Ergebnisse des Ermittlungsverfahrens werden über das Zwischenverfahren „kaum gefiltert in die Hauptverhandlung transferiert".[682] Vor diesem Hintergrund sind Ermittlungen, die im Vorverfahren beginnen und sich durch den *confirmation bias* in und über diese Prozessphase hinaus fortsetzen, für das gesamte Strafverfahren und dessen Ergebnis relevant.

Erstaunlicherweise sind kognitive Dissonanzen und der confirmation bias im Ermittlungsverfahren selten Gegenstand rechtlicher Diskurse in Deutschland.[683]

---

679 Siehe beispielweise *Schünemann*, StV 2000, 159; *Stuckenberg*, LR-StPO, 26. Auflage 2008, Vor § 198 Rn. 1; *Heghmanns*, Das Zwischenverfahren im Strafprozeß, 1991; Siehe spezifisch zu Rückkoppelungseffekten bei der richterlichen Tatsachenfeststellung *Schünemann*, Strafprozessrecht und Strafprozessreform, Band III, Gesammelte Werke, S. 235.

680 Hierin liegt ein entscheidender Unterschied zum US-Strafprozess, in dem das Eröffnungs- und Hauptverhandlungsgericht streng voneinander getrennt ist vgl. hierzu *Momsen/Washington*, FS-Eisenberg, S. 462 ff.

681 *Momsen/Washington*, FS-Rogall. S. 593 ff.

682 *Momsen/Washington*, FS-Eisenberg, S. 453 (454).

683 Der NSU-Fall hat diesen Diskurs jedoch zumindest ein wenig vorangetrieben, siehe beispielsweise *Singelnstein*, StV 2016, 830 (831 ff.); zu Geständnissen im inquisitorischen Strafverfahren und kognitiven Verzerrungen auch *Sickor*, StV 2015, 516 (519 ff.).

Dies mag zum Teil an der rechtlichen Konzeption der Ermittlungsbehörden als vermeintlich neutrale Ermittler liegen. Selbst wenn man jedoch davon ausgehen würde, dass Ermittlungen tatsächlich immer neutral geführt werden, stellt dies gerade kein Gegenpol zu kognitiven Dissonanzen dar, die sich bei den relevanten Akteuren *unbewusst* festsetzen.

Festinger begründete 1957 die Theorie der kognitiven Dissonanz. Heute ist seine sozialpsychologische Theorie weit verbreitet und weitgehend anerkannt.[684] Kognitive Dissonanz beschreibt ein kognitiv wahrgenommenes Unwohlsein, welches entsteht, wenn Informationen für den Betrachter augenscheinlich nicht zusammenpassen. Die Reaktion ist der Versuch die Dissonanz zu reduzieren und die (scheinbar) in Konflikt stehenden Informationen zu harmonisieren, um das kognitive Gleichgewicht (wieder)herzustellen.[685] Das Verlangen eine Dissonanz auflösen zu wollen, kann unterschiedlich ausgeprägt sein und hängt davon ab, wie etabliert die bereits für wahr gehaltene Information ist.[686]

Kognitive Dissonanzen können zum sogenannten *confirmation bias* führen. Gemeint ist die Tendenz eine einmal verfolgte Theorie unkritisch weiterzuverfolgen.[687] Der Fokus liegt auf der Bestätigung einer einmal getroffenen Hypothese, anstatt der objektiven, unbefangenen Aufschlüsselung von Informationen. Alles was die Hypothese bestätigt, wird zur Kenntnis genommen, während gegenteilige Informationen ausgeblendet werden. *Nickerson* beschreibt die Gefahr des confirmation bias wie folgt:

> „If one were to attempt to identify a single problematic aspect of human reasoning that deserves attention above all others, the confirmation bias would have to be among the candidates for consideration."[688]

Nickerson meint hier, dass die unkritische Bestätigungsneigung einer der problematischsten Aspekte menschlicher Kognition sei.

Confirmation bias und kognitive Dissonanzen wirken sich auf alle menschlichen Denkprozesse aus. Insbesondere aber im strafrechtlichen Ermittlungsverfahren sind sie relevant. Wie stark die Bestätigungsneigung im Einzelfall ist,

---

684 Siehe beispielsweise *Smith/Mackie*, Social Psychology, S. 299; *Frey/Peus/Kastenmüller*, in: Meusburger/Welker/Wunder, Clashes of Knowledge, S. 189 ff.

685 *Festinger*, A Theory of Cognitive Dissonance, 1957, S. 3, 18.

686 *Schultz-Hardt/Köhnken*, Praxis der Rechtspsychologie 2000, Sonderheft 1, 60 (75).

687 *Wallace*, The Effects of Confirmation Bias on Criminal Investigative Decision Making, S. 21.

688 *Nickerson*, Review of General Psychology 1998, 175 (175).

hängt von der betrachtenden Person ab.[689] Im Ermittlungsverfahren handelt es sich dabei primär um Polizeibeamte und sekundär um die Staatsanwaltschaft.[690] Der Polizei eigen ist die Aufgabe, kriminalisiertes Verhalten aufzuklären bzw. zu verhüten und gegebenenfalls die Umstände zu ermitteln, die einen hinreichenden Tatverdacht gem. §§ 170 Abs. 1, 203 StPO begründen. Polizeiliches Erfahrungswissen spielt hierbei eine entscheidende Rolle. Dieses Erfahrungswissen wird immer wieder auch in der Begründung von Gesetzesentwürfen zur Strafprozessordnung genannt.[691] Im professionalisierten Kontext handelt es sich dabei sowohl um ein spezialisiertes kollektives als auch um ein individuelles Berufswissen. Polizisten greifen bei ihren Ermittlungen auf bereits gewonnene Erfahrungen (kollektives Wissen) zurück. Für einen Anfangsverdacht nach § 151 StPO reicht es beispielsweise aus, dass nach „kriminalistischer Erfahrung“[692] die Möglichkeit einer Straftat vorliegt. Bereits und gerade in einem frühen Stadium des Ermittlungsverfahrens bildet dieses Wissen eine entscheidende Grundlage.[693]

Im Einzelfall kann dieses Erfahrungswissen so gefestigt sein, dass es sich in Form unkritischer Ermittlungen manifestiert.[694] Insofern steht polizeiliches Erfahrungswissen in einem Wechselwirkungsverhältnis zum confirmation bias. Anders gesagt, bildet polizeiliches Erfahrungswissen ein Einfallstor für besonders hartnäckige Formen kognitiver Bestätigungsneigung.[695] Konkret besteht dabei die Gefahr, dass im Ermittlungsverfahren gegen eine einmal tatverdächtige Person belastende Beweise stärker wahrgenommen werden, während entlastende Beweise weniger gewichtet werden.[696]

Entscheidend für den Einfluss solcher Verzerrungen ist, wie stark die Voreinnahme des Ermittelnden etabliert ist, also die „Intensität der Festlegung“.[697]

---

689 *Singelnstein*, StV 2016, 830 (834 f.).

690 *Roach*, N.C. J. Int'l L. & Com. Reg 2010, 387 (401 f.).

691 So beispielsweise BT-Drs. 17/2166, S. 7.

692 BGH NJW 1989, 96 (97).

693 *Reichertz*, Aufklärungsarbeit: Kriminalpolizisten und Feldforscher bei der Arbeit, S. 191 ff.

694 *Findley/Scott*, Wisconsin L. Rev. 2006, 291 (307 ff.) (*Findley* und *Scott* bezeichnen dieses Phänomen auch als „tunnel vision“ (zu Deutsch: Tunnelblick); *Gilovich*, How We Know What Isn't So: The Fallibility of Human Reason in Everyday Life, S. 33.

695 Für Beispiele aus den USA hierzu siehe *Findley/Scott*, Wisconsin Law Rev. 2006, 291 (296 ff.).

696 Zum Zusammenhang zwischen Erfahrungswissen und Heuristiken siehe Kapitel 5 B.

697 *Singelnstein*, StV 2016, 830 (834 f.).

Im Ermittlungsverfahren gibt es Etappen, in denen der confirmation bias bzw. die Intensität der Festlegung einen entscheidenden Grad annehmen kann: Die Beschuldigtenbefragungen und Zeugenbefragungen. Häufig sind Ermittler bereits vor der Befragung eines Beschuldigten von dessen Schuld überzeugt.[698] Dies wirkt sich zum einen auf die Fragen selbst und zum anderen auf die Wahrnehmung und Einordnung der Antworten aus. Die Vorannahme der Schuld kann unabhängig von der Antwort des Befragten zu einer selbsterfüllenden Prophezeiung werden. Eine Untersuchung von *Darley* und *Fazio* zeigt, dass auch eine Antwort des Befragten, die der Theorie des Fragenden entgegenstand, nicht notwendigerweise etwas an der bereits geformten Theorie ändert; die Erwartung dominiert die tatsächlichen Antworten.[699] Diese spezielle Form des confirmation bias wird auch als „expectancy confirmation“[700] bezeichnet. Hat sich eine bestimmte Theorie gefestigt, werden unerwartete Antworten des Beschuldigten situationsbedingten Faktoren zugeschrieben und nicht als Fehler in der eigenen Theorie erkannt.[701] Befragungen von Zeugen und Beschuldigten werden in Deutschland grundsätzlich von der Polizei durchgeführt. Nach der alten Rechtslage bestand Erscheinungszwang nur bei staatsanwaltschaftlichen und richterlichen Zeugenladungen. Diese Pflicht wurde durch das *Gesetz zur effektiveren und praxistauglichen Ausgestaltung des Strafverfahrens*[702] für Ladungen durch die Polizei erweitert. Der Gesetzgeber versprach sich hiervon eine Prozessbeschleunigung und Ressourcenschonung auf Seiten der Strafverfolgungsbehörden.[703] Nun besteht nach § 163 Abs. 3 S. 1 StPO Erscheinungspflicht auch bei polizeilichen Zeugenbefragungen.[704] Eine Untersuchung des confirmation bias muss entsprechend bei der polizeilichen Zeugenbefragung ansetzen. Insbesondere muss bei den Ermittlern ein Bewusstsein für mögliche kognitive Verzerrungen herrschen. Die Gefahr des confirmation bias sollte einen zentralen Platz in der polizeilichen Ausbildung einnehmen. Polizeiliche Leitlinien zur Befragung

---

698 *Kassin/Goldstein/Savitsky*, Law and Human Behavior 2003, 187.

699 *Darley/Fazio*, American Psychologist 1980, 867.

700 *Risinger/Saks/Thompson/Rosenthal*, Cal. Law Rev. 2002, 1.

701 *Darley/Fazio*, American Psychologist 1980, 875 f.

702 BGBl. 2017, 3202.

703 Kritisch hierzu *Erb*, StV 2010, 655.

704 Siehe beispielsweise *Soiné*, NStZ 2018, 497; kritisch hierzu *Derin/Singelnstein*, NJW 2017, 2646 (2650), die meinen, die Sachleitungsbefugnis der Staatsanwaltschaft werde teils aufgegeben.

von Zeugen sollten sozialpsychologische Forschung zu kognitiven Dissonanzen einbeziehen.[705]

Die Ermittlungen im NSU-Fall sind ein öffentlichkeitswirksames Beispiel für die Bestätigungsneigung im Ermittlungsverfahren, denn dort legten sich die Strafverfolgungsbehörden frühzeitig auf eine Ermittlungstheorie fest, die auch trotz entgegenstehender Hinweise nicht verworfen wurde. Auf diese Weise blieben die systematischen, rassistisch motivierten Morde über viele Jahre unentdeckt. Teil C. II. in diesem Kapitel beschäftigt sich ausführlich mit dem Einfluss stereotyper Vorstellungen und der Bestätigungsneigung in den NSU-Ermittlungen.

Die Existenz kognitiver Verzerrungen ist normal[706], problematisch ist jedoch, dass dieses Phänomen und seine Auswirkungen auf das Ermittlungsverfahren in Kombination mit polizeilichem Erfahrungswissen in Deutschland kaum thematisiert werden. Dieses Kapitel beschäftigt sich ausführlicher mit den diskriminierenden Effekten kognitiver Verzerrungen im Ermittlungsverfahren im Zusammenhang mit konsensualen Erledigungsmethoden. Zunächst soll dafür auf den Forschungsstand aus den USA zu kognitiven Verzerrungen im Ermittlungsverfahren eingegangen werden.

II. Forschungsstand in den USA

Falschen Einlassungen und Zeugenaussagen im Ermittlungsverfahren werden in Nordamerika[707] als eine der größten strukturellen Fehlerquellen im Strafprozess angesehen.[708]

In einer Studie von *O'Brien*[709] wird untersucht, wie sich die frühzeitige Festlegung der Ermittlungsbehörden auf eine bestimmte Theorie auswirkt. Als Teil dieser Studie wurden 108 Studierende mit einer fiktiven Strafakte befasst. Eine

705 Vgl. zu „bias trainings“ in den USA *Pryor/Buchanan/Goff*, Ann. Rev. Law Soc. Sci 2020, 343 (348 ff.).

706 *Kunda*, Social Cognition, S. 17.

707 Es handelt sich allerdings nicht um ein exklusiv amerikanisches Forschungsfeld. Es gibt zahlreiche Untersuchungen aus anderen Ländern. Siehe beispielsweise *Ask, Rebelius, Granhag*, Applied Cognitive Psychology (2008), 1245 (schwedische Studie); *Rassin/Eerland/Kuijpers*, J. Investigative Psych. & Offender Profiling (niederländische Studie).

708 Näher zu falschen Geständnissen vgl. *Kapardis*, Psychology and Law, S. 322 ff.; zu falschen Geständnissen in adversatorischen Systemen vgl. *Roach*, N.C. J. Int'l L. & Com. Reg. 2009, 387 (396).

709 *O'Brien*, Psychology, Public Policy & Law 2009, 315 (324 ff.).

Hälfte sollte sich nach einer ersten Untersuchung auf einen möglichen Verdächtigen festlegen. Der anderen Hälfte wurde diese Vorgabe nicht gegeben. Anschließend erhielten beide Gruppen die vollständige Akte und sollten weitere Ermittlungsschritte vorschlagen. Die Ermittlungsansätze der ersten Gruppe konzentrierten sich – anders als die zweite Gruppe – auch nachdem sie die vollständige Akte erhielten, weiterhin auf den Verdächtigen, auf den sie sich in der ersten Phase festgelegt hatten.

Wallace veröffentlichte einige Jahre später eine Studie, an der 166 Polizeibeamten teilnahmen, über die Bedeutung der Reihenfolge, in der Beweise von Ermittlern zur Kenntnis genommen werden. Im Ergebnis wurden denjenigen Beweisen stärkere Bedeutung zugeschrieben, die zuerst wahrgenommen wurden. Konkret gingen Polizisten eher von der Schuld des Verdächtigen aus, wenn die belastenden Beweise zuerst zur Kenntnis genommen wurden – auch wenn spätere Beweise für eine andere Theorie sprachen.[710]

Zusammengefasst erklärt die psychologische Theorie des confirmation bias, warum ein einmal getroffener Ermittlungsansatz der Polizei oder Staatsanwaltschaft nur schwer zu korrigieren ist, insbesondere wenn sich die Theorie bereits kognitiv festgesetzt hat.

In zweierlei Hinsicht sind konsensuale Erledigungsmethoden besonders anfällig für die negativen Auswirkungen des confirmation bias. Zum einen mag es auf Grund einer konsensualen Erledigung – so beispielsweise im Falle des § 153a StPO und des Strafbefehls – gar nicht erst zu einer Hauptverhandlung kommen, in der der ermittelte Sachverhalt aus Sicht des Beschuldigten in Zweifel gezogen werden könnte und einer gerichtlichen Prüfung unterzogen würde. Stattdessen erlauben einige konsensuale Erledigungen eine Entscheidung auf Grundlage einer summarischen oder vorläufigen Überprüfung.[711] In der Hauptverhandlung kommen nach der Konzeption des deutschen Strafprozesses Schutzmechanismen und Beteiligungsrechte des Beschuldigten zum Tragen, die eine Verteidigung ermöglichen sollen. Kommt es jedoch nie zu einer Hauptverhandlung, fallen diese Interventionsmöglichkeiten des Beschuldigten weg und die Erledigung des Verfahrens beruht primär auf den Erkenntnissen des Ermittlungsverfahrens, ohne dass der Beschuldigte frühzeitig effektive Gegenimpulse gegen die (fehlerhafte) Ermittlungstheorie der Polizei setzen kann.[712] Auf diese

710 *Wallace*, The Effect of Confirmation Bias on Criminal Investigative Decision Making, S. 101 ff.

711 Siehe hierzu für das Strafbefehlsverfahren in Kapitel 3 A. II. 3. a.

712 Siehe näher zu Interventionsmöglichkeiten und Verteidigungsdefiziten im strukturellen Strafprozesswandel in diesem Kapitel unter Abschnitt B.

Weise besteht die Gefahr, dass sich die Ermittlungspersonen auf eine Theorie festlegen, die vom Beschuldigten nicht wirksam hinterfragt werden kann, sodass das Verfahren auf Grundlage einer kognitiv fehlerhaften Einschätzung mittels konsensualer Erledigung beendet wird. Dies wäre beispielsweise dann der Fall, wenn die Ermittlungsbehörden auf Grund kognitiver Dissonanzen von der Schuld des Beschuldigten überzeugt sind und nach Abschluss des Ermittlungsverfahrens einen Strafbefehl erlassen. Legt der zu Unrecht Beschuldigte hiergegen keinen Einspruch ein, wird das Verfahren mittels eines schuldaussprechenden Urteils beendet.

Außerdem besteht schon wegen der reformiert inquisitorischen Konzeption der deutschen Strafprozessordnung ein starker Druck bereits frühzeitig zu kooperieren. Anders als beispielsweise in den USA können, wie aufgezeigt, Beweise häufig vom Ermittlungsverfahren in andere Phasen des Strafprozesses transferiert werden (siehe Ausführungen hierzu in Kapitel 3 B. II.). Bemerkenswert ist in diesem Zusammenhang die hohe statistische Wahrscheinlichkeit einer Verurteilung in der Hauptverhandlung. Ein Freispruch ist in der Praxis selten und wird zum Teil sogar als „Fehler" oder „unerwünschtes"[713] Ergebnis im reformiert inquisitorischen Verfahren gesehen. Unschuldig beschuldigte Individuen sollen bereits im Ermittlungs- und Zwischenverfahren identifiziert und aus dem System herausgefiltert werden. 2019 gab es deutschlandweit 287.689 Urteile vor den Amtsgerichten. Davon waren 252.203 verurteilende und nur 27.445 freisprechende Urteile.[714] Ca. 87,7 % der Hauptverfahren endeten also mit einer Verurteilung. Von einer bedeutenden Filterwirkung des Hauptverfahrens kann kaum gesprochen werden. Die größte Filterwirkung liegt im Vorverfahren. Angesichts der verfahrensdeterminierenden Wirkung des Ermittlungsverfahrens[715] und der geringen Erfolgschancen in der Hauptverhandlung mag es für Beschuldigte attraktiver sein, das Verfahren schon frühzeitig mittels konsensualer Erledigung zu beenden, wenn eine solche Erledigung seitens der Staatsanwaltschaft angeboten wird. In den USA wird das Phänomen des unschuldig Verurteilten mittels plea bargaining seit Jahren als eines der größten Probleme konsensualer Erledigungen diskutiert.[716] Auch in

---

713 So *Thielmann*, ZRP 2010, 89 (89).

714 Vgl. Statistisches Bundesamt, Fachserie 10, Reihe 2.3, 2019, S. 32.

715 *Weigend*, StV 2019, 852 (852).

716 *Covey*, Wash. & Lee Law Rev. 2009, 73; *Dervan*, Utah Law Rev. 2012, 51 (57); *Wright/Miller*, Stan. L. Rev. 2002, 29 (94); *Wilford/Wells/Frazier*, Amer. J. Crim. Just. 2021, 554; *Dervan/Edkins*, Crim. L. & Criminology 2013, 1 (4); *Leipold*, Am. Crim. Law

Deutschland wird die Gefahr konsensualer Erledigungen für Unschuldige zum Teil erkannt.[717]

III. Zwischenbewertung – Fehlende Filtermechanismen im deutschen Strafverfahren?

Confirmation bias und kognitive Dissonanzen sind natürliche und notwendige Phänomene menschlichen Zusammenlebens. Die durch kognitive Dissonanzen hervorgerufenen Verzerrungen helfen uns in verschiedenen Situationen auf unsere Umgebung zu reagieren und soziale Prozesse zu verarbeiten.[718] Gleiches gilt auch für Ermittlungspersonen im Ermittlungsverfahren, bei denen man von „institutionalisierte[r] kognitiver Dissonanz“[719] sprechen kann. Das deutsche Verfahren, das so grundlegend von der Ermittlungsphase bestimmt ist, bildet hier keine Ausnahme. Da kognitive Verzerrungen nicht völlig abgeschaltet werden können, ist entscheidend, dass ihr Effekt erkannt und durch andere Strukturen ausbalanciert wird. Hierin liegt das spezielle Problem für den deutschen Strafprozess, der immer mehr auf das Ermittlungsverfahren konzentriert ist. Wie aufgezeigt stärken konsensuale Erledigungsmethoden die strukturelle Vorverlagerung des Strafprozesses weiterhin. Problematisch ist, dass für diese strukturelle Systemverschiebung keine strukturellen Ausgleichmechanismen existieren. Kognitive Dissonanzen sind kein für den deutschen Strafprozess spezifisches Phänomen, sondern stellen kognitive Entscheidungsprozesse grundsätzlich vor Herausforderungen. Für die deutsche Rechtsordnung spezifisch ist jedoch das Zusammentreffen kognitiver Dissonanzen mit einer strukturellen Benachteiligung des Beschuldigten (Kapitel 3 B.), ohne Ausgleichmechanismen, gegenüber den Ermittlungsbehörden.

Betroffen sind zunächst potentiell alle Beschuldigten. Verstärkt betroffen sind jedoch ressourcenarme Beschuldigte. Dies liegt unter anderem an der derzeitigen gesetzlichen Ausgestaltung der Beschuldigtenrechte im Ermittlungsverfahren. Insbesondere die Ausgestaltung der Pflichtverteidigung führt zu einer Benachteiligung ressourcenarmer Beschuldigter, die aufgrund finanzieller Umstände seltener von frühzeitiger Verteidigung Gebrauch machen und in ihrer Verteidigerauswahl finanziell deutlich beschränkt sind. Das Aufzeigen von

---

Rev. 2005, 1123 (1156); siehe hierzu die empirische Studie für Fälle des Innocence Networks *Findley/Amaya/Hatch/Smith*, Wisc. Law Rev. 2022, 533.

717 *Velten*, SK-StPO, § 257c Rn. 15; *Kemme/Dunkel*, StV 2020, 52 (54).

718 *Kunda*, Social Cognition, S. 17.

719 *Singelnstein*, StV 2016, 830 (831).

Diskriminierungseffekten für finanziell benachteiligte Beschuldigte erfordert eine nähere Betrachtung des deutschen Pflichtverteidigungsinstituts und dessen praktischer Ausgestaltung. Eine Ausführliche Betrachtung hierzu erfolgt in Abschnitt B. in diesem Kapitel.

Das deutsche Strafverfahren kennt Mechanismen, die zur Waffengleichheit des Beschuldigten gegenüber den mit staatlichen Zwangsmitteln agierenden Ermittlungsbehörden führen und zur Erforschung der „materiellen Wahrheit" beitragen sollen. Zentral sind hier das Verbot der Beweisantizipation, das Beweisantragsrecht des Beschuldigten und das Recht auf Verteidigung. Diese Mechanismen sind jedoch in mehrfacherer Hinsicht begrenzt. Der nachfolgende Abschnitt B. geht ausführlich auf die Verteidigungsdefizite im Ermittlungsverfahren im derzeitigen Strafprozess ein, sowohl hinsichtlich des Instituts der Pflichtverteidigung (II.) als auch des Inhalts des Verteidigungsrechts (III.). Dabei spielen frühzeitige Interventionsmöglichkeiten des Beschuldigten eine zentrale Rolle. Die sozialpsychologische Forschung zu kognitiven Dissonanzen zeigt, dass der Zeitpunkt der Intervention ein entscheidender Faktor für deren Erfolg ist. Späte Interventionen sind auf Grund kognitiver Verzerrungen regelmäßig wirkungslos.[720] Die oben erwähnten Studien von *O'Brien* und *Wallace* betonen die Gefahr einer frühzeitigen Festlegung der Ermittlungsbehörden. Auch bei entgegenstehenden Hinweisen mag von der einmal getroffenen Ausgangshypothese nicht mehr abgerückt werden. Anschließend besteht das Risiko, dass die fehlerhafte Hypothese über das Gericht in das weitere Verfahren gelangt und schließlich in das Verfahrensergebnis einfließt und/oder die Grundlage einer konsensualen Erledigung bildet.[721] Für das Ermittlungsverfahren zentral ist vor allem die Vernehmung des Beschuldigten und anderer Zeugen. Aber auch im weiteren Strafprozess bleibt die Reihenfolge, in der Beweise wahrgenommen werden, relevant.[722]

Wie bereits ausgeführt zeichnet sich die deutsche Verteidigungskultur durch eher passive Beteiligung der Verteidigung im Ermittlungsverfahren aus, was unter anderem auf dem rechtskulturellen Verständnis der Rolle des Strafverteidigers

---

720 *O'Brien/Ellsworth*, Confirmation Bias in Criminal Investigations, 1st Annual Conference on Empirical Legal Studies Paper 2006, 1 (23 ff.).

721 *Singelnstein*, StV 2016, 830 (831 ff.).

722 Studien aus den USA zeigen, dass die Reihenfolge, in der die Informationen präsentiert werden, Einfluss auf die kognitive Bewertung hat. So werden Informationen die frühzeitig erhalten werden, eher als entscheidend gewertet. Später erlangte Informationen werden hingegen eher abgewertet, vgl. *Wallace*, The Effect of Confirmation Bias on Criminal Investigative Decision Making, 2015, S. 112 ff.

im Verhältnis zu den Ermittlungsbehörden beruht. Das soll jedoch nicht heißen, dass es im deutschen Strafprozess keinerlei Interventionsmechanismen und Chancen auf frühzeitige Verteidigung gibt. Im folgenden Abschnitt B. werden diejenigen Interventions- bzw. Filtermechanismen untersucht, die im deutschen Strafprozess in verschiedenen Phasen bereits existieren. Der Fokus liegt auf Mechanismen im Ermittlungsverfahren, da dort gefestigte Ermittlungsansätze nachhaltigen Einfluss auf alle späteren Phasen – das Hauptverfahren eingeschlossen – haben oder es im Falle mancher konsensualer Erledigungsformen erst gar nicht zu einer Hauptverhandlung kommt. Ziel ist es, die Defizite der derzeitigen Schutzmechanismen – insbesondere des Verteidigungsrechts im Ermittlungsverfahren – aufzuschlüsseln. Den Ausgangspunkt bilden hier das Institut und der Inhalt der frühzeitigen Pflichtverteidigung im Strafprozess.

B. Verteidigungsdefizite im Ermittlungsverfahren im Wechselwirkungsverhältnis zu struktureller Prozessverschiebung

I. Grundsätzliche Überlegungen

2004 veröffentlichten die Bundesregierung und das Bundesjustizministerium einen Diskussionsentwurf zur Reform des Strafverfahrens.[723] Der Entwurf richtete sich an die Fachöffentlichkeit und andere Interessierte. Schwerpunktmäßig behandelte die Reformdiskussion die Stellung des Beschuldigten im Ermittlungsverfahren und den Transfer von Beweisen vom Ermittlungs- in das Hauptverfahren. Der Diskussionsentwurf sah eine – im Vergleich zu vorherigen Reformüberlegungen[724] – breitere Reform unter Beibehaltung der strafprozessualen Grundstruktur vor, die nicht nur punktuell und in Teilbereichen zu Änderungen führen sollte. Einen wesentlichen Diskussionspunkt des Entwurfs stellt die Einbindung des Verteidigers in das Ermittlungsverfahren dar, beispielsweise durch die Mitwirkung bei einer Vernehmung.

Mit dem *Gesetz zur effektiveren und praxistauglicheren Ausgestaltung des Strafverfahrens* von 2017[725] wurde eine weitere entscheidende Strafprozessreform durchgeführt. Im Kern wurde die Eingriffsbefugnis der Ermittlungsbehörden

723 Siehe StV 2004, 228 (Diskussionsentwurf für eine Reform des Strafverfahrens).

724 Beispiele für eine punktuelle Reform in Teilbereichen ist die Terrorismusgesetzgebung und die Gesetze zur Bekämpfung organisierter Kriminalität.

725 BGBl. 2017, 3202.

erweitert – beispielsweise um die Online-Durchsuchung[726] nach § 100b StPO und die Reihenuntersuchung des neuen § 81h StPO – und das Ermittlungsverfahren weiter aufgewertet. Entsprechend besteht heute eine Erscheinungspflicht für Zeugen auch bei Ladung durch die Polizei im Ermittlungsverfahren nach § 163 Abs. 3 und 4 StPO. Erklärtes Ziel der Reform war es, den Beweistransfer von Ermittlungs- in das Hauptverfahren zu erleichtern und die Position des Beschuldigten im Ermittlungsverfahren entsprechend zu stärken.[727] § 141 Abs. 3 StPO wurde durch das Gesetz dahingehend geändert, dass die Verteidigerbestellung im Ermittlungsverfahren nicht mehr notwendigerweise von einem Antrag der Staatsanwaltschaft abhängt, sondern unter bestimmten Voraussetzungen durch das Gericht initiiert werden kann. Ein eigenes Antragsrecht des Beschuldigten wurde jedoch nicht eingeführt.

Mit dem *Gesetz zur Neuregelung des Rechts der notwendigen Verteidigung*[728] sollte die deutsche Strafprozessordnung an die Vorgaben der Richtlinie 2016/1919/EU des Europäischen Parlaments und des Rates über Prozesskostenhilfe für Verdächtige und beschuldigte Personen in Strafverfahren sowie für gesuchte Personen in Verfahren zur Vollstreckung eines Europäischen Haftbefehls (ABl. 2016 L 297; ABl. 2017 L91, 40, im Folgenden: PKH-Richtlinie) angepasst werden. Bereits mit der Richtlinie 2013/48/EU legte der europäische Gesetzgeber „Mindeststandards für das Recht auf Zugang zu einem Rechtsbeistand im Strafverfahren […]“[729] fest. Fokus der PKH-Richtlinie ist die Stärkung der Pflichtverteidigung und damit auch eine entscheidende Stärkung der Beschuldigtenrechte.[730] Vor diesem Hintergrund hat der deutsche Gesetzgeber die Fälle notwendiger Verteidigung vor allem im Ermittlungsverfahren erweitert und die Vorschriften zur notwendigen Verteidigung nach §§ 140 ff. StPO entsprechend überarbeitet. Zum Teil wird von einer umfangreichen Veränderung gesprochen, die sogar über die Vorgaben der PKH-Richtlinie hinausgehe.[731] Andere wiederum sprechen von einer möglichen europarechtswidrigen Umsetzung der

726 Laut *Singelnstein/Derin*, NJW 2017, 2646 (2647) handelt es sich dabei um die Einführung des schwersten Ermittlungseingriffs in der StPO.

727 Vgl. Bericht der Expertenkommission zur effektiveren und praxistauglicheren Ausgestaltung des allgemeinen Strafverfahrens und des jugendgerichtlichen Verfahrens, hrsg. v. BMJV, 2015, S. 54 ff., 73 ff., 76 ff.

728 Vom 12. Dezember 2019.

729 Richtlinie 2013/48/EU des Europäischen Parlaments und des Rates, Rn. 12.

730 *Müller-Jacobsen*, NJW 2020, 575 (579).

731 So beispielsweise *Müller-Jacobsen*, NJW 2020, 575 (575).

PKH-Richtlinie. Die Richtlinienvorgaben seien „innerhalb des bestehenden Systems der notwendigen Verteidigung“[732] nicht konsequent umsetzbar.

Jedenfalls wurde mit der Änderung der §§ 140 ff. StPO kein Paradigmenwechsel vorgenommen, insofern als eine Verteidigerbestellung weiterhin von *materiellen* Kriterien, nicht von finanzieller *Bedürftigkeit,* abhängt. Letztlich erfolgt durch das *Gesetz zur Neuregelung des Rechts der notwendigen Verteidigung* jedoch eine zumindest partielle Stärkung der Verteidigung im Ermittlungsverfahren – auch wenn eine umfassende Umgestaltung nicht erfolgt. Die Fälle notwendiger Verteidigung werden insbesondere durch den neuen § 140 Abs. 1 Nr. 4 StPO erweitert bzw. vorverlagert. Im Einzelnen wird auf die Änderungen in diesem Kapitel unter Abschnitt B. II. 3. eingegangen.

Die Strafprozessreformen der letzten Jahre bemühen sich um einen Ausgleich zwischen effektiver Prozessgestaltung und der Stärkung der Beschuldigtenrechte im Ermittlungsverfahren – letzteres vor allem anlässlich EU-rechtlicher Vorgaben und weniger auf Grund nationaler Reforminitiative. Im Folgenden (II. und III.) soll diese Stärkung und ihre Defizite genauer betrachtet werden. Der Fokus liegt dabei auf dem Anspruch auf *frühzeitige* Pflichtverteidigung (II.) sowie Anwesenheits- und Antragsrechten des Beschuldigten bzw. der Verteidigung im Ermittlungsverfahren (III.).

II. Das Recht auf frühzeitige (Pflicht)Verteidigung im Ermittlungsverfahren

Das Recht auf Verteidigung des Beschuldigten steht in enger Beziehung zur Subjektqualität des Beschuldigten im reformiert inquisitorischen Strafprozess. Es ermöglicht dem Beschuldigten prozessuale Rechte wirksam wahrzunehmen.[733] Der rein inquisitorische Strafprozess kannte die Vertretung des Beschuldigten durch einen Verteidiger nur sehr eingeschränkt.[734] Für finanziell benachteiligte Beschuldigte wird das Recht auf prozessuale Beteiligung durch die Pflichtverteidigung verwirklicht.[735] Von dem Recht auf Verteidigerbestellung zu unterscheiden ist das grundsätzliche Recht – aus eigenen Mitteln – einen Verteidiger „in jeder Lage des Verfahrens“ (§ 137 StPO) zu konsultieren.

---

732 *Spitzer*, ZRP 2019, 183.

733 *Wolter*, SK-StPO, vor. § 137 Rn. 1 ff.

734 Vgl. beispielsweise *Beulke*, Verteidiger im Strafverfahren, S. 28 ff.; *Gössel*, ZStW 1982, 5 (10 f.).

735 *Müller-Jacobsen*, NJW 2020, 575 (575).

Die Bedeutungssteigerung des Ermittlungsverfahrens im Zusammenhang mit konsensualen Erledigungsmethoden macht einen Blick auf den Zeitpunkt der Verteidigung notwendig. Insbesondere ist zu untersuchen, inwiefern in Deutschland ein Recht auf frühzeitige Verteidigung besteht. Die Befragung des Beschuldigten im Ermittlungsverfahren ist aufgrund der „Kommunikationsstruktur[736] besonders anfällig" für Machtmissbrauch[737] und kognitive Dissonanzen. Für den Strafbefehl findet sich hier nach der Strafprozessreform von 2017 eine explizite Regelung gem. §§ 407 Abs. 2 S. 2, 408b StPO.

Grundsätzlich gilt die Notwendigkeit der Verteidigermitwirkung für das *gesamte* Verfahren (vgl. § 140 Abs. 1 StPO).[738] Bemerkenswerterweise wird die Voraussetzung des „gesamten" Verfahrens vor allem hinsichtlich der Verteidigung *nach* der Hauptverhandlung diskutiert und nicht für die Phase *vor* der Hauptverhandlung.[739] Angesichts der strukturellen Verschiebung, die in Kapitel 3 ausführlich untersucht wurde, und der Gefahr kognitiver Verzerrungen im Vorverfahren, welche sich im Ermittlungsverfahren schon hartnäckig festsetzen können, liegt der Fokus hier auf frühzeitiger – vor der Hauptverhandlung ansetzender – Verteidigung.

Vor der Reform der notwendigen Verteidigung behandelt der BGH die frühzeitige Verteidigerbestellung in mehreren Entscheidungen. 2014 entschied der BGH über eine Revision eines Urteils des Kammergerichts Berlin.[740] Die Angeklagte war hier wegen Mordes in Tateinheit mit Raub mit Todesfolge zu einer lebenslangen Freiheitsstrafe verurteilt worden. Die Angeklagte wurde vorliegend ohne Beiordnung eines Verteidigers zweimal polizeilich und einmal durch einen Ermittlungsrichter vernommen. In der späteren Hauptverhandlung wurden der Ermittlungsrichter und die Vernehmungsbeamten unter Widerspruch der Verteidigung über die Vernehmung vernommen. Mit der Revision rügte die Angeklagte eine Verletzung des §§ 163a III S. 2, 136 II, 141 III S. 2 StPO, Art. 6 Abs. III lit. c EMRK. Die Angeklagte wurde hier vor beiden Vernehmungen über ihr Recht auf Verteidigerkonsultation belehrt und lehnte Rechtsbeistand wiederholt ab. Der Ermittlungsrichter ordnete einen Pflichtverteidiger erst nach der

736 *Schröer*, KrimJ 1992, 133.

737 *Schumann*, Verhör, Vernehmung, Befragung, S. 181.

738 OLG Düsseldorf MDR 1984, 669; *Beulke*, SSW-StPO, § 140 Rn. 1.

739 Siehe beispielsweise OLG Rostock StV 2011, 656; OLG Schleswig NJW-Spezial 2013, 507; OLG Hamm StV 2002, 89; OLG Köln StraFo 2005, 394; *Willnow*, KK-StPO, § 140 Rn. 4.

740 BGH NJW 2015, 265.

Vernehmung und der Anordnung der Untersuchungshaft an. Der BGH meint hier, dass auch die Schwere des Tatvorwurfs (Mord) und die fehlende Erfahrung der Beschuldigten mit dem Justizsystem – die Angeklagte war zum ersten Mal mit der Strafjustiz in Kontakt gekommen – nicht unbedingt zu einer Pflicht führe, einen Verteidiger bereits im Ermittlungsverfahren zu bestellen. Dies gelte auch, wenn bereits ein Haftbefehl vorliegt. Der BGH deutet hier allerdings an, dass der Fall eventuell anders zu bewerten wäre, wenn ein Belastungszeuge im Ermittlungsverfahren hätte vernommen werden müssen und die Beschuldigte keinen Verteidiger bei der richterlichen Vernehmung des Belastungszeugen gehabt hätte.[741]

Diese Entscheidung reiht sich in vorherige Entscheidungen des BGH ein, in denen er das Recht auf frühzeitige Verteidigerbestellung im Ermittlungsverfahren verneinte und darin keine Verletzung des Art. 6 Abs. 3 lit. c EMRK sah.[742] Der BGH argumentiert unter anderem damit, dass sich der Gesetzgeber mit § 140 Abs. 1 Nr. 4 StPO a. F.[743] „bewusst auf den Beginn der Vollstreckung der Untersuchungshaft"[744] für den Zeitpunkt der Verteidigerbestellung entschieden habe. Frühere Zeitpunkte, zum Beispiel der Erlass des Haftbefehls oder die Ergreifung des Beschuldigten, seien vom Gesetzgeber gerade nicht gewählt worden.[745] Schon 2002 war der BGH der Auffassung, dass die EMRK keine Pflicht vorsehe, im Ermittlungsverfahren einen Verteidiger zu bestellen. Der Angeklagte dürfe daher auch vor dem Ermittlungsrichter ohne Verteidiger gem. §§ 115, 115a StPO befragt werden. Das Recht auf Verteidigerbestellung sei in dieser frühen Prozessphase eingeschränkt.[746] Mit dem *Gesetz zur Neuregelung der notwendigen Verteidigung* wurde das Recht auf frühzeitige Verteidigung deutlich gestärkt. Auf die Einzelheiten hierzu wird in diesem Kapitel unter B. II. 3. ausführlich eingegangen.

Eine Studie von *Schoeller*[747] untersucht die quantitative Dimension der Pflichtverteidigerbestellung in Deutschland. Die Studie greift auch Fragen der frühzeitigen Pflichtverteidigerbestellung auf. Unter anderem bestätigt die Studie, dass die Einführung des § 140 Abs. 1 Nr. 4 StPO durch das

741 BGH NJW 2015, 265 (266).
742 BGHSt 47, 233 (236 f.); BGH, NStZ 2004, 390.
743 BGH, NJW 2006, 1008 (1010).
744 BGH NJW 2015, 265 (265).
745 BGH NJW 2015, 265 (265).
746 Vergleich den zweiten Leitsatz in: BGH NJW 2002, 1279.
747 *Schoeller*, Die Praxis der Beiordnung von Pflichtverteidigern.

Untersuchungshaftänderungsgesetz[748] zu einem Beschleunigungseffekt der Verteidigerbestellung bei der U-Haft-Vollstreckung geführt hat. Vor der Gesetzeseinführung begannen nur 50 % der Mandatsverhältnisse bereits in der ersten Woche der Haftvollstreckung. Nach in Kraft treten des § 140 Abs. 1 Nr. 4 lag der Prozentanteil bei 80 %. Während 2005 noch 33 % und 2009 26 % der Beschuldigten in Haft während der ersten 14 Tage unverteidigt blieben, lag die Zahl 2010 bei nur noch 8 %. Mit der Gesetzesänderung von 2019 ist auch der Anwendungsbereich des § 140 Abs. 1 Nr. 4 StPO erweitert worden und nun nicht mehr an die Vollstreckung der Untersuchungshaft gebunden. Im Folgenden wird die frühzeitige Verteidigerbestellung im deutschen Ermittlungsverfahren vor dem Hintergrund aktueller Reformen näher aufgeschlüsselt.

1. Organisation und Zugang

a. Allgemeines

Die Befragung des Beschuldigten ist eine der ersten entscheidenden Etappen der staatlichen Ermittlungen. Im Mittelpunkt steht regelmäßig das Geständnis des Beschuldigten. Geht man davon aus, dass kognitive Verzerrungen im Ermittlungsverfahren alle folgenden Schritte des Verfahrens entscheidend beeinflussen können – vor allem wenn ein Geständnis vorliegt[749] –, so muss untersucht werden, ob dem Beschuldigten in dieser frühen Phase effektive Interventionsmöglichkeiten zukommen, die einen Filter- oder Ausgleichsmechanismus darstellen.[750] Beschuldigte, die zum Zeitpunkt der polizeilichen Befragung verteidigt sind, legen seltener Geständnisse ab. In einer Untersuchung sank die Wahrscheinlichkeit eines Geständnisses gegenüber der Polizei im Ermittlungsverfahren um 20 % ab, wenn der Beschuldigte zu diesem Zeitpunkt rechtlich verteidigt war.[751] Falsche Geständnisse bilden ein erhebliches Risiko für fehlerhafte Ermittlungen und schließlich fehlerhafte Urteile.[752] Insofern ist rechtlicher

---

748 BGBl. 2009, Teil 1 Nr. 48.

749 Siehe zum Verhältnis zwischen confirmation bias und Geständnissen auch *Sickor*, StV 2015, 516 (519 f.).

750 *Ackermann/Clages/Roll*, Handbuch der Kriminalistik, 3. Aufl. 2000, S. 547.

751 Siehe *Moston/Stephenson/Williamson*, British J. Criminology, 36.

752 *Darnstädt*, Der Richter und sein Opfer – Wenn die Justiz sich irrt, passim; *Beneke*, Das falsche Geständnis als Fehlerquelle im Strafverfahren unter kriminologischen, speziell kriminalpsychologischen Aspekten, S. 24 f.; *Peters*, Fehlerquellen im Strafprozess, Band 2, S. 9; *Drizin/Leo*, North Carolina Rev. 2004, 891 (954 f.). Zu den Gründen für falsche Geständnisse vgl. *Dunkel*, Fehlentscheidungen in der Justiz, S. 84 f. m.w.N.

Beistand zumindest *einer* der maßgeblichen Faktoren zur Ausbalancierung kognitiver Verzerrungen, insbesondere des confirmation bias.

Die einleitende Betrachtung zu kognitiven Verzerrungen (A.) zeigt auf, dass sinnvolle Intervention möglichst frühzeitige Intervention – also auch *frühzeitige* Verteidigung – bedeutet, da ein einmal verfolgter Ermittlungsansatz nur schwer umzukehren ist. Insbesondere im Rahmen konsensualer Erledigungen ist es sinnvoll, bereits frühzeitig an der Gestaltung des Verfahrens aktiv mitzuwirken. Das Recht auf frühzeitige, qualitativ hochwertige Verteidigung nimmt an Relevanz immer mehr zu.

Betrachtet man das Recht auf Verteidigung, sollten vier Ebenen unterschieden werden: (1) steht dem Beschuldigten *grundsätzlich* ein Recht auf Verteidigung zu, (2) ab welchem *Zeitpunk*t greift dieses Recht, (3) beinhaltet das Recht auf Verteidigung das Recht auf einen *kostenfreien* Verteidiger im Rahmen einer Pflichtverteidigung und (4) wie wirkt sich die Versagung eines Verteidigers oder die fehlende Belehrung über das Recht auf (kostenfreie) Verteidigung auf die spätere Hauptverhandlung aus, beispielsweise im Hinblick auf die *Verwertbarkeit* eines Geständnisses, welches ohne den Beistand eines Verteidigers bei einer Beschuldigtenbefragung durch die Ermittlungsbehörden erlangt wurde. Wenn im Folgenden das Recht auf Verteidigung betrachtet wird, werden diese vier Aspekte unter Berücksichtigung aktueller Reformen der notwendigen Verteidigung, europarechtlicher Vorgaben und mit einem speziellen Fokus auf Diskriminierungseffekte finanziell benachteiligter Beschuldigter angesprochen.

Der deutsche Strafprozess unterscheidet zwischen Wahlverteidigern nach § 138 StPO und Pflichtverteidigern im Rahmen notwendiger Verteidigung nach § 140 StPO. Ein Wahlverteidiger wird entweder auf Wunsch oder mit Einverständnis des Beschuldigten zur formellen Verteidigung *gewählt*. Dieses Wahlrecht steht in „erster Linie dem Beschuldigten zu".[753] Die Rechtsstellung des Verteidigers im Falle der Wahl- und notwendigen Verteidigung unterscheidet sich letztlich nicht.[754] In der Praxis dominiert die Pflichtverteidigung über die Wahlverteidigung.[755] Im Durchschnitt liegt die Zahl der Wahlverteidiger bei 13 %, in manchen Regionen sogar nur bei 8 %.[756]

Die notwendige Verteidigung beruht auf einer Kombination folgender Prinzipien: der Verfahrenssicherung, der staatlichen Fürsorge und des

753 *Wohlers*, SK-StPO, § 137 Rn. 14.
754 Ausführlich hierzu *Wohlers*, SK-StPO, § 137 Rn. 17.
755 *Schoeller*, StV 2019, 190 (191).
756 *Schoeller*, Die Praxis der Beiordnung von Pflichtverteidigern, S. 162 f.

Sozialstaatsgedanken.[757] Die Verteidigerbestellung ist ein vom Willen des Beschuldigten unabhängiges und unverzichtbares Recht. Liegt ein Fall notwendiger Verteidigung vor, kann der Beschuldigte nicht auf die Verteidigerbestellung verzichten. Dies wird auch kritisch als „paternalistischer verfahrensrechtlicher Zwang"[758] bezeichnet. Nach der Reform der §§ 140 ff. StPO sieht § 140 Abs. 1 StPO nun jedoch vor, dass der Beschuldigte *im Ermittlungsverfahren* einen Antrag auf Bestellung stellen muss. Nur in den Fällen des § 140 Abs. 2 StPO gilt das nicht. Dies ist angesichts des grundsätzlichen Verteidigerzwanges im Rahmen notwendiger Verteidigung nicht stimmig.[759]

Das Pflichtverteidigungsrecht ist in Deutschland in das System notwendiger Verteidigung eingebettet, welches ein „funktionales Äquivalent"[760] zur Prozesskostenhilfe darstellen soll. Das System notwendiger Verteidigung weicht entscheidend von dem in anderen EU-Ländern und dem in den USA existierenden Pflichtverteidigungssystem ab. Das System notwendiger Verteidigung steht dem Prozesskostenhilfesystem (Legal Aid) gegenüber welches grundsätzlich davon ausgeht, dass der Beschuldigte auf rechtskundige Verteidigung verzichten und sich *pro se* verteidigen kann. In einem Prozesskostenhilfesystem *kann* grundsätzlich *jeder* Beschuldigte von rechtskundiger Verteidigung bei finanzieller Bedürftigkeit Gebrauch machen. Im deutschen System der notwendigen Verteidigung hingegen wird nur dann ein Pflichtverteidiger vom Gericht bestellt, wenn die Voraussetzungen der notwendigen Verteidigung vorliegen. Diese Voraussetzungen wiederum knüpfen gerade *nicht* an die finanzielle Bedürftigkeit des Beschuldigten an.

Die deutsche Strafjustiz kennt zwar Pflichtverteidiger und regelt die notwendige Verteidigerbestellung in §§ 140 ff. StPO, im Gegensatz zu den USA ist Pflichtverteidigung aber nicht *institutionalisiert*. Den Gerichten wird zum Teil vorgeworfen, dass sie schlicht ihre „Lieblingsverteidiger"[761] bestellen. In einem institutionalisierten Pflichtverteidigersystem, wie es in ausgeprägter Form beispielweise in New York City existiert, wäre das nicht möglich. Dort werden keine individuellen Verteidiger, sondern die Pflichtverteidigerorganisation als Kollektiv, bestehend aus mehreren Anwälten, bestellt. *Schoeller* kommt in seiner Untersuchung der Pflichtverteidigung zu dem Schluss, dass Richter

757 *Wohlers*, SK-StPO, Vorb. vor § 137 Rn. 36 f.
758 *Dworkin*, Sovereign Virtue, The Theory and Practice of Equality, S. 216 ff.
759 So auch *Müller-Jacobsen*, NJW 2020, 575 (575).
760 So beispielsweise *Spitzer*, ZRP 2019, 183 (183).
761 *Hillenbrand*, ZAP 2020, 99.

„problematische[...] Auswahlkriterien“[762] bei der Pflichtverteidigerbestellung anlegen. Richter würden häufig die gleichen Pflichtverteidiger auswählen.[763] Außerdem würden sie im Vergleich zu Beschuldigten, die sich im Rahmen der Wahlverteidigung frei für einen Verteidiger entscheiden, seltener Fachanwälte für Strafrecht auswählen.[764]

Das deutsche System notwendiger Verteidigung stößt insbesondere im Ermittlungsverfahren an seine Grenzen. Zum Teil wird behauptet, EU-Vorgaben zur Durchsetzung effektiver Verteidigung können – vor allem im Ermittlungsverfahren – nicht innerhalb des existierenden deutschen Systems umgesetzt werden.[765] Der Konflikt liegt unter anderem im Spannungsverhältnis zwischen der nach deutschem Recht grundsätzlich unverzichtbaren Pflicht im Falle „notwendiger“ Verteidigung einen Verteidiger zu bestellen und dem damit verbundenen Aufwand im Ermittlungsverfahren. Mit dem *Gesetz zur Neuregelung der notwendigen Verteidigung* wird nun vom Beschuldigten in allen außer den in § 140 Abs. 2 StPO genannten Fällen ein ausdrücklicher Antrag auf Verteidigerbestellung verlangt. Zuvor galt, dass ein Verteidiger möglichst „frühzeitig“ bestellt werden sollte.[766] Ein Antrag der Staatsanwaltschaft war nach § 141 Abs. 3 S. 2 a. F. StPO für die Bestellung notwendig. Mit dem *Gesetz zur effektiveren Ausgestaltung des Strafverfahrens* wurde dem Gericht dann die Möglichkeit der Beiordnung von Amts wegen bei richterlichen Vernehmungen eingeräumt. Ein Antragsrecht des Beschuldigten bestand jedoch auch nach dieser Gesetzesänderung nicht.[767] Ein Antrag des Beschuldigten wurde lediglich als Anregung an die Staatsanwaltschaft behandelt, die wiederum einen Antrag auf Bestellung nach § 141 Abs. 3 S. 2 StPO stellen konnte. Das Recht auf Verteidigerbestellung im Ermittlungsverfahren war nach der alten Rechtslage eher ein theoretisches Recht, als praktische Wirklichkeit.[768]

762 *Schoeller*, StV 2017, 194 (202).
763 *Schoeller*, StV 2017, 194 (202).
764 *Schoeller*, StV 2017, 194 (202).
765 *Spitzer*, ZRP 2019, 5.
766 Zumindest nicht erst in der Hauptverhandlung, vgl. OLG Düsseldorf StV 1992, 100.
767 Ausführlich zum Antrag der Staatsanwaltschaft im Ermittlungsverfahren nach alter Rechtslage, vgl. *Wohlers*, SK-StPO, § 141 Rn. 5 ff.
768 *Hamm*, FS-Lüderssen, S. 724 ff.; *Wohlers*, FS-Rudolphi, S. 719.

b. Infrastrukturelle Besonderheiten

Die Pflichtverteidigung ist in Deutschland nicht institutionalisiert.[769] Die Infrastruktur für die Verteidigerbestellung vor der Hauptverhandlung – insbesondere in Notsituationen – ist nicht einheitlich strukturiert. Einzelne Anwälte beteiligen sich an dem anwaltlichen Notdienst auf freiwilliger Basis. Anwaltsvereine, einzelne Kanzleien und Strafverteidigervereinigungen der Bundesländer, Städte und Kreise bieten lokale anwaltliche Notdienste.[770] 2008 veröffentlichte der DAV Empfehlungen für Organisation, Funktion und Zugang zum anwaltlichen Notdienst. Hiernach soll der anwaltliche Notdienst „Bürgern in unaufschiebbaren Angelegenheiten auf dem Gebiet des Strafrechts Beistand leisten".[771] Zunächst soll der Kontakt telefonisch hergestellt werden. Im Anschluss soll es ein persönliches Gespräch geben. Die Kontaktaufnahme soll jederzeit, also 24/7 und auch an Wochenenden und Feiertagen, möglich sein.[772] Der DAV empfiehlt eine zentral organisierte Verfahrensstruktur, bei der mittels Diensteinteilungsplan transparent gemacht wird, wer wann am Notdienst teilnimmt. Ein effektiver Notdienst setze nach der Empfehlung des DAV mehrsprachige Öffentlichkeitsarbeit zur Aufklärung möglichst vieler Bürger voraus.[773] In der Praxis werden Beschuldigte teilweise lediglich auf ein Telefonbuch mit den örtlichen Rechtsanwälten verwiesen. Dem BGH lag 1996 ein Fall vor, in dem einem Beschuldigten das Hamburger Branchenverzeichnis für Rechtsanwälte vorgelegt wurde, anstatt auf den weit übersichtlicheren anwaltlichen Notdienst hinzuweisen.[774]

---

769 Mehr zur institutionalisierter Pflichtverteidigung in den USA in Kapitel 6 B. I.

770 Beispielsweise für Berlin siehe https://strafverteidiger-berlin.de/notdienst/ (zuletzt abgerufen am 3. Mai 2023).

771 Empfehlungen zur Durchführung eines anwaltlichen Notdienstes in Strafsachen des Geschäftsführenden Ausschusses der Arbeitsgemeinschaft Strafrecht des Deutschen Anwaltvereins, S. 2, abrufbar unter https://www.ag-strafrecht.de/media/1004/empfehlungen.pdf (zuletzt abgerufen am 3. Mai 2023).

772 Empfehlungen zur Durchführung eines anwaltlichen Notdienstes in Strafsachen des Geschäftsführenden Ausschusses der Arbeitsgemeinschaft Strafrecht des Deutschen Anwaltvereins, S. 2, abrufbar unter https://www.ag-strafrecht.de/media/1004/empfehlungen.pdf (zuletzt abgerufen am 3. Mai 2023).

773 Empfehlungen zur Durchführung eines anwaltlichen Notdienstes in Strafsachen des Geschäftsführenden Ausschusses der Arbeitsgemeinschaft Strafrecht des Deutschen Anwaltvereins, S. 3 f., abrufbar unter https://www.ag-strafrecht.de/media/1004/empfehlungen.pdf (zuletzt abgerufen am 3. Mai 2023).

774 BGH NStZ 2006, 236; NStZ-RR 2006, 181.

Soyer und *Schumann* veröffentlichten 2012 eine Studie, die den Zugang zu Pflichtverteidigern in Notsituationen untersucht: „Pre-Trial Emergency Defence“[775]. Die Studie beruht auf einer Befundaufnahme zwischen Anfang 2010 bis Anfang 2011 in Deutschland und Österreich. Für die vorliegende Arbeit werden die für Österreich spezifischen Befunde außer Acht gelassen. Die empirische Untersuchung beruht auf der Befragung von Staatsanwälten, Polizisten, Strafverteidigern und Richtern und erfolgte in zwei Schritten. Im ersten Schritt füllten die beteiligten Personen einen Onlinefragebogen mit Fragen über die Information des Beschuldigten zu seinen Rechten und dessen Zugang zu einem Pflichtverteidiger – auch in Notsituationen – aus. Im zweiten Schritt der Untersuchung wurden individuelle Interviews mit den verschiedenen am Ermittlungsverfahren beteiligten Akteuren durchgeführt.[776]

Zentrale Erkenntnis der Untersuchung ist, dass die „Fehleinschätzung zur Bedeutung des Ermittlungsverfahrens sowie zur Bedeutung anwaltlichen Beistands [...] gemeinsam mit dem Kostenargument“ die „tatsächliche Inanspruchnahme“ von Rechtsrat entscheidend hemmen.[777] Laut dieser Studie sei die „Beiziehung eines „Rechtsanwalts gerade beim Erstkontakt mit den Strafverfolgungsbehörden [...] ein Ausnahmefall“[778]. Für den Festnahmefall gaben 55 % der Befragten (insgesamt 380) an, dass ein Verteidiger häufig oder immer konsultiert wurde.[779] Für die (polizeiliche) Vernehmung des Beschuldigten ist die Zahl deutlich geringer. Lediglich 12 % der Befragten gaben an, dass ein Rechtsbeistand häufig oder immer beteiligt wurde. Zum Zeitpunkt der Studie galt § 140 Abs. 1 Nr. 4 StPO a. F., wonach ein Fall notwendiger Verteidigung im Ermittlungsverfahren vorlag, sofern die Untersuchungshaft *vollstreckt* wurde. Dies stellte bereits eine signifikante Erweiterung der Fälle notwendiger Verteidigung dar. Zuvor sah § 117 Abs. 4 StPO eine zwingende Verteidigerbestellung erst nach einer Haftzeit von drei Monaten vor.[780] Der neue § 140 Abs. 1 Nr. 4 geht nun einen Schritt weiter und normiert einen Fall notwendiger Verteidigung bereits *vor* Haftvollstreckung. Hiernach wird dem Beschuldigten ein Verteidiger bestellt, wenn er dem Gericht zur *Entscheidung* über Haft oder einstweiliger Verfügung vorgeführt

775 *Soyer/Schumann*, StV 2012, 495.
776 *Schumann/Bruckmüller/Soyer*, New J. of Europ. Crim. L. 2012, 31.
777 *Soyer/Schumann*, StV 2012, 495 (499).
778 *Soyer/Schumann*, StV 2012, 495 (500).
779 *Soyer/Schumann*, StV 2012, 495 (500).
780 Der Gesetzgeber erkannte hier einen mangelnden Schutz der Grundrechte des Beschuldigten und den Konflikt zwischen nationalem Recht und den Vorgaben des Europarats, vgl. BT-Drs. 16/13097, S. 18 f.

wird. Zentrale Erkenntnis der Studie ist, dass unter Beschuldigten die Annahme verbreitet ist, man könne auf die „Strafverfolgungsbehörden allein vertrauen"[781] und Rechtsbeistand sei entsprechend nicht notwendig. Diese Erkenntnis steht in Einklang mit der rechts*kulturellen* Tendenz die Staatsanwaltschaft als objektiv-neutrale Ermittlungsbehörde zu verstehen und ihren Ermittlungen zu vertrauen, während unabhängigen Ermittlungen durch Verteidiger misstraut wird.[782] Das „Pretrial-Emergency Defence" Projekt offenbart, dass psychologische Faktoren die Entscheidung des Beschuldigten für oder gegen die Inanspruchnahme eines Verteidigers beeinflussen. Beschuldigte befürchten teilweise, dass die Inanspruchnahme von Rechtsrat einen Eskalationseffekt haben könnte oder die Geltendmachung ihres Rechts Schuld suggeriere.[783] Eine weitere zentrale Erkenntnis der Studie ist, dass die meisten Beschuldigten davon ausgehen, sich einen Verteidiger nicht leisten zu können. Die mit Rechtsbeistand verbundenen Kosten bilden „einen wesentlichen Hinderungsgrund für die Beiziehung eines Rechtsanwalts".[784] Die Aufklärung darüber, wann ein Fall kostenfreier Pflichtverteidigung vorliegt, ist entsprechend entscheidend für den effektiven Zugang und die Inanspruchnahme von Beschuldigtenrechte. Bemerkenswert ist die Erkenntnis, dass die Tendenz, Rechtsbeistand zu verlangen bei Wirtschaftskriminalität „überdurchschnittlich hoch eingeschätzt"[785] wird. Der finanzielle und soziale Status des Beschuldigten spielen für den Zugang zu Rechtsbeistand trotz des Instituts der Pflichtverteidigung eine Rolle. Ein ausgeprägtes Bewusstsein für die Bedeutung der Verteidigung in einem frühen Verfahrensstadium für Wirtschaftsstrafsachen spiegelt sich auch in der bereichsspezifischen Literatur wider.[786]

Grundsätzlich geht der BGH davon aus, dass keine Hinweispflicht über das Bestehen eines Strafverteidigernotdienstes bestehe, wenn der Beschuldigte schon keinen Verteidiger wünscht. Der 1. Senat deutet lediglich an, dass eine solche Hinweispflicht dann bestehen mag, wenn der Beschuldigte selbst offenbart, dass er Rechtsbeistand wünscht, sich diesen aber nicht leisten kann und Gegenstand der Ermittlungen ein Tötungsdelikt ist.[787] Der 5. Senat geht etwas weiter, indem

---

781 *Soyer/Schumann*, StV 2012, 495 (501).
782 Vgl. Hierzu zuvor in Kapitel 3 B. IV. 2. b.
783 *Soyer/Schumann*, StV 2012, 495 (501).
784 *Soyer/Schumann*, StV 2012, 495 (501).
785 *Soyer/Schumann*, StV 2012, 495 (501).
786 Siehe beispielsweise *Ulsenheimer/Rock*, M&A Review 1991, 1.
787 Siehe obiter dictum in BGHSt 42, 170 (172 ff.).

er eine Hinweispflicht erwägt, wenn der Beschuldigte zu erkennen gibt, dass er Rechtsbeistand wünscht.[788] Die Gesetzesänderung von 2017 normiert erstmals die ausdrückliche Pflicht, auf einen bestehenden Verteidigernotdienst hinzuweisen (vgl. § 136 Abs. 1 S. 4 StPO). Hinweispflichten und Belehrungspflichten für die Pflichtverteidigerbestellung werden im Verlauf dieses Abschnitts ausführlich behandelt.

In vielen Bundesländern gibt es einen Strafverteidigungsnotdienst, der 24 Stunden am Tag telefonisch zur Verfügung steht.[789] Hier liegt ein entscheidender Unterschied zu den USA, wo nach einer Verhaftung des Beschuldigten eine Vorführung vor einem Richter (*arraignments*) stattfinden muss. In dieser frühen (aber entscheidenden) Prozessphase wird dem Beschuldigten ein Pflichtverteidiger (*public defender*) zur Verfügung gestellt, wenn er einen Verteidiger nicht selbst finanzieren kann. Ein bereits verteidigter Beschuldigter darf ohne Beteiligung seines Verteidigers vernommen werden.[790] *Public defender* sind in den USA grundsätzlich institutionalisiert. Viele dieser Institutionen verteidigen ausschließlich finanziell benachteiligte Beschuldigte und sind mit entsprechenden Ressourcen ausgestattet. Die bekannteste und national am breitesten Vertretene Public Defense Institution ist die *Legal Aid Society*. Die Institutionalisierung, Organisation, Bestellung und Funktion der public defender in den USA wird in Kapitel 6 ausführlich behandelt. An dieser Stelle wird auch erwogen, was sich für den deutschen Strafprozess nutzbar machen lässt.

2. *Europarechtlicher Einfluss*

Das Recht auf frühzeitige Verteidigung kann nicht ausschließlich vor dem Hintergrund der deutschen nationalen Regelungen betrachtet werden. Die EMRK, die Rechtsprechung des EGMR und vor allem EU-Richtlinien haben für die Rechtsentwicklung und das Rechtsverständnis im Bereich des rechtlichen Beistands grundlegende Bedeutung. Das gilt insbesondere für die frühzeitige Pflichtverteidigung.[791]

788 BGH NJW 1996, 1547.

789 Siehe hierzu beispielsweise die Webseite von The Bronx Defenders, https://www.bronxdefenders.org/clients-community/help/ (zuletzt abgerufen am 3. Mai 2023).

790 *Ulsenheimer/Rock*, M&A Review 1991, 1; *Klose*, NZWiSt 2017, 1 (9).

791 *Kühne*, LR-StPO, Einleitung J, Rn. 101 ff.

a. *Richtlinie 2013/48/EU des Europäischen Parlaments und des Rates*

Die Richtlinie des Europäischen Parlaments und des Rates vom 22. Oktober 2013[792] über das Recht auf Zugang zu einem Rechtsbeistand in Strafverfahren und Verfahren zur Vollstreckung des Europäischen Haftbefehls sowie über das Recht auf Benachrichtigung eines Dritten und der Konsularbehörden während des Freiheitsentzuges ist zentral für die Festlegung des Zeitpunkts des Rechts auf Verteidigerbestellung und die Ausgestaltung des Rechts auf Verteidigung, den Umfang der Beschuldigtenbelehrung und die Bestimmung von Verwertungsverboten bei Verletzung dieser Rechte. Die Richtlinie setzt „Mindeststandards für das Recht auf Zugang zu einem Rechtsbeistand im Strafverfahren [...]"[793] fest. Dabei „stützt [sie] sich auf Artikel 3, 5, 6 und 8 der EMRK [...] und fördert so gleichzeitig die Anwendung der Charta, insbesondere ihrer Artikel 4, 6, 7, 47 und 48"[794].

Die Richtlinie verpflichtet Mitgliedstaaten dazu, „sicherzustellen, dass Verdächtige oder beschuldigte Personen das Recht haben, unverzüglich Zugang zu einem Rechtsbeistand erhalten zu können"[795]. Hinsichtlich der praktischen Umsetzung verlangt die Richtlinie, dass Mitgliedstaaten „sicherstellen, dass Verdächtige oder beschuldigte Personen ein Recht darauf haben, dass ihr Rechtsbeistand anwesend ist und effektiv"[796] an Befragungen – innerhalb und außerhalb von Gerichtsverhandlungen teilnimmt. Die Richtlinie sieht eine aktive Rolle der Verteidigung bereits im Ermittlungsverfahren vor. So wird betont, dass „beschuldigte Personen ein Recht darauf haben, dass ihr Rechtsbeistand bei Ermittlungs- oder Beweiserhebungshandlungen zugegen ist [...] sofern die Anwesenheit des Verdächtigen oder der beschuldigten Person vorgeschrieben oder zulässig ist."[797] Hierunter fallen beispielsweise Identifizierungsgegenüberstellungen, Vernehmungsgegenüberstellungen oder Tatortrekonstruktionen. Die Richtlinie gibt den Mitgliedsstaaten Spielraum bei der Umsetzung der europarechtlichen Vorgaben für den Zugang zu Rechtsbeistand im vorgerichtlichen Verfahren, wenn „in dringenden Fällen schwerwiegende, nachteilige Auswirkungen auf das Leben, die Freiheit oder die körperliche Unversehrtheit einer Person abgewehrt werden müssen"[798]. Eine Einschränkung des Rechts auf Zugang zu Rechtsbeistand ist

---

792 Richtlinie 2013/48/EU des Europäischen Parlaments und des Rates.
793 Richtlinie 2013/48/EU des Europäischen Parlaments und des Rates, Rn. 12.
794 Richtlinie 2013/48/EU des Europäischen Parlaments und des Rates, Rn. 12.
795 Richtlinie 2013/48/EU des Europäischen Parlaments und des Rates, Rn. 19.
796 Richtlinie 2013/48/EU des Europäischen Parlaments und des Rates, Rn. 25.
797 Richtlinie 2013/48/EU des Europäischen Parlaments und des Rates, Rn. 26.
798 Richtlinie 2013/48/EU des Europäischen Parlaments und des Rates, Rn. 31.

entsprechend nur zur Wahrung hochrangiger Rechtsgüter wie Leib, Leben und Freiheit zulässig. Eine weitere Einschränkung kann dann vorgenommen werden, wenn ein „umgehendes Handeln der Ermittlungsbehörden zwingend erforderlich ist“[799], um das Strafverfahren zu wahren. Der EU-Gesetzgeber betont, dass vorübergehende Abweichungen von den in der Richtlinie vorgesehenen Rechten des Beschuldigten – wenn eine solche Abweichung gemäß der Richtlinie grundsätzlich zulässig ist – von den Mitgliedsstaaten restriktiv, zeitlich begrenzt und verhältnismäßig genutzt werden muss.[800]

b. Richtlinie 2016/1919 des Europäischen Parlaments und des Rates (PKH-Richtlinie)

Nachdem der europäische Gesetzgeber mit der Richtlinie 2013/48/EU „Mindeststandards für das Recht auf Zugang zu einem Rechtsbeistand im Strafverfahren […]“[801] festlegt, liegt der Fokus der Richtlinie 2016/1919 des Europäischen Parlaments und des Rates (folgend: PKH-Richtlinie) auf der Stärkung der Pflichtverteidigung. So soll die „Effektivität des in der Richtlinie 2013/48/EU des Europäischen Parlaments und des Rates vorgesehenen Rechts auf Zugang zu einem Rechtsbeistand gewährleistet werden.“[802]

Eine der zentralen Vorschriften der PKH-Richtlinie bildet Artikel 4 über die Prozesskostenhilfe in Strafverfahren. Hiernach müssen die Mitgliedsstaaten sicherstellen, dass „Verdächtige und Beschuldigte Personen, die nicht über ausreichende Mittel zur Bezahlung eines Rechtsbeistands verfügen, Anspruch auf Prozesskostenhilfe haben […]“[803]. Den Mitgliedsstaaten bleibt es vorbehalten, für die Entscheidung, ob Prozesskostenhilfe zu bewilligen ist, eine Bedürftigkeitsprüfung, eine materielle Prüfung oder beides vorzunehmen. Gleichzeitig gibt die Richtlinie in Art. 4 Abs. 4 vor, wann in jedem Fall – unabhängig von Kriterien im nationalen Recht – die materiellen Kriterien erfüllt sind. Einer dieser Fälle ist in Art. 4 Abs. 4 normiert, wonach die materiellen Kriterien der Prozesskostenhilfe im Rahmen der EU-rechtlichen Mindeststandards erfüllt sind, wenn der Beschuldigte einem Gericht zur Entscheidung über Haft vorgeführt wird (Art. 4 Abs. 4 PKH-Richtlinie).

---

799 Richtlinie 2013/48/EU des Europäischen Parlaments und des Rates, Rn. 32.
800 Richtlinie 2013/48/EU des Europäischen Parlaments und des Rates, Rn. 38.
801 Richtlinie 2013/48/EU des Europäischen Parlaments und des Rates, Rn. 12.
802 Richtlinie 2019/119/EU des Europäischen Parlaments und des Rates, L 297/1.
803 Vgl. Art. 4 Abs. 1 PKH-Richtlinie.

Die PKH-Richtlinie ist für die aktuelle Reformbewegung zur Stärkung der Beschuldigtenrechte zentral. Sie bildet die Grundlage für die aktuelle Reform durch das *Gesetz zur Neuregelung der notwendigen Verteidigung*. Mit der Strafrechtsreform von 2017[804] und 2019[805] setzt der deutsche Gesetzgeber die Vorgaben der Richtlinie zum Teil um. Insbesondere der Zeitpunkt der Verteidigerbestellung sollte vorverlagert werden. Das *Gesetz zur Neuregelung der notwendigen Verteidigung* ist Reaktion auf die PKH-Richtlinie. Sie hat zu einer Umstrukturierung und inhaltlichen Anpassung der §§ 140 ff. StPO geführt. Hervorzuheben ist insbesondere die Umstrukturierung des § 140 StPO und des § 141 StPO. Eine Erweiterung bzw. Vorverlagerung der Fälle notwendiger Verteidigung zeigt sich insbesondere bei § 140 Abs. 1 Nr. 4 StPO. Im Einzelnen werden die Neuregelungen für das Institut der notwendigen Verteidigung in diesem Kapitel unter B. II. 3. Vorgestellt.

c. *Art. 6 Abs. 3 EMRK und die Rechtsprechung des EGMR*

Die Europäische Menschenrechtskonvention (EMRK) enthält das Recht auf Verteidigung in Art. 6 Abs. 3 lit. c als wesentliche Ausprägung des Rechts auf ein faires Verfahren (Art. 6 Abs. 1).[806] Art. 6 Abs. 3 lit. c enthält keine detaillierte Regelung, sondern überlässt die Ausgestaltung des Rechts auf Verteidigung den Mitgliedsstaaten.[807] Der EGMR entscheidet, ob das jeweils vom Mitgliedstaat gewählte Mittel den Anforderungen an ein faires Verfahren gerecht wird. Einschränkungen des Rechts auf Verteidigung sind nur in Grenzen möglich und dürfen nicht dazu führen, dass dem Beschuldigten ein faires Verfahren versagt wird.[808]

Das Recht auf Verteidigung kann schon zum Zeitpunkt der ersten Vernehmung durch die Ermittlungsbehörden greifen. Dies ergibt sich nicht ohne Weiteres aus dem Wortlaut der EMRK. Art. 6 EMRK garantiert ein faires Verfahren vor „Gericht“[809]. Der reine Wortlaut könnte dahingehend verstanden

---

804 Gemeint ist hier das *Gesetz zur effektiveren und praxistauglicheren Ausgestaltung des Strafverfahrens* von 2017.

805 Gemeint ist hier das *Gesetz zur Neuregelung des Rechts der notwendigen Verteidigung* von 2019.

806 *Poitrimol v. France*, EGMR, Urteil vom 23.11.1993, § 34, Series A 277-A, und *Demebukov v. Bulgaria*, EGMR, Urteil vom 28.02.2008, § 50, 68020/01.

807 *Lohse/Jakobs*, KK-StPO, Art. 6 EMRK Rn. 1.

808 *Lohse/Jakobs*, KK-StPO, Art. 6 EMRK Rn. 91; *Salduz v. Turkey*, EGMR, Urteil vom 27.11.2008, 36391/02, Rn. 60.

809 Im Original „Tribunal“.

werden, dass damit ausschließlich das Gericht der Hauptverhandlung gemeint ist. Dem erteilt der EGMR jedoch eine Absage und betont, dass das Recht auf Verteidigung auch im *pre-trial* Stadium - der Phase vor der Hauptverhandlung - Anwendung finden kann.[810] Entscheidend soll nach Rechtsprechung des EGMR sein, ob die Fairness des *Gesamtverfahrens* in solcher Weise von rechtlichem Beistand abhängig ist, dass sie ohne frühzeitige Verteidigung ernsthaft gefährdet ist.[811] Entscheidende Frage ist hierbei wie sich die fehlende Verteidigung auf den weiteren Verlauf des Verfahrens auswirkt.

In *Imbrioscia v. Switzerland*[812] und *John Murray vs. Vereinigtes Königreich*[813] legt der EGMR einen noch stärkeren Fokus auf das Gesamtverfahren und sieht keine Verletzung des Art. 6 Abs. 3 lit. c., auch wenn dem Beschuldigten im Ermittlungsverfahren noch kein Verteidiger beigeordnet wurde. Ein faires Verfahren soll durch die spätere Verteidigerbeiordnung gewahrt worden sein.

In *Salduz v. Turkey* hingegen kehrt der EGMR diese Vermutung um. Grundsätzlich wird davon auszugehen sein, dass dem Verdächtigen schon im Ermittlungsverfahren für die erste Vernehmung Zugang zu rechtlichem Beistand gewährt werden muss. Der EGMR betont hier die gesteigerte Relevanz des Ermittlungsverfahrens und stellt die Vermutung auf, dass sich der Beschuldigte grundsätzlich gegenüber den staatlichen Ermittlungsbehörden in einer geschwächten Position befindet. Diese Schwäche sei regelmäßig nur durch Rechtsbeistand auszugleichen.[814] In *Salduz v. Turkey* wurde dem Beschuldigten zwar ein Verteidiger in der Hauptverhandlung zur Verfügung gestellt. Zum Zeitpunkt der polizeilichen Befragung war dies jedoch noch nicht der Fall. Die Vorinstanz sah hierin keine Verletzung des Art. 6 Abs. 3 lit. c. Der Beschuldigte sei nicht unangemessen benachteiligt, da ihm in der Hauptverhandlung ein Rechtsanwalt beistand. Das Fehlen eines Verteidigers während seiner Befragung in Polizeihaft sei kein Verstoß gegen das Fair Trial Prinzip.[815] Die Vorinstanz argumentierte in einem weiteren Schritt damit, dass das Geständnis des Beschuldigten nicht die einzige Grundlage für die Verurteilung darstellte - eine

---

810 *Salduz v. Turkey*, EGMR, Urteil vom 27.11.2008, 36391/02, Rn. 64.

811 Aus der Entscheidung des EGMR: „[...] Article 6 - especially paragraph 3 thereof - may be relevant before a case is sent for trial if and so far as the fairness of the trial is likely to be seriously prejudiced by an initial failure to comply with its provisions", *Salduz v. Turkey*, EGMR, Urteil vom 27.11.2008, 36391/02, 15.

812 *Imbrioscia v. Switzerland*, EGMR, Urteil vom 24.11.1993, Series A no. 275.

813 *John Murray vs. Vereinigtes Königreich*, EGMR, Urteil vom 08.02.1996, 18731/91.

814 *Salduz v. Turkey*, EGMR, Urteil vom 27.11.2008, 36391/02, Rn. 16.

815 *Salduz v. Turkey*, EGMR, Urteil vom 27.11.2008, 36391/02, Rn. 16.

Argumentation, die auf der „harmless error doctrine" beruht. Gemeint ist das aus der US-höchstrichterlichen Rechtsprechung stammende Prinzip, nach dem nicht jeder Rechtsfehler zu einer Aufhebung des Urteils führt. Neben dem bloßen Vorliegen eines Fehlers muss sich dieser auch auf die Entscheidung ausgewirkt haben und darf nicht lediglich „harmlos" sein.[816]

Der EGMR stützt sich in der *Salduz vs. Turkey* Entscheidung unter anderem auf Empfehlungen des *European Committee for the Prevention of Torture and Inhuman or Degrading Punishment* (CPT).[817] Das CPT empfiehlt den frühzeitigen Zugang zu einem Verteidiger. Dieses Recht soll nur in absoluten Ausnahmefällen eingeschränkt werden:

> „[...] it may exceptionally be necessary to delay for a certain period a detained person's access to a lawyer of his choice; however, in such cases, access to another independent lawyer should be arranged"[818].

Das CPT will hier nicht das Recht auf Verteidigung einschränken, sondern erkennt, dass Zugang zu einem bestimmten Wahlverteidiger nicht immer möglich ist. In einem solchen Fall soll dem Beschuldigten ein anderer unabhängiger Verteidiger zur Verfügung gestellt werden. Das CPT bezeichnet das Recht auf frühzeitigen Rechtsbeistand als eines der grundlegenden Rechte eines Beschuldigten, dessen physische Freiheit eingeschränkt wird – so zum Beispiel während einer Beschuldigtenbefragung.[819] Regelmäßig gilt der Art. 6 Abs. 3 lit. c im Ergebnis also bereits im Ermittlungsverfahren.[820] Grundsätzlich muss nun bei einer Verletzung des Rechts auf Verteidigung von einem nicht lediglich „harmlosen" Verfahrensfehler ausgegangen werden,[821] der somit ein Verwertungsverbot nach sich

---

816 Die „Harmless Error Doctrine" spielt vor allem bei Rechtsbehelfen eine Rolle. Ein Fehler des Tatgerichts führt hiernach dann nicht zu einer Ungültigkeit der fehlerhaften Entscheidung, wenn der Fehler „harmless" also nicht gewichtig war. siehe ausführlich hierzu für den US-amerikanischen Kontext: *Cooper*, U. Kansas L. Rev. 200, 309.

817 *Salduz v. Turkey*, EGMR, Urteil vom 27.11.2008, 36391/02, Rn. 39 ff., 44 f.

818 *Salduz v. Turkey*, EGMR, Urteil vom 27.11.2008, 36391/02, Rn. 39, unter Verweis auf CPT/Inf (2001) 25, S. 30 f.; zu Deutsch etwa: „Es mag ausnahmsweise nötig sein, den Zugang einer Person zu einem Anwalt seiner Wahl für einen begrenzten Zeitraum hinauszuschieben. In solchen Fällen sollte aber der Zugang zu einem anderen unabhängigen Anwalt arrangiert werden."

819 CPT/Inf (92) 3, S. 11.

820 *Ladewig/Harrendorf/König*, in: HK-EMRK, Art. 6 Rn. 228.

821 Siehe Fn. 816.

zieht.[822]

Die Rechtsprechungsentwicklung des EGMR von *Imbrioscia* über *John Murray* zu *Salduz* zeig, dass der EGMR die Wichtigkeit des Ermittlungsverfahrens für ein faires Gesamtverfahren nicht nur erkennt, sondern auch von den Mitgliedsstaaten berücksichtigt sehen will. Mit den Worten des EGMR:

> „[…] the Court underlines the importance of the investigation stage for the preparation of the criminal proceedings, as the evidence obtained during this stage determines the framework in which the offence charged will be considered at the trial […] an accused often finds himself in a particularly vulnerable position at that stage of the proceedings, […]. In most cases, this particular vulnerability can only be properly compensated for by the assistance of a lawyer […]“[823].

Der EGMR entwickelt das Recht auf wirksame Verteidigung als integralen Bestandteil eines fairen Verfahrens nach Art. 6 EMRK kontinuierlich fort.[824] Es genügt dem EGMR nicht, dass das Recht auf (Pflicht-)Verteidigung *abstrakt* existiert. Das Recht muss auch effektiv und konkret durchsetzbar sein.[825]

3. *Das System der notwendigen Verteidigung und die Pflichtverteidigung – Reform der §§ 140 ff. StPO*

Das Recht auf Pflichtverteidigung – insbesondere der Zeitpunkt und die Fälle notwendiger Verteidigung nach §§ 140 ff. StPO – ist in den letzten Jahren durch verschiedene Gesetzesreformen verändert worden. Hintergrund der Reforminitiative ist unter anderem die PKH-Richtlinie über Prozesskostenhilfe für Verdächtige und beschuldigte Personen in Strafverfahren sowie für gesuchte Personen in Verfahren zur Vollstreckung eines Europäischen Haftbefehls, welche bis Mai 2019 in nationales Recht umzusetzen war. Die PKH-Richtlinie legt

---

822 *Salduz v. Turkey*, EGMR, Urteil vom 27.11.2008, 36391/02, Rn. 39; zu Deutsch: „[…] das Gericht betont die Wichtigkeit des Ermittlungsverfahrens für die Vorbereitung des Strafprozesses, da die Beweise, die in dieser Phase ermittelt werden, den Rahmen in dem die angeklagte Tat im Hauptverfahren betrachtet wird, bestimmt. Der Beschuldigte befindet sich in dieser Phase oft in einer besonders verletzbaren Situation. In den allermeisten Fällen kann dies nur durch Rechtsbeistand ausgeglichen werden.“

823 Salduz v. Turkey, EGMR, Urteil vom 27.11.2008, 36391/02, Rn. 44.

824 Auch wenn sich dieses Recht nicht unmittelbar aus Art. 6 EMRK ergibt, entwickelte der EGMR beispielsweise das Recht auf unbewachten Verteidigerkontakt (siehe EGMR, Urteil v. 28.11.1991, 12629/87, Rn. 4).

825 Siehe *Wohlers*, SK-StPO, Vor. § 137 Rn. 82 f.

Mindestvorgaben für den effektiven Zugang zu Rechtsbeistand und das Recht auf Prozesskostenhilfe fest (siehe zuvor in diesem Kapitel unter B. II. 2. b.).

Insbesondere das *Gesetz zur Neuregelung des Rechts der notwendigen Verteidigung* vom 10.12.2019 sollte bisherige Rechtsschutzlücken im nationalen Recht mit den europäischen Mindeststandards harmonisieren.[826] Der Anspruch des Gesetzgebers war es dabei, den „bisher nur punktuell geregelten"[827] Bereich der notwendigen Verteidigung und der Pflichtverteidigung „möglichst umfassend zu normieren und [...] klarer zu strukturieren"[828]. Zum Teil lässt sich hier ein Perspektivenwechsel „weg von der Hauptverhandlung hin zum Ermittlungsverfahren"[829] ausmachen.

Die 90. Konferenz der Justizministerinnen und Justizminister in Schleswig-Holstein forderte im Juni 2019 eine „praxisgerechte" Umsetzung der PKH-Richtlinie. Gemeint war damit vor allem, dass verhindert werden sollte, „jede Beschuldigtenvernehmung auf freiwilliger Basis zu verbieten, nur weil noch kein Pflichtverteidiger beigeordnet ist"[830]. Wenn sich der Beschuldigte nicht in Haft befindet und nach Belehrung zu einer Aussage bereit ist, solle es hiernach möglich bleiben, eine Vernehmung auch ohne einen Verteidiger durchzuführen.

a. *Reform der §§ 140 ff. StPO im Einzelnen*

Nach der Reform der notwendigen Verteidigung regelt § 140 StPO die Fälle notweniger Verteidigung nun abschließend. Die §§ 141 ff. StPO regeln den Zeitpunkt, die Dauer, das Bestellungsverfahren und die Auswahl des Verteidigers, wenn ein Fall notwendiger Verteidigung vorliegt (§ 140 StPO). § 140 StPO erweitert die Fälle notwendiger Verteidigung vor allem durch eine zeitliche Vorverlagerung ins Ermittlungsverfahren. Hervorzuheben sind hier insbesondere § 140 Abs. 1 Nr. 1, 4, 5 und 7 StPO.

Zuvor waren von § 140 Abs. 1 Nr. 1 nur diejenigen Fälle erfasst, die vor dem LG oder OLG *stattfanden*. In der Neufassung liegt ein Fall notwendiger Verteidigung vor, wenn zu *erwarten* ist, dass die Hauptverhandlung im ersten Rechtszug vor dem Schöffengericht, OLG oder LG stattfinden wird. Dies wird regelmäßig

---

826 BT-Drs. 19/13829.

827 BT-Drs. 19/13829, S. 2.

828 BT-Drs. 19/13829, S. 3.

829 BT-Drs. 19/13829, S. 31.

830 JuMiKo-Beschluss TOP II.18, 5. und 6. Juni 2019, https://www.justiz.nrw.de/JM/jumiko/beschluesse/2019/Fruehjahrskonferenz_2019/TOP-II_18.pdf (zuletzt abgerufen am 5. Mai 2023).

bei Verbrechen der Fall sein. Für Vergehen wird eine Prognose notwendig sein, um im Einzelfall zu bestimmen, was „zu erwarten ist". Problematisch sind dann aus Beschuldigtenperspektive insbesondere diejenigen Fälle, in denen sich erst aus der Vernehmung ohne Verteidigerbestellung Details ergeben, die die Anklage zu einem Verbrechen machen, während das Schweigen des Angeklagten nach derzeitiger Beweislage zu einem anderen Ergebnis geführt hätte.

Nach § 140 Abs. 1 Nr. 4 StPO n. F. liegt auch ein Fall notwendiger Verteidigung vor, wenn der Beschuldigte dem Gericht zur Entscheidung über die Haft oder einstweilige Unterbringung vorzuführen ist (§§ 115, 115a, 128 Abs. 1, 129 StPO). Der Gesetzgeber berücksichtigt hier die Vorgaben des Art. 4 Abs. 4 der PKH-Richtlinie:

> [...] Unter folgenden Umständen gelten die materiellen Kriterien in jedem Fall als erfüllt:
>
> a) wenn ein Verdächtiger oder eine beschuldigte Person in jeder Phase des Verfahrens im Anwendungsbereich dieser Richtlinie einem zuständigen Gericht oder einem zuständigen Richter zur Entscheidung über eine Haft vorgeführt wird [...].

Zuvor lag ein Fall notwendiger Verteidigung erst dann vor, wenn die Untersuchungshaft oder Unterbringung nach §§ 112, 112a und 126a, 275a Abs. 6 StPO *vollstreckt* wurde. In der Praxis bedeutete dies, dass eine Verteidigerbestellung erst mit Aufrechterhaltung der Haft i.S.d. § 115 Abs. 4 S. 1 StPO erfolgte. Entgegen der Rechtsprechung wurde in der Literatur bereits zum Teil gefordert, „Vollstreckung" dahingehend auszulegen, dass damit bereits der Zeitpunkt der Ergreifung des Beschuldigten auf Grund eines Haftbefehls gemeint sei. Dieser Streit kann nun angesichts der Gesetzesreform zumindest hinsichtlich der notwendigen Verteidigung dahinstehen.[831] Die vorläufige Festnahme nach §§ 128, 129 StPO stellt nur dann einen Fall notwendiger Verteidigung nach § 140 Abs. 1 Nr. 4 dar, wenn die Festnahme zu einer Vorführung des Beschuldigten führt. Erst wenn die „Notwendigkeit der Vorführung feststeht", liegt nach der gesetzgeberischen Konzeption ein Fall notwendiger Verteidigung vor, „infolgedessen bleibt es in diesen Fällen erlaubt, den Beschuldigten nach vorläufiger Festnahme [ohne Rechtsbeistand] erst noch zu vernehmen und dann vorzuführen."[832] Wenn sich der Beschuldigte auf Grund richterlicher Anordnung oder richterlicher Genehmigung in einer Anstalt befand, war für die Entscheidung, ob ein Fall notwendiger Verteidigung vorliegt, bisher die voraussichtliche Dauer der

831 Siehe *Thomas/Kämpfer*, Müko-StPO, § 140 Rn. 17.

832 BT-Drs. 19/13829, S. 33.

Inhaftierung entscheidend. Darauf kommt es nach § 140 Abs. Nr. 5 n. F. nicht mehr an. Der Gesetzgeber berücksichtigt hier die Vorgaben des Art. 4 Abs. 4 lit. b der PKH-Richtlinie:

> […] Unter folgenden Umständen gelten die materiellen Kriterien in jedem Fall als erfüllt:
>
> a) […]
>
> b) wenn er sich in Haft befindet.

Auch in § 140 Abs. 1 Nr. 7 n. F. StPO zeichnet sich ein „Perspektivenwechsel“[833] hin zum Ermittlungsverfahren ab. Ein Fall notwendiger Verteidigung liegt nun schon dann vor, wenn das Sicherungsverfahren „zu erwarten“ ist. Nicht erst dann, wenn es eröffnet ist.

Die Erweiterung der Fälle notwendiger Verteidigung wirkt sich vor allem im Ermittlungsverfahren aus. Der Regierungsentwurf spricht von einem „Perspektivenwechsel […] weg von der Hauptverhandlung hin zum Ermittlungsverfahren“[834]. Der Gesetzgeber berücksichtigt die „wachsende Erkenntnis der weichenstellenden Bedeutung des Ermittlungsverfahrens“[835].

Die Beiordnung eines Verteidigers erfolgt von Amts wegen nur in den Fällen des § 141 Abs. 2 StPO. In allen anderen Fällen hängt die Beiordnung von einem Antrag des Beschuldigten ab. § 141 Abs. 2 StPO regelt die Beiordnung *ohne Antrag*, wenn ein Fall notwendiger Verteidigung vorliegt *und* der Beschuldigte zur Entscheidung über Haft oder einstweiliger Unterbringung vorgeführt werden soll (Nr. 1), sich der Beschuldigte auf Grund richterlicher Anordnung oder Genehmigung in Haft befindet (Nr. 2), ersichtlich wird, dass sich der Beschuldigte im Vorverfahren nicht selbst verteidigen kann (Nr. 3) oder der Beschuldigte gem. § 201 StPO zur Erklärung über die Anklageschrift aufgefordert wird. In allen anderen Fällen ist ein Antrag des Beschuldigten notwendig. § 141 Abs. 2 S. 2 und S. 3 StPO sehen wiederum Ausnahmen von der Anordnung von Amts wegen bei Erlass oder Vollstreckung eines Haftbefehls nach § 127b Abs. 2, § 230 Abs. 2 oder § 329 Abs. 3 StPO vor. Der Beschuldigte muss hier die Pflichtverteidigerbeiordnung ausdrücklich verlangen. Eine Verteidigerbeiordnung kann darüber hinaus in den Fällen des § 141 Abs. 2 Nr. 2 und 3 ausbleiben, wenn das Verfahren zeitnah eingestellt werden soll.

---

833 *Hillenkamp*, ZAP 2020, 983 (984).
834 BT-Drs. 19/13829, S. 31.
835 BT-Drs. 19/13829, S. 31.

§ 141a StPO enthält eine Ausnahme für die Verteidigerbestellung bei Vernehmungen und Gegenüberstellungen des Beschuldigten im Ermittlungsverfahren, wenn dies zur Abwehr einer gegenwärtigen Gefahr für Leib, Leben oder Freiheit einer Person dringend erforderlich ist oder zur Abwendung einer erheblichen Gefährdung eines Strafverfahrens zwingend geboten ist. Der Gesetzgeber stützt sich hier auf Erwägungsgrund 31 der Richtlinie 2013/48/EU. Das Belehrungs- und Schweigerecht des Beschuldigten nach § 136 Abs. 1 StPO bleibt von dieser Ausnahme unberührt.

Der Zeitpunkt der Verteidigerbestellung richtet sich für den Fall der Verteidigerbestellung von Amts wegen nach § 141 Abs. 2 StPO und für den Fall, dass ein Antrag des Beschuldigten notwendig ist, nach § 141 Abs. 1 StPO. In den Fällen der Bestellung von Amts wegen (§ 141 Abs. 2 Nr. 1–3) erfolgt die Verteidigerbestellung gem. § 141 Abs. 2 S. 1 StPO „sobald" einer der genannten Fälle vorliegt. Die Staatsanwaltschaft ist im Ermittlungsverfahren für die Verteidigerbestellung zuständig. Sie stellt bei dem zuständigen Gericht einen Antrag nach § 142 Abs. 3 Nr. 1 und Nr. 2 StPO. Nach Anklageerhebung erfolgt der Antrag nach § 142 Abs. 3 Nr. 3 StPO beim Vorsitzenden des für die Hauptverhandlung zuständigen Gerichts. Setzt die Verteidigerbestellung einen Antrag des Beschuldigten voraus, muss die Bestellung unverzüglich – zumindest vor Vernehmung und Gegenüberstellung – nach Belehrung erfolgen. Der Beschuldigte kann die Anordnung mündlich beantragen.[836] Der Antrag richtet sich im Ermittlungsverfahren an die Polizei oder die Staatsanwaltschaft. Nach Anklageerhebung richtet sich der Antrag an den Vorsitzenden des zuständigen Gerichts.

b. Vorläufige Bewertung der Reform der §§ 140 ff. StPO

aa. Allgemeines

Die Reform der notwendigen Verteidigung zeichnet sich vor allem durch folgende Neuerungen aus: einen Perspektivenwechsel in zeitlicher Hinsicht, der zu frühzeitiger Verteidigung führen soll, einen gesteigerten Einschätzungsspielraum der Vernehmungspersonen bzw. Ermittlungspersonen, und ein neuartiges Antragsrecht des Beschuldigten unter wesentlicher Beibehaltung der Belehrungsvorschriften.

Die Reform des Instituts der notwendigen Verteidigung ist ein begrüßenswerter Schritt für den Schutz und die praktische Durchsetzung der Beschuldigtenrechte in einem Verfahrensstadium, das für die negativen Konsequenzen

836 Vgl. BT-Drs. 19/13829, S. 41.

kognitiver Dissonanzen besonders anfällig ist. Die Gefahr, dass einmal begonnene Ermittlungsansätze unkritisch weiterverfolgt werden (*confirmation bias*), macht wirksame Interventionsmöglichkeiten des Beschuldigten bereits und vor allem im Ermittlungsverfahren notwendig. Das grundsätzliche psychologische Phänomen kognitiver Verzerrungen muss im Zusammenhang mit dem in Deutschland spezifischen Phänomen des „*de facto continuum*“[837] zwischen Ermittlungs- und Hauptverfahren verstanden werden. Beide Phänomene stehen in einem Wechselwirkungsverhältnis. Die de facto Bindung des Beschuldigten an dessen frühe Aussagen und die konkrete Ausgestaltung des Unmittelbarkeitsgrundsatzes[838] macht das Ermittlungsverfahren zu einer entscheidenden Prozessphase.[839] Dies gilt für Fälle, die bis ins Stadium der Hauptverhandlung rücken, aber umso mehr noch, wenn es nie zu einem Urteil nach einer Hauptverhandlung kommt, sondern das Verfahren frühzeitig konsensual erledigt wird. Das Gesetz zur Neuregelung der notwendigen Verteidigung sieht hier eine wichtige Vorverlagerung – insbesondere durch § 140 Abs. 1 Nr. 1, 4, 5 und 7 StPO – vor, wobei wohl insbesondere § 140 Abs. 1 Nr. 1 und Nr. 4 praktische Relevanz haben.

Für die Bestimmung des Zeitraums der Verteidigerbestellung im Ermittlungsverfahren, beinhaltet § 140 StPO nun an mehrfacherer Stelle[840] die Formulierung „zu erwarten ist“. Den Ermittlungspersonen wird hier ein Einschätzungsspielraum eingeräumt. Was im Einzelnen „zu erwarten ist“, hängt naturgemäß von der jeweiligen Einschätzung der Entscheidungsperson ab und birgt die Gefahr einer subjektiven oder gar ergebnisorientierten Bestimmung. Selbst bei einer idealtypischen Einschätzung durch die Vernehmungsperson, mag sich gerade erst innerhalb der Vernehmung des Beschuldigten herausstellen, was „zu erwarten ist“. Zu diesem Zeitpunkt wurde dann noch kein Verteidiger bestellt. Das Abstellen auf eine subjektive Erwartung der Ermittlungspersonen kann so zu einer verspäteten Verteidigerbestellung führen. Verspätet meint hier eine Bestellung, *nachdem* es aus Beschuldigtensicht bereits zu entscheidenden Handlungen durch Gespräche mit den Ermittlungspersonen gekommen ist.

Trotz der Reform der notwendigen Verteidigung besteht weiterhin ein gesteigertes Diskriminierungsrisiko für finanziell benachteiligte Beschuldigte. Die

---

837 *Soyer/Schumann*, StV 2012, 495 (496).

838 Siehe zuvor in Kapitel 3 B. II. 2.

839 *Soyer/Schumann*, StV 2012, 495 (496); zur Einführung der polizeilichen Aussage des Beschuldigten in die Hauptverhandlung siehe BGHSt 21, 285 (286).

840 § 140 Abs. 1 Nr. 1 und Nr. 7 StPO.

Studie von *Soyer* und *Schumann* verdeutlicht, dass psychologische Effekte und finanzielle Aspekte für die Entscheidung für oder gegen Rechtsbeistand entscheidend sind.[841] Im Bereich der „white collar“ Kriminalität besteht bei Beschuldigten regelmäßig ein Bewusstsein für die Wichtigkeit rechtlichen Beistands in einem frühen Stadium des Strafprozesses. § 141a StPO bringt die grundlegende Ungleichbehandlung von Wahlverteidigern und Pflichtverteidigern auf den Punkt. Während Beschuldigte grundsätzlich jederzeit einen Wahlverteidiger konsultieren können, sind mit der Pflichtverteidigung Hürden verbunden. § 141a S. 1 StP0 normiert Ausnahmen von der Pflichtverteidigerbestellung bei Vernehmungen oder Gegenüberstellungen des Beschuldigten im Vorverfahren, wenn dies zur Abwehr einer gegenwärtigen Gefahr für Leib oder Leben oder für die Freiheit einer Person dringend erforderlich ist (Nr. 1) oder zur Abwendung einer erheblichen Gefährdung eines Strafverfahrens zwingend geboten ist.[842] Die Einführung einer Beschränkung der Verteidigerbestellung im Ermittlungsverfahren ist an sich nicht überraschend, sondern in Art. 3 Abs. 6 lit. a und b der Richtlinie 2013/48/EU antizipiert: „Unter außergewöhnlichen Umständen und nur im vorgerichtlichen Stadium können die Mitgliedstaaten vorübergehend von der Anwendung der nach Absatz 3 gewährten Rechte abweichen, wenn dies angesichts der Umstände des Falles durch einen der nachstehenden Gründe zwingend gerechtfertigt ist: a) wenn dies zur Abwehr einer Gefahr für Leib oder Leben oder für die Freiheit einer Person dringend erforderlich ist; b) wenn ein sofortiges Handeln der Ermittlungsbehörden zwingend geboten ist, um eine erhebliche Gefährdung eines Strafverfahrens abzuwenden.“ Bemerkenswert ist aber, dass § 141a S. 2 StPO ausdrücklich klarstellt, dass Wahlverteidiger weiterhin jederzeit zu Rate gezogen werden können: „Das Recht des Beschuldigten, jederzeit, auch schon vor der Vernehmung, einen von ihm zu wählenden Verteidiger zu befragen, bleibt unberührt.“ Eine Beschränkung bleibt dann nur im Wege einer Kontaktsperre nach § 31 EGGVG möglich. Zum Teil wird argumentiert, dass sich § 141a StPO aber gerade nicht auf Art. 3 Abs. 6 der Richtlinie stützen könne, da diese Ausnahmen nur zulässig seien, „wenn nach nationalem Recht auch der Zugang zum Wahlverteidiger mit den gleichen Gründen abgelehnt werden könnte“[843]. Dies ist gem. § 141a S. 2 StPO aber gerade nicht der Fall. Es handelt sich hier schlicht um eine vom deutschen Gesetzgeber eingeführte

841 Siehe näher zu dieser Studie zuvor in diesem Kapitel unter Abschnitt B. II. 1. b.

842 Vorrangig gegenüber dieser Vorschrift ist die Eilentscheidung der Staatsanwaltschaft gem. § 142 Abs. 4 StPO, vgl. BT-Drs. 19/13829, S. 39.

843 *Müller-Jacobsen*, NJW 2020, 575 (577).

isolierte Ungleichbehandlung, die ausschließliche diejenigen Beschuldigten benachteiligt, die sich keinen Wahlverteidiger leisten können. Die Richtlinie 2013/48/EU sieht die Möglichkeit einer *allgemeinen* Beschränkung des Zugangs zu Rechtsbeistand zwar vor, nicht aber eine Ungleichbehandlung, die sich ausschließlich auf die Pflichtverteidigung auswirkt.

bb. Insbesondere: Konsensuale Erledigungen und Schutzbedürftigkeit

Die quantitative Verbreitung konsensualer Erledigungsmethoden bei gleichzeitiger rechtlicher Bedeutungssteigerung des Ermittlungsverfahrens, das sozialpsychologische Phänomen der Bestätigungsneigung (*confirmation bias*) sowie das deutsche Phänomen eines *Kontinuums* zwischen dem Ermittlungs- und Hauptverfahren lässt den Schluss zu, dass konsensuale Erledigungsmethoden und das Recht auf frühzeitige Verteidigung *immer* in einem für den Beschuldigten relevanten Wechselwirkungsverhältnis stehen – also ihr Verhältnis zueinander aus Beschuldigtensicht von besonderer Bedeutung ist. Gerade im Falle konsensualer Erledigung oder auch nur der Möglichkeit konsensualer Erledigung, besteht ein gesteigertes Interesse an frühzeitiger Rechtsberatung. Dennoch existieren nur wenig spezifische Regelungen für die Verteidigerbestellung in konsensualen Erledigungsverfahren. Insbesondere für konsensuale Erledigungen nach § 153a StPO und das Strafbefehlsverfahren ist die bisherige Rechtslage auch nach der Reform noch ungenügend ausgestaltet.

§ 408b StPO beinhaltet die explizite Bestellung eines Pflichtverteidigers für den Fall, dass das Gericht erwägt, dem Antrag der Staatsanwaltschaft auf Erlass eines Strafbefehls mit der Rechtsfolge einer Freiheitsstrafe nach § 407 Abs. 2 S. 2 StPO stattzugeben. Dahinter steckt der Gedanke, dass der Beschuldigte bei drohender Freiheitsstrafe besonders schutzbedürftig ist. Dem ist zuzustimmen. Unbeachtet bleiben bei dieser engen Betrachtung der „Schutzbedürftigkeit", die sich allein auf eine Beeinträchtigung der körperlichen Freiheit des Beschuldigten bezieht, andere Gründe, die für einen besonderen Schutz sprechen würden. Neben dem engen Anwendungsbereich des § 408b StPO besteht jedoch ein weiteres Problem auf der Rechtsfolgenseite eines Verstoßes gegen die Beiordnungspflicht. Die Wirksamkeit des Strafbefehls wird von einem Verstoß gegen die Beiordnungspflicht nach § 408b StPO nicht berührt. Das einzige zulässige Rechtsmittel ist die Revision nach § 337 StPO, wobei diese wohl – wegen des „Beruhens" Kriteriums – regelmäßig nicht begründet sein wird.[844] Der Gesetzgeber hätte hieran etwas ändern können, dies aber nicht getan.

844 OLG Oldenburg, Beschluss vom 15.06.2017 – 1Ss 96/17; *Temming*, BeckOK-StPO,

Für den Fall der Einstellung unter Auflage nach § 153a StPO gibt es weiterhin keine spezifische Regelung. Die körperliche Freiheitsentziehung ist zweifelsfrei ein gravierender Eingriff. Gerade für finanziell benachteiligte Beschuldigte können Geldstrafen oder Nebenfolgen, die weiterhin ohne Rechtsbeistand angeordnet werden, ebenfalls gravierend und sogar existenzbedrohend sein.[845] Im Hinblick auf Geldstrafen setzen Gerichte für Beschuldigte, die bereits am Existenzminimum leben, beispielsweise Tagessätze von 15 Euro an.[846] Die Rechtsprechung hierzu ist allerdings keinesfalls einheitlich.[847] Für Beschuldigte, die bereits am Existenzminimum leben, ist auch ein geringer Tagessatz von 15 Euro ein deutlich spürbarer Eingriff. Mit 98 % der von der Staatsanwaltschaft verhängten Auflagen im Rahmen des § 153a StPO, ist die Geldzahlung die quantitativ relevanteste.[848] Denkbare Nebenfolgen sind Einträge in Gewerbezentral- und Korruptionsregister sowie die Entziehung einer Erlaubnis: Führerschein, ausländerrechtliche Genehmigungen und berufliche Genehmigungen. Insbesondere solche kollateralen Konsequenzen für den Beruf oder den Aufenthaltsstaus sind für den Laien ohne Rechtsbeistand nicht ohne Weiteres vollständig durchschaubar.

Das Strafbefehlsverfahren ist darüber hinaus ein rein schriftliches Verfahren, in dem der Beschuldigte – unabhängig von der Rechtsfolge – als juristischer Laie regelmäßig besonders schutzbedürftig ist. Dies gilt insbesondere für diejenigen Beschuldigten, die finanziell schwächer gestellt oder von möglichen Nebenfolge besonders betroffen sind. Auf besondere Diskriminierungsrisiken für beschuldigte Personen, denen ein Verstoß gegen Immigrationsstrafrecht vorgeworfen wird, wird im Abschnitt C. dieses Kapitels explizit eingegangen.

cc. Insbesondere: Antragserfordernis

Das neu eingeführte Antragserfordernis des Beschuldigten ist kritisch zu betrachten. Die PKH-Richtlinie sieht ein solches Antragserfordernis gerade nicht vor, sondern beruht auf einem Verzichtsmodell.[849] Hier besteht das Risiko

---

§ 408b Rn. 6; *Maur*, KK-StPO, § 408b Rn. 9.

845 *Wilde*, Armut und Strafe, S. 347.

846 Siehe beispielsweise LG Berlin, Beschluss vom 23.02.2011, 533 Qs 7/11; OLG Braunschweig Beschluss vom 19.05.2014 – 1 Ss 18/14.

847 Siehe beispielsweise 5 Euro LG Köln Entsch. v. 07.10.2010 – 156 Ns 49/10; OLG Naumburg, Beschluss vom 15.07.2010 – 2 Ss89/10; 10 Euro OLG Köln, Beschluss vom 10.06.2011 III – 1 RVs 96/11.

848 *Beulke*, LR-StPO, § 153a Rn. 2.

849 Siehe auch kritisch zum Antragserfordernis *Krawczyk*, BeckOK-StPO, § 141 Rn. 5 m.w.N.

einer missverständlichen Belehrung des Beschuldigten und möglicherweise eines Verzichts auf einen Antrag, um die Kosten eines Verteidigers zu vermeiden – auch dann, wenn dieser kostenfrei zugänglich wäre.[850] Es kommt dann insbesondere auf die konkrete Belehrung des Beschuldigten durch die Ermittlungsbehörden an. Hier zeigt sich wiederum erneut die Tendenz der Machtsteigerung der Polizei.

Ein Antragsrecht des Beschuldigten ist nur dann effektiv geeignet, dessen Rechte zu wahren, wenn die Belehrung nicht zu einer psychologischen Abschreckung führt. Es wurde bereits aufgezeigt, dass psychologische Effekte, Missverständnisse und Fehlannahmen auch nach einer Belehrung von der Inanspruchnahme eines Pflichtverteidigers abschrecken.[851] Bedauerlich ist daher, dass sich im Bereich der Belehrungsvorschriften auch nach der Reform der notwendigen Verteidigung wenig geändert hat. Im Folgenden wird die Rechtsprechung des BGH zum Inhalt und Umfang der Belehrung nach § 136 Abs. 1 S. 2 StPO sowie den Folgen einer fehlerhaften Belehrung ausführlich betrachtet, da zwischen der konkreten Belehrung und der praktischen Wirksamkeit des Rechts auf Pflichtverteidigung ein enger Zusammenhang besteht.

4. Die Belehrung des Beschuldigten über die Verteidigerkonsultation

a. Inhalt, Umfang und Beweisverwertungsverbote

aa. Schweigerecht und Verteidigerkonsultation

In BGHSt 38, 214 beschäftigte sich das Gericht mit den Folgen einer fehlenden Belehrung über das Schweigerecht. Hiernach liegt ein Beweisverwertungsverbot vor, wenn der Vernehmungsbeamte die Belehrung über das Schweigerecht nach § 136 Abs. 1 S. 2 StPO unterlässt. Der BGH argumentierte hier unter anderem damit, dass die Belehrungsvorschrift des § 136 Abs. 1 S. 2 StPO „dazu bestimmt ist, die Grundlagen der verfahrensrechtlichen Stellung des Beschuldigten oder Angeklagten im Strafverfahren zu sichern“[852].

Gem. § 136 Abs. 1 S. 2 StPO ist der Beschuldigte darüber zu belehren, dass er „jederzeit, auch schon vor seiner Vernehmung, einen von ihm zu wählenden Verteidiger“ befragen kann. Die fehlende Belehrung über das Recht auf Verteidigerkonsultation wird vom BGH ebenso wie die Belehrung über das Schweigerecht

---

850 Siehe DAV Stellungnahme zum Referentenentwurf des BMJV zur Umsetzung der EU-Richtlinie 2016/1919, S. 20.

851 *Soyer/Schumann*, StV 2012, 495 (501).

852 BGH NJW 1992, 1463 (1464).

behandelt. Auch hier führt der Beweisfehler zu einem Beweisverwertungsverbot.[853] Die Richtlinien für das Strafverfahren verlangen die Dokumentation der Belehrung. Gem. Nr. 45 I RiStBV ist die Belehrung nach §§ 136 Abs. 1, 163a Abs. 3 S. 2 StPO „aktenkundig zu machen". Wenn diese Dokumentation unterblieben ist und es keine anderweitigen Anhaltspunkte für eine Belehrung gibt, darf die Aussage des Beschuldigten nicht verwertet werden.[854] Die Belehrung des Beschuldigten gehört darüber hinaus zu den „wesentlichen Förmlichkeiten" nach § 168 Abs. 1 S. 1 StPO.[855] Die Protokollierung soll spätere Unklarheiten über die Belehrung beseitigen.

Der BGH unterscheidet den Fall einer vollständig fehlenden Belehrung von dem Fall, dass zwar eine Belehrung über die Verteidigerkonsultation stattgefunden hat, aber *faktische* Schwierigkeiten bei der tatsächlichen Verteidigerkonsultation bestehen, die auf äußeren Umständen wie der Uhrzeit, Sprachbarrieren oder anderen Erreichbarkeitshindernissen beruhen. In einem solchen Fall bestehe für die Polizei bzw. die Vernehmungsperson lediglich eine Ermöglichungspflicht[856] für die Kontaktaufnahme. Konkret bedeutet das, dass die technischen Mittel zur Herstellung des Verteidigerkontakts zur Verfügung gestellt werden müssen.[857] Die Ermöglichungspflicht sei gerade keine Pflicht zur tatsächlichen Kontaktherstellung. Die EMRK oder die Rechtsprechung des EGMR geben nicht vor, wie der Zugang und die Infrastruktur zur rechtlichen Beratung im Einzelnen ausgestaltet sein müssen. Kapitel 6 B. I. behandelt daher die infrastrukturellen Vorteile einer institutionalisierten Pflichtverteidigung im Sinne des US-Modells.

bb. Anwaltlicher Notdienst

Vor der Änderung des § 136 Abs. 1 StPO entschied der BGH im Jahre 2002, dass der Beschuldigte zwar über das Recht auf Verteidigerkonsultation belehrt werden müsse, ein Hinweis auf einen vorhandenen anwaltlichen Notdienst aber nicht erforderlich sei.[858] Es müsse also nicht über den tatsächlichen und effektiven Zugang zu rechtlicher Beratung im Notfall belehrt werden. Etwas anderes ergebe sich nur dann, wenn der Beschuldigte nach der Belehrung signalisiert,

853 Vgl. BGH NJW 1996, 1547, *Beulke*, NStZ 1996, 257 (262).

854 BGH NSTZ RR 2007, 80.

855 *Schmitt*, KK-StPO, § 168a Rn. 2.

856 *Beulke*, NStZ 1996, 257 (259).

857 Dies meint beispielsweise das zur Verfügung stellen eines Telefons, *Beulke*, NStZ 1996, 257 (259).

858 BGH NJW 2002, 1279.

dass er von seinem Recht nach § 137 Abs. 1 S. 1 StPO Gebrauch machen möchte. Erst dann bestehe eine weitergehende Belehrungspflicht.[859] Diese Voraussetzung ergäbe sich systematisch aus S. 3 und 4 der Belehrungsvorschrift.[860] Verlangt der Beschuldigte jedoch einen Verteidiger, so könne die polizeiliche Vernehmung ohne Rechtsbeistand nur fortgesetzt werden, wenn der Polizeibeamte zunächst „ernsthafte Bemühungen" anstellt, Kontakt zwischen einem Verteidiger und dem Beschuldigten herzustellen und sich der Beschuldigte „nach erneutem Hinweis auf sein Recht auf Zuziehung eines Verteidigers mit der Fortsetzung der Vernehmung einverstanden erklärt"[861].

In § 136 Abs. 1 S. 4 StPO der Vorschrift heißt es nun: „auf bestehende anwaltliche Notdienste ist dabei hinzuweisen". Diese Neuregelung wurde am 27. August 2017 eingeführt.[862]

Die bisherige Rechtsprechung des BGH legt § 136 Abs. 1 S. 4 StPO dahingehend aus, dass eine Pflicht zur Aufklärung des Beschuldigten über den Verteidigernotdienst dann nicht besteht, wenn der Beschuldigte schon keinen Verteidiger fordert.[863] 2019 entschied der BGH über eine Revision, in der die fehlende Belehrung über den anwaltlichen Notdienst gerügt wurde. Der BGH verwies hier auf seine Rechtsprechung vor der Gesetzesänderung, nach der ein Hinweis auf den anwaltlichen Notdienst dann nicht notwendig sei, wenn der Beschuldigte bereits einen Wahlverteidiger benannt hat.[864] Hieran habe sich auch durch die Gesetzesreform nichts geändert, die vor allem klarstellende Wirkung habe.[865] Die Belehrung über den Verteidigernotdienst schütze lediglich „den Beschuldigten, der zwar einen Verteidiger befragen möchte, aber keinen benennt"[866].

---

859 BGH NJW 2002, 1279 (1279); kritisch hierzu siehe *Roxin*, JZ 2002, 897.

860 Kritisch hierzu *Hamm*, NJW 1996, 2185.

861 Vergleich Leitsatz in: BGH StraFo 2019, 420; zuvor hatte der BGH in einer noch restriktiveren Entscheidung erklärt, dass die Aussage des Beschuldigten auch durchgeführt und verwertet werden kann, wenn der Beschuldigte zunächst die Zuziehung rechtlichen Beistands verlangt hat, dann aber freiwillig ohne einen Verteidiger Angaben macht, vgl. BGH NJW 1996, 2242.

862 BGBl. 2017, 3295.

863 BGH Beschluss vom 19.06.2019 – 5 StR 167/19.

864 BGH Beschluss vom 11.08.2005 – 5 StR 200/05.

865 BGH Beschluss vom 19.06.2019 – 5 StR 167/19 mit Verweis auf BT-Drs. 18/9534, S. 22.

866 BGH Beschluss vom 19.06.2019 – 5 StR 167/19.

cc. *Recht auf Pflichtverteidigung*

Der BGH setzt sich auch mit den Konsequenzen einer fehlenden Belehrung über das Recht auf Pflichtverteidigung auseinander. Die Belehrungspflicht über die Möglichkeit der Pflichtverteidigungsbestellung ergibt sich aus § 136 Abs. 1 S. 5 StPO. Laut BGH bestünde zwar eine Belehrungspflicht gem. §§ 163a Abs. 4 S. 2, 136 Abs. 1 S. 2 StPO, allerdings führe ein Verstoß – also die fehlende Belehrung über die Pflichtverteidigung – nicht automatisch zu einem Beweisverwertungsverbot.[867] Dies gelte auch für finanziell mittellose Beschuldigte.[868] Der BGH kommt mittels zweier Schritte zu diesem Ergebnis. Erstens entscheidet der Senat, dass die fehlende Belehrung kein *absolutes* Beweisverwertungsverbot begründe. Der Senat argumentiert damit, dass sich aus den Gesetzesmaterialien nicht schließen lasse, dass „die Neuregelung das Ziel verfolgt, die Verletzung der Belehrungspflicht hinsichtlich ihrer Rechtsfolgen den von der Rechtsprechung für Verstöße gegen § 136 Abs. 1 S. 2 entwickelten Grundsätzen gleichzusetzen“[869]. Die Verletzung der Belehrung über die Möglichkeit der Pflichtverteidigung bleibe hinter der Verletzung des § 136 Abs. 1 S. 2 StPO zurück, denn die Belehrung über den grundsätzlichen Zugang zu Rechtsbeistand sei für die Rechtsstellung des Beschuldigten konstitutiv, während die Pflichtverteidigerbestellung von den Vorgaben in § 140 Abs. 1 und 2 StPO abhänge.[870] Das Recht auf Pflichtverteidigerbestellung bleibe nach der Gesetzeskonzeption schon deshalb hinter dem Recht auf Belehrung nach § 136 Abs. 1 S. 2 StPO zurück, weil dem Beschuldigten kein eigenes Antragsrecht im Ermittlungsverfahren zustehe.[871] Angesichts der Neuregelung durch die Reform der notwendigen Verteidigung wird abzuwarten sein, wie der BGH zukünftig mit diesem Argument umgeht, insbesondere angesichts des nun bestehenden Antragsrechts des Beschuldigten gem. §§ 141 Abs. 1, 142 Abs. 1 und § 58 S. 2 StPO.

Zweitens kommt der BGH hier zu dem Schluss, dass auch kein *relatives* Verwertungsverbot greift. Ob ein Verwertungsverbot besteht, hänge von einer „konkret einzelfallbezogenen Abwägung“[872] ab. Im konkreten Fall spreche nichts für eine bewusste oder willkürliche Umgehung des Rechts der Beschuldigten oder sonstiger Umstände, die das Aufklärungsinteresse der Ermittlungsbehörden

867 BGH NStZ-RR 2018, 219.
868 BGH NStZ 2014, 722.
869 BGH NStZ-RR 2018, 219 (220).
870 BGH NStZ-RR 2018, 219 (220).
871 BGH NStZ-RR 2018, 219 (220).
872 *Diemer*, KK-StPO, § 136 Rn. 14.

zurückstehen ließe.[873] Wie sich die Rechtsprechung des BGH nach der Neuregelung zur notwendigen Verteidigung im Einzelnen (fort)entwickelt, bleibt abzuwarten.

dd. Kostenfolgen

Mit der Reform der StPO von 2017, wurde die Belehrungspflicht um den Hinweis auf die Kostenfolgen nach § 136 Abs. 1 S. 3 StPO i.V.m. § 465 StPO erweitert. Der Beschuldigte soll nun darauf hingewiesen werden, dass er ggf. die Kosten des Verfahrens zu tragen habe. Ein solcher Hinweis kann gerade für finanziell mittellose Angeklagte eine abschreckende Wirkung bzgl. der Inanspruchnahme eines Verteidigers haben – vor allem dann, wenn eine Belehrung über die Möglichkeit der Pflichtverteidigung ausbleibt. Wie bereits festgestellt, sind Finanzen ein wesentlicher Erwägungsfaktor für die Inanspruchnahme eines Verteidigers im Ermittlungsverfahren. Vor diesem Hintergrund stellt sich die Frage, ob ein Verwertungsverbot bei fehlender Belehrung hierüber zumindest dann greift, wenn der Beschuldigte erkennbar mit der Zuziehung eines Verteidigers aus finanziellen Gründen zögert. Der BGH suggeriert in seiner Entscheidung, dass dies ein Faktor sein kann, welcher im Rahmen einer Abwägung zu diskutieren ist: „Zudem fehlen […] jegliche Anhaltspunkte für die Annahme, die Angekl. hätten im Rahmen ihrer ersten Vernehmung Angaben zur Sache gemacht, weil sie mangels wirtschaftlicher Mittel keine Möglichkeit gesehen hätten, sich eines Verteidigers zu bedienen“[874].

ee. Zwischenergebnis

Die Belehrung des Beschuldigten über den Zugang zum anwaltlichen Notdienst und einen möglichen Anspruch auf Pflichtverteidigung ist ein wichtiger Schritt zur Stärkung der Beschuldigtenposition im Ermittlungsverfahren, der nicht nur dann erfolgen sollte, wenn der Beschuldigte deutlich macht, dass er an der Hinzuziehung eines Verteidigers Interesse hat. Finanzielle Faktoren und praktische Zugangsmöglichkeiten sind wesentliche Gesichtspunkte, die für Beschuldigte zur Entscheidungsgrundlage für und gegen die Inanspruchnahme eines Verteidigers werden. Die abschreckende Wirkung sowohl fehlender als auch irreführender Belehrungen wird bisher nicht ausreichend berücksichtigt. Insbesondere Unerfahrene oder finanziell benachteiligten Beschuldigten würden wohl von

873 BGH NStZ-RR 2018, 219 (220).
874 BGH NStZ-RR 2018, 219 (220).

einer deutlichen und proaktiven Belehrung profitieren, die sozialpsychologische Erkenntnisse zu Belehrungen und Zugang zum Recht berücksichtigt.

b. Ein Überblick über die Belehrungspflichten in den USA

aa. Miranda *Warnings*

In den USA existiert eine weitreichende Belehrungspflicht und umfassende Verwertungsverbote, die zusammenfassend als *Miranda Warnings* bezeichnet werden, die der Supreme Court aus dem Fünften Zusatzartikel (Fifth Amendement) der Verfassung herleitet. Zu den *Miranda Warnings* gehört nicht nur der Hinweis auf das Recht auf Verteidigerkonsultation, sondern auch die Hilfestellung bei ihrer praktischen Durchsetzung.

In *Miranda v. Arizona*[875] hebt der Supreme Court ausdrücklich hervor, dass das Recht auf anwaltliche Beratung dem nichts nützt, der keinen Zugang zu Rechtsbeistand hat.

Ein Verstoß gegen die Belehrungspflichten nach *Miranda* führt zur Unverwertbarkeit der Stellungnahme des Beschuldigten. Die Staatsanwaltschaft darf nur solche Aussagen des Beschuldigten in die Hauptverhandlung einführen, die nach Einhaltung der Belehrungspflichten erfolgen. Der Beschuldigte muss vor der Befragung durch die Ermittlungsbehörden zunächst auf sein Schweigerecht hingewiesen werden. Darüber hinaus muss über das Recht auf einen Verteidiger hingewiesen werden. Dieser kann sowohl Wahl- als auch Pflichtverteidiger sein.[876] Es muss dem Beschuldigten ausdrücklich gesagt werden, dass er das Recht auf einen Pflichtverteidiger hat, wenn er finanziell nicht in der Lage ist, einen Anwalt zu bezahlen. Der Supreme Court sieht diesen Teil der Belehrung als Kernstück einer vollständigen Belehrung, denn ohne diesen Hinweis bestehe die Gefahr, Beschuldigte würden die Belehrung dahingehend verstehen, dass das Recht auf einen Anwalt praktisch von finanziellen Umständen abhinge. Das Recht auf Verteidigung liefe leer, wenn finanziell mittellosen Beschuldigten das Recht auf kostenfreie Verteidigung nicht bekannt gemacht würde. Der Supreme Court hebt hervor, dass es gerade häufig mittellose Beschuldigte sind, denen in einer Vernehmung ein Anwalt zur Verfügung gestellt werden müsse. Nur wenn deutlich wird, dass das Recht auf einen Verteidiger auch kostenlos zugängig ist, können sich mittellose Beschuldigte auf informationsbasierter Grundlage freiwillig für oder gegen Rechtsbeistand entscheiden. Die Ermittlungsbehörden

---

875 Miranda v. Arizona, 384 U.S. 436, 444 (1966).
876 Miranda v. Arizona, 384 U.S. 436 (1996).

haben laut Supreme Court die Pflicht, die finanzielle Lage des Beschuldigten nicht zu ihrem Vorteil zu nutzen.[877] In *Dickerson v. United States* bestätigt der Supreme Court, dass die Freiwilligkeit eines Geständnisses für dessen Verwertbarkeit nicht genügt.[878]

Das höchste Gericht der USA sieht in dieser umfassenden Pflicht zur Belehrung und den entsprechenden Verwertungsverboten nicht nur den Schutz individueller Freiheitsrechte, sondern auch den Schutz vor falschen Geständnissen und Falschaussagen.[879] Es geht hier also neben dem Individualschutz auch um die Aufklärung des Sachverhalts. In der deutschen Rechtsdogmatik zeigt sich die Tendenz diese Interessen in Widerspruch zueinander zu verstehen. So vertreten *Kraft* und *Girkens* beispielsweise, dass die Stärkung des Rechts auf notwendige Verteidigung aus dem Jahre 2019[880] es für die Ermittlungspersonen schwerer mache „vollständig und erfolgreich im Sinne der materiellen Wahrheit aufzuklären"[881], da der Verteidiger vor einer Vernehmung eines Mandaten wohl regelmäßig Akteneinsicht fordern würde.[882] Außerachtgelassen wird hier, dass frühzeitige und kompetente Strafverteidigung ein Gleichgewicht zwischen dem Beschuldigten und dem Staat und dessen Eingriffsrechten herstellen soll. Wie aufgezeigt[883] ist der Beschuldigte, der nachhaltig von strafrechtlichen Ermittlungen betroffen ist, zumindest grundsätzlich gegenüber den Ermittlungsbehörden und deren Eingriffsrechten strukturell benachteiligt. Ein weiteres Beispiel für die Konstruktion der Wahrheitsforschung und individueller Rechte als antagonistisch ist die Abwägungslehre, die zumindest teilweise auf der Annahme beruht, dass sich die Wahrheitsforschung und der individuelle Schutz des Beschuldigten antagonistisch gegenüberstehen.[884]

---

877 Miranda v. Arizona, 384 U.S. 436, 447 (472) (1996).
878 Dickerson v. United States, 530 U.S. 428 (2000).
879 Miranda v. Arizona, 384 U.S. 436, 447 (1996).
880 Das *Gesetz zur Neuregelung der notwendigen Verteidigung*, siehe BGBl. 2019, 2128.
881 *Kraft/Girkens*, NStZ 2021, 454 (459).
882 *Kraft/Girkens*, NStZ 2021, 454 (459).
883 Siehe Kapitel 3 B.
884 Die Diskussion um eine Fernwirkung von Beweisverwertungsverboten spiegelt diese antagonistische Annahme ebenfalls wider. Kern der Diskussion ist, ob Beweise, die aufgrund eines unverwertbaren Beweises erlangt wurden, ihrerseits einen unverwertbaren Beweis darstellen. Der BGH lehnt eine solche Fernwirkung mit der Begründung ab, dass Beweisverwertungsverbote den Grundsatz der Wahrheitserforschung einschränken. Dies sei im Einzelfall hinzunehmen, dürfe aber nicht so weit gehen, dass auch eine Fernwirkung anerkannt wird, vgl. hierzu BGHSt 51, 1 (8).

Das Recht auf Verteidigung und – im Falle von finanziell bedürftigen Beschuldigten – das Recht auf Pflichtverteidigung, also kostenfreie Verteidigung ergibt sich aus dem sechsten Zusatzartikel der US-Verfassung:

> „In all criminal prosecutions, the accused shall enjoy the right to a speedy and public trial, [...] and to have the Assistance of Counsel for his defence."

bb. Gideon

In *Gideon v. Wainwright*[885] stellte der Supreme Court 1963 klar, dass dieses Recht nicht nur auf Bundesebene, sondern auch für alle Bundesstaaten gilt. *Gideon* ist eines der prägendsten Strafprozessentscheidungen des Supreme Courts, da sie nicht nur das *materielle* Recht auf Strafverteidigung klarstellt, sondern auch praktisch zu einer *formellen Institutionalisierung* der Pflichtverteidigung geführt hat. Der Supreme Court vergleicht in der Entscheidung die Ressourcen, die dem Staat für die Erforschung und Verurteilung von Straftaten zur Verfügung stehen, mit den Mitteln, die dem Beschuldigten zukommen und kommt zu dem Schluss, dass rechtskundige Verteidigung kein Luxus sein darf.[886] Insbesondere in allen Fällen in denen eine Haftstrafe von mindestens einem Jahr bei Verurteilung zumindest gesetzlich möglich ist und in allen Fällen, in denen Haft vorliegt

---

Dieses Verständnis der Gegensätzlichkeit von Wahrheit und Schutz des Beschuldigten vor Verstößen gegen individuelle Rechte und Schutzgarantien ist nicht selbstverständlich. Die Einhaltung von Verfahrensregelungen können auch als Mechanismus zur Wahrung der Wahrheit gesehen werden, indem Ermittlungsbehörden dazu angehalten werden, rechtmäßig vorzugehen (Disziplinierungsfunktion), was gerade zur Wahrheitsfindung beitragen kann. Den Ermittlungsbehörden wird mit der Beauftragung zur Wahrheitsermittlung erhebliche Macht eingeräumt. Diese Macht muss einer Kontrolle unterliegen, sowohl zum Schutz des Beschuldigten als auch zur Wahrung der Legitimität der Wahrheitssuche. Eine mögliche Disziplinierungsfunktion von Beweisverwertungsverboten steht der Wahrheitsfindung also nicht notwendigerweise antagonistisch gegenüber, sondern kann den Prozess der Wahrheitsfindung durch Machtregulierung *legitimieren*.

885 Gideon v. Wainwright, 372 U.S. 335 (1963).

886 Aus Gideon v. Wainwright, 372 U.S. 335, (1963): „Governments, both state and federal, quite properly spend vast sums of money to establish machinery to try defendants accused of crime. Lawyers to prosecute are everywhere deemed essential to protect the public's interest in an orderly society. Similarly, there are few defendants charged with crime, few indeed, who fail to hire the best lawyers they can get to prepare and present their defenses. That government hires lawyers to prosecute and defendants who have the money hire lawyers to defend are the strongest indications of the widespread belief that lawyers in criminal courts are necessities, not luxuries."

(typischerweise eine Form der Untersuchungshaft). Das Bundesrecht legt hier den Mindestschutz fest. Viele Staaten gehen weit über die bundesrechtliche Regelung hinaus. New York sieht beispielsweise das Recht auf Beiordnung eines Verteidigers in *allen* strafrechtlichen Fällen vor.[887] 1965 verabschiedete New York ein Gesetz, welches die verfassungsrechtlichen und (staatsspezifischen) einfachgesetzlichen Anforderungen umsetzen sollte. Das Gesetz verlangt die institutionelle Umsetzung der Pflichtverteidigung. Heute gibt es in allen Teilen New Yorks einzelne Pflichtverteidiger und Organisationen, die vom Staat bezahlt werden.[888]

Das institutionalisierte Pflichtverteidigersystem ("Public Defense") in den USA ist keinesfalls fehlerfrei, ist immer wieder Kritik ausgesetzt und variiert qualitativ in verschiedenen Teilen des Landes.[889] In Louisiana beispielsweise leidet institutionalisierte Pflichtverteidigung unter jahrelanger Unterfinanzierung. Das New Orleans Public Defense Office (OPD) kritisiert seit Jahren das Fehlen finanzieller Mittel.[890] Die New York Times berichtete 2019 von einem Pflichtverteidiger in Louisiana, der 194 Fällen beigeordnet ist – keine Seltenheit in diesem Bundesstaat.[891]

Der Supreme Court geht über das bloße Recht auf frühzeitige Verteidigung hinaus. In *Strickland v. Washington*[892] entschied der Supreme Court das Verteidigung *effektiv* sein muss – das Gericht spricht von *effective assistance of counsel.* Ein Verstoß liegt dann vor, wenn ein gravierender Verteidigungsfehler vorliegt, der dazu führt, dass nicht mehr von einem fairen Verfahren gesprochen werden kann. Ein Verstoß kann bis zur Aufhebung eines Urteils führen.[893] Auf die Rechtsfigur der ineffektiven Verteidigung wird ausführlich in Kapitel 6 B. III. eingegangen.

Trotz erheblicher Schwierigkeiten veranschaulicht das US-Modell, wie Strafverteidiger so in den Strafprozess integriert werden können, dass finanziell benachteiligte Beschuldigte schnelle rechtliche Unterstützung erlangen. Daher

---

887 People v. Witenski, 15 NY. 2d 392 (1967).

888 Vgl. Article 18-B New York County Law.

889 *Primus*, Defense Counsel and Public Defense, in: Reforming Criminal Justice: Pretrial and Trial Process, S. 121 ff.

890 Die Finanzierungskrise in New Orleans wurde insbesondere durch COVID-19 Verschärft, https://www.opdla.org/news/opd-announces-furloughs-due-to-plummeting-user-pay-revenue (zuletzt abgerufen am 7. November 2021).

891 https://www.nytimes.com/interactive/2019/01/31/us/public-defender-case-loads.html (zuletzt abgerufen am 5. November 2021).

892 Strickland v. Washington, 467 U.S. 1267 (1984).

893 Strickland v. Washington, 467 U.S. 668, 687 (1984).

bietet sich eine ausführlichere Betrachtung des Zugangs, der Ausgestaltung, des Inhalts und Umfangs US-amerikanischer Strafverteidigung im Vergleich zu Deutschland an (vgl. hierzu Kapitel 6).

c. *Bewertung*

aa. *Die Belehrung über die Kostenfolge nach § 465 StPO*

Die Belehrungsvorschrift zur Kostenfolge nach § 465 StPO ist erheblicher Kritik ausgesetzt. Der DAV forderte in seiner Stellungnahme zum Gesetz zur Neuregelung der notwendigen Verteidigung die „Streichung der verfehlten Belehrung über die Kosten gem. § 136 Abs. 1 S. 5"[894]. Der BRAK betont den Überarbeitungsbedarf der Belehrungsvorschriften, insbesondere bzgl. des Hinweises auf die Kostenfolge nach § 465 StPO.[895]

Die Vorschrift birgt ein Abschreckungsrisiko, auch wenn sie letztlich nur einen Hinweis auf die ohnehin bestehende Rechtslage darstellt.[896] Der Beschuldigte hat auf die Kostenfolge nach § 465 StPO keinen Einfluss; sie ergibt sich aus dem Gesetz. Es ist daher nicht einzusehen, warum ein solcher Hinweis, der durchaus abschreckende Wirkung haben kann, bereits im Ermittlungsverfahren im Zusammenhang mit der Belehrung zum Recht auf (Pflicht-)Verteidigung erfolgen muss.

Verstärkt wird dieser Eindruck vor dem Hintergrund des neuen Antragserfordernisses des Beschuldigten im Ermittlungsverfahren nach § 141 Abs. 1 StPO. Der Beschuldigte ist nach § 136 Abs. 1 S. 5 n. F. über sein Antragsrecht zu belehren.[897] Im Anschluss muss dann wiederum nach der Gesetzeskonzeption weiterhin auf § 465 StPO verwiesen werden. Grundsätzlich ist zu begrüßen, dass dem Beschuldigten als „Subjekt des Strafverfahrens" nun ein Antragsrecht im Ermittlungsverfahren zukommt und nicht erst, wie bisher, auf Initiative der staatlichen Akteure gewartet werden muss. Bei näherer Betrachtung wird jedoch deutlich, dass es sich hierbei nicht nur um ein Antragsrecht, sondern in den

894 DAV-Stellungnahme zum Entwurf des BMJV eines Gesetzes zur Neuregelung des Rechts der Notwendigen Verteidigung, S. 20.

895 BRAK-Stellungnahme zum Entwurf des BMJV eines Gesetzes zur Neuregelung des Rechts der Notwendigen Verteidigung, S. 5.

896 *Beukelmann*, NJW-Spezial 2017, 56 (56); *Beukelmann* bezeichnet den Hinweis auf die Kostenfolge des § 465 hier als absurd.

897 Die Belehrung hinsichtlich des Antragserfordernisses wurde erstmals im laufenden Gesetzgebungsverfahren aufgenommen, BT-Drs. 19/15151, S. 4 (Beschlussempfehlung); Siehe auch BT-Drs. 19/13829, S. 31.

Fällen des § 141 Abs. 1 StPO auch um ein Antrags*erfordernis* handelt. Die PKH-Richtlinie sieht einen Antrag als Voraussetzung der Pflichtverteidigung gerade nicht vor[898]. Viel mehr werden allein dem Staat Pflichten auferlegt, nicht aber Beschuldigten.[899] Denkbar gewesen wäre es dem Beschuldigten ein Verzichtsrecht im Ermittlungsstadium einzuräumen, anstatt einer Antragspflicht. Das Auferlegen eines Antrags*erfordernisses* ist mit der Konzeption der EU-Richtlinie jedenfalls unvereinbar und kann wohl auch nicht richtlinienkonform ausgelegt werden.[900]

Es kann von dem Beschuldigten nicht erwartet werden, dass er die Belehrung im Rahmen der notwendigen Verteidigung vollends durchschaut und beurteilen kann, ob ein Fall notwendiger Verteidigung vorliegt, ob er letztlich die Kosten für eine frühzeitige Verteidigung tragen muss und ob überhaupt ein Antrag erforderlich ist. Hinzukommt die abschreckend wirkende Belehrung über mögliche Kosten und der psychische Druck, der mit einer Vernehmung durch staatliche Akteure ohnehin verbunden ist.[901] Das durch die Gesetzesreform eingeführte System ist aus Beschuldigtensicht nur schwer nachzuvollziehen, birgt ein erhebliches Abschreckungsrisiko und löst die oben behandelten Probleme der Fehleinschätzungen zur Bedeutung der frühzeitigen Verteidigung im „wegweisenden“[902] Stadium der Vernehmung nicht auf.

bb. Beweisverwertungsverbote

Vor dem Hintergrund der PKH-Richtlinie und der enormen Bedeutung des Ermittlungsverfahrens, insbesondere der ersten Vernehmung des Beschuldigten, ist die bisherige Rechtsprechung des BGH und die Vorgabe des Gesetzgebers zu Beweisverwertungsverboten bei Verstößen gegen die Vorschriften der notwendigen Verteidigung, kritisch zu betrachten. Die Gesetzgebungsbegründung nimmt im Kontext der Neuregelung der §§ 140 ff. StPO zu Beweisverwertungsverboten ausdrücklich Stellung. Ein Verstoß gegen die Vorschriften zur notwendigen Verteidigung, beispielsweise wenn eine Verteidigerbestellung fehlerhaft nicht stattfindet, „soll nicht automatisch zu einem Verwertungsverbot führen“[903]. Der Gesetzgeber verweist auf die Abwägungslehre als Wegweiser

---

898 Vgl. Art. 6 Abs. 1 PKH-RL.

899 *Krawczyk*, BeckOK-StPO, § 141 Rn. 5; kritisch zum Antragserfordernis auch *Spitzer*, StV 2020, 418 (421).

900 So auch *Krawczyk*, BeckOK-StPO, § 141 Rn. 5 ff.

901 *Jahn/Zink*, StraFo 2019, 318 (326).

902 *Krawczyk*, BeckOK-StPO, § 141 Rn. 5.

903 BT-Drs. 19/13829, S. 39 f.

für die Entscheidung der Beweisverwertung bei Vorliegen eines Rechtsverstoßes. Der Gesetzgeber meint, dass „nur bei schwerwiegenden, bewussten oder objektiv willkürlichen Rechtsverstößen, bei denen grundrechtliche Sicherungen planmäßig oder systematisch außer Acht gelassen worden sind, von Verfassungs wegen ein Verwertungsverbot“[904] besteht. Der Gesetzgeber hätte hier wie in § 136 Abs. 3 StPO ein Verwertungsverbot normieren können, hat sich aber bewusst dagegen entschieden.

Wie der BGH Beweisverwertungsverbote vor dem Hintergrund der aktuellsten Gesetzesreform im Einzelnen beurteilen wird, bleibt noch abzuwarten. Betrachtet man bisherige Entscheidungen dürften aber folgende Faktoren bei der Entscheidung, ob ein absolutes Beweisverwertungsverbot bei einem Belehrungsverstoß im Zusammenhang mit der Pflichtverteidigung vorliegt, eine Rolle spielen: erstens, die Intention des Gesetzgebers und zweitens, die Ausgestaltung des Antragsrechts des Beschuldigten. Die Gesetzesmaterialien sind hier eindeutig. Dem Gesetzgeber schwebt kein automatisches Beweisverwertungsverbot vor. Dem Beschuldigten steht allerdings nun ein eigenes Antragsrecht zu bzw. besteht im Falle des § 141 Abs. 1 StPO eine Antragspflicht. Angesichts der klaren Formulierung des Gesetzgebers bleibt es hier bei einer Abwägung im Einzelfall. Abzuwarten bleibt, ob der BGH in Zukunft einen Fall identifizieren wird, in dem ein relatives Verwertungsverbot greift und dem staatlichen Strafverfolgungsinteresse keine Priorität zugesprochen wird.

5. *Zwischenbewertung: Diskriminierung ressourcenarmer Beschuldigter im Ermittlungsverfahren*

a. *Vorüberlegungen*

Aus der bisherigen Betrachtung von nationalem Recht und europarechtlichen Vorgaben ergeben sich drei aufeinander aufbauende Schlüsse, die im Folgenden näher betrachtet werden. *Erstens*, die unterschiedliche Behandlung von Wahl- und Pflichtverteidigung im Ermittlungsverfahren in der deutschen Strafprozessordnung birgt auch nach der erneuten Reform der notwendigen Verteidigung Diskriminierungspotential für Beschuldigte auf Grundlage *finanzieller* Kriterien. Diskriminierung meint hier die Ungleichbehandlung zweier gleichgelagerter Sachverhalte auf Grund eines unzulässigen Kriteriums.[905]

904 BT-Drs. 19/13829, S. 40.

905 Ausführlich zum Diskriminierungsbegriff in diesem Kapitel unter C. I.

Zweitens, diese strukturell angelegte Ungleichbehandlung hat eine andauernde nachteilige Wirkung, insbesondere für finanziell benachteiligte Beschuldigte, über das Ermittlungsverfahren hinaus[906], da dort die Weichen für das gesamte weitere Verfahren gelegt werden.

Drittens, das Diskriminierungspotential ergibt sich unter anderem aus einer Kombination rechtlicher Normen – insbesondere der Rechtsprechung des BGH zu Beweisverwertungsverboten, Hinweisen auf mögliche Kostenfolgen und die mangelnde Berücksichtigung der Chancen und Risiken konsensualer Erledigung im Ermittlungsverfahren, für die häufig gerade kein Fall notwendiger Verteidigung vorliegen wird – und rechtstatsächlicher Gegebenheiten, so zum Beispiel die psychologische Abschreckung des finanziell benachteiligten Beschuldigten auf Grund drohender Kosten und die mangelnde Institutionalisierung und Qualitätskontrolle der Pflichtverteidigung.[907] Die rechtlichen und praktischen Faktoren sind nicht immer voneinander zu trennen sondern können sich gegenseitig verstärken.

Es liegt im Interesse des Beschuldigten so früh wie möglich Rechtsbeistand zu erhalten. Im Bereich der Wirtschaftskriminalität ist das schon lange akzeptiert, vor allem für komplexe Sachverhalte.[908] Die Erkenntnisse aus der kognitiven Dissonanzforschung lassen jedoch den Schluss zu, dass frühzeitige Intervention seitens der Verteidigung grundlegend bedeutsam ist und regelmäßig den weiteren Verlauf eines Strafverfahrens entscheidend beeinflussen kann. Dies ist insbesondere dann der Fall, wenn eine konsensuale Erledigung im Raum steht, bei der das Ermittlungsverfahren oft nicht nur dominiert, sondern gegebenenfalls das Ende des Verfahrens markiert. So beispielsweise im Falle des Strafbefehls und der Einstellung nach § 153a StPO.

Das *Gesetz zur Neuregelung der notwendigen Verteidigung* hat die Pflichtverteidigung im Ermittlungsverfahren erheblich aufgewertet. In § 140 Abs. 1 StPO zeigt sich – angetrieben von der PKH-Richtlinie – ein Perspektivenwechsel hin zum weichenstellenden Ermittlungsverfahren. Hier wird zumindest zum Teil dem Umstand Rechnung getragen, dass das Ermittlungsverfahren heute die entscheidende Strafprozessphase ist. Trotz dieses positiven Wandels bleibt die Pflichtverteidigung im Ermittlungsverfahren jedoch deutlich hinter der Wahlverteidigung zurück, die vor allem denjenigen zur Verfügung steht, die die Wichtigkeit frühzeitiger, qualitativer Verteidigung erkennen und sich diese auch

906 So auch *Stratenwerth*, GA 2013, 111.
907 Vgl. hierzu auch Kapitel 6 B. I.
908 *Klose*, NZWiSt 2017, 1 (9).

leisten können. Grundsätzlich kann sich jeder Beschuldigte zu jedem Zeitpunkt des Strafverfahrens eines Wahlverteidigers bedienen.[909] Dies ist ein bedeutender Unterschied zum inquisitorischen Strafprozess, in dem der Beschuldigte Objekt des Verfahrens ist und dem reformiert inquisitorischen Strafprozess, der dem Beschuldigten eine „mit eigenen prozessualen Rechten"[910] ausgestattete Subjektstellung zuerkennt.[911] Das Institut der Pflichtverteidigung soll unter anderem garantieren, dass finanziell leistungsunfähige Beschuldigte diskriminierungsfreien Rechtsschutz erhalten. Der Schutzumfang der Pflichtverteidigung ist nach der deutschen Gesetzeskonzeption und der Rechtsprechung des BGH jedoch auch nach der Gesetzesreform von 2019 qualitativ geringwertiger ausgestaltet. § 141a S. 2 StPO nimmt beispielsweise eine Unterscheidung zwischen der Pflichtverteidigerbestellung und der Wahlverteidigung ausdrücklich vor. Dies bedeutet, dass im Einzelfall das einzige Unterscheidungskriterium für einen Beschuldigten mit oder ohne Rechtsbeistand dessen Fähigkeit ist, einen Verteidiger aus eigenen Mitteln zu bezahlen.

b. *Belehrung und Beweisverwertung als Einfallstor für Diskriminierungseffekte*

Der BGH erkennt zwar ein Verwertungsverbot bei einer unterlassenen Belehrung über das Recht auf Verteidigung gem. § 136 Abs. 1 S. 2 StPO an, geht aber nicht von einem solchen grundsätzlichen Verwertungsverbot bei unterbliebener Belehrung über das Recht auf Pflichtverteidigung nach § 136 Abs. 1 S. 5 StPO aus. Auch dann nicht, wenn der Beschuldigte finanziell mittellos ist. Der Gesetzgeber hat hierzu nun ausdrücklich Stellung genommen und es der Rechtsprechung überlassen im Rahmen einer Abwägung zu entscheiden, ob der konkrete Verstoß gegen das Recht der notwendigen Verteidigung im Einzelfall ein Beweisverwertungsverbot darstellt. Darüber hinaus besteht nach höchstrichterlicher Rechtsprechung auch keine Pflicht den Beschuldigten auf einen anwaltlichen Notdienst hinzuweisen, wenn nicht zuvor deutlich wird, dass der Beschuldigte einen Verteidiger wünscht. Die praktische Zugangsmöglichkeit, die für unverteidigte Beschuldigte von besonderem Interesse sein wird, ist also nicht notwendigerweise Teil der Belehrung.

Über diese gesetzlichen Unterschiede hinaus, ist in der Praxis die rechtstatsächliche Unterscheidung besonders relevant. So sind finanzielle Aspekte in

909 *Wohlers*, SK-StPO, § 141 Rn. 1.
910 *Wohlers*, SK-StPO, Vor. § 137 Rn. 28.
911 *Wohlers*, SK-StPO, Vor. § 137 Rn. 1.

der Praxis wesentlicher Entscheidungsfaktor bei der Entscheidung, ob Rechtsbeistand im Ermittlungsverfahren in Anspruch genommen wird. Beschuldigte gehen häufig davon aus, dass sie sich Rechtsbeistand nicht leisten können, was zu einer Hemmung bei der Inanspruchnahme rechtlicher Beratung führt.[912] Verstärkt wird dieser Eindruck wohl durch den bedenklichen Hinweis auf die Kostenfolgen nach § 465 StPO. Die Rechtsprechung des BGH zur Belehrung über die Pflichtverteidigung für mittellose Beschuldigte erlaubt eine Perpetuierung der Problematik im Namen des staatlichen Strafverfolgungsinteresses. Das Schweigen der staatlichen Akteure über das Institut der Pflichtverteidigung, welches für den Rechtszugang finanziell Benachteiligter zentral ist, bleibt ohne Konsequenzen. Erst wenn die frühzeitige Verteidigung in der Praxis auch für finanziell benachteiligte Beschuldigte zur Selbstverständlichkeit wird, kann von einer Gleichbehandlung gesprochen werden. Angebracht wäre es daher, all das zu vermeiden, was bei einem Beschuldigten den falschen Eindruck hinterlassen könnte, dass es finanziell besser wäre, auf Verteidigung zu verzichten. Dies ist gerade deshalb wichtig, weil die Pflichtverteidigung in der deutschen Strafverfahrenspraxis den Regelfall und die Wahlverteidigung den Ausnahmefall darstellt. Der Schutz der Beschuldigtenrechte zeigt sich gerade darin wie typischerweise verfahren wird, nicht wie einzelne idealtypischen Fälle gehandhabt werden.

Eine viel grundlegendere Benachteiligung des unverteidigten Beschuldigten – wobei sich diese Fallgruppe wohl nicht selten mit der Gruppe der ressourcenschwächeren Beschuldigten überschneiden wird – ergibt sich aus dem Gedanken des rechtlichen Gehörs (§ 103 Abs. 1 GG). Auch wenn sich der grundrechtliche Anspruch wohl auf das Hauptverfahren bezieht, ergibt sich ein ähnlicher Gedanke aus § 136 Abs. 2 StPO. Hiernach ist Zweck der Beschuldigtenvernehmung unter anderem, ihm Gelegenheit zu geben, „die gegen ihn vorliegenden Verdachtsgründe zu beseitigen". Potentiell negative Auswirkung einer fehlerhaften Belehrung über das Recht auf Pflichtverteidigung ist einerseits eine *belastende* Einlassung des Beschuldigten, die nach entsprechendem Rechtsrat ausgeblieben wäre. Dabei handelt es sich vielleicht um die offensichtlichste Folge, keinesfalls aber um die einzige. Eine weitere potentiell nachteilige Folge ist die verlorene Möglichkeit einer *entlastenden* Einlassung, die gerade von § 136 Abs. 2 StPO angedacht wird. Dem Beschuldigten ist es dann zwar theoretisch immer noch möglich eine entlastende Aussage in der Hauptverhandlung vorzutragen, völlig

912 Vgl. hierzu die Darstelllung der Studie von *Soyer/Schumann* in diesem Kapitel unter B. II. 1.

beseitigt wird sein Nachteil dadurch jedoch nicht. Der Nachteil besteht gerade nicht nur in einer zeitlichen Verschiebung der entlastenden Aussage, denn wie bereits aufgezeigt wird ein erheblicher Anteil der Strafsachen mittels konsensualer Instrumente bereits im Ermittlungsverfahren erledigt, sodass es nie zu einer Hauptverhandlung kommt, in dem der Beschuldigte seine entlastende Aussage vorbringen könnte. Grundlage der Erledigung bildet dann eine Aussage bzw. der Verzicht auf eine Aussage, die unter Umstände anders ausgefallen wäre und zumindest theoretisch zu einem anderen Ergebnis hätte führen können. Aber auch in den Fällen, in denen es schließlich zu einer Hauptverhandlung kommt, ändert dies nichts an der besonderen Bedeutung der Ermittlungsphase, insbesondere der weichenstellenden ersten Vernehmung des Beschuldigten. Eine entlastende Einlassung des Beschuldigten kann zumindest theoretisch zu einer Einstellung nach § 170 Abs. 2 oder §§ 153 ff. führen, entweder weil die Staatsanwaltschaft nach der Einlassung glaubt, dass die Ermittlungen nicht „genügend Anlass zur Erhebung der öffentlichen Anklage" bieten (§ 170 Abs. 1 und 2 StPO), oder etwa, weil die Staatsanwaltschaft nach der Einlassung des Beschuldigten im Rahmen ihres Ermessens zu dem Schluss kommt, dass „die Schuld des Täters als gering anzusehen wäre und kein öffentliches Interesse an der Verfolgung besteht" (§ 153 Abs. 1 S. 1 StPO). Der Staatsanwaltschaft steht es offen, verschiedenste konsensuale Erledigungsmethoden im Ermittlungsverfahren zu erwägen. Teil dieser Erwägung wird auch die Vernehmung des Beschuldigten sein. Trägt dieser nach und aufgrund einer fehlerhaften Belehrung entlastende Umstände nicht vor, wird das entsprechend auch Teil der Ermessenserwägung in Form einer *unterlassenen* Erwägung. Eine fehlerhafte Belehrung führt möglicherweise zu einer Fortdauer und Belastung des Beschuldigten, der erst zu einem späteren Zeitpunkt – unter Rechtsbeistand – Stellung nehmen kann.

Kognitive Dissonanzen können sich hier auf zwei verschiedene staatliche Akteure in zwei aufeinander aufbauenden Phasen auswirken: im Ermittlungsverfahren auf die Ermittlungspersonen (Staatsanwaltschaft und Polizei) und in der Hauptverhandlung auf das Gericht. Die Ermittlungspersonen sind rechtlich dazu verpflichtet, belastende und entlastende Umstände zu berücksichtigen. Entlastende Umstände können sich auch aus der Einlassung des Beschuldigten ergeben. Denkbar ist auch, dass der Beschuldigte Informationen offenbart, die es den Ermittlungspersonen erlauben neue, bisher unterbliebene Untersuchungsansätze zu verfolgen. Gerade dies mag durch eine fehlerhafte Belehrung und einen darauf aufbauenden Verzicht auf Rechtsbeistand im Einzelfall unterbleiben. Etwa dann, wenn ein kompetenter Verteidiger den Beschuldigten darauf hingewiesen hätte, dass die Offenbarung bestimmter Informationen vorteilhaft sein könnte. Die Ermittlungen werden ohne diesen zusätzlichen Input durch den Beschuldigten weitergeführt. Die Bestätigungsneigung verstärkt sich, je länger eine einmal im Raum stehende Theorie aufrechterhalten wird. Viel später hinzutretende Erklärungsansätze genügen eventuell nicht für eine erfolgreiche Intervention. Die Verzerrung setzt sich übers Zwischenverfahren ins Hauptverfahren fort. Kommt es erst dann zu der entlastenden Aussage des nun verteidigten Beschuldigten in der Hauptverhandlung, mag diese für das Gericht im Rahmen seiner Überzeugungsbildung in erheblicher Weise an Gewicht verlieren. Entweder weil sich die Frage aufdrängt, warum die entastenden Tatsachen nicht bereits im Ermittlungsverfahren vorgetragen wurden oder weil es an dieser Stelle auf Grund kognitiver Verzerrungen besonders schwierig ist, neue Informationen effektiv vorzubringen. Das Gericht kennt zu diesem Zeitpunkt die Ermittlungsakten der Staatsanwaltschaft und hat auf Grundlage dieser Akten bereits die Eröffnung der Hauptverhandlung beschlossen (vgl. § 199 Abs. 1 und 2 StPO). Informationen, die der bereits gefestigten Ermittlungstheorie und Anklageschrift entgegenstehen, wird auf Grund der Bestätigungsneigung nicht mehr das Gewicht zugesprochen, das ihnen in einem früheren Stadium noch zugekommen wäre. Denn ändert der Beschuldigte seine Einlassung im späteren Verfahrensverlauf, kann dies im Rahmen der richterlichen Gesamtwürdigung ein Indiz für die Unglaubwürdigkeit des Angeklagten darstellen und den Aussagewert in der Hauptverhandlung „verringern oder unter Umständen ganz entfallen lassen“[913].

Der Nutzen aktiver, strategischer Verteidigung in einem frühen Verfahrensstadium ist für die Verteidigung strafrechtlich verfolgter Manager im Hinblick auf Wirtschaftsstraftaten lange bekannt. Hier hat sich ein Regelwerk mit praktischer Anleitung für Verhandlungen mit der Staatsanwaltschaft in Ermittlungsverfahren herauskristallisiert. So wird dem Beschuldigten beispielsweise geraten, sich nicht vor Akteneinsicht durch den Verteidiger zur Sache zu äußern. Gleichzeitig soll jedoch Kooperationsbereitschaft signalisiert werden. Weiterhin seien schriftliche Stellungnahmen potentieller Zeugen zu dokumentieren und andere relevante Dokumente aufzubewahren.[914] In Wirtschaftsstrafsachen sind konsensuale Erledigungen als Alternative zu einem öffentlichen Hauptverfahren von „besonderer Bedeutung“[915]. Dazu gehört vor allem der § 153a StPO und sekundär – da dieser einem Strafurteil gleichsteht – das Strafbefehlsverfahren.

---

913 BGH NStZ RR 2017, 183 (184).

914 Zu diesen Leithinweisen siehe näher *Ulsenheimer*, M&A Review 1991, 1.

915 *Ulsenheimer*, M&A Review 1991, 1.

Der Strafbefehl sowie die Einstellung nach § 153a StPO ist wesentlicher Teil der deutschen Strafprozessrealität. Dennoch besteht weiterhin kein flächendeckendes Recht auf Pflichtverteidigung für diese Formen konsensualer Erledigung. Gerade im Rahmen des schriftlichen Strafbefehlsverfahrens, welches oft mit Geldstrafen verbunden ist, haben finanziell benachteiligte Beschuldigte ein starkes Interesse an Rechtsbeistand. Ist es einem Beschuldigten möglich, frühzeitig die finanziellen Mittel für einen Verteidiger aufzubringen, kann dieser im Rahmen von Verständigungen bereits im Vorverfahren auf eine für seinen Mandanten vorteilhafte Erledigung hinarbeiten und über die zum Teil komplizierten und an andere Rechtsgebiete anknüpfenden Nebenfolgen rechtlich beraten. Allein bei einer drohenden Freiheitsstrafe handelt es sich beim Strafbefehlsverfahren um einen Fall notwendiger Verteidigung gem. § 408b StPO. Aber auch hier bleibt der Strafbefehl wirksam, wenn eine Beiordnung entgegen § 408b StPO unterlassen wurde. Regelmäßig wird auch eine darauf gerichtete Revision mangels „Beruhens" unbegründet sein, sodass neben dem Einspruch gegen einen Strafbefehl kein Rechtsbehelf existiert.

c. *Strukturelle Abhängigkeit des Pflichtverteidigers – die Perpetuierung bestehender Diskriminierungseffekte*

Ein weiterer problematischer Aspekt des Instituts der Pflichtverteidigung ist ihre strukturelle Abhängigkeit vom anordnenden Gericht. Während unterschiedliche Belehrungsstandards, die psychologische Wirkung der Belehrung auf den Belehrten und mangelnde Konsequenzen fehlerhafter oder suggestiver Belehrungen (Beweisverwertung) im Gesetz angelegte Einfallstore für die Ungleichbehandlung von finanziell benachteiligten Beschuldigten darstellen, perpetuiert die strukturelle Abhängigkeit der Pflichtverteidigung vom Gericht bestehende Diskriminierungseffekte.[916]

Von Diskriminierungsfreiheit im Verhältnis zur Wahlverteidigung kann nur gesprochen werden, wenn auch im Falle der Pflichtverteidigung Mindeststandards – beispielsweise der tatsächliche Zugang zu qualitativer, unabhängiger Verteidigung – gewahrt werden. Damit ist nicht etwa eine unzulässige staatliche Kontrolle der Verteidigungsstrategie im Innenverhältnis zwischen dem Beschuldigten und seinem Rechtsbeistand gemeint, sondern lediglich die Wahrung einer Mindestqualität der Verteidigung. Das Institut der notwendigen Verteidigung in Verbindung mit dem Rechtsstaatsprinzip soll zumindest auch garantieren, dass Beschuldigte, die über unzureichende finanzielle Mittel verfügen, fachgerechte,

916 Vgl. zu dieser strukturellen Abhängigkeit zusammenfassend Kapitel 6 B. I. 4.

qualifizierte Verteidigung in einem Prozess gegen den Staat und dessen Ressourcen erhalten, der über Leben, Freiheit und Eigentum entscheidet.

In Deutschland existiert keine institutionalisierte Pflichtverteidigung. Das Gericht hat bei der Auswahl eines Pflichtverteidigers nahezu uneingeschränktes Ermessen.[917] § 142 StPO legt minimale Auswahlkriterien fest. Nach § 142 Abs. 6 StPO kann jeder Rechtsanwalt aus dem Gesamtverzeichnis der Bundesrechtsanwaltskammer ausgewählt werden, der gegenüber der Rechtsanwaltskammer sein Interesse an der Pflichtverteidigungsübernahme bekundet hat und dafür *geeignet* ist. Auch wenn sich aus § 142 StPO selbst wenig Anleitung für die Auswahlentscheidung ergibt, lässt sich aus der Fürsorgepflicht des Gerichts in Kombination mit dem Gebot eines fairen Verfahrens schließen, dass der dem Beschuldigten zur Seite gestellte Verteidiger eine effektive Verteidigung vorzunehmen hat.[918]

In der Praxis bestellen Richter Verteidiger nach eigenen, zum Teil „problematische[n]“[919], Kriterien. Bestellt werden häufig die gleichen Pflichtverteidiger, die auch kritisch als „Lieblingsverteidiger“[920] des Gerichts bezeichnet werden. Die Zurverfügungstellung einer Pflichtverteidigerliste durch Anwaltsvereine, hat an dieser Auswahlpraxis der Gerichte nichts geändert.[921] Der Einwand, dass sachfremde Kriterien der nahezu freien Bestellungsentscheidung des Richters zu Grunde liegen ist nicht neu, sondern eine Kritik, die seit Jahrzehnten immer wieder vorgebracht wird.[922] Das Spannungsverhältnis zwischen dem nahezu uneingeschränkten Ermessen des Richters und dem beruflich-finanziellen Interesse eines Rechtsanwalts beschreibt *Ahmed* wie folgt:

> *„Diese praktische Freiheit bei der Auswahl lädt gerade dazu ein, im Zweifel solche Verteidiger zu benennen, welche in der Vergangenheit beim jeweiligen Gericht einen ‚guten', weil kontrollierbaren Eindruck hinterlassen haben, mit anderen Worten einen möglichst geschmeidigen, reibungslosen und konfliktfreien Verfahrensablauf garantiert und jegliche sachbezogene Konfrontation mit dem Gericht (ggf. sogar bewusst) gescheut haben. Insoweit ist es daher kein Zufall, dass in auffälliger Häufigkeit immer wieder dieselben Rechtsanwälte bestellt werden.“*[923]

Denselben Konflikt spricht Jahn mit der Aussage an, dass „ein Verteidiger der bellt, [werde] selten bestellt!“[924]

917 BVerfGE NJW 1975, 1015 (1016).
918 *Augustin*, Das Recht des Beschuldigten auf effektive Verteidigung, S. 107.
919 *Schoeller*, StV 2017, 194 (204).
920 *Hillenbrand*, ZAP 2020, 99.
921 *Ahmed*, StV 2015, 65 (68).
922 *Schlothauer*, StV 1981, 443 (444).
923 *Ahmed*, StV 2015, 65 (68).
924 *Jahn*, StraFo 2014, 177 (189).

Ahmed und Jahn sprechen hier ein grundlegendes Diskriminierungsproblem für diejenigen Beschuldigten an, die finanziell auf vom Gericht bestellte Pflichtverteidiger angewiesen sind. Die Diskriminierungsproblematik geht über die Frage beruflicher Qualifikationen oder Fachwissen des jeweils bestellten Verteidigers hinaus und wirft Probleme der institutionellen Abhängigkeit der Pflichtverteidigung vom jeweiligen Richter auf. Diese Abhängigkeit betrifft vor allem diejenigen Rechtsanwälte, die regelmäßig Pflichtverteidigungsmandate übernehmen und insofern auf eine wiederholte Beiordnung durch das Gericht angewiesen sind. Diese finanziell-berufliche Abhängigkeit führt zu in der Struktur angelegten Konflikten, die vor allem dann relevant werden, wenn Verteidiger die Rechte eines Beschuldigten gegenüber dem Gericht durchsetzen.

Aufgabe eines Strafverteidigers ist eben dies, die *Verteidigung* des Mandanten gegenüber der staatlichen Strafverfolgung. Das setzt ein besonderes Vertrauensverhältnis und die Gewissheit voraus, dass der eigene Rechtsbeistand nicht primär staatliche oder eigene Interessen verfolgt, sondern diejenigen seines Mandanten. Mit den Worten des BVerfG gilt es, Rechte zu gewährleisten, „[...] die praktisch und effektiv sind. Dies gilt insbesondere für Rechte der Verteidigung im Hinblick auf die herausragende Stellung, die das Recht auf ein faires Gerichtsverfahren in einer demokratischen Gesellschaft einnimmt [...].“[925] Keinesfalls ist es Aufgabe des Verteidigers, das staatliche Strafinteresse zu fördern. Stattdessen sind die Interessen und „subjektive Wahrheit“[926] des Beschuldigten zur Grundlage der Verteidigung zu machen. Dazu gehört es auch, die Interessen des Beschuldigten dann zu vertreten, wenn dies für andere am Strafprozess beteiligten Akteure unbequem ist. Dass es dabei zu Konflikten kommen kann, ist auf Grund kognitiver Dissonanzen des Gerichts zu erwarten. Aufgabe des Verteidigers ist es, gerade solche kognitiven Verzerrungen zu durchbrechen und an Stellen zu intervenieren, in denen die Bestätigungsneigung anderer Akteure besonders hartnäckig ist. Damit ist keinesfalls eine sachwidrige Hinauszögerung des Verfahrens gemeint, sondern eine pflichtgemäße „Verteidigung im [...] Interesse des Mandanten“[927]. Mit den Worten *Hamms*: *„Wer sonst, wenn nicht der Verteidiger, kann und muss hier gegensteuern [...].“*[928] Die in der Strafprozessordnung angelegte Beiordnungsstruktur der Pflichtverteidiger lässt an einer solchen aktiven Verteidigungsbereitschaft Zweifel aufkommen. Es liegt beim Verteidiger

925 BVerfGE 26, 66 (71).
926 *Hamm*, NJW 2006, 2084 (2089).
927 *Ahmed*, StV 2015, 65 (65).
928 *Hamm*, NJW 2006, 2084 (2089).

bereits frühzeitig – also möglichst schon im Ermittlungsverfahren – *aktiv* zu werden und so effektiven Rechtsbeistand zu leisten. Mit der Reform der notwendigen Verteidigung bieten sich hierfür erweiterte Möglichkeiten. In der Praxis sei jedoch zu beobachten, dass „der bestellte Verteidiger dieses Repertoire an Möglichkeiten nicht ausschöpft“[929]. Dazu gehören beispielsweise die frühzeitige Akteneinsicht, persönliche Besprechungen und Einigung über Strategien mit dem Mandanten sowie mögliche eigene Ermittlungen.

Das OLG Braunschweig und das LG Ingolstadt befassten sich mit Vorwürfen erheblicher Verteidigerpassivität durch vom Gericht bestellte Pflichtverteidiger.[930] Das OLG Braunschweig beschäftigt sich mit der Ablehnung eines Antrags des Angeklagten auf Auswechslung seines Pflichtverteidigers S. Der Angeklagte gab hier an, dass S erstmals nach etwa zwei Monaten mit ihm Kontakt aufnahm. Während der gesamten Zeit befand sich der Angeklagte wegen des Vorwurfs des versuchten Mordes in Untersuchungshaft. Das OLG nahm hier zu Recht an, dass das Vertrauensverhältnis zwischen dem Angeklagten und S nachhaltig zerstört war und betont, dass gerade in den ersten zwei Monaten „bedeutsame Weichen für das spätere Ermittlungsverfahren gestellt werden können“ und daher eine „besonders intensive Betreuung durch einen Verteidiger besonders wichtig“[931] sei. Die Verfügung des LG Ingolstadt[932] beschäftigt sich mit einer einstweiligen Unterbringung nach § 126a StPO. Auch hier hatte der Pflichtverteidiger im Laufe von etwa zwei Monaten keinen persönlichen Kontakt mit dem Angeklagten aufgenommen.

Auch wenn zu hoffen ist, dass die dort identifizierte Passivität der Pflichtverteidiger die absolute Ausnahme darstellt, zeigen diese Fälle doch – wenn auch überspitzt – die praktischen Risiken, die mit Verteidigern verbunden sind, die ein größeres Interesse an ihrer Wiederbestellung als an der Verteidigung ihrer Mandanten haben.

Die deutsche Rechtsordnung kennt kein mit dem US-amerikanischen Institut der *ineffective assistance of counsel* vergleichbares Konzept, wonach die Verletzung wesentlicher Verteidigerpflichten sogar zur Aufhebung eines Strafurteils führen kann. In *Strickland v. Washington*[933] legt der Supreme Court 1984 fest, wann es sich um einen Fall ineffektiver Verteidigung handelt, der zur

929 *Ahmed*, StV 2015, 65 (69).
930 Siehe auch AG München StV 2011, 668.
931 *Pethö*, StV 2012, 719 (719).
932 LG Ingolstadt, Verf. v. 22.09.2014 – 1 Ks 20 Js 6876/14.
933 Strickland v. Washington, 466 U.S. 668 (1984).

Strafurteilsaufhebung führt.[934] Innerhalb des deutschen Strafprozesses kann der Beschuldigte lediglich einen Verteidigerwechsel nach § 143a StPO beantragen, wenn das „Vertrauensverhältnis zwischen Verteidiger und Beschuldigtem endgültig zerstört ist oder aus einem sonstigen Grund keine angemessene Verteidigung des Beschuldigten gewährleistet ist."

Im Ergebnis existieren für den finanziell benachteiligten Beschuldigten auch nach mehreren Gesetzesreformen zur Harmonisierung des deutschen Rechts mit europarechtlichen Vorgaben im Gesetz angelegte Ungleichbehandlungen. § 136 Abs. 1 StPO schreibt beispielsweise vor, dass nach Belehrung über das Recht auf Verteidigung ein Hinweis auf mögliche Kosten nach § 465 StPO zu erfolgen hat. Weshalb dieser Hinweis im Rahmen der Belehrung des Beschuldigten über sein Recht auf Verteidigerbeistand ergeht, ist nicht ersichtlich. Er ist allein dazu geeignet den Beschuldigten von einem Antrag auf Verteidigerbestellung nach § 141 Abs. 1 StPO im Speziellen oder auf sein Pflichtverteidigungsrecht im Allgemeinen abzuschrecken.

Der effektive Zugang für finanziell benachteiligte Beschuldigte und dessen konkrete Ausgestaltung und Implementierung in das Strafprozesssystem kann nicht unabhängig von dynamisch weiterentwickelten europarechtlichen Vorgaben gesehen werden. Der EGMR verlangt die *konkrete* Umsetzung und den Zugang zu rechtlichem Beistand für finanziell bedürftige Beschuldigte – nicht nur die theoretische Möglichkeit des Zugangs. Die tatsächliche Ermöglichung frühzeitiger Verteidigung für mittellose Beschuldigte ist seit Jahren Gegenstand rechtlicher Diskussionen.[935] Eine vollständige Gleichstellung von finanziell leistungsschwachen Beschuldigten in Harmonie mit europarechtlichen Vorgaben bleibt weiterhin abzuwarten.

III. Inhalt des Verteidigungsrechts im Ermittlungsverfahren

Aus der bisherigen Betrachtung ergeben sich zunächst einmal folgende Zwischenergebnisse: *Erstens,* konsensuale Erledigungsformen sind allgegenwärtig und gehen weit über die viel diskutierten Absprachen hinaus. Im Ergebnis werden von allen eingehenden Strafverfahren mehr Fälle auf konsensuale Weise erledigt, als Hauptverhandlungen durchgeführt werden. Insbesondere der § 153a StPO und der Strafbefehl sind weit verbreitete Erledigungsmechanismen.

---

934 Ausführlicher hierzu unter Kapitel 6 B. III. 2.

935 *Kühne*, Strafprozessrecht, Rn. 197 ff.; *Roxin/Schünemann*, Strafverfahrensrecht, § 19 Rn. 44; Siehe allgemein hierzu *Kortz*, die Notwendigkeit der Verteidigung im Strafverfahren.

Zweitens, kognitive Dissonanzen sind nicht erst im Zusammenhang mit dem Zwischenverfahren bedeutend, sondern vor allem für das weichenstellende Ermittlungsverfahren relevant. Hier spielt der confirmation bias eine entscheidende Rolle. Bereits in dieser frühen Phase des Strafprozesses wirken sich Entscheidungen langfristig aus und können Ausgangspunkt für Fehlurteile sein.

Drittens, diese Entwicklungen verstärken die Bedeutungssteigerung des Ermittlungsverfahrens bei gleichzeitiger Machtsteigerung der Ermittlungsbehörden – ein Paradigmenwechsel, dem der Gesetzgeber noch nicht vollkommen durch eine ausgleichende Stärkung der Beschuldigtenstellung Rechnung getragen hat.

Viertens, schon und gerade in dieser frühen Phase ist der Beschuldigte besonders schutzwürdig. Der Beschuldigte ist im Ermittlungsverfahren strukturell benachteiligt. Diese strukturelle Benachteiligung wurzelt unter anderem in der Verschleppung kognitiver Dissonanzen durch das Strafverfahren.

Fünftens, im Ergebnis führt diese strukturelle Benachteiligung angesichts der Machtverhältnisse in einer späteren Hauptverhandlung zu noch größerem Druck für den Beschuldigten mit den staatlichen Akteuren zu kooperieren. Insofern verstärkt dies die unter *erstens* beschriebene Entwicklung.

Vor dem Hintergrund dieser Zwischenergebnisse werden im Folgenden Interventionsmöglichkeiten der Verteidigung im Ermittlungsverfahren betrachtet, die dem Beschuldigten als Subjekt des Strafverfahrens eine frühzeitige Intervention – insbesondere angesichts der erläuterten kognitiven Verzerrungsproblematik – erlauben sollen.

Trotz der weichenstellenden Natur des Ermittlungsverfahrens, zeigt sich in Deutschland im Vergleich zu anderen Rechtsordnungen eine Zurückhaltung der Verteidigung in dieser frühen Phase.[936] Außerhalb des Wirtschaftsstrafrechts werden seitens der Verteidigung traditionell kaum eigene, unabhängige Ermittlungen im Vorverfahren angestellt. Diese Zurückhaltung wird von den anderen am Prozess beteiligten Akteuren – insbesondere der Staatsanwaltschaft – geradezu erwartet. Wie bereits erläutert, sind hierfür unter anderem eine Reihe rechtskultureller Grundvoraussetzungen verantwortlich. Im Wesentlichen ist hiermit das Vertrauen darauf gemeint, dass die Ermittlungsbehörden rechtmäßig handeln und sowohl für als auch gegen den Beschuldigten ermitteln. Damit geht ein grundsätzliches Misstrauen gegenüber aktiver Ermittlungsarbeit seitens der Verteidigung einher. So wird unter anderem dazu geraten „im Interesse des Mandanten“[937] Zurückhaltung bei „Eigenermittlungen“ zu üben.

936 *Cape/Namoradze/Smith/Spronken*, Effective Criminal Defence in Europe, S. 619 f.
937 *Schiller*, MAH Wirtschafts- und Steuerstrafsachen, § 14 Rn. 13.

Die Ermittlungsbehörden zeigen in der Praxis wenig „Akzeptanz“[938] gegenüber eigenständigen Ermittlungen, insbesondere gegenüber der Befragungen von Zeugen. Grund hierfür ist aber nicht etwa eine *gesetzliche* Beschränkung. Eine solche existiert innerhalb der Grenzen zur strafrechtlich relevanten Beeinflussung von Zeugen oder einer Strafvereitelung nicht.

Im Bereich der Wirtschaftskriminalität wird zum Teil vorgeschlagen zunächst die Staatsanwaltschaft zur Vernehmung eines bestimmten Zeugen aufzufordern und für den Fall, dass dem nicht nachgegangen wird, eigene Befragungen in Aussicht zu stellen. Im Rahmen von internal investigations werden in diesem Zusammenhang problematische Entwicklungen durch die Einbindung der Ermittlungsbehörden in von privaten Ermittlern geleitete Befragungen diskutiert. Im Rahmen einer „Verständigung“ sollen diese Ermittler dann dazu verpflichtet sein die staatlichen Ermittlungsbehörden über ihre Ermittlungsergebnisse zu unterrichten – mit dem Ergebnis einer faktischen „Privatisierung behördlicher Ermittlungen“[939].

Die Vernehmung von Zeugen durch die Staatsanwaltschaft nach Aufforderung durch die Verteidigung ist keine Befragung seitens der Verteidigung. Es bleibt bei der Staatsanwaltschaft darüber zu entscheiden, welche Fragen gestellt werden und wie sie gestellt werden. Vor allem wenn die Ermittlungsbehörden zu diesem Zeitpunkt bereits einer bestimmten Entwicklungstheorie nachgehen, wird sich der confirmation bias auf den weiteren Verlauf des Prozesses auswirken. Solche Vernehmungen können nicht mit unabhängigen Befragungen der Verteidigung gleichgestellt werden. Gerichtliche Fehlentscheidungen haben ihren Ursprung häufig im Ermittlungsverfahren.[940] Eine effektive, also möglichst frühzeitige, Interventionsmöglichkeit für den Beschuldigten ist daher unverzichtbar.

Wie bereits aufgezeigt, hat die Pflichtverteidigung im Ermittlungsverfahren in Deutschland erst in den letzten Jahren durch europarechtliche Vorgaben eine entscheidende Stärkung erfahren. Selbstverständlich ist die Bestellung eines Verteidigers als erste Voraussetzung einer aktiven Verteidigung im Ermittlungsverfahren weiterhin nicht. Über die bloße Beiordnung eines Pflichtverteidigers hinaus ist aber auch der konkrete Inhalt des Verteidigungsrechts im Ermittlungsverfahren aus Beschuldigtensicht entscheidend. Im Folgenden soll untersucht werden, inwiefern der Subjektstellung des Beschuldigten im

938 *Schiller*, MAH Wirtschafts- und Steuerstrafsachen, § 14 Rn. 13.
939 *Schiller*, MAH Wirtschafts- und Steuerstrafsachen, § 14 Rn. 30.
940 *Peters*, Fehlerquellen im Strafprozess, Bd. 2, S. 212.

Ermittlungsverfahren über die Verteidigerbeiordnung hinaus zur praktischen Umsetzung verholfen wird. Hierbei liegt der Fokus auf dem Beweisantragsrecht im Ermittlungsverfahren, Anwesenheits-, Hinweis-, und Fragerechten sowie direkten Mitteilungspflichten.

1. *Beweisantragsrecht im Ermittlungsverfahren*

Die Staatsanwaltschaft leitet und bestimmt als „Herrin"[941] das Ermittlungsverfahren (§§ 160 ff. StPO). Dem Beschuldigten ist es möglich, im Rahmen des vom Staat geleiteten Verfahrens einzelne Beweisanträge zu stellen, „wenn sie von Bedeutung sind". Der Beschuldigte ist über dieses Recht zu belehren (§§ 136, 163 Abs. 3, 4 StPO). Ob über die Belehrungspflicht hinaus ein Beweisantrags*recht* des Beschuldigten besteht, ist strittig.

Nach einer Ansicht enthält § 163a Abs. 2 StPO einen Beweiserhebungsanspruch. Hiernach komme den Ermittlungsbehörden bei der Entscheidung über einen vom Beschuldigten gestellten Beweisantrag kein Ermessen zu. Das von § 163a Abs. 2 StPO vorausgesetzte Merkmal „von Bedeutung" gewähre lediglich einen *Beurteilungsspielraum*.[942] Denn nur so komme der Vorschrift als rein „freundliche[r] Geste"[943] des Gesetzgebers die intendierte inhaltliche Geltung zu.

Nach h.M. handelt es sich jedoch um eine reine *Ermessensentscheidung* der Staatsanwaltschaft, die sich nicht an § 244 Abs. 3 StPO messen lassen muss.[944] § 163a StPO enthalte lediglich eine Konkretisierung der bereits in § 160 Abs. 2 StPO ausformulierten Pflicht der Staatsanwaltschaft für und gegen den Beschuldigten zu ermitteln. Spezielle Regelungen finden sich in § 166 Abs. 1 und § 168d Abs. 2. § 166 Abs. 1 StPO sieht Fälle vor, in denen der Richter auf Antrag des Beschuldigten Beweiserhebungen „vorzunehmen" hat, wenn er diese für „erheblich erachtet". Dies umfasst nur Fälle, in denen der Beschuldigte vom Richter vernommen wird und der „Verlust der Beweise zu besorgen ist" oder die Beweiserhebung im Falle der Haft nach §§ 115, 117, 118, 125, 126, 128 StPO die „Freilassung des Beschuldigten begründen kann". Besonders relevant ist hier die Beweiserhebungspflicht auf Antrag des Beschuldigten im Falle der Untersuchungshaft. § 168d Abs. 2 gibt dem Beschuldigten die Möglichkeit die Ladung eines Sachverständigen im Vorverfahren zu einer richterlichen Augenscheinnahme zu beantragen. Wenn der Antrag abgelehnt wird, kann der Beschuldigten

941 BVerfGE NJW 1976, 231.
942 *Nelles*, StV 1986, 74 (77).
943 *Quedenfeld*, FS-Peters, S. 215 (219).
944 *Noltensmeier-von Osten*, KMR-StPO, § 163a Rn. 13.

einen Sachverständigen selbst laden. Auf diese Weise soll es dem Beschuldigten zwecks Waffengleichheit ermöglicht werden, einem Sachverständigen für ein späteres Gutachten die notwendige Grundlage zu verschaffen.[945] Dem Beschuldigten steht das Rechtsmittel der Beschwerde nach § 304 Abs. 1 StPO zu, wenn ein von ihm benannter Sachverständige ausgeschlossen wird (§ 168d Abs. 2 S. 2 StPO).[946]

In allen anderen vom allgemeineren § 163a StPO umfassten Fällen, ist die praktische Bedeutung des Beweiserhebungsrechts reduziert. Der Richter entscheidet über den Antrag des Beschuldigten im Rahmen seines pflichtgemäßen Ermessens. Der Beschluss ist unanfechtbar.[947] Der Antrag des Beschuldigten kann also im Ermittlungsverfahren „folgenlos ignoriert werden“[948] und hat eher optische als substantielle Bedeutung. *Neuhaus* berichtet von einem Fall aus seiner Praxis, der die Bedeutungslosigkeit des § 163a StPO veranschaulicht. Dem Beschuldigten wurde ein Mord zu Last gelegt. Entscheidendes Indiz war eine Checkkarte des Opfers, die man beim Beschuldigten nach der Tat vorgefunden hatte. Der Beschuldigte gab in seiner ersten Vernehmung an, er habe die Karte und die dazugehörige PIN für 100 Euro gekauft. Weiterhin gab der Beschuldigte an zwar den Namen der Person, von der er die Karte erlangt hatte, nicht zu kennen, aber deren Wohnort zu wissen. Der Beschuldigte erklärte sich bereit, die Ermittlungspersonen dorthin zu führen. Der Beschuldigte beantragte schließlich durch seinen Verteidiger eine Wohnungsdurchsuchung. Diese fand dann eine Woche nach der Tat statt. Zu diesem Zeitpunkt ließ sich nichts mehr finden, was für die Entlastung des Beschuldigten geeignet gewesen wäre.[949]

Wird ein Beweisantrag abgelehnt, ist dies in Form einer Bescheidung zu dokumentieren und zu begründen. Der Antrag kann dann erneut im Zwischen- oder Hauptverfahren gestellt werden. Wie bereits aufgezeigt ist der mit dem Beweisantrag verbundene Zweck aus Sicht des Beschuldigten – Intervention zur strafrechtlichen Entlastung – jedoch oft nicht oder zumindest nicht gleichermaßen effektiv zu erreichen. Im Beispielsfall war der Antrag bereits nach einer Woche wenig hilfreich. Effektive Intervention und Kontrolle lässt sich auf Grund der strukturellen Beschaffenheit des Strafprozesses und vor dem Hintergrund kognitiver Verzerrungen nicht auf spätere Prozessphasen verschieben. Hier wird

945 *Wohlers*, SK-StPO, § 168d Rn. 6.
946 Näher hierzu siehe *Tsambikakis*, Der Beweisantrag im Strafprozess, Rn. 615.
947 *Schmitt*, KK-StPO, § 166 Rn. 4 ff.
948 *Tsambikakis*, Der Beweisantrag im Strafprozess, Rn. 585.
949 Vgl. *Neuhaus*, StV 2015, 185 (187).

ein weiterer struktureller Konflikt deutlich: In der Phase, in der kognitiv größere Offenheit für alternative Ermittlungsansätze und den Beschuldigten entlastende Umstände besteht, gibt es für den Beschuldigten gleichzeitig kaum Möglichkeiten einen Beweisantrag durchzusetzen. Die Kombination des wenig effektiven Beweisantragsrechts aus § 163a Abs. 2 StPO und der Überzeugung der Ermittlungspersonen von der Richtigkeit der eigenen Ermittlungen, macht eigenständige Ermittlungen des Verteidigers als Interventions- und Kontrollinstrument unverzichtbar.

2. *Anwesenheits-, Hinweis-, und Fragerecht im Ermittlungsverfahren*

Neben dem Beweisantragsrecht des Beschuldigten, ermöglicht das Anwesenheitsrecht bei der Durchführung von Ermittlungsmaßnahmen eine Intervention des Beschuldigten bzw. seines Verteidigers. Anwesenheitsrecht meint die unmittelbare Kenntnisnahme der Ermittlungen gegenüber der bloßen Akteneinsicht. Die Strafprozessordnung unterscheidet zwischen dem Recht des Beschuldigten und dem Recht seines Verteidigers bei Ermittlungen anwesend zu sein.

An einigen Stellen enthält die StPO explizite Anwesenheitsregelungen. Nach § 168c Abs. 2 StPO ist dem Verteidiger beispielsweise die Anwesenheit bei richterlicher Vernehmung eines Zeugen gestattet. Das Anwesenheitsrecht umfasst ein Benachrichtigungs-, Hinweis- und Fragrecht des Verteidigers. Ein Verstoß gegen die Benachrichtigung führt zu einem Verwertungsverbot der Vernehmungsniederschrift und einem Verbot der Vernehmung des Ermittlungsrichters als Substitut für den Inhalt der Niederschrift.[950]

Ein paralleles Anwesenheitsrecht[951] für die Zeugenvernehmung durch die Polizei oder Staatsanwaltschaft ist nicht normiert (vgl. die Regelungen zur polizeilichen und staatsanwaltschaftlichen Zeugenvernehmung in §§ 163 Abs. 3, 161a StPO).[952] Im Einzelfall könne die Staatsanwaltschaft bzw. die Polizei jedoch im Rahmen ihres Ermessens die Anwesenheit eines Verteidigers zulassen.[953] Zur Diskussion steht, ob sich ein grundsätzlicher Anwesenheitsanspruch bei Zeugenbefragungen aus dem europarechtlichen Fair-Trial-Prinzip in Art. 6 Abs. 1

950 BGHSt 26, 332 (335).

951 § 168d Abs. 1 StPO enthält ein weiteres spezifisches Anwesenheitsrecht bei richterlichem Augenschein. Hier erstreckt sich das Recht auf den Verteidiger *und* den Beschuldigten.

952 So die ganz h.M., *Weingarten*, KK-StPO, §§ 161a Rn. 6, 163 Rn. 19; *Sackreuther*, Graf-StPO, (2021), § 161a Rn. 10.

953 Näher hierzu bei *Stoffers*, NJW 2013, 1495 (1496).

S. 1 EMRK in Verbindung mit dem Konfrontationsrecht des Beschuldigten nach Art. 6 Abs. 3 lit. d EMRK ergibt. In der Praxis hat sich ein solches Verständnis jedenfalls bisher nicht durchgesetzt.

Der Gehalt der Verteidigung im deutschen Ermittlungsverfahren beschränkt sich traditionell vor allem auf *Anwesenheits- und Mitwirkungsrechte* des Anwalts. Da Verteidiger – vor allem aus rechtskulturellen Gründen – häufig keine eigenen Vernehmungen durchführen[954] und sich hierfür auf die Ermittlungsbehörden verlassen, ist das Anwesenheitsrecht oft die zentrale Mitwirkungsform im Ermittlungsverfahren.

Der Verteidigung steht kein eigenständiges, mit der aus den USA bekannten „*subpoena*" vergleichbares Recht zu. Im Ergebnis lässt sich im Ermittlungsverfahren – dem „Kern und Höhepunkt des Verfahrens"[955] – ein deutlich zu Lasten des Beschuldigten verschobenes Gestaltungsrecht und Machtverhältnis ausmachen. Obwohl sie grundsätzlich zulässig sind[956], besteht eine rechtskulturelle Abwehrhaltung gegenüber eigenen Ermittlungen der Verteidigung. Erwartet wird grundsätzlich, dass sich der Beschuldigte auf die vermeintlich objektiv-neutralen Ermittlungen der Ermittlungsbehörden verlässt. Eine Zeugenbefragung durch den Verteidiger könne den Eindruck der Befangenheit erwecken. Dies sei dem gesetzlichen Auftrag des Verteidigers nicht förderlich.[957] Dem Verteidiger kommt im Ermittlungsverfahren die Rolle eines Beobachters und weniger die eines aktiv Intervenierenden zu. Diese Struktur hat Implikationen für alle Beschuldigten, aber insbesondere für finanziell schlechter gestellte. Marginalisierte Beschuldigte sind von diesem strukturellen Machtgefälle spezifisch betroffen. Im Folgenden wird das spezifische Risiko bestimmter Beschuldigtengruppen (unter Kapitel 5 C.) näher betrachtet. Dabei wird auf die bisherigen Befunde zu Machtverschiebung und Machtungleichgewicht aufgebaut.

3. *Direkte Mitteilungspflichten*

Mit der steigenden Bedeutung konsensualer Erledigungen, steigt auch die Bedeutung der konkreten Beteiligung des Beschuldigten an Verständigungsgesprächen und Mittelungspflichten gegenüber dem Beschuldigten. Eine sinnvolle Partizipation des Beschuldigten – insbesondere an Verständigungsgesprächen – setzt zumindest Transparenz und zeitnahe Mitteilung voraus. Dem

954 *Ernesti*, JR 1982, 221 (228).

955 *Wolter*, Aspekte einer Strafprozeßreform bis 2007, S. 35.

956 Siehe *Isele*, BRAO, Anhang zu § 43, S. 834.

957 *Ernesti*, JR 1982, 221.

Beschuldigten steht jedenfalls kein Initiativrecht für Verständigungsgespräche zu. Das gilt sowohl für Einstellungen nach § 153a StPO, Erledigungen durch einen Strafbefehl und für eine mögliche Absprache nach § 257c StPO. Gem. § 160b StPO „kann" die Staatsanwaltschaft den Verfahrensstand mit den Beteiligten im Ermittlungsverfahren erörtern; sie ist aber nicht dazu verpflichtet. Das Gericht wiederum „kann" gem. § 202a StPO den Verfahrensstand mit den Beteiligten im Zwischenverfahren erörtern. Auch in diesem Verfahrensabschnitt besteht hierauf jedoch weder ein Anspruch des Beschuldigten noch ein Initiativrecht. Der Gestaltungsspielraum und die Art der Partizipation sind hier also von vornherein konzeptionell zu Lasten des Beschuldigten begrenzt.

Findet eine Verständigung jedoch statt, existieren Mitteilungspflichten gegenüber dem Beschuldigten. Dies betont das BVerfG zunächst in seiner Entscheidung von 2013.[958] Das BVerfG stellt hier fest, dass für den Gesetzgeber die Wahrung der Transparenz der Verständigungserörterungen zentral war. Die Mitteilungspflicht des § 243 StPO Abs. 4 StPO des Gerichts bei Eröffnung der Hauptverhandlung wirkt nach Eröffnung der Hauptverhandlung fort. Die Mitteilungspflicht setzt an, „sobald bei im Vorfeld oder neben der Hauptverhandlung geführten Gesprächen ausdrücklich oder konkludent die Möglichkeit und die Umstände (vgl. BT-Drs. 16/12310, S. 12) einer Verständigung im Raum stehen"[959]. Eine Entscheidung des BVerfG aus dem Jahr 2020 vertieft die bisherige Rechtsprechung zu Mitteilungspflichten und die Konsequenzen eines Rechtsverstoßes.[960] Das BVerfG stellt hier klar, dass die Mitteilungspflicht den Inhalt der Verständigung und die Position aller an der Absprache Teilnehmenden erfasst.[961] Hierzu gehört auch die Information darüber, wer die Erörterungen initiierte.[962] All das gehört zu den „wesentlichen Elementen"[963] der Verständigung. Auch wenn die Absprache letztlich nicht zustande kommt, kann ein späteres Urteil dennoch auf einem Mitteilungsfehler „beruhen".[964]

Das BVerfG betont den Schutz des Beschuldigten vor geheimen Deals nicht nur zwischen den staatlichen Akteuren, sondern auch zwischen staatlichen Akteuren und dem Verteidiger. Aus dem vorliegenden Sachverhalt ging nicht

---

958 BVerfGE 133, 168.
959 BVerfGE 133, 168 Rn. 85.
960 BVerfGE vom 04.02.2020, StV 2020, 357 (357 ff.).
961 BVerfGE vom 04.02.2020, StV 2020, 357 (359).
962 BVerfGE vom 04.02.2020, StV 2020, 357 (359).
963 Vgl. BVerfGE 133, 168 Rn. 82.
964 So in BVerfGE vom 04.02.2020, StV 2020, 357 (360).

hervor, ob der Beschuldigte von seinem Verteidiger über die Verständigungsgespräche (Gespräch zwischen der Staatsanwaltschaft und dem Gericht sowie das darauffolgende Gespräch zwischen Gericht, Staatsanwaltschaft und Verteidiger) unterrichtet wurde. Das BVerfG geht nicht näher auf diese spezifische Problematik ein und entschied, dass jedenfalls in der Hauptverhandlung eine Mitteilung an den Beschuldigten hätte erfolgen müssen. Unbeantwortet bleiben zumindest zwei Fragen, die im Kontext der steigenden Bedeutung konsensualer Erledigungen von erheblicher praktischer Relevanz für den Beschuldigten sind. *Erstens*, besteht die Pflicht des Verteidigers den Beschuldigten über alle Verständigungsgespräche aufzuklären und im Raum stehende Angebote zeitnah zu besprechen? *Zweitens*, wenn keine solche Mitteilung stattfindet, liegt ein Verfahrensfehler vor, der über die Pflicht des Verteidigers gegenüber dem Beschuldigten im Innenverhältnis hinausgeht?

Im bisherigen Diskurs werden diese Fragen kaum aufgeworfen. Aus Beschuldigtensicht sind sie jedoch von erheblichem praktischem Gewicht. Gerade angesichts der steigenden Bedeutung konsensualer Erledigung vor und innerhalb der Hauptverhandlung ist die Aufklärung und Gestaltungsmöglichkeit des Beschuldigten relevant. In den USA werden Rechtsverstöße im Innenverhältnis zwischen Beschuldigtem und Verteidiger mittels der Rechtsfigur der *ineffective assistance of counsel* gelöst. Hiernach kommt es für ein Fehlurteil vor allem auf die Schwere der Verletzung der Pflichten gegenüber dem Mandanten an. Die Nichtmitteilung eines im Raum stehenden Angebots zur Erledigung des Verfahrens ist ein schwerwiegender Fehler mit erheblichen Konsequenzen über das Innenverhältnis hinaus. Auch in Deutschland wird die Diskussion um die Anforderungen an die Verteidigung angesichts der strukturellen Verfahrensverschiebung immer aktueller. Kapitel 6 behandelt die *ineffective assistance of counsel* Rechtsprechung und ihre möglichen Implikationen für den deutschen strafprozessrechtlichen Diskurs.

C. Zwischenergebnis

Die Stärkung der Beschuldigtenstellung, und mit ihr eine aktivere Positionierung der Strafverteidigung, steht der sich dynamisch entwickelnden Konsensualisierung der Strafprozessordnung deutlich nach. Die existierenden Beteiligungs- und Interventionsmechanismen sind sowohl hinsichtlich ihres Zeitpunkts, ihrer Infrastruktur als auch ihres Inhalts unzureichend ausgestaltet. Das gilt sowohl für das Institut der Pflichtverteidigung als auch für die inhaltliche Ausgestaltung der Beteiligungsrechte des Beschuldigten im Ermittlungsverfahren. Die deutsche Strafprozessordnung und Rechtskultur gehen grundlegend von einer eher passiven und reaktiven Beteiligung des Beschuldigten im Ermittlungsverfahren aus.

Die Infrastruktur und inhaltliche Ausgestaltung der Pflichtverteidigung birgt Diskriminierungseffekte zu Lasten finanziell benachteiligter Beschuldigter, während engagierte, aktive und vor allem frühzeitige Verteidigungsstrategien in Wirtschaftsstrafsachen – für diejenigen die solche spezialisierte Verteidigung frühzeitig in Anspruch nehmen können – in einem konsensualisierten Strafprozess zum Verteidigungsprogramm gehören. Im Folgenden werden weitere Diskriminierungseffekte aufgeschlüsselt, die sich aus dem strukturellen Wandel des deutschen Strafprozesses ergeben.

Kapitel 5: Spezifische Strukturelle Diskriminierungseffekte

Im vorherigen Abschnitt wurden unter anderem Diskriminierungseffekte für finanziell schwach gestellte Beschuldigte identifiziert, die sich aus einer Kombination der Bedeutungssteigerung des Ermittlungsverfahrens, kognitiver Verzerrungen und der Ausgestaltung der Beschuldigten- und Verteidigerrechte in frühen Stadien des Strafprozesses ergeben. Diese Effekte werden einerseits durch konsensuale Erledigungsmethoden verschärft und andererseits perpetuiert. Der Umstand, dass regelmäßig keine intendierte oder explizite Diskriminierung vorliegt, ändert an dem diskriminierenden *Effekt* nichts.

Im Folgenden wird die Anfälligkeit der deutschen Strafprozessstruktur für weitere Diskriminierungseffekte untersucht. Diese sollen – zu Differenzierungszwecken – als *spezifische* Diskriminierungseffekte bezeichnet werden. Die Unterscheidung dient primär der detaillierten Analyse unterschiedlicher Diskriminierungseffekte, die durch eine Kombination aus der Vorverlagerung prozessualer Phasen, kognitiven Verzerrungen und unzureichenden frühzeitigen Interventionsmöglichkeiten auf Beschuldigtenseite verschärft werden. Die Bezeichnung „spezifische Diskriminierungseffekte" bedeutet nicht, dass sie im Vergleich zu den als „allgemein" bezeichneten Diskriminierungseffekten sekundär oder isoliert auftreten. Zum Teil überscheiden sich die Kategorien oder stehen in Wechselwirkung zueinander. Die Unterscheidung zwischen allgemeinen und spezifischen Diskriminierungseffekten ist eine künstliche Differenzierung zwecks dieser Untersuchung und nicht mit der Unterscheidung zwischen allgemeinen und besonderen Diskriminierungsgründen in Art. 3 Abs. 1 und 3 GG zu verwechseln.

A. Vorüberlegungen

Die Untersuchung in Kapitel 4 identifiziert eine grundsätzliche strukturelle Benachteiligung des Beschuldigten im Ermittlungsverfahren gegenüber den Ermittlungsbehörden – insbesondere hinsichtlich des finanziell schwächer gestellten, ressourcenarmen oder gesellschaftlich schlechter vernetzten Beschuldigten. Wie bereits im vorherigen Abschnitt ist Fokus der folgenden Untersuchung der diskriminierende *Effekt* und nicht primär eine diskriminierende Intention des Gesetzgebers oder Gesetzesanwenders.

Das Grundgesetz enthält speziellen Schutz vor Diskriminierung wegen des Geschlechtes, der Abstammung, „Rasse“[965], Sprache, Heimat, Herkunft, des Glaubens und religiöser oder politischer Zugehörigkeit. Die folgende Untersuchung ist von den in Art. 3 Abs. 3 GG genannten Kategorien teilweise abzugrenzen. Die besonderen Schutzgruppen dienen hier jedoch der Orientierung. Anspruch der vorliegenden Untersuchung ist nicht im Einzelnen anhand des Grundgesetzes zu analysieren, ob eine Diskriminierung vorliegt, ob die Diskriminierung durch ein rechtmäßiges Ziel gerechtfertigt ist und ob das gewählte Rechtsmittel angemessen und erforderlich ist. Die Betrachtung dient viel mehr dazu, die *strukturell* diskriminierenden Effekte des modernen Strafprozesses aufzuzeigen, die im Rahmen strafprozessualer Reformdiskussionen weitgehend vernachlässigt werden. Die Untersuchung regt einen Perspektivenwechsel an und warnt vor den Konsequenzen einer Strafprozessstruktur und Kultur, die zumindest potentiell zu einer „Zwei-Klassen-Justiz“ führen kann und stereotype (Fehl)annahmen perpetuiert.

I. Ausgewählte Schutzgruppen

1. *„Race“ und rassistische Diskriminierung*

Nach dem allgemeinen Gleichheitssatz in Art. 3 Abs. 1 führen Art. 3 Abs. 2 und 3 GG einige besondere Schutzgruppen mit speziellen Diskriminierungskriterien auf: Geschlecht, Abstammung, Sprache, Heimat, Herkunft, Glaube, religiöse Zugehörigkeit oder politische Anschauung und „Rasse“. Im Rahmen dieser Betrachtung werden primär die Kategorien der Abstammung, Sprache, Heimat, Herkunft und „Rasse“ näher betrachtet. Gerade diese überschneiden sich teilweise, haben nicht immer eine eigenständige Bedeutung oder aber sind mit anderen Merkmalen verschränkt. Diese Auswahl erfolgt nicht zufällig, sondern beruht auf folgenden Erwägungen: *Erstens*, während rassistische Diskriminierungseffekte in den USA innerhalb des Strafrechtssystems seit Jahren kritisch untersucht werden, findet sich in Deutschland keine vergleichbar intensive Diskussion. Diskriminierungseffekte sind in den USA mittlerweile ein Standardthema im Strafrecht. Eine rechtsvergleichende Untersuchung wäre daher ohne genauere Untersuchung paralleler Effekte in Deutschland unvollständig

965 Die Verwendung des Begriffs „Rasse“ in Deutschland ist problematisch und wird derzeit diskutiert. Jedenfalls ist der Begriff „Rasse“ nicht mit dem englischen Begriff „Race“ gleichzusetzen. Mehr hierzu und zu der Verwendung anderer Begrifflichkeiten in diesem Kapitel unter C. I. 1.a.

und würde aktuelle Diskussionen in wissenschaftlich unverantwortlicher Weise ignorieren.

Zweitens, in Deutschland nimmt die politisch-gesellschaftliche Diskussion um institutionellen Rassismus und implicit bias zwar zu, gleichzeitig ist der strafrechtswissenschaftliche Diskurs hierzu aber bemerkenswert ruhig. Dieser Abschnitt ist ein erster Versuch diese Lücke zu schließen und bisher weitgehend unangetastete und wenig hinterfragte Effekte in den Mittelpunkt zu stellen. Auch wenn sich dies im breiten strafrechtlichen Diskurs noch nicht widerspiegelt, ist das Thema auch in Deutschland aktueller denn je. 2012 stellte das Oberverwaltungsgericht Koblenz beispielsweise fest, dass Personenkontrollen allein auf Grund der Hautfarbe einen Verstoß gegen Art. 3 Abs. 3 GG darstellen.[966] Damit wurde die polizeiliche Praxis des Racial Profiling[967] erstmals für verfassungswidrig erklärt. Trotz der expliziten Aussage der Beamten, dass die Kontrolle auf Grund der Hautfarbe des klagenden Studenten erfolgte, bedurfte es dafür allerding der zweiten Instanz vor dem Oberverwaltungsgericht.[968]

Seither verweisen internationale Menschenrechtsorganisationen und Anti-Rassismus Initiativen immer wieder auf Racial Profiling und die Kriminalisierung von People of Color in Deutschland.[969] People of Color (folgend: PoC; Singular: Person of Color) ist eine Selbstbezeichnung für Menschen, die von anderen als nicht *weiß* gelesen werden oder sich als nicht *weiß* identifizieren (Selbstidentifizierung). PoC ist damit ein Sammelbegriff für Menschen, die Rassismus erfahren können.[970] Der Begriff PoC setzt voraus, „dass Menschen, die nicht weiß sind, über einen gemeinsamen Erfahrungshorizont in einer mehrheitlich weißen Gesellschaft verfügen“[971]. PoC ist eine bewusste Abkehr von dem Begriff „colored“, der historisch keine Selbstbezeichnung, sondern eine koloniale

966 OVG Rheinland-Pfalz, Beschluss vom 29.10.2012, Az. 7 A 10532/12.

967 Näher hierzu und zum Begriff Racial Profiling siehe Kapitel 2 A. V.

968 Siehe näher hierzu in diesem Kapitel auch unter Abschnitt C. II. 1.

969 Beispielsweise Committee on the Elimination of Racial Discrimination (CERD), die Initiative Schwarzer Menschen in Deutschland (ISD), das Deutsche Institut für Menschenrechte und das United Nations Human Rights Office of the High Commissioner.

970 Siehe beispielsweise *Ransiek*, Rassismus in Deutschland, In: Theorie und Praxis der Diskursforschung, Fn. 8.

971 *Schearer/Haruna*, Über Schwarze Menschen in Deutschland berichten. In: Leitfaden für einen rassismuskritischen Sprachgebrauch, Handreichung für Journalist_innen, S. 23.

Zuschreibung ist.[972] Der Begriff PoC stellt die Person als Subjekt („Person") bewusst in den Mittelpunkt. Die individuellen Rassismuserfahrungen von PoC können je nach spezifischer Identität sehr unterschiedlich ausfallen. Schwarze Menschen sind beispielsweise People of Color, bilden aber nur eine der Personengruppen, die unter dem Begriff zusammengefasst werden können. Für die Zuordnung entscheidend ist die Marginalisierung durch Rassismus. In Deutschland zählen zu den PoC daher beispielsweise auch Menschen aus der asiatischen und lateinamerikanischen Diaspora sowie Menschen mit türkischem[973] oder arabischem Migrationshintergrund. Ein Migrationshintergrund ist für die Identität als PoC nicht konstitutiv. So kann eine weiße Person durchaus einen Migrationshintergrund haben und umgekehrt eine Person ohne Migrationshintergrund dennoch PoC sein. Der Begriff PoC wird in den USA seit den 1960er Jahren im wissenschaftlichen und gesellschaftlichen Diskurs verwendet.[974] In Deutschland wird der Begriff PoC seit einigen Jahren immer häufiger verwendet – wenn auch vor allem im akademischen Kontext. In Deutschland sind insbesondere auch Sinti und Roma[975] von rassistischer Marginalisierung betroffen.[976] Die gesellschaftliche Ausgrenzung von Sinti und Roma in Europa ist ein weit verbreitetes Problem, das sich auch auf die Justiz erstreckt.[977]

---

972 *Schearer/Haruna*, Über Schwarze Menschen in Deutschland berichten. In: Leitfaden für einen rassismuskritischen Sprachgebrauch, Handreichung für Journalist_innen, S. 22.

973 *Eggers*, German Politics and Society 2013, 132 (134).

974 Bemerkenswerterweise verwendeten Schwarze Journalisten den Begriff schon mindestens seit 1912, siehe hierzu *Kee Malesky*, The Journey from "Colored" to "Minorities" to "People of Color", NPR, 30. März 2014, https://www.npr.org/sections/codeswitch/2014/03/30/295931070/the-journey-from-colored-to-minorities-to-people-of-color?t=1634852191489 (zuletzt abgerufen am 6. Mai 2023).

975 Wenn hier von „Sinti und Roma" die Rede ist, sind damit einerseits Sinti und Roma mit deutscher Staatsangehörigkeit gemeint (dabei handelt es sich um ca. 70.000 Menschen, vgl. *Scherr*, in: Fereidooni/El, Rassismuskritik und Widerstandsformen, S. 309). Auch gemeint sind aus dem ehemaligen Jugoslawien geflüchtete Roma. Sinti und Roma sind jedoch keine homogene Gruppe, sondern bezeichnet historisch eine soziale Kategorie, die mittels rassistischer Konstruktionen im gesellschaftlichen Diskurs fälschlicherweise als ein Kollektiv verstanden wird.

976 Siehe ausführlich *Scherr*, in: Fereidooni/El, Rassismuskritik und Widerstandsformen, S. 305 (313 ff.).

977 [991]*Scherr*, in: Fereidooni/El, Rassismuskritik und Widerstandsformen, S. 305 (305 ff.); Die systematische Ausgrenzung und Vertreibung von Sinti und Roma wurde schon 1498 im Reichstag in Freiburg beschlossen, siehe *Solms*, Zigeunerbilder, 2008, S. 25 ff.

Im Juni 2020 kündigte das Innenministerium eine Studie zur Polizeiarbeit an, die sich schwerpunktmäßig mit Racial Profiling beschäftigten sollte. Kurz darauf, wurde diese wieder mit folgender Begründung abgelehnt: „Schon der Titel einer solchen angeblichen Studie wäre doch tendenziös und gleicht einer Vorverurteilung der Polizei“[978], so CDU-Innenexperte Armin Schuster. Weiter hieß es, „weder die Polizeigesetze des Bundes noch die einschlägigen Vorschriften und Erlasse erlauben eine solche Ungleichbehandlung von Personen.“[979] Dieses Zirkelargument wurde 2011 schon von der Bundesregierung im Rahmen einer Kleinen Anfrage zum Thema Racial Profiling in der Polizeiarbeit verwendet: „Eine unterschiedliche Behandlung von Personen in Abhängigkeit von Rasse, Herkunft oder Religion ist im BPolG sowie den weiteren für die Bundespolizei geltenden Vorschriften und Erlassen schon deshalb nicht enthalten, weil solche Methoden unvereinbar mit dem Verständnis von Polizeiarbeit in einem demokratischen Rechtsstaat sind.“[980] Die Diskreditierung von Rassismuserfahrungen im Kontext polizeilichen Handelns wird hier darauf gestützt, dass diskriminierendes Handeln deshalb schon nicht vorliegen kann, weil dies illegal wäre und rechtmäßiges Verhalten von staatlichen Akteuren ohne Weiteres zu erwarten sei.

Parallel zur Debatte um eine Racial Profiling Studie, kündigte Polizeipräsident Franz Lutz nach Ausschreitungen in Stuttgart an, die Herkunft und Immigrationsgeschichte aller Tatverdächtiger ermitteln zu wollen, unabhängig davon, ob diese die deutsche Staatsangehörigkeit besitzen. Unklar blieb, wie eine solche „Stammbaum-Recherche“ sachlich zur Aufklärung der vorgeworfenen Straftaten beitragen sollte.[981] Nach der Gesetzesänderung vom 13. Dezember 2019

Im nationalsozialistischen Deutschland wurden mehrere hunderttausende Roma ermordet, siehe *Zimmermann*, Rassenutopie und Genozid, 1996.

978 Vgl. Tagesspiegel, Seehofer hatte Studie zu „Racial Profiling“ offenbar nie geplant, 11.07.2020, https://www.tagesspiegel.de/politik/seehofer-hatte-studie-zu-racial-profiling-offenbar-nie-geplant-8108170.html (zuletzt abgerufen am 6. Mai 2023).

979 Zeit Online, Bundesinnenministerium sagt Studie zu Rassismus bei der Polizei ab, 04.07.2020 https://www.zeit.de/gesellschaft/zeitgeschehen/2020-07/racial-profiling-studie-polizei-abgesagt-justizministerium-horst-seehofer (zuletzt abgerufen am 6. Mai 2023).

980 Vgl. BT-Drs. 17/10007.

981 Siehe Wortlautprotokoll der Gemeinderatssitzung vom 13. Juli 2020 (Rede von Franz Lutz). In seiner Rede macht Franz Lutz detaillierte Angaben zur Nationalität und Abstammung der Verdächtigen, https://ppstuttgart.polizei-bw.de/wortlautprotokoll-der-gemeinderatssitzung/ (zuletzt 6. Juli 2020).

erlaubt nun § 81e Abs. 2 S. 2 StPO Feststellungen zu Augen-, Haar- und Hautfarbe einer Person. Dabei geht es nicht um die Bestimmung einer bestimmten Person – beispielsweise eines Tatverdächtigen –, sondern um die Bestimmung tatverdächtiger Personengruppen. Die Diskriminierungsgefahr, die mit solchen Erweiterungen verbunden ist, rückt auch in der deutschen Diskussion immer mehr in den Mittelpunkt.[982] Insbesondere problematisch ist, dass ungeachtet der mit dem „Forensic DNA Phenotyping" verbundenen Fehlerquellen[983], der weit verbreitete Irrglaube existiert, dass DNA-Analysen objektiv und verlässlich sind.[984]

Im Juni 2020 kamen allein in Berlin über tausend Menschen für Black Lives Matter Demonstrationen zusammen, um Solidarität zu den Demonstrationen in den USA gegen Polizeigewalt zu zeigen, aber auch um institutionellen Rassismus in Deutschland sichtbar zu machen.[985] 2013 legte der NSU-Untersuchungsausschuss seinen Abschlussbericht vor. Er beschäftigt sich mit den Gründen für die jahrelang erfolglosen Ermittlungen der Behörden, die die rassistisch motivierten Morde in verschiedenen Teilen Deutschlands nicht als solche erkannten.[986] Eine entscheidende Rolle spielte hier eine Kombination stereotyper Vorannahmen und des confirmation bias mit letztlich tödlichem Diskriminierungseffekt.[987]

An Beispielen für die Aktualität des Themas fehlt es jedenfalls nicht. Umso mehr verwundert es, dass Diskriminierungseffekte im Strafprozess in Deutschland immer noch ein Randthema sind, das meist erst durch EU-rechtliche Vorgaben oder medienwirksame Fälle zeitweise in den Mittelpunkt rückt.

Die „Abstammung"[988] in Art. 3 Abs. 3 GG wird als die Beziehung einer Person zu ihren Vorfahren in Abgrenzung zu Personen mit einer anderen Abstammung

---

982 *Momsen/Weichert*, freispruch 2018, Heft 13, 38; spezifisch für Diskriminierungseffekte zu Lasten von Sinti und Roma vgl. *Lipphardt*, Berichte zur Wissenschaftsgeschichte 2018, 279 (286).

983 *Gronke/Gronke*, NStZ 2021, 141 (142 ff.).

984 *Branicki/Pośpiech/Kupiec/Styrna*, amsik 64/2014, 175.

985 Tagesspiegel, Veranstalterin ist froh, dass nicht zu viele Menschen teilnahmen, 27.06.2020, https://www.tagesspiegel.de/berlin/black-lives-matter-demo-in-berlin-veranstalterin-ist-froh-dass-nicht-zu-viele-menschen-teilnahmen/25955494.html (zuletzt abgerufen am 6. Mai 2023).

986 BT-Drs. 17/15600, Beschlussempfehlung und Bericht des 2. Untersuchungsausschusses nach Artikel 44 des Grundgesetzes.

987 Vgl. beispielsweise BT-Drs. 17/15600, S. 835.

988 *Michael/Morlok*, Grundrechte, Rn. 826.

verstanden. Gemeint ist also nicht etwa die bloße Anknüpfung an Verwandtschaft, beispielsweise durch das Familien- und Erbrecht. Gemeint ist auch nicht die Staatsangehörigkeit einer Person, auch wenn hier zum Teil Übereinstimmung mit dem Begriff der Abstammung besteht.

Heimat[989] und Herkunft meint örtliche Ansässigkeit. Flüchtlinge und Vertriebene gehören zu dieser besonderen Schutzgruppe. „Sprache" umfasst jede Muttersprache, nicht nur Sprachminderheiten.

Das Grundgesetz nennt „Rasse" als eine von der Abstammung und Herkunft eigenständige Kategorie. Da diese Kategorie für die weitere Betrachtung in diesem Abschnitt entscheidender Anknüpfungspunkt ist, wird die aktuelle deutsche Diskussion um den Begriff vorangestellt. Anschließend werden die Grundlage für den Gebrauch eines kritischen Verständnisses des Begriffs gelegt und die für diese Untersuchung gewählten Begrifflichkeiten begründet.

Das Grundgesetz verwendet den in Deutschland zunehmend umstrittenen Begriff der „Rasse". 2010 veröffentlichte das Deutsche Institut für Menschenrechte einen Vorschlag zur Änderung des Begriffs in Art. 3 GG.[990] Kritik an dem Begriff wurzelt in dem Widerspruch zwischen dem anti-rassistischen Auftrag des Art. 3 Abs. 3 GG und dem inhärent rassistischen Begriff der „Rasse", der die Existenz menschlicher „Rassen" voraussetzt. Der Auftrag des Grundgesetzes stehe in einem „unauflösbaren Widerspruch" zum Wortlaut der Vorschrift.[991] Zum Teil wird befürwortet den Begriff durch „ethnische Herkunft" oder „ethnische Zugehörigkeit" zu ersetzen. Die Ethnizität einer Person ist aber nur ein Teil dessen, was derzeit in Art. 3 Abs. 3 unter dem Begriff der „Rasse" besonders geschützt ist. Würde der Begriff durch „Ethnie" ersetzt, würde der Schutzbereich verringert.[992] Das kann gerade nicht Sinn und Zweck eines anti-rassistischen Grundgesetzes sein, welches als unmittelbare Reaktion auf den Nationalsozialismus zu verstehen ist.[993] Ähnliches gilt für den Begriff der Abstammung. Darüber hinaus übersehen diejenigen, die „Rasse" durch Ethnie ersetzen möchten,

---

989 *Michael/Morlok*, Grundrechte, Rn. 829.

990 *Cremer*, Ein Grundgesetz ohne „Rasse", Vorschlag für eine Änderung von Artikel 3 Grundgesetz, *Policy Paper No. 16*, DIMR.

991 *Cremer*, Ein Grundgesetz ohne „Rasse", Vorschlag für eine Änderung von Artikel 3 Grundgesetz, *Policy Paper No. 16*, DIMR, S. 3.

992 Siehe zu dieser Diskussion *Cremer*, Ein Grundgesetz ohne „Rasse", Vorschlag für eine Änderung von Artikel 3 Grundgesetz, *Policy Paper No. 16*, DIMR, S. 5 f.

993 BVerfGE 124, 300 (328 f.).

den ebenfalls konstruierten Charakter der ethnischen Abstammung.[994] Das Deutsche Institut für Menschenrechte schlägt vor den Begriff „Rasse“ durch „rassistische Benachteiligung“ zu ersetzen. Die internationale Black Lives Matter Bewegung[995] hat 2020 erneut zu einem breiteren Diskurs in Deutschland um den vom Grundgesetz verwendeten Begriff geführt. Fraktionschefin Katrin Göring-Eckhardt und Fraktionschef Anton Hofreiter von Bündnis 90/Die Grünen schlugen entsprechend vor, „Rasse“ durch „gegen rassistische Benachteiligung und Bevorzugung“ zu ersetzen. Diese Forderung ist keinesfalls neu. Seit vielen Jahren fordert die Selbstorganisation Initiative Schwarzer Menschen in Deutschland (ISD)[996] die Ersetzung des Begriffs.[997]

Im Folgenden wird der Begriff „Rasse“ durch die Formulierung *rassistische Behandlung* oder den im US-amerikanischen Diskurs verwendeten Begriff *Race* ersetzt. Der deutsche Begriff „Rasse“ und der englische Begriff Race haben entscheidend unterschiedliche Konnotationen.[998] Diese rühren vor allem aus dem anthropologischen Kontext des Begriffs „Rasse“, der mit dem nationalsozialistischen Regime unauflösbar verschränkt ist. Auch wenn heute weitgehend anerkannt ist, dass menschliche „Rassen“ eine biologische Fiktion sind, bleibt die fiktive Implikation, die mit der Verwendung des Begriffs einhergeht, die eines zentralen sprachlichen Instruments der Nationalsozialisten zur Perpetuierung von Rassismus in den sogenannten Nürnberger Rassengesetzen. Im europäischen Gemeinschaftsrecht wird zunehmend von dem Begriff Abstand genommen und sein Gebrauch in amtlichen Texten vermieden.[999]

Eine der spezifischen Gefahren, die mit dem Gebrauch des Begriffs „Rasse“ verbunden ist, ist das sprachwissenschaftliche Phänomen der Performativität. Performativität geht auf den Gedanken zurück, dass Sprache Wirklichkeit erzeugen oder bereits existierende (Fehl-)Vorstellungen perpetuieren kann.[1000]

---

994 Siehe beispielsweise *Barskanmaz*, KJ 2011, 382 (385), der auf die armenischen, ruandischen und bosnischen Genozide verweist.

995 *Ahmed*, Meridians 2006, 104 (106 ff.).

996 *Washington*, juridikum 2014, 9 (zur ISD und ihrem Einsatz gegen Racial Profiling).

997 Siehe näher auf der ISD Website unter http://isdonline.de/ (zuletzt abgerufen am 6. Mai 2023).

998 *Bruce-Jones*, Race in the Shadow of Law, S. 13.

999 Europäisches Parlament (1996): Entschließung zu der Mitteilung der Kommission über Rassismus, Fremdenfeindlichkeit und Antisemitismus, Erwägung K, Amtsblatt Nr. C 152 vom 27.05.1996, S. 57, https://eur-lex.europa.eu/legal-content/DE/TXT/PDF/?uri=OJ:JOC_1996_152_R_0011_01 (zuletzt abgerufen am 6. Mai 2023).

1000 *Austin*, How to Do Things With Words, 1975; siehe grundsätzlich zur Performativität *Butler*, Excitable Speech, The Politics of the Performative,passim.

Auch wenn daher die Existenz menschlicher Rassen eine Fiktion ist, ist sie doch eine „soziale Konstante“[1001]. *Guillaumin*[1002] formuliert es auch so: „Race does not exist, but it does kill people“[1003] Zum Teil wird argumentiert der Begriff „Rasse“ sollte deshalb nicht im Grundgesetz ersetzt werden, weil er dazu diene, die „Ungleichheitskategorie Rasse sichtbar zu machen.“[1004] Die Argumentation beruht auf der in den USA geführten Debatte um den Begriff *Race,* der ebenfalls von einigen auf Grund von Performativitätsgefahren kritisiert wird.[1005] *Barskanmaz* beispielsweise vertritt die Position, dass der Begriff „Rasse“ im Antidiskriminierungsrecht und Grundgesetz weiterhin Verwendung finden sollte. Er argumentiert im Kern parallel zu Race Diskussionen in den USA und stützt sich dabei maßgeblich auf *Kimberlé Crenshaws*[1006] zweiseitige Kritik gegenüber neo-Konservativer Farbenblindheitspolitik einerseits und liberalen Antidiskriminierungswissenschaftlern andererseits, die den historisch gewachsenen Kontext des Antidiskriminierungsrechts als Antwort auf jahrzehntelange Unterdrückung Schwarzer Menschen in den USA nur unzureichend erkannten.[1007]

Barskanmaz zieht für die Rassismus Diskussion in den USA wichtige Parallelen. Dennoch kann ihm nicht vollständig zugestimmt werden. Denn der geschichtliche Kontext und der historisch gewachsene Gebrauch von *Race* in den USA sind mit dem in Deutschland gerade nicht identisch. Die Sprachwissenschaft lehrt, dass nichts unabhängig von seinem Kontext ist.[1008] Der Kontext des Begriffs „Rasse“ in Deutschland ist untrennbar mit seinem Gebrauch im nationalsozialistischen Deutschland verbunden. Noch wichtiger jedoch ist, dass innerhalb der Diskussion in Deutschland diejenigen Stimmen sichtbar

---

1001 *Barskanmaz*, KJ 2011, 382 (383).

1002 Colette Guillaumin war eine französische Soziologin.

1003 *Guillaumin*, Racism, Sexism, Power and Ideology, 1995, S. 107.

1004 *Barskanmaz*, KJ 2011, 382 (383 f.).

1005 American Sociological Association, Statement of the American Sociological Association on The Importance of Collecting Data and Doing Social Scientific Research on Race (2003), https://www.asanet.org/wp-content/uploads/savvy/images/press/docs/pdf/asa_race_statement.pdf#:~:text=The%20ASA%20statement%20highlights%20significant%20research%20findings%20on,have%20been%20possible%20without%20data%20on%20racial%20categories (zuletzt abgerufen am 6. Mai 2023).

1006 Kimberlé Crenshaw ist eine der zentralen Wissenschlaftlerinnen in der US-Antidiskriminierungsrechtsforschung. Sie gilt auch als Begründerin der Intersektionalitätstheorie, siehe beispielsweise: *Crenshaw*, U. Chicago Legal Forum 1989, 139.

1007 *Crenshaw*, U. Chicago Legal Forum 1989, 139.

1008 „There is nothing outside of context“, vgl. *Derrida*, Limited Inc., S. 136.

gemacht werden sollten, die marginalisiert werden und von dem Begriff „Rasse" spezifisch betroffen sind. Während in den USA unter marginalisierten Gruppen mittlerweile – zumindest im Wesentlichen – Konsens über die Verwendung des Begriffs Race besteht, ist dies in Deutschland gerade nicht der Fall.[1009] Die ISD veröffentlichte 2015 ein Positionspapier, in dem sie dazu aufforderte, den Begriff „Rasse" aus dem Grundgesetz, Landesverfassungen und weiteren Gesetzestexten zu entfernen und durch den Begriff „rassistisch" zu ersetzen. Die ISD stützt sich dabei auf den spezifisch in Deutschland historisch gewachsenen Kontext des Begriffs: „Die Schwarze Erfahrung ist auch in Deutschland gezeichnet von den Auswirkungen der Anwendung des Begriffs „Rasse" auf Menschen. Sie bietet Einblicke in eine über dreihundertjährige Geschichte von mehrfach neu institutionalisiertem Rassismus."[1010] Die Position derjenigen, die historisch von Rassismus betroffen sind, sollte im Diskurs eine zentrale Rolle spielen.

Barskanmaz ist insoweit Recht zu geben, dass mit der bloßen Entfernung des Begriffs – bis auf Symbolpolitik – nicht nur wenig getan ist, sondern die Gefahr verbunden ist, bereits dominierende Farbenblindheitstendenzen zu verstärken. Entscheidend ist es, den Begriff nicht einfach aus dem Sprachgebrauch und der Rechtswissenschaft zu entfernen und durch weniger belastete Formulierungen zu ersetzen, sondern Rassismus als gesellschaftlich konstruiert zu verstehen. Dafür muss allerdings der Begriff „Rasse" nicht verwendet werden.

2. Rassismuskritischer Ansatz

Wenn hier von rassistischer Benachteiligung gesprochen wird, muss zunächst klargestellt werden, was genau gemeint ist. In der deutschen Diskussion werden die Begriffe Rassismus, Rechtsextremismus und Ausländerfeindlichkeit allzu häufig synonym verwendet. Kritisch zu betrachten ist auch die Deutschland-spezifische Entwicklung, Rassismus ausschließlich auf den Nationalsozialismus zu beziehen. *Barskanmaz* bezeichnet dieses Phänomen auch als „deutschen Exzeptionalismus"[1011], ein aus dem US-amerikanischen Kontext abgeleiteter

---

1009 Vgl. hierzu auch Süddeutsche Zeitung, Rassismusdebatte, Lost in Translation, 17. Mai 2018, https://sz.de/1.3983863 (zuletzt abgerufen am 6. Mai 2023).

1010 Initiative Schwarzer Menschen in Deutschland, Positionspapier der ISD zum Begriff „Rasse", 2. März 2015, https://isdonline.de/positionspapier-der-isd-zum-begriff-rasse-in-gesetzen/ (zuletzt abgerufen am 6. Mai 2023).

1011 Vgl. *Barskanmaz*, KJ 2011, 382 (387 f.); *Barskanmaz* wendet hier den in den USA geläufigen Begriff „American exceptionalism" auf den deutschen Kontext an. American exceptionalism meint die spezifisch politisch historischen Elemente, die die amerikanische Gesellschaft grundlegend beeinflussen. Der Begriff wird heute

Begriff. Nur selten wird innerhalb der deutschen gesellschaftlichen und rechtlichen Diskussion deutlich, welches Konzept dem Begriff Rassismus zu Grunde gelegt wird. Wirksamer Rechtsschutz gegen rassistische Diskriminierungseffekte ist aber ohne ein klares Verständnis zum Scheitern verurteilt.

Im Kontext dieser Arbeit ist „Race" als gesellschaftlich konstruiert – nicht etwa als biologisch begründet – zu verstehen. „Race" ist ein gesellschaftliches Konstrukt und keine biologische Gegebenheit.[1012] Auch wenn menschliche „Rassen" nicht existieren, ist Rassismus eine gesellschaftliche Wirklichkeit. Diese Erkenntnis ist zentral für jedwede Diskussion zum Thema Rassismus. Umso problematischer ist es, dass dies selbst in der Antirassismus- und Antidiskriminierungsgesetzgebung nicht immer konsequent widergespiegelt wird. Selbst im Antidiskriminierungsbereich finden sich Uneinheitlichkeiten, die auf einem grundlegenden Verständnismangel beruhen und deutlich machen, dass im rechtswissenschaftlichen Diskurs erheblicher Aufarbeitungsbedarf besteht. In vielen Kommentaren zum Grundgesetz finden sich Begrifflichkeiten, die deutlich machen, dass „Rasse" als biologische Wirklichkeit, anstatt als ein gesellschaftliches Konstrukt verstanden wird. Dieses problematische Rassismusverständnis ist in der deutschen Rechtswissenschaft weit verbreitet. Die unkritische Verwendung[1013] folgender kolonialer Begriffe ist hier bezeichnend: „Mischlinge", „Farbige", „vererbbar", „vermeintlich vererbbar".[1014] Sinti und Roma werden im gesellschaftlichen Diskurs über rassistische Konstrukte als eine Gruppe zusammengefasst, die aber gerade nicht homogen ist.[1015] Die Kategorisierung von Personen als Sinti und Roma, dient vor allem ihrer Abgrenzung zur Mehrheitsgesellschaft. Was Sinti und Roma primär verbindet ist eine gesellschaftliche Diskriminierung, die auf dem Stereotyp beruht, dass sich Sinti und Roma nicht in die Gesellschaft integrieren wollen.[1016]

Die Rassismusforschung bietet hinreichende Grundlagen, die von Juristen nutzbar gemacht werden sollten. Bisher wird auf diese Grundlage im rechtlichen Kontext selten Bezug genommen. Ein interdisziplinärer Ansatz ist notwendig,

---

kritisch betrachtet, vgl. beispielsweise hierzu *Hodgson*, The Myth of American Exceptionalism, S. 128 ff.

1012 *Sussmann*, The Myth of Race, S. 1 ff.

1013 Beispielsweise bei *Heun*, Dreier-GG, Band 1, 2. Aufl. 2004, Art. 3 Rn. 128.

1014 *Arndt*, Afrika und die deutsche Sprache. Ein kritisches Nachschlagewerk.

1015 Siehe zu solchen Konstrukten in Deutschland auch *Cremer*, Ein Grundgesetz ohne „Rasse", Vorschlag für eine Änderung von Artikel 3 Grundgesetz, *Policy Paper No. 16*, DIMR, S. 6.

1016 *Scherr*, in: Fereidooni/El, Rassismuskritik und Widerstandsformen, S. 305 (309 f.).

um das Recht mit der notwendigen theoretischen Grundlage auszustatten. Die Rassismusforschung versteht Rassismus als ein gesellschaftliches Phänomen, das weit über individuelles Handeln hinausgeht und strukturelle Machtverhältnisse betrifft, die über Jahrzehnte gewachsen und fortlaufend perpetuiert werden. Mittels dieser strukturellen Machtverhältnisse werden rassistische Diskriminierungseffekte „produziert, legitimiert und perpetuiert“[1017], indem die die als „anders“ gelesenen ausgegrenzt bzw. benachteiligt werden. Anknüpfungspunkt für dieses „othering“[1018] ist das soziale Konstrukt des weiß seins[1019], welches mit strukturellen Privilegien verbunden ist. Diese Machtstruktur wird in den USA auch als „white supremacy“ bezeichnet. Sie existiert jedoch nicht nur dort, sondern ist ein globales Phänomen. Europas Kolonialgeschichte ist unmittelbar mit white supremacy verbunden.[1020] White supremacy äußert sich unter anderem auch darin, wessen Perspektiven einen politischen Wert beigemessen wird, was gesellschaftlich als Problem wahrgenommen und priorisiert wird und was nicht.

Allzu häufig beschränken sich Race Debatten in Deutschland auf Rechtsextremismus und der sogenannten Fremden- oder Ausländerfeindlichkeit. Ein solches beschränktes Rassismusverständnis greift nicht nur zu kurz, sondern ist auch in mehrfacher Hinsicht problematisch. Zum einen verschleiern die Begriffe Ausländer- und Fremdenfeindlichkeit, dass sich spezifisch rassistische Diskriminierungen nicht ausschließlich gegen Nicht-Deutsche, sondern eben auch gegen deutsche Staatsangehörige oder diejenigen richten, die ihren sozialen Mittelpunkt in Deutschland haben. Demgegenüber sind gerade nicht alle Nicht-Deutschen von Rassismus betroffen. Wenn von Ausländerfeindlichkeit gesprochen wird, sind paradoxerweise – denn auch diese sind „Ausländer“ – meist gerade nicht weiße Ausländer (z. B. Schweden, Dänen, etc.), sondern häufig Deutsche (z. B. Afrodeutsche) gemeint. Wer „Ausländer“ oder „fremd“ ist,

---

1017 *Barskanmaz*, KJ 2008, 296 (297).

1018 Der Begriff „Othering“ wird in der Diskriminierungsforschung gebraucht, um ein Distinktionsbedürfnis zu beschreiben, welches gesellschaftliche Machtstrukturen perpetuiert. „Othering“ ist ein Prozess durch den „Fremdheit“ konstruiert („Nicht-wir“) und dem ebenfalls konstruierten „Wir“ gegenübergestellt wird, vgl. hierzu *Spivak*, History and Theory 1985, 247 (252–256).

1019 Auch die Zuschreibung „weiß“ ist ein historisch-gesellschaftliches Konstrukt und wird in der vorliegenden Untersuchung als solches verstanden. Siehe hierzu näher: *Arndt*, in: Eggers/Kilomba/Piesche/Arndt, Mythen, Masken und Subjekte.

1020 Näheres zum Zusammenhang von Rassismus, Kolonialgeschichte und Machtstrukturen vgl. nur *Arndt*, in: Fereidooni/El Rassismuskritik und Widerstandsformen, S. 29; *Sussmann*, The Myth of Race, S. 11 ff.

ist häufig genauso gesellschaftlich konstruiert wie rassistische Kategorisierungen von Menschen. Der Begriff der „Feindlichkeit“ impliziert darüber hinaus individuelle und explizite Diskriminierung. Dabei werden sowohl strukturell-institutionelle Diskriminierungen als auch implizite diskriminierende Effekte außer Acht gelassen. Für die vorliegende Betrachtung ist gerade implizite und institutionelle Diskriminierung relevant. Der Begriff Rechtsextremismus greift ebenfalls zu kurz. Gemeint ist eine Ideologie, die Menschen nach hierarchischen Strukturen kategorisiert und sich in der Überlegenheit der „deutschen Volksgemeinschaft“ wähnt. Rassismus und Rechtsextremismus sind entsprechend nicht identisch. Der Rechtsextremismus baut allerding auf einer rassistischen Ideologie auf.[1021]

Eine Ausweitung der bislang mangelhaften Thematisierung von Rassismus im rechtswissenschaftlichen Diskurs wird durch fehlende Anleitung vom Bundesverfassungsgericht gepaart mit einem problematischen biologischen Rassismusverständnis in rechtswissenschaftlichen Kommentierungen erschwert. Das Grundgesetz enthält seit seinem Inkrafttreten im Jahr 1949 die besondere Schutzkategorie „Rasse“. Dennoch beschäftigte sich das BVerfG lediglich einmal mit rassistischer Diskriminierung im Kontext des Art. 3 Abs. 3 GG.[1022] In diesem Fall ging es um nationalsozialistisches Unrecht. Der Fokus lag auf vergangenem Unrecht, das weiterwirkte, nicht auf aktuellen Formen von Rassismus. Es ließe sich zunächst argumentieren, dass der retrospektive und „verfassungsdogmatisch unterbelichtet[e]“[1023] Blick auf den Rassismus daher rühre, dass es in Deutschland schlicht keine aktuellen Formen von Rassismus gibt. Wenige angezeigte und/oder verurteilte Taten mit rassistischem Hintergrund sind jedoch gerade ein Indiz für einen mangelhaften Umgang mit dem Thema Rassismus und kein Indiz dafür, dass es in Deutschland, anders als in anderen Gesellschaften, keinen

---

1021 Vgl. nur *Barskanmaz*, Recht und Rassismus, S. 119 ff.

1022 BVerfGE 23, 98, BVerfG, Urteil vom 14.02.1968; Das BVerfG befasste sich im Kontext von Art. 3 Abs. 3 GG primär mit Geschlechterdiskriminierung. Aus diesen Entscheidungen lassen sich zwar rechtsdogmatische Schlüsse – etwa zum Rechtfertigungsmaßstab ziehen. Zufriedenstellend sind diese Vergleichsversuche jedoch nicht. Rassistische Diskriminierung ist eine eigenständige Kategorie mit selbstständigem Bedeutungsgehalt. Sie stehen nicht in einem Äquivalenzverhältnis zueinander. Ansonsten würde beispielsweise auch verschleiert, dass sich beide Kategorien in einer Person überschneiden und zusammenwirken können. So etwa bei einer Schwarzen Frau, die sowohl auf Grund ihres Geschlechts als auch rassistisch diskriminiert werden kann.

1023 *Barskanmaz*, KJ 2008, 296 (300).

Rassismus gibt. Der „UN-Antidiskriminierungsausschuss" CERD bemerkt hierzu kritisch, dass ein Mangel an dokumentierten, angezeigten und verfolgten rassistischen Sachverhalten, selbst ein Indiz für institutionelle Diskriminierungen ist. In den Empfehlungen des Ausschusses heißt es daher unter anderem:

> "[...] the absence or small number of complaints, prosecutions and convictions relating to acts of racial discrimination in the country. Such a statistic should not be viewed as necessarily positive, contrary to the belief of some States. It may also reveal either that victims have inadequate information concerning their rights, or that they fear social censure or reprisals, or that victims with limited resources fear the cost and complexity of the judicial process, or that there is a lack of trust in the police and judicial authorities, or that the authorities are insufficiently alert to or aware of offences involving racism [...]"[1024]

Eine fehlende Beschwerdekultur ist gerade kein Indikator für die Nichtexistenz von Rassismus in der Justiz, sondern ein Indikator für das unsichtbar machen eines existierenden Problems, welches durch tatsächliche und rechtliche Strukturen perpetuiert, anstatt konfrontiert, wird.

3. *Der Mythos der post-rassistischen neutralen Justiz*

Die Staatsanwaltschaft sei die „neutralste Behörde der Welt"[1025] und die deutsche Justitia „farbenblind"[1026] oder, wie in den USA gesagt wird, „color-

1024 CERD, General Recommendation on the prevention of racial Discrimination in the administration and functioning of the criminal justice system Recommendation Nr. 31. Das Zitat zu Deutsch: „[...] das Fehlen oder die geringe Anzahl von Beschwerden, Strafverfolgungen und Verurteilungen wegen rassistischer Diskriminierung in dem Land. Solche Zahlen sind nicht notwendigerweise positiv anzusehen, anders als von einigen Ländern behauptet wird. Es mag viel mehr darauf hindeuten, dass entweder die Opfer unzureichende Informationen über ihre Rechte haben, gesellschaftliche Zensur oder Repressalien befürchten oder aber aufgrund begrenzter Ressourcen, die Komplexität und Kosten des juristischen Prozesses fürchten oder kein Vertrauen gegenüber der Polizei und gerichtlicher Autorität besteht oder diese nicht ausreichend auf rassistische Taten sensibilisiert sind.

1025 *Carsten/Rautenberg*, Die Geschichte der Staatsanwaltschaft in Deutschland bis zur Gegenwart, S. 144; siehe hierzu kritisch im Zusammenhang mit der staatsanwaltschaftlichen Entscheidung in Fällen gegen die Polizei *Singelnstein*, NK 2013, 15 (17).

1026 Der Begriff „farbig" wird in dieser Arbeit durchgängig nicht zur Beschreibung von Menschen gebraucht. Der Begriff hat Verbindungen zum deutschen Kolonialismus und wurde in Deutschland historisch nie kollektiv als Selbstzuschreibung Schwarz positionierter Menschen verwendet, sondern ihnen zugeschrieben. Etwas anderes gilt für den US-amerikanischen Kontext und den Begriff „color". Ausführlich zu

blind“[1027]. Trotz dieser Behauptungen ist Deutschland auf internationaler Ebene immer häufiger wegen der Nichtanerkennung von *strukturellem* und *institutionellem* Rassismus heftiger Kritik ausgesetzt. Der Begriff *institutionalisierter Rassismus* beschreibt wie mehrheitsgesellschaftlich verstandenes Wissen über diejenigen, die als die „Anderen“ stigmatisiert werden, in gesellschaftlichen Institutionen produziert und durch die Mehrheitsgesellschaft aufrechterhalten und perpetuiert wird.[1028] Zu diesen Institutionen gehört beispielsweise neben dem Bildungssystem[1029] auch die Justiz und Polizei. Institutioneller Rassismus und Diskriminierung ist nicht allein auf das Individuum fokussiert, sondern berücksichtigt *strukturelle* Erklärungsmuster. Institutioneller Rassismus betrifft die systematische Verteilung von Ressourcen, Macht und Chancen zum Nachteil von People of Color. Dabei geht es nicht um intendierte oder explizite Diskriminierung durch Einzelne, sondern historisch gewachsene und sich anpassende

---

der Fremdzuschreibung „farbig“ vgl. *Nduka-Agwu*, „Farbig“, in: Rassismus auf gut Deutsch, S. 127; Mit Beispielen siehe *Schearer/Haruna*, Über Schwarze Menschen in Deutschland berichten, in: Ein Leitfaden für einen rassismuskritischen Sprachgebrauch: Handreichung für Journalist_innen, S. 17–23.

1027 Vgl. *Alexander*, The New Jim Crow, S. 238–244. Mit „The New Jim Crow“, hat *Alexander* die US-amerikanische Diskussion zu Rassismus im Strafrecht und Strafprozess nachhaltig verändert. *Alexander* zeigt auf, wie die Behauptung, ein System sei neutral und „Farbenblind“, für das Entstehen einer Zweiklassenjustiz im US-Strafsystem verantwortlich ist. Sie beschreibt wie die historische Nichtanerkennung diskriminierender Effekte auf institutioneller Ebene zur amerikanischen *criminal justice* Krise führte. Das Bestreiten von Diskriminierungseffekten habe laut *Alexander* gravierende Konsequenzen: „Saying that one doesn’t care about race is offered as an exculpatory virtue, when in fact it can be a form of cruelty.“ (S. 240); *Gotanda*, Critique Of „Our Constitution Is Colorblind“, in: Crenshaw/Gotanda/Peller/Thomas, Critical Race Theory: The Key Writings that Formed the Movement, S. 257 ff.

1028 *Bartel/Liebscher/Remus*, Rassismus vor Gericht: *weiße* Norm und Schwarzes Wissen im deutschen Recht, in: Rassismuskritik und Widerstandsformen, S. 366 ff.; zur Werteeinstellung als Grundlage für mehrgesellschaftlich verstandenes Wissen und der Aufrechterhaltung diskriminierender Strukturen durch die Mehrheitsgesellschaft vgl. eines der ersten umfassenden Werke zu rassistischer Diskriminierung in den USA: *Myrdal*, An American Dilemma, The Negro Problem and Modern Democracy, Volume 1 und 2; siehe auch *Carmichael*, in: Cooper, The Dialectics of Liberation, S. 151 ff.

1029 Für institutionelle Diskriminierung im Bildungssystem siehe generell *Gomolla/Radtke*, Institutionelle Diskriminierung, S. 35 ff. und 83 ff.

soziale Strukturen. Rechtlich und gesellschaftlich unkritisch akzeptierte Normen und Annahmen bilden die in diese Strukturen eingebettete Grundlage.[1030]

Im Vergleich zu den USA und Großbritannien, liegt Deutschland in der Diskussion um strukturellen oder institutionellen Rassismus weit zurück. *Kwame* und *Hamilton* gebrauchten den Begriff bereits in den 1960er Jahren für den US Kontext.[1031] Großbritannien folgte der Diskussion in den 1970er und 1980er Jahren.[1032] In Deutschland wird die Existenz von institutionellem Rassismus trotz internationaler Kritik und zahlreicher individueller Erfahrungsberichte von People of Color[1033] weiterhin weitgehend bestritten und oft „reflexartig zurückgewiesen“[1034]. Berichte Betroffener über Alltagsrassismus oder konkrete diskriminierende Erfahrungen mit der Justiz und den Strafverfolgungsbehörden werden nicht selten als nicht objektiv, Einzelfall oder Überreaktion der Berichtenden abgetan und „disqualifiziert“[1035].[1036]

2017 kritisierte die UN-Arbeitsgruppe für Menschen Afrikanischer Abstammung Deutschlands Inaktivität gegenüber institutionellem Rassismus. Die Arbeitsgruppe verwies insbesondere auf Racial Profiling durch die deutsche Polizei. Bemängelt wurde auch mangelnder Diskurs und Forschung im Bereich struktureller Rassismusformen sowie die fehlende Anerkennung Schwarzer Menschen als Minderheit in Deutschland.[1037] Die Arbeitsgruppe kritisiert vor allem die Verharmlosung des Ausmaßes institutioneller Benachteiligung. Auszugsweise heißt es hierzu im Abschlussbericht:

1030 *Bartel/Liebscher/Remus*, in: Fereidooni/Meral El, Rassismuskritik und Widerstandsformen, S. 367.

1031 *Kwame/Hamilton*, Black Power – The Politics of Liberation (siehe beispielsweise in Kapitel 1); siehe hierzu auch *Carmichael*, in: Cooper, The Dialectics of Liberation, S. 151 ff.

1032 Siehe beispielsweise *Williams*, Ethnic and Racial studies 2010, 323.

1033 Die Kampagne für Opfer Polizeilicher Gewalt (KOP) dokumentiert seit mehr als 20 Jahren Berichte individueller Personen zu rassistischen Polizeiübergriffen im Raum Berlin, siehe https://kop-berlin.de/chronik (zuletzt abgerufen am 6. Mai 2023).

1034 *Mecheril/Velho*, in: Fereidooni/Meral El, Opferperspektive, Rassistische Diskriminierung und Rechte Gewalt, S. 206.

1035 *Terkessidis,* Banalität des Rassismus, S. 117.

1036 *Essed*, Understanding Everyday Racism, S. 120.

1037 UN General Assembly, A/HRC/36/60/Add.2, Report of the Working Group of Experts Of People of African Descent on its mission to Germany (15. August 2017), https://digitallibrary.un.org/record/1304263?ln=en#record-files-collapse-header (zuletzt abgerufen am 6. Mai 2023).

„The Working Group found that racial profiling by police officials is endemic. Civil society sources reported that stops, identification checks, searches and other controls by police are usually targeted at minority groups, including people of African descent. Boys and young men experience day-to-day confrontation with law enforcement officials, with a high risk of imprisonment. The Government informed the Working Group that cases of racial profiling [...] were being investigated and prosecuted. However, the lack of an independent complaint mechanism at the federal level fosters impunity, with no redress for victims.“[1038]

> „The Working Group believes that institutional racism and racist stereotyping by the criminal justice system has led to a failure to investigate and prosecute perpetrators effectively.“[1039]

Der UN-Fachausschuss zur Anti-Rassismus Konvention (CERD[1040]) kritisiert eine Reihe struktureller Diskriminierungsprobleme in Deutschland. Laut CERD manifestiere sich institutioneller Rassismus in Deutschland durch mangelnde

---

1038 UN General Assembly, A/HRC/36/60/Add.2, Report of the Working Group of Experts Of People of African Descent on its mission to Germany (15. August 2017), S. 7, https://digitallibrary.un.org/record/1304263?ln=en#record-files-collapse-header (zuletzt abgerufen am 6. Mai 2023).

1039 UN General Assembly, A/HRC/36/60/Add.2, Report of the Working Group of Experts Of People of African Descent on its mission to Germany (15. August 2017), S. 7.
Zu Deutsch: „Die Arbeitsgruppe stellte fest, dass Racial Profiling in Deutschland weit verbreitet ist. Zivilgesellschaftliche Gruppen gaben an, dass anlasslose Polizeikontrollen und Durchsuchungen vor allem Minderheiten ins Visier nehmen. Dazu gehören auch Menschen aus der afrikanischen Diaspora.
Junge Männer und Jungs erleben täglich Konfrontationen mit der Polizei unter erheblicher Gefahr einer Festnahme. Die Regierung gab gegenüber der Arbeitsgruppe an, dass Fälle von Racial Profiling ermittelt und strafrechtlich verfolgt würden. Das Fehlen unabhängiger Beschwerdestellen auf Bundesebene führt aber de facto zur Straflosigkeit der Praxis ohne Handlungsmöglichkeiten für die Opfer.“
„Die Arbeitsgruppe glaubt, dass institutioneller Rassismus und rassistische Stereotypisierung in der Strafjustiz zu einem Mangel an Ermittlungen gegen Racial Profiling geführt hat“.

1040 Deutschland hat das „Internationale Übereinkommen zur Beseitigung jeder Form von Rassendiskriminierung“ (ICERD) 1969 ratifiziert. Eine Kontrolle der Einhaltung der Umsetzung der Anti-Rassismus Konvention (CERD) erfolgt durch das Staatenberichtsverfahren und das Individualbeschwerdeverfahren. Die hier beschriebene Kritik Deutschlands stammt aus dem Staatenberichtsverfahren.

Aufklärung von und Schutz gegen rassistische Angriffe und Racial Profiling durch die Strafverfolgungsbehörden.[1041]

Auch die Die Europäische Kommission gegen Rassismus und Intoleranz (ECRI) berichtet 2020 von institutionellen Rassismusproblemen in Deutschland. ECRI hebt hier fehlende Verfolgung und Prävention rassistisch motivierter Straftaten. Diese Inaktivität führe dazu, dass Betroffene seltener Bericht bei den Strafverfolgungsbehörden erstatten. Laut ECRI gäbe es starke Hinweise für weit verbreitetes Racial Profiling innerhalb der deutschen Polizei. ECRI empfiehlt die Durchführung einer Untersuchung zu Racial Profiling in Deutschland, um institutionellen Rassismus zu bekämpfen.[1042]

Amnesty International veröffentlichte 2016 einen Bericht zu mangelndem Schutz gegen rassistische Gewalt durch den deutschen Staat. Das wiederholte Versagen der Ermittlungsbehörden bei der Aufklärung rassistischer Angriffe sei ein Indikator für ein institutionelles Rassismusproblem innerhalb der Strafverfolgungsbehörden. Dieses Problem beschränke sich gerade nicht auf explizites, intendiertes Fehlverhalten Einzelner, sondern schließe strukturelle, nicht notwendigerweise bewusste, Benachteiligung mit ein.[1043]

Institutioneller Rassismus äußert sich aber nicht allein in dem Fehlen von People of Color in der deutschen Justiz. *Solanke*[1044] analysiert mögliche Erklärungen dafür, dass die deutsche Justiz – noch deutlicher als die Justiz in Großbritannien – auffällig *weiß* ist. Solanke bezeichnet dieses von ihr beobachtete und recherchierte Phänomen als die Unsichtbarkeit Schwarzer Menschen innerhalb des deutschen Rechtsberufs (“invisibility of Black people in the German legal profession”).[1045] Als mögliche Erklärungen nennt sie die Wahrnehmung der Justiz als einen Ort, in dem sogenannte Microagressions[1046] und Alltagsrassismus

---

1041 CERD/C/DEU/19–22, 2015, S. 4 f., https://www.refworld.org/publisher,CERD,DEU,55c880f24,0.html (zuletzt abgerufen am 6. Mai 2023).

1042 ECRI, Report on Germany (2020), S. 8, 17 ff., 33 ff.

1043 Amnesty International, Living in Insecurity, How Germany Is Failing Victims of Racist Violence, 2016, S. 8, https://www.amnesty.org/download/Documents/EUR2341122016ENGLISH.PDF (zuletzt abgerufen am 6. Mai 2023).

1044 Iyiola Solanke ist Professorin für EU-Recht und Antidiskriminierungsrecht mit rechtsvergleichendem Fokus an der University of Leeds Law School.

1045 Ausführlich zu möglichen Gründen siehe *Solanke*, Where Are The Black Lawyers in Germany, in: Eggers/Kilomba/Piesche/Arndt, Mythen, Masken und Subjekte: Kritische Weißseinsforschung in Deutschland, S. 180–188.

1046 Der Begriff „Microaggressions“, der auf den Psychologen *Derald Wing Sue* zurückgeht, bezeichnet ein sozialpsychologisches Phänomen, bei dem zunächst trivial oder neutral erscheinende Verhaltensweisen oder Bemerkungen, insbesondere

gegenüber People of Color besonders stark ausgeprägt sind. Dies kann beispielsweise an individuelles vergangenes und gegenwärtiges Erfahrungswissen geknüpft sein. Wer beispielsweise eine Strafanzeige gegen Polizeibeamte wegen rassistischer Beleidigung erstattet und später erfährt, dass die Anzeige von der Staatsanwaltschaft eingestellt wurde und dass im Gegenzug wegen Widerstand gegen Vollstreckungsbeamte gem. § 113 StGB ermittelt wird, mag Zweifel an der Neutralität der Justiz entwickeln.[1047] *Solanke* beschreibt die Wirkung rassistischer Sprache in deutschen Gerichtssälen anhand des N-Wortes wie folgt: „[...] the non-consideration of the concerns of black people deliver subtle statements of inferiority and subordination“[1048].

Als weiteren möglichen Erklärungsansatz nennt *Solanke* Barrieren innerhalb des deutschen Bildungssystems. Schon die frühe Einteilung nach Hauptschule, Realschule und Gymnasium lege die Grundlage für spätere Bildungs- und Karrierechancen. Eine Studie von *Rueschmeyer* aus den 1970er Jahren zeigt, dass Juristen häufig Eltern oder andere Familienmitglieder mit akademischem Hintergrund haben. *Rueschmeyer* betont, dass vor allem Juristen eine exklusive homogene Subkultur bilden.[1049] Anders als in den USA und Großbritannien existieren in Deutschland auch wenig spezifische Förderprogramme zur Bekämpfung von Rassismus im Bildungssystem. Wenn institutioneller Rassismus nicht als Problem wahrgenommen wird, verwundert es nicht, dass Förderungsprogramme zur Milderung des Problems nicht existieren.

---

gegenüber Personen of Color, unbewusst oder bewusst abwertende Botschaften vermitteln. Alltägliche Handlungen werden so zu Herabsetzungen eines Menschen. Die Annahme einer Person, dass eine Schwarze Person in einem Geschäft eine Hilfskraft sein müsse, ist eine solche alltägliche „Microaggression“. Die sich an eine Schwarze Deutsche Person gerichtete Frage danach, woher sie denn komme, ist ein weiteres Beispiel. Für weitere Beispiele über diese weit verbreitete Form von Alltagsrassismus in Deutschland siehe *Sow*, Deutschland Schwarz Weiß: Der alltägliche Rassismus.

1047 Siehe hierzu die Vorbemerkungen bei Kampagne für Opfer rassistischer Polizeigewalt, Chronik rassistisch Motivierter Polizeivorfälle für Berlin von 2002 bis 2022, https://kop-berlin.de/files/documents/chronik.pdf (zuletzt abgerufen am 6. Mai 2023).

1048 *Solanke*, in: Eggers/Kilomba/Piesche/Arndt, Mythen, Masken und Subjekte: Kritische Weißseinsforschung in Deutschland, S. 185. Zu Deutsch: „Die Nichtbeachtung von Anliegen Schwarzer Personen vermittelt eine subtile Botschaft der Unterlegenheit und Unterordnung.“

1049 *Rueschmeyer*, Lawyers and Their Society, S. 58.

Emilia Roig[1050] beschreibt dieses eingeschränkte, in Deutschland spezifisch auszumachende, Rassismusverständnis wie folgt:

> „Instead of confronting all dimensions of racism, the discourse focuses on the individual aspect of racism, failing to address historical, structural and institutional racism.“[1051]

Zu diesen Institutionen gehört auch die Justiz mit dem Strafprozess von Vorverfahren bis Vollzug. In Deutschland sei die Tendenz zu beobachten, Rassismus als individuelles Fehlverhalten zu begreifen, anstatt – in Einklang mit der Rassismusforschung – als ein historisch gewachsenes Systemphänomen, das gerade nicht ausschließlich auf intendierter oder expliziter Diskriminierung beruht. Der Irrglaube, dass Rassismus lediglich in expliziter Form auftritt und durch das Fehlverhalten Einzelner produziert wird, macht eine tiefere Diskussion unmöglich und verschließt vor einem breiteren Diskurs, der zu Systemveränderungen führen könnte. *Crenshaw*, Professorin an der UCLA und Columbia Law School und eine der renommiertesten Forscherinnen im Bereich Civil Rights und Diskriminierung, drückt es wie folgt aus:

> „The narrow focus of racial exclusion – that is, the belief that racial exclusion is illegitimate only where the 'White Only' signs are explicit – coupled with strong assumptions about equal opportunity, makes it difficult to move the discussion of racism beyond the societal self-satisfaction engendered by the appearance of neutral norms and formal inclusion.“[1052]

Es finden sich zahlreiche aktuelle Beispiele dafür, dass in Deutschland Rassismus – vor allem innerhalb der Justiz und der Politik – nicht als institutionelles Problem wahrgenommen wird. *Seehofers* öffentliche und explizite ablehnende Haltung gegenüber einer möglichen Studie, die Aufschluss über Racial Profiling

---

1050 Emilia Roig ist Gründerin und Direktorin des Centers for Intersectional Justice (ICJ) in Berlin. ICJ ist eine Non-profit Organisation, die sich mit Intersektionaler Diskriminierung in Europa auseinandersetzt.

1051 *Roig*, Uttering Race in colorblind France and Post-racial Germany, in: Rassismuskritik und Widerstandsformen, S. 613. Zu Deutsch: „Anstatt alle Rassismusformen zu konfrontieren, ist der Diskurs auf Individuen beschränkt, wobei historischer, struktureller und institutionalisierter Rassismus außen vor bleibt.“

1052 *Crenshaw*, Harv. L. Rev. 2020, 1331 (1343). Zu deutsch: „Der enge Fokus auf rassistische Ausgrenzung – der Glaube, dass rassistische Ausgrenzung nur dann vorliegt, wenn das ‚nur für weiße' Schild explizit vorliegt – gepaart mit der starken Annahme, dass Chancengleichheit besteht, macht es schwierig, die Rassismusdiskussion voranzubringen. Dieser Eindruck wird durch neutral erscheinende Normen und formale Inklusion verstärkt.“

innerhalb der Polizei offenbaren könnte, verrät ein fehlendes Bewusstsein für oder Interesse an Rassismus über das hinaus, was *Crenshaw* als expliziten Rassismus bezeichnet. Insbesondere das Argument, dass eine Studie zu Racial Profiling deshalb nicht notwendig sei, weil rassistische Polizeipraktiken illegal seien, offenbart ein grundsätzliches Fehlverständnis darüber, wie *implicit bias* in Institutionen wirkt – nämlich unbewusst. Auch in den USA ist Racial Profiling rechtswidrig. Das ändert aber nichts an dessen tatsächlicher Existenz. Die fehlende Anerkennung von Rassismus als Systemproblem in Deutschland wurde aktuell im Juli 2020 auch in der internationalen Presse diskutiert.[1053]

Rassismusforscher, Einzelberichte von Rassismus betroffener Personen und internationale Organisationen rücken den Fokus auch in Deutschland immer deutlicher auf strukturellen, tiefsitzenden institutionellen Rassismus – auch innerhalb der Justiz. Im deutschen rechtswissenschaftlichen Diskurs spiegelt sich diese Diskussion bisher aber kaum wider. Häufig werden Rassismusdiskussionen lediglich auf individuelles Fehlverhalten beschränkt und erst gar nicht der Versuch unternommen, die zugrunde liegenden Strukturen zu überprüfen und gegebenenfalls aufzubrechen. Die vorliegende Arbeit setzt hier mit einem rassismuskritischen Ansatz an. Gemeint ist ein Ansatz, der sich auf Erkenntnisse aus der Rassismusforschung stützt und untersucht, wie Rassismus – auch in subtiler Form – innerhalb des deutschen Strafprozesses in verschiedenen Stadien eine Rolle spielen mag und diskriminierende Effekte sichtbar werden. Für die Untersuchung konsensualer Methoden ist insbesondere die Existenz von Diskriminierungseffekten im Ermittlungsverfahren und ihrer Verschleifung in andere Verfahrensstufen relevant.

Institutioneller Rassismus und die sich daraus ergebenden strukturelle Diskriminierungseffekte sind kein Phänomen, das lediglich für verfassungsrechtliche Diskussionen über Gleichheit geeignet ist, sondern betreffen die Justiz in verschiedenen Formen – auch das Strafverfahren. Insbesondere gilt das für ein Verfahren mit steigender Bedeutung der Polizei und Staatsanwaltschaft. Dennoch bleibt es ein in der Strafrechtswissenschaft kaum diskutiertes Thema.

1053 So beispielsweise diskutiert in der Washington Post, German Government Split Over Police Racial Profiling Study, 7. Juni 2020, https://www.washingtonpost.com/world/europe/german-interior-minister-nixes-police-racial-profiling-study/2020/07/06/8ac4b346-bf92-11ea-8908-68a2b9eae9e0_story.html (zuletzt abgerufen am 6. Mai 2021).

4. *Intersektionale Perspektive*

Auch wenn der Fokus hier auf der speziellen Diskriminierungsform des Rassismus liegt, soll klargestellt sein, dass „Race" als Kategorie nicht isoliert von anderen Identitätszuschreibungen existiert. *Crenshaw* prägte in diesem Zusammenhang den Begriff der Intersektionalität, der heute aus der US-amerikanischen Diskriminierungsforschung nicht mehr wegzudenken ist. Intersektionalität meint die Verschränkung von Diskriminierungsformen, die zueinander in einem Wechselwirkungsverhältnis stehen. Damit trägt die Intersektionalitätstheorie der Lebenswirklichkeit diskriminierter Personen Rechnung. Als die Intersektionalitätstheorie vor etwa 25 Jahren begründet wurde, stand zunächst die Verschränkung zwischen rassistischer Diskriminierung und Geschlecht (*Gender*) im Mittelpunkt. Im Fall *DeGraffenreid v. General Motors*[1054] befasste sich ein Bundesgericht mit der Klage fünf Schwarzer Frauen gegen ihren ehemaligen Arbeitgeber General Motors. Die Klägerinnen machten geltend, dass sie als Schwarze Frauen überproportional häufig entlassen und seltener eingestellt würden. Das Gericht lehnte hier eine rassistische Diskriminierung mit der Begründung ab, dass sowohl mehrere Schwarze Männer als auch *weiße* Frauen für General Motors arbeiteten. Das Urteil stieß auf erhebliche Kritik und löste eine Diskussion zur speziellen Diskriminierung gegenüber Schwarzen Frauen aus, die aufgrund ihrer spezifischen Identität als Frau *und* Schwarz auf dem Arbeitsmarkt marginalisiert wurden. Die Diskriminierung beruhte hier weder *allein* auf „Race" noch *allein* auf der Kategorie „Geschlecht", sondern auf ihrer Verschränkung. Intersektionalität geht allerdings über diese Kategorien hinaus und berücksichtigt Alter, „Klassenzughörigkeit" und weitere mögliche Diskriminierungskategorien.[1055]

Auch in Deutschland wird staatliches Handeln immer häufiger im Kontext intersektionaler Diskriminierungsverschränkungen, anstatt isolierter Diskriminierungskategorien, untersucht.[1056] Der vorliegenden Betrachtung liegt eine intersektionale Betrachtung zu Grunde. Besonders relevant ist hier beispielweise die Diskriminierungsverschränkung der „Klassenzugehörigkeit" und rassistischer Diskriminierung. Denn wie bereits festgestellt, führt die strukturelle Systemverschiebung zu einem besonderen Diskriminierungsrisiko finanziell schwach gestellter und ressourcenarmer Beschuldigter. Es ist nicht

1054 DeGraffenreid v. General Motors, 413 F. Supp. 142 (1976).

1055 Siehe beispielsweise *Osman*, Navigating Intersectionality, S. 8 ff.

1056 Zur Intersektionalität bzgl. Kritischer Polizeiforschung vgl. *Künkel*, sub\urban 2014, 77; siehe auch die Betrachtung bei *Bruce-Jones*, Race and Class 2015, 36 (36 ff.).

ausgeschlossen, dass sich diese Diskriminierung mit weiteren Diskriminierungen zu Lasten von PoC verschränkt. Wenn im Folgenden explizit von struktureller *rassistischer* Diskriminierung die Rede ist, soll damit also nicht gesagt sein, dass andere Diskriminierungskategorien keine Rolle spielen. Im Bereich des Immigrationsstrafrechts ist die Verschränkung zwischen ökonomischer Benachteiligung und rassistischer Diskriminierung beispielsweise besonders sichtbar. Hierauf wird in diesem Kapitel unter C. III. näher eingegangen.

II. Die Disparate Impact Lehre und Implicit Bias

Eine Untersuchung von Diskriminierungs*effekten* geht über explizite oder unmittelbare Diskriminierungsformen hinaus. Darauf liegt hier der Fokus. Intendierte oder explizite Diskriminierung wird nur dann erwähnt, wenn sie zur Analyse der Effekte notwendig ist. So zum Beispiel, wenn die Polizei rassistisch motivierte Taten ermittelt – oder nicht hinreichend ermittelt – und stereotypisierte Verzerrungseffekte die Ermittlungen leiten.[1057] Der Fokus der Untersuchung liegt dann auf den, nicht notwendigerweise bewusst und unmittelbar, rassistisch diskriminierenden Ermittlungen der Strafverfolgungsbehörden. Diese überlappen jedoch mit direkten, explizit rassistisch motivierten Taten und können nicht vollkommen isoliert voneinander behandelt werden. Im Falle der NSU-Ermittlungen ist beispielweise nicht allein relevant, dass stereotypisierte Verzerrungseffekte die Ermittlungen beeinflussten, sondern auch, dass es sich bei den – lange Zeit unaufgeklärt gebliebenen – Taten um rassistisch motivierte Morde handelte.

Die Verfassungsrechtsdogmatik kennt direkte und mittelbare Eingriffe durch die staatlichen Gewalten. Direkte Diskriminierung meint unmittelbare Ungleichbehandlung. Im Kontext des Art. 3 Abs. 2 und 3 GG ist damit eine explizite Anknüpfung an eines der besonders geschützten Merkmale gemeint. Gerade im Bereich Rassismus greift – angesichts der diskutierten Erkenntnisse aus der Rassismusforschung – die Kategorie der direkten Diskriminierung zu kurz und spielt für die folgende Betrachtung *struktureller* Ungleichbehandlung nur eine Randrolle. Das verfassungsdogmatische Konzept der mittelbaren Diskriminierung ist dogmatisch als eine weite Auslegung des Diskriminierungsbegriffs einzuordnen.[1058] Die mittelbare Diskriminierung ist vom Bundesverfassungsgericht bisher vor allem im Kontext von Diskriminierungen mit Anknüpfungspunkt an

---

1057 Ausführlich zum NSU-Prozess in diesem Kapitel unter B. II.
1058 *Michael/Morlok*, Grundrechte, Rn. 809.

das Geschlecht nach Art. 3 Abs. 2 GG diskutiert worden.[1059] Das BVerfG sieht hier eine Diskriminierung dann, wenn eine Regelung zwar geschlechtsneutral formuliert ist, aber „weitgehend nur"[1060] oder „hauptsächlich"[1061] Frauen betrifft. Das BVerfG knüpft hier an quantitative Kriterien an. Auch diese für den strukturellen Rassismus zu enge Betrachtungsweise soll nicht alleiniger normativer Anknüpfungspunkt für die vorliegende Betrachtung sein.[1062] Die enge quantitative Betrachtung erfasst sozialwissenschaftlich belegte Formen struktureller und institutioneller Diskriminierung nicht hinreichend. Diskutiert wird daher eine „holistische" Auslegung des Art. 3 Abs. 2 und 3 GG[1063], die das Diskriminierungsverbot nach Art. 3 Abs. 3 GG als ein Gebot zum Hierarchieabbau sieht und ein asymmetrisches Verständnis des Art. 3 Abs. 2 und 3 GG begründet.[1064]

In den US wurde lange Zeit die Rechtsfigur des *disparate impact*[1065] im Kontext rassistischer Diskriminierung diskutiert. Praktische Beweisschwierigkeiten und die vom Supreme Court entwickelte „intent" Rechtsprechung, hat die Diskussion jedoch in eine grundlegend andere Richtung verschoben.[1066] Der vierzehnte Zusatzartikel zur US-Verfassung ("14th Amendment") oder auch „Equal Protection Clause" ist die traditionelle Argumentationsgrundlage für verfassungsrechtlichen Schutz gegen Diskriminierung. In einer Reihe von Entscheidungen[1067] des Supreme Courts, wird „intent" – also intendierte Diskriminierung – für eine erfolgreiche Klage auf Grundlage der Equal Protection Clause vorausgesetzt.[1068]

1059 Siehe beispielsweise BVerfGE 126, 29 (Landesbetrieb Krankenhäuser Hamburg), hier war das relevante Landesgesetz zwar geschlechtsneutral formuliert, betraf aber weit überdurchschnittlich Reinigungskräfte, bei denen es sich zu 93,5 % um Frauen handelte; BVerfGE 85, 191 (Nachtarbeitsverbot).

1060 BVerfGE 121, 241 Rn. 49.

1061 BVerfGE 126, 29 Rn. 66.

1062 Vgl. *Tischbirek*, JZ 2013, 219 (222), der vorschlägt die quantitative Betrachtungsweise durch „qualitative sozialwissenschaftliche Forschung" zu ergänzen.

1063 Siehe beispielsweise *Tischbirek*, JZ 2013, 219 (223).

1064 Zum Gleichheitssatz als Hierarchisierungsverbot *MacKinnon*, Yale L. J. 1991, 1281 (1284 ff.); im Anschluss *Baer*, Würde oder Gleichheit?, S. 235 ff.

1065 Zum Zwecke der Arbeit auch als „diskriminierender Effekt" übersetzt.

1066 Siehe hierzu *Huq*, Cornell L. Rev. 2018, 1211 (1225 ff.).

1067 Beispielsweise McClesky v. Kemp, 481 U.S. 279 (1987); United States v. Armstrong, 517 U.S. 456 (1996); Washington v. Davis, 426 U.S. 229 (1976).

1068 Die Voraussetzung einer intendierten Diskriminierung wird in der akademischen Diskussion zur Equal Protection Clause stark kritisiert, siehe beispielsweise *Alschuler*, U. Chicago Legal Forum (2002), 201; *Gross/Barnes*, Mich. L. Rev. 2002, 651 (741).

In *Batson v. Kentucky*[1069] stellt der Supreme Court auf statistische Ungleichheiten ab und kommt zu dem Schluss, dass ein Verstoß gegen die Equal Protection Clause dann vorliegt, wenn die Staatsanwaltschaft ohne Nachweis eines neutralen, diskriminierungsfreien Grundes alle Schwarzen Juroren mittels peremptory challenges[1070] von der Verhandlung ausschließt. Hier verschiebt der Supreme Court die Beweislast entsprechend auf den Staat, sobald der Beschuldigte eine Ungleichbehandlung aufzeigen kann. Ein Nachweis einer intendierten Ungleichbehandlung wird nicht verlangt.

In *Washington v. Davis* rudert der Supreme Court entscheidend zurück und kommt zu dem Ergebnis, dass disparate impact nicht unbedingt genügt:

> „[W]e have not held that a law, neutral on its face and serving ends otherwise within the power of government to pursue, is invalid under the Equal Protection Clause simply because it may affect a greater proportion of one race than of another. Disproportionate impact is not irrelevant, but it is not the sole touchstone of an invidious racial discrimination forbidden by the Constitution. Standing alone, it does not trigger the rule that racial classifications are to be subjected to the strictest scrutiny […].“[1071]

Nach heftiger Kritik eines Gesetzesverständnisses, das den Nachweis einer intendierten Diskriminierung voraussetzt,[1072] hat sich die aktuelle Diskussion von der *disparate impact* Lehre hin zu Mechanismen außerhalb der Equal Protection Clause verschoben. Diese Ansätze sind auf strukturelle und indirekte

---

1069 Batson v. Kentucky, 476 U.S. 79 (1986).

1070 Mittels *peremptory challenges* kann sowohl die Staatsanwaltschaft als auch die Verteidigung eine begrenzte Anzahl von potentiellen Juroren ohne nähere Erklärung von der Teilnahme als Juror ausschließen.

1071 Washington v. Davis, 426 U.S. 229, 242 (1976). Zu deutsch etwa: „Wir haben bisher nicht entschieden, dass ein Gesetz, das neutral erscheint und auch im Übrigen die Grenzen staatlicher Macht nicht überschreitet, allein deshalb gegen den Gleichbehandlungsgrundsatz verstößt, weil er sich auf Menschen innerhalb einer bestimmten ‚Race' überproportional auswirkt. Überproportionale Auswirkungen sind nicht irrelevant, aber auch nicht der einzige Aspekt rassistischer Diskriminierung, der von der Verfassung verboten ist. Allein führen sie nicht dazu, dass die Regelung einer strengen Kontrolle (‚strict scrutiny') unterliegt."

1072 Siehe beispielsweise: *Barnes/Chemerinsky*, Conn. L. Rev. 2011, 1059 (1066) ("[T]he Court has […] created a framework for equal protection analysis that all but ensures only a narrow group of discrimination claims will be actionable or succeed."); *Karst*, Harv. L. Rev. 1977, 1 (51). ("A legislature oblivious to existing stigma of caste will nonetheless reinforce the stigma when it produces racially discriminatory effects through ostensibly 'neutral' legislation."); *Lawrence*, Stanford L. Rev. 1987, 317 (319); *Primus*, Mich. L. Rev. 2010, 1341.

Diskriminierungsformen ausgerichtet. Einer dieser Mechanismen ist die qualitative Reform der institutionalisierten Pflichtverteidigung. Pflichtverteidigung betrifft auch in den USA nicht ausschließlich PoC. Dennoch existieren zahlreiche statistische Nachweise für die überproportionalen Effekte des Strafrechtssystems auf PoC in den USA.[1073] Pflichtverteidigung ist einer der Bereiche, in denen verschiedene Diskriminierungsformen überlappen können. So kann eine Person of Color beispielsweise auch finanziell benachteiligt sein. Die qualitative Reform institutionalisierter Pflichtverteidigung kann sich daher auch positiv auf strukturelle Diskriminierungseffekte auswirken. Zahlreiche Klagen der letzten Jahre beschäftigen sich mit der Qualität strafrechtlicher Verteidigung von finanziell benachteiligten Beschuldigten.[1074]

In Deutschland gibt es keine Datenerhebungen, die die Repräsentation von People of Color im Strafverfahren aufschlüsselt. In deutschen Datenerhebungen wird oft auf die Staatsbürgerschaft abgestellt – also auf eine Kategorie, die mit *race* gerade nicht identisch ist. Aus Kriminalstatistiken lässt sich in Deutschland daher nicht direkt etwas über die Repräsentation von People of Color ableiten, sondern lediglich über die Registrierungshäufigkeit der ausländischen Bevölkerung. Auch für polizeiliche Kontrollen gibt es in Deutschland bisher keine umfassende Datenerhebung, die dies nach *race* aufschlüsselt. Der im Bereich der Geschlechterdiskriminierung vom BVerfG aufgegriffene quantitative Ansatz geht im Bereich rassistischer Diskriminierung daher fehl. In einem System, dass trotz internationaler Kritik keine solchen Daten erhebt, besteht die Gefahr, dass sich Diskussionen über Rassismus innerhalb der Justiz immer wieder im Kreis drehen: ohne den statistischen Nachweis rassistischer Diskriminierung wird vermutet es gäbe keine solche Diskriminierung. Von dieser Vermutung ausgehend wird argumentiert, dass eine Datenerhebung das falsche Signal senden würde, dass es innerhalb der deutschen Justiz ein bisher nicht statistisch nachgewiesenes Rassismusproblem gäbe. Dieser Zirkelschluss wurde aktuell innerhalb der Racial Profiling Debatte immer wieder aufgegriffen.

Um den sozialwissenschaftlichen Erkenntnissen zu institutionellem Rassismus gerecht zu werden, konzentriert sich die vorliegende Untersuchung auf

---

1073 Siehe hierzu nur: *Warde*, J. African American Studies 2013, 461 (461 ff.).

1074 Siehe beispielsweise folgende Klagen der American Civil Liberties Union (ACLU) Duncan v. State, 784 N.W.2d 51, 53 (2010); White v. Martz, No. CDV-2002-133, 2006 Mont. Dist.; Siehe auch Amicus Curiae des Legal Defense and Educational Fund, Inc. in Richmond v. Dist. Court of Md., No. 24-C-06-009911 CN, 2007 WL 5446238 (Cir. Crt. Md. Dec. 7, 2007).

diskriminierungsanfällige Strukturen und sich daraus ergebende Effekte. Die Lehre vom *implicit bias* bietet eine wissenschaftliche Grundlage zur Erklärung solcher Strukturen und wird daher folgend näher aufgeschlüsselt.

III. Methode der Untersuchung

Wie bereits erwähnt, existieren in Deutschland trotz nationaler und internationaler Forderungen weiterhin keine umfassenden Datenerhebungen zur Erfassung von *race* im Strafverfahren. In den US existiert neben umfassender Rechtsprechung auch Datenmaterial zur Diskriminierung marginalisierter Gruppen in jeder Etappe des Strafverfahrens von Racial Profiling bei Verhaftungen über Deals bis hin zur Strafzumessungsphase. Auch wenn Rassismus – und damit auch Formen von institutionellem Rassismus – ein globales Gesellschaftskonstrukt darstellt, lässt sich das in den USA vorhandene Datenmaterial nur bedingt auf Deutschland anwenden. Für die vorliegende Arbeit wird nur begrenzt an quantitative Datenerhebungen angeknüpft. Stattdessen stützt sich die Untersuchung vor allem auf eine Kombination aus Einzelberichten, öffentlich diskutierten Fällen und bisherigem, wenn auch begrenztem, Forschungsmaterial. Neben fehlender Datenerhebungen existiert auch keine umfassende Rechtsprechungsdogmatik zur Kategorie rassistischer Diskriminierung im Strafverfahren. Bis auf wenige Ausnahmen beschäftigen sich bisherige Untersuchungen zu rechtswidrigem Handeln durch die Polizei und die Staatsanwaltschaft nicht mit rassistischer Diskriminierung.

Rassistische Diskriminierung im Strafverfahren beginnt bereits dann, wenn PoC überproportional in den Blick der Ermittlungsbehörden rücken (Racial Profiling). Bereits existierende stereotype Vorstellungen von Kriminalität marginalisierter Gruppen werden dann durch Auswahlverzerrungen perpetuiert und gleichzeitig gerechtfertigt. Diese Auswahlverzerrung kann im Verlauf des Strafverfahrens durch weitere Diskriminierung verschärft werden, insbesondere in einem Strafrechtssystem, in dem das Ermittlungsverfahren und konsensuale Ermittlungsmethoden den Schwerpunkt bilden. Die öffentliche Wahrnehmung von Kriminalität wird durch Kriminalstatistiken der Ermittlungsbehörden geprägt. Es liegt an der Polizei Sachverhalte aufzuschlüsseln, als strafrechtlich relevant zu bewerten und über die polizeiliche Kriminalstatistik (PKS) zu dokumentieren und öffentlich zu machen. Auf diese Weise haben die Ermittlungsbehörden erheblichen Einfluss über das gesellschaftliche Verständnis von Kriminalität und „Kriminellen".[1075] Der seit vielen Jahren diskutierte

1075 *Singelnstein*, StV 2016, 830.

und in der Kriminologie fest etablierte „*labeling approach*" (Etikettierungsansatz)[1076] beschäftigt sich mit dem Verhältnis zwischen Kriminalitätskontrolle und Kriminalisierung. Unter anderem schlüsselt diese Kriminalisierungstheorie auf, wie Zuschreibungsprozesse der Ermittlungsbehörden – und anderer staatlicher Akteure – zu einer selektiven Kriminalisierung bestimmter Personen und bestimmter Verhaltensweisen führen.[1077] Das bereits angesprochene Racial Profiling ist ein Beispiel dafür, wie polizeiliches Vorgehen – auch diskriminierendes polizeiliches Vorgehen – zu einem Fokus auf bestimmte Personengruppen oder bestimmte Sachverhalte führen kann, was wiederum stereotype Vorstellungen über Kriminalität reproduzieren und in der öffentlichen Wahrnehmung perpetuieren kann.[1078]

1. *Einzelberichte, marginalisierte Wissensbestände und ihre Diskreditierung*

Zahlreiche Einzelberichte deuten darauf hin, dass es bereits im Ermittlungsverfahren nicht selten über Racial Profiling zur Diskriminierung marginalisierter Gruppen kommt.[1079] Racial Profiling beschreibt eine diskriminierende Praxis, in der Ermittlungspersonen Menschen aufgrund rassistischer Zuschreibungen, gelesener – als fremd wahrgenommener – Herkunft oder gelesener Religion anhalten, kontrollieren und durchsuchen. Diese – oftmals polizeilichen – Zwangsmaßnahmen können bis zur Einleitung eines Strafverfahrens führen. Racial Profiling liegt aber auch dann vor, wenn Opfer oder Zeugen einer Straftat aufgrund derselben Kategorisierungen diskreditiert werden – so beispielsweise prominent und fatal im NSU-Fall.[1080] Berichte Betroffener

---

1076 *Kunz/Singelnstein*, Kriminologie, S. 202 ff.

1077 *Neubacher*, Kriminologie, S. 114 ff.; dazu, dass Strafe und Strafrecht auf gesellschaftlichen Machtverhältnissen und Entscheidungen beruht und nicht etwa auf Naturrecht, siehe allgemein *Foucault*, Discipline and Punish, S. 104 ff.; *Haverkamp/Lukas*, in: Scherr/El-Mafaalani/Yüksel, Handbuch Diskriminierung, S. 291.

1078 Vgl. hierzu *Neubacher*, Kriminologie, S. 51 f.

1079 Nur auszugsweise siehe: Die Zeit, Mohamed Amjahid, Alle überprüfen oder keinen – Ich bin es leid, ständig wegen meiner Hautfarbe in Polizeikontrollen zu geraten, 15/2014, https://www.zeit.de/2014/15/polizeikontrolle-hautfarbe-kopftuch-racial-profiling (zuletzt abgerufen am 6. Mai 2023); siehe auch *Oppong*, Racial Profiling – Die Zahl der Fälle vor Gericht Häufen sich, in: Mediendienst Integration vom 14.04.2014, https://mediendienst-integration.de/artikel/ethnic-racial-profiling-deutschland.html (zuletzt abgerufen am 6. Mai 2023).

1080 Näher hierzu vgl. in diesem Kapitel unter B. II.

beschreiben rassistische Diskriminierung durch die Polizei nicht als Rand- oder Einzelphänomen, sondern als zum Alltag gehörend bzw. als Teil der deutschen Realität wahrgenommen.[1081] Im öffentlich-politischen Diskurs werden Fälle rassistischer Diskriminierung durch Ermittlungsbehörden hingegen zum Teil als isolierte Fälle einiger weniger „fauler Äpfel" dargestellt.[1082] Neben der Kampagne für Opfer rassistischer Polizeigewalt, dokumentieren einige weitere Organisationen[1083] seit Jahren Fälle rassistischer Gewalt durch die Polizei. Andere Organisationen und Kampagnen beschäftigen sich mit konkreten Fällen. Dazu gehören beispielsweise die Initiative zum Gedenken an Oury Jalloh[1084] und die Initiative für Christy Schwundeck[1085]. Die Allianz gegen Racial Profiling ist ein Forschungskollektiv, das durch Prozessbeobachtung und anschließende Analyse von Einzelfällen untersucht, inwiefern Rassismus vor Gericht eine Rolle spielt.[1086] Selbstorganisationen marginalisierter Gruppen wie beispielsweise die Initiative Schwarzer Menschen in Deutschland (ISD)[1087] sprechen sich seit vielen Jahren gegen Rassismus innerhalb des Strafverfahrens, insbesondere innerhalb des Ermittlungsverfahrens, aus.

Einzelberichte marginalisierter Betroffener werden im wissenschaftlichen Diskurs häufig als subjektiv und inhärent unverlässlich kritisiert und diskreditiert. Die Bagatellisierung und Diskreditierung von Erfahrungsberichten, die mit vorherrschendem Wissen nicht übereinstimmen, ist Ausdruck gesellschaftlicher Machtverhältnisse. *Foucault* begründete die Theorie, dass Wissen einerseits auf Machtverhältnissen beruht und Wissen andererseits Machtverhältnisse

---

1081 Kampagne für Opfer rassistischer Polizeigewalt, Chronik rassistisch Motivierter Polizeivorfälle für Berlin von 2002 bis 2022, https://kop-berlin.de/files/documents/chronik.pdf (zuletzt abgerufen am 6. Mai 2023).

1082 Siehe zu diesem Mythos beispielsweise *Tator/Henry*, Racial Profiling in Canada, S. 123 ff.

1083 So beispielsweise Copwatch Frankfurt, Hamburg und Leipzig, Forum NRW gegen Polizeigewalt und Repression und Kooperation gegen Polizeigewalt in Dresden.

1084 Siehe die Webseite der Initiative, abrufbar unter: https://initiativeouryjalloh.wordpress.com/ (zuletzt abgerufen am 6. Dezember 2023).

1085 Siehe die Webseite der Initiative für Christy Schwundeck, http://initiative-christy-schwundeck.blogspot.com/ (zuletzt abgerufen am 6. Mai 2023).

1086 Siehe die Allianz Gegen Racial Profiling, abrufbar unter: https://www.stop-racial-profiling.ch/de/arbeitsgruppe/prozessbeobachtung/ (zuletzt abgerufen am 6. Mai 2023).

1087 Siehe die Webseite der ISD, abrufbar unter: https://isdonline.de/ (zuletzt abgerufen am 6. Mai 2023).

reproduziert. Diesen Zusammenhang bezeichnete er auch als „*savoir-pouvoir*".[1088] Die savoir-pouvoir Theorie bietet eine Grundlage zur kritischen Analyse sozialgesellschaftlicher Diskurse. Im Rahmen der Debatte um eine Racial Profiling Studie, bot Innenminister Seehofer ein aktuelles und öffentliches Beispiel für die Diskreditierung von Einzelberichten im Rahmen solcher Machtverhältnisse. Trotz zahlreicher Berichte marginalisierter Personen, die seit Jahren auf diskriminierende Polizeikontrollen aufmerksam machen, lehnte Seehofer eine Studie dazu als nicht sinnvoll ab. Was im Einzelfall als „sinnvoll" eingeschätzt wird, beruht hier auf dem subjektiven Eindruck Seehofers bei gleichzeitiger Diskreditierung marginalisierten Wissens.[1089]

Wissensbestände Betroffener haben besondere Bedeutung und Gewicht:

> „Die Opfer sind keine Statisten, sondern Hauptzeugen des Geschehenen. Es geht hier um unsere Geschichten. Es muss vorbei sein, dass wir auf solchen Veranstaltungen nur stumm danebensitzen, wenn andere über uns reden […]."[1090]

So äußerte sich Ibrahim Arslan nach Überleben eines rassistisch motivierten Brandanschlags im Jahre 1992. Die Erfahrungen von direkt Betroffenen können ein Instrument zur Sichtbarmachung und Korrektur struktureller Ungleichbehandlungen darstellen – auch im Strafrechtssystem[1091]:

> „Stories can change the legal status quo by challenging its assumptions and creating a new way of looking at the world. Stories demonstrate that standards that seem neutral in the abstract are rarely so in practice. Stories can build bridges across gaps of race, class, gender, sexual orientation, and other differences. Circulating the stories and perspectives of the 'other' can open the eyes of the majority to those perspectives. They can also make possible coalitions across oppressed groups and social change. Personal experience almost always makes a concept more powerful than abstractions."[1092]

Vor allem im Rahmen von Diskriminierungseffekten haben Einzelberichte Betroffener das Potential, Ungleichheiten sichtbarzumachen, um strukturelle

---

1088 *Foucault*, Discipline and Punish, S. 194: "In fact power produces; it produces reality; it produces domains of objects and rituals of truth. The individual and the knowledge that may be gained of him belong to this production".

1089 Allgemein zur Diskreditierung marginalisierten Wissens, vgl. *Fricker*, Epistemic Injustice: Power and Ethics of Knowing, S. 9 ff.

1090 Siehe hierzu Taz, „Die Opfer sind keine Statisten", https://taz.de/Tribunal-zur-NSU-Mordserie/!5406634/ (zuletzt abgerufen am 6. Mai 2023).

1091 *Bandes*, U. Chicago L. Rev. 1996, 361 (384 f.).

1092 *Miller*, Geo. J. Legal Ethics 2000, 1 (20).

Reformen anzutreiben.[1093] Die „me too“[1094] Bewegung ist ein Beispiel dafür, wie öffentlich wirksame Einzelberichte über sexualisierte Gewalt und Alltagssexismus auf mehr als nur isolierte Fälle hinweisen können und so strukturelle Probleme für die breite Öffentlichkeit sichtbar machen, die für einige Menschen schon lange zur Lebensrealität gehören. Die „me too“ Bewegung führte aber nicht nur zu einem internationalen Diskurs über sexualisierte Gewalt und Diskriminierung von Frauen, sondern auch zu rechtlichen Reformdebatten.[1095] Warum im Bereich rassistischer Diskriminierung, die außerdem im Lichte einer intersektionellen Perspektive nicht isoliert von anderen Diskriminierungsformen zu betrachten ist, Einzelberichte nicht ebenso gewichtig sein sollen, ist nicht schlüssig.

„*Critical Race*“ Wissenschaftler wie *Richard Delgado*[1096], *Derrick Bell*[1097] und *Patricia Williams*[1098] verwenden Einzelberichte und marginalisierte Wissensbestände, um in den mainstream rechtswissenschaftlichen Diskurs zu intervenieren – auch „counterstorytelling“ – und auf diese Weise strukturelle Diskriminierungseffekte aufzuzeigen, die im juristischen Diskurs bislang unsichtbar bleiben. Sozialwissenschaftler erkennen die Diversität individueller sozialer Lebensrealitäten, die auch an (gelesene) Identität[1099] geknüpft

---

1093 Siehe beispielsweise *Elsesser*, Loy. J. Pub. Int. L. 2013, 375 (384); *Ewick/Silbey*, Am. J. Sociology 2003, 1328 (1339).

1094 Tarana Burke, eine Schwarze US-Amerikanerin, verwendete das Hashtag #metoo bereits 2006, um speziell auf sexualisierte Gewalt gegenüber Schwarzen Frauen hinzuweisen. Nach Erscheinen eines New York Times Artikels, in dem Filmproduzent Harvey Weinstein schwere sexuelle Übergriffe vorgeworfen wurde, führte #metoo 2017 zu einem breiten, internationalen Diskurs über sexualisierte Gewalt und Diskriminierung.

1095 Siehe beispielsweise die Podiumsdiskussion am Max-Planck-Institut zur Erforschung von Kriminalität, Sicherheit und Recht vom 5. Februar 2020, http://www.ffjg.de/veranstaltung/strafrecht-in-zeiten-von-metoo (zuletzt abgerufen am 6. Mai 2023).

1096 [1098]Delgado beschreibt Einzelberichte über rechtlich relevantes Geschehen wie folgt: „Legal storytelling is an engine built to hurl rocks over walls of social complacency that obscure the view out from the citadel.“ (Zu Deutsch in etwa: „Einzelberichte sind der Motor, der die festgefahrene Rechtsdiskussion im Elfenbeinturm bewegen kann.“) Delgado, Mich. L. Rev. 1989, 2411 (2441); Siehe auch *Delgado/Stefancic*, U. Colo. L. Rev. 1991, 321.

1097 *Bell*, Legal Studies Forum 1999, 315.

1098 Siehe allgemein *Williams*, The Alchemy of Race and Rights.

1099 Gemeint ist beispielsweise gelesene Religion, Klassenzugehörigkeit, Geschlechterzugehörigkeit und *race*.

ist.[1100] Die Diskreditierung von Einzelberichten im juristischen Diskurs beruht auf einer Überbetonung der Neutralität des Rechtssystems und universell geltender Prinzipien. Critical Legal Studies, feministische Strömungen und Critical Race Studies verdeutlichen, dass die unkritische Annahme das Recht sei neutral, zum Ausschluss marginalisierter Perspektiven und Lebensrealitäten beiträgt und so bereits existierende Diskriminierungseffekte perpetuiert.[1101] Über den Wert von Einzelberichten marginalisierter Personen im juristischen Diskurs sagt *Delgado*:

> „Today, these experiences [gemeint sind marginalisierte Erfahrungen] and viewpoints are moving from the periphery to the center. Storytelling is one of the vehicles that propels this movement."[1102]

Delgado betont hier die Notwendigkeit, den Diskurs durch Einzelberichte mittels „storytelling" (Berichte und Geschichten marginalisierter Personen) grundlegend zu verschieben. Auf diese Weise gerät marginalisiertes Wissen vom Randbereich in den Mittelpunkt der Diskussion.

2. Anwendung auf konsensuale Erledigungsmethoden – spezieller Fokus auf das Ermittlungsverfahren

Methodisch bietet die vorliegende Untersuchung keine selbstständige quantitative Untersuchung rassistischer Diskriminierungseffekte. Viel mehr verbindet die vorliegende Betrachtung Einzelberichte, öffentlich diskutierte Fälle und bisherige Forschung zu rassistisch diskriminierenden Effekten im Strafverfahren. Anders als in der bisherigen Forschung liegt der Fokus aber nicht vorwiegend auf individuellem, ggf. intendiertem Fehlverhalten, sondern auf strukturellen Effekten. Betrachtet wird auch nicht das Strafverfahren insgesamt, sondern das spezifische mit konsensualen Erledigungsmethoden verbundene Diskriminierungsrisiko. Da konsensuale Erledigungsmethoden, zumindest im Falle der Einstellungen und des Strafbefehls, vor allem innerhalb des Ermittlungsverfahrens eine Rolle spielen und die Bedeutung dieser Phase des Prozesses insgesamt erheblich zugenommen hat, wird *biased investigations* (zu Deutsch etwa: voreingenommene Ermittlungen) besondere Aufmerksamkeit geschenkt. Die Hauptakteure sind die Staatsanwaltschaft, die de lege die Herrschaft über das

---

1100 Siehe beispielsweise *Foucault*, The Archaeology of Knowledge, 1972; *Berger/Luckman*, The Social Construction of Reality, 1967.
1101 *Crenshaw*, Harv. L. Rev. 1988, 1331 (1384).
1102 *Delgado/Stefancic*, U. Colo. L. Rev. 1991, 321 (328 f.).

Ermittlungsverfahren hat, und die Polizei, die die Ermittlungen de facto leitetet. Mittels Einzelberichten marginalisierter Personen wird somit ein intervenierender Beitrag zur Sichtbarmachung rassistisch diskriminierender Systemeffekte in einem vermeintlich neutralen Strafsystem geleistet.

B. Biased investigations in Deutschland

I. Bisheriger Forschungsstand

In Abschnitt A dieses Kapitels wurde bereits festgestellt, dass kognitive Dissonanzen nicht nur im Zwischenverfahren, sondern auch innerhalb des Ermittlungsverfahrens eine Rolle spielen. Sozialpsychologische Forschung erklärt, wie der confirmation bias zu einem sich forstsetzenden fehlerhaften Ermittlungsansatz beitragen kann. Die spezifische Struktur des deutschen Strafprozesses verschärft das mit dem confirmation bias verbundene Verzerrungsrisiko. Das deutsche Hauptverfahren ist durch die Ermittlungen der Polizei und Staatsanwaltschaft deutlich „vorgeprägt“[1103]. Der Inhalt der staatsanwaltschaftlichen Ermittlungsakte, die wiederum auf Bewertung, strategischen Erwägungen und Vorentscheidungen der Ermittlungsbehörde beruht, bildet die Grundlage für alle weiteren Verfahrensphasen. Der Unmittelbarkeitsgrundsatz steht einem Beweistransfer von der Ermittlungsphase zu anderen Strafprozessphasen häufig nicht im Weg. Fehler in diesem Verfahrensabschnitt setzen sich in anderen Phasen fort und sind dann nur noch schwer umkehrbar sowie schwer sichtbar zu machen.[1104] In vielen Fällen kommt es durch konsensuale Erledigung entweder gar nicht zu einer Hauptverhandlung oder die spätere Hauptverhandlung wird durch eine Absprache entscheidend geprägt.[1105]

Zwischen dem confirmation bias und rassistischen Stereotypen besteht eine Verknüpfung, die innerhalb der sozialpsychologischen Forschung seit einigen Jahren und vor allem in den USA im Zusammenhang mit Polizeigewalt gegenüber Schwarzen Menschen diskutiert wird. Dieser Forschungsbereich bringt Erkenntnisse zu kognitiven Verzerrungen (bias) und rassistischen (unbewussten) Voreinnahmen (implicit bias) zusammen und erklärt die Beziehung

1103 *Schlothauer*, StV 1995, 158 (158).

1104 *Peters*, Fehlerquellen im Strafprozeß, Bd. 2, S. 212.

1105 Nach der aktuellen Evaluation zur strafprozessualen Verständigungspraxis existieren auch nach der Rechtsprechung von 2013 erhebliche Bedenken an der Einhaltung der Aufklärungspflicht nach § 244 Abs. 2 StPO durch informelle Absprachen, siehe *Altenhain/Jahn/Kinzig*, Die Praxis der Verständigung im Strafprozess, S. 530 f.

zwischen allgemeinen kognitiven Verzerrungen und Fehlannahmen über Kriminalität und (unbewusstem) Rassismus (racial bias). Der Zusammenhang zwischen kognitiven Verzerrungen und Fehlannahmen über Kriminalität kann auch als „Verdachtsheuristik" oder „suspicion heuristic"[1106] bezeichnet werden. Die Lehre der Verdachtsheuristik erklärt, wie Voreinnahmen und Stereotype – vor allem unbewusst – unsere Kriminalitätswahrnehmung hinsichtlich bestimmter Personen oder Personengruppen verzerren.

Heuristik meint die menschliche Neigung, bei der kognitiven Verarbeitung von Informationen „Shortcuts" (zu Deutsch: Abkürzungen oder Verknüpfungen) zu verwenden. Über kognitive Abkürzungen werden einige Informationen stärker wahrgenommen, während andere ganz oder teilweise ausgeblendet werden.[1107] Informationen werden auf diese Weise heruntergebrochen, vereinfacht oder generalisiert. Diese Shortcuts ermöglichen schnelle, effektive Informationsverarbeitung, ohne dass dieser Prozess notwendigerweise bewusst wahrgenommen wird. Ganz grundlegend tragen kognitive Shortcuts zu unserem Überleben bei. Gleichzeitig sind diese Heuristiken aber auch fehleranfällig und können zu systematischen Fehleinschätzungen über Kriminalität führen.

Implicit bias ist eine Form der Heuristik, deren kognitive Abkürzung sich auf bestimmte Personengruppen bezieht. Implicit bias führt zur automatischen Verknüpfung von Informationen mit bestimmten Personengruppen.[1108] Diese automatischen Informationsverknüpfungen beeinflussen unsere Einstellungen und Handlungen.[1109] Die sich ergebenden Gruppenassoziierungen und Stereotypisierungen sind nicht nur fehlerhaft, sondern wirken sich ggf. diskriminierend aus. Im Kontext von Kriminalitätseinschätzungen ist das Zusammenspiel von allgemeinen Heuristiken und implicit bias besonders risikoreich. Ermittlungspersonen befinden sich der Natur ihrer Tätigkeit nach regelmäßig in Situationen, in denen Entscheidungen schnell und nicht selten mit wenigen Informationen getroffen werden müssen. Gerade unter solchen Umständen dominieren notwendige kognitive Abkürzungen.[1110] Hinzukommt, dass sich Ermittlungspersonen neben ihrem Ausbildungswissen primär auf sogenanntes Erfahrungswissen

---

1106 *Richardson/Goff*, Iowa L. Rev. 2012, 295 (296 ff.).

1107 *Kahneman* beschreibt dieses Phänomen in Thinking, Fast and Slow, S. 129 ff.; siehe auch *Kahneman/Tversky*, Science 1974, 1124 (1124 ff.); *O'Brien*, Psychology, Public Policy & Law 2009, 315 (316 ff.).

1108 *Kang*, Harv. L. Rev. 2005, 1491 (1506 ff.).

1109 *Richardson*, Minnesota L. Rev. 2011, 2035 (2043 f.).

1110 *Payne*, J. Personality & Soc. Psychol. 2001, 181 (189).

verlassen, um Ermittlungshypothesen zu bilden. Dieses Erfahrungswissen beruht auf der Typisierung und Generalisierung eigener beruflicher Erfahrungen und Erfahrungen anderer Ermittlungspersonen, die letztlich von subjektiven Erfahrungen und Einstellungen geprägt sind und durch Erzählungen verbreitet werden.[1111] Erfahrungswissen kann auf einem „Gruppenkonsens"[1112] basieren, der zwar auf subjektiven Erfahrungen und Einstellungen beruht, aber als allgemeingültig verstanden und akzeptiert wird.[1113] Vergangenheitsinterpretationen wirken fort und bilden einen „zentralen Selektionsfilter" innerhalb der Polizeiarbeit.[1114] Auch Stereotype können zum „fälschlicherweise objektivierten"[1115] Erfahrungswissen werden.

Eine in den USA durchgeführte psychologische Studie von *Kahn, Goff, Lee* und *Motamed*[1116] verschafft einen Einblick darin, wie die bloße Wahrnehmung von *race* polizeiliche Verdachtsmomente unbewusst beeinflussen kann (implicit bias).[1117] Auf diese Weise können auch stereotype Vorstellungen Teil des Erfahrungswissens werden und in einem Kreislauf rassistisch geprägte Vorannahmen perpetuieren. Das Risiko von mit Verzerrungseffekten verbundenen Ermittlungen ist für marginalisierte Gruppen besonders hoch. Hier treffen generelle Heuristiken mit implicit bias zusammen.

Racial Profiling ist auch in Deutschland seit langer Zeit ein viel diskutiertes Problem – auch wenn das Thema nicht immer unter diesem Begriff diskutiert wurde. Racial Profiling bezeichnet eine Form des institutionellen Rassismus, bei dem die Polizei und Ordnungsbehörden ihr Handeln auf Kriterien wie

---

1111 Ausführlich hierzu siehe *Grutzpalk*, Polizeiliches Wissen: Formen, Austausch, Hierarchien, S. 15 ff.

1112 *Abdul-Rahman/Espín Grau/Klaus/Singelstein,* Rassismus und Diskriminierungserfahrungen im Kontext polizeilicher Gewaltausübung, Zweiter Zwischenbericht zum Forschungsprojekt „Körperverletzung im Amt durch Polizeibeamt*innen", 11. November 2020, S. 33.

1113 *Mohrfeldt,* Die Farbe der (Un-)Schuld, in: Kampagne für Opfer rassistischer Polizeigewalt, Alltäglicher Ausnahmezustand: Institutioneller Rassismus in deutschen Strafverfolgungsbehörden, S. 64.

1114 *Dosdall*, ZfSoz 2018, 402 (411).

1115 *Mohrfeldt,* Die Farbe der (Un-)Schuld, in: Kampagne für Opfer rassistischer Polizeigewalt, Alltäglicher Ausnahmezustand: Institutioneller Rassismus in deutschen Strafverfolgungsbehörden, S. 64.

1116 *Kahn/Goff/Lee/Motamed*, Social Psychological and Personality Science 2016, 403.

1117 *Kahn/Goff/Lee/Motamed*, Social Psychological and Personality Science 2016, 403 (406 ff.).

rassistische Zuschreibungen, vermeintliche ethnische Zugehörigkeit, Sprache, zugeschriebene Religion und zugeschriebene nationale Herkunft einer Person gründen, anstatt auf objektive Beweise. Diese Identitätszuschreibungen stehen in einem intersektionellen Verhältnis mit anderen zugeschriebenen Identitäten wie Alter, Geschlecht und Klassenzugehörigkeit. In den 1990er Jahren wurde Racial Profiling vor allem im Kontext sogenannter Ausländerfeindlichkeit diskutiert.[1118] Auch wenn Racial Profiling häufig in Zusammenhang mit Personenkontrollen auftritt, ist es nicht hierauf beschränkt. Tatsächlich betrifft Racial Profiling nur auf den ersten Blick ausschließlich Personenkontrollen. Eine weitere, besonders schwerwiegende Form des Racial Profiling zeigte sich bei der polizeilichen Arbeit im Rahmen der NSU-Morde. Denn wie bereits aufgezeigt, waren die Ermittlungen dort primär von stereotypen Voreinnahmen über die Opfer geprägt, was dazu führte, dass die Morde jahrelang unaufgeklärt blieben, weitere Morde begangen wurden und darüber hinaus die Opfer und ihre Familien stigmatisiert wurden.[1119]

Racial Profiling wurde in Deutschland erstmals im Februar 2012 vor einem deutschen Gericht thematisiert, nachdem Beamte in einem verwaltungsrechtlichen Prozess zugaben, dass die Kontrolle eines Schwarzen Studenten auf einer Zugfahrt von Kassel nach Frankfurt am Main primär auf seiner Hautfarbe beruhte. Der Student wehrte sich gegen die diskriminierende Personenkontrolle und gab in seiner Klage an, dass außer ihm niemand zum Vorzeigen eines Personalausweises aufgefordert wurde.[1120] Seither gab es zahlreiche weitere Berichte marginalisierter Personen, die Racial Profiling als zu ihrem Alltag gehörend beschreiben.[1121]

1118 Siehe beispielsweise Antwort der Bundesregierung auf die Kleine Anfrage (BT-Drs. 12/7485, S. 2) der Abgeordneten Ulla Jelpke und der Gruppe der PDS/Linke Liste vom 26.05.1994, Deutscher Bundestag, 12. Wahlperiode, BT-Drs. 12/7749.

1119 Bundeszentrale für Politische Bildung, Vor 20 Jahren: Ermordung von Enver Şimşek durch den NSU, 7. September 2020, https://www.bpb.de/kurz-knapp/hintergrund-aktuell/314996/vor-20-jahren-ermordung-von-enver-simsek-durch-den-nsu/ (zuletzt abgerufen am 6. Mai 2023).

1120 Für das erstinstanzliche Urteil siehe Koblenz, Urteil vom 28.02.2012, Az. K 1026/11 KO; Für die Entscheidung in der zweiten Instanz siehe OVG Rheinland-Pfalz, Beschluss vom 29.10.2012, Az. 7 A 10532/12.

1121 Siehe beispielsweise Chronik der Kampagne Opfer Polizeilicher Gewalt 2000 bis 2022, https://kop-berlin.de/files/documents/chronik.pdf (zuletzt abgerufen am 6. Mai 2023).

Die Studie „Rassismus und Diskriminierungserfahrungen im Kontext polizeilicher Gewalterfahrungen" beschäftigt sich erstmals umfassend mit Racial Profiling in Deutschland. In dem Zwischenbericht zur Studie „Rassismus und Diskriminierungserfahrungen im Kontext polizeilicher Gewalterfahrungen" werden quantitative Erfahrungsdaten und qualitative Befragungen zusammengebracht. Auch diese Studie ist jedoch vor allem auf Gewalterfahrungen bezogen und nur ein erster Schritt hin zu notwendigen umfassenden Untersuchungen zu Rassismus in verschiedenen Phasen des Strafverfahrens. Bereits der Zwischenbericht offenbart, dass PoC sich bei Interaktionen mit der Polizei Diskriminierungen ausgesetzt fühlen. Maria Scharlau, Polizeiexpertin für Amnesty International, betont, dass der Zwischenbericht einen diskriminierenden Zirkelschluss innerhalb der Polizeiarbeit sichtbar macht:

> „Eine vorurteilsgeleitete Kontrollpraxis, etwa durch die Eingrenzung auf bestimmte Personengruppen, wird immer nur ‚Treffer' in diesen ausgewählten Gruppen hervorbringen, die dann wiederum zu Erfahrungswissen werden."[1122]

Bereits existierende Statistiken offenbaren, dass Menschen ohne deutsche Staatsangehörigkeit und Menschen mit Migrationshintergrund im Hellfeld unter Opfern mutmaßlicher Körperverletzung im Amt überrepräsentiert sind. Diese Statistik erfasst lediglich das Hellfeld, nur physische Gewalt und lediglich diejenigen PoC, die Nichtdeutsche Staatsbürger sind, einen Migrationshintergrund haben oder denen einer zugeschrieben wird.[1123]

Eine ältere von *Schweer* und *Strasser* durchgeführte Studie zeigt, dass 92 % aller befragten Polizeibeamten angaben, dass sie Deutsche und Nicht-Deutsche

---

1122 Amnesty International, Konkrete Maßnahmen gegen Polizeiliche Diskriminierung sind überfällig, 11. November 2020, https://www.amnesty.de/allgemein/pressemitteilung/deutschland-konkrete-massnahmen-gegen-polizeiliche-diskriminierung-sind (zuletzt abgerufen am 6. Mai 2023).

1123 Eine Analyse bayrischer Akten zeigt auf, dass 34 % der mutmaßlichen Opfer einer Körperverletzung im Amt einen Migrationshintergrund haben und 24 % nicht die deutsche Staatsangehörigkeit haben (siehe *Luff/Schuster/Röhm*, Konflikte im Polizeialltag: Eine Analyse von Beschwerden gegen Polizeibeamte und Körperverletzung in Bayern, S. 234), wobei lediglich 14 % der deutschen Bevölkerung nicht die deutsche Staatsangehörigkeit hat und 28,7 % einen Migrationshintergrund haben, siehe https://www.bpb.de/nachschlagen/zahlen-und-fakten/soziale-situation-in-deutschland/61646/migrationshintergrund (zuletzt abgerufen am 6. Mai 2023).

gleichbehandeln. Gleichzeitig gaben 45 % der Befragten an, dass ihre Kollegen Nicht-Deutsche eher benachteiligen.[1124]

In eine Befragung von *Wiendieck* wird einer Gruppe Beamter ein hypothetischer Fall rassistischer polizeilicher Gewaltausübung geschildert. 23 % der Befragten gaben hierbei an, dass ein solcher Fall durchaus vorkommen könne, auch wenn es sich dabei um ein „sehr schlimmes" Szenario handele.[1125] Während diskriminierendes Handeln anderer also durchaus wahrgenommen wird, wird es hinsichtlich eigenen Verhaltens seltener erkannt.

Bei der Verfolgungspraxis der Polizei wird die Ungleichbehandlung von Sinti und Roma deutlich. Die Polizeiliche Kriminalstatistik für Berlin aus dem Jahre 2017 führte auf Seite 48 hinsichtlich der Deliktsgruppe „Trickdiebstahl in Wohnungen" folgendes aus:

> „Bei den hierzu durch die Fachstelle ermittelten Tatverdächtigen handelt es sich überwiegend um Angehörige der Volksgruppe der Sinti und Roma. Diese Familienclans leben mittlerweile seit Jahren in Deutschland und besitzen überwiegend die deutsche Staatsangehörigkeit."[1126]

Thomas Fischer, ehemaliger Richter am Bundesgerichtshof, betont, dass solche Aussagen der Ermittlungsbehörden eine „irrationale[r] Zuschreibung von Gefährlichkeit"[1127] nach sich zieht, die zu einer Vertiefung rassistischer Ausgrenzung führt. Die Reproduktion rassistischer Annahmen über die Kriminalität von Sinti und Roma findet sich auch deutlich in einem BGH-Urteil aus dem Jahre 1956:

> „Da die Zigeuner sich in weitem Maß einer Anpassung an die sesshafte Bevölkerung widersetzt haben, gelten sie als asozial. Sie neigen, wie die Erfahrung zeigt, zur Kriminalität, besonders zu Diebstählen und Betrügereien, es fehlen ihnen vielfach die sittlichen Antriebe der Achtung vor fremdem Eigentum, weil ihnen wie primitiven Urmenschen

---

1124 *Schweer/Strasser*, in: Groenemeyer/Mansel, Die Ethnisierung von Alltagskonflikten S. 256 f.

1125 *Wiendieck/Kattenbach/Schönhoff*, POLIS – Polizei im Spiegel, S. 40.

1126 *Fischer* diskutiert diese nun nicht mehr existierende Passage in der Kriminalstatistik: *Thomas Fischer*, Spiegel Panorama, Ein Senator, seine Polizisten und 86 Trickdiebe, 07.11.2019, https://www.spiegel.de/panorama/gesellschaft/wie-sinti-und-roma-von-der-berliner-polizei-diskriminiert-werden-kolumne-a-1295311.html (zuletzt abgerufen am 6. Mai 2023).

1127 *Thomas Fischer*, Spiegel Panorama, Ein Senator, seine Polizisten und 86 Trickdiebe, 07.11.2019, https://www.spiegel.de/panorama/gesellschaft/wie-sinti-und-roma-von-der-berliner-polizei-diskriminiert-werden-kolumne-a-1295311.html (zuletzt abgerufen am 6. Mai 2023).

ein ungehemmter Okkupationsbetrieb eigen ist. Sie wurden deshalb allgemein von der Bevölkerung als Landplage empfunden […].“[1128]

Nach jahrelangen Forderungen des Zentralrats Deutscher Sinti und Roma, beauftragte der Deutsche Bundestag eine Kommission mit der Erforschung des Antiziganismus in Deutschland.[1129] Der Deutsche Bundestag veröffentlichte im Jahr 2021 einen Bericht, der die polizeiliche „Zuschreibung einer allgemeinen Kriminalitätsneigung“ von Sinti und Roma kritisiert.[1130]

„Sozialraumorientierte Polizeipraxis“, „Lageerkenntnisse“ und „gefährliche Orte“ sind mit den Kategorien „race“, soziale Schicht und Geschlecht verbunden. Polizeiliches Handeln orientiert sich an Raum und den Personengruppen, die in diesem Raum erwartet werden.[1131] Die Kennzeichnung als „gefährliche Orte“ aufgrund von Erfahrungswissen rechtfertigt aus polizeilicher Sicht proaktive Anwesenheit in diesen Räumen, gefolgt von vermehrten Kontrollen und Befragungen. Das konkrete Handeln der Polizei richtet sich nach der mit dem bestimmten Raum verbundenen Erwartungshaltung. Auf diese Weise werden bestimmte „gefährliche Orte“ mittels einer vermeintlich objektiven Bezeichnung („gefährlicher Ort“) als kontrollwürdig[1132] stigmatisiert. Die Bezeichnung „gefährlicher Ort“ wird unter anderem durch häufigere Kontrollen, Befragungen und andere polizeilichen Maßnahmen in einem Kreislauf gerechtfertigt. Die polizeiliche Definition darüber, in welchen Räumen gesteigerte Aktivität notwendig ist, bestätigt sich so selbst. *Hunold, Dangelmaier* und *Brauer* untersuchten 2020 in einer empirischen Interviewanalyse[1133] das Verhältnis zwischen polizeilich konstruiertem Raum, polizeilichem Handeln und marginalisierten Gruppen. Die befragten Polizisten wurden darum gebeten bestimmte Einsatzgebiete zu beschreiben. Hier ist ein Auszug aus den Antworten:

„Da haben wir Syrer, Altlibanesen, Türken, noch ganz andere Leute mit Migrationshintergrund“, „hoher Anteil an Migranten“, „vermehrt Personen mit einem russischen Hintergrund […] oder mit einem türkischen. Also tatsächlich so ein bisschen Gettoisierung.“

1128 Urteil des Bundesgerichtshofs vom 7. Januar 1956 – IV ZR 211/55.
1129 BT-Drs. 19/30310, S. 16.
1130 BT-Drs. 19/30310, S. 230.
1131 *Dangelmaier/Brauer*, in: Hunold/Ruch, Polizeiarbeit zwischen Praxishandeln und Rechtsordnung, S. 220 ff.
1132 *Dangelmaier/Brauer*, Hunold/Ruch, Polizeiarbeit zwischen Praxishandeln und Rechtsordnung, S. 231.
1133 *Hunold/Dangelmaier/Brauer*, Soziale Probleme 2021, S. 19.

„In [Dillenstadt-Süd] hast du einen extrem großen Migrationsanteil. Ich weiß jetzt die aktuellen Zahlen nicht, müsstest du dir raussuchen beim Statistischen Bundesamt. […] Aufgrund dieser verschiedenen Personengruppen, Religionsgruppen und so, gibt es dort auch häufig Familienstreitereien."
„Ja, gerade wenn wir jetzt so an die Gegenden denken, [Straße P.], [Straße T.], da auch die Hochhäuser, und die Gegend da, die wirkt einfach nicht einladend, und es ist natürlich auch ein gefühlt hoher Anteil an Migranten dort, die sich natürlich überhaupt nicht mit der hiesigen Rechtsordnung identifizieren und dann dementsprechende Delikte dann auftreten."

Die Studie kommt insgesamt zu dem Ergebnis, dass in der polizeilichen Arbeit eine Verknüpfung zwischen Raum, Personen und der Notwendigkeit polizeilicher Maßnahmen besteht. Die Verknüpfung zwischen bestimmten Personen mit kriminellem Handeln wird als „natürlich", gewissermaßen automatisch oder als inhärent beschrieben. Gleichzeitig wird sich seitens der Beamten nicht damit auseinandergesetzt, wie eigene Stereotype und Heuristiken zur Perpetuierung dieser Vorstellungen führen. Vermeintlicher Migrationshintergrund und gelesene Herkunft werden mit Raum und notwendiger polizeilicher Identität als selbstverständlich in Beziehung gesetzt. Andere, vor allem strukturell diskriminierend wirkende Faktoren, wie sozialökonomische Benachteiligung, werden hingegen nicht vordergründig berücksichtigt. Stereotype Kriminalitätszuschreibungen werden hier auf eine Weise mit Personengruppen in Verbindung gebracht („und es ist natürlich auch gefühlt ein hoher Anteil an Migranten dort"), dass sie zu „Lageerkenntnissen promoviert werden"[1134].

Gesellschaftliche Vorstellungen von Kriminalität werden von polizeilichen Kriminalstatistiken geprägt. Polizeiliche Ermittlungsarbeit wiederum beruht primär auf polizeilichem Erfahrungswissen. Oder anders: „die Erscheinungsformen und Ausprägungen des staatlichen Gewaltmonopols […] [werden] wesentlich von den polizeilichen […] Akteuren und deren Wahrnehmungen bestimmt".[1135] Dazu gehört auch vermeintlich objektives Wissen über einen Raum, Personen und deren „natürliche" Kriminalität und Gefährlichkeit. Insofern stehen polizeiliches „Erfahrungswissen" und bereits existierende Stereotype innerhalb der Ermittlungsbehörden in einem Wechselwirkungsverhältnis mit gesellschaftlichen Stereotypen. Die Konsequenzen sind weitreichend und prägen das gesellschaftliche Verständnis von Kriminalität und Kriminalisierung

1134 *Tischbirek*, JZ 2013, 219 (223).

1135 *Lüdtke/Sturm,* in: Lüdtke/Reinke/Sturm Polizei, Gewalt und Staat im 20. Jahrhundert, S. 32.

von Personengruppen. Die Perpetuierung von Kriminalitätsverständnis durch stereotypes Erfahrungswissen wird auch als „labeling“ bezeichnet.[1136] In Zeiten politischer Radikalisierung und steigenden Populismus in und außerhalb Deutschlands ist die Reproduktion rassistischer Stereotype besonders problematisch.[1137]

Heuristiken – oder kognitive Abkürzungen – ermöglichen menschliches Überleben. Gleichzeitig bergen sie erhebliche Diskriminierungsrisiken für marginalisierte Personen. Polizeiarbeit im Ermittlungsverfahren ist für dieses Phänomen aus strukturellen Gründen besonders anfällig: Häufig müssen hier in kurzer Zeit, unter Druck, mit wenig Informationen Entscheidungen getroffen werden, die kognitiv auf dem eigenen – vermeintlich objektiven – institutionellen Erfahrungswissen beruhen. Dieses strukturelle Problem steht in einem Wechselwirkungsverhältnis zu konsensualen Erledigungsformen, die einerseits zur Vorverlagerung des Ermittlungsverfahrens beitragen und andererseits durch sie bedingt sind (siehe hierzu Kapitel 3). Gleichzeitig existiert kaum Bereitschaft, gegen Amtsträger zu ermitteln, denen der Vorwurf rassistischer Diskriminierung oder Gewaltausübung gemacht wird.[1138] Der NSU-Fall verdeutlicht prominent wie sich *implicit bias* im Ermittlungsverfahren bemerkbar machen und letztlich das Verfahren dominieren kann.

II. Beispiel: NSU-Ermittlungen

Die sich über zehn Jahre erstreckenden fehlgeleiteten Ermittlungen im Falle des Nationalsozialistischen Untergrundes (NSU) bleiben bis heute eines der prominentesten Beispiele für rassistisch geprägte Ermittlungen. Auch wenn der NSU-Fall nicht unmittelbar etwas mit konsensualen Erledigungsmethoden zu tat hat, ist er doch exemplarisch für strukturelle Diskriminierungseffekte, die bereits im Ermittlungsverfahren ansetzen und sich hartnäckig durch den weiteren Verlauf des Strafprozesses ziehen können. Der Fall ist aber auch exemplarisch dafür, wie

---

1136 *Kunz/Singelnstein*, Kriminologie, S. 202 ff.

1137 Siehe *Nobis*, StV 2018, 453 (456), der auf die Beziehung zwischen Strafrecht, Populismus und Rassismus hinweist: „Die Populisten machen Flüchtlinge, Einwanderer und Minderheiten zum Sündenbock. Dabei bleibt die Wahrheit regelmäßig auf der Strecke, während sich Nativismus, Fremdenfeindlichkeit, Rassismus und Islamfeindlichkeit breit machen.“

1138 Siehe beispielsweise *Singelnstein*, NK 2013, 15 (18). Hieraus ergibt sich, dass schon der „absolute Großteil“ aller Fälle, ob rassistisch motiviert oder nicht, wegen Körperverletzung im Amt gegen Polizeibeamte eingestellt werden.

trotz struktureller Ermittlungsdefizite auch im Nachhinein keine strukturellen Lösungen implementiert wurden, sondern das Problem auf Rechtsextremismus, statt strukturellen Rassismus, beschränkt wird. Nicht näher behandelt wird im Rahmen dieser Betrachtung die spezifische Rolle des Verfassungsschutzes.

Der Fall NSU verdeutlicht mindestens zwei verschiedene, aber zusammenhängende, Aspekte des *implicit racial bias*: der mangelnde Schutz von PoC durch die Strafverfolgungsbehörden einerseits und der gesteigerte und nachhaltige Verdacht gegen PoC – auch ohne konkreten Tatverdacht – andererseits. In den USA untersuchte der Strafrechtsprofessor *Randall Kennedy* diese beiden Phänomene unter den Begriffen *unequal protection* (fehlender Schutz von PoC) und *unequal enforcement* (überproportionale Strafverfolgung von PoC).[1139] *Kennedy* meint, dass der mangelnde Schutz marginalisierter Personen in den USA eine der gravierendsten Formen struktureller Unterdrückung sei,[1140] und daher ebenso viel Aufmerksamkeit verdiene wie die überproportionale Strafverfolgung. *Matthias Quent,* Soziologe und Rechtsextremismusforscher, zweifelt im Zusammenhang mit den NSU-Ermittlungen an, dass der deutsche Staat seiner Schutzfunktion gegenüber allen Bürgern gleichermaßen nachkommt.[1141]

Im Zeitraum zwischen 1998 bis 2011 ermordete die terroristische Gruppe NSU mindestens zehn Menschen aus rassistischen Motiven. Jahrelang sahen die Ermittlungsbehörden in den Morden eine Verbindung zur organisierten Kriminalität, anstatt rassistische, systematische Tötungen. Der enorme Fokus auf die organisierte Kriminalität und die Stigmatisierung der Opfer als Teil einer organisierten Kriminalitätsstruktur ermöglichte es den Tätern, über viele Jahre weitere Taten zu begehen. Für die „Ceska-Mordserie" stellt der Untersuchungsausschuss des Bundestages zwar fest, dass die Ermittlungsbehörden „engagiert und mit großem personellem und materiellem Aufwand"[1142] ermittelten, allerdings mit einem verfehlten Fokus. In Bayern wurden die Ermittlungen zunächst unter der Bezeichnung „Soko Halbmond" und ab 2005 unter der Bezeichnung „BAO Bosporus" geführt. Der Schwerpunkt der Ermittlungen lag bereits zu Beginn auf einer Verbindung zur organisierten Kriminalität. Nach erfolglosen

---

1139 *Kennedy*, Race, Crime, and the Law, S. 29–135.

1140 *Kennedy*, Race, Crime, and the Law, S. 29 ("Deliberately withholding protection against criminality [...] is one of the most destructive forms of oppression that has been visited upon African-Americans.").

1141 *Quent,* Rassismus, Radikalisierung, Rechtsterrorismus, S. 11.; vgl. auch *Gomolla*, in: Karakayali/Kahveci/Liebscher/Melchers, Den NSU-Komplex analysieren, S. 123, 124 und 137.

1142 BT-Drs. 17/14600, S. 834.

Ermittlungen wurde später zusätzlich die „Einzeltätertheorie“ mit ausländerfeindlicher Motivation als Ermittlungsansatz verfolgt. Trotz Vorliegen mehrerer Tatwaffen wurde hingegen eine rassistisch motivierte Tatbegehung durch mehrere Täter nicht erwogen. Die Einzeltätertheorie wurde schließlich aufgegeben. Und als auch die Ermittlungen, die einen Zusammenhang zur organisierten Kriminalität wähnten, zu nichts führten, lieferte die Staatsanwaltschaft keine „neue[n] Impulse“[1143]. Die Ermittlungen in Hamburg gingen ebenfalls primär von einem Zusammenhang zur organisierten Kriminalität aus; auch noch, als dieser Ansatz zu keinem Ergebnis führte. Zeugenaussagen über Personen am Tatort, die wie „Nazis“ aussahen, wurde nicht nachgegangen. Das seit Juni 2004 an den Ermittlungen ergänzend beteiligte BKA beharrte auf der Theorie der organisierten Kriminalität. Mögliche rassistische Motive wurden als „Kaffeesatzleserei“[1144] diskreditiert, für die es keine konkreten Hinweise gab. Auch spätere Ansätze, die auf der Annahme einer rassistischen Tatmotivation beruhten, wurden von den involvierten Ermittlungsbehörden nur tentativ verfolgt.[1145] Den NSU-Ermittlungen mangelte es nicht an Aufwand oder Ressourcen, sondern an einer rassismuskritischen Perspektive.

Die Ermittlungen im Falle der NSU-Morde sind zumindest durch zweierlei gekennzeichnet: die jahrelange Verfolgung desselben Ermittlungsansatzes, auch als diese immer wieder zu keinem Ergebnis führte, und die Ausblendung eines rassistischen Motivs, obwohl dieser Ansatz nahelag.[1146] Der confirmation bias – also die kognitive Neigung einen einmal verfolgten Ansatz auch trotz Erfolgslosigkeit und gegenteiliger Hinweise persistent weiter zu verfolgen – trifft hier auf implicit bias. Die Verfolgung des immer gleichen Tatansatzes – „organisierte Kriminalität“ – stand aus Sicht der Ermittlungsbehörden in engem Zusammenhang mit der Identität der Opfer. Die Ermittlungen wurden seitens der Ermittlungsbehörden als „Döner-Morde“, „Soko Halbmond“ und „BAO Bosporus“ bezeichnet. Der türkische Migrationshintergrund der Opfer wurde primär mit organisierter Kriminalität, anstatt rassistischen Angriffen, verknüpft. Während zur Ermittlung rassistischer Tatmotivation lediglich neun Personen in Nürnberg aufgesucht und befragt wurden, wurden etwa 900 türkische Kleingewerbetreibende zwischen 2005 und 2006 aufgesucht.[1147] Die jahrelangen Ermittlungen

1143 BT-Drs. 17/14600, S. 835.
1144 BT-Drs. 17/14600, S. 835.
1145 BT-Drs. 17/14600, S. 835.
1146 BT-Drs. 17/14600, S. 843.
1147 BT-Drs. 17/14600, S. 835.

standen in einem deutlichen Missverhältnis zur Faktenlage und den Hinweisen zu möglichen rassistischen Motiven. Der Bayerische Landtag betont in seinem Abschlussbericht zum möglichen Fehlverhalten bayerischer Sicherheits- und Justizbehörden im NSU-Fall, den „enorme[n] Unterschied im Aufwand“[1148] zwischen dem Ansatz der organisierten Kriminalität und dem rassistischer Tatmotive. Das beharrliche Weiterverfolgen eines längst ausermittelten Ansatzes war nicht nur fehlerhaft,[1149] sondern deutlich von implicit bias geprägt. Die späteren Behauptungen der involvierten Ermittler, dass ein rassistisches Tatmotiv nicht weiterverfolgt wurde, weil es dafür zum jeweiligen Zeitpunkt keinen Anlass gab, steht zum einen im Widerspruch mit der Faktenlage und erklärt andererseits auch nicht, wieso jahrelang ein Bezug zur organisierten Kriminalität ermittelt wurde, wenn es dafür kaum konkrete Hinweise gab und die vorhandenen Hinweise immer wieder ausermittelt wurden. Den Ermittlern fehlte es nicht an Eifer, sondern an der Fähigkeit, ihre eigenen stereotypen Vorannahmen zu erkennen und neue Informationen ohne Bestätigungsdrang auszuwerten.

C. Konsensuale Erledigung

I. Einstellung nach § 153a StPO

1. Strukturelle Risiken – öffentliches Interesse zwischen Neutralität und Implicit Bias

Die mit den Opportunitätsvorschriften verbundenen strukturellen Probleme, sind in der Literatur bereits ausführlich diskutiert worden.[1150] Kritisiert wird insbesondere die uneinheitliche Anwendung der Einstellungsvorschriften, die in der Praxis an ein Bündel verschiedenster Erwägungen geknüpft ist. Kern der Kritik ist die Verwendung unbestimmter Rechtsbegriffe und das vage Prinzip der Opportunität, das der Staatsanwaltschaft sowohl einen Beurteilungsspielraum als auch Ermessensmacht einräumt.[1151] Der für Einstellungen aus Opportunitätsgründen zentrale Begriff des „öffentlichen Interesses“ lässt sich beispielsweise sehr unterschiedlich interpretieren. Der Begriff ist „umstritten, stark ausdehnbar und weitgehend unbestimmt“[1152] Letztlich lässt sich der Begriff nicht genau

---

1148 Bayerischer Landtag, Schlussbericht, BT-Drs. 16/17740, S. 140.

1149 BT-Drs. 17/14600, S. 835.

1150 Siehe beispielsweise *Weßlau/Deiters*, SK-StPO, § 153 Rn. 7 ff.; *Diemer*, KK-StPO, § 153 Rn. 1; *Peters*, MüKo-StPO, § 153 Rn. 6 f.

1151 *Brüning*, ZIS 2015, 586 (590); *Hanack*, FS-Gallas, S. 339 ff.

1152 *Magnus*, GA 2012, 621 (621).

definieren und wird durch die „Abwägung unterschiedlicher Interessensrichtungen“[1153] bestimmt.

Zum Teil wird sogar davon gesprochen, dass sich der Gesetzgeber mit der Einräumung eines weiten Beurteilungsspielraums für einen großen Anteil verfolgter Straftaten „seiner Verpflichtung zur Gewährleistung von Rechtsgewährung in erheblichem Maß entzogen“[1154] habe. Zumindest wird der Staatsanwaltschaft hier ein deutlich „flexibler Anwendungsbereich“[1155] eingeräumt. Die Kritik an dieser Entwicklung geht so weit, dass eine prozessuale Lösung[1156] insgesamt abgelehnt wird und eine Lösung auf materieller Ebene gesucht wird. Die Vertreter der materiellen Lösung befürworten eine Entkriminalisierung auf materieller Ebene, anstatt den Ermittlungsbehörden die Macht über selektive Kriminalisierung zu überlassen.[1157] Auf die Diskussion über die Verfassungsmäßigkeit der §§ 153, 153a StPO sei an dieser Stelle nur verwiesen[1158], da es für die vorliegende Betrachtung nicht auf die Verfassungswidrigkeit der Vorschriften, sondern auf ihr strukturelles Potential für Diskriminierung ankommt. Dieses Diskriminierungsrisiko hängt mit dem in §§ 153, 153a StPO angelegten Interpretationsspielraum und dem dort eingeräumten Ermessen zusammen.

Auch wenn alle Voraussetzungen des § 153a StPO vorliegen, liegt die Entscheidung der Staatsanwaltschat darüber, ob eine Einstellung erfolgt, in ihrem unüberprüfbaren Ermessen („kann“).[1159] Die Entscheidungsmacht der Staatsanwaltschaft wird nicht durch eine Kontrollinstanz oder durch Rechtsbehelfe des Beschuldigten ausgeglichen. Im Rahmen des § 153a StPO (nicht im Falle des § 153 StPO) kann der Beschuldigte zwar seine Zustimmung verweigern, andere Gestaltungsmöglichkeiten oder ein Initiativrecht des Beschuldigten besteht jedoch nicht. Derzeit existiert auch kein Mechanismus zur Kontrolle der einheitlichen Handhabung von Einstellungen. Eine seit langem geforderte Begründungspflicht[1160] der Ermessensentscheidung nach §§ 153, 153a StPO, die Transparenz schaffen könnte, existiert ebenfalls nicht. Daher wird das

1153 *Moldenhauer,* in: Momsen/Grützner, Wirtschafts- und Steuerstrafrecht, § 11 Rn. 54.

1154 *Diemer,* KK-StPO, § 153a Rn. 3.

1155 *Moldenhauer,* in: Momsen/Grützner, Wirtschafts- und Steuerstrafrecht, § 11 Rn. 56.

1156 Gemeint ist eine selektive Strafverfolgung durch die Ermittlungsbehörden, siehe *Weßlau/Deiters,* SK-StPO, § 153 Rn. 2.

1157 *Weigend,* ZStW 109 (1997), 103 (106).

1158 Siehe beispielsweise *Horstmann,* Zur Präzisierung und Kontrolle von Opportunitätseinstellungen, S. 169 ff.

1159 Zur Diskussion über Rechtsbehelfe siehe *Hawickhorst,* StraFo 2016, 141.

1160 *Kudlich,* ZRP 2015, 10 (12); *Kunz,* Das strafrechtliche Bagatellprinzip, 1984, S. 323.

Verfahren im Rahmen des § 153a StPO auch kritisch als „Tuschelverfahren“[1161] oder „Geheimverfahren“[1162] bezeichnet.

Auf dieser Basis wurde in der Literatur bisher vordergründig die mögliche Privilegierung finanziell gut gestellter Beschuldigter diskutiert. Das Risiko einer Ungleichbehandlung wird in diesem Bereich also durchaus diskutiert aber nicht auf rassistische Ungleichbehandlung übertragen.[1163] Die mangelnde Thematisierung selektiver Einstellungen im Zusammenhang mit rassistischen Diskriminierungseffekten ist vor dem Hintergrund der bereits diskutierten Grundannahme, das Recht und seine Anwendung sei neutral, nicht verwunderlich.[1164] Eine mögliche Verbindung zwischen weiten Entscheidungsspielräumen und Diskriminierungseffekten ist allerdings nicht fernliegend. Das Legalitätsprinzip – als Gegenspieler zur Opportunität – soll gerade garantieren, dass Entscheidungen ohne „Ansehen der Person“[1165], also diskriminierungsfrei, getroffen werden.

Ermessensentscheidungen und individueller Entscheidungsspielraum sind anfällig für diskriminierende Erwägungen.[1166] Das spezifische Diskriminierungsrisiko besteht in der selektiven Handhabung der Einstellungsvorschriften. Hier lassen sich zwei mögliche Varianten unterscheiden. Einerseits kann eine Ungleichbehandlung dann vorliegen, wenn eine Einstellung von der Staatsanwaltschaft auf Grund bewusster oder unbewusster rassistischer Diskriminierung ausgeschlossen wird. Andererseits kann eine Ungleichbehandlung aber auch darin liegen, dass mittels Einstellungsvorschriften ein Fall erfasst wird, der andernfalls gar nicht erst verfolgt worden wäre. Zum Teil wird behauptet, dass den §§ 153, 153a eine ausschließlich entkriminalisierende[1167] und daher aus Sicht des Beschuldigten begünstigende Wirkung zukommt. Dem kann nicht uneingeschränkt zugestimmt werden. Den Einstellungsvorschriften kommt auch eine *strafbe*gründende – wenn auch keine *strafbarkeits*begründende – Wirkung zu. Die enorme Bedeutungssteigerung des Opportunitätsprinzips beruht

---

1161 *Schmidhäuser*, JZ 1973, 529 (535).

1162 *Hohendorf*, NJW 1979, 1177 (1179).

1163 Vgl. beispielsweise *Schmidhäuser* JZ 1973, 529 (529); *Hirsch*, ZStW 92 (1980), 218 (221); *Fezer*, ZStW 106 (1994), 1 (25 f.).

1164 Siehe hierzu S. 240 ff.

1165 *Peters*, Müko-StPO, § 152 Rn. 7.

1166 Siehe beispielsweise für Urteile, „Klassenzugehörigkeit“ und Strafmaßermessen *Haverkamp/Lukas*, in: Scherr/El-Mafaalani/Yüksel, Handbuch Diskriminierung, S. 294.

1167 Näher zur entkriminalisierenden Wirkung des § 153a StPO, siehe *Saliger*, GA 2005, 158 (171).

auch auf der erheblichen Ausweitung des materiellen Strafrechts. Die Entscheidung des BVerfG zur Verfassungsmäßigkeit des § 29 Abs. 5 BtMG macht dies deutlicher.[1168] Das BVerfG begründet die Verfassungsmäßigkeit der Kriminalisierung des gelegentlichen Eigenverbrauchs geringer Cannabismengen mit der entkriminalisierenden Wirkung der §§ 153 ff. StPO:

> „Soweit die Strafvorschriften des Betäubungsmittelgesetzes Verhaltensweisen mit Strafe bedrohen, die ausschließlich den gelegentlichen Eigenverbrauch geringer Mengen von Cannabisprodukten vorbereiten und nicht mit einer Fremdgefährdung verbunden sind, verstoßen sie deshalb nicht gegen das Übermaßverbot, weil der Gesetzgeber es den Strafverfolgungsorganen ermöglicht, durch das Absehen von Strafe (vgl. § 29 Abs. 5 BtMG) oder Strafverfolgung (vgl. §§ 153 ff. StPO, § 31a BtMG) einem geringen individuellen Unrechts- und Schuldgehalt der Tat Rechnung zu tragen."[1169]

Anstatt also schon auf Gesetzgebungsebene anzusetzen und den Zweck *materieller* Kriminalisierung zu hinterfragen –, wird die Filterverantwortung auf die Ermittlungsbehörden – insbesondere auf die Staatsanwaltschaft im Rahmen von Opportunitätsvorschriften verschoben. Eine solche Filterverantwortung ist auch im Rahmen des § 265a StGB des Erschleichens von Leistungen erkennbar. Anstatt einer materiellen Entkriminalisierung des einmaligen Fahrens ohne Fahrschein, werden einschlägige Fälle in der Praxis auf Grundlage des Opportunitätsprinzips eingestellt. *Saliger* und *Sinner* sprechen im Kontext des *Mannesmann* Prozesses von der Gefahr, dass das „materielle Strafrecht zum bloß abstrakten Recht herabsinkt"[1170]. Letzteres wird in Kombination mit Racial Profiling sichtbar und soll daher auf die vorherigen Ausführungen zu *implicit bias* im Ermittlungsverfahren verweisen. Für den ersten und offensichtlicheren Fall (es erfolgt keine Einstellung) wird im Folgenden das Risiko scheinbar neutraler Faktoren aufgezeigt, die es den Ermittlungsbehörden erlauben, im Rahmen von Opportunitätserwägungen bestimmte Fälle auf prozessualer Ebene zu entkriminalisieren und anschließend anhand zweier Einzelfälle analysiert.

Das „öffentliche Interesse" und die „Geringe der Schuld" werden in der Praxis durch eine Vielzahl einzelfallabhängiger Faktoren bestimmt. Alle denkbaren Faktoren können hier nicht im Einzelnen aufgelistet werden. Das „öffentliche Interesse" kann sich grundsätzlich aus spezialpräventiven und generalpräventiven Aspekten ergeben.[1171] Typischerweise relevante Faktoren für die

---

1168 BVerfGE 90, 145.

1169 BVerfGE 90, 14, Leitsatz 3.

1170 *Saliger/Sinner*, ZIS 2007, 476 (482).

1171 *Meyer-Goßner/Schmitt*, § 153 Rn. 7; *Plöd*, KMR-StPO, § 153 Rn. 11.

Einstellungsentscheidung sind aber beispielsweise Vorstrafen des Beschuldigten, eine vorherige Einstellung nach § 153a StPO in einem anderen Fall, die Stellung des Beschuldigten im öffentlichen Leben[1172], die Schwere des Tatvorwurfs, Interesse der Geschädigten an der Strafverfolgung[1173], das massenweise Auftreten ähnlich gearteter Fälle[1174] und das Interesse der Allgemeinheit an der konkreten Tat[1175]. All diese Faktoren sind zunächst scheinbar neutral. Wenn scheinbar neutrale Faktoren aber auf *implicit bias* beruhen oder in einem Wechselwirkungsverhältnis zu anderen Ungleichbehandlungen stehen, wird der diskriminierende Effekt der Abwägungsentscheidung sichtbar. Dies gilt insbesondere für die in der Person des Beschuldigten liegenden Faktoren, die in der Praxis eine „maßgebliche Rolle" spielen.[1176]

Betrachtet man beispielsweise das Kriterium der *Vorstrafen* und der *vorherigen Einstellung* scheinen beide Faktoren grundsätzlich angemessen und neutral. Vor dem Hintergrund, dass die Identität und soziale Stellung einer Person bestehende Vorstrafen beeinflussen kann, wird diese Annahme jedoch verkompliziert. Wie bereits ausgeführt gibt es zahlreiche Hinweise darauf, dass Racial Profiling auch in Deutschland existiert und sozialraumorientierte Polizeipraxis zu überproportionalen Kontrollen, Verhaftungen und Gewaltanwendung durch die Polizei gegenüber marginalisierten Personen führt. Eine marginalisierte Person, die in einem von der Polizei als „gefährlichen Ort" identifizierten Stadtteil lebt, mag auf Grund gesteigerter Polizeipräsenz häufiger angehalten, kontrolliert, befragt und verhaftet werden, als eine Person, die in einem wohlhabenderen Stadtteil ohne regelmäßige Polizeipräsenz lebt. Im US-amerikanischen Kontext wird der Zusammenhang zwischen dem scheinbar neutralen Kriterium der Vorstrafen und Racial Profiling schon lange diskutiert.[1177] Da es in Deutschland aber schon kaum Untersuchungen zu Racial Profiling gibt, existiert auch kein statistisches Material über mögliche fortwirkende diskriminierende Effekte rassistischer Polizeikontrollen im Strafverfahren. *Beispiel 2* in der folgenden Betrachtung verschafft einen Eindruck darüber, wie Rassismus, Vorstrafen und strafrechtliche „Auffälligkeit" zusammenwirken können. Ähnliches gilt für das *massenhafte*

1172 *Diemer*, KK-StPO, § 153 Rn. 14 f.
1173 Differenziert hierzu *Weßlau/Deiters*, SK-StPO, § 153 Rn. 23.
1174 Dieses Kriterium ist umstritten, siehe hierzu kritisch *Mavvany*, LR-StPO § 153 Rn. 32.
1175 BGHSt 10, 259.
1176 *Weßlau/Deiters*, SK-StPO, § 153 Rn. 21.
1177 *Davis*, Fordh. L. Rev. 1998, 13 (36 f.).

Auftreten von Bagatelldelikten. Der polizeiliche Fokus auf Drogendelikten an einem „gefährlichen Ort“ reproduziert den polizeilichen Wissensbestand, dass es sich um verfolgungswürdige Taten handelt, da sie schließlich massenhaft auftreten. Insofern reagiert die Polizei nicht nur auf Kriminalpolitik, sondern gestaltet sie öffentlich wirksam mit. Ein scheinbar neutrales Kriterium („gefährlicher Ort“) beruht dann nicht nur auf natürlichen Gegebenheiten, sondern auf einem gesellschaftlichen Konstrukt, das von der Polizei mitentwickelt wird.

Das *Interesse des Geschädigten* an der Strafverfolgung miteinzubeziehen ist nicht schon grundsätzlich diskriminierend.[1178] Nähere Betrachtung zeigt allerdings auch die Anfälligkeit dieses Faktors für *implicit bias.* Beispielsweise dann, wenn eine unbewusste persönliche Identifizierung mit dem vermeintlichen Opfer vorliegt. Die Ermittlungsbehörden mögen einen Fall mit einem *weißen* Opfer anders betrachten als einen Fall mit einem Opfer of Color. Betrachtet man die Ermittlungen im Falle NSU durch verschiedene Ermittlungsbehörden, scheint es nicht ausgeschlossen, dass auch die Identität des Opfers eine zentrale Rolle spielen kann. Im Rahmen der erfolglosen NSU-Ermittlungen war dies jedenfalls entscheidend.[1179]

Auch das *Interesse der Allgemeinheit an der Straftat*[1180] scheint zunächst ein neutraler, diskriminierungsfreier Faktor zu sein, der unmittelbar an das „öffentliche Interesse“ anknüpft. Zum Teil wird argumentiert, dass ein „reges mediales Interesse an der Tat [...] als Indiz für ein öffentliches Interesse zu werten“[1181] sein kann. Im Kontext politischer Radikalisierung gegenüber marginalisierter Personengruppen – unter anderem mit medialer Begleitung – ist die Berücksichtigung des Interesses der Allgemeinheit allerdings mit der Gefahr verbunden, dass dieses Interesse seinerseits rassistische Stereotype reproduziert. Die in ganz Deutschland bekannt gewordene „Kölner Silvesternacht“ wurde beispielsweise mit medialer Begleitung zu einem Fall mit erheblichem Interesse der

1178 Insgesamt kritischer gegenüber der Erwägung von Opferinteressen für die Einstellungsentscheidung siehe *Weßlau/Deiters*, SK-StPO, § 153 Rn. 23.

1179 In den USA wird dieses Phänomen vor allem hinsichtlich der Todesstrafe diskutiert, die überproportional dann zur Anwendung kommt, wenn es sich bei dem Opfer um eine weiße Person handelt, siehe Death Penalty Information Center, Executions by Race and Race of Victim https://deathpenaltyinfo.org/executions/executions-overview/executions-by-race-and-race-of-victim (zuletzt abgerufen am 6. Mai 2023).

1180 Siehe beispielsweise BGHSt 10, 259, wo insbesondere die Tatfolge zur Annahme eines erhöhten öffentlichen Interesses führte.

1181 *Diemer*, KK-StPO, § 153 Rn. 15.

Öffentlichkeit. Die „Kölner Silvesternacht“[1182] hatte weitreichende Folgen für das Straf- und Asylrechtssystem. So wurde das Gesetz zur Reform des Sexualstrafrechts beschleunigt verabschiedet und das Asylrecht verschärft. Der Fall prägte die Diskussion zur Einwanderung in Deutschland und sexueller Gefährdung Deutscher Frauen durch junge muslimische Männer. Das „Kollektivsymbol“[1183] der Kölner Silvesternacht umfasst Stereotype, die im öffentlichen Diskurs immer wieder reproduziert wurden und die strafrechtlichen Ermittlungen sowie den rechtswissenschaftlichen und politischen Diskurs begleiteten. Innerhalb des Diskurses wurden feministische Forderungen nach Schutz vor sexualisierter Gewalt mit rechtspopulistischer Rhetorik verzerrt.[1184] Damit soll nicht gesagt sein, dass es an dem Fall der „Kölner Silvesternacht“ nicht auch ein durchaus berechtigtes Interesse der Allgemeinheit gab. Allerdings ist dieses nicht immer neutral und diskriminierungsfrei.[1185]

Die folgenden Einzelfälle (*Beispiel 1* und *Beispiel 2)* betreffen sowohl offensichtliche diskriminierende Faktoren also auch implicit bias.

2. Beispiel 1 – *Ablehnung des § 153a StPO, weil der Beschuldigte „Ausländer“ ist*

a. Sachverhalt und Entscheidung

Im November 2015 wurde medial ein Fall diskutiert, in dem eine Einstellung gegen eine Auflage gem. § 153a StPO abgelehnt wurde. Der Fall wurde nur durch den Anwalt des Beschuldigten öffentlich, der einen Teil der staatsanwaltschaftlichen Akte auf Twitter veröffentlichte. Aus der Begründung der Einstellungsablehnung

1182 Siehe Süddeutsche Zeitung, Silvesternacht in Köln, Gründen-Chefin kritisiert Vorgehen der Kölner Polizei an Silvester vom 2. Januar 2017, https://www.sueddeutsche.de/panorama/silvesternacht-in-koeln- gruenen-chefin-kritisiert-vorgehen-der-koelner-polizei-an-silvester-1.3317678 (zuletzt abgerufen am 6. Mai 2023); Tagesspiegel, Sexuelle Angriffe auf Frauen, Welche Lehren aus der Kölner Silvesternacht gezogen wurden vom 28. Dezember 2020, https://www.tagesspiegel.de/politik/sexuelle-angriffe-auf-frauen-welche-lehren-aus-der-koelner-silvesternacht-gezogen-wurden/26731940.html (zuletzt abgerufen am 6. Mai 2023).

1183 *Jäger/Wamper*, Von der Willkommenskultur zur Notstandsstimmung, Der Fluchtdiskurs in deutschen Medien 2015 und 2016, S. 9 ff., 140 ff., 166 f.

1184 *Schuster*, juridikum 2017, 281.

1185 Siehe zu dem Zusammenhang zwischen Feminismus und der Politisierung des Strafrechts (“carceral feminism”) im US-Kontext *Gruber*, The Feminist War On Crime, passim.

geht hervor, dass die Staatsanwaltschaft Chemnitz eine Einstellung nach § 153a StPO deshalb ablehnte, weil der Beschuldigte „Ausländer“ war.

Dem Beschuldigten wurde hier ein einfacher Diebstahl nach § 242 Abs. 1 StGB vorgeworfen. Der Wert der in Rede stehenden Waren lag bei 34,85 Euro. Zum Vergleich, das Strafverfahren gegen Helmut Kohl wegen Untreue wurde 2001 gegen eine Zahlung von 300.000 DM eingestellt. Das Verfahren vor dem LG Düsseldorf gegen Josef Ackermann, ehemaliger Deutsche-Bank-Chef, wurde nach einer Zahlung von 3,2 Mio Euro gem. § 153a StPO eingestellt. Das Strafverfahren gegen den ehemaligen Bundestagsabgeordneten Sebastian Edathy wegen Besitzes kinderpornographischer Schriften wurde vom LG Verden gegen die Zahlung einer Geldauflage von 5.000 Euro nach § 153a StPO eingestellt. Im Falle Ecclestone wurde das Verfahren gem. § 153a StPO gegen eine Zahlung von 75 Mio. Euro eingestellt. Hierbei handelt es sich nur um einige kritisch diskutierte Einstellungsentscheidungen.[1186] Die teilweise exorbitanten Summen – vor allem im Vergleich zu dem hier in Rede stehenden zweistelligen Betrag – exemplifizieren nicht nur ein Willkür- sondern ein in § 153a StPO angelegtes Diskriminierungsrisiko.

Bei dem Beschuldigten im Chemnitzer Fall handelte es sich um einen aus Marokko stammenden Asylbewerber, der zum Zeitpunkt des Ermittlungsverfahrens seit etwa zwei Jahren in Deutschland lebte. Die Polizeidirektion und Staatsanwaltschaft gaben nach medialer Kritik[1187] der Entscheidung an, dass der Vermerk formal richtig sei und der Beschuldigte kein Deutsch sprach, einen Dolmetscher verweigerte und der § 153a StPO daher nicht sinnvoll angewendet werden konnte.

1186 *Brüning*, ZIS 2015, 586.

1187 Nordbayern, Weil er Ausländer ist: Ladendiebstahl muss vor Gericht, 10. November 2015, https://www.nordbayern.de/panorama/weil-er-auslander-ist-ladendieb-muss-vor-gericht-1.4776434 (zuletzt abgerufen am 6. Mai 2023); Süddeutsche Zeitung, „Der Beschuldigte ist Ausländer“, 9. November 2015, https://www.sueddeutsche.de/panorama/mutmasslicher-diebstahl-der-beschuldigte-ist-auslaender-1.2729302 (zuletzt abgerufen am 6. Mai 2023).

Vorgangs-Nr. 01

Deckblatt Ladendiebstahl

1. Der vorliegenden Strafanzeige liegt ein Fall des Ladendiebstahls von Waren im Verkaufswert von 34,85 EUR durch die/den Beschuldigte(n) (Name, Vorname) geb. am (Geburtsdatum) zugrunde.

2. ☒ Ein Angebot auf Zahlung eines Geldbetrages nach §153a StPO wurde von hier aus an die/den Beschuldigten nicht herangetragen, weil
   - 2.1 ☐ die/der Beschuldigte nicht Ersttäter ist.
   - 2.2 ☐ es sich um eine Person handelt, die das 18. Lebensjahr noch nicht vollendet hat.
   - 2.3 ☒ aus folgendem Grund: Der Beschuldigte ist Ausländer.

3. ☐ Die/der Beschuldigte hat angegeben, Ersttäter(in) zu sein. Gegenteiliges war zur Zeit des Angebots auf Zahlung eines Geldbetrages nicht bekannt. Der/dem Beschuldigten wurde daher anheimgestellt, die Staatsanwaltschaft unter Bezahlung eines Geldbetrages in Höhe von EUR, zahlbar bis längstens um Einstellung des Verfahrens nach §153a StPO zu bitten.

Quelle: Twitter @mark_feilitzsch

b. Kritische Analyse der staatsanwaltschaftlichen Entscheidung

Im vorliegenden Beispielsfall lagen die Voraussetzungen des § 153a StPO zunächst ganz offensichtlich vor. Bei dem Wert der in Rede stehenden Waren handelte es sich um einen Gesamtbetrag von rund 30 Euro – also um ein Bagatelldelikt.[1188] Hier lag auch kein besonders schwerer Fall des Diebstahls im Sinne des § 243 StGB oder andere Erschwerungsgründe vor. Es gibt keine Hinweise darauf, dass der Beschuldigte vorbestraft war, ein besonderes Interesse des Geschädigten vorlag (Ladendiebstahl) oder, dass ihm der § 153a StPO in der Vergangenheit in einem vergleichbaren Fall angeboten wurde. Aus der staatsanwaltschaftlichen Akte ergibt sich, dass die Ablehnung einer Einstellung nach § 153a StPO allein auf dem Status des Beschuldigten als „Ausländer" beruhte.

Die Rechtfertigung der Staatsanwaltschaft Chemnitz ist im Lichte der bisherigen Ausführungen kritisch zu betrachten. Mit der Aussage, dass die Angabe

---

1188 Einen Hinweis darauf wann ein Bagatelldelikt vorliegt gibt die Kommentierung zu *Hohmann*, MüKo-StGB, § 248a Rn. 7; OLG Frankfurt a. M. NStZ-RR 2008, 311; OLG Zweibrücken NStZ 2000, 536.

auf dem Deckblatt der staatsanwaltschaftlichen Ermittlungsakte formal durchaus richtig sei, da der Beschuldigte Ausländer sei, argumentiert die Staatsanwaltschaft an dem Rassismusvorwurf vorbei und versucht die Ungleichbehandlung zu objektivieren. Ob es sich bei dem Beschuldigten rechtlich um eine Person ohne deutsche Staatsangehörigkeit handelt oder nicht, ist nicht Kern des Rassismusvorwurfs. Vielmehr geht es um eine Ungleichbehandlung des Beschuldigten auf Grund seiner Staatsangehörigkeit. Gerade hier setzt die Gefahr „objektiver", „neutraler" oder „formal richtiger" Begrifflichkeiten an, die durch ihre Anwendung im Einzelfall deutlich diskriminierenden Charakter einnehmen. Es kommt auch nicht darauf an, ob eine Diskriminierung hier intendiert war. *Implicit bias* liegt gerade auch dann vor, wenn sich Heuristiken mit Stereotypisierungen überschneiden, wobei im vorliegenden Beispiel eher eine direkte Diskriminierung vorliegt, die gegebenenfalls ihrerseits auf *implicit bias* beruht. Vermeintlich neutrale Entscheidungskriterien und Entscheidungsspielräume bilden Einfallstore für Diskriminierungseffekte.

Auch das Argument, der Beschuldigte war nicht bereit mit den Ermittlungsbehörden zu kooperieren, verzerrt das verfassungsrechtliche Schweigerecht. § 153a StPO setzt nicht voraus, dass der Beschuldigte zuerst kooperiert oder sich in anderer Weise gegenüber den Ermittlungsbehörden äußert. Der Beschuldigte muss der Einstellung lediglich zustimmen. Hier war es dem Beschuldigten mangels Angebots des § 153a StPO schon gar nicht möglich abzulehnen oder zuzustimmen. Unklar bleibt auch wie sich die Ermittler – ohne Gebrauch eines Dolmetschers – sicher sein konnten, dass der Beschuldigte nicht bereit war, dem § 153a StPO zuzustimmen. Die Sprachbarriere, die von der Behörde erst nach öffentlicher Kritik als Erklärung angeführt wurde, erklärt die Ablehnung des § 153a StPO letztlich nicht.

Bemerkenswert ist auch, dass die Ablehnung des § 153a StPO – mangels gesetzlicher Pflicht – überhaupt schriftlich begründet wurde. Es drängt sich die Frage auf in wie vielen Fällen die Begründung auf *implicit bias* beruht aber nie dokumentiert oder öffentlich gemacht wird. Mark Feilitzsch, Rechtsanwalt des Beschuldigten, gab an, dass es sich seiner Ansicht nach um eine Ungleichbehandlung handele, die „tausendfach passiert"[1189] aber regelmäßig mangels

1189 Vgl. Bericht der Süddeutschen Zeitung, Mutmaßlicher Diebstahl, „Der Beschuldigte ist Ausländer", 9. November 2015, https://www.sueddeutsche.de/panorama/mutmaslicher-diebstahl-der-beschuldigte-ist-auslaender-1.2729302 (zuletzt abgerufen am 6. Mai 2023).

Begründungspflicht und Kontrollmöglichkeiten der Einstellungsentscheidung unbemerkt bleibt.

Es stellt sich auch die Frage, ob es tatsächlich der rechtliche Status als „Ausländer“ war, der hier zur Diskriminierung führte oder ob es eher um die Identität des Beschuldigten als finanziell benachteiligte Person of Color ohne deutsche Staatsangehörigkeit ging. Denkbar scheint, dass die Benachteiligung hier kumulativ an alle drei Aspekte anknüpft. Schaut man sich beispielsweise den Fall „Ecclestone“ an, handelte es sich bei dem Beschuldigten ebenfalls um eine Person ohne deutsche Staatsangehörigkeit. In dem Fall wurde das Strafverfahren wegen Bestechung gegen eine Zahlung von 75 Millionen Euro gem. § 153a StPO eingestellt. Die fehlende deutsche Staatsangehörigkeit des Beschuldigten wurde nicht diskutiert und stellte keine Einstellungsbarriere dar. Mit dem fehlenden rechtlichen Status „deutscher Staatsbürger“ enden auch schon die Überschneidungen zwischen Bernie Ecclestone und dem Beschuldigten im Chemnitzer Ladendiebstahlsfall. Als Asylbewerber war der Beschuldigte in Chemnitz finanziell und rechtlich – durch die strengen Vorschriften des Asylrechts (beispielsweise Wohnsitzauflage und Arbeitsverbot) – schwächer gestellt. Es handelt sich bei beiden Beschuldigten zwar um Personen ohne deutsche Staatsangehörigkeit – allerdings nur im Falle des Asylbewerbers um eine PoC. Auch hier zeigt sich, dass die häufig vermengten Begriffe „Ausländerfeindlichkeit“ und Rassismus differenziert betrachtet werden müssen.

Letztlich gab es hier – mangels Rechtsbehelfs oder Kontrollmöglichkeiten – keine Möglichkeit des Beschuldigten, gegen die diskriminierende Entscheidung rechtlich vorzugehen und eine Einstellung nach § 153a StPO zu erwirken. Problematisch ist also nicht nur, dass es hier deutliche Hinweise auf eine rassistische Diskriminierung gibt, sondern auch, dass nicht effektiv dagegen vorgegangen werden kann.

3. Beispiel 2 – *Freiheitsentziehung in einem Bagatellfall*

c. Sachverhalt und Entscheidung

Im Juni 2016 verurteilte das Amtsgericht Köln einen 19-jährigen Angeklagten zu einer Freiheitsstrafe von sechs Monaten gem. §§ 252, 249 I, II, 22, 23 StGB, 1, 105 ff. JGG. Gleich zu Beginn des Urteils schilderte das Amtsgericht, dass der Beschuldigte irakischer Staatsangehöriger sei, der in Deutschland mehrfach Asyl beantragt habe und ein erneuter Asylantrag zum Zeitpunkt der Urteilsverkündung geprüft werde.[1190]

1190 AG Köln, Urteil vom 27.01.2016, 641 Ls 283/15, Rn. 4.

Das Amtsgericht stellte fest, dass der Beschuldigte am 24.11.2015 Socken im Wert von 2,99 Euro in einer mitgeführten Tüte verstaute, nicht bezahlte und den Kassenbereich verließ. Als der Beschuldigte im Anschluss von einem Ladendetektiv angehalten wurde, kam es laut Sachverhaltsfeststellungen zu einer Rangelei. Der Angeklagte wehrte sich gegen eine Festnahme und wurde mit Hilfe eines weiteren Zeugen zu Boden gebracht und festgehalten. Es kam hierbei nicht zu einer Verletzung des Zeugen. Das Gericht wertete dies als hinreichende Gewaltanwendung im Sinne der §§ 252, 249 Abs. 1 und 2 StGB. Das Amtsgericht begründete die Freiheitsstrafe damit, dass in der Person des Angeklagten eine „schädliche Neigung in einem so erheblichen Umfang“ vorläge, dass „nur noch in Form einer Jugendstrafe angemessen reagiert werden“ könne.

d. *Kritische Analyse der Entscheidung*

Auf den ersten Blick handelt es sich hier um einen Fall ohne Bezug zu § 153a StPO. Bei einer genaueren Betrachtung fällt allerdings auf, dass es sich grundsätzlich um ein klassisches Bagatelldelikt handelt, für das eine Einstellung gegen Auflage durchaus in Betracht kam. Bei dem gestohlenen Gegenstand handelte es sich um Socken im Wert von unter 3 Euro. Eine konsensuale Erledigung wurde dem Beschuldigten nicht angeboten. Stattdessen wurde er zu einer Freiheitsstrafe verurteilt.

Das Amtsgericht bezieht Verstöße gegen das Immigrationsrecht[1191] und den Status des Angeklagten in die Entscheidung ein, um die Freiheitsstrafe zu rechtfertigen. So wird die Strafe gewissermaßen in ein moralisch-ideologisches Weltbild eingebunden:

> „Nach den Feststellungen der Polizei ist außerdem ein Aufenthaltsermittlungsersuchen durch das Amtsgericht Hannover aktenkundig (Az. 315 Ds 20/15).“[1192]

> „Am 02.11.2012 wurde ein Verfahren wegen Verstoßes gegen das Aufenthaltsgesetz nach § 45 Abs. 1 JGG von der Staatsanwaltschaft Hamburg nicht weiter verfolgt.“[1193]
> „[…] dass der Angeklagte sich nicht an einem festen Ort in Deutschland aufhält, sondern durch die gesamte Bundesrepublik reist. Daraus ist ebenfalls zu schließen, dass er das Hilfesystem, das ihm hier als Flüchtling zugebilligt wird, in eklatanter Weise

1191 Der Begriff „Immigrationsrecht“ ersetzt hier bewusst den häufig verwendeten Begriff des Ausländerrechts. Die Bezeichnung Immigration verschiebt die Perspektive von einer personenbezogenen auf eine tatbezogene. Näher zu dem Begriff vgl. *Kluth / Heusch*, BeckOK Ausländerrecht, § 1 Rn. 1.

1192 AG Köln, Urteil vom 27.01.2016, 641 Ls 283/15, Rn. 9.

1193 AG Köln, Urteil vom 27.01.2016, 641 Ls 283/15, Rn. 6.

missbraucht. Er ist als Flüchtling nach Deutschland eingereist. Dennoch ist er nicht bereit, die ihm im Rahmen der humanitären Verantwortung gewährten Hilfestellungen anzunehmen."[1194]

Der Beschuldigte sagte in der Hauptverhandlung aus, dass er die Socken deshalb entwenden wollte, weil er kein Geld hatte, um sich Socken zu kaufen und sein letztes Geld für eine Mütze und Brot ausgab sowie obdachlos sei. Obwohl der Angeklagte keine Vorstrafen hatte, berücksichtigte das Gericht hier, dass der Beschuldigte zuvor strafrechtlich „aufgefallen"[1195] sei. Konkret bezieht sich das Gericht auf Vorwürfe der Leistungserschleichung und Verstöße gegen das Immigrationsrecht. Das Amtsgericht stützt sich hier auf die Verstöße gegen das Immigrationsrecht und die Vorwürfe der Leistungserschleichung, um eine „schädliche[...] Neigung"[1196] des Beschuldigten zu begründen.

Hinsichtlich der Diskriminierungseffekte lässt sich zunächst feststellen, dass auch hier eine intersektionelle Betrachtung der Identität des Beschuldigten als PoC, wohnungslos und irakischer Staatsbürger für eine differenzierte Betrachtung des Urteils notwendig ist. Das Amtsgericht nimmt wiederholt darauf Bezug, dass der Beschuldigte keinen festen Wohnsitz hat und sich nicht an die Wohnsitzauflage halte. Wohnungslose werden im gesellschaftlichen Diskurs häufig mit Kriminalität in Verbindung gebracht.[1197] Im Kölner Urteil auch durch das Gericht. Kontrollinterventionen durch die Polizei gehören nicht selten zum Alltag einer wohnungslosen Person, die sich stets im öffentlichen Raum aufhält.

Auffällig ist, dass das Urteil den rechtlichen Status des Angeklagten breiter thematisiert als die eigentlich vorgeworfene Tathandlung. Das Gericht suggeriert, dass der Beschuldigte das Rechtssystem Deutschlands ausnutze, um Straftaten zu begehen und nicht klar sei, ob es sich um einen „echten Flüchtling" handle. Das Urteil bezieht sich hier über die objektiven Tathandlungen hinaus intensiv auf die Berechtigung des Angeklagten in Deutschland leben zu dürfen – auch wenn es im Verfahren keinesfalls um den Aufenthaltsstatus des Beschuldigten geht und es sich um ein Strafgericht handelt.

Grundsätzlich ist die Berücksichtigung des „Vorlebens" eines Angeklagten und seiner „Beweggründe und Ziele" im Rahmen der konkreten Strafzumessung zulässig (§ 46 Abs. 2 StGB). Hier fällt jedoch auf, dass das Gericht die finanziell schwierigen Umstände des Beschuldigten, seine Wohnungslosigkeit und seine

1194 AG Köln, Urteil vom 27.01.2016, 641 Ls 283/15, Rn. 29.
1195 AG Köln, Urteil vom 27.01.2016, 641 Ls 283/15, Rn. 28.
1196 AG Köln, Urteil vom 27.01.2016, 641 Ls 283/15, Rn. 29.
1197 So beispielsweise *Müller*, Kriminalität, Kriminalisierung und Wohnungslosigkeit, S. 4.

„fehlende soziale Bindung“ in Deutschland als Indikatoren für eine schädliche Gesinnung wertet. Das Gericht versteht die sozioökonomischen Umstände des Beschuldigten als eine selbst verschuldete Situation. Teilweise erscheinen die Formulierungen in der Entscheidung mehr wie ein moralisch-politischer als ein rechtlicher Vorwurf: „[…] dass er das Hilfesystem, das ihm hier als Flüchtling zugebilligt wird, in eklatanter Weise missbraucht. Er ist als Flüchtling nach Deutschland eingereist. Dennoch ist er nicht bereit, die ihm im Rahmen der humanitären Verantwortung gewährten Hilfestellungen anzunehmen.“[1198] Das Gericht bezieht hier Umstände in die Entscheidungserwägung mit ein, die schlicht für nicht geflüchtete oder sozialökonomisch besser gestellte Personen unanwendbar wären. Ein Gericht mit einer anderen moralischen, ideologischen oder politischen Sichtweise wäre hier eventuell sogar zu dem Schluss gelangt, dass der nicht vorbestrafte Angeklagte hier auf Grund seiner sozioökonomischen und gesellschaftlich herausfordernden Situation als Geflüchteter besonders schützenwürdig ist. Vor allem weil es sich bei der in Rede stehenden Ware um einen essenziellen Gebrauchsgegenstand handelt. Gerade deshalb wäre eine Einstellung jedoch durchaus in Betracht gekommen. Die Möglichkeit einer Einstellung gem. § 153a Abs. 2 StPO – auch nach Eröffnung der Hauptverhandlung – wird erst gar nicht erwähnt.

4. *Zwischenergebnis*

Die Ermittlungen im NSU-Fall, die staatsanwaltschaftliche Entscheidung im Chemnitzer Fall und die Urteilsbegründung des AG Köln sind lediglich verkürzte Beispiele dafür, wie sich direkte Diskriminierung, *implicit bias* und eine Kombination aus beidem unmittelbar und mittelbar auf das Ermittlungsverfahren und – damit zusammenhängend – auf Einstellungen im Rahmen des § 153a StPO auswirken können. Der NSU-Fall zeigt auf wie *implicit bias* staatliche Ermittlungen frühzeitig und nachhaltig beeinflussen kann. Hieraus ergeben sich, wie bereits aufgezeigt, zwei Risiken: mangelnder Schutz marginalisierter Personen durch die Ermittlungsbehörden und die Kriminalisierung marginalisierter Personen ohne eine objektive Verdachtsgrundlage. Beide Risiken können als Kehrseite desselben Diskriminierungseffekts gesehen werden.

Der Chemnitzer Fall und die Urteilsbegründung des AG Köln exemplifizieren, dass Ermessensentscheidungen und Beurteilungsspielräume Personen benachteiligen können, die auf Grund ihrer sozioökonomischen Umstände oder

1198 AG Köln, Urteil vom 27.01.2016, 641 Ls 283/15, Rn. 29.

ihrer Stigmatisierung als „fremd" einem verstärkten Ungleichbehandlungsrisiko ausgesetzt sind. Auf diese Weise können scheinbar neutrale Kriterien in ihrer Anwendung einen diskriminierenden Charakter annehmen. Der neutrale Charakter einer Vorschrift kann diese diskriminierende Wirkung verschleiern. Dadurch ist das Hinterfragen möglicher Diskriminierungseffekte schwieriger, aber ebenso wichtig. Scheinbar neutrale konsensuale Erledigungsformen, die Ermessens- und Urteilsspielraum einräumen, sind *strukturell* anfällig für *implicit bias* – unabhängig davon, ob eine Diskriminierung bewusst wahrgenommen oder intendiert ist. Strukturelle Ausgleichmechanismen sind daher entscheidend. Diese werden ausführlich in Kapitel 6 untersucht.

II. Strukturelle Probleme des Strafbefehls gem. § 407 StPO

Auch für den Strafbefehl gilt, dass bisher keine empirische Forschung existiert, die statistische Informationen über direkte rassistische Diskriminierung oder *implicit bias* geben könnte. Die folgende Betrachtung soll ähnlich wie im Rahmen des § 153a StPO lediglich aufzeigen, woraus sich das spezifische Diskriminierungsrisiko des Strafbefehls ergibt. Zum Teil überschneiden sich hier die Diskriminierungseffekte mit denen des § 153a StPO. Allerdings lassen sich für den Strafbefehl darüber hinaus spezifische Risiken identifizieren.

1. Sprachbarrieren im schriftlichen Verfahren

Das Strafbefehlsverfahren ist ein schriftliches Verfahren, in dem ein Urteil ohne eine Verhandlung ergeht. Sprachbarrieren für Beschuldigte, die kein Deutsch sprechen bzw. für diejenigen Beschuldigten deren erste Sprache nicht Deutsch ist, sind keinesfalls fernliegend[1199] und waren schon Gegenstand nationaler und europarechtlicher Klagen.[1200] Sprache kann im allgemeinen gesellschaftlichen Leben eine deutlich spürbare Barriere darstellen. Im rechtlichen – und damit fachlich spezialisierten Kontext – ist diese Barriere oft eine doppelte.[1201] § 184 GVG legt die deutsche Sprache als einheitliche Gerichtssprache fest. Diese

---

1199 So auch *Stratenwerth* bzgl. möglicher Ungleichbehandlung in Absprache und Strafbefehlsverfahren, siehe *Stratenwerth*, GA 2013, 111.

1200 Siehe beispielsweise EuGH, Urteil vom 12.10.2017, Az. C-278/16; EuGH C-216/14 (Erste Kammer), Urteil vom 15. Oktober 2015.

1201 Zum Thema Rechtszugang in Deutschland auch im zivilrechtlichen Kontext vgl. *Maultzsch*, The Right to Access to Justice and Public Responsibilities – National Report: Germany, International Association of Procedural Law Seoul Conference Proceedings, S. 24.

Festlegung soll der Prozessökonomie und Wahrheitsfindung dienen.[1202] § 187 GVG regelt diejenigen Fälle, in denen dem Beschuldigten in der Regel „zur Ausübung seiner strafprozessualen Rechte“ (so § 187 Abs. 1 S. 1 GVG) eine Übersetzung bzw. ein Dolmetscher zur Verfügung gestellt wird. § 187 Abs. 2 nennt den Strafbefehl explizit. Hierbei handelt es sich um einen „von Amts wegen zu beachtenden Anspruch[...]“[1203]. Der EuGH stellt klar, dass es sich bei Strafbefehlen immer um „wesentliche Unterlagen“ handelt, die kostenlos übersetzt werden müssen.[1204] Obwohl de lege ein kostenloser Übersetzungsanspruch unstreitig besteht, existieren erhebliche Zweifel an der tatsächlichen und rechtzeitigen Umsetzung dieses Rechts, insbesondere vor den Amtsgerichten.[1205] *Schulte* geht sogar davon aus, dass das Gesetz zur Stärkung der Verfahrensrechte von Beschuldigten im Strafverfahren[1206] hier zu einer Verschlechterung der Beschuldigtenposition geführt habe.[1207] Beispielsweise dadurch, dass der schriftliche Übersetzungsanspruch nach § 187 Abs. 2 S. 5 GVG entfällt, wenn der Beschuldigte einen Verteidiger hat.[1208]

Ein Anspruch auf Übersetzung des Einspruchs gegen den Strafbefehl ergibt sich jedoch weder aus § 187 Abs. 1, 2 GVG, noch alternativ aus Art. 3 Abs. 3 der *Richtlinie 2010/64/EU des Europäischen Parlaments und des Rates vom 20. Oktober 2010 über das Recht auf Dolmetscherleistungen und Übersetzungen in Strafverfahren.* Nach Ansicht des BGH besteht ein solcher Anspruch lediglich bei Rechtsmittelrücknahmen.[1209] Dahinter steckt primär der Gedanke der Prozessökonomie. In der *Covaci*-Entscheidung bestätigte der EuGH die Handhabung des BGH.[1210]

Seit dem Frühjahr 2019 existiert ein Pro-Bono Strafbefehlsberatungsprojekt der Vereinigung Berliner Strafverteidiger e.V. und der „Law Clinic – Praxis der Strafverteidigung“ der Freien Universität Berlin. Im Rahmen des Projekts können sich Strafbefehlsempfänger kostenlos beraten lassen. Eines der Ziele des Projektes ist es, Beschuldigte zu unterstützen, die auf Grund sprachlicher

---

1202 *Oğlakcıoğlu*, MüKo-StPO, § 184 GVG Rn. 2.

1203 *Diemer*, KK-StPO, § 187 GVG Rn. 1.

1204 EuGH, Urteil vom 12.10.2017, Az. C-278/16.

1205 *Schulte*, MAH Strafverteidigung, § 18 Rn. 63.

1206 BGBl. 2013 1938.

1207 Kritisch zu § 187 GVG siehe *Schulte*, MAH Strafverteidigung, § 18 Rn. 58 ff.

1208 *Schulte*, MAH Strafverteidigung, § 18 Rn. 59.

1209 BGH, NStZ 2000, 553; kritisch hierzu: *Frister*, SK-StPO, § 187 GVG Rn. 5; *Schmidt*, Verteidigung von Ausländern, Rn. 324.

1210 EuGH C-216/14 (Erste Kammer), Urteil vom 15. Oktober 2015 (Gavri Covaci).

Barrieren, Verständnisschwierigkeiten oder begrenzter finanzieller Mittel keinen Einspruch gegen den Strafbefehl einlegen. Laut Statistischem Bundesamt legen ca. 74,9 % der Strafbefehlsempfänger keinen Einspruch gegen einen Strafbefehl ein und das Urteil wird so ohne Hauptverhandlung rechtskräftig.[1211] Das Strafbefehlsberatungsprojekt weist auf Fälle hin, in denen der Brief mit dem Strafbefehl nie geöffnet wurde und der Inhalt daher erst bei Vollzug oder Androhung des Vollzugs bekannt wird. Daneben nennt das Projekt Fälle, bei denen der Inhalt des Strafbefehls auf Grund sprachlicher Barrieren ohne Übersetzung nicht verstanden wird.[1212] Es wird darauf hingewiesen, dass eine Übersetzung eines Strafbefehls auch immer nur stattfinden wird, wenn die Sprachbarriere bereits bei der polizeilichen Vernehmung deutliche wurde. Dies sei in vielen Fällen gerade nicht der Fall.[1213] Bei dem Projekt handelt es sich um ein relativ neues, freiwilliges Projekt, das auf Bedürfnisse in der Berliner Strafbefehlspraxis reagieren will. Allerdings kann sich das Projekt nur mit einer Schnittmenge der vielen Strafbefehle beschäftigen, in denen Beschuldigte kostenlos rechtliche Beratung in Anspruch nehmen wollen. Auch hier besteht wiederum das Risiko, dass Beschuldigten die Bedeutung des Strafbefehls erst nach Verstreichen der Einspruchsfrist klar wird.

2. *Immigrationsstrafrecht und Strafbefehle*

Für Beschuldigte ohne deutsche Staatsangehörigkeit besteht ein besonderes strukturelles Risiko im Strafverfahren – dies gilt vor allem in Bezug auf das Strafbefehlsverfahren. Immigrationsrecht spielt im Rahmen des Strafbefehls sowohl eine direkte als auch eine indirekte Rolle. Einerseits kann ein Verstoß gegen das Immigrationsrechts den Inhalt eines Strafbefehls bilden. Andererseits kann die Verurteilung zu einer Straftat – auch durch einen Strafbefehl – gravierende kollaterale Konsequenzen im Bereich des Aufenthaltsrechts, Einbürgerungs- und Asylrechts auslösen. Im Folgenden werden beide Effekte näher veranschaulicht.

a. *Direkte Effekte*

Das Nebenstrafrecht enthält zahlreiche Vorschriften, die Verstöße gegen das Aufenthalts- und Asylrecht unter Strafe stellen. Die Gesamtheit dieser Vorschriften

1211 Siehe Statistisches Bundesamt, Fachserie 10, Reihe 2.3, 2019, S. 14.

1212 Vgl. unter: https://www.strafbefehlsberatung.de/projekt (zuletzt abgerufen am 6. Mai 2023).

1213 Vgl. unter: https://www.strafbefehlsberatung.de/projekt (zuletzt abgerufen am 6. Mai 2023).

sollen hier als Immigrationsstrafrecht bezeichnet werden. In den USA wird die Überschneidung von Immigrations- und Strafrecht auch unter dem Begriff „crimmigration law"[1214] zusammengefasst. Der Begriff impliziert, dass zwischen Strafrecht und Immigrationsrecht nicht nur Überschneidungen, sondern ein Wechselwirkungsverhältnis besteht. Das Immigrationsstrafrecht ändert sich häufig und wird insbesondere von rechtspolitischen Erwägungen – dazu gehören zum Teil „populistische[...] Erwartungen"[1215] – geleitet. Gesetzesänderungen und Reformbedarf des Immigrationsstrafrechts wird im Rahmen dieser Betrachtung nicht im Einzelnen diskutiert. Allerdings sei kurz auf einige Tendenzen hingewiesen. Das Immigrationsstrafrecht ist Instrument zur Umsetzung von Migrationspolitik. Diese wiederum ist von unterschiedlichen, teils gegensätzlichen, Interessen geprägt. Kern des Immigrationsrechts ist die grundsätzliche Debatte darum „wer unter welchen Voraussetzungen einen Anspruch auf den Zugang zu einem bestimmten Gemeinwesen hat"[1216]. Das Immigrationsstrafrecht kriminalisiert den Verstoß gegen Verstöße migrationspolitischer Entscheidungen. Es besteht immer wieder Spannung zwischen europarechtlichen Vorgaben, der internationalen humanitären Verantwortung für Flüchtlinge und dem nationalen Bestreben der Migrationsbegrenzung. Gem. der Definition in § 1 Abs. 1 AufhG ist zentrale Aufgabe des Immigrationsrechts die „Steuerung und Begrenzung des Zuzugs von Ausländern". Die Spannung zwischen Europarecht, internationaler Verantwortung und der nationalen Orientierung Deutschlands machte in den letzten Jahren immer wieder Reformen notwendig. Daran wird sich wohl auch in naher Zukunft wenig ändern.[1217]

In der Praxis werden Ermittlungen wegen Verstoßes gegen das Immigrationsstrafrecht häufig gem. §§ 153 ff. oder § 170 Abs. 2 StPO eingestellt. Für die verbleibenden Fälle gilt, dass ein überwältigender Anteil (94 %) mit einem Strafbefehl und der Verurteilung zu einer Geldstrafe endet.[1218] In den allermeisten Fällen kommt es mangels Einspruchs des Beschuldigten nicht zu einer Hauptverhandlung. Das Immigrationsstrafrecht setzt sich im Kern aus den folgenden Deliktsgruppen zusammen: Einreisedelikten, dem unerlaubten Aufenthalt,

---

1214 *Arriaga*, Sociology Compass 2016, 805; auch in Deutschland wird dieser Begriff nun aufgegriffen, vgl. *Werkmeister*, in: Albrecht u.a., Strafrecht und Politik, S. 187.

1215 *Jung*, MAH Strafverteidigung, § 52 Rn. 4.

1216 *Werkmeister*, Migrationspolitik mit den Mitteln des Strafrechts?, in: Albrecht u.a., Strafrecht und Politik, S. 189.

1217 Siehe ausführlich zu europarechtlichen Konflikten *Hörich/Bergmann*, ZRP 2014, 109.

1218 *Schulte*, MAH Strafverteidigung, § 51 Rn. 18.

Pass- und Ausweisdelikten, Straftaten nach dem Asylverfahrensrecht und dem Erschleichen eines Aufenthaltstitels. Für das Immigrationsstrafrecht gilt entsprechend, dass der Strafbefehl *die* zentrale Erledigungsform darstellt.

§ 95 Abs. 1 AufhG ist ein klassischer strafrechtlicher Vorwurf im Rahmen eines Strafbefehls wegen Verstoßes gegen das Immigrationsstrafrecht. Dem Beschuldigten wird mittels Strafbefehles dieser Vorwurf mitgeteilt. Der Strafbefehl enthält typischerweise eine kurze Zusammenfassung zum vorgeworfenen Sachverhalt und einen kurzen Hinweis auf Beweismittel. Er enthält auch einen Antrag auf Festsetzung eines bestimmten Strafgeldes. Dabei kann es sich um tausende von Euro handeln. An die Stelle der Geldstrafe tritt bei Nichtzahlung eine Ersatzfreiheitsstrafe. Der Strafbefehl wird rechtskräftig und vollstreckbar, wenn nicht innerhalb von zwei Wochen schriftlich Einspruch eingelegt wird. Wird die Geldstrafe dann nicht bezahlt, droht eine Freiheitsstrafe.

Die Pflichtverteidigung wird dem Beschuldigten weder während der Einspruchsfrist noch bei Eröffnung der Hauptverhandlung – im Falle eines schriftlichen Einspruchs – automatisch angeboten. Es besteht auch nach Reform der Pflichtverteidigung für das komplexe Immigrationsstrafrecht kein automatisches, flächendeckendes Recht auf Pflichtverteidigung. Ein Anspruch auf Pflichtverteidigung könnte sich hier grundsätzlich aus der Schwierigkeit der Rechtslage durch das Zusammenwirken von Straf- und Immigrationsrecht ergeben (vgl. § 140 Abs. 2).[1219] Ein solches Recht wird regelmäßig zu bejahen sein. Problematisch ist jedoch, dass ein solches Recht einzelfallabhängig ist und nicht notwendigerweise während der – verfahrensrechtlich wichtigen – Einspruchsfrist garantiert wird. Im Rahmen des Strafbefehls kommt es aufgrund der kurzen Einspruchsfrist verstärkt auf frühzeitige Rechtsberatung an. Eine spezielle Regelung für frühzeitige Pflichtverteidigerbestellung existiert gem. § 408b StPO lediglich für Fälle, in denen eine Freiheitsstrafe droht. Nicht umfasst sind wohl – für das Immigrationsstrafrecht typische – Fälle, in denen eine Geldstrafe droht, deren Nichtzahlung zu einer Freiheitsstrafe führen kann. Im Falle des § 408b erfolgt eine Pflichtverteidigungsbestellung durch das Gericht sobald das Gericht erwägt, dem Antrag der Staatsanwaltschaft auf Erlass eines Strafbefehls zu entsprechen. Entsprechend kann sich der Beschuldigte bereits während der zweiwöchigen Einspruchsfrist rechtlich beraten lassen. Für alle übrigen Fälle ergibt sich der Zeitpunkt der Pflichtverteidigerbestellung aus den allgemeinen Regeln des § 141 StPO. Danach muss ein Beschuldigter eine Pflichtverteidigung grundsätzlich ausdrücklich beantragen. Etwas anderes gilt unabhängig von dem

1219 *Fahlbusch*, Hofmann-Ausländerrecht, § 95, Rn. 37.

Antrag des Beschuldigten in den Fällen des § 141 Abs. 2 StPO. Will sich der Beschuldigte auf den § 140 Abs. 2 StPO stützen, muss der Beschuldigte oder dessen Rechtsbeistand zunächst darlegen, warum ein Fall des § 140 Abs. 2 StPO vorliegt. Zu denken wäre hier insbesondere an die Schwierigkeit der Rechtslage, die sich aus dem Zusammenwirken von Straf- und Immigrationsrecht ergibt.[1220] Dem Beschuldigten muss an dieser Stelle allerdings erst einmal bewusst sein, dass es sich um einen solchen Fall handeln könnte. Bei bloßem Lesen des Strafbefehls ergibt sich aus Laiensicht nicht unbedingt, dass ein solcher Anspruch auf Pflichtverteidigung besteht. Ohne Kenntnis der Rechtslage wird dies für den Beschuldigten auch nur schwer einzuschätzen sein. In einem weiteren Schritt müsste der Beschuldigte selbst oder sein Wahlverteidiger – denn an dieser Stelle liegt noch keine Bestellung vor – die Schwierigkeit der Rechtslage begründen, um eine Pflichtverteidigung zu erwirken.

Im Einzelfall wird es im Rahmen des komplexen Immigrationsstrafrechts darauf ankommen, ob sich der Beschuldigte innerhalb der Einspruchsfrist rechtlich beraten lässt. In der Praxis enthalten schriftliche Anträge auf Pflichtverteidigungsbestellung Stellungnahmen zu komplexen rechtlichen Fragen der Beweisverwertung im Immigrationsstrafrecht. Von einem Laien kann eine solche Kenntnis nicht erwartet werden. Es ist nicht davon auszugehen, dass die Staatsanwaltschaft in jedem Fall eine Pflichtverteidigung bereits innerhalb der Einspruchsfrist beantragt. Auch nach Reform der notwendigen Verteidigung bestehen für Beschuldigte im Strafbefehlsverfahren – insbesondere im Rahmen komplexer Fälle des Immigrationsstrafrechts – weiterhin Schutzlücken und Regelungsbedarf für frühzeitige Pflichtverteidigerbestellung. Der § 408b StPO bildet die einzige und inhaltlich sehr begrenzte unmittelbare Regelung für die Pflichtverteidigung und konsensuale Erledigungsmethoden im Vorverfahren.

b. *„Kollaterale" Konsequenzen: Gravierende Rechtsfolgen durch immigrationsrechtliche Sanktionen*

Neben dem Immigrationsstrafrecht, welches Verstöße gegen das Immigrationsrecht kriminalisiert, hat das Strafrecht auch gravierende *mittelbare* Konsequenzen für Personen ohne deutsche Staatsangehörigkeit.[1221] Verstöße gegen das Strafrecht haben unmittelbare Wirkung auf das Aufenthaltsrecht einer Person. Für manche Beschuldigte mag die Angst vor einer Abschiebung, der Ablehnung einer Aufenthaltsverlängerung oder eines Aufenthaltsrechts größer sein, als die

1220 *Fahlbusch*, Hofmann-Ausländerrecht, § 95, Rn. 37.
1221 Vgl. *Jung*, StV 2004, 567.

vor einer strafrechtlichen Verurteilung.[1222] Für konsensuale Erledigungen durch einen Strafbefehl, der ohne eine Hauptverhandlung rechtskräftigt werden kann und schriftlich ergeht, gilt wiederum ein gesteigertes Risiko.

Die Entscheidung darüber, ob Einspruch gegen einen Strafbefehl eingelegt wird, kann von immigrationsstrafrechtlichen Erwägungen abhängen. Dem Beschuldigten wird häufig nicht im Einzelnen klar sein, welche Strafvorschrift welche immigrationsrechtliche Konsequenz nach sich ziehen kann. Eine rechtlich fundierte, holistische Beratung muss sowohl strafrechtliche als auch immigrationsrechtliche Konsequenzen in Betracht ziehen.[1223] Eine effektive Verteidigung wird häufig davon abhängen, ob der Beschuldigte von einem Anwalt vertreten wird, der sowohl strafrechtliche als auch immigrationsrechtliche Expertise hat.

Eine geringe Geldstrafe im Strafverfahren mag beispielsweise isoliert betrachtet aus Beschuldigtensicht günstig erscheinen, sodass gegen einen Strafbefehl kein Einspruch eingelegt wird. Bei näherer Betrachtung immigrationsrechtlicher Konsequenzen – auch bei nur niedriger Geldstrafe – mag sich allerdings ein völlig anderes Bild ergeben. Während der Strafbefehl grundsätzlich „minder schwere Straftaten rasch und unkompliziert"[1224] erledigen kann, existiert für Personen ohne deutsche Staatsangehörigkeit im Strafbefehlsverfahren ein gesteigertes Risiko durch kollaterale Konsequenzen, die durchaus bedeutender sein können als strafrechtliche. Auch bei geringer Geldstrafe mag es für den Beschuldigten im Einzelfall ratsam – oder sogar „existentiell"[1225] sein – Einspruch einzulegen.

Gem. § 10 Abs. 1 Nr. 5 StAG steht die Verurteilung zu einer Straftat einer Einbürgerung grundsätzlich im Weg. Hier kommt es auf die genaue Höhe der Geldstrafe an. Wenn der Strafbefehl eine Geldstrafe von mehr als 90 Tagessätzen festsetzt, mag es für den Beschuldigten von Vorteil sein, Einspruch einzulegen, da eine Verurteilung zu einer Geldstrafe von bis zu 90 Tagessätzen gem. § 12a Abs. 1 Nr. 2 StAG bei einer Einbürgerung außer Betracht bleibt. Ähnliche Erwägungen sind für die Beantragung einer Niederlassungserlaubnis (vgl. §§ 9 Abs. 2 S. 1 Nr. 4, 9a Abs. 1 S. 1 Nr. 5 AufenthG) und einer Aufenthaltserlaubnis aus humanitären Gründen (§ 104a Abs. 1 S. 1 Nr. 6 AufenthG) bedeutsam. Ein genaues Verständnis des Immigrationsrechts kann verhindern, dass der

---

1222 *Schulte*, MAH Strafverteidigung, § 35 Rn. 1.
1223 *Schulte*, MAH Strafverteidigung, § 35 Rn. 2.
1224 *Schulte*, MAH Strafverteidigung, § 35 Rn. 60.
1225 *Schulte*, MAH Strafverteidigung, § 35 Rn. 76.

Beschuldigte – mit gravierenden Konsequenzen – versäumt, einen Einspruch einzulegen.

Eine Pflichtverteidigung kann sich auch im Falle geringer Straferwartung aus gravierenden kollateralen Konsequenzen beispielsweise immigrationsrechtlicher Art ergeben.[1226] Auch hier kommt es für den Strafbefehl jedoch auf eine *frühzeitige* und *holistische* Verteidigung an. Eine frühzeitige Pflichtverteidigung ist aber gerade im Falle des Strafbefehls außerhalb des § 408b StPO nicht flächendeckend garantiert. Ist der Strafbefehl bei Mandatierung bereits bestandskräftig, kommt als einzig verbleibender Rechtsbehelf ein Wiedereinsetzungsantrag in Betracht. Ein solcher Antrag ist vor allem dann sinnvoll, wenn der Strafbefehl ohne schriftliche Übersetzung zugestellt wurde, wenn nicht schon – mangels Übersetzung – Zweifel an der Zustellung des Strafbefehls bestehen.[1227]

Für Beschuldigte ohne deutsche Staatsangehörigkeit existiert vor allem im Rahmen des schriftlichen Strafbefehlsverfahrens ein besonderes Diskriminierungsrisiko. Für nicht deutsche Staatsbürger kann jedes strafrechtliche Verfahren gravierende immigrationsrechtliche Konsequenzen haben. Gerade hier ist Zugang zu rechtlicher Beratung und ein klares Verständnis der Vorwürfe und möglicher Konsequenzen zentral. In der Praxis wird dieser Standard nicht immer eingehalten und wird auch nicht über spezielle Regelungen abgesichert.

D. Zusammenfassung

Konsensuale Erledigungsmethoden bieten dem Beschuldigten einerseits neue – wenn auch begrenzte – Gestaltungsmöglichkeiten. So kann der Beschuldigte im Rahmen des § 153a StPO einer Einstellung zustimmen oder sie ablehnen. Im Rahmen des Strafbefehls kann der Beschuldigte Einspruch einlegen oder den Strafbefehl mangels Einspruchs rechtskräftig werden lassen. § 160b StPO erlaubt explizit Erörterungen des Verfahrensstandes zwischen den Beteiligten. Dazu gehört selbstverständlich auch der Beschuldigte. Gleichzeitig sind konsensuale Erledigungsmethoden mit einem gesteigerten Diskriminierungsrisiko bestimmter Beschuldigter verbunden, das sich aus einer Kombination verschiedener struktureller Phänomene ergibt. Bisher gibt es weder quantitative noch qualitative Untersuchungen, die das tatsächliche Vorliegen rassistischer

---

1226 BayObLG StV 1993, 180; OLG Karlsruhe StraFo 2002, 193 (194); LG Berlin StV 2005, 15; LG Darmstadt StV 1981, 351; LG Stade StV 1998, 125; AG Hamburg StV 1998, 326 (327).

1227 *Schulte*, MAH Strafverteidigung, § 18 Rn. 67 ff. mit Beispiel.

Ungleichbehandlungen im Strafverfahren allgemein oder insbesondere bei konsensualer Erledigung umfassend aufschlüsseln. Die vorliegende Betrachtung identifiziert jedoch Strukturen, die diskriminierende Effekte bei konsensualer Erledigung produzieren können. Hierzu gehört die Anfälligkeit des Strafprozesses für kognitive Verzerrungen, der enorme Entscheidungsspielraum der Ermittlungsbehörden über konsensuale Erledigungen und die mit einigen konsensualen Erledigungen verbundenen speziellen Barrieren (beispielsweise Sprach- und Verständnisbarrieren) sowie gravierende kollaterale Konsequenzen.

Konsensuale Erledigungen stehen in einem Wechselwirkungsverhältnis zur Bedeutungssteigerung des Ermittlungsverfahrens; sie beruhen auf und bedingen die Vorverlagerung des Verfahrens. Confirmation und *implicit bias* im Ermittlungsverfahren kann sich nachhaltig auf alle weiteren Strafprozessphasen, aber insbesondere auf das staatsanwaltschaftliche Ermessen im Rahmen einer konsensualen Erledigung – beispielsweise nach § 153a StPO –, auswirken. Racial Profiling – auch unter dem Deckmantel sogenannter „Lageerkenntnisse" oder „gefährlicher Orte" – beeinflusst schon im Ermittlungsverfahren wer verstärkt in das Blickfeld der Ermittlungspersonen gelangt. Vermeintlich neutrales polizeiliches Erfahrungswissen perpetuiert auf diese Weise Stereotype zum Nachteil von PoC und sozioökonomisch schwächer gestellten Personen.

Die Staatsanwaltschaft hat weiten, geradezu unkontrollierbaren Entscheidungsspielraum darüber, *ob*, für *wen* und *welche Art* der konsensualen Erledigung in Betracht gezogen wird. Diese vermeintlich neutrale Entscheidung ist mangels Kontrollmöglichkeiten und spezifischer Richtlinien anfällig für Diskriminierungseffekte. Anders gesagt, besteht an verschiedenen Stellen die Gefahr, dass kognitive „short cuts", Stereotypisierungen oder die Bestätigungsneigung die behördliche Entscheidung punktuell oder weitreichend beeinflusst. Die Ermittlungen im NSU-Fall zeigen, wie hartnäckig *implicit bias* wirken kann. Da kognitive Verzerrungen im Ermittlungsverfahren einen nachhaltigen Einfluss haben, ist aus Sicht des Beschuldigten eine möglichst frühzeitige Intervention notwendig.

Finanziell schwach gestellte Beschuldigte haben hier entscheidende Nachteile. Insbesondere Geldstrafen, die wiederum häufig Gegenstand konsensualer Erledigungen sind, haben einen besonders gravierenden Effekt auf Verurteilte, die am Existenzminimum leben. Gleichzeitig wirken sich die strukturellen Schwachstellen der Pflichtverteidigung besonders deutlich auf diejenigen Beschuldigten aus, die finanziell nicht in der Lage sind, von ihrem Recht auf Wahlverteidigung Gebrauch zu machen.

Beschuldigte ohne deutsche Staatsangehörigkeit sind auf Grund der existentiellen Konsequenzen des „Immigrationsstrafrecht" besonderen Risiken ausgesetzt. Ein besonderes Risiko existiert auch für Beschuldigte, für die das schriftliche Verfahren eine Sprachbarriere darstellt. Das derzeitige Konzept der Strafprozessordnung wird den besonderen Bedürfnissen schutzbedürftiger Beschuldigter nicht gerecht. Die in Kapitel 3 und 4 ausgeführte System- und Machtverschiebung war keine bewusste Entscheidung des Gesetzgebers. Der reformiert inquisitorische Prozess sah keine solche Verschiebung voraus. Die bisherigen punktuellen Anpassungen im Bereich der Pflichtverteidigung und im GVG schaffen keinen ausreichenden Ausgleich.

Trotz der Gefahr von Diskriminierungseffekten gibt es noch immer keine breite Diskussion über *implicit bias* im deutschen Ermittlungsverfahren und dessen Auswirkungen auf konsensuale Erledigungen. Die Ermittlungsbehörden verstehen sich als neutral und objektiv. Gerade hierin liegt die Gefahr eines engen Diskriminierungsverständnisses, das erst dann an möglicher Ungleichbehandlung interessiert ist, wenn hierüber eindeutiges, statistisches Material vorliegt, das intendierte Ungleichbehandlung nachweist. Die sozialpsychologische Forschung zum Zusammenspiel von Stereotypen und kognitiven Verzerrungen weist darauf hin, dass dieses Phänomen gerade unabhängig von Intentionen auftritt. Die Verneinung der Existenz von Ungleichbehandlung allein deshalb, weil kein statistisches Material vorliegt, wird zum Zirkelschluss, wenn gleichzeitig die Notwendigkeit, mögliche Diskriminierungseffekte zu untersuchen, mit dem Argument der Neutralität des Strafprozesses zurückgewiesen wird.[1228]

1228 Dieser Zirkelschluss wurde von Seehofer im Zusammenhang mit Studien zu Racial Profiling relevant, siehe hierzu in diesem Kapitel unter A. I. 3.

Kapitel 6: Rechtsfiguren aus den USA – Ein Vorschlag zum Ausgleich der strukturellen Verschiebung des deutschen Strafprozesses

Kapitel 6 untersucht mögliche Konzepte die der faktischen Veränderung des deutschen Strafprozesses von einem Hauptverfahrens- zu einem Vorverfahrensprozess gerecht werden können. Methodisch stützt sich die Untersuchung auf rechtsvergleichende Perspektiven.

Die bisherige Betrachtung hat gezeigt, dass sich in Deutschland eine strukturelle Systemverschiebung durch und im Wechselwirkungsverhältnis zu konsensualen Erledigungsmethoden eingestellt hat. Die Bedeutungssteigerung der Prozessphasen, die der Hauptverhandlung vorgelagert sind, wirkt sich auf die Stellung des Beschuldigten und dessen Rolle im Strafprozess aus. Die derzeitige Struktur des Strafprozesses ist anfällig für Diskriminierungseffekte zu Lasten des Beschuldigten. Besonders schutzbedürftig sind marginalisierte Beschuldigte. Die Systemverschiebung beruht nicht auf einer intendierten Umstrukturierung des Strafprozesses durch den Gesetzgeber. Bisher gibt es daher auch keine ausreichenden *strukturellen* Ausgleichsmechanismen für die oben betrachteten Effekte. Im Folgenden sollen einige mögliche strukturelle Ausgleichsmechanismen aus den USA und ihre Anwendbarkeit auf den deutschen Strafprozess diskutiert werden. Im Zentrum der Betrachtung stehen drei Aspekte des US-Strafprozesses: die institutionalisierte Pflichtverteidigung, das *subpoena* Recht des Verteidigers zu Gunsten des Beschuldigten und das Konzept der *ineffective assistance of counsel*. Während sich die letzten beiden Aspekte auf den *Inhalt* des Verteidigungsrechts und dessen Durchsetzbarkeit beziehen, bezieht sich Ersteres auf die *formelle Struktur* der Verteidigung finanziell benachteiligter Beschuldigter.

A. Vorüberlegungen: Der US-Strafprozess als Vergleichsobjekt

Die verfahrensdeterminierende Bedeutung des Ermittlungsverfahrens, der Bedeutungsverlust der Hauptverhandlung und die sich damit einstellenden strukturellen Veränderungen für den Beschuldigten und die Verteidigung werden im rechtswissenschaftlichen Diskurs seit geraumer Zeit immer wieder diskutiert.[1229] Um so erstaunlicher ist es, dass bisher keine strukturellen Ausgleichmechanismen in den deutschen Strafprozess integriert wurden und sich bisherige Lösungen lediglich auf punktuelle Veränderungen beziehen.

Die US-Strafprozessordnung ist sowohl mit strukturellen Systemverschiebungen als auch strukturellen Ausgleichmechanismen vertraut. Gegen einen sinnvollen Rechtsvergleich der deutschen und US-amerikanischen Strafrechtsordnung mag aber zunächst eingewandt werden, dass es sich konzeptionell um grundlegend verschiedene Prozessordnungen handelt, die auf Grund ihrer unterschiedlichen Ausrichtung und Zielsetzung nicht gewinnbringend zu vergleichen seien. So könnte eine Rechtsvergleichung schon deshalb abgelehnt werden, weil dem deutschen Strafprozess ein inquisitorisches Konzept zu Grunde liegt und der US-amerikanische Strafprozess ein adversatorischer ist. Die funktionale Methode der Rechtsvergleichung konzentriert sich zunächst auf den faktischen Sachverhalt, der dem Rechtsproblem vorgelagert ist. Auch wenn der spezifische Rechtsmechanismus sehr unterschiedlich ausfällt, können auf diese Weise Rechtslösungen verglichen werden. Die Prämisse der funktionalen Methode ist, dass Rechtsordnungen auf ähnliche Rechtsprobleme mit vergleichbaren Lösungen reagieren („praesumptio similitudinis")[1230]. Es kommt also gerade nicht darauf an, ob es sich um verschiedene Prozessmodelle handelt.

I. Lösungskonvergenzen

Aus der funktionalen Perspektive ergibt sich, dass der deutsche und US-amerikanische Strafprozess eine nicht unähnliche strukturelle Systementwicklung erlebt haben. In den US gelangen die allermeisten Strafverfahren nie in die Hauptverhandlungsphase. Etwa 97 % aller Fälle werden konsensual erledigt. Auch wenn die Zahl der Hauptverhandlungen in Deutschland höher als in den USA ist, wird auch in Deutschland ein erheblicher Anteil der Strafverfahren vor der Hauptverhandlung konsensual erledigt. Die Vorverlagerung des Strafprozesses in beiden

---

1229 Siehe beispielsweise *Lindemann*, Voraussetzungen und Grenzen legitimen Wirtschaftsstrafrechts, S. 295 und 319 ff.; *Schünemann* argumentierte bereits 2002, dass „der Funktionsverlust der Hauptverhandlung und die Aufwertung des von der Staatsanwaltschaft fast ohne Kontrolle beherrschten Ermittlungsverfahrens" in der Diskussion um eine Strafprozessreform im Vordergrund stehen müsse und ein Ausgleich nur durch „Einräumung von Rechten und Optionen an die Verteidigung" auszugleichen sei, siehe *Schünemann*, ZStW 114 (2002), 1 (43).

1230 Für eine ausführliche Betrachtung der methodischen Grundlage der Rechtsvergleichung siehe Kapitel 1 Teil B.

Ländern ist zwar keinesfalls identisch aber strukturell vergleichbar. Die enorme Verbreitung konsensualer Erledigungen mittels plea bargaining ist auch in den USA keine systeminhärente Entwicklung. Auch wenn die Vorverlagerung des Strafprozesses und die enorme Bedeutungssteigerung des plea bargaining in den USA nicht zu bestreiten ist, ist diese Entwicklung keinesfalls unumstritten.[1231] Im Gegenteil – der US-Strafprozess ist ebenso wie der deutsche Strafprozess zentral auf die Hauptverhandlung ausgerichtet. Der Supreme Court merkte 1978 an, dass plea bargaining unter idealen Umständen nicht existieren würde.[1232] Die US-Verfassung kennt keine konsensualen Erledigungen. In einer Reihe von Entscheidungen beschäftigt sich der Supreme Court daher mit der Anwendbarkeit verfassungsrechtlichen Schutzes für plea bargaining.[1233]

Die Integration von plea bargaining in den US-Strafprozess entwickelte sich aus einer zunächst kaum regulierten Praxis. In den 1920er und 1930er Jahren wurde in mehreren US-Großstädten statistisches Material zum Strafprozess gesammelt. Der Auslöser für das Interesse an einer umfassenderen Datenerhebung war ein prominenter Mordfall, in dem einem vorsitzenden Richter in Cleveland, William McGannon, vorgeworfen wurde, er habe Harold Kagi, seinen Automechaniker, erschossen. McGannon wurde freigesprochen, aber später wegen Falschaussage zu einer Haftstrafe von 1 bis 10 Jahren verurteilt. Dieser Justizskandal löste ein gesteigertes Reformbedürfnis in US-Großstädten aus. Im Zuge der Datenerhebungen wurde ein Trend deutlich: Die Bedeutung der Hauptverhandlung trat hinter konsensualen Erledigungen immer mehr zurück. Die Missouri Association for Criminal Justice stellte fest, dass die enorme Anzahl von plea bargaining agreements eines der wesentlichen Entwicklungsmerkmale darstellte.[1234] Auch die New York Crime Commission betonte die weite Verbreitung des plea bargaining.[1235] Die verschiedenen Strafrechtskommissionen entdeckten, dass plea agreements in der Praxis zu einer erheblich reduzierten Strafe führen konnten.[1236] Das Instrument konsensualer Erledigungen in Form

1231 Siehe hierzu auch S. 34.

1232 Bodenkircher v. Hayes, 434 U.S. 357 (1978), 361–362.

1233 Beispielsweise Bodenkircher v. Hayes, 434 U.S. 357 (1978), 361–362; Missouri v. Frye, 566 U.S. 134 (2012); Lafler v. Cooper, 566 U.S. 156 (2012).

1234 Missouri Association for Criminal Justice, The Missouri Crime Survey, 314 (1926), S. 148.

1235 Crime Commission of New York, A Statistical Analysis of the Criminal Cases in the Courts of the State of New York for the Year 1925, S. 35.

1236 Vgl. beispielsweise für Georgia *Kaufman*, J. Am. Inst. Crim. L. & Crim. 1925, 169 (190); siehe auch Missouri Association for Criminal Justice, The Missouri Crime

von plea bargaining stieß auf heftige Kritik und wurde nicht als systeminhärent verstanden.[1237] Auch wenn plea bargaining heute ein fester Bestandteil der US-Strafprozesspraxis ist, ist die Kritik hiergegen noch immer weit verbreitet. Die heutigen Einwände konzentrieren sich vor allem auf Diskriminierungseffekte und Entscheidungszwang (*coercion*) – insbesondere angesichts langer bzw. lebenslanger Haftstrafen.[1238] Die Geschichte des plea bargaining in den USA ist ein Beispiel dafür wie zunächst systemfremde Elemente im Laufe der Zeit, unter bestimmten Umständen, zu einer wesentlichen Komponente des Systems werden können.

Eine plea bargaining Vereinbarung setzt grundsätzlich voraus, dass der Beschuldigte ein Schuldgeständnis („guilty plea") ohne die Durchführung einer Hauptverhandlung ablegt.[1239] Das ist in Deutschland für konsensuale Erledigungen grundsätzlich nicht der Fall. Hierin liegt ein wesentlicher Unterschied zur deutschen Strafprozessordnung. Im Hinblick auf § 153a StPO ist jedoch seit Gesetzeseinführung die Schuldkomponente der Vorschrift umstritten. Aus der Formulierung der Vorschrift ließe sich schließen, dass die Schuld des Beschuldigten inzidente Voraussetzung ist. Denn wenn die „Schwere der Schuld" einer Einstellung nach § 153a StPO nicht im Weg stehen darf, muss zunächst eine zumindest vorläufige, kursorische Beurteilung der Schuld erfolgen.[1240] Bereits im Gesetzgebungsverfahren wurde ein möglicher Konflikt zwischen § 153a StPO und der Unschuldsvermutung diskutiert.[1241] Sowohl der BGH[1242] als auch der Gesetzgeber vertreten die Ansicht, dass § 153a StPO keinen Verstoß gegen die Unschuldsvermutung darstellt. § 153a StPO ist dahingehend zu verstehen, dass ein hinreichender Tatverdacht zwar vorliegen, darüber hinaus aber keine höhere Wahrscheinlichkeit der Tatbegehung gegeben sein muss. Die Negativformulierung des § 153a StPO soll die Einstellung von Fällen mittlerer Kriminalität ermöglichen.[1243] Letztlich wird die Schuldfrage zwar kursorisch aber

---

Survey, 1926), S. 149 und Illinois Association for Criminal Justice, The Illinois Crime Survey, 1929, S. 181.

1237 *Ortman*, B.U. L. Rev. 2020, 1437 (1463) ("[…] plea bargaining received a frosty reception from many reformers who discovered it".).

1238 *Langbein*, U. Chicago L. Rev. 1978, 3 (8 ff.).

1239 Eine in der Praxis wenig relevante Ausnahme ist das „plea of nolo contendere",siehe hierzu unter Kapitel 3 A. II. 2.

1240 *Diemer*, KK-StPO, § 153a Rn. 11.

1241 BT-Drs. 7/1261, S. 28.

1242 BGHSt 28, 174 (176).

1243 *Mavany*, LR-StPO, § 153a Rn. 35.

nicht abschließend behandelt.[1244] Die Auferlegung von Weisungen und Auflagen beruht nicht auf einer abschließenden Schuldfeststellung, sondern unter anderem auf der Zustimmung des Beschuldigten.[1245] Kritiker argumentieren jedoch, dass zwischen der Unschuldsvermutung und § 153a StPO ein „unauflösbarer Widerspruch" bestehe, da die Auflagen und Weisungen ein „strafähnliches Übel"[1246] darstellen. Insofern keine tatsächliche Schuldfeststellung vorliegt aber dennoch eine Sanktion mit der freiwilligen Zustimmung[1247] des Beschuldigten vereinbart wird, ist dieser Mechanismus durchaus mit dem plea bargaining zu vergleichen. Mittels plea agreements wird eine strafrechtliche Sanktion ohne eine Tatsachenfeststellung mit Zustimmung des Beschuldigten verhängt.

Zunächst soll klargestellt sein, dass die USA kein Allheilmittel für strukturelle Diskriminierungseffekte im deutschen Strafprozess bietet. Beide Rechtsordnungen müssen in ihrem spezifischen sozialen, politischen und historischen Kontext verstanden werden.[1248] Dennoch lassen sich Mechanismen identifizieren, die auch für Deutschland fruchtbar gemacht werden können. Wie in Kapitel 2 dargestellt, ist das US-Strafjustizsystem erheblicher Kritik ausgesetzt. Gerade hieraus ergeben sich jedoch Ansätze, die über die spezifische Rechtsordnung hinaus interessant sind. Die Diskussion um Diskriminierungseffekte ist in den USA ein wichtiger Teil strafprozessrechtlicher Diskussionen. Die spezifischen Diskriminierungseffekte und der historisch-politische Kontext sind keinesfalls identisch. Allerdings sind Diskriminierungseffekte ein strukturelles, weitverbreitetes soziales Problem, das nicht auf den US-Strafprozess beschränkt ist.[1249] Der Forschungsstand zu dem confirmation bias im Ermittlungsverfahren

---

1244 *Mavany*, LR-StPO, § 153a Rn. 11.

1245 *Mavany*, LR-StPO, § 153a Rn. 2.

1246 *Weßlau/Deiters*, SK-StPO, § 153a Rn. 15.

1247 Ob hier angesichts des drohenden Strafverfahrens von Freiwilligkeit gesprochen werden kann, ist sowohl in Deutschland als auch in den USA umstritten, siehe nur *Weßlau/Deiters*, SK-StPO, § 153a Rn. 7.

1248 *Bruce-Jones* spricht in diesem Kontext von „German Exceptionalism" aber warnt gleichzeitig davor, Rassismus in den USA als ein US-spezifisches Phänomen abzutun, vgl. *Bruce-Jones*, Black Lives and German Exceptionalism, VerfBlog, 23. Juli 2020, https://verfassungsblog.de/black-lives-and-german-exceptionalism/ (zuletzt abgerufen am 8. Mai 2023).

1249 *Bruce-Jones*, Black Lives and German Exceptionalism, VerfBlog, 23. Juli 202, https://verfassungsblog.de/black-lives-and-german-exceptionalism/ (zuletzt abgerufen am 8. Mai 2023), „It is vitally important that we, as legal thinkers, are nimble enough to understand the limits of thinking about race and racism as an exclusively locally determined, ahistorical set of discourses. We are in a moment of introspection where

und damit verbundenen Diskriminierungseffekten, ist gerade auch für andere Rechtsordnungen - auch für die deutsche - von Interesse.

II. „German Exceptionalism"? - Neutralität im reformiert inquisitorischen Strafprozess

Zunächst sei klargestellt, dass es in Deutschland kein plea bargaining im engeren Sinne gibt. Absprachen sind keine plea bargaining agreements. Anders als in Deutschland, kann ein Angeklagter in den USA nach einem „guilty plea" ohne Hauptverhandlung und ohne Untersuchung des Sachverhalts durch das Gericht zu einer bestimmten Strafe verurteilt werden. Die Beweislage wird seitens des Gerichts in den USA nicht überprüft. Entscheidend ist allein, ob eine wirksame Absprache zwischen den Beteiligten zu Stande gekommen ist. Das Gericht wird erst dann beteiligt, wenn eine Vereinbarung vorliegt.[1250] Liegt eine Vereinbarung zwischen den Beteiligten vor, stellt das Gericht durch eine Befragung ("allocution") fest, ob diese freiwillig und wissentlich erfolgt ist. In Deutschland kann ein Geständnis mittels Absprache im Rahmen des § 257c StPO zwar zu einer Verständigung führen, die Untersuchung des Sachverhalts nach § 244 Abs. 2 StPO darf aber nicht völlig unterbleiben; auch wenn die Sachverhaltsaufklärung in der Praxis wohl erheblich verkürzt wird.[1251]

Obwohl es sich weder bei Absprachen noch bei anderen konsensualen Erledigungsmethoden um plea bargaining handelt, ist plea bargaining doch eine Form konsensualer Erledigung, die durch vergleichbare praktische Entwicklungen gekennzeichnet ist. Ähnlich wie in Deutschland, verlagert plea bargaining den US-amerikanischen Strafprozess vor.

Die funktionale Methode der Rechtsvergleichung verlangt, dass Recht nicht losgelöst von, sondern im gesellschaftlichen Kontext gesehen und verglichen wird. Anders gesagt, geht es nicht nur um Rechtsvorschriften oder ihre Umsetzung in Rechtssystemen, sondern um die zugrundeliegenden gesellschaftlichen

---

the recognition of racism as a pervasive, structural and widespread social problem will allow us to gain a different level of understanding about how to address it in the German context."

1250 Siehe mehr zur Rolle des Gerichts für plea bargaining agreements bei *Turner/Weigend*, Negotiated Case Dispositions in Germany, England and the United States, in: Ambos et al., Core Concepts of Criminal Law, S. 391.

1251 Siehe *Altenhain, Jahn/Kinzig*, Die Praxis der Verständigung im Strafprozess, Eine Evaluation der Vorschriften des Gesetzes zur Regelung der Verständigung im Strafverfahren vom 29. Juli 2009, S. 530 f.

Bedingungen, die die Rechtskultur bestimmen. In Bezug auf in den USA existierende Rechtsphänomene wird oftmals – zum Teil mit ironischem Unterton – vom „American exceptionalism" gesprochen.[1252] Der Begriff „American exceptionalism" beruht ursprünglich auf der Behauptung, dass US-amerikanische Werte erstrebenswert, besonders bedeutend oder bewundernswert sind und sich dadurch von Werten anderer Länder unterscheiden. Der Begriff impliziert nicht lediglich Unterschiede, sondern, dass es sich bei US-amerikanischen Normen und Werten um einen Ausnahmefall handelt – vor allem in Abgrenzung zu europäischen.

Bruce-Jones gebraucht den Begriff „German exceptionalism"[1253], um die spezifischen historisch-kulturellen und gesellschaftlichen Implikationen des deutschen Rechtssystems in Abgrenzung zu anderen europäischen und dem US-amerikanischen Rechtssystem zusammenzufassen. Vor allem bezieht sich *Bruce-Jones* hier auf die deutsche Besonderheit, dass kein statistisches Material zu den Erfahrungen rassistisch marginalisierter Personen gesammelt werden; mit der Konsequenz, dass „Diskriminierungsmuster"[1254] im Vergleich zu den USA weit schwieriger zu identifizieren sind.[1255] Rechtsvergleichung muss vor dem Hintergrund gesellschaftlicher- und rechtskultureller Besonderheiten vorgenommen werden. Fraglich ist, wie strukturelle Ausgleichmechanismen aus den USA im Lichte der deutschen Rechtskultur zu sehen sind. Hier drängen sich vor allem zwei Besonderheiten des deutschen Strafprozesses auf: Die

1252 Als ein Beispiel für „American exceptionalism" wird die fortwährende Existenz der Todesstrafe in einigen Bundesstaaten angeführt, vgl. *Steiker* U. Miami L. Rev. 2013, 329 (330 ff.); *Poveda*, Social Justice 2000, 252; siehe auch *Reitz*, American Exceptionalism in Crime and Punishment: Broadly Defined 26. Dezember 2017, SSRN Link: https://ssrn.com/abstract=3091213 (zuletzt abgerufen am 8. Mai 2023).

1253 *Bruce-Jones*, Verfassungsblog, 23. Juli 2020, Black Lives and German Exceptionalism, https://verfassungsblog.de/black-lives-and-german-exceptionalism (zuletzt abgerufen am 8. Mai 2023).

1254 *Bruce-Jones* spricht hier von „Pattern of Discrimination", vgl. *Bruce-Jones*, Verfassungsblog, 23. Juli 2020, Black Lives and German Exceptionalism, https://verfassungsblog.de/black-lives-and-german- exceptionalism (zuletzt abgerufen am 8. Mai 2023).

1255 So *Bruce-Jones*: „there is no regular practice of disaggregating data regarding the experiences of racialised communities in the context of policing or social services", Verfassungsblog, 23. Juli 2020, Black Lives and German Exceptionalism, https://verfassungsblog.de/black-lives-and-german-exceptionalism (zuletzt abgerufen am 8. Mai 2023).

Neutralitätsvermutung der Ermittlungsbehörden und das reformiert inquisitorische Strafprozessmodel.

Zunächst könnte eingewandt werden, dass spezifische Ausgleichmechanismen gegenüber den staatlichen Akteuren (insbesondere Polizei und Staatsanwaltschaft) in Deutschland aufgrund der Neutralität der Ermittlungsbehörden (vgl. § 150 Abs. 2 StPO) schlicht nicht notwendig seien. Zweifel an der praktischen Umsetzung des Neutralitätsgebots wurden in Kapitel 3 behandelt und sollen hier nicht noch einmal ausführlich betrachtet werden. Dennoch sollen kurz diejenigen Aspekte betont werden, die eng mit einem Vergleich zu den USA zusammenhängen. Zum einen hat das Neutralitätsgebot vor dem Hintergrund sozialpsychologischer Erkenntnisse über kognitive Verzerrungen lediglich relative Bedeutung. Kognitive Verzerrungen sind natürliche Bestandteile menschlicher Kognition. Der confirmation bias ist eine kognitive Verzerrung, die sich im Ermittlungsverfahren erstmals entwickeln und besonders nachhaltig auswirken kann. Selbst wenn man davon ausginge, dass staatliche Ermittler ausschließlich unvoreingenommen ermitteln wollen, stellt der bloße Wille neutral zu handeln, gerade kein Gegenpol zu kognitiven Verzerrungsprozessen dar. Kognitive Verzerrungen – insbesondere kognitive „shortcuts“ – setzen sich unbewusst, unabhängig von Intentionen fest.[1256] Die unkritische Annahme, dass Ermittlungen regelmäßig neutral durchgeführt werden, kann zur Perpetuierung kognitiver Verzerrungen beitragen. Denn wenn der kognitive Wahrnehmungs- und Erkennungsprozess nicht kritisch hinterfragt wird, ist er besonders anfällig für Verzerrungen. Kognitive Dissonanz[1257] – also das Bedürfnis, augenscheinlich entgegenstehende Informationen miteinander vereinbaren zu wollen – ist besonders stark ausgeprägt, wenn die für wahr gehaltenen Informationen bereits etabliert sind.[1258] Je weniger ein einmal getroffener Ermittlungsansatz bereits frühzeitig hinterfragt wird, desto schwieriger ist, es neue Informationen später „neutral“ bewerten zu können. Schon deshalb macht die Ermittlungspflicht der

---

1256 Siehe hierzu beispielsweise *Bargh/Chartrand*, Am. Psychologist 1999, 462 (468 ff.); *Richardson* und *Goff* erklären, dass die Intention nicht zur Vermeidung der kognitiven Verzerrung führt, *Richardson/Goff*, Iowa L. Rev. 2012, 295 (311) ("The decisions of the best-intentioned individuals may be affected by the mere existence of the stereotype because of the associative networks our minds use to process information. [...] Even worse, people's heuristic criminality judgment will feel easy, familiar, and true because they cannot evaluate information processes that proceed beneath awareness.").

1257 Siehe ausführlich zu kognitiven Dissonanzen in Kapitel 4 A.

1258 *Schultz-Hardt/Köhnken*, Praxis der Rechtspsychologie 2000, Sonderheft 1, 60(75).

Staatsanwaltschaft qualitative, hochwertige, engagierte Strafverteidigung nicht obsolet.

Eine weitere Überlegung ergibt sich aus einem Vergleich zu den Offenbarungspflichten der Staatsanwaltschaft in den USA. Während in den USA die adversatorische Natur des Strafprozesses anerkannt ist, herrschen dennoch strikte Beweisoffenbarungspflichten der Staatsanwaltschaft, deren Verstoß zu einer Unwirksamkeit des Schuldspruchs führen kann. Auch in einem adversatorischen Prozess dürfen staatliche Interessen nicht um jeden Preis verfolgt werden. In *Brady v. Maryland*[1259] entschied der Supreme Court 1963, dass die Staatsanwaltschaft zur Offenbarung aller Beweise verpflichtet ist, die für die Unschuld des Beschuldigten sprechen könnten.[1260] Die adversatorische Natur des amerikanischen Strafprozesses rechtfertigt nicht die einseitige Offenbarung von belastenden Beweisen. Trotz der adversatorischen Natur des Strafprozesses kann ein Verstoß gegen diese Offenbarungspflichten zur Unwirksamkeit eines Schuldspruchs und einer neuen Hauptverhandlung führen. Unabhängig davon, ob dem Strafprozess ein inquisitorisches oder adversatorisches Model zugrunde liegt, müssen Ausgleichmechanismen geschaffen und in das jeweilige System eingefügt werden.

Die Pflicht, verschiedene Ermittlungsansätze zu verfolgen – auch solche, die den Beschuldigten entlasten – und entlastende Beweise zu offenbaren, macht eine kompetente, umfassende Verteidigung nicht obsolet. Letztlich besteht das grundsätzliche Recht jedes Beschuldigten auf Verteidigung unabhängig von dem Gebot der Neutralität. Nicht einzusehen ist daher, warum eine Angleichung der Strafverteidigung an das entstandene Bedürfnis nach effektiver, engagierter und aktiver Verteidigung in einem reformiert inquisitorischen Prozess, welcher das Recht auf Verteidigung explizit anerkennt (vgl. § 137 Abs. 1 StPO), ausgeschlossen sein soll. Beschuldigte, die über die hierfür notwendigen finanziellen Mittel verfügen, werden sich bereits frühzeitig von auf das Strafrecht spezialisierten, effektiven Verteidigern beraten lassen. Dies ist aber für finanziell benachteiligte oder anderweitig marginalisierte Personen mindestens genauso wichtig.

1259 Brady v. Maryland, 373 U.S. 83 (1963).

1260 Eine Verletzung des Rechts aus *Brady* liegt vor, wenn die Staatsanwaltschaft für den Beschuldigten vorteilhafte, relevante Beweise (im Original: „material evidence“) zurückhält. Ein Verstoß liegt außerdem nur dann vor, wenn die Offenbarung des Beweises zu einem anderen Hauptverhandlungsergebnis hätte führen können. Siehe United States v. Bagley, 473 U.S. 667, 682 (1985); Strickland v. Washington, 466 U.S. 668, 694 (1984); zur aktuelleren Diskussion um Brady siehe *Kreag*, SLR Online 2014, 47 (47 ff.).

III. Zwischenergebnis

Auch wenn erhebliche Unterschiede zwischen konsensualen Erledigungsmethoden in den USA und in Deutschland bestehen, existieren funktionale Konvergenzen. Die Erfahrung des US-amerikanischen Strafprozesses bzgl. der Risiken konsensualer Erledigungen bietet Chancen für den deutschen Strafprozess. Auch wenn zwischen dem inquisitorischen und adversatorischen Verfahrensmodell wichtige Unterschiede bestehen, können Ausgleichmechanismen des adversatorischen Strafprozesses für den deutschen Strafprozess fruchtbar gemacht werden. Im Folgenden werden einige dieser Instrumente und Rechtsmechanismen erläutert und ihre mögliche Bedeutung für den deutschen Strafprozess untersucht. Da nicht alle in den USA existierenden Mechanismen ausführlich behandelt werden können, beschränkt sich die nachfolgende Betrachtung auf drei zentrale Aspekte: (1) die institutionalisierte Pflichtverteidigung, (2) das *subpoena* Recht und (3) die Revision auf Grundlage von *ineffective assistance of counsel*. Der Fokus liegt hierbei auf der Rolle der Verteidigung, ihrer Institutionalisierung, Interventionsmöglichkeiten und Qualitätskontrolle. Hierfür muss im Sinne der funktionalen Methode über Rechtsvorschriften hinaus auch auf die Rechtspraxis eingegangen werden.

B. Ausgleichmechanismen in den USA und ihre Übertragung auf den deutschen Strafprozess

I. Institutionalisierte Pflichtverteidigung – *Public Defense Model*

Wie in Kapitel 4 ausgeführt, existiert in Deutschland keine institutionalisierte Pflichtverteidigung. Die Infrastruktur für die Verteidigerbestellung – insbesondere in Notsituationen – ist in Deutschland nicht einheitlich strukturiert. Der Begriff institutionalisierte Pflichtverteidigung meint hier eine Organisation, die ausschließlich Pflichtverteidigungsmandate annimmt, vollständig vom Staat finanziert wird und aus Strafverteidigern, anderen Rechtsanwälten, Sozialarbeitern und sonstigen Angestellten besteht. Dabei wird nicht der individuelle Verteidiger, sondern die Pflichtverteidigungsorganisation als solche bestellt.

In Deutschland beteiligen sich einzelne Anwälte – insbesondere Berufsanfänger – auf freiwilliger Basis an dem anwaltlichen Notdienst. Diese Verteidiger übernehmen häufig sowohl Pflicht- als auch Wahlmandate. Es liegt bei dem Gericht den *individuellen* Pflichtverteidiger zu bestellen. Wie bereits ausgeführt findet diese Auswahl in der Praxis nach zum Teil „problematische[n]“[1261],

1261 *Schoeller*, StV 2017, 194 (204).

Kriterien statt und beschränkt sich häufig auf die immer gleichen „Lieblingsverteidiger" des Gerichts. In einem institutionalisierten Pflichtverteidigungssystem erteilt das Gericht das Mandat für eine bestimmte Verteidigerorganisation und kann nicht auswählen, welcher spezifische Anwalt innerhalb der Organisation das Mandat übernimmt. Einige Pflichtverteidigerorganisationen haben hunderte von Verteidigern. Intern wird dann in einem selbstbestimmten Verfahren entschieden, wer welche Mandate übernimmt. Häufig geschieht dies nach einer zufälligen kalendarischen Einteilung, wonach ein oder mehrere Verteidiger alle Mandate eines bestimmten Tages übernehmen. Idealerweise stellt die Organisation periodisch fest, ob eine grobe gleichmäßige Verteilung von Fällen stattfindet und gleicht die Fallzahlen bei Bedarf intern aus. Der individuelle Verteidiger muss sich mit dem finanziellen Aspekt des Mandats nicht beschäftigen. Die Organisation bekommt ein jährliches Budget aus dem sich das Gehalt der individuellen Verteidiger – je nach Erfahrungsgrad und spezifischer Position innerhalb der Organisation – bestimmt.

Institutionalisierte Verteidigung ist ein Konzept, das in erster Linie nicht den Inhalt, sondern die Infrastruktur der Pflichtverteidigung bestimmt. Diese hat jedoch mittelbare Effekte auf die Qualität und damit den Inhalt der Pflichtverteidigung. Das Konzept institutionalisierter Pflichtverteidigung ist vor allem vor dem Hintergrund der Transparenz und Zugänglichkeit der Verteidigung finanziell benachteiligter Beschuldigter relevant.

1. *Assigned counsel vs. Public defense*

In den USA wird das institutionalisierte Pflichtverteidigungsmodell (*institutional public defense*) in Abgrenzung zum dem *assigned counsel* Model gesehen.[1262] Letzteres hat – zumindest bzgl. der Infrastruktur – größere Überschneidungen mit dem deutschen Pflichtverteidigungssystem. Denn auch im assigned counsel System stellen sich einige zugelassene Anwälte zur Übernahme von Pflichtverteidigungsmandaten zur Verfügung. Diese Anwälte übernehmen sowohl Pflicht- als auch Wahlmandate und sind häufig nicht oder nicht ausschließlich auf Strafverteidigung spezialisiert. Public defender hingegen übernehmen ausschließlich Pflichtverteidigungsmandate; meist auf der Basis eines Vertrages mit der jeweiligen Stadt oder Kommune. Heute ist das Public Defense Model in den USA weit verbreitet und vielerorts – vor allem in den Großstädten – nicht hinwegzudenken. Die konkrete Ausgestaltung der Struktur und Finanzierung von

1262 *Searle*, Santa Clara L. Rev. 1964, 48 (50 ff.).

public defense variiert wiederum in den Bundesstaaten und Kommunen.[1263] Die vorliegende Beschreibung ist eine vereinfachte Darstellung der Pflichtverteidigerlandschaft in den USA. Der Fokus liegt hierbei auf institutionalisierten public defense Organisationen, die vor allem in amerikanischen Großstädten existieren und ihrem Potential zur Stärkung der Beschuldigten- und Verteidigerrechte.

a. Qualität, Unabhängigkeit und Spezialisierung

Die Vorteile des public defense Models gegenüber dem assigned counsel Model bestehen vor allem in der Qualität der Strafverteidigung und der finanziellen und institutionellen Ungebundenheit des Strafverteidigers im Verhältnis zum Gericht. Zumindest insoweit als der Eindruck des Gerichts von einem Verteidiger keine Rolle für zukünftige Bestellungen spielt, da nicht der einzelne Verteidiger selbst, sondern die Organisation, bei der der Verteidiger beschäftigt ist, bestellt wird. Anders ist dies wiederum in Gebieten, in denen auf Grund der Bevölkerungsanzahl nur vereinzelte Pflichtverteidiger tätig sind.[1264] Einer der Hauptkritikpunkte der Pflichtverteidigerbestellung in Deutschland, neben Unabhängigkeitsproblemen, sind die gerichtlichen Kriterien der Pflichtverteidigerauswahl.[1265] Dabei ist spezialisiertes Wissen oder Strafverteidigungserfahrung wohl kein dominierendes Kriterium in der Praxis.[1266] Public defense Organisationen nehmen ausschließlich Pflichtverteidigungsmandate an und sind entsprechend auf die Verteidigung finanziell Benachteiligter in Strafsachen spezialisiert.[1267]

b. Institutionalisiertes Wissen

Institutionelle Pflichtverteidigung generiert institutionelles Wissen, das weit über das individuelle Wissen eines einzelnen Verteidigers hinausgehen kann. Im Rahmen institutioneller Verteidigung lassen sich Straf- und Strafverfolgungstendenzen erkennen, die von der jeweiligen Organisation sichtbar gemacht werden können. So beispielsweise, wenn erkennbar wird, dass die Staatsanwaltschaft in einer bestimmten Kommune spezifische Delikte regelmäßig über konsensuale

---

1263 *Burkhart/Lam*, Criminal Justice 2017, 44.

1264 Vgl. hierzu *Pruitt/Colgan*, Arizona L. Rev. 2010, 219 (242 ff.).

1265 Siehe beispielsweise kritisch zur richterlichen Beiordnungspraxis *Thielmann*, NJW 2011, 1927 (1927 f.).

1266 So nach einer Studie von *Schoeller*, vgl. hierzu *Schoeller*, StV 2017, 194 (204).

1267 *Searle*, Santa Clara L. Rev. 1964, 48 (50); *Anderson/Buenaventura/Heaton*, Harv. L. Rev. 2019, 819 (820 ff.).

Erledigungsmethoden zu erledigen versucht. Auf Seiten der Strafverfolgungsbehörden existiert institutionelles Wissen bereits. Wie ausgeführt reagiert die Polizei beispielsweise nicht nur auf Kriminalpolitik, sondern gestaltet sie auf Grundlage ihres Wissensbestandes mit.[1268] Institutionalisiertes Strafverteidigerwissen kann Gleichgewicht zu institutionellem Wissen der Strafverfolgungsbehörden schaffen. Insofern als Pflichtverteidiger in institutionalisierter Form marginalisierte Personen verteidigen, können marginalisierte Wissensbestände durch institutionelle Unterstützung sichtbar gemacht werden. Kollektive Wissensbestände wiederum können die Strafrechtspraxis und Strafrechtspolitik beeinflussen.[1269] Der Vorteil institutionalisierter Verteidigung geht also über spezialisierte Verteidigung zum Vorteil *individueller* Beschuldigter oder *einzelner* Fälle hinaus. In Kapitel 5 wurde die Diskreditierung marginalisierter Wissensbestände angesprochen. Dabei wurde aufgezeigt, warum auch Einzelberichten in der Diskussion um Diskriminierungseffekte eine zentrale Rolle eingeräumt werden muss. Gleichzeitig kann marginalisiertes Wissen aber auch als kollektives Wissen Teil des rechtswissenschaftlichen Diskurses werden. Institutionelle Strafverteidigung ermöglicht diese Generierung und Sichtbarmachung marginalisierter Erfahrungen in *kollektiver* Form. So kann Einwänden begegnet werden, die Diskriminierung als „Einzelfall“ abtun. Pflichtverteidigerorganisationen in den USA sammeln, dokumentieren und verwenden Strategien in einem fortlaufenden Wissensaustausch, der über einzelne Fälle hinaus geht und eine Bandbreite verschiedenster Fälle und Beschuldigter betrifft.[1270] Insofern sind institutionelle Pflichtverteidigerorganisationen auf die Verteidigung marginalisierter Personen spezialisiert. Pflichtverteidigerorganisationen können durch ihre hoch spezialisierte Ausrichtung und Expertise im Strafreformdiskurs eine – mit staatlichen Akteuren vergleichbare – zentrale Rolle einnehmen und so einen Ausgleich zu staatlichem Wissen darstellen.[1271]

1268 Siehe hierzu mit weiteren Nachweisen *Singelnstein*, StV 2016, 830 (831).

1269 Sie grundsätzlich zum Verhältnis zwischen gesellschaftlicher Macht und Wissen *Foucault*, der Macht und Wissen al seine Einheit sieht, vgl. *Foucault* Power/Knowledge, Selected Interviews & Other Writings 1972–1977, S. 131 ff.

1270 Public defense Organisationen wie The Bronx Defenders verwenden kollektives Wissen beispielsweise, um auf rechtswidrige Polizeipraktiken aufmerksamen zu machen und rechtlich gegen sie vorzugehen, vgl. R.C. v. The City of New York, Index No. 153739/2018, https://www.bronxdefenders.org/wp-content/uploads/2018/04/R.C.-v.-The-City-of-New-York-Complaint-4-24-18.pdf (zuletzt abgerufen am 12. Mai 2023).

1271 Siehe nur *Anderson/Buenaventura/Heaton*, Harv. L. Rev. 2019, 819.

Hieraus ergibt sich unmittelbar ein weiteres Aufgabenfeld vieler Pflichtverteidigerorgnisationen in den USA: *impact litigation* oder auch *strategic litigation*. Gemeint ist Prozessführung, die zu struktureller Veränderung führen kann. Strategische Prozessführung ist sinnvoll, wenn ein bestimmter Sachverhalt, ein Rechtsproblem oder eine praktische Umsetzung des Rechts nicht lediglich einen Einzelfall betrifft, sondern strukturelle Implikationen hat. Zur Veranschaulichung seien hier zwei aktuelle Prozesse genannt. In der Sammelklage *Trowbridge v. DiFiore*[1272] übernimmt The Bronx Defenders – eine Pflichtverteidigerorganisation in New York City – das Mandat für einen Sammelklage, in der dem New York State Gerichtssystem (New York Unified Court System) ein Verstoß gegen das verfassungsrechtlich geschützte Recht auf *Due Process*[1273] und *Speedy Trial*[1274] vorgeworfen wird. Die Klage wirft dem New York Unified Court System „strukturelle und systematische Prozessverzögerungen im Bronx Strafgericht“[1275] vor. Konkret geht es in der Klage darum, ob das New York Unified Court System dadurch gegen Due Process und Speedy Trial verstößt, dass Beschuldigte im Durchschnitt etwa zwei bis drei Jahre auf eine Hauptverhandlung warten. Bisher liegt in der Sache keine Entscheidung vor. In *R.C. v. The City of New York*[1276] vertritt The Bronx Defenders Kläger einer Sammelklage gegen das New York Police Department (NYPD). Die Klage wirft der NYPD vor,

1272 Trowbridge v. Cuomo, May 10, 2016, Docket 1:16-cv-03455 (SDNY), https://www.bronxdefenders.org/wp-content/uploads/2016/06/Bronx-Court-Delay-Complaint-Filed-with-SDNY-5-10-16.pdf (zuletzt abgerufen am 12. Mai 2023).

1273 Das Recht auf „*Due Process*“ findet sich im 5. und 14. Zusatzartikel zur US-amerikanischen Verfassung. Der 5. Zusatzartikel bezieht sich auf den Bund als staatlichen Akteur, während der 14. Zusatzartikel auf die einzelnen Bundesstaaten anwendbar ist. Vereinfacht gesagt garantiert „Due Process“, dass staatliche Rechtseingriffe nicht ohne rechtliche Schutzmechanismen erfolgen. Umstritten ist, ob sich aus dem Recht auf „Due Process“ lediglich prozessualer Schutz oder auch materiellrechtlicher Schutz ergibt (“substantive due process”), ausführlich hierzu siehe *Williams*, Yale L. J. 2010, 408 (408 ff.).

1274 Das Recht auf „*Speedy Trial*“ (zügige Verhandlung) ist im 6. Zusatzartikel zur US-Verfassung verankert und schützt Beschuldigte im Strafverfahren vor einer überlangen Strafverfahrensdauer. Mehr zur Geschichte und Bedeutung des Rechts auf „Speedy Trial“ siehe *Caplis,* DePaul L. Rev. 1973, 839 (839 ff.).

1275 „[…] structural and systemic court delays in the Bronx Criminal Court“, vgl. Trowbridge v. Cuomo, May 10, 2016, Docket 1:16-cv-03455 (SDNY).

1276 R.C. v. The City of New York, April 24, 2018, Index No. 153739/2018.

„gelöschte“[1277] Beschuldigteninformationen[1278] auf rechtswidrige Weise genutzt und geteilt zu haben.

c. *Frühzeitige Verteidigung*

Aus Beschuldigtensicht bieten Public Defense Organisationen in den USA noch einen weiteren allgemeinen Vorteil gegenüber dem assigned counsel System. Public Defense erlaubt frühzeitige Verteidigung für Beschuldigte, die sich selbst keinen Verteidiger leisten können. Finanziell benachteiligte Beschuldigte können sich bereits im Ermittlungsverfahren und vor einer formellen Anklage bei einigen Public Defense Organisationen kostenlos beraten lassen. Diese frühzeitige Verteidigung wird von einigen auch als „early defense“[1279] bezeichnet. In Kapitel 4 wurde ausführlich darauf eingegangen warum trotz der Reform der notwendigen Verteidigung ein gesteigertes Diskriminierungsrisiko für finanziell benachteiligte Beschuldigte existiert, insbesondere hinsichtlich frühzeitiger Verteidigung im Ermittlungsverfahren. Während eine Person mit entsprechenden finanziellen Mittel „in jeder Lage des Verfahrens“ (vgl. § 137 Abs. 1 StPO) rechtlichen Beistand hinzuziehen kann, ist die frühzeitige Verteidigung finanziell benachteiligter Personen auf Fälle notwendiger Verteidigung gem. § 140 StPO begrenzt. Während Beschuldigte grundsätzlich jederzeit einen Wahlverteidiger konsultieren können, sind damit im Falle des Pflichtverteidigers Hürden verbunden, die zum Teil mit der Infrastruktur der Pflichtverteidigung in Deutschland zusammenhängen. Die Existenz spezialisierter Pflichtverteidigerorganisationen, an die sich Personen schon vor der formellen Initiierung eines Strafprozesses wenden können, stellt letztlich nur ein Gleichgewicht zwischen den Möglichkeiten einer finanziell privilegierten und einer finanziell benachteiligten Person her.

1277 Genauer geht es hier um „sealed“ (wörtlich „versiegelte“) Informationen, dieim engeren Sinne nicht gelöscht, sondern lediglich „versiegelt“, also nicht zugängig sein sollen. Die Strafverfolgungsbehörde hat so noch die technische Möglichkeit, auf diese Informationen zuzugreifen.

1278 Konkret geht es hier um „Arrestinformationen“. Gemeint sind Personendaten eines Beschuldigten, die im Ermittlungsverfahren erlangt wurden. Im Einzelnen handelt es sich hier beispielsweise um Fingerabdrücke.

1279 Beispiele für „early defense“ Projekte in Public Defense Organisationen finden sich unterschiedlich ausgestaltet in verschiedenen Bundesstaaten. The Bronx Defenders in New York City beraten finanziell benachteiligte Personen bereits vor der Initiierung eines formellen Strafprozesses in der Bronx, vgl. „Need Legal Help“ auf der Website von The Bronx Defenders, https://www.bronxdefenders.org/clients-community/help/ (zuletzt abgerufen am 12. Mai 2023).

Das public defense Model wird in den USA daher auch vor allem im Kontext der Gleichstellung finanziell Benachteiligter Beschuldigter diskutiert:[1280]

„In practice any defendant who has financial ability will certainly contact his attorney immediately after arrest and booking (if he has not contacted him earlier). The indigent must have the same privilege."[1281]

d. *„Holistic Defense"*

Vor allem für finanziell benachteiligte Beschuldigte mit bereichsüberschneidenden Rechtsberatungs- und Verteidigungsbedürfnissen (z. B. Immigrationsrecht und Strafrecht) bietet das Public Defense Modell entscheidende Vorteile. Holistische Strafverteidigung ("holistic defense") beruht auf dem Gedanken, dass effektive Verteidigung *umfassende*, bereichsüberschneidende Verteidigung voraussetzt. Konkret bedeutet dies, dass, wenn erforderlich, dem Beschuldigten die Expertise verschiedener Anwälte zur Verfügung steht, die gemeinsam an der Verteidigung arbeiten und über separate und kumulative Rechtsprobleme beraten. Auf diese Weise sollen sowohl unmittelbare als auch mittelbare rechtliche Konsequenzen durchdacht und dem Beschuldigten dargelegt werden. Holistische Verteidigung setzt ein interdisziplinäres Verteidigungsteam voraus. Das holistische Verteidigungsmodel kam erstmals in den 1990er Jahren in der Public Defense Landschaft auf. Einige Public Defense Organisationen[1282] beschäftigen neben traditionell auf Strafverteidigung spezialisierten Anwälten unter anderem auch Zivilrechts-, Immigrationsrechts- und Familienrechtsanwälte.

Der Supreme Court beschäftigte sich in *Padilla v. Kentucky*[1283] mit dem Anspruch und Inhalt des Beschuldigten auf Rechtsberatung, die sich aus dem Verhältnis zwischen Immigrationsrecht und Strafrecht ergibt. Der Supreme Court entschied hier, dass ein Beschuldigter über die immigrationsrechtlichen Konsequenzen einer strafrechtlichen Verurteilung aufgeklärt werden muss.

1280 *Searle*, Santa Clara L. Rev. 1964, 48 (51 ff.).

1281 *Searle*, Santa Clara L. Rev. 1964, 48 (53); zu Deutsch etwa: In der Praxis wird jeder Beschuldigte, der über die notwendigen finanziellen Mittel verfügt, einen Anwalt unmittelbar nach einer Verhaftung kontaktieren (wenn er das nicht bereits getan hat). Die Armen müssen das gleiche Privileg haben.

1282 The Bronx Defenders, Neighborhood Defender Service of Harlem und die Legal Aid Society in New York City sind Beispiele für holistische Public Defense Organisationen. Dieses System hat sich weit über New York City hinaus ausgedehnt. Siehe beispielsweise „Still She Rises" in North Tulsa, Oklahoma, https://www.stillsherises.org/ (zuletzt abgerufen am 12. Mai 2023).

1283 Padilla v. Kentucky 55 U.S 356 (2010).

Die mangelnde Aufklärung des Beschuldigten führt zur Unwirksamkeit eines plea agreements und der hierauf beruhenden Verurteilung des Beschuldigten. *Padilla* hat in den USA zu einem neuen, umfassenderen Verständnis der Aufklärungspflichten eines Verteidigers gegenüber seinem Mandanten geführt.[1284] In der Praxis arbeiten Strafverteidiger regelmäßig eng mit Immigrationsrechtlern zusammen, um eine umfassende, spezialisierte Beratung zu garantieren. Die Aufklärungspflicht des Verteidigers geht jedoch über immigrationsrechtliche Konsequenzen hinaus, weshalb sich einige Public Defenders auf ein interdisziplinäres „Defense Team" stützen.

Insbesondere hinsichtlich Überschneidungen mit dem Immigrationsstrafrecht bietet sich ein holistischer Ansatz auch in Deutschland an. In Kapitel 5 wurde die Beziehung zwischen Strafrecht und Immigrationskonsequenzen behandelt. Außerstrafrechtliche mittelbare Konsequenzen des Strafrechts zeigen sich besonders deutlich im Bereich des Immigrationsrechts. Dies erfordert Rechtsberatung, die über bereichsspezifische Expertise hinausgeht. Das Strafrecht ist mit dem Immigrationsrecht auf eine Weise verwoben, die intersektionelle Konsequenzen nach sich zieht. Diese Konsequenzen können für einen Beschuldigten mehr Bedeutung haben als die direkten strafrechtlichen Konsequenzen.[1285] Strafverteidiger müssen dazu in der Lage sein über diese möglichen Konsequenzen im Detail beraten zu können oder – wenn hierfür die Expertise fehlt – andere Rechtsberatung heranzuziehen.[1286] Insbesondere wenn eine konsensuale Erledigungsmethode im Raum steht, muss der Beschuldigte strategisch und informiert über eine Zustimmung/einen Einspruch eines staatsanwaltschaftlichen Angebots entscheiden.

2. *Historischer Kontext* – Gideon v. Wainright

Auch wenn heute institutionelle Pflichtverteidigung in den USA weitverbreitet ist, sind Pflichtverteidigerorganisationen zumindest kein selbstverständlicher Bestandteil des US-amerikanischen Strafprozesses. Historisch ist die Institutionalisierung der Pflichtverteidigung eng mit dem grundsätzlichen Recht des Beschuldigten auf Verteidigung im Strafprozess verbunden, insbesondere mit dessen Recht auf ein faires Verfahren.[1287] 1956 erklärte der Supreme Court in

---

1284 Hierzu ausführlich unter III. in diesem Kapitel.

1285 *Schulte*, MAH Strafverteidigung, § 35 Rn. 76.

1286 *Schulte*, MAH Strafverteidigung, § 35 Rn. 76.

1287 1939 Annual Report of the Voluntary Defenders Committee, Columbia Law Review 1940, LRB Papers, Fn. 7, box 6, folder 11.

Griffin v. Illinois[1288], dass dann keine Gleichheit vor dem Gesetz bestehe, wenn die Qualität der Verteidigung eines Beschuldigten von dessen finanziellen Mitteln abhängt.[1289] Die Forderung nach flächendeckender Pflichtverteidigung zur Beseitigung von Diskriminierungseffekten bot eine prozessuale Lösung anstatt einer materiell-rechtlichen Entkriminalisierungslösung.[1290] Diese Aussage des Supreme Court stammt aus einer Zeit, in der noch kein flächendeckendes Pflichtverteidigungssystem in den USA etabliert war.[1291] Der entscheidende Supreme Court Fall ist hier *Gideon v. Wainwright.*[1292] *Gideon* enthält den Begriff „Public Defense" zwar nicht explizit, wird aber dennoch als die entscheidende Supreme Court Entscheidung gesehen, die zur Entwicklung des Public Defense Systems beigetragen hat.[1293]

Die Gideon Entscheidung beruht auf folgendem Verständnis: Wenn der Staat Anwälte beschäftigt und bezahlt (Staatsanwälte), um eine Verurteilung des Angeklagten zu bewirken, benötigt dieser auch durch den Staat finanzierte Anwälte, um sich gegen die staatlichen Vorwürfe effektiv zu verteidigen.[1294] Ein faires Verfahren gebietet, dass die Verteidigung mit Mitteln und Expertise ausgestattet ist, die es erlauben, dem staatlichen Machtmonopol und der staatlichen Strafverfolgungsexpertise gegenüber zu treten. Bereits vor *Gideon* gab es in den 60er Jahren eine Vielzahl von Bundesstaaten, die Pflichtverteidigung im Strafprozess vorsahen.[1295] Dennoch steht *Gideon* für die Transformierung der

---

1288 Griffin v. Illinois, 351 U.S. 12 (1956).

1289 Griffin v. Illinois, 351 U.S. 12, 19 (1956) ("[t]here can be no equal justice where the kind of trial a man gets depends on the amount of money he has.").

1290 *Batlan*, Women and Justice for the Poor: A History of Legal Aid, 1863–1945, S. 139 ("Procedural Conception of Justice").

1291 *Mayeux*, Colum. L. Rev. 2016, 15 (mit Details zu historischen Hintergründen und Entwicklungen des Public Defense Systems).

1292 Gideon v. Wainwright, 372 U.S. 335 (1963).

1293 In NYC beispielsweise wird der 18. März als Jahrestag der Gideon Entscheidung – „Gideon Day" – auch als „Public Defense Day" bezeichnet, siehe beispielsweise New York State Defenders Association, Gideon Day, https://www.nysda.org/general/custom.asp?page=GideonDay (zuletzt abgerufen am 12. Mai 2023).

1294 Gideon v. Wainwright, 372 U.S. 335, 344 (1963), Justice Black sagt hier: „[the government] hires lawyers to prosecute".

1295 Vgl. hierzu den Amicus Curiae Brief in *Gideon*: Gideon v. Wainwright, 372 U.S. 335 (1963) (No. 62–155), 1962 WL 115122; vgl. auch *Lewis*, Gideon's Trumpet, S. 141 ff.

Verteidigerlandschaft für finanziell benachteiligte Beschuldigte. Post *Gideon*, existiert nun in vielen Teilen der USA institutionalisierte Pflichtverteidigung.[1296]

3. *Kritik und Zukunft des institutionalisierten Public Defense Systems*

1973 wurde das Public Defense System bundesweit durch die *National Advisory Commission on Criminal Justice Standards and Goals*[1297] formal weiter gestärkt. Heute wird in einigen Staaten von einer Finanzierungskrise des Public Defense Systems gesprochen. Im Jahre 2019 berichtete die New York Times über die Public Defense Krise in Louisiana. Der Artikel beschäftigte sich mit der enorm hohen Arbeitsbelastung einzelner Public Defender im Staat Louisiana. Berichtet wird unter anderem von Kack Talaska, einem Public Defender in Louisiana, dessen Fallzahl bei 194 liegt. Dies stelle keine Ausnahme dar.[1298] In vielen Teilen des Landes bestehen Finanzierungsschwierigkeiten in der Pflichtverteidigung.[1299] Insbesondere in ländlichen Gebieten kann diese nicht als gut finanziert und flächendeckend bezeichnet werden.[1300] Ernsthafte Erwägungen, das Public Defense System einzuschränken und das *assigned counsel* System auszubauen, existierten jedoch nicht.[1301] Im Gegenteil, die Diskussion konzentriert sich vor allem auf die Reformierung, Ausdehnung und Finanzierung des bestehenden Systems.[1302] *Thaman* stellt klar, dass die Qualität der

---

1296 National Legal Aid & Defense Association, The Other Face of Justice: A Report of the National Defender Survey Funded by the Law Enforcement Assistance Administration of the U.S. Department of Justice 13 (1973), S. 13.

1297 Die National Advisory Commission on Criminal Justice Standards and Goals ist ein im Jahre 1971 gegründetes Komitee, welches damit beauftragt wurde, hinsichtlich der Effizienz des Criminal Justice Systems zu beraten.

1298 New York Times, One Lawyer, 194 Felony Cases, and No Time, 31. Januar 2019, https://www.nytimes.com/interactive/2019/01/31/us/public-defender-case-loads.html (zuletzt abgerufen am 12. Mai 2023).

1299 *Laughland*, The Marshall Project, When the Money Runs out for Public Defense, What Happens Next?, 09.07.2016, https://www.themarshallproject.org/2016/09/07/when-the-money-runs-out-for-public-defense-what-happens-next (zuletzt abgerufen am 12. Mai 2023).

1300 *Primus*, Defense Counsel and Public Defense, in: Erik Luna, Reforming Criminal Justice: Pretrial and Trial Process, S. 121 ff.; *Luban*, Mich. L. Rev. 1993, 1729.

1301 *Brownell*, Legal Aid in the United States, S. 142.

1302 Vgl. beispielsweise *Backus/Marcus*, GW L. Rev. 2018, 1564 (1597 ff. für eine Reform in Idaho, New York und Pennsylvania); *Lawrence*, U. Miami Race & Social Justice L. Rev. 2015, 167 (176 ff.); The Constitution Project, Justice Denied: America's Continuing Neglect of our Constitutional Right to Counsel, S. 7–8, 50–52, 65–70 (Nat'l

institutionellen Pflichtverteidigung unter anderem von ihrer Finanzierung abhängt.[1303] Forderungen beziehen sich vor allem auf die Ausdehnung staatlicher Finanzierung der Pflichtverteidigung[1304] aber auch auf die Stärkung des Rechts auf *effective assistance of counsel* – eine US-strafprozessrechtliche Rechtsfigur, die in Abschnitt III. näher erläutert wird.

4. *Anwendung*

a. *Status Quo der Pflichtverteidigungsorganisation in Deutschland*

Die Betrachtung des Public Defense Systems in den USA verdeutlicht das Potential eines institutionalisierten Pflichtverteidigungssystems in Deutschland. Institutionalisierte Pflichtverteidigung kann für finanziell benachteiligte Beschuldigte zu einer Verringerung des strukturellen Machtungleichgewichts gegenüber den Ermittlungspersonen und dem Gericht führen.[1305] Darüber hinaus begünstigt diese Form der Pflichtverteidigung eine frühzeitige Rechtsberatung und spezialisierte Verteidigung, die für finanziell privilegierte Beschuldigte ohne Weiteres zugänglich ist. Insofern liegt hier ein Ausgleich sowohl gegenüber dem Staat als auch gegenüber finanziell bessergestellten Beschuldigten vor.

Das US-Beispiel zeigt aber auch, dass ein institutionalisiertes Pflichtverteidigungssystem nur insoweit erfolgreich operieren kann, als es mit ausreichenden Mitteln finanziert wird. Insofern muss also der politische Wille zur Etablierung und Aufrechterhaltung eines solchen Systems existieren.

Die Institutionalisierung der Pflichtverteidigung im deutschen Strafprozess bedeutet zunächst die Etablierung und Organisation einer Infrastruktur. Die bisherige Infrastruktur der Pflichtverteidigung wurde in Grundzügen in Kapitel 4 B. behandelt. Hier sollen noch einmal kurz die Hauptprobleme der bisherigen Organisation betont werden: Die Infrastruktur für die Verteidigerbestellung vor der Hauptverhandlung ist in Deutschland nicht einheitlich geregelt oder strukturiert. Einzelne Anwälte beteiligen sich auf freiwilliger Basis an dem anwaltlichen Notdienst. Anwaltsvereine, einzelne Kanzleien und

---

Right to Counsel Comm. 2009), abrufbar unter: https://www.opensocietyfoundations.org/publications/justice-denied-americas-continuing-neglect-our-constitutional-right-counsel#publications_download (zuletzt abgerufen am 12. Mai 2023).

1303 *Thaman*, SLU L. J. 2000, 999 (1020).

1304 *Ogletree*, Law and Contemporary Problems 1995, 81 (86).

1305 *Schünemann*, ZStW 114 (2002), 1 (43). Zu diesem strukturellen Ungleichgewicht im Kontext des Beweisantragsrechts des Beschuldigten in § 244 Abs. 3–5 siehe *Heghmanns*, Strafverfahren, Grund- und Examenswissen kritisch vertieft, Rn. 988.

Strafverteidigervereinigungen der Bundesländer, Städte und Kreise bieten lokale anwaltliche Notdienste.[1306] Zunächst soll der Kontakt telefonisch hergestellt werden. Im Anschluss soll es ein persönliches Gespräch geben. Nach Empfehlungen des DAV soll der Zugang jederzeit, also 24/7 sowie an Wochenenden und Feiertagen möglich sein.[1307] Weiterhin wird eine zentral organisierte Verfahrensstruktur, die einen Diensteinteilungsplan einschließt, vorgeschlagen. Der DAV empfiehlt mehrsprachige Öffentlichkeitsarbeit zur Aufklärung möglichst vieler Bürger.[1308] In der Praxis werden Beschuldigte teilweise lediglich auf ein Telefonbuch mit den örtlichen Rechtsanwälten verwiesen.[1309]

Eine Studie von *Jahn* untersucht die Rechtspraxis der Pflichtverteidigerbestellung.[1310] Die Studie beruht auf einer stichprobeartigen, schriftlichen Befragung von Anwälten und Ermittlungsrichtern. Insgesamt wertet die Studie 971 Fragebögen zur Pflichtverteidigerbestellung aus; 941 Fragebögen wurden von Strafverteidigern und 30 von Ermittlungsrichtern beantwortet.[1311] Unter anderem behandelt die Studie die praktische Möglichkeit unmittelbarer Kontaktaufnahme mit einem Pflichtverteidiger in Haftsituationen. Von den Befragten gaben 34,8 % an, dass eine „unmittelbare“[1312] Kontaktaufnahme ihrer Erfahrung nach „nie“ oder „selten“ erfolge.[1313] Diese Versagung werde unter anderem folgendermaßen begründet: Missbrauchsgefahr (48,9 %), Unerreichbarkeit des

1306 Beispielsweise in Berlin siehe https://strafverteidiger-berlin.de/notdienst/ (zuletzt abgerufen am 12. Mai 2023).

1307 Empfehlungen zur Durchführung eines anwaltlichen Notdienstes in Strafsachen des Geschäftsführenden Ausschusses der Arbeitsgemeinschaft Strafrecht des Deutschen Anwaltvereins, abrufbar unter: https://www.ag-strafrecht.de/media/1004/empfehlun gen.pdf (zuletzt abgerufen am 12. Mai 2023).

1308 Abrufbar unter: https://www.agstrafrecht.de/media/1004/empfehlungen.pdf, S. 3 f. (zuletzt abgerufen am 12. Mai 2023).

1309 1996 lag dem BGH ein Fall vor, in dem einem Beschuldigten lediglich das Hamburger Branchentelefonbuch zur Verfügung gestellt wurde. Der Verteidiger, der kein Deutsch sprach, wurde nicht auf den anwaltlichen Notdienst hingewiesen. Der BGH entschied hier, dass dem Beschuldigten, der einen Verteidiger fordert, „in effektiver Weise“ Hilfe geleistet werden müsse, vgl. BGH NStZ 1996, 291 (292).

1310 Zur Studie siehe *Jahn*, Zur Rechtswirklichkeit der Pflichtverteidigerbestellung, 2014.

1311 *Jahn*, Zur Rechtswirklichkeit der Pflichtverteidigerbestellung, S. 7 ff.

1312 Es ist zu beachten, dass zu diesem Zeitpunkt der § 140 Abs. 1 n. F. noch nicht existierte. Zur Bewertung des § 140 Abs. 1 und dessen Auswirkung auf den frühzeitigen Zugang zu Pflichtverteidigung siehe näher Kapitel 4 A.

1313 *Jahn*, Zur Rechtswirklichkeit der Pflichtverteidigerbestellung, S. 7 ff. siehe Tabelle, S. 62.

Verteidigers (11,5 %), eine fehlende Vollmacht (3,6 %), Verweis auf Bestellung zu einem späteren Zeitpunkt (4,3 %).[1314] Die fehlende Erreichbarkeit eines Verteidigers ist nach dieser Studie eines der Hauptgründe für die Versagung des Verteidigerkontakts.

Die in Kapitel 4 beschriebene Studie von *Soyer* und *Schumann* zum Zugang zu Pflichtverteidigern in Notsituationen ("Pre-Trial Emergency Defence")[1315] kommt zu dem Schluss, dass die „Fehleinschätzung zur Bedeutung des Ermittlungsverfahrens sowie zur Bedeutung anwaltlichen Beistands [...] gemeinsam mit dem Kostenargument" die „tatsächliche Inanspruchnahme" von Rechtsrat entscheidend hemmen.[1316] Hiernach sei die „Beiziehung eines Rechtsanwalts gerade beim Erstkontakt mit den Strafverfolgungsbehörden [...] ein Ausnahmefall"[1317]. Diese Erkenntnis steht in Einklang mit der rechts*kulturellen* Tendenz, die Staatsanwaltschaft als objektiv-neutrale Ermittlungsbehörde zu verstehen und ihren Ermittlungen zu vertrauen, während unabhängigen Ermittlungen durch Verteidiger misstraut wird.[1318] Das „Pretrial-Emergency Defence" Projekt zeigt, dass psychologische Faktoren und finanzielle Erwägungen die Entscheidung des Beschuldigten hinsichtlich der Inanspruchnahme eines Verteidigers beeinflussen.[1319] Viele Beschuldigte gehen davon aus, dass sie ohnehin nicht über die Mittel für einen Verteidiger verfügen und wissen nicht, wann sie einen kostenlosen Pflichtverteidiger erhalten können.[1320] Im Bereich der Wirtschaftskriminalität wird die Tendenz, Rechtsbeistand zu fordern, hingegen „überdurchschnittlich hoch eingeschätzt."[1321] Die zentrale Bedeutung engagierter Verteidigung in Wirtschaftsstrafsachen spiegelt sich auch in der bereichsspezifischen Literatur wider.[1322]

1314 *Jahn*, Zur Rechtswirklichkeit der Pflichtverteidigerbestellung, S. 64 ff.

1315 *Soyer/Schumann*, StV 2012, 495.

1316 *Soyer/Schumann*, StV 2012, 495 (499).

1317 *Soyer/Schumann*, StV 2012, 495 (500); bei der Durchführung der Studie galt § 140 Abs. 1 Nr. 4 StPO a. F. Hiernach lag ein Fall notwendiger Verteidigung im Ermittlungsverfahren vor, wenn die Untersuchungshaft *vollstreckt* wurde. Zuvor sah § 117 Abs. 4 StPO eine zwingende Verteidigerbestellung erst nach einer Haftzeit von drei Monaten vor. Heute gilt § 140 Abs. 1 Nr. 4, wonach ein Fall notwendiger Verteidigung bereits *vor* Haftvollstreckung vorliegen kann. Ausführlicher hierzu vgl. Kapitel 4 B. II. 3.

1318 Vgl. hierzu zuvor in Kapitel 3 B. III. 3. und IV.

1319 *Soyer/Schumann*, StV 2012, 495 (501).

1320 *Soyer/Schumann*, StV 2012, 495 (501).

1321 *Soyer/Schumann*, StV 2012, 495 (501).

1322 Siehe beispielsweise *Ulsenheimer/Rock*, M&A Review 1991, 1.

In den USA wird das Budget für Pflichtverteidigerorganisationen zumeist auf Ebene der Bundesstaaten, Kommunen und Städte (zumindest in größeren Städten) beschlossen und verteilt. Das US-Beispiel zeigt, dass die Qualität der Pflichtverteidigung an die Finanzierung der jeweiligen Pflichtverteidigerorganisation geknüpft ist. Insofern ist die Einführung einer institutionalisierten Pflichtverteidigung nur dann sinnvoll, wenn sie hinreichend, flächendeckend und gleichmäßig innerhalb der Bundesstaaten finanziert wird.

b. Zwischenergebnis

Einige Schwachstellen bzgl. der Organisation, des Zugangs und der Infrastruktur des derzeitigen deutschen Pflichtverteidigungsmodells, könnten durch ein robustes institutionalisiertes Verteidigungssystem abgemildert werden. Insbesondere verspricht ein solch grundlegender Wandel gesteigerte Transparenz der Verteidigerbestellung sowie frühzeitigen Rechtsberatungszugang in Notsituationen. Die Institutionalisierung der Pflichtverteidigung verspricht außerdem eine gesteigerte Sichtbarkeit der Pflichtverteidigung als Option für finanziell benachteiligte Beschuldigte. Die betrachteten Studien zum Pflichtverteidigungszugang offenbaren Unkenntnis und Ungewissheit seitens Beschuldigter, die befürchten, dass die Inanspruchnahme eines Verteidigers entweder nicht kostenlos möglich sei oder aber zu ihren Lasten ausgelegt werden könne. Die Belehrung hierüber ist in der Praxis nicht ausreichend. Erfolgsversprechender scheint ein breites, öffentliches Verständnis und Bewusstsein über die Rechte allen Beschuldigten. Die Existenz von und der Zugang zu Pflichtverteidigerorganisationen führt zur gesteigerten Sichtbarkeit dieser Rechte in der Rechtspraxis.[1323] Darüber hinaus generiert institutionelle Pflichtverteidigung institutionalisiertes – also kollektiv gesammeltes – Wissen, welches dem Wissen der Ermittlungsbehörden

1323 Als ein Beispiel für dieses gesteigertes Sichtbarkeitsphänomen lässt sich aufdie institutionalisierte Pflichtverteidigung in New York City hinweisen. Public Defender Organisationen erhielten im Rahmen der „Black Lives Matter" Proteste im Frühling 2020 hunderte von Anrufen vor, während und nach Verhaftungen im Rahmen von Polizeieinsätzen. Die Sichtbarkeit der jeweiligen Organisationen veranlasste hunderte von Menschen präventiv und im Rahmen von Ermittlungen sofortige rechtliche Beratung in Anspruch zu nehmen, siehe nur die folgende Pressemitteilung von The Bronx Defenders, Written Testimony of The Bronx Defenders: Virtual Testimony of The Bronx Defenders: Virtual Public Hearing on Police/General Public Interactions During Recent Protests, 8. Juli 2020, https://www.bronxdefenders.org/written-testimony-of-the-bronx-defenders-virtual-public-hearing-on-policegeneral-public-interactions-during-recent-protests/ (zuletzt abgerufen am 12. Mai 2023).

gegenübersteht und so ein Instrument gegen dieses bisher bestehende Machtungleichgewicht werden kann.

II. Inhalt des Verteidigungsrechts – „Recht auf eigene Ermittlungen"

Eine bereits relativ frühzeitige Kritik der aufgezeigten Strafprozessverschiebung (siehe ausführlich Kapitel 2) bezieht sich auf das Machtungleichgewicht zwischen Strafverteidigung und den staatlichen Ermittlungsbehörden, den „Funktionsverlust der Hauptverhandlung" und die stetige „Aufwertung" des Ermittlungsverfahrens zu Gunsten der Staatsanwaltschaft.[1324] *Schünemann* vertritt, dass eine wirksame Strafprozessreform die „Einräumung von Rechten und Optionen an die Verteidigung"[1325] beinhalten muss und nicht lediglich die „Einbindung"[1326] des Verteidigers in das Strafverfahren. Die Stärkung der Beschuldigten- und Verteidigerrechte dient nicht nur dem Schutz des Beschuldigten, sondern kann auch zur Erforschung der materiellen Wahrheit[1327] beitragen – insbesondere angesichts der Gefahren der Bestätigungsneigung im Ermittlungsverfahren und ihrer Perpetuierung über das Zwischenverfahren in die Hauptverhandlung (Kapitel 4 A.).

Der Inhalt des Verteidigungsrechts kann von unterschiedlichen Blickwinkeln betrachtet werden. Eine Perspektive ist Verteidigung als *Kontrollmechanismus*. Eine weitergehende Perspektive ist die *kontradiktorische Mitwirkung* der Verteidigung. Zu den Kontrollrechten gehören das Anwesenheitsrecht und das Akteneinsichtsrecht der Verteidigung, die jedoch an die Ermittlungen der Staatsanwaltschaft und der Polizei anknüpfen. Reformdiskussionen zur Aufwertung der Beschuldigten- und Verteidigungsrechte beziehen sich im Wesentlichen auf die Aufwertung und Ausdehnung dieser Kontrollrechte.[1328] Ein

---

1324 *Schünemann*, ZStW 114 (2002), 1 (43).

1325 *Schünemann*, ZStW 114 (2002), 1 (43).

1326 *Schünemann*, ZStW 114 (2002), 1 (43).

1327 Hier soll nicht näher auf die Diskussion um den umstrittenen Begriff der materiellen Wahrheit eingegangen werden. Kritisch zum Wahrheitsbegriff siehe beispielsweise *Gössel*, Ermittlung oder Herstellung von Wahrheit im Strafprozeß, 2000, S. 9 ff.; zur Ansicht, dass auch das US-amerikanische Rechtssystem die Erforschung der materiellen Wahrheit anstrebt, siehe *Dahs*, FS-Schorn, 1966, S. 14 ff.; zur Gegenüberstellung des Wahrheitsbegriffs in Deutschland und den USA auch *Weßlau*, ZIS 2014, 558 (558 ff.).

1328 Siehe beispielsweise *Bannenberg u. a.*, Alternativ-Entwurf Reform des Ermittlungsverfahrens (AE–EV), 2001, S. 133; siehe auch die „Eckpunkte" einer Strafrechtsreform, StV 2001, 314 (315).

kontradiktorisches Konzept hingegen beinhaltet sowohl Kontrollrechte als auch positive Rechte, die über die bloße Kontrolle der Ermittlungsbehörden und des Gerichts hinausgehen. Kontradiktorische Beteiligung der Verteidigung bedeutet, dass sich die Verteidigung nicht allein auf die Ermittlungen der Staatsanwaltschaft stützt und erlaubt ein Intervenieren in staatliche Ermittlungen und so das Aufbrechen kognitiver Dissonanzen.

Ein Vergleich mit den USA macht besonders deutlich, dass sich das deutsche Verteidigungssystem primär auf die Ermittlungen der Polizei und Staatsanwaltschaft stützt. Ein solcher Ansatz kann Bestätigungsfehlern der Ermittlungsbehörden wenig entgegensetzten. Um wirkungsvoll intervenieren zu können, müssen der Verteidigung „kontradiktorische“ Verteidigungsrechte zustehen. Gemeint sind *eigene* Ermittlungen[1329] der Verteidigung. Hierzu gehört unter anderem das Befragen von eigenen Zeugen. In Kapitel 3 B. IV. wurde bereits ausgeführt, dass das Fehlen eigener Ermittlung der Verteidigung im rechtsvergleichenden Kontext besonders auffällt.[1330] Im Rahmen der obigen Betrachtung wurde auch deutlich, dass grundsätzlich nichts von vornherein gegen eigene Ermittlungen der Verteidigung spricht. Innerhalb der Rechtskultur besteht jedoch ein deutliches Misstrauen gegenüber solchen Ermittlungen.[1331]

Neben dem prozesskulturellen Misstrauen gegenüber eigenen Ermittlungen der Verteidigung existiert auch ein wesentlicher praktischer Unterschied zum US-amerikanischen Recht bezüglich der Benennung und Befragung eigener Zeugen. In Deutschland hat die Verteidigung kein „*subpoena*“ Recht. Gemeint ist das Recht des Beschuldigten oder der Verteidigung, Zeugen zum Erscheinen und zur Aussage zu *verpflichten.* Dieses Recht geht sowohl über die Konfrontation von Belastungszeugen als auch über die bloße Benennung eines Zeugen im Rahmen eines Beweisantrags hinaus.

Das Recht des Beschuldigten, Zeugen zu benennen, zu befragen und zur Aussage zu verpflichten, ergibt sich aus dem 6. Zusatzartikel der US-Verfassung.[1332] *Subpoenas* sind der zentrale prozessrechtliche Mechanismus, Beweise zu beschaffen und in das gerichtliche Verfahren einzuführen. Ein *subpoena*, das einen

---

1329 *Baumann*, Eigene Ermittlungen des Verteidigers, 1999; *König*, StraFo 1996, 98; Für das Recht auf konkrete und wirksame Verteidigung im Kontext der EMRK siehe *Gaede*, Fairness als Teilhabe – Das Recht auf konkrete und wirksame Teilhabe durch Verteidigung gemäß Art. 6 EMRK, S. 339 ff.

1330 *Cape/Namoradze/Smith/Spronken*, Effective Criminal Defence in Europe, S. 619 f.

1331 *Schünemann*, ZStW 114 (2002), 1 (48).

1332 Taylor v. Illinois, 108 S. Ct. 646 (652 f.) (1988).

Zeugen zum Erscheinen und zur Aussage verpflichtet wird auch als *subpoena ad testificandum* bezeichnet. Der Supreme Court bezeichnet dieses Recht als eines der grundlegenden Rechte des Beschuldigten.[1333] Entsprechend gehören *subpoenas* zur ständigen Praxis im US-amerikanischen Strafprozess. Anwälte – einschließlich Strafverteidiger – können *subpoenas* grundsätzlich selbstständig ausstellen und anschließend an den Adressaten zustellen lassen.[1334]

Wird ein Zeuge mittels *subpoena* geladen, ist dieser zum Erscheinen verpflichtet. Als eine gerichtliche Anordnung (*order*) sind *subpoenas* rechtlich durchsetzbar. Erscheint der Zeuge nicht, drohen Konsequenzen, die sowohl Geldstrafen als auch Freiheitsstrafen umfassen können.[1335] Das Recht auf Verteidigung aus dem 6. Zusatzartikel zur Verfassung umfasst das Recht des Beschuldigten alle Zeugen zum Erscheinen und zur Aussage bei Gericht zu verpflichten, deren Aussage entlastend (*exculpatory*) oder für die Verteidigung hilfreich (*favorable*) sein könnte.[1336] Unter bestimmten Umständen kann die Staatsanwaltschaft

1333 Siehe beispielsweise Chamber v. Mississippi, 410 U.S. 284 (302) (1973); Ray Taylor v. Illinois, 108 S. Ct. 646 (653) ("To ensure that justice is done, it is imperative to the function of courts that compulsory process be available for the production of evidence needed either by the prosecution or by the defense.").

1334 Siehe New York State: New York Criminal Procedure Law, Section 610.20(3) ("An attorney for a defendant in a criminal action or proceeding, as an officer of a criminal court, may issue a subpoena of such court, subscribed by himself, for the attendance in such court of any witness whom the defendant is entitled to call in such action or proceeding."); New Jersey: New Jersey Rules of Court, Rule 1:9, Section 1 ("A subpoena may be issued by the clerk of the court or by an attorney or party in the name of the clerk or as provided by R. 7:7–8 (subpoenas in certain cases in the municipal court). It shall state the name of the court and the title of the action and shall command each person to whom it is directed to attend and give testimony at the time and place specified therein."); siehe Illinois: Code of Criminal Procedure, 725 ILS 5, Section 115–117 ("An attorney admitted to practice in the State of Illinois, as an officer of the court, may also issue subpoenas in a pending action. A witness who is duly subpoenaed who neglects or refuses to attend any court, under the requisitions of the subpoena, shall be proceeded against and punished for contempt of the court."); für Strafverfahren auf Bundesebene siehe Federal Rules of Criminal Procedure, Rule 17 (a).

1335 Siehe beispielhaft die Regelungen in New York State: CPLR Section 2308(a) ("Failure to comply with a subpoena issued by a judge, clerk or officer of the court shall be punishable as a contempt of court"), Section 5251 ("Refusal or willful neglect of any person to obey a subpoena shall each be punishable as a contempt of court.").

1336 United States v. Webster, 750 F.2d 307 (5th Cir. 1984); Washington v. Texas, 388 U.S. 14, 87 S. Ct. 1920, 18 L. Ed. 2d 1019 (1967).

dazu verpflichtet werden, potentielle Zeugen für die Verteidigung ausfindig zu machen.[1337] In vielen Fällen beruht die Identifizierung und Ladung eines Zeugen für den Beschuldigten auf selbstständigen Ermittlungen der Verteidigung.

Das *subpoena* Recht ist nicht auf Zeugen beschränkt, sondern erstreckt sich auf andere Beweismittel.[1338] Dazu gehören unter anderem Dokumente (z. B. Krankenhausdokumente, schriftliche Verträge, Bilder) und Dateien (z. B. Video- und Bilddateien).

1. *Subpoena vs. Beweisantragsrecht*

Das Beweisantragsrecht des Beschuldigten und der Verteidigung – das zentrale Verteidigungsinstrument[1339] – aus § 244 Abs. 3 StPO steht dem *subpoena* Recht deutlich nach.[1340] Das Beweisantragsrecht ist die Aufforderung an das Gericht durch die Verteidigung/des Beschuldigten oder der Staatsanwaltschaft eine bestimmte „Beweiserhebung anzuordnen und vorzunehmen"[1341]. Hierfür müssen eine Anzahl von Voraussetzungen vorliegen, die erhebliche Barrieren darstellen können. Im Einzelnen soll hier nicht auf all diese Voraussetzungen eingegangen werden.[1342] Verwiesen sei jedoch auf die wachsende Kritik bzgl. der Einschränkungen des Beweisantragsrechts[1343] und die Kodifizierung dieser Einschränkungen im Rahmen der Strafprozessreformen von 2017[1344] und

1337 In Roviaro v. United States, 353 U.S. 53, 77 S. Ct. 623, 1 L. Ed. 2d 639 (1957).

1338 Siehe beispielhaft nur für den Staat New York: CPLR Section 610.20(3).

1339 *Wolter*, SK-StPO, § 244 Rn. 46.

1340 Anders bei *Schlothauer*, StV 2016, 607 (608), der behauptet, dass „selbst im US-amerikanischen Strafverfahren der Anspruch der Verteidigung auf staatliche Unterstützung bei der Beweisverschaffung [sich darauf beschränke], dass das Gericht Zeugen unter Strafandrohung vorzuladen oder aufzufordern hat, Beweismittel vorzulegen". Diese Charakterisierung steht im Widerspruch zur praktischen Realität des Strafprozesses, in dem Strafverteidiger und ihre *investigator* regelmäßig relevante Zeugen ausfindig machen, befragen und mittels *subpoena* zur Aussage vor Gericht verpflichten. US-Strafverteidiger haben eine berufsethische Pflicht eigene Ermittlungen vorzunehmen. Die Folgen ineffektiver Verteidigung werden in Abschnitt III. näher behandelt.

1341 *Schmidt*, Lehrkommentar zur Strafprozeßordnung und zum Gerichtsverfassungsgesetz, Teil I, 2. Aufl., 1964, Rn. 215.

1342 Ausführlich hierzu siehe *Alsberg*, SK-StPO, § 244 Rn. 83 ff.

1343 *Nobis*, StV 2018, 453 (459); *Habetha*, NJW 2021, 1288 (1288 ff.).

1344 Seit der Strafprozessreformreform im Jahre 2017 (BGBl. 2017, 3202) ist es dem Gericht nun ausdrücklich möglich, Beweisantragsfristen (§ 244 Abs. 6 S. 3 StPO) zu setzen.

2019[1345]. Insbesondere wird von Verteidigerstimmen auf einen „Generalverdacht gegenüber einer engagierten und professionellen Verteidigung“[1346] verwiesen. Dies knüpft wiederum an die rechtskulturelle Tendenz an, unabhängigen Ermittlungen der Verteidigung zu misstrauen.

Doch auch das *subpoena* Recht kennt Grenzen. Eine Zeugenaussage kann also nicht in allen Fällen mittels *subpoena* durchgesetzt werden. Beispielsweise darf die Verteidigung der Staatsanwaltschaft nicht absichtlich bis zur Hauptverhandlung vorenthalten, dass ein bestimmter Zeuge geladen wird, um einen taktischen Vorteil zu gewinnen.[1347] Zeugen, die plötzlich bei Gericht erscheinen und den Verlauf der Hauptverhandlung auf den Kopf stellen, sind eher ein Mythos als eine zulässige und übliche Verfahrenstaktik.

Anders als in Deutschland muss der Beschuldigte oder die Verteidigung aber nicht mittels Beweisantrag im Einzelnen das Beweisthema, das Beweismittel und die Konnexität[1348] des Beweisantrags darlegen – für ein *subpoena ad testificandum* beispielsweise genügt die Benennung des Zeugen. Unter anderem liegt dies schon daran, dass der Staat die Schuld des Beschuldigten beweisen muss – nicht umgekehrt – und der Beschuldigte sich dann gegen diese Vorwürfe zu Wehr setzen kann. Es ist daher aus US-Sicht nicht verfassungsgemäß, von dem Beschuldigten zu erwarten, die Verteidigungsstrategie im Einzelnen offenzulegen. Das Recht, sich umfassend gegen die Anklage zur Wehr zu setzen, beinhaltet im US-Strafprozess, dass die Staatsanwaltschaft zunächst ihre Beweise in der Hauptverhandlung präsentiert und der Angeklagte sich anschließend gegen die Vorwürfe verteidigen kann.[1349] Darüber hinaus kennt das *subpoena* Recht keinen breiten Katalog mit Ablehnungsgründen. Das Beweisantragsrecht im deutschen Strafprozess hingegen enthält eine Vielzahl von Ablehnungsgründen (s. § 244 Abs. 3

1345 Nach der Strafprozessreform von 2019 (BGBl. 2019 2121) bedarf es für in Verschleppungsabsicht gestellte Beweisanträge nun keines gerichtlichen Ablehnungsbeschluss mehr. Auch das Kriterium der „wesentlichen“ Verzögerung durch den Beweisantrag ist für eine Ablehnung nicht mehr notwendig (BT-Drs. 19/14747, S. 35).

1346 *Norouzi*, AnwBl. Online 2018, 290 (292).

1347 Taylor v. Illinois, 484 U.S. 400 (1988).

1348 Siehe BGH StV 2008, 9 f.; BGH StraFo 2010, 466); seit der Gesetzesänderung durch das *Gesetz zur Modernisierung des Strafverfahrens* (BGBl. 2019 2121) ist die „Konnexität“ explizite Voraussetzung in § 244 Abs. 3 StPO; zu beachten ist aber, dass der Zusammenhang dann nicht ausgeführt werden muss, wenn er offensichtlich vorliegt, vgl. BT-Drs. 19/14747, S. 34; siehe auch zur Rspr. vor der Gesetzesänderung BGH NStZ-RR 2001, 43 (44).

1349 In re Winship, 397 U.S. 358, 361 (1970).

S. 2 StPO (Ablehnung ohne gerichtliches Ermessen), § 244 Abs. 3 S. 3 Nr. 1–6 StPO, § 244 Abs. 4 und 5 StPO (Sonderfälle)).

Die zentrale Funktion des Beweisantragsrechts liegt in der Kompensierung des Vorgriffs des Beweisergebnisses.[1350] Das Ermittlungsergebnis bestimmt die Einschätzung des Gerichts. Insofern ist die Hauptverhandlung immer durch die Ermittlungen der Polizei und Staatsanwaltschaft vorgeprägt. Das Beweisantragsrecht ist ein Interventionsmechanismus, der nicht nur der Wahrheitserforschung dient, sondern auch die Subjektstellung des Beschuldigten stärkt.[1351] Die bisherigen Ausführungen zu kognitiven Dissonanzen (siehe Kapitel 4 A.) zeigen auf, wie kritisch und zugleich schwierig eine solche Intervention im Verlauf des Verfahrens ist. Die frühzeitige Intervention – beispielsweise durch Stärkung einer aktiven Verteidigungskultur im Vorverfahren – und die Erleichterung intervenierender Beweiserhebungen – beispielsweise durch *subpoenas* – ist ein entscheidendes Instrument effektiver Verteidigung. Alle hiermit verbundenen Kosten werden im Falle der Pflichtverteidigung von der Pflichtverteidigerorganisation bezahlt und sind Teil ihres staatlich finanzierten Budgets. Handelt es sich jedoch um einen Pflichtverteidiger, der nicht an eine Pflichtverteidigerorganisation angegliedert ist, werden solche Kosten entweder individuell beantragt oder gehören von vornherein zu dem Budget des staatlich finanzierten Verteidigers.[1352]

2. *Zwischenergebnis*

Der deutsche Strafprozess kennt kein *subpoena* Recht. Zwar kennt es das Anwesenheitsrecht des Beschuldigten oder der Verteidigung bei der Zeugenvernehmung sowie das Beweisantrags und Fragrecht, ein selbstständiges *subpoena* Recht wird jedoch nicht eingeräumt. Das Beweisantragsrecht steht dem *subpoena* Recht deutlich nach. Faktisch existiert daher für die Verteidigung beispielsweise „keine gesicherte Möglichkeit eigene Zeugenvernehmungen durchzuführen"[1353].

1350 *Wolter*, SK-StPO, § 244 Rn. 45–47; *Frister*, ZStW 105 (1993), 340 (362); *Schulz*, StV 1991, 354 (361).

1351 *Frister*, ZStW 105 (1993), 340 (362); *Köhler*, Inquisitionsprinzip und autonome Beweisvorführung, S. 41 ff.

1352 Für verschiedene Modelle in ländlichen Gebieten der USA vgl. *Romero*, Wash. U. L. Rev. 2021, 1 (24 ff.) (im Erscheinen), abrufbar unter: https://papers.ssrn.com/sol3/papers.cfm?abstract_id=3801330 (zuletzt abgerufen am 12. Mai 2023).

1353 *Schünemann*, ZStW 114 (2002), 1 (48).

An der passiven Verteidigungskultur und dem tiefsitzenden Misstrauen gegenüber aktiverer Verteidigung wird sich nicht ohne Weiteres etwas ändern. Eine aktive Verteidigungskultur setzt ein Umdenken im Selbstverständnis der Verteidigerlandschaft, die Zugänglichkeit konkreter Interventionsmechanismen und die Akzeptanz engagierter, selbstständiger Ermittlungen durch Verteidiger voraus. Auf legislativer Ebene könnte ein *subpoena* Recht den Inhalt des Verteidigungsrechts deutlich aufwerten und so graduell zur Änderung der Rechtskultur beitragen, indem der Verteidigung ein konkretes, relativ simples Interventionsinstrument eingeräumt wird. Ebenso wichtig ist jedoch der Diskurs um eine aktive Verteidigungskultur, der immer noch mit erheblichem Misstrauen begegnet wird,[1354] sowie um die parallel steigenden Anforderungen an die Strafverteidigung im Rahmen einer Konsensualisierung des Strafverfahrens. Beachtet man in diesem Zusammenhang auch, dass insbesondere Pflichtverteidiger von der Benennung durch die immer gleichen Richter abhängig sind, wird ein Machtverhältnis deutlich, das der Stärkung des Verteidigungsrechts nicht dienlich ist.

III. *Ineffective assistance of counsel* – Anforderungen an die Verteidigung

1. Vorüberlegungen

Die Qualität der Verteidigung ist angesichts des Wandels des Strafprozesses immer entscheidender.[1355] Aus Beschuldigtensicht ist hierbei insbesondere bedeutsam, wie der Strafprozess mit *unzureichender* Verteidigung umgeht. Unzureichende Verteidigung meint hier die fehlerhafte Verteidigung zum Nachteil des Beschuldigten. In der Tatsacheninstanz kann sich unzureichende Verteidigung sowohl im Ermittlungs- und Zwischenverfahren als auch in der Hauptverhandlung bemerkbar machen. Da Fehler im Ermittlungsverfahren nachhaltige Auswirkungen auf das restliche Verfahren haben, sind frühzeitig auftauchende Fehler ebenso relevant wie spätere.[1356] Konkret gemeint ist beispielsweise das Nichtstellen eines Antrags auf Aussetzung der Hauptverhandlung (§ 265 Abs. 3 StPO), die

---

1354 *Wölky*, StV 2017, 438 (440); *Bosbach/Ackermann/Caba*, Rn. 225; *Spoerr*, StV 2019, 697 (697).

1355 Siehe zu den Mindeststandards der Strafverteidigung bereits *Barton*, Mindeststandards der Strafverteidigung, passim.

1356 *Burhoff*, StV 1997, 432 (433).

mangelhafte Sachverhaltsermittlung,[1357] der verspätete oder unterlassene Widerspruch gegen Beweiserhebungen, das Nichtstellen eines Beweisantrags, der zur Entlastung des Angeklagten hätte beitragen können, das Nichteinsehen oder verspätete Einsehen der Strafakte[1358] oder schlicht eine mangelnde Befassung mit den materiell-rechtlichen Problemen des Falles. Fehlerhafte Verteidigung ist Teil der strafprozessualen Verfahrensrealität und bildet schlimmstenfalls eine Quelle für Fehlurteile.[1359] Das Spektrum unzureichender Verteidigung ist weit und erfasst unengagierte Verteidigung, inkompetente Verteidigung und den Zwischenbereich. Sie umfasst sowohl die mangelnde Vorbereitung der Verteidigung als auch die de facto Nichtführung der Verteidigung.[1360]

Die bisherige vergleichende Betrachtung in diesem Kapitel bezog sich auf die institutionalisierte Struktur der Pflichtverteidigung (*public defense*) und den Inhalt des Verteidigungsrechts mit einem Fokus auf das *subpoena* Recht. Die folgende Betrachtung behandelt einen weiteren speziellen Aspekt der US-amerikanischen Strafverteidigung: Die direkten Konsequenzen ineffektiver Verteidigung im *strafrechtlichen* Verfahren. Die zivilrechtlichen Konsequenzen im Innenverhältnis zwischen Verteidigung und Beschuldigtem sollen hier außen vor bleiben. Stattdessen geht es hier um die direkten Konsequenzen für das strafrechtliche Urteil. Die vorliegende Betrachtung beschränkt sich auf den Rechtsvergleich mit den USA und mögliche Ansätze, die sich aus dem Konzept der *ineffective assistance of counsel* ergeben. Der Standard der Verteidigung und die Pflichten des Verteidigers gegenüber dem Mandanten vor dem Hintergrund europarechtlicher Vorgaben werden nur am Rande behandelt.[1361]

Ineffektive Verteidigung meint im US-Kontext fehlerhafte Verteidigung, die bis zur Aufhebung eines strafrechtlichen Urteils führen kann. Der Supreme Court entwickelte das Recht auf effektive Verteidigung im Strafprozess aus dem 6. Zusatzartikel der US-Verfassung. Der verfassungsrechtlich geschützte Anspruch auf Verteidigung beinhalte das Recht auf *kompetente, adäquate* Verteidigung. Die bloße Bestellung eines Verteidigers hingegen sei ungenügend. Im Kern geht es darum, wann die Qualität des Rechtsbeistands derart unangemessen ist, dass

---

1357 Zu potentiellen Fehlern bei der Sachverhaltsermittlung durch den Verteidiger siehe *Prüfer*, StV 1993, 602 (602 ff.).

1358 Siehe beispielsweise zur verspäteten Akteneinsicht *Burhoff*, StV 1997, 432 (433 f.).

1359 *Neuhaus*, StV 2002, 43 (43); *Schwenn*, StV 2010, 705 (709).

1360 Weitere Beispiele unzureichender Verteidigung bei *Pauly*, StraFo 1998, 41 (41 ff.); siehe auch *Johnigk*, StV 2006, 347 (350 ff.).

1361 Für das Recht auf konkrete und wirksame Verteidigung im Kontext der EMRK siehe *Gaede*, Fairness als Teilhabe, 2007.

ein Revisionsgrund vorliegt. Dieses Recht greift neben der Hauptverhandlung auch im Vorverfahren und in der Strafzumessungsphase.[1362] In einer Reihe von Entscheidungen wurden in den 70er und 80er Jahren die Kriterien für das Vorliegen eines solchen Revisionsgrunds dargelegt.[1363]

2. *Strickland v. Washington als Ausgangspunkt*

Der wohl bedeutendste Fall zu *ineffective assistance of counsel* (*ineffective assistance*) ist *Strickland v. Washington*[1364] (*Strickland*) – eine Entscheidung des Supreme Courts aus dem Jahre 1984. *Strickland* behandelte die Strafzumessung eines wegen Mordes verurteilten Angeklagten. Im Rahmen der Strafzumessung brachte der Verteidiger des Beschuldigten keine strafmildernden Beweise vor; denkbar war hier insbesondere die Anforderung eines psychiatrischen Gutachtens, das Vorbringen von Leumundszeugen und die Beiziehung eines „*presentence sentencing reports*" (ein Strafzumessungsbericht). Ohne jegliche strafmildernden Gesichtspunkte und nach Feststellung strafschärfender Gründe wurde im Rahmen der gerichtlichen Strafzumessung die Todesstrafe verhängt. Der Supreme Court kam hier zu dem Schluss, dass kein Fall ineffektiver Verteidigung vorlag und bestätigte die Strafzumessung. Die Entscheidung verdeutlicht die hohen Anforderungen für die Geltendmachung eines Verstoßes, der zur Aufhebung der Strafzumessung oder sogar der strafrechtlichen Verurteilung führen kann.

In *Strickland* beschäftigte sich der Supreme Court eingehend mit den Voraussetzungen eines Verstoßes gegen den 6. Zusatzartikel der Verfassung wegen *ineffective assistance* im Rahmen eines zweiteiligen Tests: *Erste* Bedingung ist ein gravierender Verteidigerfehler. Nicht jeder Fehler ist mit ineffektiver Verteidigung gleichzusetzen. Die Pflichtverletzung kann sowohl in einem Tun (*act*) als auch in einem Unterlassen (*ommission*) bestehen, das angesichts einer Gesamtbewertung aller Umstände unterhalb des Standards für professionelle und kompetente Verteidigung liegt. Dabei ist der Inhalt kompetenter Verteidigung als ein breites Spektrum zu verstehen und kann eine Vielzahl – auch risikoreicher – Strategien

1362 Für die Strafzumessungsphase siehe Strickland v. Washington, 466 U.S. 668 (686) (1984); für das plea bargaining siehe beispielsweise Padilla v. Kentucky, 599 U.S. 356 (2010).

1363 United States v. Decoster, F.2d 196 (D.C. Circuit Court 1979); Cuyler v. Sullivan, 446 U.S. 335 (1980); United States v. Cronic, 466 U.S. 648 (1984).

1364 Strickland v. Washington, 466 U.S. 668 (1984).

beinhalten.[1365] Grundsätzlich wird vermutet, dass sich die Verteidigung innerhalb des Rahmens professioneller und kompetenter Verteidigung bewegte.[1366] Strategische Entscheidungenbefinden sich grundsätzlich innerhalb des Spektrums kompetenter und professioneller Verteidigung, solange sie auf gründlichen Ermittlungen und materiell-rechtlichen Kenntnissen beruhen. Aufgabe der Revisionsinstanz ist es nicht, die Strategie des Verteidigers zu bewerten, sondern gravierende Fehler zu identifizieren, die zu einem unfairen Ergebnis zu Lasten des Angeklagten führten.

Der Supreme Court betont außerdem, dass die vom Verteidiger gewählte spezifische Strategie eng an die Kommunikation mit dem Beschuldigten geknüpft ist. Je nach Sachverhalt mag es daher notwendig sein, diese Gespräche für die Bewertung heranzuziehen. Gerade dieses Kriterium kam in späteren Entscheidungen des Supreme Courts zu *ineffective assistance* und plea bargaining zum Tragen und wird unten näher diskutiert. Die konkrete Verteidigung im Falle *Strickland* erfüllte bereits nicht die erste Voraussetzung, da sich die konkrete Strategie im Rahmen professioneller und adäquater Verteidigung bewegte. Strategie des Verteidigers im konkreten Fall war es hier, vollkommen auf die Reue des Angeklagten über die Tat abzustellen und keine weiteren strafmildernden Faktoren zu präsentieren. Die Verteidigung versprach sich hiervon, dass das Gericht die aufrichtige Reue des Angeklagten über die Tat erkennen und strafmildernd berücksichtigen würde. Der Strafverteidiger hatte sich deshalb gegen das Vorbingen weiterer Beweise – insbesondere eine psychologische Evaluationen des Angeklagten – entschieden, weil die Staatsanwaltschaft sonst ihrerseits entgegenstehende Beweise hätte vorbringen können. Der Supreme Court sah hierin keinen gravierenden Fehler, sondern lediglich eine gescheiterte Verteidigungsstrategie.

Zweitens, muss der gravierende Fehler dazu führen, dass dem Beschuldigten insgesamt ein faires Verfahren (*fair trial*) entzogen wurde. Liegt also ein gravierender Fehler vor, hatte dieser aber letztlich keine negative Wirkung (*prejudice*), liegt kein Verstoß vor.[1367] Im *Strickland* Fall entschied der Supreme Court,

---

1365 Im Originaltext der Entscheidung: „The court must then determine whether, in light of all the circumstances, the identified acts or omissions were outside the wide range of professionally competent assistance." Strickland v. Washington, 466 U.S. 668 (689) (1984).

1366 Im Originaltext der Entscheidung: „[…] counsel is strongly presumed to have rendered adequate assistance and made all significant decisions in the exercise of reasonable professional judgment." Strickland v. Washington, 466 U.S. 668 (689) (1984).

1367 Im Originaltext der Entscheidung: „Even if a defendant shows that particular errors of counsel were unreasonable, therefore, the defendant must show that they actually

dass auch diese Voraussetzung nicht gegeben war, da das Vorbringen weiterer Beweise in der Strafzumessungsphase nicht geeignet gewesen wäre, die strafschärfenden Faktoren im Rahmen einer Gesamtbetrachtung aufzuwiegen.

Sind beide Voraussetzungen aus *Strickland* gegeben und liegt entsprechend ein Fall von *ineffective assistance* vor, führt dies zur Aufhebung der Verurteilung oder zur Angleichung der Strafzumessung.

3. *Konsensuale Erledigung und ineffective assistance*

Aktuellere Entscheidungen zu *ineffective assistance* beziehen sich vor allem auf die Pflichten der Verteidigung gegenüber dem Beschuldigten im Rahmen des plea bargaining – der primären konsensualen Erledigungsmethode im US-Strafprozess. Im Folgenden wird auf die wesentlichen Aspekte dieser Entscheidungen eingegangen.

a. *Missouri v. Frye*

In *Missouri v. Frye*[1368] (*Missouri*) entschied der Supreme Court über die Aufklärungs- und Beratungspflichten des Strafverteidigers im Rahmen von plea bargaining Gesprächen und die Konsequenzen eines Verstoßes gegen diese Pflichten.

In dem der Entscheidung zu Grunde liegenden Sachverhalt war der Angeklagte, Galin Frye, zuvor dreimal wegen Fahrens ohne gültige Fahrerlaubnis strafrechtlich verurteilt worden. Im Falle einer erneuten Verurteilung sah das Strafrecht im Bundesstaat Missouri eine Freiheitsstrafe von bis zu vier Jahren vor. Im Vorverfahren machte die Staatsanwaltschaft der Verteidigung schriftlich ein plea bargaining Angebot, welches eine Freiheitsstrafe von 90 Tagen vorsah. Der Verteidigung teilte Frye dieses Angebot nie mit und die Frist zur Annahme des Angebots verstrich. Kurze Zeit später wurde Frye erneut wegen Fahrens ohne gültige Fahrerlaubnis verhaftet und nach einem *guilty plea* (ohne ein Angebot der Staatsanwaltschaft) zu drei Jahren Freiheitsstrafe verurteilt. Im Rahmen einer Revision[1369] gab Frye an, dass er, wäre er informiert gewesen, das ursprüngliche Angebot der Staatsanwaltschaft angenommen hätte.

---

had an adverse effect on the defense." Strickland v. Washington, 466 U.S. 668 (693) (1984). Der Supreme Court vermutet für einige Fälle das Kriterium der negativen Wirkung. Hierzu gehören unter anderem Verstöße gegen ethische Regelungen zu Interessenkonflikten (*conflict of interest*), siehe Cuyler v. Sullivan, 446 U.S., at 345–350.

1368 Missouri v. Frye, 566 U.S. 134 (2012).

1369 Im US-System handelt es sich hier genauer um *post-conviction relief*.

Der Supreme Court stellt hier erneut fest, dass sich das Recht auf *effective assistance* auch auf plea bargaining – als wesentlichen Teil des Strafprozesses – erstreckt.[1370] In Anwendung des „two part tests" aus *Strickland* untersucht der Supreme Court zunächst, ob ein gravierender Fehler des Verteidigers im Verhältnis zum Angeklagten vorlag. Dieser war hier unproblematisch gegeben, denn Strafverteidiger haben die Pflicht, Angebote der Staatsanwaltschaft an ihre Mandanten heranzutragen. Insbesondere dann, wenn das Angebot, wie hier, durch eine Annahmefrist begrenzt ist. Die Guidelines der American Bar Association (ABA) – die nationale Vereinigung von Rechtsanwälten und Richtern in den USA – enthalten einen Leitfaden zur zügigen, gründlichen Kommunikation zwischen Rechtsanwalt und Mandant hinsichtlich solcher Erledigungsgespräche.[1371]

Der Supreme Court traf hier allerdings keine endgültige Entscheidung darüber, ob auch die zweite Voraussetzung aus *Strickland* erfüllt war. Im Rahmen eines plea bargaining Angebots müsse der Beschuldigte zunächst darlegen, dass er das Angebot mit hinreichender Wahrscheinlichkeit angenommen hätte, hätte er von ihm gewusst. Wenn die Staatsanwaltschaft die Befugnis hatte, das Angebot zurückzunehmen, muss der Angeklagte weiterhin darlegen, dass es mit hinreichender Wahrscheinlichkeit nicht zu einer Rücknahme gekommen wäre. In einer früheren Entscheidung hatte der Supreme Court bereits über einen Fall entschieden, in dem es zwar auch um *ineffective assistance* und plea bargaining ging, der Angeklagte aber das Angebot auf Grundlage des fehlerhaften anwaltlichen Rats annahm und nicht wie hier, mangels Kenntnis, nicht annehmen konnte.[1372] Der Supreme Court kam in *Missouri* zu dem Schluss, dass zwar eine gravierende Pflichtverletzung des Verteidigers vorlag, verlangt aber gleichzeitig, dass sich die vorherige Instanz mit der Frage auseinandersetzt, ob Frye hinreichend darlegen könne, dass die Staatsanwaltschaft das plea Angebot angesichts der erneuten Verhaftung wegen des gleichen Delikts nicht zurückgenommen hätte, denn nur dann sei auch die zweite Voraussetzung aus *Strickland* im vorliegenden Fall erfüllt.[1373]

1370 Missouri v. Frye, 566 U.S. 134 (141) (2012). Siehe zuvor in Montejo v. Louisiana, 556 U.S. 778 (786) (2009) und Padilla v. Kentucky, 599 U.S. 356 (373) (2010) ("[…] we have long recognized that the negotiation of a plea bargain is a critical phase of litigation for purposes of the Sixth Amendment right to effective assistance of Counsel"); siehe auch Hill v. Lockhart, 474 U.S. 52, 106.

1371 Siehe American Bar Association, Criminal Justice Section, Criminal Justice Standards, Standard 4–6.3, https://www.americanbar.org/groups/criminal_justice/standards/DefenseFunctionFourthEdition/ (zuletzt am 12. Mai 2023).

1372 Hill v. Lockhart, 474 U.S. 52 (1985).

1373 Missouri v. Frye, 566 U.S. 134 (153 ff.) (2012).

b. Lafler v. Cooper

Die Entscheidung *Lafler v. Cooper*[1374] (*Lafler*) und *Missouri* wurden gleichzeitig veröffentlicht. Auch in *Lafler* ging es um ein plea agreement. Allerdings wusste der Angeklagte hier von dem Angebot. Auf Anraten seines Verteidigers lehnte er das Angebot jedoch ab. In der Hauptverhandlung wurde er wegen Körperverletzung mit Mordvorsatz[1375] zu einer Mindeststrafe ("mandatory minimum"[1376]) von 185–360 Monaten verurteilt. Die nächste Instanz bestätigte die Verurteilung des Tatgerichts mit dem Argument, dass der Beschuldigte Kenntnis von dem Angebot hatte und freiwillig ablehnte, um von seinem Recht auf eine Hauptverhandlung Gebrauch zu machen.

Der Supreme Court musste hier lediglich darüber entscheiden, ob die zweite Voraussetzung aus *Strickland* vorlag, da die Staatsanwaltschaft nicht anzweifelte, dass die erste Voraussetzung – der gravierende Fehler des Verteidigers – unproblematisch gegeben war. Der Supreme Court lehnt zunächst das Argument der Staatsanwaltschaft ab, dass die Durchführung einer fairen Hauptverhandlung im Falle der Ablehnung eines plea bargaining Angebots, Fehler in der anwaltlichen Beratung heilt. Es ginge hier nicht primär darum, ob es bei der Hauptverhandlung um ein faires Verfahren handelte, sondern, ob dieses auch für die plea bargaining Phase galt.[1377] Der Supreme Court stützt sich hierbei insbesondere auf die enorme praktische Bedeutung konsensualer Erledigungen im modernen US-Strafprozess.[1378] Die Entscheidung weist das verfahrensökonomische Argument der Staatsanwaltschaft zurück, dass eine solche weite Interpretation von *Strickland* zu einer Unzahl von das Justizsystem überfordernden Revisionen führen würde.

Der Fokus der Betrachtung ist laut Entscheidung des Supreme Courts, ob der Beschuldigte das Angebot ohne den Beratungsfehler des Verteidigers mit hinreichender Wahrscheinlichkeit angenommen hätte. Ist dies der Fall, liegt die zweite Voraussetzung von *Strickland* vor und es müsse anschließend über die

---

1374 Lafler v. Cooper, 566 U.S. 156 (2012).

1375 Im Original wird der Begriff „intent" gebraucht, der sich auf den notwendigen subjektiven Tatbestand bezieht. Hier soll jedoch nicht impliziert werden, dass die deutsche Strafrechtsdogmatik zum Vorsatz mit der subjektiven Tatbestandsvoraussetzung in den USA identisch ist.

1376 Dazu näher Kapitel 2 A.

1377 Lafler v. Cooper, 566 U.S. 156 (164) (2012).

1378 „As explained in Frye, the right to adequate assistance of counsel cannot be defined or enforced without taking account of the central role plea bargaining plays in securing convictions and determining sentences." Lafler v. Cooper, 566 U.S. 156 (170) (2012).

Rechtsfolge des Verstoßes entschieden werden. Grundsätzlich kann das Tatgericht im Rahmen seines Ermessens entscheiden, ob der Beschuldigte die im ursprünglichen plea bargaining Angebot vorgesehene Strafe oder eine schärfere Strafe erhalten sollte. Hierbei sind eine Vielzahl von Faktoren im Rahmen einer Gesamtbewertung zu berücksichtigen. Der Supreme Court entschied nicht abschließend welche Faktoren eine zentrale Rolle spielen, betont jedoch zwei Aspekte, die als Leitfaden dienen sollen: Die grundsätzliche Bereitschaft des Beschuldigten Verantwortung für die strafrechtlichen Vorwürfe zu übernehmen spreche dafür, die im abgelehnten plea bargaining Angebot enthaltene Strafe zu berücksichtigen. Daneben stellt der Supreme Court klar, dass das Gericht bei der erneuten Strafzumessungsentscheidung auch Informationen berücksichtigen darf, die erst nach Ablehnung des Angebots bekannt wurden.[1379]

c. Padilla v. Kentucky

Anders als in *Missouri* und *Lafler* nahm der Angeklagte in *Padilla v. Kentucky (Padilla)*[1380] das plea bargaining Angebot der Staatsanwaltschaft an. Dem Angeklagten, der zu diesem Zeitpunkt 40 Jahre lang in den USA lebte, drohte daraufhin die Abschiebung als immigrationsstrafrechtliche Konsequenz. In der Revision gab er an, dass sein Verteidiger ihn vor Annahme des Angebots nicht über mögliche immigrationsrechtliche Konsequenzen aufgeklärt hatte. Hätte er von dem Abschieberisiko gewusst, so der Angeklagte, hätte er von seinem Recht auf eine Hauptverhandlung Gebrauch gemacht und das Angebot nicht angenommen. Die vorherige Instanz lehnte das Vorliegen der *Strickland* Voraussetzungen mit dem Argument ab, die Abschiebung des Angeklagten sei als außerstrafrechtliche Nebenfolge lediglich eine kollaterale Konsequenz, die vom 6. Zusatzartikel zur Verfassung nicht erfasst ist. Der Supreme Court widerspricht dieser Ansicht in *Padilla.*

Eine strenge Unterscheidung zwischen direkten und kollateralen Konsequenzen des Strafrechts sei laut Supreme Court unangemessen. Die enge Beziehung zwischen Strafrecht und Immigrationsrecht mache eine gründliche Aufklärung des Beschuldigten durch den Verteidiger über kollaterale Konsequenzen dringend notwendig. Für Beschuldigte ohne die US-Staatsangehörigkeit sei eine mögliche Abschiebung eine der zentralen Erwägungen für die Entscheidung für und gegen eine konsensuale Erledigung.[1381] Ob eine gravierende Pflichtverletzung

---

1379 Lafler v. Cooper, 566 U.S. 156 (170) (2012).

1380 Padilla v. Kentucky, 599 U.S. 356 (172) (2010).

1381 „The importance of accurate legal advice for noncitizens accused of crimes has never been more important. These changes confirm our view that, as a matter of federal law,

des Verteidigers im Sinne von *Strickland* vorliege, messe sich danach, ob eine Aufklärung über die immigrationsrechtlichen Konsequenzen, unter Berücksichtigung professioneller Standards, zu erwarten gewesen wäre. Dies sei bei einer potentiellen Abschiebung der Fall. Der Supreme Court verweist hier auf die Vorgaben der ABA[1382], Leitlinien nationaler Verteidigerverbände[1383] und Vorgaben des Justizministeriums[1384]. Das Recht, in den USA zu leben, mag für den Angeklagten wichtiger sein als die konkrete, unmittelbare Strafe - auch wenn es sich um eine Freiheitsstrafe handelt.[1385] Der Supreme Court kommt zu dem Schluss, dass die erste *Strickland* Voraussetzung vorliegt und weist die Entscheidung zurück an das staatliche Revisionsgericht.

4. *Zwischenergebnis*

Trotz der strengen Voraussetzungen der *Strickland* Entscheidung bejahte der Supreme Court in den letzten fünfzehn Jahren wiederholt das Vorliegen ineffektiver Verteidigung im plea bargaining Kontext. Der Supreme Court erkennt hier die enorme Bedeutung konsensualer Erledigungen an und trägt der veränderten Rolle der Strafverteidigung im gegenwärtigen Strafprozess Rechnung.

In einer Reihe von Entscheidung legt der Supreme Court die wesentlichen Voraussetzungen für eine erfolgreiche Revision auf Grundlage von *ineffective assistance* fest. Für plea bargaining ist dabei im Rahmen der zweiten Voraussetzung zunächst danach zu unterscheiden, ob der Beschuldigte ein Angebot auf Grundlage fehlerhafter Beratung annahm oder ob er auf Grundlage fehlerhafter Beratung oder Unkenntnis ein Angebot ablehnte. Bei Nichtannahme des Angebots muss dargelegt werden, dass der Beschuldigte das Angebot angenommen hätte und das Angebot seitens der Staatsanwaltschaft nicht zurückgenommen worden wäre. Professionelle Mindeststandards erfordern, dass der Verteidiger den Beschuldigten auch über gravierende Konsequenzen aufklärt, die über

---

deportation is an integral part—indeed, sometimes the most important part—of the penalty that may be imposed on noncitizen defendants who plead guilty to specified crimes.“ Padilla v. Kentucky, 599 U.S. 356 (364) (2010).

1382 ABA Standards for Criminal Justice, Prosecution Function and Defense Function 4–5.1(a); ABA Standards for Criminal Justice, Pleas of Guilty 14-3.2(f).

1383 Beispielsweise National Legal Aid and Defender Association, Performance Guidelines for Criminal Defense Representation § 6.2 (1995).

1384 Dept. of Justice, Office of Justice Programs, Compendium of Standards for Indigent Defense Systems, Standards for Attorney Performance, D10, H8–H9, J8 (2000).

1385 INS v. St. Cyr, 533 U.S., 289 (322).

die direkte Strafe hinausgeht. Der Rechtsprechungstrend des Supreme Courts betont die feste Etablierung konsensualer Erledigungen im Strafprozess, erkennt die Notwendigkeit, Pflichten des Strafverteidigers entsprechend anzupassen und den Beschuldigten im Falle gravierende Verteidigerfehler mit einem wirksamen Rechtsbehelf in der Revisionsinstanz auszustatten. In der Praxis werden Verteidigerfehler in der Revisionsinstanz vor allem mittels der Akte des Verteidigers und des Verfahrensprotokolls (z. B. Aufzeichnung der Verhandlungstage und Entscheidungen des Gerichts) der ersten Instanz nachgewiesen. Der Mandant hat grundsätzlich einen Anspruch auf eine Kopie der gesamten Akte nach Abschluss des Verfahrens und kann diese an seinen Revisionsverteidiger weitergeben.[1386] Es mag für den Verteidiger der Erstinstanz zur ethischen Pflicht gehören, mit dem neuen Anwalt zu kooperieren.[1387] Der Revisionsanwalt kann sich so einen Eindruck über mögliche Versäumnisse oder Fehler in der ersten Instanz verschaffen, die dann in der Revision geltend gemacht werden können.

5. *Ineffective assistance Diskussion in Deutschland*

Bohlander stellte bereits vor mehr als 20 Jahren fest, dass die damaligen Strafprozessentwicklungen „strukturverändernden Charakter“ aufwiesen[1388], die insbesondere zur gesteigerten Bedeutung der *Qualität* der Verteidigung führen würde. *Bohlander* erkannte frühzeitig, dass Verteidigungsfehler für den Beschuldigten „katastrophale Folgen“[1389] haben können. In den USA greift das Konzept der *ineffective assistance* diese praktische Strafprozessrealität auf und stattet den Beschuldigten mit einem Rechtsbehelf aus, der groben Fehlern seitens der Verteidigung zu Lasten des Angeklagten zumindest retrospektiv beikommen soll. Wie die obige Darstellung der Supreme Court Rechtsprechung verdeutlicht,

1386 Siehe grundsätzlich hierzu American Bar Association, Formal Opinion 471, 1. Juli 2015; *Siegel*, Champion 2009, 14 (18 ff.); siehe auch beispielhaft explizite Regelungen verschiedener Staaten: Iowa Supreme Court Attorney Disciplinary Bd. v. Gottschalk, 729 N.W.2d 812 (2007); Alaska Bar Ass'n Ethics Comm. Op. 2003-3 (2003); Arizona Formal Op. 04-01 (2004); Colorado Bar Ass'n. Formal Op. 104 (1999); D.C. Bar Op. 333 (2005); Oregon Bar Ass'n Formal Op. 2005-125 (2005); Virginia State Bar Op. 1399 (1990).

1387 *Siegel*, The Champion 2009, 14 (20).

1388 Im Kontext der Widerspruchslösung siehe *Bohlander*, StV 1999, 562 (563); vgl. auch *Basdorf*, StV 1997, 488 (488 ff.). Kritisch zu den Konsequenzen der „Widerspruchslösung“ *Maul/Eschelbach*, StraFo 1996, 66; *Lesch*, JA 1995, 157; *Dornach*, NStZ 1995, 57.

1389 *Bohlander*, StV 1999, 562 (563).

sind die Voraussetzungen einer erfolgreichen *ineffective assistance* Klage zwar hoch, in der Praxis aber dennoch immer wieder relevant und zum Teil auch erfolgreich.

Im deutschen Strafprozess wäre die Rechtsprechung zur *ineffective assistance* am ehesten als Revisionsgrund einzuordnen. Das Recht auf Verteidigung und ein faires Verfahren gem. Art. 6 Abs. 3 lit. c EMRK, Art. 20 Abs. 3 GG i.V.m. Art. 2 GG beinhaltet unstrittig die Gewährleistung *wirksamer* Verteidigung. Grundsätzlich besteht sowohl in der höchstrichterlichen Rechtsprechung als auch in der Literatur Einigkeit darüber, dass fehlerhaftes Verteidigerhandeln jedoch keinen Revisionsgrund darstellt. Dass es sich bei dem US-Strafprozess um einen adversatorischen Strafprozess handle und sich daher das Prinzip der *ineffective assistance* auch dem Gedanken nach nicht auf den deutschen Strafprozess anwenden lasse, verkennt aber, dass es bzgl. der Rolle der Verteidigung in „beiden Verfahrensordnungen im Grunde um das Gleiche geht[1390]: wirksamen Schutz des Beschuldigten durch rechtlichen Beistand. Auch wenn die durch den Supreme Court entwickelten Voraussetzungen hoch sind, besteht jedenfalls Einigkeit darüber, dass das Recht auf Verteidigung kompetente, effektive Verteidigung meint. Auch in Deutschland schließt das Recht auf Verteidigung das Recht auf effektive Verteidigung ein.

a. *Ineffective assistance als Revisionsgrund*

Denkbar wäre zunächst die Annahme, dass § 338 Nr. 5 StPO eine Form des *ineffective assistance* regelt. Hiernach liegt ein absoluter Revisionsgrund dann vor, wenn eine Person in verfahrenswidriger Weise abwesend ist. Diese Voraussetzung ist für Verteidiger grundsätzlich nur dann erfüllt, wenn ihre Anwesenheit gesetzlich vorgeschrieben ist, es sich also um einen Fall notwendiger Verteidigung handelt und die Abwesenheit einen wesentlichen Teil der Hauptverhandlung[1391] betrifft.[1392] Liegt kein Fall notwendiger Verteidigung vor, greift § 338 Nr. 5 StPO nicht, sodass eine Vielzahl von Konstellationen von vornherein nicht erfasst sind. Beinhaltet werden Fälle, in denen ein Pflichtverteidiger gar nicht erst beigeordnet wurde[1393], der anwesende Verteidiger kein zugelassener Anwalt ist[1394] oder der Verteidiger physisch nicht in der Hauptverhandlung anwesend

1390 *Bohlander*, StV 1999, 562 (567).
1391 BGH NJW 2014, 2807 (2808); BGH StV 1991, 197; BGH BeckRS 2013, 15844.
1392 BGHSt 15, 306.
1393 BGHSt 15, 306; OLG Karlsruhe NJW 1999, 3061; OLG Hamm NStZ-RR 2001, 373.
1394 BGHSt 47, 238.

ist. Bloße Rechtsfehler bei der Ausübung des Verteidigermandats sind grundsätzlich jedoch nicht erfasst.[1395]

aa. Rechtsprechung des BGH

Bereits 1967 erklärte der BGH, der Umstand, dass „der bestellte Verteidiger die Verteidigung nicht pflichtgemäß geführt habe, [...] kann mit der Revision nicht geltend gemacht werden“[1396].

Eine Revision wegen unzureichender Verteidigung ließe sich zunächst – zumindest potentiell – auf den absoluten Revisionsgrund des § 338 Nr. 5 StPO stützen. Der BGH verwarf im Jahre 2006 eine Revision als unbegründet, in der sich der Angeklagte im Rahmen einer Verfahrensrüge auf den § 338 Nr. 5 i.V.m § 140 Abs. 1 und 2, §§ 141 ff. StPO stützte. Der Angeklagte war an einem Verhandlungstag – nach Erkrankung der Verteidigerin K – zwischenzeitlich vom Rechtsanwalt F verteidigt worden, der angab in Untervollmacht für K vorübergehend aufzutreten. Am darauffolgenden Verhandlungstag erschien wieder Rechtsanwältin K. Die Mandatsvereinbarung zwischen K und dem Angeklagten sah die Möglichkeit der Erteilung einer Untervollmacht vor. Laut BGH müsse das Gericht eine solche Vereinbarung – ohne besondere Umstände, die eine andere Beurteilung nahelegen könnte – grundsätzlich nicht hinterfragen. Das Gericht sei „nicht verpflichtet, die Tätigkeit eines Verteidigers daraufhin zu überwachen, ob er seine Verteidigertätigkeit ordnungsgemäß erfüllt“[1397].

Im Jahre 2000 verwarf der BGH eine Revision als unbegründet, die sich auf eine Verfahrensrüge nach § 338 Nr. 5 StPO stützte. In der Hauptverhandlung bestellte das Gericht den Rechtsanwalt H, nachdem der vorherige Wahlverteidiger W plötzlich erkrankte. Obwohl W weder den Angeklagten kannte noch mit der Strafsache vertraut war, lehnte das Tatgericht den Antrag des W ab, das Verfahren gem. § 145 Abs. 3 StPO auszusetzen. Der BGH entschied hier, dass der § 338 Nr. 5 StPO nicht erfüllt sei, da ein „unzureichender Verteidiger [...] durchaus prozessuale Rechte ergreifen“ könne, was gerade nicht für einen physisch abwesenden Strafverteidiger gelte.[1398] Der BGH entscheid hier auch, dass kein relativer Revisionsgrund nach § 337 StPO vorlag, da die Ablehnung des Antrags

---

1395 BGH StraFo 2006, 454.

1396 BGH Gutachter 1968, 85.

1397 BGH, Beschluss vom 27.07.2006, Az. 1 StR 147/06; mit Verweis auf BGH *Holtz* MDR 1996, 120.

1398 BGH NStZ 2000, 211 (213).

nach § 145 Abs. 3 StPO zwar fehlerhaft war, aber das Urteil nicht auf dem Fehler beruhte.

Der 4. Strafsenat des BGH entschied in seinem Urteil vom 26.02.1998[1399] über einen weiteren Fall unzureichender Verteidigung. Der Angeklagte wurde hier zunächst von den Wahlverteidigern K, F und R vertreten. Ihm wurden mehrere Sexualdelikte zur Last gelegt. Am Tag vor der Hauptverhandlung erfuhr der Angeklagte, dass seine bisherigen Rechtsanwälte K, F und R nicht zur Hauptverhandlung erscheinen würden und ausschließlich der Rechtsanwalt M – aus derselben Sozietät – als Verteidiger auftreten würde. M war seinerseits zu diesem Zeitpunkt weder mit dem Angeklagten noch der Akte vertraut. Er kannte lediglich die Anklageschrift und das Glaubwürdigkeitsgutachten. Das Gespräch zur Vorbereitung der Hauptverhandlung zwischen M und dem Angeklagten belief sich auf 30 Minuten. M nahm also weder im Ermittlungsverfahren noch vor der Hauptverhandlung Akteneinsicht und begab sich entsprechend ohne Akteneinsicht in die Hauptverhandlung. *Burhoff* ordnet solches Verhalten schon allgemein als einen schweren Verteidigerfehler ein.[1400] Im konkreten Fall enthielt die Akte einen Hinweis auf die Zeugin P, die in einer richterlichen Vernehmung ausgesagt hatte, das Tatopfer habe versucht, sie und einen weiteren Zeugen zur Falschaussage gegen den Angeklagten zu bewegen. Während der Hauptverhandlung erfolgte hierüber keinerlei Beweisaufnahme – die Zeugin P wurde nicht vernommen. Der Angeklagte wurde zu vier Jahren Haft verurteilt. Der BGH wies die Revision als unbegründet ab und entschied: Dass „die Verteidigung ineffektiv gewesen sei, kann auch in diesem Zusammenhang nicht gerügt werden“[1401]. Auch hier rückte der BGH also nicht von dem allgemeinen Grundsatz ab, ungenügende Verteidigung könne regelmäßig nicht erfolgreich mit der Revision gerügt werden.

Eine Ausnahme liegt nach der Rechtsprechung des BGH allenfalls vor, wenn sich der Verteidiger entweder gänzlich weigert den Beschuldigten zu verteidigen oder der Verteidiger im Falle einer notwendigen Verteidigungskonstellation verhandlungsunfähig ist.[1402]

Das Recht auf wirksame Verteidigung wird vom BGH auch im Rahmen von Interessenkonflikten diskutiert. Dabei sieht der BGH das Recht auf ein faires Verfahren nicht schon dann verletzt, wenn das abstrakte Risiko einer

---

1399 BGH, Beschluss vom 26.02.1998, Az. StR 7/98.

1400 *Burhoff*, StV 1997, 432 (433).

1401 BGH, Beschluss vom 26.02.1998, Az. StR 7/98.

1402 BGH NStZ 2000, 211.

Interessenkollision zwischen Verteidiger und dem Angeklagten besteht. Grundsätzlich sei es nicht Aufgabe des Gerichts, die Wahrung beruflicher Pflichten eines Rechtsanwalts zu kontrollieren. Im Einzelfall könne das Gericht jedoch im Rahmen seines Beurteilungsspielraums Interessenkollisionen bei der Entscheidung über die Bestellung und Entpflichtung von Verteidigern miteinbeziehen.[1403] So entschied der BGH, dass die Strafanzeige eines Verteidigers gegen den eigenen Mandanten eine „nicht zu beseitigende Erschütterung des Vertrauensverhältnisses“[1404] darstellt, die dazu führe, dass „die Verteidigung objektiv nicht (mehr) sachgerecht geführt werden könne“[1405]. Hier ging es jedoch nicht um einen Fall ungenügender Verteidigung, sondern um das massiv gestörte Verteidiger-Mandanten Verhältnis und die rechtsfehlerhafte Entscheidung der Strafkammer, den Pflichtverteidiger nicht auszuwechseln.

Die kontinuierliche Verwerfung von Revisionen, die sich im Kern auf ungenügende, ineffektive oder inkompetente Verteidigung stützen, beruht auf dem grundlegenden Verständnis der Kontroll- und Disziplinierungsfunktion der Revision im Verhältnis zu den Instanzgerichten.[1406] Eine erfolgreiche Revision setzt gem. § 337 Abs. 1 StPO einen *Rechtsfehler des Gerichts* vor. Rechtsfehler des Verteidigers sind grundsätzlich nicht erfasst.[1407] Da dem Gericht eine Überprüfung und Kontrolle des Verteidigerhandelns grundsätzlich versagt ist, liege auf der Revisionsebene auch kein Rechtsfehler des Gerichts vor[1408]; auch wenn aus Beschuldigtensicht völlig unerheblich sein wird, ob der Fehler dem Gericht zuzurechnen ist oder einzig auf dem Handeln oder Nichthandeln des Verteidigers beruht.

Behauptet wird hier nicht, dass es sich bei unzureichender Verteidigung um einen gerichtlichen Fehler handle. Vielmehr wird hier auf die Diskrepanz zwischen wachsenden Verteidigungsanforderungen und dem fehlenden Fokus auf Konsequenzen zu Lasten des Beschuldigten hingewiesen. Die Konsequenzen

1403 BGH, Beschluss vom 24.02.2016 – 2 StR 319/15, StV 2016, 473 (474); *BGHSt* 48, 170 (173); Beschluss vom 01.12.2015 – 4 StR 270/15.

1404 BGH NStZ 1993, 600 (601).

1405 BGH NStZ 1993, 600 (601).

1406 *Gericke*, KK-StPO, Vorb. zu § 333 Rn. 1.

1407 *Neuhaus*, StV 2002, 43 (44).

1408 BGH NJW 1964, 1485; BGHSt 39, 310 (313 ff.); BGH StV 1988, 163 (164); BGH, Beschluss vom 27.07.2006, Az. 1 StR 147/06, Rn. 24 (juris); OLG Frankfurt StV 1994, 288 (289); *Barton*, StV 1995, 290 (291); *Beulke*, Der Verteidiger im Strafverfahren 1980, S. 124; *Neuhaus*, StV 2002, 43 (44 f.); *Hamm*, NJW 1993, 289 (295); *Jähnke*, NJW 1988, 1888 (1893).

fehlerhafter, inkompetenter Strafverteidigung sind aus Beschuldigtensicht nicht davon abhängig, ob das spezifische Tun oder Unterlassen des Strafverteidigers dem Gericht als Fehler zuzurechnen ist. Ebenso relevant sind aus Beschuldigtensicht vom Gericht unabhängige Verteidigungsfehler, die erst gar nicht vom Gericht wahrgenommen werden oder zumindest nicht korrigiert werden können. Gerade frühzeitige Fehler können sich – angesichts der Bedeutung des Ermittlungsverfahrens und kognitiver Dissonanzen – nachhaltig zu Lasten des Beschuldigten auswirken.

bb. Darstellung der Literaturansicht unter Einbeziehung der EMRK

Einigkeit besteht zunächst weitgehend darüber, dass das Recht auf ein faires Verfahren das Recht auf *wirksame* Verteidigung beinhaltet. Der EGMR betont, dass es „Ziel der Konvention ist […] tatsächliche und wirksame Rechte zu schützen“[1409] und, dass es hierfür nicht genüge, lediglich einen Verteidiger zu bestellen.[1410]

Die Behandlung unzureichender Strafverteidigung wird seit Jahren im Kontext des Revisionsrechts diskutiert. Herrschend ist die Ansicht, dass sich aus schlechter, unzureichender oder ineffektiver Verteidigung kein Revisionsgrund ergibt.[1411] Fälle verhandlungsunfähiger Verteidigung sollen hiernach streng von solcher unzureichenden Verteidigung abgegrenzt werden; unter anderem um eine „Fremdkontrolle der Strafverteidigung durch das Gericht“[1412] zu vermeiden.

Einige Stimmen in der Literatur fordern einen näheren Blick auf das US-amerikanische *ineffective assistance* Modell vor dem Hintergrund des strafprozessualen Wandels. So betont insbesondere *Bohlander*, dass angesichts der steigenden Verantwortung der Strafverteidigung im deutschen Strafprozess „anglo-amerikanische[n] Argumente nicht unter Verweis auf die Inquisitionsmaxime“ voreilig abgetan werden sollten.[1413] *Barton* beschäftigte sich eingehend mit ineffektiver Verteidigung als Revisionsgrund und erwägt dabei das Prinzip der prozessualen Fürsorgepflicht, §§ 145 Abs. 1[1414] und 265 Abs. 4 StPO[1415], als

---

1409 EGMR NJW 2003, 1229 (1230).

1410 Siehe zur Rechtsprechung des EGMR beispielsweise EGMR, 13.05.1980 – 6694/74, EGMR-E 1, 513 Rn. 33 ff.; EGMR 21.04.1998 – 22600/93, ÖJZ 1999, 198 Rn. 38 ff.; EGMR 22.06.2004 – 17341/03, EHHR 15 (1992).

1411 Siehe beispielsweise *Augustin*, Das Recht des Beschuldigten auf effektive Verteidigung, S. 165.

1412 *Jahn*, LR-StPO, § 145 Rn. 14.

1413 *Bohlander*, StV 1999, 562 (567).

1414 *Barton*, Mindeststandards der Strafverteidigung, S. 160 ff.

1415 *Barton*, Mindeststandards der Strafverteidigung, S. 165 ff.

potentielle Revisionsgründe. Letztlich kommt *Barton* jedoch zu dem Schluss, dass sich de lege lata lediglich aus § 338 Nr. 5 StPO ein absoluter Revisionsgrund herleiten lässt.[1416]

b. Bewertung

Die andauernde Strafprozessverschiebung erfordert Ausgleichmechanismen und Instrumente zur Fehlerkompensation. Die US-Strafprozessordnung kennt solche Mechanismen. Insbesondere die Revision im deutschen Strafprozess ist dagegen kein praktisch wirksames Instrument zur Qualitätskontrolle der Strafverteidigung zu Gunsten des Angeklagten. Auch wenn das Modell der *ineffective assistance* aus den USA wohl nie direkte Anwendung auf den deutschen Strafprozess finden wird, lassen sich doch einige Grundsätze und Leitprinzipien ableiten.

Zunächst erfordert effektive Verteidigung die Schaffung infrastruktureller Bedingungen. Die Qualitätssicherung geht mit der Qualitätskontrolle einher und sollte vorgeschoben sein. Hierfür ist aber zunächst klarzustellen, was qualitative Verteidigung bedeutet. Insbesondere kommt es dabei sowohl auf das Selbstverständnis von Strafverteidigern als auch auf das Verständnis anderer am Strafprozess beteiligter Akteure an. Misstrauen gegenüber engagierter Strafverteidigung wird sich nicht ohne Weiteres auflösen lassen. Zunächst muss dafür die relativ passive Strafverteidigungskultur in Deutschland benannt und als problematisch erkannt werden. Die Diskussion hierüber findet zwar bereits statt, ist aber primär im rechtsvergleichenden Diskurs verankert[1417] oder geht von individuellen Strafverteidigern[1418] aus, aber scheint noch nicht im allgemeinen deutschen rechtswissenschaftlichen Diskurs verankert zu sein.

Die Diskussion um aktive und qualitativ hochwertige Strafverteidigung muss bereits in der rechtswissenschaftlichen Ausbildung beginnen, um einen rechtskulturellen Wandel zu initiieren. In den USA werden eine Vielzahl von Studierende über Law Clinics und ähnliche praxisorientierte Programme frühzeitig mit der Anwaltspraxis vertraut gemacht.[1419] Zweck des vielfältigen Law Clinic

---

1416 *Barton*, Mindeststandards der Strafverteidigung, S. 143 ff. und 202 ff.

1417 *Cape/Namoradze/Smith/Spronken*, Effective Criminal Defence in Europe, S. 619 f.

1418 Siehe zum Misstrauen gegenüber der Strafverteidigung *Wölky*, StV 2017 437 (440); *Bosbach/Ackermann/Caba*, Rn. 225; *Pfordte/Degenhard*, Der Anwalt im Strafrecht, 2005, § 4 Rn. 41; *Spoerr*, StV 2019, 697 (697).

1419 Siehe allgemein zur Ausbildung in und Bedeutung von Law Clinics *Lazar*, Clin. L. Rev. 2016, 429; *Reuter/Ingham*, Clin. L. Rev. 2015, 181.

Programms in den USA geht aber über die praktische Erfahrungssammlung für Studierende hinaus und ist eng mit dem Streben nach sozialer Gerechtigkeit verbunden[1420] – entsprechend legt die US-amerikanische Ausbildung einen starken Fokus auf pro bono Arbeit. In Deutschland gibt es stellenweise Law Clinics und andere pro bono Projekte, die an die rechtswissenschaftlichen Fakultäten angegliedert sind und Studierende frühzeitig an praktische Fälle heranführen. Solche Projekte existieren aber noch immer nur vereinzelt und sind nicht immer in einen breiteren Diskurs über Recht, Gerechtigkeit und Diskriminierung eingegliedert.

Weder die Qualitätssicherung noch die Qualitätskontrolle dürfen zu einer Fremdkontrolle der Verteidigungsstrategie führen. Wie in den USA muss daher deutlich zwischen Verteidigungs*fehlern* und Verteidigungs*taktik* unterschieden werden. Das US-Modell zeigt jedoch, dass eine nuancierte Unterscheidung zwischen Verteidigungstaktik, Verteidigungsfehlern und fehlender Verteidigung – ohne gerichtliche Fremdkontrolle – durchaus möglich ist. In *Strickland* betonte der Supreme Court, dass Strategien von Fehlern zu unterscheiden sind. Wesentlich ist hiernach aber, dass der Angeklagte und der Strafverteidiger sich über die Strategie ausgetauscht haben – der Angeklagte also informiert war –, auch wenn sich die Strategie im Nachhinein als ineffektiv herausstellt. Es geht also bei *ineffective assistance* nicht um das Hinterfragen von Verteidigerstrategien, sondern die Identifizierung von Verteidigerfehlern *außerhalb* kommunizierter Strategien. In den USA hat die *ineffective assistance* Rechtsprechung nicht – wie in Deutschland befürchtet – zu einer Fremdkontrolle des Verteidigers durch das Tatgericht geführt, sondern zur Wahrung von Mindeststandards beigetragen. Die *Padilla* Entscheidung beispielsweise hat bewirkt, dass Strafverteidiger – wenn relevant – ihre Mandanten eingehend über mögliche immigrationsstrafrechtliche Konsequenzen aufklären. Wenn sie dazu nicht selbst in der Lage sind, haben Strafverteidiger die Pflicht, sich mit weiteren – auf Immigrationsrecht spezialisierten – Anwälten zu beraten. In der Praxis gehen einige public defense Organisationen einen Schritt weiter und beraten nicht nur hinsichtlich immigrationsrechtlicher, sondern auch möglicher familienrechtlicher und sozialhilferechtlicher kollateraler Konsequenzen einer strafrechtlichen Verurteilung.

1420 *Cahn* und *Gray* postulieren beispielsweise ein Mandant zur Herstellung von Gleichheit, welches in der Clinic Ausbildung verankert ist, vgl. *Cahn/Gray*, Clin. L. Rev. 2018, 171 (171) (im Original: „Clinical legal educators are de facto trustees of this nation's commitment to 'establish justice'."); siehe auch *Capulong*, Clin. L. Rev. 2016, 37 (42 ff.) mit einem Fokus auf den Mandanten als Subjekt des Strafprozesses.

Einwände, die sich im deutschen Diskurs auf eine Fremdkontrollgefahr der Verteidigung durch die Gerichte stützen, hängen damit zusammen, dass für eine erfolgreiche Revision, ein Rechtsfehler *des Gerichts* vorliegen muss (vgl. § 337 StPO). Hier liegt ein Kernunterschied im Vergleich zum US-Strafprozess. Ob nämlich das Gericht einen Fehler gemacht hat, ist für das Vorliegen von *ineffective assistance* völlig unerheblich. Fraglich ist, ob sich der deutsche Strafprozess von dem aktuellen Ansatz („Rechtsfehler des Gerichts") lösen kann. Für weitere Forschungsprojekte wäre eine solche Untersuchung von großem Interesse.[1421]

Die aktuellere US-Rechtsprechung um ineffektive Verteidigung ist eng an konsensuale Erledigungen geknüpft. Aus der Supreme Court Rechtsprechung ergeben sich dabei vor allem drei zentrale Leitlinien. Erstens, effektive Rechtsberatung geht im Einzelfall über die Beratung hinsichtlich direkter strafrechtlicher Konsequenzen hinaus. Dies gilt nach *Padilla* insbesondere für immigrationsrechtliche Konsequenzen. Zweitens, der Verteidiger muss den Angeklagten zeitnah, deutlich und umfassend über eine mögliche konsensuale Erledigung unterrichten. Drittens, die Ablehnung oder Annahme eines konsensualen Erledigungsgebots ist nicht ineffektiv, wenn dies Teil einer Verteidigungsstrategie ist und der Angeklagte informiert war.

C. Zusammenfassung – Aktive Verteidigungskultur im strafprozessualen Wandel

Anhaltende Entwicklungen des deutschen Strafprozesses zeichnen sich durch eine Vorverlagerung und Bedeutungssteigerung des Vorverfahrens aus. Konsensuale Erledigungsmethoden stehen in einem Wechselwirkungsverhältnis: Einerseits verstärken konsensuale Erledigungsmethode die Vorverlagerung des Strafprozesses, andererseits schafft die enorme Bedeutung des Ermittlungsverfahrens Anreize für konsensuale Erledigungen. Gleichzeitig zeichnet sich die deutsche Strafprozesskultur durch tendenziell passive Strafverteidigung aus. Die frühzeitige Erteilung eines Pflichtverteidigers – trotz des Rechts auf Verteidigerbeistand in jeder Phase des Prozesses – ist noch immer nicht selbstverständlich.

Deutlich anders als in den USA ist das deutsche rechtskulturelle Verständnis der Aufgabe der Strafverteidigung ein reaktives, wobei die Tatsachenermittlung auf die Ermittlungsakte beschränkt ist. Der Wandel hin zu einer aktiveren Verteidigerkultur ist durch eine Kombination aus rechtskulturellen Prägungen, rechtlichen Einschränkungen und fehlenden Konsequenzen für ungenügendes

1421 Zum weiteren Forschungsbedarf siehe S. 346 ff.

oder ineffektives Verteidigerverhalten deutlich begrenzt. Hiervon sind potentiell alle Beschuldigten betroffen. Ein besonderes Risiko besteht jedoch bei marginalisierten Beschuldigten, also beispielsweise denjenigen, die aufgrund finanzieller Benachteiligung auf effektive Verteidigung durch einen Pflichtverteidiger angewiesen sind.

Um einen Ausgleich zu dem enormen Zuwachs der Bedeutung des Ermittlungsverfahrens, dem Risiko durch kognitive Verzerrungen – sowohl auf Seiten des Gerichts als auch der Ermittlungspersonen –, der Qualität und dem Zeitpunkt der Strafverteidigung und den damit verbundenen Diskriminierungseffekten auf Seiten des Beschuldigten zu schaffen, muss zunächst der Wille zur Etablierung einer aktiveren Verteidigungskultur existieren. Andernfalls wird schon das große Misstrauen gegenüber eigenen und engagierten Ermittlungen von Verteidigern nicht beseitigt werden können und wird wohl ebenfalls als Anstrengung „ins Blaue hinein“[1422] bewertet werden.

In einem weiteren Schritt müssen der Verteidigung effektive Instrumente zur Durchführung eigener Ermittlungen zur Verfügung stehen, die ein möglichst frühzeitiges Intervenieren in den von den Ermittlungsbehörden dominierenden Strafprozess ermöglicht. Weiterhin muss ineffektive Verteidigung praktische Konsequenzen haben, die dem Schutz des Beschuldigten Geltung verschaffen. Solange sich eine Revision lediglich auf Rechtsfehler des Gerichts und nicht zumindest auch auf grobe Verteidigungsfehler zu Lasten des Beschuldigten stützen kann, ist der Bedeutungsgehalt des Rechts auf sachgemäße und wirksame Verteidigung vor dem Hintergrund des Art. 6 Abs. 3 EMRK praktisch von geringem Wert.

Der US-Strafprozess ist keinesfalls ein Musterbeispiel. Anders als in Deutschland werden jedoch die Konsequenzen unterschiedlicher Verteidigungsqualität durch eine Vielzahl von rechtlichen und rechtspraktischen Instrumenten antizipiert. Ein Vergleich mit den USA zeigt also zumindest Ansätze aktiverer, umfassender Verteidigung, die in einem wachsenden konsensualen Erledigungssystem immer bedeutender werden.

1422 Zu Beweisanträgen ins „Blaue hinein“ siehe BGH NSTZ 2008, 474; BT-Drs. 19/14747, S. 34.

Ergebnisse und weiterführende Überlegungen

Die Grundausrichtungen der US-amerikanischen und deutschen Strafprozessordnungen sind auf den ersten Blick grundverschieden und darüber hinaus in kulturell und historisch-politisch deutlich unterschiedliche Gesellschaften eingebettet. Dennoch gibt es vergleichbare Entwicklungen. Bei der Vorverlagerung und Entformalisierung des Strafprozesses durch konsensuale Erledigungen handelt es sich um eine der wohl entscheidendsten Entwicklungen für beide Rechtsordnungen. Die Untersuchung in Kapitel 3 zeigt auf, wie zentral und allgegenwärtig konsensuale Erledigungen im modernen deutschen Strafprozess sind. Obwohl konsensuale Erledigungen zum Teil missverständlich als inhärenter Bestandteil des adversatorischen US-Strafprozesses verstanden werden, hat die vorliegende Arbeit aufgezeigt, dass dies gerade nicht der Fall ist. Im Gegenteil, auch in den USA breitete sich das plea bargaining zunächst als geheime oder zumindest informelle Praxis aus, die schon in ihrer frühen Ausprägung kritisiert wurde. Diese Kritik ist anhaltend und bezieht sich unter anderem auf die Verfassungsmäßigkeit des plea bargaining und Diskriminierungseffekte. Die funktionale Methode der Rechtsvergleichung erlaubt einen Vergleich der vorliegenden Strafprozessordnungen, indem sie von ihrer jeweiligen Bedeutung und Funktion im strafprozessualen Gesamtgefüge ausgeht und strafprozesskulturelle Gesichtspunkte miteinbezieht.

Während die derzeitige Diskussion um konsensuale Erledigungen in Deutschland häufig auf die verfassungsrechtliche Zulässigkeit konsensualer Erledigungen beschränkt ist, werden Schutzmechanismen für den Beschuldigten und veränderte Anforderungen an die Verteidigung durch den grundlegenden strafprozessualen Wandel wenig diskutiert. Bisher konzentrieren sich Reformen auf eine punktuelle Veränderung, anstatt strukturelle Anpassung. Die Notwendigkeit struktureller Schutzmechanismen verdient aber angesichts der strukturellen Veränderungen des Strafprozesses besondere Aufmerksamkeit. In Kapitel 6 ergab sich, dass insbesondere drei strafprozessuale Elemente aus den USA der Veränderung des Strafprozesses in Deutschland mit strukturellen Schutzmechanismen beikommen könnten: die flächendeckende Institutionalisierung der Pflichtverteidigung, die Einführung eines *subpoena* Rechts der Verteidigung und die Rechtsfigur der *ineffective assistance of counsel.*

Auch hinsichtlich der Diskriminierungseffekte ist ein Vergleich mit den USA aufschlussreich, wo die Diskriminierung bestimmter Beschuldigter schon lange im Zusammenhang mit dem Strafsystem diskutiert wird. Im Folgenden werden die Erkenntnisse und der weitere Forschungsbedarf in Bezug auf Schutzmechanismen und Diskriminierungseffekten in Deutschland zusammengefasst.

A. Schutzmechanismen und Forschungsbedarf

Die verfahrensdeterminierende Bedeutung des Ermittlungsverfahrens erfordert zunächst ein rechtskulturelles Umdenken bzgl. der Anforderungen an die Strafverteidigung in allen Phasen des Strafverfahrens. Wie bereits aufgezeigt hat sich ein solcher kultureller Wandel für finanziell gut gestellte Beschuldigte in Wirtschaftsstrafverfahren bereits eingestellt. Effektive Verteidigung erfordert einen aktiven rechtlichen Beistand in allen Phasen des Strafprozesses – auch und insbesondere im Ermittlungsverfahren, unabhängig von den finanziellen Mitteln des Beschuldigten. Erforderlich ist mehr als die bloße Anwesenheit des Verteidigers bei Befragungen der Staatsanwaltschaft oder die Anforderung der staatsanwaltschaftlichen Ermittlungsakte. Aktive Verteidigung schließt unabhängige Ermittlungen ein, das Befragen von Zeugen, die Beschaffung von Beweisen, das aktive Verhandeln mit der Staatsanwaltschaft, wenn eine konsensuale Erledigung im Raum steht und Ähnliches. Ein grundsätzliches Umdenken von passiven und reaktiven Verteidigungsstrategien hin zu engagierter, aktiver Verteidigung erfordert zunächst einen breiteren offenen Diskurs über die Veränderungen des Strafprozesses in der Rechtswissenschaft und Praxis. Darüber hinaus können gezielte strukturelle Anpassungen den kulturellen Wandel hin zu aktiver Verteidigung weiter unterstützen.

Aktive Verteidigung ist nur dann effektiv, wenn sie frühzeitig stattfindet. In der Verfahrenspraxis hat der Beschuldigte häufig erst in der Hauptverhandlung rechtlichen Beistand. Die aktuelle Reform der notwendigen Verteidigung hat die Pflichtverteidigung zu Gunsten finanziell benachteiligter Beschuldigter zwar gestärkt, dennoch besteht weiterhin kein umfassendes Recht auf Pflichtverteidigung im Ermittlungsverfahren. Bisherige Reformen haben auch an den infrastrukturellen Schwachstellen des derzeitigen individuellen Bestellungsmodels nichts Entscheidendes geändert. Ähnliches gilt für die Abhängigkeit der Pflichtverteidigerbestellung von den Gerichten.

Die institutionalisierte Pflichtverteidigung würde die Rechte finanziell benachteiligter Beschuldigter vor allem in praktischer Hinsicht stärken. Gleichzeitig könnte sie auch dazu führen, dass die Inanspruchnahme von Rechtsbeistand auch für juristische Laien und Mandanten außerhalb des Wirtschaftsstrafrechts selbstverständlicher wird. Die Betrachtung in Kapitel 4 B. II. verdeutlicht, dass unter Beschuldigten, trotz Belehrungsvorschriften, Unklarheit über das Recht auf Pflichtverteidigung besteht, was zum Teil dazu führt, dass auf Verteidigungsbeistand verzichtet wird. Die Einführung einer institutionalisierten Pflichtverteidigungsstruktur in Deutschland würde Finanzierungsfragen aufwerfen. Insbesondere wäre darüber zu entscheiden, ob die Finanzierung auf Bundesebene oder auf Ebene der Bundesstaaten und Kommunen ansetzen sollte. Eine einheitliche Finanzierung und Ausgestaltung der Pflichtverteidigung spricht für ein Ansetzen auf Bundesebene. Die unterschiedliche Qualität institutionalisierter Pflichtverteidigungsorganisationen von Bundesstaat zu Bundesstaat in den USA verdeutlicht die Notwendigkeit einheitlicher, zentraler Regelungen. Die frühzeitige, flächendeckende Pflichtverteidigung mag auch dazu führen, dass streitige Fragen so früh wie möglich angesprochen und gegebenenfalls geklärt werden können, was im Ergebnis zu einer weiteren Verfahrensverkürzung führen könnte, soweit der Beschuldigte von seinem Verteidiger umfassend aufgeklärt wird.

Werden an die Verteidigung höhere Anforderungen gestellt, müssen diese auch qualitativ abgesichert werden können. Bisher existiert keine Möglichkeit, ineffektive Verteidigung innerhalb des Strafprozesses mittels der Revision zu rügen. Ungenügende oder fehlerhafte Verteidigung wird von den derzeitigen Revisionsgründen schlicht nicht erfasst. Der BGH legt den § 338 Nr. 5 StPO auch in Verbindung mit §§ 140 Abs. 1 und 2, 141 ff. StPO dahingehend aus, dass vor allem die physische Anwesenheit des Verteidigers gemeint ist. Fehler des Verteidigers seien hingegen nicht erfasst.[1423] Die Einführung ineffektiver Verteidigung würde eine Gesetzesänderung erfordern. Wie und vor allem in welchem Verfahrensabschnitt fehlerhafte Verteidigung im deutschen Strafprozess gerichtlich kontrolliert werden kann, bedarf einer umfassenden Untersuchung, die hier nicht erfolgen soll. Zumindest nach einer vorläufigen Betrachtung scheint die Revision, nach einer Umgestaltung, die geeignete Phase zu sein. Gegen die Tatsacheninstanz spricht, dass dies die Beziehung zwischen Anwalt und Mandant unnötig belasten und zu einer übermäßigen Kontrolle des Gerichts führen könnte. Das Vertrauensverhältnis zwischen Verteidiger und Mandant muss solange und so weit wie möglich geschützt bleiben.

Ein weiterer Aspekt, der eine eingehende Überprüfung verlangt, ist die Frage, welche Informationen dem neuen Verteidiger in der Revisionsinstanz von dem vorherigen Verteidiger – dem schlechte Verteidigung vorgeworfen wird – zur Verfügung gestellt werden müssen. Der Beschuldigte wird nur dann in der Lage sein nachzuweisen, dass er unzureichend verteidigt wurde, wenn ihm die

1423 Siehe ausführlich hierzu Kapitel 6 B. III.

Unterlagen aus der Tatsacheninstanz, einschließlich der Verteidigungsunterlagen, zur Verfügung stehen. Aufmerksamkeit verdient auch das Risiko, dass Verteidiger in der Revisionsinstanz aus falschverstandener Kollegialität Fehler anderer Anwälte nicht rügen. Das Risiko ist wohl umso größer, je kleiner der örtliche Strafverteidigerkreis ist. Auch hier wäre die Rechtsfigur der ineffektiven Verteidigung nur dann in das deutsche Strafprozesssystem zu integrieren, wenn sie mit einem rechtskulturellen Wandel einhergeht. Verteidigungsfehler sind nicht auszuschließen. Wenn sie geschehen, sollte sich der Beschuldigte dagegen zu Wehr setzen können. Gleichzeitig darf von einem Fehler des Verteidigers nicht auf einen grundsätzlichen Makel der Person des Verteidigers geschlossen werden. Es gilt allerdings Verteidigungsfehler so gut wie möglich zu vermeiden. Hierfür muss zunächst Klarheit über die professionellen Anforderungen an die Verteidigung bestehen. Dies schließt gesteigerte Anforderungen ein. Hier muss bereits in der juristischen Ausbildung angesetzt werden.

Angesichts der inquisitorischen Ausrichtung des deutschen Strafprozesses und der weit verbreiteten Ansicht, dass die Staatsanwaltschaft und Polizei neutral ermitteln, ist Widerstand gegenüber einer aktiveren Rolle der Strafverteidigung zu erwarten. Eine Umstellung, die dem Verfahrenswandel gerecht wird, kann nur durch ein langfristiges rechtskulturelles Umdenken geschehen. Gleichzeitig müssen der Verteidigung konkrete Möglichkeiten aktiver Beteiligung zur Verfügung stehen. Das im vorherigen Kapitel vorgestellte *subpoena* Recht ist ein solcher konkreter Mechanismus. Insofern stehen Rechtskultur und Rechtspraxis in einem Wechselwirkungsverhältnis zueinander. Es liegt einerseits am Gesetzgeber, der Verteidigung aktive, konkrete Verteidigungsmechanismen zur Verfügung zu stellen. Gleichzeitig liegt es an Verteidigern, aktive Verteidigung – und damit den Wandel des Strafprozesses – stetig voranzutreiben.

B. Diskriminierungseffekte und Forschungsbedarf

Die vorliegende Betrachtung zeigt auf, dass ein erheblicher Forschungsbedarf im Zusammenhang mit kognitiven Dissonanzen und Diskriminierungseffekten im Strafprozess besteht. Zu kritisieren ist im Sinne des „German exceptionalism" der Mangel an Datenerhebungen zu persönlichen Merkmalen, die auch im Strafprozess existierende Diskriminierungsmuster aufzeigen könnten. Die derzeitige Studie zu Racial Profiling stellt hier einen wichtigen ersten Schritt dar, bei dem es aber nicht bleiben darf. Insbesondere zu untersuchen ist, wie sich implicit bias auf konsenusale Erledigungsmethoden auswirkt, die Ermessen und Beurteilungsspielräume einräumen. Die in Deutschland bereits stattfindende Debatte um Fehlentscheidungen hat erheblichen Erweiterungsbedarf hinsichtlich spezifischer Diskriminierungseffekte. Im Zusammenhang mit Diskriminierungseffekten im Strafprozess bietet sich an, die strafprozessrechtliche, kriminologische und sozialpsychologische Forschung aus den USA, wo Diskriminierungseffekte schon lange untersucht werden, zu Rate zu ziehen.

Erheblicher sozialpsychologischer Forschungsbedarf besteht hinsichtlich kognitiver Dissonanzen in inquisitorischen Verfahrensmodellen. Untersuchungen sollten sich sowohl auf das Zwischen- und Hauptverfahren als auch insbesondere auf das Ermittlungsverfahren als wichtigste Verfahrensphase erstrecken. Bisherige Untersuchungen des deutschen Strafprozesses konzentrieren auf das Zwischenverfahren. Dass sich Fehler in frühen Phasen des Prozesses auf das gesamte Verfahren auswirken können, stellte schon *Peters* fest. Die Ermittlungen im Falle NSU haben das Zusammenwirken kognitiver Verzerrungen und Stereotypisierungen im Strafprozess deutlich und öffentlichkeitswirksam aufgezeigt. Die umkämpfte wissenschaftliche Untersuchung zu Racial Profiling in der deutschen Polizeiarbeit wird voraussichtlich einen entscheidenden Beitrag zur Wirkung rassistischer Diskriminierung und implicit bias leisten können.

Die Debatte um strukturelle Diskriminierung im Strafverfahren existiert nicht in einem Vakuum der Rechtswissenschaften, sondern ist in den existieren gesellschaftlichen Diskurs um Rassismus, Ungleichbehandlung und soziale Gerechtigkeit eingebunden. Marginalisierte Erfahrungsberichte und Wissen bieten auch für den rechtswissenschaftlichen Diskurs und die rechtswissenschaftliche Forschung hilfreiche Anknüpfungspunkte und sollten daher verstärkt miteinbezogen werden, anstatt sie zu diskreditieren. Die vorliegende Arbeit ist eine der ersten, die Erfahrungsberichte, Einzelfälle und marginalisiertes Wissen im Zusammenhang mit Diskriminierungseffekten im konsensualisierten Strafprozess beleuchtet.

Eine Strafrechtsordnung die faire Ergebnisse hervorbringen will, muss sich zunächst offen möglichen Diskriminierungseffekten stellen und darf veränderte Anforderungen nicht ignorieren – auch wenn dies ein grundsätzlicheres Umdenken erfordern mag. Hierbei müssen insbesondere Berichte marginalisierter Personen – derjenigen, die besonders schutzwürdig sind – Teil der Diskussion im rechtlichen und politischen Diskurs werden:

„If one really wishes to know how justice is administered in a country, one does not question the policemen, the lawyers, the judged, or the protected members of the middle class. One goes to the underprotected – those precisely, who need the law's protection most! – and listens to their testimony."[1424] *(James Baldwin)*

1424 Zu Deutsch etwa: Wenn jemand wirklich wissen möchte, wie Gerechtigkeit in einem Land umgesetzt wird, befragt er nicht die Polizei, Anwälte, Richter oder die bereits geschützte Mittelschicht, sondern diejenigen, die besonders schutzbedürftig sind. Diejenigen, die den Schutz des Rechts besonders benötigen, und hört sich ihre Erfahrungsberichte an. *Baldwin,* No name in the street, S. 149.

Schrifttumsverzeichnis

BÜCHER UND BEITRÄGE IN SAMMELBÄNDEN

Ackermann, Rolf/Clages, Horst/Roll, Holger (2000). Handbuch der Kriminalistik für Praxis und Ausbildung. München: Boorberg.

Alexander, Michelle (2013). The New Jim Crow: Mass Incarceration in the Era of Colorblindness. New York: New Press.

Altenhain, Karsten/Jahn, Matthias/Kinzig, Jörg (2020). Die Praxis der Verständigung im Strafprozess. Eine Evaluation der Vorschriften des Gesetzes zur Regelung der Verständigung im Strafverfahren vom 29. Juli 2009. Baden-Baden: Nomos.

Arndt, Susan (2005). Weißsein – Die verkannte Strukturkategorie Europas und Deutschlands, in: Maureen Maisha Eggers/Grada Kilomba/Peggy Piesche/Susan Arndt (Hrsg.), Mythen, Masken und Subjekte, S. 24–29. Münster: Unrast Verlag.

Arndt, Susan/Hornscheidt, Antje (2018). Afrika und die deutsche Sprache – Ein kritisches Nachschlagewerk. 3. Aufl., Münster: Unrast Verlag.

Augustin, Christian Georg (2013). Das Recht des Beschuldigten auf effektive Verteidigung – Eine Analyse des Status Quo sowie Vorschläge zur Qualitätssicherung. Baden-Baden: Nomos.

Austin, J.L. (1975). How to Do Things With Words. 2. Aufl., Oxford: Clarendon Press.

*Baer, Susanne (*1995). Würde oder Gleichheit – Zur angemessenen grundrechtlichen Konzeption von Recht gegen Diskriminierung am Beispiel sexueller Belästigung am Arbeitsplatz in der Bundesrepublik Deutschland und den USA. 1. Aufl., Baden-Baden: Nomos.

Baldwin, James (1972). No name in the street. New York: Dial Press.

Barskanmaz, Cengiz (2019). Recht und Rassismus – Das menschenrechtliche Verbot der Diskriminierung aufgrund der Rasse. Berlin: Springer.

Bartel, Daniel/Liebscher, Doris/Remus, Juana (2016). Rassismus vor Gericht: *weiße* Norm und Schwarzes Wissen im deutschen Recht, in: Karim Fereidooni/Meral El (Hrsg.), Rassismuskritik und Widerstandsformen, S. 361–383. Berlin: Springer.

Barton, Stephan (1994). Mindeststandards der Strafverteidigung: die strafprozessuale Fremdkontrolle der Verteidigung und weitere Aspekte der Gewährleistung von Verteidigungsqualität. Baden-Baden: Nomos.

Batlan, Felice (2015). Women and Justice for the Poor: A History of Legal Aid, 1863–1945. Cambridge: Cambridge University Press.

Baumann, Martin (1999). Eigene Ermittlungen des Verteidigers. Baden-Baden: Nomos.

Beneke, Bernhard (1990). Das falsche Geständnis als Fehlerquelle im Strafverfahren unter kriminologischen, speziell kriminalpsychologischen Aspekten. Frankfurt am Main: Lang.

Beulke, Hans-Ludwig/Schreiber, Hans-Ludwig (1979). Strafprozeß und Reform – Eine kritische Bestandsaufnahme. Neuwied: Luchterhand.

Beulke, Werner (1980). Der Verteidiger im Strafverfahren: Funktionen und Rechtsstellung. Frankfurt am Main: Metzner.

Beulke, Werner (2002). Konfrontation und Strafprozessreform Art. 6 Abs. 3 lit. d EMRK und ein „partizipatorisches" Vorverfahren anstelle einer Hauptverhandlung in ihrer bisherigen kontradiktorischen Struktur, in: Ernst-Walter Hanack/Hans Hilger/Volkmar Mehle/Gunter Widmaier (Hrsg.), Festschrift für Peter Rieß zum 70. Geburtstag am 4. Juni 2002, S. 3–29. Berlin: De Gruyter.

Berger, Peter L./Luckman, Thomas (1967). The Social Construction of Reality: A Treatise in the Sociology of Knowledge. London: Penguin Books.

Bockemühl, Jan (2015). Eigene Erhebungen des Strafverteidigers – Ein praktischer Leitfaden, in: Christian Fahl/Eckhardt Müller/Helmut Satzger/Sabine Swoboda (Hrsg.), Ein menschengerechtes Strafrecht als Lebensaufgabe, Festschrift für Werner Beulke zum 70. Geburtstag, S. 647–654. Heidelberg: Müller.

Bockemühl, Jan (2017). Defizite im deutschen Strafprozess, in: Schriftenreihe der Strafverteidigervereinigungen (Hrsg.), Der Schrei nach Strafe. S. 97–109. Tagungsband zum 41. Strafverteidigertag, Bremen, 24.–26. März 2017, 1. Aufl., Berlin: Thomas Uwer.

Bosbach, Jens/Ackermann, Julian/Caba, Jan (2022). Verteidigung im Ermittlungsverfahren. 9. Aufl., Karlsruhe: Müller.

Brownell, Emery A. (1951). Legal Aid in the United States. New York: The Lawyers Cooperative Publishing Company.

Bruce-Jones, Eddie (2017). Race in the Shadow of Law: State Violence in Contemporary Europe. Abingdon, Oxon: Routledge.

Burhoff, Detlef/Kotz, Peter (2016). Handbuch für die strafrechtlichen Rechtsmittel und Rechtsbehelfe. 2. Aufl. Bonn: ZAP.

Burhoff, Detlef (2015). Handbuch für das strafrechtliche Ermittlungsverfahren. 7. Aufl., Bonn: ZAP.

Bussmann, Kai-D./Lüdemann, Christian (1995). Klassenjustiz oder Verfahrensökonomie?: Aushandlungsprozesse in Wirtschafts- und allgemeinen Strafverfahren. Pfaffenweiler: Centaurus.

Butler, Judith (1997). Excitable Speech: A Politics of the Performative. New York: Routledge.

Cape, Ed/Namoradze, Zaza/Smith, Roger/Spronken, Taru (2010). Effective Criminal Defence in Europe. Antwerpen: Intersentia.

Carmichael, Stokely (1967). Black Power, A Crtique of the System of International White Supremacy and International Capitalism, in: David Cooper (Hrsg.), The Dialectics of Liberation, S. 150–174. New York: Penguin.

Carsten, Ernst S./Rautenberg, Erardo C. (2015). Die Geschichte der Staatsanwaltschaft in Deutschland bis zur Gegenwart. 3. Aufl., Baden-Baden: Nomos.

Christoph, Stephan (2019). Der Kronzeuge im Strafgesetzbuch, Die Ermittlungshilfe gemäß § 46b StGB aus dogmatischer und empirischer Perspektive. Baden-Baden: Nomos.

Coendet, Thomas (2012). Rechtsvergleichende Argumentation. Phänomenologie der Veränderung im rechtlichen Diskurs. Tübingen: Mohr Siebeck.

Constantinesco, Léontin Jean (1972). Rechtsvergleichung, Band II, Die rechtsvergleichende Methode. Köln/München: Heymann Verlag.

Dahs, Hans (1966). Reform der Hauptverhandlung, in: Adolf Arndt (Hrsg.), Aktuelle Rechtsprobleme. Festschrift für Hubert Schorn zum 75. Geburtstag, S. 14–40. Frankfurt a.M.: Klostermann.

Dahs, Hans (2015). Handbuch des Strafverteidigers. 8. Aufl. Köln: Otto Schmidt.

Dangelmaier, Tamara/Brauer, Eva (2020). Selektive Polizeiarbeit – Raumordnung und deren Einfluss auf das polizeiliche Handeln, in: Daniela Hunold/Andreas Ruch (Hrsg.), Polizeiarbeit zwischen Praxishandeln und Rechtsordnung: Empirische Polizeiforschungen zur polizeipraktischen Ausgestaltung des Rechts, S. 213–233. Wiesbaden: Springer Fachmedien.

Darnstädt, Thomas (2013). Der Richter und sein Opfer – Wenn die Justiz sich irrt. München: Piper.

Davis, Angela Y. (2003). Are Prisons Obsolete? New York: Seven Stories Press.

Derrida, Jacques (1988). Limited Inc. Evanston, Illinois: Northwestern University Press.

Doworkin, Ronald (2000). Sovereign Virtue. The Theory and Practice of Equality. Cambridge, Mass.? London: Harvard University Press.

Dunkel, Barbara (2018). Fehlentscheidungen in der Justiz, Systematische Analyse von Wiederaufnahmeverfahren in Strafverfahren im Hinblick auf Häufigkeit und Risikofaktoren. Baden-Baden: Nomos (zugl. Hamburg, Univ., Diss. 2018).

Eisenberg, Ulrich (2017). Beweisrecht der Strafprozessordnung. 10. Aufl., München: C.H. Beck.

Elobied, Tarig (2010). Die Entwicklung des Strafbefehlsverfahrens von 1846 bis in die Gegenwart. Berlin/New York: De Gruyter.

Englisch, Karl (1968). Die Idee der Konkretisierung in Recht und Rechtswissenschaft unserer Zeit. 2. Aufl., Heidelberg: Winter.

Eschelbach, Ralf (2015). Effizienz durch Verständigung im Strafverfahren – die Kraft des Faktischen, in: Boris P. Paal/Dörte Poelzig (Hrsg.), Effizienz durch Verständigung, S. 37–60. Baden-Baden: Nomos.

Eser, Albin (1998). Funktionen, Methoden und Grenzen der Strafrechtsvergleichung, in: Hans-Jörg Albrecht/Frieder, Dünkel/Hans-Jürgen Kerner/Josef Kürzinger/Heinz Schöch/Klaus Sessar/Bernhard Villmow (Hrsg.), Internationale Perspektiven in Kriminologie und Strafrecht. Festschrift für Günther Kaiser, S. 1499–1529. Berlin: Duncker & Humblot.

Essed, Philomena (1991). Understanding Everyday Racism. An Interdisciplinary Theory. London: SAGE.

Festinger, Leon (1957). A Theory of Cognitive Dissonance. Evanston: Row, Peterson.

Fischer, Peter/Frey, Dieter/Peus, Claudius/Kastenmüller, Andreas (2008). The Theory of Cognitive Dissonance: State of the Science and Directions for Future Research, in: Peter Meusburger, Michael Welker & Edgar Wunder (Hrsg.), Clashes of Knowledge. Orthodoxies and Heterodoxies in Science and Religion, S. 189–198. Dordrecht: Springer.

Foucault, Michel (1972). The Archaeology of Knowledge. New York: Pantheon Books.

Foucault, Michel (1980). Power/Knowledge, Selected Interviews & Other Writings 1972–1977. New York: Vintage Books.

Foucault, Michel (1991). Discipline and Punish – The Birth of the Prison. New York: Vintage Book.

Fricker, Miranda (2007). Epistemic Injustice: Power and Ethics of Knowing. Oxford: Oxford University Press.

Gaede, Karsten (2007). Fairness als Teilhabe – Das Recht auf konkrete und wirksame Teilhabe durch Verteidigung gemäß Art. 6 EMRK: Ein Beitrag zur Dogmatik des fairen Verfahrens in europäischen Strafverfahren und zur wirksamkeitsverpflichteten Konventionsauslegung unter besonderer

Berücksichtigung des Rechts auf Verteidigerbeistand. Berlin: Duncker & Humblot.

Gatzweiler, Norbert (2007). Verführung durch konsensuale Harmonie: Droht eine Aushöhlung des Strafverteidigerberufs?, in: Heinz Müller-Dietz/Egon Müller/Karl-Ludwig Kunz/Henning Radtke/Guido Britz/Carsten Momsen/ Heinz Koriath (Hrsg.), Festschrift für Heike Jung zum 65. Geburtstag, S. 215–222. Baden-Baden: Nomos-Nomos.

Gilovich, Thomas (1993). How We Know What Isn't So: The Fallibility of Human Reason in Everyday Life. New York: Free Press.

Gomolla, Mechtild/Radtke, Frank-Olaf (2009). Institutionelle Diskriminierung – Die Herstellung ethnischer Differenz in der Schule. 3. Aufl., Wiesbaden: VS.

Gomolla, Mechthild (2017). Institutionelle Diskriminierung, in: Juliane Karakayali/Çagri Kahveci/Doris Liebscher/Carl Melchers (Hrsg.), Den NSU-Komplex Analysieren, S. 123–144. Bielefeld: transcript Verlag.

Gössel, Karl Heinz (2000). Ermittlung oder Herstellung von Wahrheit im Strafprozess. Berlin/Boston: De Gruyter.

Gotanda, Neil (1995). A Critique Of „Our Constitution Is Colorblind", in: Kimberlé Crenshaw/Neil Gotanda/Gary Peller/Kendall Thomas (Hrsg.), Critical Race Theory: The Key Writings That Formed The Movement, S. 257–275. New York: The New Press.

Grossfeld, Bernhard (2003). Comparatists and languages, in: Pierre Legrand/ Roderick Munday (Hrsg.), Comparative Legal Studies, S. 154–194. Cambridge: Cambridge University Press.

Großkopf, Philipp (2007). Beweissurrogate und Unmittelbarkeit der Hauptverhandlung, Zulässigkeit des Transfers von Vernehmungsergebnissen aus dem Ermittlungsverfahren in die Hauptverhandlung. Baden-Baden: Nomos (zugl. Göttingen, Univ., Diss. 2006/2007).

Gruber, Aya (2020). The Feminist War on Crime: The Unexpected Role of Women's Liberation in Mass Incarceration. Oakland: University of California Press

Grünwald, Gerald (1982). Der Niedergang des Prinzips der unmittelbaren Zeugenvernehmung, in: Ernst-Walter Hanack/Peter Rieß/Günter Wendisch (Hrsg.), Festschrift für Hanns Dünnebier zum 77. Geburtstag am 12. Juni 1982, S. 347–364. Berlin: De Gruyter.

Grutzpalk, Jonas (2016). Polizeiliches Wissen: Formen, Austausch, Hierarchien. Frankfurt a.M.: Verlag für Polizeiwissenschaft.

Guillaumin, Colette (1995). Racism, Sexism, Power, and Ideology. London: Routledge.

Hadden, Sally E. (2001). Slave Patrols: Law and Violence in Virginia and the Carolinas. Cambridge, Massachusetts: Harvard University Press.

Hahn, Carl (1879). Die gesamten Materialien zu dem Gerichtsverfassungsgesetz und dem Einführungsgesetz zum demselben vom 27. Januar 1877, Band 1, Abteilung 1. Berlin: Deckers Verlag.

Hamm, Rainer (2002). Die (notwendige) Verteidigung während des Vorverfahrens im Lichte der Vertragstheorie und der neueren Rechtsprechung, in: Cornelius Prittwitz/Michael Baurmann/Klaus Günther/Lothar Kuhlen/Reinhard Merkel/Cornelius Nestler/Lorenz Schulz (Hrsg.), Festschrift für Lüderssen zum 70. Geburtstag am 2. Mai 2002, S. 717–726. Baden-Baden: Nomos.

Haverkamp, Rita/Lukas, Tim (2017). Diskriminierung im Strafrecht, in: Albert Scherr/Aladin El-Mafaalani/Gökçen Yüksel (Hrsg.), Handbuch Diskriminierung, S. 286–299. Wiesbaden: Springer Fachmedien.

Heghmanns, Michael (1991). Das Zwischenverfahren im Strafprozeß: Entwicklung, Zustand und Vorschläge zu einer Reform. München: VVF (zugl. Hannover, Univ., Diss. 1991).

Heghmanns, Michael (2014). Strafverfahren, Grund- und Examenswissen kritisch vertieft. Berlin/Heidelberg: Springer.

Heinze, Alexander/Fyfe, Shannon (2019). The Role of the Prosecutor, in: Kai Ambos/Antony Duff/Julian Roberts/Thomas Weigend/Alexander Heinze (Hrsg.), Core Concepts in Criminal Law and Criminal Justice, Volume I, S. 343–388. Cambridge: Cambridge University Press.

Heller, Marius S. (2012). Das Gesetz zur Regelung der Verständigung im Strafverfahren – No big deal? Unter Berücksichtigung des Jugendstrafrechts und der Rechtspraxis. Hamburg: Kovač.

Hessick, Carissa Byrne (2021). Punishment Without Trial – Why Plea Bargaining Is a Bad Deal. New York: Abrams Press.

Hodgson, Godfrey (2009). The Myth of American Exceptionalism, New Haven: Yale University Press.

Horstmann, Markus (2002). Zur Präzisierung und Kontrolle von Opportunitätseinstellungen. Berlin: Duncker & Humblot.

Husak, Douglas (2007). Overcriminalization: The Limits of Criminal Law. New York: Oxford University Press.

Hsu, Tze-Tien (2007). Die Bewertung des Geständnisses in der Strafzumessung und in der Beweisaufnahme als Sonderproblem der Urteilsabsprache. Dissertation Tübingen.

Jäger, Margarete/Wamper, Regina (2017). Von der Willkommenskultur zur Notstandsstimmung – Der Fluchtdiskurs in deutschen Medien 2015 und 2016. Duisburg: DISS.

Jahn, Matthias (2014). Zur Rechtswirklichkeit der Pflichtverteidigerbestellung, Eine Untersuchung zur Praxis der Beiordnung durch den Strafrichter nach § 140 Abs. 1 Nr. 4 StPO in der Bundesrepublik Deutschland. Berlin/ Boston: De Gruyter.

Jescheck, Hans-Heinrich (1955). Entwicklung, Aufgaben und Methode der Strafrechtsvergleichung. Tübingen: Mohr.

Kaba, Mariame (2021). We Do This Til We Free US – Abolitionist Organizing and Transforming Justice. Chicago: Haymarket Books.

Kahn-Freund, Otto (1965). Comparative Law as an Academic Subject. Oxford: Clarendon Press.

Kahneman, Daniel (2012). Thinking, Fast and Slow. London: Penguin Books.

Kapardis, Andreas (2002). Psychology and Law. 2. Aufl., Cambridge: Cambridge University Press.

Kennedy, Randall (1998). Race, Crime, and the Law. New York: Pantheon Books.

Kirch, Hermann Josef (1987). Das Strafbefehlsverfahren nach dem Strafverfahrensänderungsgesetz: kritische Anmerkungen. Dissertation Köln.

Kischel, Uwe (2015). Rechtsvergleichung. München: C.H. Beck.

Köhler, Michael (1979). Inquisitionsprinzip und autonome Beweisvorführung: § 245 StPO. Heidelberg: v. Decker.

Köhler, Michael (1997). Strafrecht, Allgemeiner Teil. Berlin: Springer.

Kortz, Benedikt (2009). Die Notwendigkeit der Verteidigung im Strafverfahren: eine Untersuchung des Instituts der notwendigen Verteidigung und zugleich ein Beitrag zur Stärkung des Rechts auf Verteidigerbeistand gem. § 137 Abs. 1 S. 1 StPO. Hamburg: Kovač.

Krauß, Detlef (1975). Das Prinzip der materiellen Wahrheit im Strafprozeß, in: Gerald Grünwald/Olaf Miehe/Hans-Joachim Rudolphi, Festschrift für Friederich Schaffstein zum 75. Geburtstag, S. 411–431. Göttingen: Schwartz.

Kühne, Hans-Heiner (2015). Strafprozessrecht: Eine systematische Darstellung des deutschen und europäischen Strafverfahrensrechts. 9. Aufl., Heidelberg: Müller.

Kunda, Ziva (2000). Social Cognition: Making Sense of People. 3. Aufl., Cambridge, Massachusetts: MIT Press.

Kunz, Karl-Ludwig (1984). Das strafrechtliche Bagatellprinzip – Eine strafrechtsdogmatische und kriminalpolitische Untersuchung. Berlin: Duncker & Humblot.

Kunz, Karl-Ludwig/Singelnstein, Tobias (2021). Kriminologie. 8. Aufl., Bern: Haupt Verlag.

Lee, Cynthia (im Erscheinen). Race and the Criminal Law Curriculum, in: Devon Carbado/Khiara Bridges/Emily Houh (Hrsg.), The Oxford Handbook of Race and Law in the United States (im Erscheinen), abrufbar unter: https://papers.ssrn.com/sol3/papers.cfm?abstract_id=3572334.

Legrand, Pierre (1999). Le droit comparé. Paris: Presses Univ. de France.

Lewis, Anthony (1964). *Gideon's* Trumpet. New York: Random House.

Lindemann, Michael (2012). Voraussetzungen und Grenzen legitimen Wirtschaftsstrafrechts, Eine Untersuchung zu den materiell- und prozessrechtlichen Problemen der strafrechtlichen Aufarbeitung von Wirtschaftskriminalität. Tübingen: Mohr Siebeck.

Lüdtke, Alf/Sturm, Michael (2011). Einführung: Polizei, Gewalt und Staat im 20. Jahrhundert – Perspektiven, in: Alf Lüdtke/Herbert Reinke/Michael Sturm (Hrsg.), Polizei, Gewalt und Staat im 20. Jahrhundert, S. 9–44. Wiesbaden: VS.

Luff, Johannes/Schuster, Veronika/Röhm, Claudia (2018). Konflikte im Polizeialltag: Eine Analyse von Beschwerden gegen Polizeibeamte und Körperverletzung in Bayern, Projektbericht der kriminologischen Forschungsgruppe der Bayerischen Polizei (KFG). München: Bayerisches Landeskriminalamt.

Mankowski, Peter (2016). Rechtskultur. Tübingen: Mohr Siebeck.

Mattei, Ugo (1998). Comparative Law and Economics. Ann Arbor: University of Michigan Press.

Mecheril, Paul/Velho, Astride (2013). Rassismuserfahrungen, in: Karim Fereidooni/Meral El (Hrsg.), Opferperspektive, Rassistische Diskriminierung und Rechte Gewalt, S. 204–215. Münster: Westfälisches Dampfboot.

Menski, Werner F. (2005). Hindu law: beyond tradition and modernity. New Delhi: Oxford University Press.

Metzel, Jonathan M. (2009). The Protest Psychosis – How Schizophrenia Became a Black Disease. Boston: Beacon Press.

Michaels, Ralf (2006). The Functional Method of Comparative Law, in: Matthias Reimann/Reinhardt Zimmermann (Hrsg.), The Oxford Handbook of Comparative Law. Oxford: Oxford University Press.

Michael, Lothar/Morlok, Martin (2020). Grundrechte 7. Aufl., Baden-Baden: Nomos.

Mohrfeldt, Johanna (2016). Die Farbe der (Un-)Schuld, in: Kampagne für Opfer rassistischer Polizeigewalt (Hrsg.), Alltäglicher Ausnahmezustand: Institutioneller Rassismus in deutschen Strafverfolgungsbehörden, S. 48–85. 1. Aufl., Münster: edition assemblage.

Moldenhauer, Gerwin (2020). Ermittlungen gegen Unternehmen – Staatsanwaltschaftliche Perspektive, in: Carsten Momsen/Thomas Grützner (Hrsg.), Handbuch für Wirtschafts- und Steuerstrafrecht, § 11. 2. Aufl., München: C.H. Beck.

Momsen, Carsten/Washington, Sarah Lisa (2019). Wahrnehmungsverzerrungen im Strafprozess – die Beweisprüfung im Zwischenverfahren der StPO und US-amerikanische Alternativen, in: Ingke Goeckenjan/Jens Pushke/Tobias Singelnstein (Hrsg.), Für die Sache – Kriminalwissenschaften aus unabhängiger Perspektive, Festschrift für Ulrich Eisenberg, S. 453–474. Berlin: Duncker & Humblot.

Momsen, Carsten/Washington, Sarah Lisa (2019). Unternehmensstrafrecht vs. Conspiracy? Alternative Strafverfolgungsmodelle im Wirtschaftsstrafrecht, in: Martin Böse/Kay H. Schumann/Friederich Toepel, Festschrift für Urs Kindhäuser (Hrsg.), S. 923–942. Baden-Baden: Nomos.

Momsen, Carsten/Washington, Sarah Lisa (2018). Verständigungsversuche, informelle Beweiswürdigung, informelle Verwertungsverbote. Zur Bindungswirkung nicht zustande gekommener Verfahrensabsprachen, in: Ulrich Stein/Luís Greco/Christian Jäger/Jürgen Wolter (Hrsg.), Systematik in Strafrechtswissenschaft und Gesetzgebung, Festschrift für Klaus Rogall zum 70. Geburtstag am 10. August 2018, S. 593–610. Berlin: Duncker & Humblot.

Monateri, Piere G. (2013). Methods of Comparative Law. Cheltenham: Edward Elgar.

Müller, Marion (2007). Kriminalität, Kriminalisierung und Wohnungslosigkeit: eine qualitative Untersuchung. München: Hochschulschriften (zugl. Siegen, Univ., Diss. 2006).

Murmann, Uwe (2011). Recht ohne Regeln? Die Entformalisierung des Strafrechts. Göttinger Studie zu den Kriminalwissenschaften, Band 16. Göttingen: Universitätsverlag.

Myrdal, Gunnar (1996). An American Dilemma: The Negro Problem and Modern Democracy, Vol. 1. New York: Routledge.

Nduka-Agwu, Adibeli (2013). „Farbig", in: Adibeli Nduka-Agwu/Antje Lann Hornscheidt (Hrsg.). Rassismus auf gut Deutsch, S. 127–131. Frankfurt a.M.: Brandes & Apsel.

Neubacher, Frank (2020). Kriminologie. 4. Aufl., Baden-Baden: Nomos.

Nijboer, Johannes F. (1995). Beweisprobleme und Strafrechtssysteme. Proof and Criminal Justice Systems. Frankfurt a.M.: Peter Lang.

Noll, Peter (1973). Gesetzgebungslehre. Reinbek: Rowohlt Taschenbuch Verlag.

Oğlakcıoğlu, Mustafa T. (2013). Aufklärungs-/Präventionshilfe durch den Beschuldigten (§ 31 BtMG, § 46b StGB), Kapitel 6, in: Peter Kotz/Joachim Rahlf, Praxis des Betäubungsmittelstrafrechts. Köln: Karl Heymanns Verlag.

Osman, Jamila (2019). Navigating Intersectionality: How Race, Class, and Gender Overlap. New York: Ensslow Publishing.

Paal, Boris P./Poelzig, Dörte (2015). Effizienz durch Verständigung. Baden-Baden: Nomos.

Peters, Karl (1972). Fehlerquellen im Strafprozeß. Eine Untersuchung zum Wiederaufnahmeverfahren in der Bundesrepublik Deutschland. Bd. 2, Systematische Untersuchungen und Folgerungen. Karlsruhe: Müller.

Pfordte, Thilo/Degenhard, Karl (2005). Der Anwalt im Strafrecht. Baden-Baden: Nomos.

Purnell, Derecka (2021). Becoming Abolitionists – Police, Protests, and the Pursuit of Freedom. New York: Astra House.

Primus, Eve Brensike (2017). Defense Counsel and Public Defense, in: Erik Luna (Hrsg.), Reforming Criminal Justice: Pretrial and Trial Process, S. 121–145. Phoenix: Academy for Justice.

Quedenfeld, Hans Dietrich (1984). Beweisantrag und Verteidigung in den Abschnitten des Strafverfahrens bis zum erstinstanzlichen Urteil, in: Klaus Wasserburg (Hrsg.), Wahrheit und Gerechtigkeit im Strafverfahren, Festgabe für Karl Peters aus Anlaß seines 80. Geburtstages, S. 215–233. Heidelberg: C.F. Müller.

Quent, Matthias (2016). Rassismus, Radikalisierung, Rechtsterrorismus. Wie der NSU entstand und was er über die Gesellschaft verrät. Weinheim: Beltz Juventa.

Ransiek, Ann-Christin (2019). Rassismus in Deutschland: eine machtreflexive, biographietheoretische und diskursanalytische Studie. Wiesbaden: Springer VS.

Reichertz, Jo (1991). Aufklärungsarbeit: Kriminalpolizisten und Feldforscher bei der Arbeit. Stuttgart: Enke.

Rettenmaier, Felix (2020). Verteidiger in Wirtschaftsstrafsachen, in: Bernd Wabnitz/Thomas Janovsky/Lothar Schmitt, Handbuch Wirtschafts- und Steuerstrafrecht. 5. Aufl., München: C.H. Beck.

Roig, Emilia (2016). Uttering "Race" in colorblind France and Post-racial Germany, in: Karim Fereidooni/Mera El (Hrsg.), Rassismuskritik und Widerstandsformen, S. 613–627. Wiesbaden: Springer VS.

Rosenau, Henning (2011). Plea Bargaining in deutschen Strafgerichtssälen: Die Rechtsvergleichung als Auslegungshilfe am Beispiel der Absprachen im Strafverfahren betrachtet, in: Hans-Ulrich Paeffgen, Martin Böse, Urs Kindhäuser, Stephan Stübinger, Torsten Verrel, Rainer Zaczyk (Hrsg.), Strafrechtswissenschaft als Analyse und Konstruktion, Festschrift für Ingeborg Puppe, S. 1597–1628. Berlin: Duncker & Humblot.

Roxin, Claus/Schünemann, Bernd (2014). Strafverfahrensrecht: ein Studienbuch. 28. Aufl., München: C.H. Beck.

Roxin, Claus (2017). Strafprozessordnung. München: dtv.

Rueschmeyer, Dietrich (2014). Lawyers and Their Society. Cambridge, Massachusetts: Harvard University Press.

Ryffel, Hans (1974). Rechtssoziologie – eine systematische Orientierung. Neuwied: Luchterhand.

Salditt, Franz (2008). § 153a StPO und die Unschuldsvermutung, in: Heike Jung/ Bernd Luxemburger/Eberhard Wahle (Hrsg.), Festschrift für Egon Müller, S. 611–622. Baden-Baden: Nomos.

Samuel, Geoffrey (2014). An Introduction to Comparative Law, Theory and Method. Oxford: Hart Publishing.

Sauer, Dirk (2008). Konsensuale Verfahrensweisen im Wirtschafts- und Steuerstrafrecht, Praxis der Strafverteidigung, Band 37. Heidelberg: C.F. Müller.

Schearer, Jamie/Haruna, Hadija (2014). Über Schwarze Menschen in Deutschland berichten, in: Antidiskriminierungsbüro/Öffentlichkeit gegen Gewalt (Hrsg.), Leitfaden für einen rassismuskritischen Sprachgebrauch, Handreichung für Journalist_innen, S. 17–23.

Scherr, Albert (2007). Anti-Roma-Rassismus, in: Karim Fereidooni/ Mera El (Hrsg.), Rassismuskritik und Widerstandsformen, S. 307–318. Wiesbaden: Springer VS.

Scherr, Albert (2012). Diskriminierung. Freiburg: Centaurus.

Schmidt, Eberhardt (1964). Lehrkommentar zur Strafprozeßordnung und zum Gerichtsverfassungsgesetz, Teil I: Die rechtstheoretischen und die rechtpolitischen Grundlagen des Strafverfahrensrechts. 2. Aufl., Göttingen: Vandenhoeck & Rupecht

Schmidt, Jens (2005). Verteidigung von Ausländern. Verteidigung von Ausländern. 2. Aufl., Heidelberg: Müller.

Schmitz, Walter H. (1978). Tatgeschehen, Zeugen und Polizei. Zur Rekonstruktion und Beschreibung des Tathergangs in polizeilicher Zeugenvernehmung. Wiesbaden: Bundeskriminalamt.

Schoeller, Sven (2016). Die Praxis der Beiordnung von Pflichtverteidigern. Baden-Baden: Nomos.

Schumann, Antje (2016). Verhör, Vernehmung, Befragung: Zu Geschichte und Dogmatik des Rechtsbegriffs der Vernehmung im Strafprozess und seiner Auflösung im 20. Jahrhundert. Tübingen: Mohr Siebeck.

Schünemann, Bernd (2020). Strafprozessrecht und Strafprozessreform, Band III, Gesammelte Werke. Berlin/Boston: De Gruyter.

Schweer, Thomas/Strasser, Hermann (2003). Die Polizei – dein Freund und Helfer?! Duisburger Polizisten im Konflikt mit ethnischen Minderheiten und sozialen Randgruppen. In: Axel Groenemeyer/Jürgen Mansel, Die Ethnisierung von Alltagskonflikten, S. 229–260. Wiesbaden: Springer Fachmedien.

Sieber, Ulrich (2006). Strafrechtsvergleichung im Wandel. Aufgaben, Methoden und Theorieansätze der vergleichenden Strafrechtswissenschaft, in: Ulrich Sieber/Hans-Jörg Albrecht (Hrsg.), Strafrechtsvergleichung im Wandel. Berlin: Dunker & Humboldt.

Siems, Mathias (2018). Comparative Law. 2. Aufl., Cambridge: Cambridge University Press.

Sinner, Stefan (1999). Der Vertragsgedanke im Strafprozessrecht. Frankfurter Kriminal wissenschaftliche Studien Frankfurt am Main: Peter Lang.

Smith, Eliot R./Mackie, Diane D./Claypool, Heather (2014). Social Psychology. 4. Aufl., New York/London: Psychology Press.

Solanke, Iyiola (2005). Where Are The Black Lawyers in Germany, in: Maureen Maisha Eggers/Grada Kilomba/Peggy Piesche/Susan Arndt (Hrsg.), Mythen, Masken und Subjekte: Kritische Weißseinsforschung in Deutschland, S. 180–188. Münster: Unrast Verlag.

Solms, Wilhelm (2008). Zigeunerbilder, Ein dunkles Kapitel der deutschen Literaturgeschichte. Von der frühen Neuzeit bis zur Romantik. Würzburg: Königshausen und Neumann.

Sow, Noah (2009). Deutschland Schwarz Weiß: der alltägliche Rassismus. 3. Aufl., München: Goldmann.

Stoll, Mirjam (2018). Beschleunigungsstrategien der Strafjustiz. Eine empirische Studie zum Strafbefehlsverfahren in der Schweiz. Leverkusen-Opladen: Barbara Budrich.

Sussmann, Robert W. (2014). The Myth of Race – The Troubling Persistence of an Unscientific Idea. Cambridge, Massachusetts: Harvard University Press.

Taschke, Jürgen (2007). Kapitel 11: Verteidigung in Korruptionsstrafsachen, in: Handbuch zur Korruptionseindämmung. München: C.H. Beck.

Tator, Carol/Henry, Frances (2006). Racial Profiling in Canada – Challenging the Myth of a Few Bad Apples. Toronto/Buffalo/London: Toronto University Press.

Terkessidis, Mark (2004): Die Banalität des Rassismus. Migranten zweiter Generation entwickeln eine neue Perspektive. Bielefeld.

Ture, Kwame/Hamilton, Charles (1967). Black Power – The Politics of Liberation. New York: Random House.

Turner, Jenia I./Weigend, Thomas (2019). Negotiated Case Dispositions in Germany, England and the United States, in: Kai Ambos/Antony Duff/Julian

Roberts/Thomas Weigend/Alexander Heinze (Hrsg.), Core Concepts of Criminal Law, Part III. Cambridge: Cambridge University Press.

van der Ven, Joseph (1974). Beweisrecht als Frage nach Wahrheit und Gerechtigkeit, in: Jürgen Baumann/Klaus Tiedemann (Hrsg.), Einheit und Vielfalt des Strafrechts. Festschrift für Karl Peters zum 70. Geburtstag, S. 463–471. Tübingen: Mohr.

Wallace, Wayne A. (2015). The Effect of Confirmation Bias on Criminal Investigative Decision Making. Walden Dissertations and Doctoral Studies.

Werkmeister, Andreas (2018). Migrationspolitik mit den Mitteln des Strafrechts? Grundfragen des Crimmigration Law am Beispiel der Strafbarkeit der unerlaubten Einreise, in: Anna H. Albrecht/Julia Geneuss/Alix Giraud/Erol Pohlreich (Hrsg.), Strafrecht und Politik, S. 187–208. Baden-Baden: Nomos.

West, Cornel (1995): Introduction, in: Kimberlé Crenshaw/Neil Gotanda/Gary Peller/Thomas Kendall (Hrsg.), Critical Race Theory: The Key Writings that Formed the Movement, xi–xii, New York: The New Press.

Wiendieck, Gerd/Kattenbach, Ralph/Schönhoff, Thomas (2002). POLIS 2002 – Polizei im Spiegel. Fern Universität Hagen, Arbeits- und Organisationspsychologie.

Wilde, Frank (2016). Armut und Strafe: Zur strafschärfenden Wirkung von Armut im deutschen Strafrecht. Wiesbaden: Springer VS.

Williams, Patricia (1991). The Alchemy of Race and Rights. Cambridge, Massachusetts: Harvard University Press.

Wolter, Jürgen (1991). Aspekte einer Strafprozeßreform bis 2007. München: C.H. Beck.

Zimmermann, Michael (1996). Rassenutopie und Genozid. Hamburg: Christians Verlag.

Zweigert, Konrad/Kötz, Hein (1996). Einführung in die Rechtsvergleichung. 3. Aufl., Tübingen: Mohr Siebeck.

KOMMENTARE

Ahlbrecht, Heiko/Volk, Klaus (Hrsg.): Münchener Anwaltshandbuch Verteidigung in Wirtschafts- und Steuerstrafsachen. 2. Aufl., München 2014 (zitiert als *Bearbeiter*, MAH Wirtschafts- und Steuerstrafsachen).

Becker, Jörg-Peter/Erb, Volker/Esser, Robert/Graalmann-Scheerer, Kirsten/Hilger, Hans/Ignor, Alexander (Hrsg.): Löwe-Rosenberg – Die Strafprozeßordnung und das Gerichtsverfassungsgesetz – Großkommentar. Band I: Einleitung und §§ 1–47. 27. Aufl., Berlin 2016 (zitiert als: *Bearbeiter*, LR-StPO).

Becker, Jörg-Peter/Erb, Volker/Esser, Robert/Graalmann-Scheerer, Kirsten/Hilger, Hans/Ignor, Alexander (Hrsg.): Löwe-Rosenberg – Die

Strafprozeßordnung und das Gerichtsverfassungsgesetz – Großkommentar. Band V, Teilband I: §§ 151–157. 27. Aufl., Berlin 2020 (zitiert als: *Bearbeiter*, LR-StPO).

Becker, Jörg-Peter/Erb, Volker/Esser, Robert/Graalmann-Scheerer, Kirsten/Hilger, Hans/Ignor, Alexander (Hrsg.): Löwe-Rosenberg – Die Strafprozeßordnung und das Gerichtsverfassungsgesetz – Großkommentar. Band IX, Teilband III: §§ 407–448. 27. Aufl., Berlin 2022 (zitiert als: *Bearbeiter*, LR-StPO).

Dreier, Horst (Hrsg.): Kommentar zum Grundgesetz, Band I: Präambel, Art. 1–19. 4. Aufl., Tübingen 2023 (zitiert als: *Bearbeiter*, Dreier-GG).

Erb, Volker/Esser, Robert/Franke, Ulrich/Graalmann-Scheerer, Kirsten/Hilger, Hans/Ignor, Alexander (Hrsg.): Löwe-Rosenberg – Die Strafprozeßordnung und das Gerichtsverfassungsgesetz – Großkommentar. Band VI, Teilband I: §§ 213–295. 26. Aufl., Berlin 2013 (zitiert als: *Bearbeiter*, LR-StPO).

Feuerich, Wilhelm E./Weyland, Dag (Hrsg.): Kommentar zur Bundesrechtsanwaltsordnung. 10. Aufl., München 2020 (zitiert als: *Bearbeiter*: BRAO).

Graf, Jürgen (Hrsg.): Beck-Online Kommentar, Strafprozessordnung. 46. Ed., München 2023 (zitiert als: *Bearbeiter*, BeckOK-StPO).

Graf, Jürgen (Hrsg.): Kommentar zur Strafprozessordnung, 4. Aufl., München 2021 (zitiert als: *Bearbeiter*, Graf-StPO, 2021).

Hannich, Rolf (Hrsg.): Karlsruher Kommentar zur Strafprozessordnung. 9. Aufl., München 2023 (zitiert als: *Bearbeiter*, KK-StPO).

Heintschel-Heinegg, Bernd/Bockemühl, Jan (Hrsg.): Kleinknecht/Müller Reitberger, Strafprozessordnung, Loseblatt-Kommentar. 14. Lieferung (zitiert als: *Bearbeiter*, KMR-StPO).

Heintschel-Heinegg, Bernd (Hrsg.): Beck'scher Online-Kommentar zum Strafgesetzbuch. 56. Edition, München 2023 (zitiert als: *Bearbeiter*, BeckOK-StGB).

Hofmann, Rainer M. (Hrsg.): Ausländerrecht Kommentar. 2. Aufl., Baden-Baden 2016 (zitiert als: *Bearbeiter*, Hofmann-Ausländerrecht).

Isele, Walter (Hrsg.): Bundesrechtsanwaltsordnung: vom 1. August 1959. 1. Aufl., Essen 1976 (zitiert als: *Isele*, BRAO).

Jahn, Matthias (Hrsg.): Löwe-Rosenberg. Die Strafprozeßordnung und das Gerichtsverfassungsgesetz. Band IV, Teil 2: §§ 137–150. 27. Aufl., Berlin 2020 (zitiert als: *Bearbeiter*, LR-StPO).

Kluth, Winfried/Heusch, Andreas (Hrsg.): Beck'scher Online-Kommentar Ausländerrecht. 36. Edition, München 2023 (zitiert als: *Bearbeiter*, BeckOK Ausländerrecht).

Körner, Harald H./Patzak, Jörn/Volkmer, Mathias/Fabricius, Jochen (Hrsg.): Betäubungsmittelgesetz, Beck'sche Kurzkommentare. 10. Aufl., München 2022 (zitiert als: *Bearbeiter*, Körner/Patzak/Volkmer-BtMG).

Meyer-Ladewig, Jens/Nettesheim, Martin/von Raumer, Stefan (Hrsg.): Europäische Menschenrechtskonvention: Handkommentar. 4. Aufl., Baden-Baden 2017 (zitiert als: *Bearbeiter*, HK-EMRK).

Meyer-Goßner, Lutz/Schmitt, Betram (Hrsg.): Kommentar zur Strafprozessordnung. 65. Aufl., München 2022 (zitiert als: *Meyer-Goßner/Schmitt*-StPO).

Mitsch, Wolfgang (Hrsg.): Karlsruher Kommentar zum Gesetz über Ordnungswidrigkeiten. 5. Aufl., München 2018 (zitiert als: *Bearbeiter*, KK-OWiG).

Müller, Eckhardt/Schlothauer, Reinhold/Knauer, Christoph (Hrsg.): Münchener Anwaltshandbuch Strafverteidigung. 3. Aufl., München 2022 (zitiert als: *Bearbeiter*, MAH Strafverteidigung).

Münchener Kommentar zur Strafprozessordnung, herausgegeben von Hans Kudlich, Band 1: §§ 1–150 StPO. 2. Aufl., München 2023 (zitiert als: *Bearbeiter*, Müko-StPO).

Münchener Kommentar zur Strafprozessordnung, herausgegeben von Hartmut Schneider, Band 2: §§ 151–332 StPO. 1. Aufl., München 2016 (zitiert als: *Bearbeiter*, MüKo-StPO).

Münchener Kommentar zur Strafprozessordnung, herausgegeben von Christoph Knauer, Band 3/1: §§ 333–499 StPO. 1. Aufl., München 2019 (zitiert als: *Bearbeiter*, Müko-StPO).

Münchener Kommentar zur Strafprozessordnung, herausgegeben von Christoph Knauer, Band 3/2: GVG, EGGVG, EMRK, EGStPO, EGStGB, ZSHG, StrEG, JGG, G 10, AO. 1. Aufl., München 2018 (zitiert als: *Bearbeiter*, MüKo-StPO).

Münchener Kommentar zum Strafgesetzbuch, herausgegeben von Wolfgang Joecks und Klaus Miebach, Band 2: §§ 38–79b StPO, 4. Aufl., München 2020 (zitiert als: *Bearbeiter*, Müko-StGB).

Pfeiffer, Gerd (Hrsg.): Kommentar zur Strafprozessordnung. 5. Aufl., München 2005 (zitiert als: *Pfeiffer*, StPO)

Satzger, Helmut/Schluckebier, Wilhelm (Hrsg.): Kommentar zur Strafprozessordnung. 5. Aufl., München 2022 (zitiert als: *Bearbeiter*, SSW-StPO).

Schönke, Adolf/Schröder, Horst (Hrsg.): Strafgesetzbuch, Kommentar. 30. Aufl., München 2019 (zitiert als: *Bearbeiter*, Schönke/Schröder-StGB).

Wolter, Jürgen (Hrsg.): Systematischer Kommentar zur Strafprozessordnung. Band III: §§ 137–197. 5. Aufl., Mannheim 2016 (zitiert als: *Bearbeiter*, SK-StPO).

Wolter, Jürgen (Hrsg.): Systematischer Kommentar zur Strafprozessordnung. Band IV: §§ 198–246. 5. Aufl., Mannheim 2015 (zitiert als: *Bearbeiter*, SK-StPO).

Wolter, Jürgen (Hrsg.): Systematischer Kommentar zur Strafprozessordnung. Band V: §§ 246a–295. 5. Aufl., Mannheim 2016 (zitiert als: *Bearbeiter*, SK-StPO).

Wolter, Jürgen (Hrsg.): Systematischer Kommentar zur Strafprozessordnung. Band IX: GVG, EGGVG. 6. Aufl., Mannheim 2022 (zitiert als: *Bearbeiter*, SK-StPO).

ARTIKEL

Abrams, David S./Bertrand, Marianne/Mullainathan, Sendhil (2012). Do Judges Vary in Their Treatment of Race, The Journal of Legal Studies 41, 347–383.

Abrams, Kathryn (1991). Hearing the Call of Stories, California Law Review 79, 971–1052.

Ahmed, Adam (2015). Praxisprobleme beim Pflichtverteidiger, Strafverteidiger 1, 65–72.

Ahmed, Sara (2006). The Non-Performativity of Anti-Racism, Meridians 7, 104–126.

Alschuler, Albert W. (2002). Racial Profiling and the Constitution, University of Chicago Legal Forum, 163–269.

Ambos, Kai (2017). Stand und Zukunft der Strafrechtsvergleichung, Rechtswissenschaft 3, 247–276.

Anderson, James M./Buenaventura, Maya/Heaton, Paul (2019). The Effects of Holistic Defense on Criminal Justice Outcomes, Harvard Law Review 132, 819–893.

Arbeitskreis deutscher, österreichischer und schweizerischer Strafrechtslehrer (2014). Alternativ-Entwurf Abgekürztes Strafrechtsverfahren, Goltdammer's Archiv für Strafrecht 1, 1–72.

Arriaga, Felicia (2016). Understanding Crimmigration: Implications for Racial and Ethnic Minorities Within the United States. Sociology Compass 10, 805–812.

Ask, Karl/Rebelius, Anna/Granhag, Pär A. (2008). The "Elasticity" of Criminal Evidence: A Moderator of Investigator Bias, Applied Cognitive Psychology 22, 1245–1259.

Backus, Mary Sue/Marcus, Paul (2018). The Right to Counsel in Criminal Cases: Still a National Crisis, George Washington Law Review 86, 1564–1603.

Baldus, David C./Pulaski, Charles/Woodworth, George (1983). Comparative Review of Death Sentences, Journal of Criminal Law & Criminology 74, 661–753.

Bandes, Susan (1996). Empathy, Narrative, and Victim Impact Statements, University of Chicago Law Review 63, 361–412.

Bargh, John A./Tanya L. Chartrand (1999). The Unbearable Automaticity of Being, American Psychologist 54, 462–479.

Barkow, Rachel E. (2006). Separation of Powers and Criminal Law, Stanford Law Review 58, 989–1054.

Barnes, Mario L./Chemerinsky, Erwin (2011). The Once and Future Equal Protection Doctrine, Connecticut Law Review 43, 1059–1088.

Barskanmaz, Cengiz (2008). Rassismus, Postkolonialismus und Recht – Zu einer deutschen Critical Race Theory, Kritische Justiz, 296–302.

Barskanmaz, Cengiz (2011). Rasse – Unwort des Antidiskriminierungsrechts?, Kritische Justiz, 382–389.

Bartel, Louisa (2018). Auf dem Weg zur technischen Dokumentation der Hauptverhandlung in Strafsachen, Strafverteidiger 10, 678–685.

Barton, Stephan (1984). Strafverteidigungs-Aktivitäten im Justizalltag, Strafverteidiger 9, 394–401.

Barton, Stephan (1995). Entpflichtung des Verteidigers, Kostentragung, Strafverteidiger 6, 287–292.

Basdorf, Clemens (1997). Formelle und informelle Präklusion im Strafverfahren – Mitwirkungspflichten und gesteigerte Verantwortung des Verteidigers, Strafverteidiger 9, 488–493.

Bell, Derrick (1999). The Power of Narrative, Legal Studies Forum, 23, 315–348.

Berdejó, Carlos (2018). Criminalizing Race: Racial Disparities in Plea-Bargaining, Boston College Law Review 59, 1187–1250.

Beukelmann, Stephan (2017). Die geplante StPO-Reform, Neue Juristische Wochenschrift Spezial 2, 56.

Beulke, Werner (1996). Muss die Polizei dem Beschuldigten vor der Vernehmung „Erste Hilfe“ bei der Verteidigerkonsultation leisten, Neue Zeitschrift für Strafrecht 6, 257–262.

Beulke, Werner/Fahl, Christian (2001). Untreue zum Nachteil der CDU durch Dr. Kohl, Neue Zeitschrift für Strafrecht 8, 426–429.

Bischoff, Georg (1988). Die Praxis des Klageerzwingungsverfahrens, Neue Zeitschrift für Strafrecht 2, 63–64.

Bohlander, Michael (1999). Die sogenannte „Widerspruchslösung“ des BGH und die Verantwortung des Strafverteidigers – Ansatz zu einem Revisionsgrund der „ineffective assistance of counsel" im deutschen Strafprozeß, Strafverteidiger 10, 562–567.

Brackert, Gesine/Staechelin, Gregor (1995). Die Reichweite der im Strafbefehlsverfahren erfolgten Pflichtverteidigerbestellung, Strafverteidiger 10, 547–552.

Brand, Oliver (2007). Conceptual Comparisons: Towards a Coherent Methodology of Comparative Legal Studies, Brooklyn Journal of International Law 32, 405–466.

Branicki, Wojciech/Pośpiech, Ewelina/Kupiec, Tomasz/Styrna, Jósefa (2014). Review paper: A New Dimension of the Forensic DNA Expertise – The Need for Training Experts and Expertise Recipients, amsik 64, 175–194.

Britz, Guido (2014). Verständigung – Quo Vadis, Juris Die Monatszeitschrift, 301–306.

Browne, *Allan* (1962). California's Public Welfare Offenses, Southern California Law Review 35, 423–436.

Bruce-Jones, Eddie (2015). German Policing at the intersection: race, gender, migrant status, mental health, Race and Class 56, 36–49.

Brüning, Janique (2015). Die Einstellung nach § 153a StPO – Moderner Ablasshandel der Rettungsanker der Justiz, Zeitschrift für Internationale Strafrechtsdogmatik 12, 586–592.

Bürger, Sebastian (2016). Unmittelbarkeitsgrundsatz und kontradiktorische Beweisaufnahme, Zeitschrift für die gesamte Strafrechtswissenschaft 128, 518–546.

Burhoff, Detlef (1997). Verteidigerfehler in der Tatsachen- und Revisionsinstanz, Strafverteidiger 8, 432–439.

Burkhart, Geoffrey/Lam, David (2017). Toes Poke Through and Knees Shiver: Mapping Public Defense in America, Criminal Justice 31, 44.

Cahn, Edgar S./Gray, Christine (2018). Clinical Legal Education: Where Next? Clients as Co-Producers of System Change, Clinical Law Review 24, 171–199.

Caplis, Kevin J. (1973). The Speedy Trial Guarantee: Criteria and Confusion in Interpreting its Violation, DePaul Law Review 22, 839–869.

Capulong, Eduardo R.C. (2016). Client as Subject: Humanizing the Legal Curriculum, Clinical Law Review 23, 37–52.

Carling, Amanda (2017). A Way to Reduce Indigenous Overrepresentation: Prevent False Guilty Plea Wrongful Convictions, Criminal Law Quarterly 64, 415–461.

Coffee, John C. (1991). Does "Unlawful" Mean "Criminal": Reflections on the Dissapearing Tort/Crime Distinction in American Law, Boston University Law Review 71, 193–246.

Combs, Nancy Amoury (2002). Copping a Plea to Genocide: The Plea Bargaining of International Crimes, University of Pennsylvania Law Review 151, 1–157.

Coombs, Maty I. (1997). LatCrit Theory and the Post-Identity Era: Transcending the Legacies of Color and Coalescing a Politics of Consciousness, Harvard Latino Law Review 2, 457–465.

Cooper, Jeffrey O. (2002). Searching for Harmlessness: Method and Madness in thc Supreme Court's Harmless Constitutional Error Doctrine, University of Kansas Law Review 50, 309–346.

Covey, Russell D. (2009). Signaling and Plea Bargaining's Innocence Problem, Washington & Lee Law Review 66, 73–130.

Crenshaw, Kimberlé (1989). Demarginalizing the Intersection of Race and Sex: A Black Feminist Critique of Antidiscrimination Doctrine, Feminist Theory, and Antiracist Politics, University of Chicago Legal Forum, 139–167.

Crenshaw, Kimberlé (2020). Race, Reform, and Retrenchment: Transformation and Legitimation in Antidiscrimination Law, Harvard Law Review 101, 1331–1387.

Crespo, Andrew Manuel (2018). The Hidden Law of Plea Bargaining, Columbia Law Review 118, 1303–1424.

Dahs, Hans (1985). Zur Verteidigung im Ermittlungsverfahren, Neue Juristische Wochenschrift 20, 1113–1118.

Darley, J.M./Fazio, R.H. (1980). Expectancy Confirmation Processes arising in the social Interaction Sequence, American Psychologist 35, 867–881.

Davis, Kingsley (1959). The Myth of Functional Analysis as a Special Method in Sociology and Anthropology, American Sociological Review 24, 757–772.

Davis, Angela J. (1998). Prosecution and Race, The Power and Privilege of Discretion, Fordham Law Review 67, 13–68.

Deckers, Rüdiger (2015). Fehlervermeidung bei Staatsanwaltschaft und Polizei, Strafverteidiger Forum, 265–268.

Delgado, Richard/Stefancic, Jean (1991). Derrick Bell's Chronicle of the Space Traders: Would the U.S. Sacrifice People of Color if the Price were Right, University of Colorado Law Review 62, 321–329.

Demleitner, Nora V. (1998). Witness Protection in Criminal Cases: Anonymity, Disguise or Other, American Journal of Compatrative Law 46, 641–664.

Dervan, Lucian E. (2011). Overcriminalization 2.0: The Symbiotic Relationship Between Plea Bargaining and Overcriminalization, Journal of Law, Economics, & Policy 7, 645–655.

Dervan, Lucian E. (2012). Bargained Justice: Plea Bargaining's Innocence Problem and the Brady Safety-Valve, Utah Law Review, 51, 51–97.

Dervan, Lucian E./Edkins, Vanessa A. (2013). The Innocent Defendant's Dilemma: An Innovative Empirical Study of Plea Bargaining's Innocence Problem, Criminal Law & Criminology 103, 1–48.

Detlef Deal (1982). Der strafprozessuale Vergleich, Strafverteidigung 11, 545–552.

Dobbie, Will/Goldin, Jacob/Yang, Cyrstal S. (2018). The Effects of Pre-Trial Detention on Conviction, Future Crime, and Employment, Evidence from Randomly Assigned Judge, The American Economic Review 108, 201–240.

Dornach, Markus (1995). Ist der Strafverteidiger aufgrund seiner Stellung als „Organ der Rechtspflege" Mitgarant eines justizförmigen Verfahrens?, Neue Zeitschrift für Strafrecht, 57–63.

Dosdall, Henrik (2018). Organisationsversagen und NSU-Ermittlungen – Organisational Failure and the Investigations into the „National Socialist Underground", Zeitschrift für Soziologie 47, 402–417.

Dubber, Markus D. (2006). Criminal Law in Comparative Context, Journal of Legal Education 56, 433–443.

Dunkel, Barbara/Kemme, Stefanie (2016). Fehlurteile in Deutschland, eine Bilanz der empirischen Forschung seit fünf Jahrzehnten, Zeitschrift Neue Kriminalpolitik, 138–154.

Dunkel, Barbara/Kemme, Stefanie (2020). Strafbefehl und Fehlurteil – Erkenntnisse zu einer wenig beachteten Verbindung, Strafverteidiger 1, 52–59.

Drizin, Steven A./Leo, Richard A. (2004). The Problem of False Confessions in the Post-DNA World, North Carolina Law Review 82, 891–1008.

Eggers, Maureen Maisha (2013). Antidiskriminierungsengagierte Schülerinnen und Schüler mit einem Türkischen Hintergrund an Berliner Schulen, German Politics and Society 31, 132–149.

Elsesser, Charles (2013). Community Lawyering – The Role of Lawyers in the Social Justice Movement, Loyola Journal of Public Interest, 14, 375–404.

Erb, Volker (2010). Kritische Bemerkungen zur geplanten Einführung einer strafprozessualen Erscheinungs- und Aussagepflicht des Zeugen vor der Polizei, Strafverteidiger 11, 655–657.

Ernesti, Günter (1982). Grenzen anwaltlicher Interessenvertretung im Ermittlungsverfahren, Juristische Rundschau, 221–229.

Eser, Albin (1966). Das rechtliche Gehör im Strafbefehls- und Strafverfügungsverfahren, Juristenzeitung, 660–669.

Eschelbach, Ralf (2013). Verständigungspraxis im Strafverfahren, Zeitschrift für die Anwaltspraxis 24, 1249–1250.

Ewick, Patricia/Silbey, Susan (2003). Narrating Social Structure: Stories of Resistance to Legal Authority, American Journal of Sociology 108, 1328–1372.

Fezer, Gerhard (1994). Vereinfachte Verfahren im Strafprozeß, Zeitschrift für die gesamte Strafrechtswissenschaft 106, 1–59.

Fezer, Gerhard (2010), Inquisitionsprozess ohne Ende? Zur Struktur des neuen Verständigungsgesetzes, Neue Zeitschrift für Strafrecht 4, 177–185.

Findley, Keith A./Amaya, Camila/Hatch, Gibson/Smith, John (im Erscheinen), Plea Bargaining in the Shadow of a Retrial: Bargaining Away Innocence, Wisconsin Law Review, abrufbar:

Fischer, Thomas (2007). Regelung der Urteilsabsprache – ein Appell zum Innehalten, Neue Zeitschrift für Strafrecht 8, 433–436.

Fischer, Thomas (2009). Absprache-Regelung: Problemlösung oder Problem?, Strafverteidiger Forum, 177–188.

Frankfurter Arbeitskreis (2000). Müssen Rolle und Aufgaben der Staatsanwaltschaft neu definiert werden?, Strafverteidiger 8, 460–462.

Frister, Helmut (1993). Das Verhältnis von Antragsrecht und gerichtlicher Aufklärungshilfe im Strafprozeß, Zeitschrift für die gesamte Strafrechtswissenschaft 105, 340–363.

Geisler, Werner (1981). Kongressvortrag: Stellung und Funktion der Staatsanwaltschaft im heutigen deutschen Strafverfahren, Zeitschrift für die gesamte Strafrechtswissenschaft 93, 1109–1146.

Gelman, Andrew/Fagan, Jeffrey/Kiss, Alex (2007). An Analysis of New York City Police Department's "Stop-and-Frisk" Policy in the Context of Claims of Racial Bias, Journal of the American Statistical Association 102, 813–823.

Gercke, Björn (2020). Grenzen zulässiger Strafverteidigung aus anwaltlicher Sicht, Strafverteidiger 3, 201–206.

Gordley, James (1998). Is Comparative Law a Distinct Discipline? The American Journal of Comparative Law 46, 607–615.

Gössel, Karl Heinz (1982). Die Stellung des Verteidigers im rechtsstaatlichen Strafverfahren, Zeitschrift für die gesamte Strafrechtswissenschaft 94, 5–36.

Gronke, Annika Maleen/Gronke, Konrad (2021). Nutzen und Limitierungen der erweiterten DNA-Analyse im strafrechtlichen Ermittlungsverfahren, Neue Zeitschrift für Strafrecht 3, 141–146.

Grosswald Curran, Vivian (1998). Cultural Immersion, Difference and Categories in U.S. Comparative Law, American Journal of Comparative Law 46, 43–92.

Gross, Samuel R./Barnes, Katherine Y. (2002). Road Work: Racial Profiling and Drug Interdiction on the Highway, Michigan Law Review 101, 651–754.

Günter, Hans-Helmut (2002). Das Berufsbild des Staatsanwalts in Deutschland an der Schwelle zum neuen Jahrhundert, Deutsche Richterzeitung, 55–68.

Habetha, Jörg (2021). Anfechtbarkeit „anlassloser" Beweisantragsfristen im Strafprozess, Neue Juristische Wochenschrift 18, 1288–1290.

Hamm, Rainer (1993). Der Standort des Verteidigers im heutigen Strafprozeß, Neue Juristische Wochenschrift 5, 289–297.

Hamm, Rainer (1996). Staatliche Hilfe bei der Suche nach Verteidigern – Verteidigerhilfe zur Begründung von Verwertungsverboten, Neue Juristische Wochenschrift 34, 2185–2190.

Hamm, Rainer (2001). Wie man in richterlicher Unabhängigkeit von unklaren Gesetzeslagen kapituliert, Neue Juristische Wochenschrift 23, 1694–1696.

Hamm, Rainer/Kempf, Eberhard/Scherzberg, Thomas (2004). Geldwäsche durch Strafverteidiger, Strafverteidiger 5, 254–267.

Hamm, Rainer (2006). Ist Strafverteidigung noch Kampf? Neue Juristische Wochenschrift, 2084–2089.

Hany López, Ian F. (2000). Institutional Racism: Judicial Conduct and a New Theory of Racial Discrimination, Yale Law Journal 109, 1717–1884.

Harcourt, Bernard (2011). Reducing Mass Incarceration: Lessons from the Deinstitutionalization of Mental Hospitals in the 1960s, Ohio State Journal of Criminal Law 9, 53–88.

Hassemer, Winfried (1988). Menschenrechte im Strafprozeß, Kritische Vierteljahresschrift für Gesetzgebung und Rechtswissenschaft 3, 336–343.

Hassemer, Winfried (1989). Symbolisches Strafrecht und Rechtsgüterschutz, Neue Zeitschrift für Strafrecht, 553–559.

Hauer, Judith (2010). Das neue Gesetz zur Regelung der Verständigung im Strafverfahren – Die verpasste Chance eines Neuanfangs!, Neue Justiz 1, 10–17.

Haugh, Todd (2015). Overcriminalization's New Harm Paradigm, Vanderbilt Law Review 68, 1191–1241.

Hawickhorst, Katrin (2016). „Wo Rauch ist, da ist auch Feuer" – Über die Ohnmacht des Beschuldigten bei Opportunitätseinstellungen durch die Staatsanwaltschaft, Strafverteidiger Forum, 141–145.

Heaton, Paul/Mayson, Sandra/Stevenson, Megan (2017). The Downstream Consequences of Misdemeanor Pretrial Detention, Stanford Law Review 69, 711–794.

Heghmanns, Michael (2001). Verfolgungsdefizite und polizeiliche Ahndungskompetenzen, Zeitschrift für Rechtspolitik 12, 554–558.

Heuking, Christian/von Coelln, Sybille (2016). Die Neuregelung des § 299 StGB – Das Geschäftsherrenmodell als Mittel zur Bekämpfung der Korruption?, Betriebs-Berater, 323–332.

Hillenbrand, Thomas (2020). Das neue Recht der Pflichtverteidigung, Zeitschrift für die Anwaltspraxis, 99–112.

Hirsch, Hans-Joachim (1980). Zur Behandlung der Bagatellkriminalität in der Bundesrepublik Deutschland, Zeitschrift für die gesamte Strafrechtswissenschaft 92, 218–254.

Hoffmann, Helmut/Maurer, Frank (2018). Voraussetzungen und Grenzen anwaltlicher Zeugenvorbereitung, Neue Juristische Wochenschrift 5, 2018, 257–262.

Hohendorf, Andreas (1979). § 153a I StPO als Radikalmittel zur Bewältigung der „Massen-Bagatellkriminalität", Neue Juristische Wochenschrift, 1177–1180.

Hörich, Carsten/Bergmann, Marcus (2014). Vorschläge für ein europarechtskonformes Ausländerrecht, Zeitschrift für Rechtspolitik 4, 109–111.

Huq, Aziz Z. (2018). What is Discriminatory Intent?, Cornell Law Review 103, 1212–1292.

Hunold, Daniela/Dangelmaier, Tamara/Brauer, Eva (2021). Soziale Ordnung und Raum – Aspekte polizeilicher Raumkonstruktion, Soziale Probleme 32, 19–44.

Jahn, Matthias (2004). Zurück in die Zukunft – Die Diskurstheorie des Rechts als Paradigma des neuen konsensualen Strafverfahrens, Goltdammer's Archiv für Strafrecht, 272–287.

Jahn, Matthias (2014). Die Praxis der Verteidigerbestellung durch den Strafrichter – Überblick über wesentliche Ergebnisse einer empirischen Studie zur Rechtswirklichkeit der Beiordnung nach § 140 Abs. 1 Nr. 4 StPO, Strafverteidiger Forum, 177–194.

Jahn, Matthias/Zink, Sarah (2019). Lage und Perspektive für die Beschuldigten- und Verteidigungsrechte in Europa, Strafverteidiger Forum, 318–330.

Jähnke, Burkhardt (1988). Rechtliche Vorgaben einer künftigen Neuregelung des anwaltlichen Standesrechts, Neue Juristische Wochenschrift 31, 1888–1893.

Jescheck, Hans-Heinrich (1976). Comparative law as a basis for the reform of criminal procedure, The Comparative and International Law Journal of Southern Africa 9, 199–210.

Johnigk, Frank (2006). Verteidiger – nicht nur erster und zweiter, sondern auch dritter und vierter Klasse? Strafverteidiger 6, 347–353.

Jung, Thomas (2004). Ausländerrechtliche Folgen bei der Verurteilung von ausländischen Staatsangehörigen, Strafverteidiger 10, 567–570.

Kadish, Sanford H. (1968). The Crisis of Overcriminalization, American Criminal Law Quarterly 7, 17–34.

Kahneman, Daniel/Tversky, Amos (1974). Judgment under uncertainty: Heuristics and biases. Science 185, 1124–113.

Kahn, Kimberly B./Goff, Phillip A./Lee, J. Katherine/Motamed, Diane (2016). Protecting Whiteness: White Phenotypic Racial Stereotypicality Reduces Police Use of Force. Social Psychological and Personality Science 7, 403–411.

Kaiser, Günther/Meinberg, Volker (1984). „Tuschelverfahren" und Millionärsschutzparagraph"? Empirische Erkenntnisse zur Einstellung nach § 153a StPO am Beispiel Wirtschaftskriminalität, Neue Zeitschrift für Strafrecht 8, 343–350.

Kang, Jerry (2005). Trojan Horses of Race, Harvard Law Review 118, 1491–1593.

Karst, Kenneth L. (1977). Foreword: Equal Citizenship under the Fourteenth Amendment, Harvard Law Review 91, 1–68.

Kaspar, Johannes/König, Stefan (2011). Kronzeugenregelung?, Zeitschrift für Rechtspolitik 5, 159.

Kaspar, Johannes/Christoph, Stephan (2016). Kronzeugenregelung und Strafverteidigung, Ergebnisse einer Befragung von Strafverteidigerinnen und Strafverteidigern zur Aufklärungs- und Präventionshilfe, Strafverteidiger 5, 318–322.

Kassin, Saul/Goldstein, Christine C./Savitsky. Kenneth (2003). Behavioral Confirmation in the Interrogation room: On the dangers of presuming guilt, Law and Human Behavior 27, 187–203.

Kaufman, Rhoda (1925). Crime and the Georgia Courts a Statistical Analysis, Journal of the American Institute of Criminal Law & Criminology 16, 169–218.

Kelker, Brigitte (2006). Die Rolle der Staatsanwaltschaft im Strafverfahren: Objektives Organ der Rechtspflege oder doch „parteiischer" Anwalt des Staates, Zeitschrift für die gesamte Strafrechtswissenschaft 118, 389–426.

Klose, Bernhard (2017). Aktuelle Entwicklungen des Wirtschaftsstrafrechts für die gerichtliche und staatsanwaltliche Praxis, Neue Zeitschrift für Wirtschafts-, Steuer-, und Unternehmensstrafrecht 1, 1–13.

König, Stefan (1996). Wege und Grenzen eigener Ermittlungstätigkeit des Strafverteidigers, Strafverteidiger Forum, 98–104.

König, Stefan (2009). Wieder da: Die „große" Kronzeugenregelung, Neue Juristische Wochenschrift 34, 2481–2484.

König, Stefan (2012). Kronzeuge – abschaffen oder regulieren, Strafverteidiger 2, 113–115.

Kraft, Anna/Girkens, Frank (2021). Die Neuregelung des Rechts der notwendigen Verteidigung, Auswirkungen auf die Beschuldigtenvernehmung und erstes Resümee, Neue Zeitschrift für Strafrecht 8, 454–462.

Kreag, Jason (2014). The Brady Colloquy, Stanford Law Review Online 67, 47–57.

Kudlich, Hans (2015). Ecclestone, Verständigungsgesetz und die Folgen, Reformbedarf für § 153a StPO, Zeitschrift für Rechtspolitik, 10–13.

Kudlich, Hans/Nicolai, Florian (2020). Immer wieder Neuigkeiten im Strafprozessrecht – Das Gesetz zur Modernisierung des Strafverfahrens, Juristische Arbeitsblätter, 881–888.

Künkel, Jenny (2014). Intersektionalität, Machtanalyse, Theorienpluralität. Eine Replik zur Debatte um kritische Polizeiforschung, sub\urban: Zeitschrift für Kritische Stadtforschung 2, 77–90.

Krauß, Detlef (1989). Sicherheitsstaat und Strafverteidigung, Strafverteidiger 7, 315–325.

Landau, Herbert (2004). Chancen und Risiken einer Reform des Strafverfahrens, Zeitschrift für Rechtspolitik 5, 146–150.

Langer, Maximo (2006). Rethinking Plea Bargaining: The Practice and Reform of Prosecutorial Adjudication in American Criminal Procedure, American Journal of Criminal Law 33, 223–300.

Langbein, John H. (1978). Torture and Plea Bargaining, University of Chicago Law Review 46, 3–22.

Langbein, John H. (1979). Understanding the Short History of Plea Bargaining, Law & Society 13, 261–272.

Laurencin, Cato T./Walker, Joanne M. (2020). Racial Profiling is a Public Health and Health Disparities Issue, Journal of Racial and Ethnic Health Disparities 7, 393–397.

Lawrence, Charles R. (1987). The Id, the Ego, and Equal Protection: Reckoning with Unconscious Racism, Stanford Law Review 39, 317–388.

Lawrence, William (2015). The Public Defender Crisis in America: Gideon, the War on Drugs and the Fight for Equality, University of Miami Race & Social Justice L. Rev. 2015 5, 167–187.

Lazar, Ruthy Löwenstein (2016). Interdisciplinary Clinical Education – On Empowerment, Women, and a Unique Clinical Model, Clinical Law Review 23, 429–470.

Leary, Thomas B. (1990). The Commission's New Option that favors Judicial Discretion in Corporate Sentencing, Federal Sentencing Reporter 3, 142–144.

Lederer, Jenny (2021). Nein heißt nein … zu populistischer Kriminalpolitik und punitiven Tendenzen im Gesetz „zur Bekämpfung sexualisierter Gewalt", Strafverteidiger 5, 322–329.

Leipold, Andrew D. (2005). How the Pretrial Process Contributes to Wrongful Convictions, American Criminal Law Review 42, 1123–1165.

Lesch, Heiko (1995). Der Beschuldigte im Strafverfahren – über den Begriff und die Konsequenzen der unterlassenen Belehrung, Juristische Arbeitsblätter, 157–166.

Levin, Benjamin (2016). Gun and Drugs, Fordham Law Review 84, 2173–2226.

Lipphardt, Veronika (2018). Vertane Chance? Die aktuelle politische Debatte um Erweiterte DNA-Analysen in Ermittlungsverfahren, Berichte zur Wissenschaftsgeschichte 41, 279–301.

Luban, David (1993). Are Criminal Defenders Different, Michigan Law Review 91, 1729–1766.

Lüderssen, Klaus (1991). Zu den Folgen des „Beitritts" für die Strafjustiz der Bundesrepublik Deutschland, Strafverteidiger 10, 482–487.

Lüderssen, Klaus (1992). Kontinuität und Grenzen des Gesetzlichkeitsprinzips bei grundsätzlichem Wandel der politischen Verhältnisse, „Guter" Positivismus im Strafrecht? Zu einer Auseinandersetzung über die Verfolgung in der ehemaligen DDR begangener Delikte, Zeitschrift für die gesamte Strafrechtswissenschaft 104, 735–784.

Luna, Erika (2005). The Overcriminalization Phenomenon, American University Law Review 54, 703–743.

Lynch, Timothy (2003). The Case Against Plea Bargaining, Regulation 26, 24–27.

MacKinnon, Catharine A. (1991). Reflections on Sex Equality under Law, Yale Law Journal 100, 1281–1328.

Magnus, Dorothea (2021). Das „öffentliche Interesse" in § 153 Abs. 1 StPO – Analyse anhand eines aktuellen Falles, Goltdammer's Archiv, 621–635.

Malek, Klaus (2011). Abschied von der Wahrheitssuche, Strafverteidiger 9, 559–567.

Malone, Carlie (2020). Plea Bargaining and Collateral Consequences: An Experimental Analysis, *Vanderbilt Law Review* 73, 1161–1208.

Mattei, Ugo/di Robilant, Anna (2001). The Art and Science of Critical Scholarship: Postmodernism and International Style in the Legal Architecture of Europe, Tulane Law Review 75, 1053–1092.

Maul, Heinrich/Eschelbach, Ralf (1996). Zur Widerspruchslösung bei Beweisverwertungsproblemen in der Rechtsprechung, Strafverteidiger Forum, 66–70.

Mayeux, Sara (2016). What Gideon Did, Columbia Law Review 116, 15–104.

McCain, Tracey L. (1992). The Interplay of Editorial and Prosecutorial Discretion in the Perpetuation of Racism in the Criminal Justice System, Columbia Journal of Law and Social Problems 25, 601–644.

*Meier, Bernd-Dieter (*1992). Verbraucherschutz durch Strafrecht? Überlegungen zur strafrechtlichen Produkthaftung nach der „Lederspray“ - Entscheidung des BGH, Neue Juristische Wochenschrift 50, 3193–3199.

Meyer-Goßner, Lutz (1992). Entlastung der Strafrechtspflege – Ein ungewöhnlicher Vorschlag, Neue Zeitschrift für Strafrecht 4, 167–169.

Meyer-Goßner, Lutz (2007). Rechtsprechung durch Staatsanwaltschaft und Angeklagten? Urteilsabsprachen im Rechtsstaat des Grundgesetzes, Neue Zeitschrift für Strafrecht 8, 425–432.

Michaelsen, Amir/Murmann, Uwe (2010). Recht ohne Regeln? – Die Entformalisierung des Strafrechts. Kolloquium des Instituts für Kriminalwissenschaften der Georg-August-Universität Göttingen am 10.07.2009, Zeitschrift für Internationale Strafrechtsdogmatik 12, 777–782.

Miller, Binny (2000). Telling Stories about Cases and Clients: The Ethics of Narrative Georgetown Journal of Legal Ethics 14, 1–54.

Miller, Binny (1994). Give them Back Their Lives: Recognizing Client Narrative in Case Theory, Michigan Law Review 93, 485–576.

Mitsch, Wolfgang (1992). Protokollverlesung nach berechtigter Auskunftsverweigerung (§ 55 StPO) in der Hauptverhandlung, Juristische Zeitung, 174–183.

Moston, Stephen/Stephenson, Geoffrey/Williamson, Thomas M. (1992). The Effects of Case Characteristics on Suspect Behaviour during Police Questioning, British Journal of Criminology, 32, 23–40.

Müller, Egon (1981). Vor dem Hintergrund einer heftigen Diskussion um Leitbilder der Strafverteidigung erstellt der Verfasser eine Zwischenbilanz. Er weist auf Erkenntnis- und Informationsdefizite hin, verdeutlicht psychologisch-legislatorische Interdependenzen und zeigt Perspektiven einer Reform der Strafverteidigung auf, Neue Juristische Wochenschrift 34, 1801–1806.

Müller, Henning Ernst (2007). Beihilfe zur Anstiftung oder versuchte Anstiftung zur Falschaussage, Jura, 697.

Müller-Jacobsen, Anke (2020). Das neue Recht der notwendigen Verteidigung, Neue Juristische Wochenschrift 9, 575–579.

Nelles, Ursula (1986). Der Einfluß auf Verteidigung auf Beweiserhebungen im Ermittlungsverfahren, Strafverteidiger 2, 74–80.

Nelles, Ursula/Velten, Petra (1994). Einstellungsvorschriften als Korrektiv für unverhältnismäßige Strafgesetze?, Neue Zeitschrift für Strafrecht 8, 366–370.

Neuhaus, Ralf (2002). Beruhensfrage (§ 337 I StPO) und unzureichende Verteidigerleistung, Strafverteidiger 1, 43–51.

Neuhaus, Ralf (2015). Fehlerquellen im Ermittlungsverfahren aus Sicht der Verteidigung, Strafverteidiger 3, 185–194.

Nickerson, Raymond S. (1998). Conformation Bias: A Ubiquitous Phenomenon in Many Guises, Review of General Psychology, 2, 175–220.

Nobis, Frank (2018). Strafrecht in Zeiten des Populismus, Strafverteidiger 7, 453–464.

Norouzi, Ali B. (2018). Das Aushöhlen der Beschuldigtenrechte in der StPO: Es reicht, Anwaltsblatt Online, 290–292.

O'Brien, Barbara/Ellsworth, Phoebe C. (2006). Confirmation Bias in Criminal Investigations, 1st Annual Conference on Empirical Legal Studies Paper, 1–34.

O'Brien, Barbara (2009). Prime Suspect: An Examination of Factors that Aggravate and Counteract Confirmation Bias in Criminal Investigations, Psychology, Public Policy, and Law 15, 315–334.

Ogletree, Charles J. (1995). An Essay on The New Public Defender for the 21st Century, Law and Contemporary Problems 58, 81–93.

Orihuela, Marisol (2020). Crim-Imm Lawyering, Georgetown Immigration Law Journal 34, 613–662.

Ortman, William (2020). When Plea Bargaining Became Normal, Boston University Law Review 100, 1435–1499.

Oske, Ernst-Jürgen (1968). Das rechtliche Gehör im Strafbefehls- und Strafverfügungsverfahren, Monatsschrift für Deutsches Recht, 884–886.

Ostendorf, Heribert (2013). Der Wandel vom klassischen zum ökonomischen Strafprozess, Zeitschrift für Internationale Strafrechtsdogmatik 4, 172–180.

Palmer, VV (2005). From Lerotholi to Lando: Some Examples of Comparative Law Methodology, The American Journal of Comparative Law 53, 261–290.

Pati, Rosa (2009). The ICC and the Case of Sudan's Omar Al Bashir: Is Plea-Bargaining a Valid Option?, U.C. Davis Journal of International Law and Policy 15, 265–327.

Patzak, Jörn (2013). Praxiskommentar von Staatsanwalt Jörn Patzak, Neue Zeitschrift für Strafrecht 11, 665–666.

Pauly, Jürgen (1998). Das Wiedererkennen im Straf- und Bußgeldverfahren, Verteidigungsfehler und Revisionen, Strafverteidiger Forum, 41–46.

Payne, Keith B. (2001). Prejudice and Perception: The Role of Automatic and Controlled Processes in Misperceiving a Weapon, Journal of Personality and Social Psychology 81, 181–192.

Pethö, Benjamin (2012). Auswechslung des Pflichtverteidigers, Strafverteidiger 12, 719–720.

Pfister, Wolfgang (2013). Deal und Fehlurteil, Forensische Psychiatrie, Psychologie, Kriminologie 4, 250–257.

Pollähne, Helmut (2015). Unmittelbarkeit, Unschuldsvermutung und (anderweitig) Unverzichtbares – Wider den Bedeutungsverlust der Hauptverhandlung, Strafverteidiger 12, 784–790.

Poveda, Tony G. (2000). American Exceptionalism and the Death Penalty, Social Justice 27, 252–267.

Prelle, Miriam (2011). Opportunität und Konsens: Verfahrensförmige Normsuspendierung als Hilfe für die Überlast im Kriminaljustizsystem?, Kritische Vierteljahresschrift für Gesetzgebung und Rechtswissenschaft 94, 331–364.

Primus, Richard A. (2010). The Future of Disparate Impact, Michigan Law Review 108, 1341–1387.

Prüfer, Hans (1993). Sachverhaltsermittlung durch Spurenauswertung und Zeugenbefragung am Beispiel des Schwurgerichtsprozesses – Chancen, Fehler und Versäumnisse der Verteidigung, Strafverteidiger 11, 602–606.

Pruitt, Lisa L. /Colgan, Beth A. (2010). Justice Deserts: Spacial Inequality and Local Funding of Indigent Defense, Arizona Law Review 52, 219–316.

Pryor, Marie/Buchanan, Kim Shayo/Goff, Phillip Atiba (2020). Risky Situations: Sources of Racial Disparity in Police Behavior, Annual Review of Law and Social Science 16, 343–360.

Rakoff, Jed S. (2014). Why Innocent People Plead Guilty, The New York Review, November 20, 2014.

Rassin, Eric/Eerland, Anita/Kuijpers, Ilse (2010). Let's Find the Evidence: An Analogue Study of Confirmation Bias in Criminal Investigations. Journal of Investigative Psychology and Offender Profiling 7, 231–246.

Reichel, Philip (1988). Southern Slave Patrols as Transitional Police Type, American Journal of Police 7, 51–77.

Reinganum, Jennifer F. (1988). Plea Bargaining and Prosecutorial Discretion, The American Economic Review 78, 713–728.

Reuter, Margaret E. /Ingham, Joanne (2015). The Practice Value of Experiential Legal Education: An Examination of Enrollment Patterns, Course Intensity, and Career Relevance, Clinical Law Review 22, 181–250.

Richardson, Song L. (2011). Arrest Efficiency and the Fourth Amendment, Minnesota Law Review 95, 2035–2098.

Richardson, L. Song/Goff, Philip Atiba (2012). Implicit Racial Bias in Public Defender Triage, Iowa Law Review 122, 2626–2649.

Rieß, Peter (1981). Die Zukunft des Legalitätsprinzips, Neue Zeitschrift für Strafrecht 1, 2–10.

Rieß, Peter/Hilger, Hans (1987). Das neue Strafverfahrensrecht-Opferschutzgesetz und Strafverfahrensänderungsgesetz 1987, Neue Zeitschrift für Strafrecht 4, 145–157.

Rieß, Peter (1994). Reflexionen zur Lage der Strafjustiz – Ein Beitrag zu den Beratungen der strafrechtlichen Abteilungen des 60. Deutschen Juristentags, Neue Zeitschrift für Strafrecht 9, 409–414.

Risinger, Michael T./Saks, Michael/Thompson, William/Rosenthal, Robert (2002). The Daubert/Kumho Implications of Observer Effects in Forensic Science: Hidden Problems of Expectation and Suggestion, California Law Review 90, 1–56.

Roach, Kent (im Erscheinen). You Say You Want a Revolution? Understanding Guilty Plea Wrongful Convictions, abrufbar hier: https://papers.ssrn.com/sol3/papers.cfm?abstract_id=3869888.

Roach, Kent (2009). Wrongful Convictions: Adversarial and Inquisitorial Themes, North Carolina Journal of international Law & Commercial Regulation 35, 387–446.

Romero, Maybell (im Erscheinen). Low-Ball Rural Defense, Washington University Law Review, 1–40, abrufbar hier: https://papers.ssrn.com/sol3/papers.cfm?abstract_id=3801330.

Rosenstock, Susanne (2015). Rotwein auf der weißen Weste oder: Der die Tat bereuende Unschuldige – Das Geständnis als Zustimmungserfordernis für eine Verfahrenserledigung nach § 153a StPO, Strafverteidiger 10, 654–660.

Ross, Jacqueline E. (2006). The Entrenched Position of Plea Bargaining in United States Legal Practice, American Journal of Comparative Law, 717–732.

Sacco, Rodolfo (1991). Legal Formants: A Dynamic Approach to Comparative Law (Installment I of II), The American Journal of Comparative Law 39, 1–34.

Saliger, Frank/Sinner, Stefan (2007). Abstraktes Recht und konkreter Wille – Anmerkungen zur Einstellung des Mannesmann-Verfahrens nach § 153a StPO, Zeitschrift für Internationales Strafrecht 12, 476–482.

Salditt, Franz (2001). Eckpunkte – Streitfragen des partizipatorischen Strafprozesses, Strafverteidiger 5, 311–314.

Salditt, Franz (2009). Allgemeine Honorierung besonderer Aufklärungshilfe, Strafverteidiger 6, 375–388.

Saliger, Frank (2005). Grenzen der Opportunität – § 153a StPO und der Fall Kohl – Zugleich Besprechung von LG Bonn, Beschluss vom 28.02.2001, Goltdammer's Archiv, 155–176.

Sayre, Francis Bowes (1933). Public Welfare Offenses, Columbia Law Review, 33, 55–88.

Schlothauer, Reinhold (1981). Die Auswahl des Pflichtverteidigers, Strafverteidiger 9, 443–460.

Schlothauer, Reinhold (1995). Der Beweiserhebungsanspruch des Beschuldigten gegenüber dem Ermittlungsrichter (§ 166 Abs. 1 StPO), Strafverteidiger 3, 158–165.

Schlothauer, Reinhold/Wieder, Hans-Joachim (2004). Erweiterte Handlungsspielräume – gesteigerte Verantwortung der Verteidigung im künftigen Ermittlungsverfahren, Strafverteidiger 9, 504–517.

Schlothauer, Reinhold (2016). Reform des Ermittlungsverfahrens, Strafverteidiger 9, 607–616.

Schmidhäuser, Eberhard (1973). Freikaufverfahren mit Strafcharakter im Strafprozeß? Juristische Zeitschrift 17, 529–536.

Schmidt, Detlev (2020). Die Entwicklung der Betäubungsmittelstrafrechts bis Mitte 2020, Neue Juristische Wochenschrift 41, 3004–3010.

Schmidt-Hieber, Werner (1982). Vereinbarungen im Strafverfahren, Neue Juristische Wochenschrift 19, 1017–1021.

Schoeller, Sven (2017). Von der Istbeschaffenheit der Pflichtverteidigerbeiordnung – Aus einer aktenanalytischen Studie zur Praxis von Pflichtverteidigern, Strafverteidiger 3, 194–204.

Schoreit, Armin (1991). Zum Entwurf eines Gesetzes zur Entlastung der Rechtspflege, Deutsche Richterzeitung, 404–406.

Schulz, Joachim (1991). Zur Erosion des Beweisantragsrechts, Zum Entwurf eines Gesetzes zur Entlastung der Strafrechtspflege, Strafverteidiger 8, 354–362.

Schultz-Hard, Stefant/Köhnken, Günter (2000). Wie ein Verdacht sich selbst bestätigen kann: Konfirmatorisches Hypothesentesten als Ursache von Falschbeschuldigungen wegen sexuellen Kindesmißbrauchs, Praxis der Rechtspsychologie, Sonderheft 1, 60–88.

Schumann, Stefan/Bruckmüller, Karin/Soyer, Richard (2012). Assessing Pre-Trial Access to Legal Advice – Results of a Comparative Legal and Empirical Study, New Journal of European Criminal Law 3, 31–48.

Schünemann, Bernd (2000). Der Richter im Strafverfahren als manipulierter Dritter? Zur Empirischen Bestätigung von Perseveranz- und Schulterschlußeffekten, Strafverteidiger 3, 159–165.

Schünemann, Bernd (2002). Wohin treibt der deutsche Strafprozess, Zeitschrift für die gesamte Strafrechtswissenschaft 114, 1–62.

Schünemann, Bernd (2009). Ein deutsches Requiem auf den Strafprozess des liberalen Rechtsstaats, Zeitschrift für Rechtspolitik 4, 104–107.

Schuster, Julia (2017). Antirassistischer Feminismus ist nicht automatisch intersektional, Juridikum 2, 281–284.

Schröer, Norbert (1992). Das strukturanalytische Defizit der bisherigen Erforschung der polizeilichen Vernehmung Beschuldigten – ein kritischer Literaturbericht, Kriminologisches Journal 2, 133–152.

Schwenn, Johann (2010). Fehlurteile und ihre Ursachen – die Wiederaufnahme im Verfahren wegen sexuellen Mißbrauchs, Strafverteidiger 12, 705–711).

Searle, H. Reed (1964). Argument for the Public Defender System, An Institute of Contemporary Law, Santa Clara Lawyer 5, 48–59.

Sickor, Andreas (2015). Von den Gebrechen des reformierten Strafverfahrens, Strafverteidiger 8, 516–521.

Siegel, David M. (2009). The Role of Trial Counsel in Ineffective Assistance of Counsel Claims: Three Questions to Keep in Mind, Champion 33, 14–24.

Singelnstein, Tobias (2013). Körperverletzung im Amt durch Polizisten und die Erledigungspraxis er Staatsanwaltschaften – aus empirischer und strafprozessualer Sicht, Neue Kriminalpolitik 4, 15–27.

Singelnstein, Tobias (2014). Sieben Thesen zu Entwicklung und Gestalt des Strafrechts, Zeitschrift für Rechtssoziologie 34, 321–329.

Singelnstein, Tobias (2016). Confirmation Bias – Die Bestätigungsneigung als kognitive Verzerrung bei polizeilichen Ermittlungen im Strafverfahren, Strafverteidiger 12, 830–836.

Singelnstein, Tobias/Derin, Benjamin (2017). Das Gesetz zur effektiveren und praxistauglicheren Ausgestaltung des Strafverfahrens, Was aus der StPO-Reform geworden ist, Neue Juristische Wochenschrift 37, 2646–2652.

Sklansky, David A. (2012). Crime, Immigration, and Ad-Hoc Instrumentalism, New Criminal Law Review 15, 157–223.

Sklansky, David A. (2016). The Nature and Function of Prosecutorial Power, Journal of Criminal Law and Criminology 106, 473–520.

Smith, Stephen F. (2012). Overcoming Overcriminalization, Journal of Criminal Law and Criminology 102, 537–592.

Soiné, Michael (2018). Die Strafprozessuale Online-Durchsuchung, Neue Zeitschrift für Strafrecht 9, 497–504.

Soyer, Richard/Schumann, Stefan (2012). Verteidigungsrechte im Vorverfahren – Eine rechtstatsächliche Forschung über Voraussetzungen und Bedingungen einer Effektuierung anwaltlicher Notdienste, Strafverteidiger 8, 495–501.

Spitzer, Albert (2019). Neuregelung der notwendigen Verteidigung – europarechtswidrige Umsetzung der sog. PKH-Richtlinie, Zeitschrift für Rechtspolitik 6, 183.

Spitzer, Albert (2020). Das Gesetz zur Neuregelung des Rechts der notwendigen Verteidigung aus europarechtlicher Sicht, Strafverteidiger 6, 418–426.

Spivak, Gayatri Chakravorty (1985). The Rani of Sirmus: An Essay In Reading the Archives, History and Theory 24, 247–272.

Spoerr, Wolfgang (2019). Tatsachenermittlung durch Rechtsanwälte und Strafverteidiger: Fakten und rechtlicher Schutz, Strafverteidiger 10, 697–704.

Spruill, Larry H. (2016). Slave Patrols, „Packs of Negro Dogs" and Policing Black Communities, Phylon 53, 42–66.

Starr, Sonja B/Rehavi, Marit M. (2014), Racial Disparity in Federal Criminal Sentences, Journal of Political Economy 122, 1320–1354.

Steadman, Henry J./Osher, Fred C. /Robbins, Pamela Clark/Case, Brian /Samuels, Steven (2009). Prevalence of a Serious Mental Illness Among Jail Inmates, Psychiatric Services, 60, 761–765.

Steiker, Jordan M. (2013). The American Death Penalty: Constitutional Regulation as the Distinctive Feature of American Exceptionalism, University of Miami Law Review 67, 329–355.

Stevenson, Megan T. (2018). Distortion of Justice: How the Inability to Pay Bail Affects Case Outcomes, The Journal of Law, Economics, and Organization 34, 511–542.

Stoffers, Kristian F. (2013). Anwesenheitsrechte des Verteidigers bei Zeugenvernehmungen im Ermittlungsverfahren, Neue Juristische Wochenschrift 21, 1495–1497.

Strate, Gerhard (1999). Der Verteidiger in der Wiederaufnahme, Strafverteidiger 4, 228–235.

*Stratenwerth, Günter (*2013). Überlegungen zur Ungleichheit der Beteiligten im Absprachеverfahren, Goltdammer's Archiv, 111–115.

Stuntz, William J. (2001). The Pathological Politics of Criminal Law, Michigan Law Review 100, 505–600.

Taschke, Jürgen (2007). Verteidigung von Unternehmen – Die wirtschaftsstrafrechtliche Unternehmensberatung, Strafverteidiger, 9, 495–500.

Thaman, Stephan C. (2000). Is America a Systematic Violator of Human Rights in the Administration of Criminal Justice? Saint Luis University Law Journal, 44, 999–1024.

Theile, Hans (2010). Strafrechtliche Hypertrophie und ihre Folgen. Das Beispiel der Verfahrenserledigenden Urteilsabsprachen in Wirtschafsstrafverfahren, Monatsschrift für Kriminologie und Strafrechtsreform, 93, 147–163.

Theile, Hans (2012). Wahrheit, Kosens und § 257c StPO, Neue Zeitschrift für Strafrecht, 12, 666–671.

Thielmann, Jochen (2010). Das Strafurteil mit dem faden Beigeschmack – Gedanken zum Freispruch, Zeitschrift für Rechtspolitik, 3, 89–92.

Thielmann, Jochen (2011). Aus den dunklen Kämmerlein ins helle Licht – Die Zukunft der richterlichen Beiordnungspraxis, Neue Juristische Wochenschrift, 27, 1927–1929.

Tischbirek, Alexander/Wihl, Tim (2013). Verfassungswidrigkeit des Racial Profiling": Zugleich ein Beitrag zur Systematik des Art. 3 GG, Juristen Zeitung, 5, 219–224.

Tonry, Michael (2014). Remodeling American Sentencing: A Ten-Step Blueprint or Moving Past Mass Incarceration, 13, Criminology & Public Policy, 503–533.

Trüg, Gerson (2008). Erkenntnisse aus der Untersuchung des US-amerikanischen plea bargaining-Systems für den deutschen Absprachendiskurs, Zeitschrift für die gesamte Strafrechtswissenschaft, 120, 331–374.

Tschentscher, Axel (2007). Dialektische Rechtsvergleichung – Zur Methode der Komparistik im öffentlichen Recht, Juristen Zeitung, 807–816.

Turner, Jenia I. (2016). Plea Bargaining and Disclosure in Germany and the United States: Comparative Lessons, William & Mary Law Review, 57, 1549–1596.

Turner, Jenia I. (2017). Plea Bargaining and International Criminal Justice, The University of the Pacific Law Review, 48, 219–246.

Ulsenheimer, Klaus/Rock, Hermann (1991). M & A und Strafrecht: Die richtige Strategie gegenüber der Staatsanwaltschaft, M&A Review, 2, 1–3.

Vogel, Benjamin (2011). Strafprozessuale Verständigung und Kronzeugenregelungen, Sensibilisierung durch Entwicklungen im englischen Recht, Goltdammer's Archiv für Strafrecht, 520–530.

*Vorholt André/Dimarch, Verena (*2018). Haftung von Führungskräften und die Konsequenzen für die Praxis, Neue Zeitschrift für Arbeitsrecht Beilage, 4, 108–114.

Wacquant, *Loïc* (2010). Class, race, & hyperincarceration in revanchist America, Dædalus, 74–90.

Warde, Bryan (2013). Black Male Disproportionality in the Criminal Justice Systems of the USA, Canada and England: A Comparative Analysis of Incarceration, Journal of African American Studies, 17, 461–479.

Washington, Sarah Lisa (2014). Racial Profiling Kostet – Eine Schwarze Selbstorganisation und ihr Einsatz gegen rassistische Polizeikontrollen, juridikum, 1, 9–11.

Wasserburg, Klaus/Eschelbach, Ralf (2003). Die Wiederaufnahme des Verfahrens propter nova als Rechtsschutzmittel, Goltdammer's Archiv für Strafrecht, 335–352.

Weigend, Thomas (1997). Das „Opportunitätsprinzip" zwischen Einzelfallgerechtigkeit und Systemeffizienz, Zeitschrift für die gesamte Strafrechtswissenschaft, 109, 103–121.

Weigend, Thomas (2003). Is the Criminal Process About Truth? A German Perspective, Harvard Journal of Law and Public Policy, 26, 157–174.

Weigend, Thomas (2019). Audio-visuelle Aufzeichnung von Beschuldigtenvernehmung – Zur Interpretation des ab dem 01.01.2020 geltenden Rechts, Strafverteidiger, 12, 852–858.

Weßlau, Edda (2004). Absprachen in Strafverfahren, Zeitschrift für die gesamte Strafrechtswissenschaft, 116, 2004, 150–171.

Weßlau, Edda (2014). Wahrheit und Legenden: die Debatte über den adversatorischen Strafprozess, Zeitschrift für Internationales Strafrecht, 11, 558–564.

Wilford, Miko M./Wells, Gary L./Frazier, Annabelle (2021). Plea-bargaining Law: The Impact of Innocence, Trial Penalties, and Conviction Probability on Plea Outcomes, American Journal of Criminal Justice, 46, 554–575.

Williams, Jenny (2010). Redefining Institutional Racism, Ethnic and Racial Studies, 8, 323–348.

Williams, Ryan C. (2010). The One and Only Substantive Due Process Clause, 120, Yale Law Journal, 408–512.

Wimmer, Christopher (2018). Marginalisierung und eine lebensweltliche Klassenanalyse: Reproduktion und Umgangsweisen der marginalisierten Klasse in Deutschland, Zeitschrift für Qualitative Forschung, 19, 271–288.

Wright, Ronald R. /Roberts, Jenny/Wilkinson, Betina Cutaia (2021). The Shadow Bargainers, Cardozo Law Review, 42, 1295–1372.

Wölky, Daniel (2017). Anmerkungen zu einer Entscheidung des OLG Zweibrücken, Beschluss vom 11.01.2017 – Zur Akteneinsicht in Datenträger mit TKÜ-Aufzeichnungen, Strafverteidiger, 7, 438–441.

Wright, Ronald/Miller, Marc (2002). The Screening/Bargaining Tradeoff, Stanford Law Review, 55, 29–118.

Yankah, Ekow N. (2011). A Paradox in Overcriminalization, New Criminal Law Review, 14, 1–34.

BERICHTE

Abdul-Rahman, Laila/Espín Grau, Hannah/Klaus, Luise/Singelstein, Tobias, Rassismus und Diskriminierungserfahrungen im Kontext polizeilicher Gewaltausübung, Zweiter Zwischenbericht zum Forschungsprojekt „Körperverletzung im Amt durch Polizeibeamt*innen", 11. November 2020, abrufbar unter: https://kviapol.rub.de/images/pdf/KviAPol_Zweiter_Zwischenbericht.pdf.

American Civil Liberties Union, Smart Reform is Possible: States Reducing Incarceration Rates and Costs While Protecting Communities, August 2011, abrufbar unter: https://www.aclu.org/smart-reform-possible-states-reducing-incarceration-rates-and-costs-while-protecting-communities.

Amnesty International, Living in Insecurity, How Germany Is Failing Victims of Racist Violence, 2016, abrufbar unter: https://www.amnesty.org/download/Documents/EUR2341122016ENGLISH.PDF

Cremer, Henrick, Policy Paper des Deutschen Instituts für Menschenrechte, Ein Grundgesetz ohne „Rasse", Vorschlag für eine Änderung von Artikel 3 Grundgesetz, No. 16, 2010, abrufbar unter: https://www.institut fuermenschenrechte.de/fileadmin/user_upload/Publikationen/Policy_Paper/policy_paper_16_ein_grundgesetz_ohne_rasse.pdf

Fagan, Jeffrey, Report to United States District Court, Southern District of New York, David Floyd et al. vs. City of New York, 2012, abrufbar unter: https://ccrjustice.org/files/Expert_Report_JeffreyFagan.pdf.

Fair Trials Project, The Disappearing Trial, 2017, abrufbar unter: https://www.fairtrials.org/publication/disappearing-trial-report.

Golub Anderson, Chloe/Redcross, Cindy/Valentine, Erin/Miratrix, Luke, Evaluation of Pretrial Justice System Reforms That Use the Public Safety Assessment, Effects of New Jersey's Criminal Justice Reform, Report 1, November 2019, abrufbar unter: https://www.mdrc.org/sites/default/files/PSA_New_Jersey_Report_%231.pdf.

Kampagne für Opfer rassistisch motivierter Polizeigewalt (KOP), Chronik rassistisch motivierter Polizeivorfälle für Berlin von 2000 bis 2022, abrufbar unter: https://kop-berlin.de/files/documents/chronik.pdf.

Kim, Jaeok/Hood, Quinn/Connors, Elliot, The Impact of New York Bail Reform on Statewide Jail Populations: A First Look, Vera Institute of Justice, 2021, abrufbar unter: https://www.vera.org/downloads/publications/the-impact-of-new-york-bail-reform-on-statewide-jail-populations.pdf.

Maultzsch, Felix, The Right to Access to Justice and Public Responsibilities – National Report: Germany, International Association of Procedural Law Seoul Conference Proceedings, October 1, 2014, abrufbar unter: https://www.jura.uni-frankfurt.de/50177183/Access_to_Justice.pdf.

NAACP Legal Defense Fund, Death Row USA Spring 2022, abrufbar unter: https://www.naacpldf.org/wp-content/uploads/DRUSASpring2022-22.pdf.

National Association of Criminal Defense Lawyers, The Trial Penalty: The Sixth Amendment Right to Trial on the Verge of Extinction and How to Save it, 2018, abrufbar unter: https://www.nacdl.org/getattachment/95b7f0f5-90df-4f9f-9115-520b3f58036a/the-trial-penalty-the-sixth-amendment-right-to-trial-on-the-verge-of-extinction-and-how-to-save-it.pdf.

Prison Policy Initiative, Mass Incarceration: The Whole Pie 2023, Racial and Ethnic Disparities in Prisons and Jails, 2023, abrufbar unter: https://www.prisonpolicy.org/reports/pie2023.html.

The Furman Center for Real Estate & Urban Policy, The Changing Racial and Ethnic Makeup of New York City Neighborhoods, S. 31, abrufbar unter: https://furmancenter.org/files/sotc/The_Changing_Racial_and_Ethnic_Makeup_of_New_York_City_Neighborhoods_11.pdf.

The Sentencing Project, Fact Sheet: Trends in U.S. Corrections, 17.05.2021, abrufbar unter: https://www.sentencingproject.org/publications/trends-in-u-s-corrections/.

Treatment Advocacy Center, Serious Mental Illness Prevalence in Jails and Prisons, September 2016, abrufbar unter: https://www.treatmentadvocacycenter.org/evidence-and-research/learn-more-about/3695.

Vera Institute of Justice, People in Jail and Prison in 2020, Januar 2021, abrufbar unter: https://www.vera.org/downloads/publications/people-in-jail-and-prison-in-2020.pdf.

www.ingramcontent.com/pod-product-compliance
Ingram Content Group UK Ltd.
Pitfield, Milton Keynes, MK11 3LW, UK
UKHW021831290926
8980IPUK00004B/378

9 783631 901656